Frank Keuper/Michael Häfner/Carsten von Glahn (Hrsg.)

Der M&A-Prozess

Frank Keuper/Michael Häfner/
Carsten von Glahn (Hrsg.)

Der M&A-Prozess

Konzepte, Ansätze und Strategien
für die Pre- und Post-Phase

Bibliografische Information Der Deutschen Nationalbibliothek
Die Deutsche Nationalbibliothek verzeichnet diese Publikation in der
Deutschen Nationalbibliografie; detaillierte bibliografische Daten sind im Internet über
<http://dnb.d-nb.de> abrufbar.

Prof. Dr. Frank Keuper ist Inhaber des Lehrstuhls für Betriebswirtschaftslehre, insbesondere Konvergenz- und Medienmanagement, an der Steinbeis-Hochschule, Berlin.

Michael Häfner ist Senior Manager bei der Softlab GmbH.

Carsten von Glahn ist Program Director für Siemens Business Services, Inc., USA.

1. Auflage Dezember 2006

Alle Rechte vorbehalten
© Betriebswirtschaftlicher Verlag Dr. Th. Gabler | GWV Fachverlage GmbH, Wiesbaden 2006

Lektorat: Barbara Roscher / Jutta Hinrichsen

Der Gabler Verlag ist ein Unternehmen von Springer Science+Business Media.
www.gabler.de

Das Werk einschließlich aller seiner Teile ist urheberrechtlich geschützt. Jede Verwertung außerhalb der engen Grenzen des Urheberrechtsgesetzes ist ohne Zustimmung des Verlags unzulässig und strafbar. Das gilt insbesondere für Vervielfältigungen, Übersetzungen, Mikroverfilmungen und die Einspeicherung und Verarbeitung in elektronischen Systemen.

Die Wiedergabe von Gebrauchsnamen, Handelsnamen, Warenbezeichnungen usw. in diesem Werk berechtigt auch ohne besondere Kennzeichnung nicht zu der Annahme, dass solche Namen im Sinne der Warenzeichen- und Markenschutz-Gesetzgebung als frei zu betrachten wären und daher von jedermann benutzt werden dürften.

Umschlaggestaltung: Ulrike Weigel, www.CorporateDesignGroup.de
Druck und buchbinderische Verarbeitung: Wilhelm & Adam, Heusenstamm
Gedruckt auf säurefreiem und chlorfrei gebleichtem Papier
Printed in Germany

ISBN-10 3-8349-0205-5
ISBN-13 978-3-8349-0205-4

Geleitwort

Mergers & Acquisitions, kurz M&A, ist in den 90er Jahren auch in Deutschland zum vieldiskutierten Begriffspaar geworden. Inzwischen setzt sich die damit verbundene Kapitalmarktorientierung in der Unternehmenspraxis durch. Dies geht mit einer rasant zunehmenden Spezialisierung in den einzelnen Disziplinen des M&A-Management einher. Sei es im Vorfeld der unternehmerischen Entscheidung, strategische Ziele durch externes Wachstum zu erreichen (Pre-M&A-Phase), oder während beziehungsweise nach der Durchführung einer Transaktion, die anvisierten Effektivitäts- und Effizienzpotenziale zu generieren (Post-M&A-Phase). Das Verständnis einer erfolgreichen M&A-Transaktion beschränkt sich daher keineswegs nur noch auf die Durchführung der eigentlichen Transaktion, sondern im besonderen Maße auf die Vor- und Nachbereitung der Transaktion.

Gleichzeitig sind die Disziplinen „Finance" und „Controlling" in den letzten Jahren aufgrund einer intensiven praxisinduzierten und theoriegeleiteten Betrachtung von Shareholder- und Stakeholder-Value-Ansätzen immer mehr zu einem international geprägten Controllership zusammengewachsen. Die Konvergenz von Shareholder- und Stakeholder-Value-Ansätzen auf der einen Seite sowie Finance und Controlling auf der anderen Seite spiegelt sich im modernen M&A-Management wider. Stellvertretend für diese Vielfalt und Mehrdimensionalität des Instrumenteneinsatzes und der zu hinterfragenden Perspektiven seien im Rahmen des M&A-Management die strategische Unternehmensführung, die Unternehmensbewertung, das Risikomanagement, die Post-Merger-Integration und das Change Management genannt.

Gerade die Disziplinenkonvergenz stellt eine notwendige und hinreichende Antwort auf den sich immer schneller und diskontinuierlicher vollziehenden gesellschaftlichen und marktlichen Wandel dar. Kundenbedürfnisse, Wettbewerber, Technologien und gesetzliche Rahmenbedingungen können sich in kurzer Zeit radikal ändern. Diese Dynamik führt dazu, dass die Verfolgung der aktuellsten Entwicklungen (First-Mover-Strategien) – neben der Bildung von Netzwerken sowie der Durchführung von Unternehmenskäufen und Fusionen – stark an Bedeutung gewonnen hat (Netzwerk-Strategien). Die betroffenen Parteien, also Käufer und Verkäufer von Unternehmen auf der einen Seite sowie Berater und Bewerter auf der anderen Seite, benötigen gerade im „Auge des Tornados ‚Wettbewerb'" eine stabile Basis an Wissen und Erfahrung. Das vorliegende Buch liefert hierzu ein hervorragendes Fundament und vereinigt die akademische Sicht und – vertreten durch Berater, Bewerter und Unternehmen – die Sicht der Praxis.

Berlin, im Dezember 2006

SINA AFRA
Director Corporate Development, eBay GmbH

Vorwort

Bereits zum Anfang dieses Jahrzehnts wurde ein abruptes Ende der so genannten *„fünften Welle"* globaler Mergers & Acquisitions nach Jahren immer neuer Transaktionsrekorde prognostiziert. Stattdessen wird der weltweite M&A-Markt für Unternehmenskäufe, -verkäufe und -fusionen insbesondere von Investmentbanken aktuell als besonders attraktiv eingeschätzt. Vergabestandards zur Realisierung von Übernahmekrediten werden zunehmend gelockert. Die Liquiditätssituation von vielen Investment-Fonds und multinational agierender Unternehmen ist zudem so positiv, dass sich Übernahmekandidaten – aufgrund der Merger-&-Acquisition-spezifischen Wettbewerbssituation – mittlerweile in einer ausgezeichneten Verhandlungsposition befinden. Folglich ist es nicht überraschend, dass das Jahr 2005 – mit einem M&A-Transaktionsvolumen von knapp drei Billiarden US-Dollar – das attraktivste seit dem Jahr 2000 war. Gegenüber dem Vorjahr konnte damit ein Anstieg von circa 40 % verzeichnet werden. Für das Jahr 2006 werden ähnliche Ergebnisse erwartet, sodass die eingangs geschilderte Beendigung des globalen M&A-Booms offensichtlich noch auf sich warten lässt.[1]

Trotz aller Euphorie gelten Mergers & Acquisitions insbesondere hinsichtlich der eingesetzten monetären Werte im Verhältnis zu den langfristig tatsächlich realisierten Unternehmenswertsteigerungen als großes Wagnis. Ungebrochen ist aufgrund der Diskrepanz zwischen angestrebten und realisierten Unternehmenszielen die teilweise kontrovers zwischen Praktikern und Wissenschaftlern geführte Diskussion über effektive und effiziente Konzepte, Ansätze und Strategien zur erfolgreichen Realisierung von Mergers & Acquisitions. Dabei liegt der Schwerpunkt der theoriegeleiteten und praxisinduzierten Beiträge auf der Pre-M&A- und eigentlichen M&A-Phase. Die Post-M&A-Phase ist ein bislang noch wenig beachtetes Themengebiet. Vor diesem Hintergrund legt der vorliegende Sammelband seinen Fokus vor allem auf die Pre- und Post-M&A-Phase, um so die Diskussionslücke zu relaxieren.

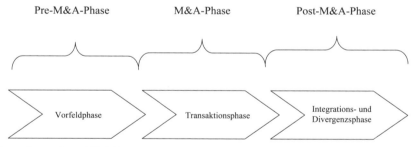

Abbildung 1:   *Der M&A-Prozess*

Die zum Teil kontroverse, vielschichtige und mehrdimensionale Diskussion rund um das Thema M&A spiegelt sich daher auch im Herausgeberteam, den hinter den Herausgebern stehenden Unternehmen – Steinbeis-Hochschule Berlin, Softlab GmbH und Siemens –, im Autorenpool und auch in den Beiträgen wider, um so einer notwendigen oszillierenden Betrachtung der Pre- und Post-Phase des M&A-Prozesses Rechnung zu tragen.

---

[1] Vgl. *BANK OF AMERICA* (2006): CapitalEyes. A *BANK OF AMERICA* Business Capital e-newsletter on leveraged finance, online: http://www.bofabusinesscapital.com/resources/capeyes/a01-06-321.html?month=1&year=2006, Stand: Januar: 2006, Abruf: August 2006.

Da während des M&A-Prozesses vor allen strategische, organisatorische und steuerungsrelevante Herausforderungen zu bewältigen sind, was durch die Vielzahl der Beratungsprojekte und der Diskurse in der Wissenschaft belegt wird, ist der vorliegende Sammelband entsprechend der mit den Herausforderungen verbundenen Lösungsansätze gegliedert.

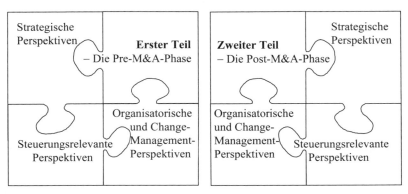

Abbildung 2:   Struktur des Sammelbands

Der *erste Teil des Sammelbands* widmet sich der Pre-M&A-Phase im Rahmen des M&A-Prozesses. Einleitend werden zunächst *strategische Perspektiven* dieser Phase diskutiert. Während der Beitrag von INGA VOSS und GÜNTER MÜLLER-STEWENS sich mit dem Aufbau, der Ausgestaltung und der Nutzung einer strategischen M&A-Kompetenz beschäftigt, analysiert FRANK BOROWICZ die Gründe dafür, warum gute Manager schlechte Unternehmen kaufen und wie sich nach einem solchen Kauf das M&A-Management gestaltet. UWE HESSLAU und CHRISTIAN SCHMIDT beleuchten hingegen den Krankenhausmarkt und explizieren dort angewendete M&A-Strategien privater Investoren. Die Diskussion strategischer Perspektiven endet mit dem Beitrag von MENNO ADEN, welcher sich eingehend mit den rechtlichen Aspekten der Due Diligence auseinandersetzt.

Im Anschluss an die Diskussion strategischer Perspektiven innerhalb der Pre-M&A-Phase werden *organisatorische und Change-Management-Perspektiven* beleuchtet. Zu Beginn dieses Kapitels fundiert CARSTEN VON GLAHN die Standortbewertung von Shared-Service-Centern vor dem Hintergrund von M&A-Aktivitäten. SASCHA ALILOVIC und DANIELA KÜHNE greifen die Shared-Service-Diskussion auf und verorten am Beispiel des IT-Outsourcing organisatorische Lösungsansätze im Rahmen von M&A-Transaktionen. Die organisatorischen Probleme bei der Fusion dezentraler Gruppen, werden am Beispiel der gegenwärtig festzustellenden Bankenverschmelzung von MARTIN STROBEL und STEPHAN WEINGARZ offen gelegt.

Steuerungsrelevante Perspektiven bilden jene Aspekte, die abschließend im Rahmen der Pre-M&A-Perspektiven-Diskussion betrachtet werden. Während sich CHRISTINA SCHAEFER mit qualitativen Aspekten im Rahmen der Bewertungsphase von Mergers & Acquisitions im öffentlichen Sektor auseinandersetzt, diskutiert THOMAS HERING in guter SCHMALENBACHscher Sitte die Ermittlung des Grenzpreises bei der Einräumung einer Beteiligung. ROLAND ROLLBERG und MICHAEL LERM greifen ebenso quantitative Aspekte auf und entwickeln eine mathematisch fundierte Bewertung von Fusions- und Akquisitionsvorhaben auf Basis der Produktions- und Investitionstheorie.

Der *zweite Teil des Sammelbands* widmet sich der Post-M&A-Phase im Rahmen des M&A-Prozesses. Einleitend werden auch hier zunächst *strategische Perspektiven* diskutiert. TOBIAS GEORGI, REIMER HINTZPETER und FRANK KEUPER explizieren grundlegende Herausforderungen für die Post-Merger-Integration im Rahmen der Privatisierung kommunaler Unternehmen. Die Post-M&A-Unternehmensspaltung als Spiegelbild der Unternehmensakquisition und als häufig resultierende Konsequenz von M&A-Aktivitäten wird von MARCUS BYSIKIEWICZ und FRANK KEUPER herausgearbeitet und verortet.

An die strategische Diskussion im Rahmen der Post-M&A-Phase schließt sich im Kapitel – „Organisatorische und Change-Management-Perspektiven" – zunächst ein unternehmensmarktlicher Exkurs an. Der Fokus des Beitrags von CARSTEN VON GLAHN und FRANK KEUPER liegt dabei auf der Gestaltung der Interaktionsbeziehungen auf unternehmensinternen Märkten. SABINE SCHWARZ beschäftigt sich anschließend mit Change-Management-Fragestellungen und beleuchtet in ihrem Beitrag vor allem den Einsatz von Change Management in einem fusionierenden Unternehmen. PHILIPP RATHJEN rundet das Kapitel mit seinem Beitrag zum Thema „Unternehmensinterne Merger – Der Carve-Out als Grundlage der organisatorischen Integration am Beispiel einer internen Service-Gesellschaft", ab.

Wie im ersten Teil schließt auch der zweite Teil des Sammelbands mit einer Diskussion steuerungsrelevanter Perspektiven ab. Zu Beginn analysieren und erläutern GERRIT BRÖSEL und THOMAS R. KLASSEN die Auswirkungen der internationalen Rechnungslegung auf das M&A-Management. Anschießend wird in dem Beitrag von JULIA BIWER, DIRK JANSEN, ALI SAHIN, YVONNE ROSENBAUM und MICHAEL HÄFNER auf die Planungsprozess- und Berichtsharmonisierung als zentralen Koordinationsfaktor im Rahmen der Post-M&A-Phase hingewiesen. MICHAEL HÄFNER und GUIDO BIENDARRA verdeutlichen in ihrem sich anschließenden Beitrag anhand der Integration von Alstom Industrial Turbine Business in die Siemens Power Generation die spezifischen Herausforderungen für den Finanzbereich. Die steuerungsrelevante Perspektiven-Diskussion endet mit dem Beitrag von CAROLIN KNOCHE, die die Finance Integration osteuropäischer Unternehmen beleuchtet.

Aufgrund der reibungslosen Abwicklung gepaart mit einer – trotz räumlicher Distanz – hervorragenden Kommunikation freut sich das Herausgeberteam schon heute auf eine Fortsetzung der angenehmen und erfolgreichen Zusammenarbeit in diesem oder verwandten Themenfeldern. Ein besonderer Dank gilt den Autorinnen und Autoren, die trotz des engen Zeitplans mit außerordentlichem Engagement und in hoher Qualität die Beiträge für diesen Sammelband erstellt haben. Die Einhaltung der Projektdurchlaufzeit vom Projektstart im September 2005 bis zur Abgabe des reproreifen Skripts an den Gabler-Verlag im Oktober 2006 war zudem nur möglich, weil viele „virtuelle Hände" im Hintergrund agierten.

Dank gebührt insbesondere der BearingPoint GmbH für die finanzielle und kreative Unterstützung des Buchprojekts ohne die, das vorliegende Werk nicht in dieser Form hätte realisiert werden können.

Besonderen Dank schulden die Herausgeber darüber hinaus Frau BARBARA ROSCHER und Frau JUTTA HINRICHSEN vom Gabler-Verlag für die angenehme Kooperation bei der Publikation dieses Werkes.

Dank gilt zudem Herrn TOBIAS GEORGI, welcher als Wissenschaftlicher Mitarbeiter am Lehrstuhl für Betriebswirtschaft, insbesondere Konvergenz- und Medienmanagement der Steinbeis-Hochschule Berlin unermüdlich Formatierungsarbeit leistete.

Hamburg, München und Atlanta (GA), im Dezember 2006

FRANK KEUPER, MICHAEL HÄFNER und *CARSTEN VON GLAHN*

Inhaltsverzeichnis

Erster Teil – Die Pre-M&A-Phase 1

Strategische Perspektiven 1

Strategische M&A-Kompetenz im Rahmen von Akquisitionsstrategien
– Komponenten, Erfolgsfaktoren und Aufbau 3
INGA VOSS & GÜNTER MÜLLER-STEWENS
(Universität St. Gallen)

Wenn gute Manager schlechte Unternehmen kaufen – Interessenkonflikte
und deren Management bei Akquisitionen 33
FRANK BOROWICZ
(Fachhochschule St. Pölten)

Der Krankenhausmarkt im Umbruch – M&A-Strategien privater
Investoren im Markt 61
UWE HESSLAU & CHRISTIAN SCHMIDT
(Universitätsklinikum Schleswig-Holstein)

Prüfungsobliegenheiten und -pflichten des Käufers beim
Unternehmenskauf (Due Diligence) 87
MENNO ADEN
(Fachhochschule für Ökonomie und Management)

Organisatorische und Change-Management-Perspektiven — 117

Standortbewertung von Shared-Service-Centern – Auswahl und geographische Verteilung unter besonderer Berücksichtigung von Mergers & Acquisitions — 119
CARSTEN VON GLAHN
(Siemens Business Services)

M&A-Transaktionen im Rahmen von IT-Outsourcing — 145
SASCHA ALILOVIC & DANIELA KÜHNE
(Siemens Business Services)

Fusionen in dezentralen Gruppen – Bankenverschmelzung zwischen Standardereignis und Singularität — 175
MARTIN STROBEL & STEPHAN WEINGARZ
(Akademie Deutscher Genossenschaften)

Steuerungsrelevante Perspektiven — 199

Mergers & Acquisitions im öffentlichen Sektor – Ausgewählte Probleme in der Bewertungsphase — 201
CHRISTINA SCHAEFER
(Fachhochschule für Technik und Wirtschaft Berlin)

Ermittlung des Grenzpreises für die Einräumung einer Beteiligung — 221
THOMAS HERING
(Fern-Universität in Hagen)

Produktions- und finanzwirtschaftlich fundierte Bewertung von Fusions- und Akquisitionsvorhaben — 241
ROLAND ROLLBERG & MICHAEL LERM
(Ernst-Moritz-Arndt-Universität Greifswald)

Zweiter Teil – Die Post-M&A-Phase 273

Strategische Perspektiven 273

Grundlegende Anmerkungen zu den Herausforderungen
der Post-Merger-Integration im Rahmen von Privatisierungen
kommunaler Unternehmen 275
TOBIAS GEORGI, REIMER HINTZPETER & FRANK KEUPER
(Steinbeis-Hochschule Berlin & Hintzpeter & Partner – Management Consultants)

Die Spaltung als Spiegelbild der Verschmelzung – Motive einer
Unternehmensspaltung im Lichte des M&A-Managements 301
MARCUS BYSIKIEWICZ & FRANK KEUPER
(Ernst-Moritz-Arndt-Universität Greiswald & Steinbeis-Hochschule Berlin)

Organisatorische und Change-Management-Perspektiven 337

Gestaltung unternehmensmarktlicher Interaktionsbedingungen
in der Post-M&A-Phase 339
CARSTEN VON GLAHN & FRANK KEUPER
(Siemens Business Services & Steinbeis-Hochschule Berlin)

Change Management oder die Integration von Mitarbeitern in einem
fusionierenden Unternehmen 367
SABINE SCHWARZ
(BearingPoint GmbH)

Unternehmensinterne Mergers – Der Carve-Out als Grundlage
der organisatorischen Integration am Beispiel einer internen
Service-Gesellschaft 413
PHILIPP RATHJEN
(EADS Deutschland GmbH)

Steuerungsrelevante Perspektiven   **443**

Zu möglichen Auswirkungen des IFRS 3 und des IAS 36 auf das
M&A-Management   445
GERRIT BRÖSEL & THOMAS R. KLASSEN
(Technische Universität Ilmenau & York University Toronto)

M&A-Management – Planungsprozess- und Berichtswesenharmonisierung
als zentrale Herausforderung für die Koordination in der
Post-M&A-Phase   477
JULIA BIWER, DIRK JANSEN, ALI SAHIN, YVONNE ROSENBAUM
& MICHAEL HÄFNER
(BearingPoint GmbH & Softlab GmbH)

Post Merger Integration als Herausforderung und Chance
für den Finanzbereich am Beispiel der Integration
des Alstom-Industrieturbinengeschäfts in den Bereich Power Generation
der Siemens AG   501
MICHAEL HÄFNER & GUIDO BIENDARRA
(Softlab GmbH & Siemens AG)

Finance Integration osteuropäischer Unternehmen   537
CAROLIN KNOCHE
(BearingPoint GmbH)

Autorenverzeichnis   **549**

Stichwortverzeichnis   **559**

Erster Teil – Die Pre-M&A-Phase

Strategische Perspektiven

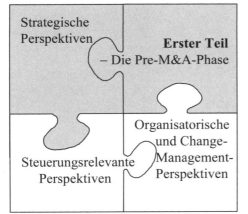
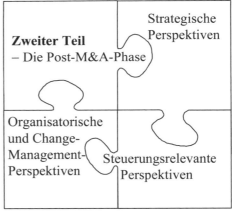

Strategische M&A-Kompetenz im Rahmen von Akquisitionsstrategien – Komponenten, Erfolgsfaktoren und Aufbau

INGA VOSS & GÜNTER MÜLLER-STEWENS

Universität St. Gallen

1	Das neue Streben nach Wachstum	5
2	Neue Perspektiven in der M&A-Forschung – Akquisitionsstrategien	5
	2.1 Von der Einzelakquisition zur Akquisitionsstrategie	5
	2.2 Was ist eigentlich eine Akquisitionsstrategie?	7
3	Neue Forschungsfragen durch Perspektivenwechsel – M&A-Kompetenz	8
	3.1 M&A-Kompetenz als Forschungsobjekt	8
	3.2 M&A-Kompetenz – Eingrenzung und Definition	9
4	Strategische M&A-Kompetenz – Komponenten und Erfolgsfaktoren	12
	4.1 Auf Ebene der Einzeltransaktion	13
	4.2 Auf Ebene der Akquisitionsstrategie	16
	4.3 Anpassung an die Organisationsstruktur	18
5	Strategische M&A-Kompetenz – Aufbau und Einflussfaktoren	20
	5.1 Aufbau über Lernmechanismen	21
	5.2 Einflussfaktoren	24
6	Fazit	26
	Quellenverzeichnis	27

1 Das neue Streben nach Wachstum

Nach erfolgter Restrukturierung setzen zahlreiche Unternehmen seit einiger Zeit wieder auf nachhaltige Wachstumsstrategien. So zeigen die Ergebnisse der Global CEO Study 2006, dass an der Spitze der Prioritätenlisten der CEOs inzwischen wieder Wachstum statt Kostenreduzierung steht[1]. Auch hierzulande lässt sich dieser globale Trend beobachten: Im Januar 2006 brachte die FAZ die Schlagzeile „120 Milliarden Euro für Übernahmen in der Hinterhand – Mehr Optimismus und größeres Selbstbewusstsein unter Deutschlands DAX-Konzernen"[2]. Firmen kündigen vermehrt ehrgeizige Wachstumsziele an, beispielsweise möchte der Siemens-Konzern doppelt so schnell wachsen wie das weltweite Bruttoinlandsprodukt.[3] Derart ambitionierte Ziele sind nicht durch organisches Wachstum allein realisierbar. Externe Wachstumsmechanismen wie Mergers & Acquisitions (M&A)[4] spielen hier eine wichtige Rolle. So befinden wir uns derzeit denn auch mitten in einer sechsten M&A-Welle.[5] Diese Entwicklungen geben einem der in der Strategieforschung und zahlreichen anderen Forschungssträngen meist diskutierten Themen neue Bedeutung: das Management von M&A.

2 Neue Perspektiven in der M&A-Forschung – Akquisitionsstrategien

2.1 Von der Einzelakquisition zur Akquisitionsstrategie

M&A ist während der letzten Jahrzehnte zu einem fast alltäglichen Phänomen im Geschäftsleben geworden. Umso überraschender ist die Tatsache, dass die Empfehlungen der Managementforschung an die Praxis bezüglich der Wertgenerierung aus Unternehmenstransaktionen lückenhaft und teilweise sogar widersprüchlich sind.[6] Aus diesem Grund wurde vor einiger Zeit der Ruf nach einer weiteren Spezifizierung der Forschungsmodelle zur Untersuchung von M&A laut, um zu einem besseren Verständnis zu gelangen, unter welchen Bedingungen Akquisitionen zu einer Verbesserung des Unternehmensergebnisses führen.[7]

Um eine derartige Spezifizierung zu erreichen, bietet es sich an, selbst in einem umfangreich erforschten Gebiet wie dem M&A-Management den Schritt zurück von deduktiver quantitativer Forschung zu induktiven qualitativen Analysen zu machen. Doch zunächst muss geklärt werden, wie die überwiegend quantitativen M&A-Forschungsmodelle bisher aussahen. Besonders auffallend ist, dass die bestehende M&A-Forschung sehr stark auf die Untersuchung

---

[1] Vgl. *IBM* (2006).
[2] Vgl. *SCHÄFER* (2006).
[3] Vgl. *SIEMENS* (2006).
[4] M&A ist eine Form des externen Wachstums. In diesem Artikel meinen wir mit dem Begriff M&A die Akquisition von ganzen Unternehmen, Unternehmensteilen, Asset-Deals sowie den Erwerb von Firmenanteilen. Während derartiger Transaktionen verliert mindestens eines der beteiligten Unternehmen seine wirtschaftliche Unabhängigkeit.
[5] Vgl. *MÜLLER-STEWENS* (2006).
[6] Vgl. *ZOLLO/SINGH* (2004).
[7] Vgl. *KING* (2002), und *KING/DALTON/DAILY/COVIN* (2004).

von Einzeltransaktionen fokussiert ist. Die Akquisitionsstrategie beziehungsweise -geschichte des Käufers hat bei diesen Analysen kaum je Beachtung gefunden. Wenn man jedoch bedenkt, dass Einzeltransaktionen häufig Teil einer umfassenden Akquisitionsstrategie ein und desselben Unternehmens sind, mag ein ergänzender Perspektivenwechsel von der Einzeltransaktion zur gesamten Akquisitionsstrategie eines Unternehmens sinnvoll erscheinen (siehe Abbildung 1).

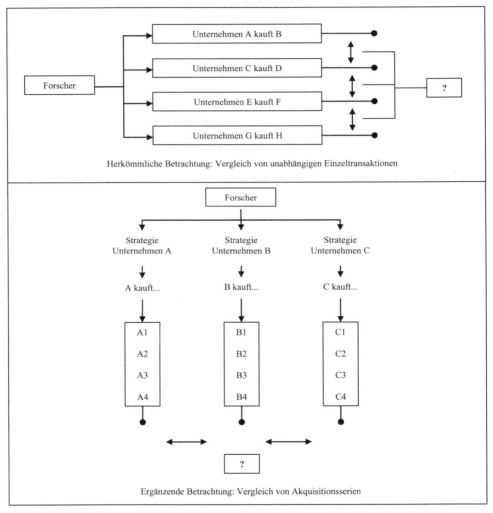

Abbildung 1:   Von der Einzeltransaktion zur Akquisitionsstrategie

Strategische M&A-Kompetenz 7

Diese Feststellung ist nicht neu: bereits im Jahr 1983 stellten *ASQUITH, BRUNER* und *MULLINS*[8] fest, dass aus der Perspektive zahlreicher Käuferunternehmen eine Einzelakquisition häufig Teil einer breiten Investitionsstrategie ist. Auch die Autoren einer aktuellen, von einer Managementberatung durchgeführten Studie halten es für sinnvoll, den Erfolg akquisitionsgetriebener Wachstumsstrategien einzelner Unternehmen statt Einzeltransaktionen zu analysieren.[9] Überraschenderweise gibt es aber nur wenige Studien unter den zahlreichen Artikeln zum M&A-Management, die ihr Forschungsobjekt aus dieser Perspektive betrachten. Daher schlagen wir in Übereinstimmung mit anderer aktueller M&A-Forschung[10] vor, Akquisitionsstrategien gesamthaft aus einer Strategieprozessperspektive heraus zu analysieren.

2.2 Was ist eigentlich eine Akquisitionsstrategie?

In der bestehenden M&A-Literatur sind viele Begriffe benutzt worden, um *„eine Sequenz von zwei oder mehr Akquisitionen durch ein und denselben Käufer"* zu beschreiben. „Multiple acquisitions"[11] ist einer davon, ein anderer lautet „frequent buyers"[12]. Wieder andere Autoren verwenden „acquisition series"[13]. Einige haben den Terminus „acquisition program"[14] im selben Sinne verwendet. Dieser Begriff wurde jedoch auch in Zusammenhang mit einer von der erstgenannten leicht abweichenden Definition verwandt und beschreibt dann *„eine Serie von untereinander verbundenen Akquisitionen, die auf ein spezifisches strategisches Ziel gerichtet ist"*[15]. Ein anderer häufig verwendeter Begriff ist „acquisition strategy"[16]. Eine konsistente, langfristige Akquisitionsstrategie ist als *„Muster von Akquisitionsaktivität hinsichtlich der akquirierten Unternehmenstypen"*[17] definiert worden.[18]

In unserer Forschung verwenden wir letztgenannten Begriff, da er die Definition von Strategie als *„eine Art Muster über die Zeit in einem Handlungs- und Entscheidungsstrom, das den Wettbewerbsvorteil des Unternehmens beeinflusst"*[19] umfasst. Damit verdeutlichen wir, dass im Gegensatz zu den Annahmen früherer Forschung[20] unserem Erachten nach Akquisitionsstrategien nicht ausschließlich aus einem beabsichtigten Prozess heraus entstehen.

---

[8] Vgl. *ASQUITH/BRUNER/MULLINS* (1983).
[9] Vgl. *COOLS ET AL.* (2004).
[10] Vgl. zum Beispiel *HASPESLAGH/JEMISON* (1991) und *CÔTÉ/LANGLEY/PASQUERO* (1999).
[11] Vgl. zum Beispiel *MITCHELL/CAPRON* (2002).
[12] Vgl. zum Beispiel *LUBATKIN* (1983), *LODERE/MARTIN* (1992), *HARDING/ROVIT* (2004) und *BRADLEY/SUNDARAM* (2005).
[13] Vgl. zum Beispiel *LEACH* (1992) und *GUEST ET AL.* (2004).
[14] Vgl. zum Beispiel *ASQUITH ET AL.* (1983), *FRAY/GAYLIN/DOWN* (1984), *BALAKRISHNAN* (1988) und *BHABRA/BHABRA/BOYLE* (1999).
[15] Vgl. *LAAMANEN/KEIL* (2006) und *SCHIPPER/THOMPSON* (1983).
[16] Vgl. *DIDRICHSEN* (1972), *HASPESLAGH ET AL.* (1991), *HOPKINS* (1987a) und *ROVIT/HARDING/LEMIRE* (2004).
[17] Vgl. *HOPKINS* (1987b).
[18] Für einen ausführlichen Überblick über die bestehende Literatur zu Akquisitionsserien beziehungsweise -strategien siehe: *VOSS/MÜLLER-STEWENS* (2006).
[19] Vgl. *MINTZBERG/WATERS* (1985).
[20] Vgl. zum Beispiel *CHANDLER* (1962).

> *Eine Akquisitionsstrategie ist ein Muster von Akquisitionsaktivität und -entscheidungen, das die Wettbewerbsposition eines Unternehmens beeinflusst. Die Akquisitionsaktivität muss dabei mehrere[21] Akquisitionen umfassen, mit denen das Unternehmen entweder eine beabsichtigte oder auch eine sich im Zeitverlauf heraus kristallisierende Gesamtstrategie verfolgt.*

3 Neue Forschungsfragen durch Perspektivenwechsel – M&A-Kompetenz

3.1 M&A-Kompetenz als Forschungsobjekt

Mit dem Perspektivenwechsel von der Einzelakquisition zur Akquisitionsstrategie gehen neue Forschungsfragen einher. Eines der weitgehend geteilten Ergebnisse der bestehenden M&A-Forschung ist, dass Unternehmensakquisitionen nicht zu einer nachhaltigen Verbesserung des Unternehmensergebnisses auf Käuferseite beitragen.[22] Trotz durchaus berechtigter Zweifel an der Aussagekraft der in diesen Studien verwendeten Arten der Performance-Messung, lässt dieses Ergebnis dennoch vermuten, dass zahlreiche Unternehmen an den hohen Herausforderungen, die Unternehmensakquisitionen an das Management stellen, immer wieder scheitern. Gleichzeitig verbuchen andere Unternehmen fulminante Erfolge mit ihren Akquisitionsstrategien. Die Bandbreite der Performance von M&A ist also extrem breit. Eine interessante und bisher nur unzureichend beantwortete Frage ist dann, ob und, wenn ja, wie es Unternehmen mit Akquisitionsstrategien gelingt, spezifische M&A-Kompetenz[23] aufzubauen, die ihre Akquisitionen im Laufe der Zeit erfolgreicher werden lassen.

Zunächst nahm die M&A-Forschung an, dass wiederholtes Akquirieren aufgrund der dabei ablaufenden Lernprozesse zu mehr Akquisitionserfahrung führen müsse[24]. Diese zunehmende Erfahrung wiederum müsse dann mit der Zeit zu weniger Misserfolgen bei Akquisitionen führen.[25] Diese Annahme geht konform mit dem klassischen Lernkurveneffekt: Bereits vorhandene Erfahrung führt zu einer Ergebnisverbesserung.[26]

---

[21] Wir haben uns bewusst für die Verwendung des vagen Begriffs „mehrere" entschieden, da zwei Akquisitionen noch nicht ausreichend scheinen, um von einer Akquisitionsstrategie sprechen zu können. Da jedoch jede konkrete Zahl schwer zu begründen wäre, scheint uns der Begriff „mehrere" in diesem Kontext als angemessen.

[22] Vgl. ELGERS/CLARK (1980), CHATTERJEE (1986), LUBATKIN (1987), SINGH/MONTGOMERY (1987), BLACKBURN/LANG/JOHNSON (1990), SETH (1990), DATTA/PINCHES/NARAYANAN (1992), MATSUSAKA (1993), SIROWER (1997), LARSSON/FINKELSTEIN (1999) und KING ET AL. (2004).

[23] Kompetenz ist als „Muster von (…) Ressourcen- und Fähigkeitseinsatz, die dem Unternehmen helfen, seine Ziele zu erreichen" (vgl. HOFER/SCHENDEL (1978), S. 25) definiert worden. Da keine klare Grenze zwischen den Begriffen „Kompetenz" und „Fähigkeit" gezogen werden kann, verwenden wir diese hier mehr oder weniger synonym. Kompetenz scheint uns allerdings in gewisser Weise der breitere Begriff zu sein und beinhaltet wohl ein ganzes Bündel von Fähigkeiten. Wir werden versuchen, dies bei der jeweiligen Wortwahl zu berücksichtigen.

[24] Vgl. LUBATKIN (1983).

[25] Vgl. LUBATKIN (1983) und ROVIT ET AL. (2004).

[26] Vgl. BOOZ, ALLEN & HAMILTON (1960), ROCKWELL (1968), LUBATKIN (1983) und ARGOTE (2000).

Empirische Studien, mit denen versucht wurde, diese Annahme zu belegen, waren vorrangig quantitativ angelegt und brachten unterschiedliche Ergebnisse. Einige fanden einen positiven Effekt von früherer Akquisitionserfahrung[27], andere keinen signifikanten[28], einen negativen[29] oder einen konkaven[30]. Die Forschungsergebnisse können hier also guten Gewissens als uneinheitlich und sogar widersprüchlich bezeichnet werden.

Eine interessante aktuelle Studie nimmt sich dieses Problems an und zeigt, dass die explizite Kodifizierung von Wissen während der Integrationsphase das Akquisitionsergebnis stark positiv beeinflusst, während das für rein implizite Erfahrungssammlung nicht der Fall ist.[31] Wer sich ausschließlich auf Lernkurveneffekte verlässt, läuft also Gefahr, keine beziehungsweise unzureichende Lerneffekte für das Management von Akquisitionen zu erzielen oder Erfahrungen aus vorherigen Akquisitionen fälschlicherweise unreflektiert eins zu eins auf das nächste Projekt zu übertragen. Doch dies entspricht auch der Aussage der Lernkurve: Sie gilt nur, wenn die zur Verfügung stehenden Rationalisierungspotenziale auch ausgeschöpft werden und dies bedeutet hier offensichtlich, dass die Unternehmen ihre Akquisitionserfahrung explizit machen und kodifizieren.[32] Dies bestätigen auch die Aktivitäten der M&A-Abteilungen einzelner Großunternehmen wie GE Capital[33] oder Siemens[34], die über Prozesstemplates ihre Erfahrung kodifizieren und in Standards überführen.

Ob und wie Unternehmen mit Akquisitionserfahrung also erfolgreich M&A-Kompetenz aufbauen können, konnte also bisher nicht eindeutig festgestellt werden.[35] Um sich mit dieser Frage jedoch näher beschäftigen zu können, muss zunächst geklärt werden, was wir unter M&A-Kompetenz verstehen. Diesen Versuch unternehmen wir im folgenden Abschnitt dieses Artikels.

3.2   M&A-Kompetenz – Eingrenzung und Definition

Jedes M&A-Projekt besteht aus drei zwar interdependenten, jedoch konzeptionell voneinander abgrenzbaren Phasen:[36] (1) strategische Definition, (2) Transaktion und (3) Integration. Die bestehende Literatur zum Aufbau von M&A-Kompetenz hat sich in erster Linie mit der (3) Integrationsphase beschäftigt.[37] Der notwendige Kompetenzaufbau während der (2) Transaktionsphase erscheint relativ klar erfassbar zu sein, da es in dieser Phase vorrangig um akquisitions-technische Fähigkeiten wie die Durchführung einer Due Diligence oder das Aufsetzen eines Kaufvertrags, geht. Mit der (1) strategischen Definitionsphase haben sich bisher nur sehr wenige Studien beschäftigt, obwohl bereits früh angedeutet wurde, dass das Schei-

---

[27] Vgl. FOWLER/SCHMIDT (1989), BRUTON/OVIATT/WHITE (1994) und PENNINGS/BARKEMA/ DOUMA (1994).
[28] Vgl. HAYWARD (2002) und ZOLLO ET AL. (2004).
[29] Vgl. KUSEWITT (1985).
[30] Vgl. HALEBLIAN/FINKELSTEIN (1999).
[31] Vgl. ZOLLO ET AL. (2004).
[32] Vgl. ZOLLO ET AL. (2004).
[33] Vgl. ASHKENAS/DEMONACO/FRANCIS (1998).
[34] Vgl. LUCKS (2005).
[35] Vgl. HALEBLIAN ET AL. (1999).
[36] Vgl. zum Beispiel GERPOTT (1993), GOCKE (1997) und BECKER (2004).
[37] Vgl. HASPESLAGH ET AL. (1991), ASHKENAS ET AL. (1998), HITT ET AL. (1998) und HARVEY (2000).

tern von Akquisitionen einzig und allein durch ein diszipliniertes Vorgehen bei der Strategie- und Entscheidungsfindung verhindert werden kann.[38] Wir halten daher die Untersuchung des Fähigkeitenaufbaus während der strategischen Definitionsphase für besonders interessant. Außerdem scheint diese Eingrenzung sinnvoll, um die Komplexität des Forschungsfelds zu reduzieren.

Die strategische Definitionsphase wiederum kann grob in fünf untergeordnete Phasen unterteilt werden, angefangen bei der Definition der Akquisitionsstrategie bis zur letztendlichen Investitionsentscheidung (siehe Abbildung 2). Jede dieser Phasen erfordert ein spezielles Set an Fähigkeiten.

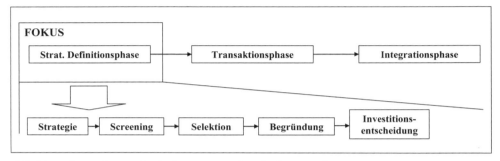

Abbildung 2:   *Bestandteile der strategischen Definitionsphase*

Weiter kann man ausgehend von einer Akquisitionsstrategie-Perspektive während der strategischen Definitionsphase drei Ebenen von Kompetenzen unterscheiden: (1) Auf Ebene der Einzeltransaktion: Fähigkeiten, wie Akquisitionen durchgeführt werden sollten (zum Beispiel die vorläufige Bewertung eines oder mehrerer Zielunternehmen) sowie das Wissen, welche Akquisitionen realisiert werden sollten; (2) Auf Ebene der Akquisitionsstrategie der verschiedenen Geschäftseinheiten innerhalb des Konzerns: Fähigkeiten, wie die gesamte Akquisitionsstrategie gemanaged werden sollte (zum Beispiel die Entscheidung über den angemessenen Anteil von externem Wachstum am Gesamtwachstum); (3) Auf Ebene des Akquisitionsportfolios des Gesamtunternehmens: Fähigkeiten, wie das Portfolio zusammengesetzt werden sollte (siehe Abbildung 3). Bei unseren folgenden Betrachtungen beschränken wir uns auf die Ebenen (1) und (2).

---

[38] Vgl. *FRAY ET AL.* (1984).

Strategische M&A-Kompetenz 11

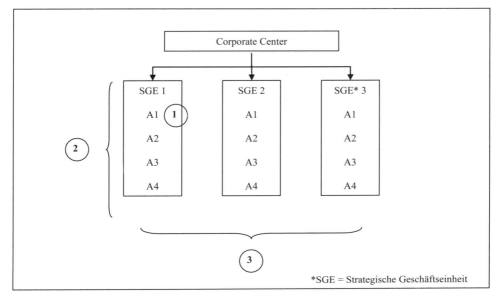

Abbildung 3:   Kompetenzebenen während der strategischen Definitionsphase

In der M&A-Forschung besteht weitgehend Übereinstimmung, dass für Unternehmensakquisitionen spezielle Fähigkeiten notwendig sind, die über die Fähigkeitensets hinausgehen, die standardmäßig für Ressourcenallokationsentscheidungen benötigt werden.[39] Darüber hinaus gilt M&A-Kompetenz weithin als dynamische Fähigkeit. Dynamische Fähigkeiten werden in sich rasch wandelnden Märkten benötigt, in denen die strategische Logik Opportunität statt langfristigem Wettbewerbsvorteil ist.[40] In solchen Märkten geht es bei der Strategiearbeit darum, durch richtiges Timing, kurze Reaktionszeiten und flexible Organisationsstrukturen eine Reihe von plötzlich aufkeimenden Wettbewerbsvorteilen zu realisieren. Diese Eigenschaften treffen auf den M&A-Markt zu und folglich benötigen die Unternehmen für ihr M&A-Management dynamische Fähigkeiten.[41]

Winter definiert dynamische Fähigkeiten als *„solche, die eingesetzt werden, um operationale Fähigkeiten zu erweitern, zu verändern oder neu zu kreieren"* und eine operationale Fähigkeit als *„Routine höherer Ebene, die das Management gemeinsam mit dem zu ihrer Umsetzung notwendigen Input mit Entscheidungsoptionen ausstattet, mittels derer es signifikanten Output generieren kann"*[42]. Aufbauend auf dieser Definition ist strategische M&A-Kompetenz für uns mehr als lediglich die Summe der verschiedenen Fähigkeitensets, die während der fünf Phasen der strategischen Definition benötigt werden. Vielmehr werden in diesem Begriff diese Fähigkeitensets zu einer kollektiven Herangehensweise an die strategische Definition von M&A-Aktivität gebündelt. Weiter beinhaltet strategische M&A-Kompetenz bereits die

---

[39]   Vgl. JEMISON/SITKIN (1986) und HASPESLAGH ET AL. (1991).
[40]   Vgl. EISENHARDT/MARTIN (2000).
[41]   Vgl. TEECE/PISANO/SHUEN (1997), ZOLLO/WINTER (2002), WINTER (2003), ZOLLO ET AL. (2004) und LAAMANEN ET AL. (2006).
[42]   Vgl. WINTER (2003), S. 991.

dynamische Fähigkeit, diese routinisierten Fähigkeitensets zu kreieren, zu erweitern und zu verändern:

> *Strategische M&A-Kompetenz ist eine dynamische Fähigkeit, die die Organisation befähigt, ihre operativen M&A-Fähigkeiten sowohl auf Ebene der Einzeltransaktion als auch auf Ebene der Akquisitionsstrategie zu kreieren, zu erweitern und zu verändern.*

4 Strategische M&A-Kompetenz – Komponenten und Erfolgsfaktoren

Nach der eher abstrakten Herleitung einer Definition im vorhergehenden Kapitel leiten wir im Folgenden konkrete Bestandteile sowie potenzielle Erfolgsfaktoren strategischer M&A-Kompetenz aus der bestehenden Literatur ab. Auf Ebene der einzelnen Geschäftseinheiten eines Konzerns umfasst strategische M&A-Kompetenz wie bereits unter 3.2 beschrieben zunächst einmal zwei Dimensionen:

➤ Auf Ebene der Einzeltransaktion (4.1): Wissen, welche Akquisitionen man durchführen sollte[43] und wie man dabei vorgeht.[44]

➤ Auf Ebene der Akquisitionsstrategie (4.2): Wissen, wie man die Akquisitionsstrategie der Geschäftseinheit gestaltet und managed.[45]

Obwohl wir in vorliegendem Artikel eine Akquisitionsstrategie-Perspektive einnehmen, halten wir dennoch eine Diskussion der während der strategischen Definition notwendigen Fähigkeiten auf Ebene der Einzeltransaktion für notwendig. Denn wenn wir herausfinden möchten, ob sich die M&A-Kompetenz eines Unternehmens von Transaktion zu Transaktion verbessert, müssen wir wissen, welche Fähigkeiten während der einzelnen Phasen relevant und damit verbesserungsfähig sind. Anders ausgedrückt: welche sind die Fähigkeiten erster Ordnung, auf die die dynamische Fähigkeit „strategische M&A-Kompetenz", die per definitionem eine höher geordnete Fähigkeit ist, einwirkt?

---

[43] Vgl. DIGEORGIO (2002).
[44] Vgl. HASPESLAGH ET AL. (1991).
[45] Vgl. LAAMANEN ET AL. (2006).

4.1 Auf Ebene der Einzeltransaktion

Ein umfassender Literaturapparat hat sich bereits mit den Fähigkeitensets erster Ordnung auf Ebene der Einzeltransaktion beschäftigt. Im Folgenden strukturieren wir diese entlang der fünf Phasen der strategischen Definition (vgl. Abbildung 3): (1) die Formulierung einer geeigneten Strategie, (2) das Screening potenzieller Zielunternehmen, (3) die Auswahl des/der Akquisitionskandidat(en), (4) die Begründung der Auswahl, sowie (5) die Investitionsentscheidung.[46] Jede dieser Phasen erfordert ein spezifisches Set operationaler Fähigkeiten:

(1) Strategieformulierung:
Der wohl wichtigste Aspekt während dieser Phase ist die Entwicklung einer überzeugenden strategischen Begründung für die Akquisition.[47] Das Unternehmen muss sich bewusst sein, welchen Beitrag eine potenzielle Akquisition zur Gesamtstrategie liefert, da M&A ja nicht Selbstzweck, sondern nur ein Mechanismus zu ihrer Umsetzung ist. Weiter sollte die Auswirkung der Akquisitionsstrategie auf die Wettbewerbsposition im betreffenden Bereich analysiert werden. Dieser Prozess ist in der Literatur als „Planung, um Opportunitäten nutzen zu können"[48] beschrieben worden. Ferner sollten die verschiedenen internen Akteure kohärente strategische Ziele mit der Akquisition verfolgen, was in der Regel wohl einen beträchtlichen Koordinationsaufwand erfordern wird. Unbedingt sollten auch die zur Zielerreichung notwendigen Prozesse hinreichend definiert und – ganz wichtig – kommuniziert werden.[49]

(2) Screening:
Während dieser Phase sollte das Top-Management in Zusammenarbeit mit dem Linien-Management eine Prioritätenliste unterschiedlicher Zielunternehmen erstellen.[50] Zu diesem Zweck muss das Käuferunternehmen sich im Klaren darüber sein, welche Anforderungen es an ein Kaufobjekt stellt. Ein besonders wichtiger Faktor ist hierbei das Preislimit, das heißt, das Wissen um den Wert der Akquisition für das eigene Unternehmen.[51] Nach wie vor tendieren zahlreiche Käuferunternehmen dazu, zu viel für ihre Akquisitionen zu bezahlen, vor allem dann, wenn ein Bieterwettbewerb entbrennt.

---

[46] Diese Phasen stellen nicht notwendiger Weise einen linearen, sukzessiven Prozess dar. Dennoch dienen sie uns hier als Bezugsrahmen zur Strukturierung unserer Gedanken.
[47] Vgl. PORTER (1987), HASPESLAGH/JEMISON (1991), HARDING ET AL. (2004) und COOLS/GELL/ROOS (2006).
[48] Vgl. HARDING ET AL. (2004).
[49] Vgl. JEMISON ET AL. (1986).
[50] Beispielsweise empfehlen FRAY ET AL. (1984) für die Suche nach Übernahmekandidaten eine Kombination aus opportunistischen und geplanten Elementen: Analyse und Identifizierung interessanter Industrien und Unternehmen bei gleichzeitiger Offenheit für plötzliche attraktive Akquisitionsgelegenheiten. Vgl. ferner auch HARDING ET AL. (2004).
[51] Vgl. HASPESLAGH ET AL. (1991) und COOLS ET AL. (2006).

(3) **Targetauswahl:**
Spätestens, wenn man sich konkret auf ein bestimmtes oder vielleicht auch mehrere Zielunternehmen festlegt, müssen potenzielle Vorteile und Probleme offen gelegt werden.[52] Leider ist es häufig so, dass Manager immer wieder mit zu viel Eifer an eine spezielle Akquisition herangehen und dabei wirtschaftliche und strategische Betrachtungen rasch aus den Augen verlieren.[53] Neben finanzielle Überlegungen sollten unbedingt auch stets folgende drei Dimensionen beachtet werden: der strategische[54], der organisationale[55] sowie der kulturelle[56] Fit des Kaufobjekts mit dem Käuferunternehmen.

(4) **Akquisitionsbegründung:**
Die Erwartungen der verschiedenen Akteure müssen spätestens in dieser Phase klar definiert und rationalisiert werden, um unrealistische Erwartungen beispielsweise hinsichtlich des Synergiepotenzials zu vermeiden.[57] Damit diesbezüglich keine Missverständnisse entstehen, müssen die unterschiedlichen Perspektiven im Unternehmen koordiniert werden.[58] Kurz gesagt: die Motive für die angestrebte Akquisition müssen allen hinreichend klar sein.

(5) **Investitionsentscheidung:**
In dieser Phase der finalen Entscheidungsfindung darf der Prozess auf keinen Fall Eigendynamik[59] oder – im Volksmund – „deal fever"[60] entwickeln. Bestimmte Aspekte sollten bis dahin unbedingt geklärt sein: Wer soll während der Transaktions- und der Integrationsphase die Verantwortung übernehmen?[61] Wie soll der Integrationsplan aussehen?[62] Wie und wo passt das akquirierte Unternehmen in den organisatorischen Kontext?

---

[52] Vgl. *FRAY ET AL.* (1984) und *HASPESLAGH ET AL.* (1991). Aus Praxissicht bedeutet das, nach der Kontaktaufnahme mit dem/den ausgewählten Target(s), vorläufige operationale, finanzielle und rechtliche Prüfungen durchzuführen sowie die Assets des/der Zielunternehmen(s) zu bewerten. Dazu sollten unbedingt entsprechende Experten herangezogen werden.

[53] Vgl. *HAUNSCHILD/DAVIS-BLAKE/FICHMAN* (1994).

[54] Vgl. zum Beispiel *ELGERS ET AL.* (1980), *LUBATKIN* (1983), *CHATTERJEE* (1986), *LUBATKIN* (1987) und *CHATTERJEE ET AL.* (1992).

[55] Vgl. *DATTA* (1991).

[56] Vgl. *CHATTERJEE ET AL.* (1992) und *VERY/LUBATKIN/CALORI/VEIGA* (1997).

[57] Vgl. *DIGEORGIO* (2002).

[58] Vgl. *HASPESLAGH ET AL.* (1991).

[59] Vgl. *HAUNSCHILD ET AL.* (1994). Einen detaillierten Überblick zum Thema „strategische Eigendynamik" liefern *AMBURGEY/MINER* (1992), die zwischen drei Typen unterscheiden: repetitive, positionale und kontextuelle Eigendynamik.

[60] Vgl. *COOLS ET AL.* (2006).

[61] Vgl. *HASPESLAGH ET AL.* (1991).

[62] Vgl. *COOLS ET AL.* (2006).

> **Fallbeispiel: Die Fusion zu DaimlerChrysler**
>
> Die Daimler-Benz AG und die Chrylser Corp. fusionierten im Herbst 1998 zur Daimler-Chrysler AG. Nach Angaben des damaligen Vorstandsvorsitzenden SCHREMPP auf der außerordentlichen Hauptversammlung am 18. September waren bei der strategischen Auswahl des Partners strengste Maßstäbe angelegt worden: „Das Ergebnis war eindeutig: Der ideale Partner für uns ist Chrysler". Fast ausnahmslos wurde die bestechende strategische Logik der Fusion von Experten damals befürwortet:
>
> ➢ Aus eigener Kraft im Premiumsegment zu wachsen galt als schwierig.
>
> ➢ Neue Hersteller ließen eine zunehmende Wettbewerbsintensität für Mercedes-Benz befürchten.
>
> ➢ Die zur Erzielung von Skaleneffekten notwendigen großen Stückzahlen sollten über zusätzliche Marken erzielt werden.
>
> ➢ Zu der breiten Fächerung von Produkten und Segmenten sollte eine verbesserte regionale Aufstellung kommen.
>
> Kurz gesagt: Mit einem gleich starken Partner wie Chrysler sollte das Unternehmen seinen Wachstumskurs schneller, besser und mit weniger Risiko fortsetzen. Doch es kam anders. Bis heute war ein immenser zusätzlicher Kapitaleinsatz erforderlich, um Chrysler wieder auf Kurs zu bringen.
>
> Wie konnte es zu einer solchen Entwicklung kommen? Die Profitabilität von Chrysler vor dem Akquisitionsjahr 1998 war Ergebnis einer kurzfristigen Gewinnmaximierungsstrategie zu Lasten der Zukunft des Unternehmens: Die Vormachtstellung im Segment der Geländewagen und Minivans war stark gefährdet; Die Entwicklung neue Modelle wurde aufgrund einer deutlich unterdurchschnittlichen F&E- und Investitionsquote vernachlässigt; Eine kostenintensive und inflexible Produktion wurde in Kauf genommen.
>
> Ließen sich die Entscheidungsträger bei Daimler-Benz damals von den augenscheinlichen Vorteilen der Fusion blenden und hinterfragten die strategische Logik nicht hinreichend? Wurden für die Akquisitionsentscheidung maßgebliche Kriterien damals übersehen oder unter den Tisch gekehrt, sei es durch Zeitdruck, Unachtsamkeit, fehlende beziehungsweise falsche Verantwortlichkeit oder infolge von „deal fever"?

Textbox 1:   Fallbeispiel: Die Fusion zu DaimlerChrylser

4.2 Auf Ebene der Akquisitionsstrategie

Die Autoren einer aktuellen Studie zur Performance von Serienakquisiteuren sind der Meinung, dass die besten Vielkäufer *Fähigkeiten zum Management von Akquisitionsprogrammen* entwickeln[63] und schlagen folgende Elemente als Bestandteile dieser Fähigkeiten vor:

➢ Entscheidung über die Anzahl der Akquisitionen

➢ Entscheidung über das Timing der einzelnen Akquisitionen

➢ Entscheidung über die Auswahl der zu akquirierenden Unternehmen

➢ Entscheidung über die Breite des Akquisitionsprogramms

Unserem Erachten nach gibt es eine weitere Dimension: die erfolgreiche Nutzung früherer Akquisitionserfahrung durch angemessenes Lernen. Denn nur wenn Unternehmen ihre Akquisitionserfahrung analysieren und entsprechende Konsequenzen für ihre zukünftigen Akquisitionen ziehen, können sie den Erfolg ihrer Akquisitionsstrategien verbessern.[64] Mögliche Elemente dieser *Lernfähigkeit* sind:

➢ Bewusstsein bezüglich der Unterschiede oder Ähnlichkeiten zwischen den einzelnen Akquisitionsprojekten zur Sicherstellung der richtigen Herangehensweise an das jeweilige Projekt.

➢ Angemessene Incentivierungssysteme, um zu erreichen, dass die Manager ihre Lernerfolge aus früheren Akquisitionen im Unternehmen weitergeben.

➢ Etablierung effizienter Feedback-Systeme, damit sowohl aus erfolgreichen als auch aus gescheiterten Projekten die richtigen Rückschlüsse gezogen werden.

---

[63] Vgl. *LAAMANEN ET AL.* (2006).
[64] Vgl. *HASPESLAGH ET AL.* (1991).

> **Fallbeispiel: Ciscos Akquisitionsstrategie**
>
> *„Der amerikanische IT-Konzern Cisco Systems befindet sich auf Shopping-Tour im Security-Markt: Mit Riverhead Networks übernimmt Cisco einen weiteren Anbieter von IT-Sicherheitslösungen. Kaufpreis: 39 Mio. US-$. Erst vor wenigen Wochen hatte Cisco den Start-Up Twingo Systems für 5 Mio. US-$ gekauft. Und im vergangenen Jahr waren mehrere Übernahmen kleinerer Security-Anbieter über die Bühne gegangen."*
>
> Derartige Schlagzeilen wie diese aus dem Jahr 2004 las man über den weltweit größten Netzwerkausrüster Cisco regelmäßig. Allein zwischen 1993 und 2002 kaufte Cisco über 70 Start-up-Unternehmen, überwiegend aus dem Silicon Valley, auf, um das eigene Produktspektrum systematisch zu erweitern und um Entwicklungspersonal zu gewinnen. Die Übernahmen wurden überwiegend mit eigenen Aktien finanziert. Die Notwendigkeit dieser Akquisitionspolitik wurde von Cisco mit den raschen technologischen Umbrüchen und der Knappheit qualifizierten Personals während des New Economy-Booms begründet, die einen erfolgreichen internen Kompetenzaufbau praktisch unmöglich gemacht hätten.
>
> Die Kombination von Unternehmen gleicher Größe, verschiedener Kulturen und Ursprungsgebieten hält man bei Cisco für schwierig bis unmöglich. Man bevorzugt es daher, nicht börsennotierte und nicht allzu große Unternehmen zu kaufen. Die Transaktionen sind stets Teil einer gezielten und klar kommunizierten Strategie.
>
> Cisco hat sich also bewusst entschieden, auf bereits vorhandenen Kernkompetenzen bei Akquisitionen zu fokussieren:
>
> ➢ Die einzelnen Akquisitionsprojekte weisen eine hohe, bei M&A allgemein eher unübliche Ähnlichkeit auf.
>
> ➢ Die Akquisitionsstrategie folgt stets einer strikten strategischen Logik.
>
> ➢ Das Risiko wird minimiert: Man betreibt eine minutiöse Planung und Durchführung der Akquisition; auf größere Übernahmen wird verzichtet.

Textbox 2:   Fallbeispiel: Ciscos Akquisitionsstrategie

4.3 Anpassung an die Organisationsstruktur

Für eine erfolgreiche Gestaltung der beiden oben beschriebenen Dimensionen sollten die Organisationsstruktur und die Akquisitionsstrategie eines Unternehmens aufeinander abgestimmt sein.[65] HASPESLAGH und JEMISON[66] unterbreiten folgende Vorschläge zur Organisation der M&A-Aktivität innerhalb eines Unternehmens:

- Die Planung der Akquisitionsstrategie sollte in den allgemeinen strategischen Planungsprozess einbezogen werden.

- Um die Kooperation zwischen den verschiedenen Akquisitionsexperten zu erreichen, sollte es eine unternehmensweite Methode zur Bewertung von Akquisitionsprojekten geben, in die auch die bereits bestehende M&A-Erfahrung einbezogen wird.

- Weiter sollte eine allgemein gültige Prozedur zur Autorisierung von M&A-Projekten eingeführt werden, mit deren Hilfe die vorläufige Genehmigung, die darauf folgenden Verhandlungen sowie die endgültige Zustimmung der Unternehmensleitung erteilt werden können.

- Unternehmen, die mit mittlerer bis hoher Regelmäßigkeit akquirieren oder eine entsprechende Steigerung ihrer Akquisitionsaktivität planen, sollten über die Einrichtung einer Unternehmensfunktion für Akquisitionen nachdenken. Eine solche Funktion kann dann als Sammelstelle für Akquisitionsinitiativen dienen und die einzelnen M&A-Prozesse im Unternehmen professionell unterstützen. Viele Großunternehmen verfügen heute bereits über eine derartige M&A-Abteilung.

---

[65] Vgl. hierzu CHANDLER (1962), der bereits sehr früh auf die Bedeutung des Zusammenspiels von Strategie und Struktur hingewiesen hat.

[66] Vgl. HASPESLAGH ET AL. (1991).

Ebene der Einzeltransaktion
Strategieformulierung: ➢ Überzeugende strategische Begründung ➢ Kohärente strategische Ziele ➢ Prozessdefinition zur Zielerreichung **Screening:** ➢ Prioritätenliste möglicher Zielunternehmen ➢ Setzen eines Preislimits **Targetauswahl:** ➢ Offenlegung der Vor- und Nachteile ➢ Vermeidung von Übereifer ➢ Bewertung des strategischen, organisationalen und kulturellen Fits **Akquisitionsbegründung:** ➢ Klärung der unterschiedlichen Erwartungshaltungen ➢ Koordination der verschiedenen Perspektiven **Investitionsentscheidung:** ➢ Vermeidung von Eigendynamik ➢ Zuweisung von Verantwortung für die Transaktions- und Integrationsphase ➢ Integrationsplanung ➢ Einpassung des Targets in den organisatorischen Kontext
Ebene der Akquisitionsstrategie
Management Akquisitionsprogramm: ➢ Entscheidung über die optimale Anzahl an Akquisitionen ➢ Entscheidung über das richtige Timing der einzelnen Transaktionen ➢ Entscheidung, welche Unternehmen akquiriert werden ➢ Entscheidung über die optimale Breite der Akquisitionsstrategie **Lernfähigkeit:** ➢ Wissen um die Ähnlichkeit beziehungsweise Verschiedenheit der verschiedenen Projekte ➢ Setzen der richtigen Incentivierungen ➢ Etablierung effizienter Feedback-Systeme
Anpassung an Organisationsstruktur
➢ Einbezug der Akquisitionsplanung in den strategischen Planungsprozess ➢ Einführung einer unternehmensweiten Methode zur Bewertung von Akquisitionsprojekten ➢ Definition eines Vorgehens für die Autorisierung von Akquisitionsvorhaben ➢ Einrichtung einer eigenen Organisationsfunktion für Akquisitionen

Tabelle 1: Überblick über die Komponenten und Erfolgsfaktoren strategischer M&A-Kompetenz

Unsere Absicht in diesem Abschnitt war es, das sehr abstrakte und schwer fassbare Konstrukt „strategische M&A-Kompetenz" als dynamische Fähigkeit greifbarer zu machen. Gleichzeitig kann diese Zusammenstellung als eine Art Checkliste für die Vorgehensweise während der strategischen Definitionsphase von M&A-Projekten dienen. Einen Überblick über die genannten Komponenten und deren erfolgreiche Gestaltung bietet Tabelle 1.

Im folgenden Kapitel wenden wir uns nun der Frage zu, wie die beschriebenen Fähigkeitensets zum strategischen Management von Akquisitionsstrategien im Unternehmen entstehen beziehungsweise aufgebaut und verändert werden können. Voraussetzung für den Ablauf der dort beschriebenen Lernmechanismen ist immer, dass es sich bei M&A um eine wiederkehrende Aufgabe handelt, es also eine Akquisitionsstrategie im Unternehmen gibt.

5 Strategische M&A-Kompetenz – Aufbau und Einflussfaktoren

Aus Sicht des fähigkeitenbasierten Ansatzes sind dynamische Fähigkeiten – zu denen wie gezeigt auch strategische M&A-Kompetenz gehört – die bedeutendsten unternehmerischen Ressourcen[67]. Wie diese so wichtigen Fähigkeiten aber aufgebaut werden beziehungsweise entstehen, ist bislang weitgehend ungeklärt. Bestehende Literatur zu diesem Thema nimmt an, dass dynamische Fähigkeiten durch Lernen entstehen.[68] Grundsätzlich kann davon ausgegangen werden, dass organisationale Fähigkeiten in routinemäßigem Verhalten Anwendung finden.[69] Das Design, die Implementierung sowie die Replizierung solcher Routinen sind zentrale Fragestellungen im Bereich des organisatorischen Lernens. Diese Erkenntnis macht die Lernforschung zu einem wichtigen Teilgebiet des Strategischen Managements.[70]

Im Rahmen unserer Überlegungen zum Aufbau strategischer M&A-Kompetenz[71] greifen wir auf Konstrukte aus verschiedenen Teilgebieten der Lernforschung zurück. Ohne den Versuch eines Überblicks über die komplexen Erkenntnisse aus 40 Jahren Lernforschung unternehmen zu wollen,[72] seien hier nur ganz kurz ein paar wenige für unsere Betrachtungen relevanten Punkte herausgegriffen: Die verhaltensorientierte Denkschule nimmt an, dass Organisationen aus Erfahrung, also nach dem „trial and error"-Prinzip, lernen.[73] Lernen aus Erfahrung ist aber nur ein Aspekt von Lernen. Eine weitere Schule, die interpretationsorientierte, definiert Organisationales Lernen als *„das Erkennen und Korrigieren von Fehlern"*[74].

---

[67] Vgl. TEECE ET AL. (1997) und EISENHARDT ET AL. (2000)..

[68] Vgl. EISENHARDT ET AL. (2000) und ZOLLO ET AL. (2002).

[69] Vgl. NELSON/WINTER (1982).

[70] Vgl. PISANO (1994).

[71] Wir gehen davon aus, dass dynamische Fähigkeiten zu einem großen Teil aus implizitem Wissen bestehen und dass solches Wissen überwiegend unternehmensintern aufgebaut wird. Wir betrachten die Beobachtung sowie das Screening der Unternehmensumwelt vielmehr als Anreize, bestehende Routinen zu verändern, denn als eigentliche Veränderungsmechanismen.

[72] Diejenigen, die an einem solchen Überblick interessiert sind, möchten wir auf HUBER (1991) verweisen.

[73] Vgl. CYERT/MARCH (1963), MARCH/OLSEN (1975) und ARGOTE (2000).

[74] Vgl. ARGYRIS/SCHÖN (1978).

Strategische M&A-Kompetenz 21

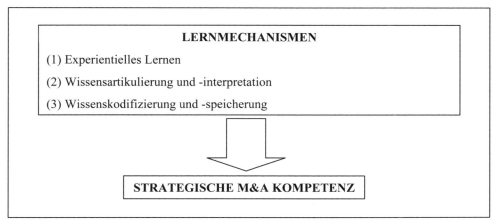

Abbildung 4:   Lernmechanismen und strategische M&A-Kompetenz[75]

Das Sammeln von Erfahrung, wie es die verhaltensorientierte Lernschule proklamiert, kann nicht immer mit effektivem Lernen gleich gesetzt werden.[76] Vor allem lässt diese Denkschule die Bedeutung von bewussten Lernprozessen zugunsten von „learning by doing" außer Acht.[77] Vor einigen Jahren haben ZOLLO und WINTER[78] den Versuch unternommen, beide Denkschulen zu vereinen und damit ein besseres Verständnis der Entstehung dynamischer Fähigkeiten zu entwickeln. Der daraus entstandene Bezugsrahmen für die Gestaltung und Evolution dynamischer Fähigkeiten beinhaltet folgende Lernmechanismen (siehe auch Abbildung 4), die im folgenden Abschnitt ausführlicher erläutert werden:

➢ „learning by doing" durch Erfahrungssammlung,

➢ kognitive Reflexion dieser Erfahrung durch Wissensartikulierung und

➢ anschließende Kodifizierung dieses Wissens.

5.1   Aufbau über Lernmechanismen

Für wirklich effektives Organisationales Lernen muss sowohl operationales (Know-how) wie auch konzeptuelles (Know-why) Lernen gewährleistet sein.[79] Konzeptuelles Lernen findet hauptsächlich auf den Ebenen der Wissensartikulierung sowie der -kodifizierung statt. Um unsere Überlegungen zum Aufbau strategischer M&A-Kompetenz zu strukturieren, stützen wir uns auf den oben beschriebenen Bezugsrahmen von ZOLLO und WINTER. Allerdings modifizieren wir ihre Terminologie leicht und erweitern die drei genannten Dimensionen, um den Bogen zu den verschiedenen Denkschulen im Bereich des Organisationalen Lernens zu span-

---

[75] In Anlehnung an ZOLLO/WINTER (2002), S. 340.
[76] Vgl. LEVITT/MARCH (1988), HUBER (1991), HAYWARD (2002) und ZOLLO ET AL. (2004).
[77] Vgl. LEVINTHAL/MARCH (1993).
[78] Vgl. ZOLLO ET AL. (2002).
[79] Vgl. KIM (1993).

nen. Die Abfolge der Lernmechanismen ist keineswegs chronologisch, da diese häufig rekursiv und iterativ sind sowie auch simultan ablaufen können.

(1) Experientielles Lernen:
Allgemein wird der Prozess, über den Wissen erworben wird, als *Wissensakquisition* bezeichnet.[80] Organisationen können über verschiedene untergeordnete Prozesse Wissen erwerben. Eine breit anerkannte Annahme ist, dass Organisationen Wissen erwerben, indem sie Erfahrung sammeln (experientielles Lernen). Aus der Perspektive der verhaltensorientierten Denkschule lernen Unternehmen, indem sie *„Rückschlüsse aus ihrer Geschichte in Routinen kodieren, die ihr Verhalten leiten"*[81]. Demnach ist Organisationales Lernen hier ein dynamischer und iterativer Prozess, in dessen Verlauf das Unternehmen Erfahrungen mit bestimmten Aufgaben macht, Rückschlüsse aus diesen Erfahrungen zieht und diese in der Zukunft auf gleiche oder ähnliche Aufgaben anwendet.[82] Das heißt, je mehr Erfahrung jemand im Laufe der Zeit mit der Ausübung einer bestimmten Aufgabe erwirbt, umso geübter wird er bei deren Ausführung.[83] Dies ist die Grundannahme des Lernkurven-Konzepts: über das Sammeln von Erfahrung lösen Unternehmen ihre Probleme effizienter. Allerdings ist diese Art zu lernen aus verschiedenen Gründen nicht immer zuträglich[84] und kann durch andere, stärker bewusste Lernprozesse als „trial and error" maßgeblich verbessert werden.

(2) Wissensartikulierung und -interpretation:
Durch Artikulierung wird die gesammelte Erfahrung im Unternehmen bewusst rationalisiert. Der Lernerfolg wird hier durch den Austausch von Meinungen und Überzeugungen zwischen Individuen verbessert.[85] Dieser Prozess kann als Interpretation von Information[86] bezeichnet werden. Interpretation ist als *„der Prozess, in dessen Verlauf Information mit Bedeutung versehen wird"* sowie als *„der Prozess, in dessen Verlauf Ereignisse übersetzt und gemeinsames Verständnis sowie konzeptuelle Schemata entwickelt werden"*[87] definiert worden. Neben reiner Erfahrungssammlung ist also der Prozess der Artikulierung der gesammelten Erfahrung im Rahmen konstruktiver Dialoge, Teamsitzungen und Ergebnisbewertungsprozessen ein zweiter wichtiger Mechanismus zum Aufbau von Fähigkeiten. Darüber entsteht ein besseres Verständnis der Ursachen-Wirkungs-Zusammenhänge und die Gefahr von „causal ambiguity" wird reduziert.[88] Dieser Prozess der Sinnstiftung macht es erst möglich zu erkennen, dass bestehende Routinen gegebenenfalls angepasst werden müssen.

---

[80] Vgl. HUBER (1991).
[81] WEICK (1979) und LEVITT ET AL. (1988), S. 320.
[82] Vgl. LEVITT ET AL. (1988).
[83] Vgl. ARROW (1962).
[84] Siehe zum Beispiel STARBUCK (1983), LEVITT ET AL. (1988), REED/DEFILLIPPI (1990) und HALEBLIAN ET AL. (1999), HAYWARD (2002).
[85] Vgl. ARGYRIS ET AL. (1978).
[86] Wir verwenden die Begriffe „Information" und „Wissen" in diesem Artikel mehr oder weniger synonym. Allerdings versuchen wir, „Information" für konkreten und „Wissen" für eher komplexen Lernoutput zu verwenden.
[87] Vgl. DAFT/WEICK (1984), S. 294 und S. 286.
[88] Vgl. KING/ZEITHAML (2001).

(3) Wissenskodifizierung und -speicherung:
Ein dritter Lernmechanismus, über den dynamische Fähigkeiten entstehen und/oder sich verändern können, ist die Kodifizierung des gesammelten und artikulierten Wissens, um dieses für die Zukunft nutzbar zu machen. Wir schließen uns hier der Definition von KOGUT und ZANDER[89] an: Die Kodifizierung ist „*die Fähigkeit des Unternehmens, Wissen in einem Set identifizierbarer Regeln und Beziehungen, die leicht kommunizierbar sind, zu strukturieren*". Eine derartige Kodifizierung wird über diverse Tools wie Handbücher, Vorlagen, Spezialsoftware, Excel-Tabellen, Reporte, et cetera erreicht. Wichtig ist hierbei, dass die Artikulierung von Wissen Voraussetzung für dessen Kodifizierung ist, während dies umgekehrt nicht der Fall ist.[90] Derartige Kodifizierungsprozesse ermöglichen es Organisationen, sowohl bewusst als auch unbewusst ihr Verständnis von Ursache-Wirkungs-Zusammenhängen weiter zu verbessern, da kodifiziertes Wissen zum einen für zukünftige Handlungen herangezogen, zum anderen aber auch laufend an neue Entwicklungen angepasst werden kann. Außerdem kann kodifiziertes Wissen besser gespeichert und weitergegeben werden.[91] Der Ort, an dem dieses Wissen gespeichert ist, wird als „organizational memory" bezeichnet (siehe Abbildung 5 für Details).[92]

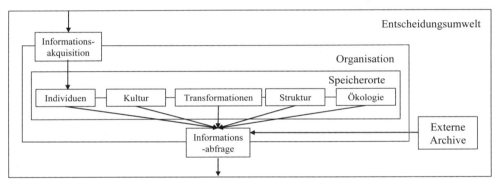

Abbildung 5:   *Die Struktur des „organizational memory"*[93]

Die Speicherung von Wissen bringt Vor- und Nachteile: Einerseits können Organisationen so standardisierte, operative Prozeduren entwickeln und darüber effektiver werden;[94] andererseits kann durch rigide Speicherung einmal erworbenen Wissens neues Lernen auch erschwert werden, da durch reines „Single-loop"-Lernen[95] der Status quo beibehalten wird und rasch organisationale Trägheit entsteht.[96] Aus diesem Grund ist vor einiger Zeit der Prozess des „Verlernens" auf der Forschungsagenda aufgetaucht.[97]

---

[89] Vgl. KOGUT/ZANDER (1992), S. 387.
[90] Vgl. ZOLLO ET AL. (2002).
[91] Vgl. WINTER (1987), NONAKA (1994) und ZANDER/KOGUT (1995).
[92] Vgl. WALSH/UNGSON (1991).
[93] In Anlehnung an WALSH/UNGSON (1991), S. 64.
[94] Vgl. CYERT ET AL. (1963).
[95] Vgl. hierzu ARGYRIS ET AL. (1978).
[96] Vgl. WALSH ET AL. (1991).
[97] Die weitere Erläuterung dieses Phänomens würde an dieser Stelle zu weit gehen. Interessierte Leser verweisen wir daher auf HUBER (1991).

Wir vermuten also, dass die dynamische Fähigkeit „strategische M&A-Kompetenz" aus einigen oder allen der genannten drei Lernmechanismen entsteht. Unbeantwortet bleibt dabei die Frage, welche dieser Mechanismen besonders geeignet sind für den Aufbau strategischer M&A-Kompetenz. Ebenfalls unklar ist, zu welchem Teil diese Lernprozesse bewusst oder unbewusst ablaufen. Im nächsten Abschnitt beschäftigen wir uns daher mit den Faktoren, die die genannten Lernmechanismen sowie deren Ausgestaltung potenziell beeinflussen.

5.2 Einflussfaktoren

Verschiedene externe und interne Bedingungen beeinflussen den Aufbau von Fähigkeiten und damit auch den von strategischer M&A-Kompetenz entweder positiv oder negativ. So haben beispielsweise MARCH und OLSON[98] in einer frühen Arbeit zu diesem Thema vier Situationen definiert, in denen es zu dysfunktionalem Lernen kommen kann. Spätere Beiträge haben dann weiter auf diesen Ergebnissen aufgebaut.[99] An dieser Stelle seien einige kurze Kommentare zu diesem Forschungsstrom innerhalb der drei unserem Erachten nach für den Aufbau strategischer M&A-Kompetenz besonders relevanten Kategorien gegeben:

> **Umweltfaktoren:** Dynamische Fähigkeiten treten je nach Umweltdynamik in unterschiedlicher Form in Erscheinung. Die Haupttreiber ihrer Entwicklung variieren je nach Marktdynamik. Während Wettbewerbsvorteile in mäßig moderaten Märkten von außerhalb des Unternehmens zerstört werden, droht diesen in sich rasch wandelnden Märkten auch von innerhalb des Unternehmens Gefahr, da dynamische Fähigkeiten in solchen Märkten rasch überholt sind oder aufgrund ihrer wenig standardisierten Struktur in sich zusammen brechen können.[100] In sich rasch wandelnden Märkten zahlen sich Investitionen in Wissensartikulierung und -kodifizierung daher häufig nicht aus.[101]

> **Organisationale Faktoren:** Aufgrund unterschiedlicher Entwicklungspfade, Unternehmenskulturen und -strukturen haben Unternehmen verschiedene Einstellungen zum Lernen.[102] Wir nehmen an, dass diese der Organisation inhärente Faktoren die Lernfähigkeit eines Unternehmens beeinflussen, gleichzeitig aber kaum veränderbar sind. Einer dieser Faktoren ist die „Absorptive Capacity" eines Unternehmens, also dessen Fähigkeit „*den Wert von neuem, externen Wissen zu erkennen, zu assimilieren und für kommerzielle Zwecke zu verwenden*"[103]. Diese Fähigkeit hängt maßgeblich von den Fähigkeiten der Mitarbeiter ab, neues Wissen zu assimilieren und anzuwenden. Weitere Faktoren, die unter diese Kategorie fallen, sind organisationale Trägheit, Mitarbeiterfluktuation, Unternehmenskultur, Investitionen in die Lernfähigkeit des Unternehmens und Incentivierungssysteme.

---

[98] Vgl. MARCH ET AL. (1975).

[99] Vgl. hierzu zum Beispiel REED ET AL. (1990), KIM (1993) und KING ET AL. (2001).

[100] Vgl. EISENHARDT ET AL. (2000).

[101] Vgl. ZOLLO ET AL. (2002). Dieser Annahme entsprechen auch die Ergebnisse einer Studie bei der Internetsuchmaschine Yahoo, die sich sehr erfolgreich im schnelllebigen Internetmarkt positioniert: Deren außergewöhnlich erfolgreiche Fähigkeit zum Management von Allianzen ist auffallend simpel und unstrukturiert (vgl. EISENHARDT/SULL [2001])

[102] Vgl. REED ET AL. (1990) und TEECE ET AL. (1997).

[103] Vgl. COHEN (1990), S. 128.

➢ **Eigenschaften der Aufgabe/der Fähigkeit:** In der Lernforschung wird für gewöhnlich davon ausgegangen, dass Unternehmen sich mit hoher Regelmäßigkeit mit wiederkehrenden, homogenen Aufgaben beschäftigen, deren Link zur Performance recht offensichtlich ist, beispielsweise in Produktion oder Produktentwicklung. Diese Annahme trifft – beispielsweise bei M&A-Projekten– jedoch nicht immer zu und folglich müssen die Interaktionen zwischen den Aufgaben beziehungsweise den zu deren Realisierung notwendigen Fähigkeiten und den betreffenden Lernmechanismen näher untersucht werden.[104] Ein in diesem Rahmen wichtiges Konstrukt ist „causal ambiguity", also die *„grundsätzliche Uneindeutigkeit betreffend die Natur der Kausalzusammenhänge zwischen Handlung und Ergebnis"*[105]. Wie so oft, handelt es sich hierbei um ein zweischneidiges Schwert: Durch die aus kausaler Uneindeutigkeit resultierende Nicht-Imitierbarkeit wird der Wettbewerbsvorteil des Unternehmens geschützt; gleichzeitig kann im schlimmsten Fall solches Wissen jedoch nicht einmal innerhalb des Unternehmens weitergegeben werden.[106] Diese Gefahr ist besonders akut, wenn es sich um implizites, komplexes und spezifisches Wissen handelt[107] beziehungsweise wenn die betreffende Aufgabe sehr heterogen ist oder unregelmäßig statt findet.[108]

Lernen aus Akquisitionen und der damit einhergehende, hier spezifisch untersuchte Aufbau der dynamischen Fähigkeit „strategische M&A-Kompetenz" wird in der Regel also komplexer sein als das Erfahrungskurven-Konzept der Lernforschung für gewöhnlich annimmt. Dies hat verschiedene Gründe: (1) der M&A-Markt ist äußerst dynamisch und die strategische Logik ist oft eher Opportunität als Kontinuität, (2) jedes Unternehmen wird aufgrund seiner Strukturen und Pfadabhängigkeiten unterschiedlich an den notwendigen Fähigkeitenaufbau herangehen müssen und (3) Akquisitionen sind heterogener als andere unternehmerische Aufgaben und finden in der Regel eher unregelmäßig statt.[109]

---

[104] Vgl. zum Beispiel REED ET AL. (1990) und ZOLLO ET AL. (2002).
[105] Vgl. LIPPMAN/RUMELT (1982), S. 420.
[106] Vgl. PRAHALAD/HAMEL (1990).
[107] Vgl. REED ET AL. (1990).
[108] Vgl. ZOLLO ET AL. (2002)
[109] In VOSS ET AL. (2006), wird erläutert, welche Eigenschaften von Akquisitionen das Lernen im Vergleich zu anderen unternehmerischen Aufgaben erschweren. Vgl. hierzu auch unter anderem HALEBLIAN ET AL. (1999), AHUJA/KATILA (2001), FINKELSTEIN/HALEBLIAN (2002) und HAYWARD (2002).

6 Fazit

Der Aufbau von strategischer M&A-Kompetenz über die beschriebenen Lernmechanismen wird in der Regel schwieriger sein als im Rahmen von anderen, alltäglichen Aufgaben, die das Unternehmen zu bewältigen hat. Neue Technologien, Märkte, Know-how et cetera können heutzutage allerdings häufig weder in wettbewerbsfähiger Zeit noch zu angemessenen Kosten aus eigener Kraft erworben beziehungsweise ausgebaut werden. M&A ist also angesichts sich rasch wandelnder Märkte und steigendem Konsolidierungsdruck für den Fortbestand sowie die Weiterentwicklung vieler Unternehmen äußerst bedeutsam.

Gerade Großkonzerne müssen flexibel auf Übernahmechancen reagieren und ihre Akquisitionsstrategien zugleich professionell aufsetzen und managen. Hieran scheitern selbst M&A-erfahrene Manager immer wieder.[110]

Doch seit den 90iger-Jahren scheint das Bewusstsein gestiegen zu sein, dass das M&A-Management professionell gestaltet werden muss. So haben immer mehr Firmen spezielle M&A-Abteilungen eingerichtet und halten ihr erworbenes M&A-Wissen in Wissensdatenbanken und Prozesstemplates fest. Und einigen Unternehmen gelingt es inzwischen, mit ihren Akquisitionsstrategien auch an den Aktienmärkten positive Reaktionen auszulösen.[111]

---

[110] Häufig zitiert werden in der Literatur die hohen Fehlschlagraten nach Studien von: MCKINSEY (1987) mit 77 %, MICHELL/EIU (1987) mit 70 %, MERCER MANAGEMENT CONSULTING (1995) mit 50 %, BOOZ ALLEN & HAMILTON (1998) mit 66 %.

[111] Vgl. COOLS ET AL. (2004) UND COOLS ET AL. (2006).

Quellenverzeichnis

AHUJA, G./KATILA, R. (2001): Technological acquisitions and the innovation performance of acquiring firms: A longitudinal study, in: Strategic Management Journal, 2001, Nr. 3, S. 197–220.

AMBURGEY, T. L./MINER, A. S. (1992): Strategic momentum: The effects of repetitive, positional, and contextual momentum on merger activity, in: Strategic Management Journal, 1992, Nr. 5, S. 335–348.

ARGOTE, L. (2000): Organizational learning: Creating, retaining and transferring knowledge, Boston/Dordrecht/London 2000.

ARGYRIS, C./SCHÖN, D. A. (1978): Organizational learning: A theory of action perspective, Reading, Mass. 1978.

ARROW, K. (1962). The economic implications of learning by doing, in: Review of Economic Studies, 1962, Nr. 29, S. 155–177.

ASHKENAS, R. N./DEMONACO, L. J./FRANCIS, S. C. (1998): Making the deal real: How ge capital integrates acquisitions, in: Harvard Business Review, 1998, Nr. 76, S. 165–178.

ASQUITH, P./BRUNER, R. F./MULLINS, D. W. JR. (1983): The gains to bidding firms from merger, in: Journal of Financial Economics, 1983, Nr. 11, S. 121–140.

BALAKRISHNAN, S. (1988): The prognostics of diversifying acquisitions, in: Strategic Management Journal, 1988, Nr. 9, S. 185–196.

BECKER, D. (2004): Der Ressourcen-Fit bei M&A-Transaktionen: Wann passen Käufer und Verkäufer zusammen? Eine empirische Analyse zur Konzeptionalisierung, Operationalisierung und Erfolgswirkung auf Basis des Resource-based View, Witten/Herdecke 2004.

BHABRA, G. S./BHABRA, H. S./BOYLE, G. W. (1999): Investment opportunities, leverage, and the wealth gains from acquisition program announcements, University of Otago, unveröffentlichtes Arbeitspapier 1999.

BLACKBURN, V. L./LANG, J. R./JOHNSON, K. H. (1990): Mergers and shareholder returns: The roles of acquiring firm's ownership and diversification strategy, in: Journal of Management, 1990, Nr. 16, S. 769–782.

BOOZ, ALLEN & HAMILTON. (1960): Management of new products, New York 1960.

BRADLEY, M./SUNDARAM, A. K. (2004): Do acquisitions drive performance or does performance drive acquisitions? A re-assessment of the evidence, Arbeitspapier, online: http://ssrn.com/abstract=592761.

BRUTON, G. D./OVIATT, B. M./WHITE, M. A. (1994): Performance of acquisitions of distressed firms, in: Academy of Management Journal, 1994, Nr. 37,S. 972–989.

CHANDLER, A. (1962): Strategy and structure: Chapters in the history of American industrial enterprise, Cambridge 1962.

CHATTERJEE, S. (1986): Types of synergy and economic value: The impact of acquisitions on merging and rival firms, in: Strategic Management Journal, 1986, Nr. 7, S. 119–139.

CHATTERJEE, S./LUBATKIN, M. H./SCHWEIGER, D. M./WEBER, Y. (1992): Cultural differences and shareholder value in related mergers: Linking equity and human capital, in: Strategic Management Journal, 1992, Nr. 13, S. 319–334.

COHEN, W. M./LEVINTHAL, D. A. (1990): Absorptive capacity: A new perspective on learning and innovation, in: Administrative Science Quarterly, 1990, Nr. 35, S. 128–152.

COOLS, K./GELL, J./ROOS, A. (2006): Successful M&A: The method in the madness, The Boston Consulting Group, Chicago 2006.

COOLS, K./KING, K./NEENAN, C./TSUSAKA, M. (2004): Growing through acquisitions. The successful value creation record of acquisitive growth strategies, The Boston Consulting Group, Boston 2004.

CÔTÉ, L./LANGLEY, A./PASQUERO, J. (1999): Acquisition strategy and dominant logic in an engineering firm, in: Journal of Management Studies, 1999, Nr. 36, S. 919–952.

CYERT, R. M./MARCH, J. G. (1963): A behavioural theory of the firm, NJ, Englewood Cliffs 1963.

DAFT, R. L./WEICK, K. E. (1984): Toward a model of organizations as interpretation systems, in: Academy of Management Review, 1984, Nr. 9, S. 284–295.

DATTA, D. K. (1991): Organizational fit and acquisition performance: Effects of post-acquisition integration, in: Strategic Management Journal, 1991, Nr. 12, S. 281–297.

DATTA, D. K./PINCHES, G. E./NARAYANAN, V. K. (1992): Factors influencing wealth creation from mergers and acquisitions, in: Strategic Management Journal, 1992, Nr. 13, S. 67–84.

DIDRICHSEN, J. (1972): The development of diversified and conglomerate firms in the united states, 1920-1970, in: Business History Review (pre-1986), 1972, Nr. 46, S. 202–219.

DIGEORGIO, R. M. (2002): Making mergers and acquisitions work: What we know and don't know – part I, in: Journal of Change Management, 2002, Nr. 3, S. 134–148.

EISENHARDT, K. M./SULL, D. N. (2001): Strategy as simple rules, in: Harvard Business Review, 2001, Nr. 79, S. 106–116.

EISENHARDT, K. M./MARTIN, J. A. (2000): Dynamic capabilities: What are they?, in: Strategic Management Journal, 2000, Nr. 21, S. 1105–1121.

ELGERS, P./CLARK, J. (1980): Merger types and shareholder returns: Additional evidence, in: Financial Management, 1980, Nr. 9, S. 66–72.

FINKELSTEIN, S./HALEBLIAN, J. (2002): Understanding acquisition performance: The role of transfer effects, in: Organization Science, 2002, Nr. 13, S. 36–47.

FOWLER, K. L./SCHMIDT, D. R. (1989): Determinants of tender offer post-acquisition financial performance, in: Strategic Management Journal, 1989, Nr. 10, S. 339–350.

FRAY, L. L./GAYLIN, D. H./DOWN, J. W. (1984): Successful acquisition planning, in: The Journal of Business Strategy, 1984, Nr. 5, S. 46–56.

GERPOTT, T. J. (1993): Integrationsgestaltung und -erfolg von Unternehmensakquisitionen, Stuttgart 1993.

GOCKE, A. (1997): Die Vermeidung von Abschmelzverlusten nach horizontalen Unternehmensakquisitionen, St. Gallen 1997.

GUEST, P. M./COSH, A./HUGHES, A./CONN, R. L. (2004): Why must all good things come to an end? The performance of multiple acquirers, in: Academy of Management (Hrsg.), Creating actionable knowledge: Academy of Management Annual Meeting, 64th, Best Paper Proceedings, 6-11 August 2004, New Orleans 2004, S. 1–6.

HALEBLIAN, J./FINKELSTEIN, S. (1999): The influence of organizational acquisition experience on acquisition performance: A behavioural learning perspective, in: Administrative Science Quarterly, 1999, Nr. 44, S. 29–56.

HARDING, D./ROVIT, S. (2004): Building deals on bedrock, in: Harvard Business Review, September, 2004, Nr. 82, S. 121–128.

HARVEY, P. (2000): Cisco's secret for success, in: Red Herring, 2006, Nr. 6, S. 36–37.

HASPESLAGH, P. C./JEMISON, D. B. (1991): The challenge of renewal through acquisitions, in: Planning Review, 1991, Nr. 19, S. 27–32.

HASPESLAGH, P. C./JEMISON, D. B. (1991): Managing acquisitions: Creating value through corporate renewal, MacMillan 1991.

HAUNSCHILD, P. R./DAVIS-BLAKE, A./FICHMAN, M. (1994): Managerial over commitment in corporate acquisition processes, in: Organization Science, 1994, Nr. 5, S. 528–540.

HAYWARD, M. L. A. (2002): When do firms learn from their acquisition experience? Evidence from 1990–1995, in: Strategic Management Journal, 2002, Nr. 23, S. 21–39.

HITT, M. A./HARRISON, J./IRELAND, R. D./BEST, A. (1998): Attributes of successful and unsuccessful acquisitions of us firms, in: British Journal of Management, 1998, Nr. 9, S. 91–114.

HOFER, C. W./SCHENDEL, D. (1978): Strategy formulation: Analytical concepts. St. Paul, MN: West 1978.

HOPKINS, D. H. (1987a): Acquisition strategy and the market position of acquiring firms, in: Strategic Management Journal, 1987, Nr. 8, S. 535–547.

HOPKINS, D. H. (1987b): Long-term acquisition management in the us economy, in: Journal of Management, 1987, Nr. 13, S. 557–572.

HUBER, G. P. (1991): Organizational learning: The contributing processes and the literatures, in: Organization Science, 1991, Nr. 2, S. 88–115.

IBM (2006): Expanding the innovation horizon. Somers, NY: IBM Corporation 2006.

JEMISON, D. B./SITKIN, S. B. (1986): Corporate acquisitions: A process perspective, in: The Academy of Management Review, 1986, Nr. 11, S. 145–163.

KIM, D. H. (1993): The link between individual and organizational learning, in: Sloan Management Review, 1993, Nr. 35, S. 37–50.

KING, A. W./ZEITHAML, C. P. (2001): Competencies and firm performance: Examining the causal ambiguity paradox, in: Strategic Management Journal, 2001, Nr. 22, S. 75–99.

KING, D. R. (2002): Predicting post-acquisition performance: Focusing on high-technology target firms, Dissertation, Indiana University 2002.

KING, D. R./DALTON, D. R./DAILY, C. M./COVIN, J. G. (2004): Meta-analysis of post-acquisition performance: Indications of unidentified moderators, in: Strategic Management Journal, 2004, Nr. 25, S. 187–200.

KOGUT, B./ZANDER, U. (1992): Knowledge of the firm, combinative capabilities, and the replication of technology, in: Organization Science, 1992, Nr. 3, S. 383–397.

KUSEWITT, J. (1985): An exploratory study of strategic acquisition factors relating to performance, in: Strategic Management Journal, 1985, Nr. 6, S. 151–169.

LAAMANEN, T./KEIL, T. (2006): Performance of serial acquirers: An acquisition program perspective. On the second round of review, Arbeitspapier, Helsinki University of Technology, Helsinki 2006.

LARSSON, R./FINKELSTEIN, S. (1999): Integrating strategic, organizational, and human resource perspective on mergers and acquisitions: A case survey of synergy realization, in: Organization Science, 1991, Nr. 10, S. 1–26.

LEACH, J. C. (1992): Repetition, reputation, and raiding, in: Review of Financial Studies, 1992, Nr. 5, S. 685–708.

LEVINTHAL, D. A./MARCH, J. G. (1993): The myopia of learning, in: Strategic Management Journal, 1993, Nr. 14, S. 95–112.

LEVITT, B./MARCH, J. G. (1988): Organizational learning, in: Annual Review of Sociology, 1988, Nr. 14, S. 319–340.

LIPPMAN, S. A./RUMELT, R. P. (1982): Uncertain imitability: An analysis of interfirm differences in efficiency under competition, in: Bell Journal of Economics, 1982, Nr. 13, S. 418–438.

LODERER, C./MARTIN, K. (1992): Postacquisition performance of acquiring firms, in: Financial Management, 1992, Nr. 21, S. 69–79.

LUBATKIN, M. (1983): Mergers and the performance of the acquiring firm, in: The Academy of Management Review (pre-1986), 1983, Nr. 8, S. 218–225.

LUBATKIN, M. (1987): Merger strategies and stockholder value, in: Strategic Management Journal, 1987, Nr. 8, S. 39–53.

LUCKS, K. (2005): Management komplexer M&A-Projekte. Ein Zwischenbericht aus industrieller Anwendungsentwicklung, in: M&A Review, 2005, Nr. 4, S. 159–169.

MARCH, J. G./OLSEN, J. P. (1975): The uncertainty of the past: Organizational learning under ambiguity, in: European Journal of Political Research, 1975, Nr. 3, S. 147–171.

MATSUSAKA, J. G. (1993): Takeover motives during the conglomerate merger wave, in: The Rand Journal of Economics, 1993, Nr. 24(3), S. 357–379.

MINTZBERG, H./WATERS, J. A. (1985): Of strategies, deliberate and emergent, in: Strategic Management Journal, 1985, Nr. 6, S. 257–272.

MITCHELL, W./CAPRON, L. (2002): Managing acquisitions to change and survive, in: EBF, Nr. 9, S. 51–55.

MÜLLER-STEWENS, G. (2006): Zukäufe lohnen sich wieder, in: Handelsblatt, 03.05.2006, S. 44.

NELSON, R. R./WINTER, S. G. (1982): An evolutionary theory of economic change, Cambridge, MA 1982.

NONAKA, I. (1994): A dynamic theory of organizational knowledge creation, in: Organization Science, 1994, Nr. 5, S. 14–37.

PENNINGS, J. M./BARKEMA, H./DOUMA, S. (1994): Organizational learning and diversification, in: Academy of Management Journal, 1994, Nr. 37, S. 608–640.

PISANO, G. P. (1994): Knowledge, integration, and the locus of learning: An empirical analysis of process development, in: Strategic Management Journal, 1994, Nr. 15, S. 85–100.

PORTER, M. E. (1987): From competitive advantage to corporate strategy, in: Harvard Business Review, 1987, Nr. 65, S. 43–59.

PRAHALAD, C. K./HAMEL, G. (1990): The core competence of the corporation, in: Harvard Business Review, 1990, Nr. 68, S. 79–91.

REED, R./DEFILLIPPI, R. J. (1990): Causal ambiguity, barriers to imitation, and sustainable competitive advantage, in: Academy Of Management Review, 1990, Nr. 15, S. 88–102.

ROCKWELL, W. F. (1968): How to acquire a company, in: Harvard Business Review, 1968, Nr. 46, S. 121–132.

ROVIT, S./HARDING, D./LEMIRE, C. (2004): A simple M&A model for all seasons, in: Strategy & Leadership, 2004, Nr. 32, S. 18–24.

SCHÄFER, D. (2006): 120 Milliarden Euro für übernahmen in der Hinterhand – mehr Optimismus und größeres Selbstbewusstsein unter Deutschlands DAX-Konzernen, in: Frankfurter Allgemeine Zeitung, 30.01.2006.

SCHIPPER, K./THOMPSON, R. (1983): Evidence on the capitalized value of merger activity for acquiring firms, in: Journal of Financial Economics, 1983, Nr. 11, S. 85–119.

SETH, A. (1990): Value creation in acquisitions: A reexamination of performance issues, in: Strategic Management Journal, 1990, Nr. 11, S. 99–115.

SIEMENS (2006): Annual report 2005, München 2006.

SINGH, H. & MONTGOMERY, C. A. (1987): Corporate acquisition strategies and economic performance, in: Strategic Management Journal, 1987, Nr. 8, S. 377–386.

SIROWER, M. L. (1997): The synergy trap: How companies lose the acquisition game, New York 1997.

STARBUCK, W. H. (1983): Organizations as action generators in: American Sociological Review, 1983, Nr. 48, S. 91–102.

TEECE, D. J./PISANO, G./SHUEN, A. (1997): Dynamic capabilities and strategic management, in: Strategic Management Journal, 1997, Nr. 18, S. 509–533.

VERY, P./LUBATKIN, M./CALORI, R./VEIGA, J. (1997): Relative standing and the performance of recently acquired European firms, in: Strategic Management Journal, 1997, Nr. 18, S. 593–614.

VOSS, I./MÜLLER-STEWENS, G. (2006): Die Umsetzung von Wachstumsstrategien durch Akquisitionsserien, in BOROWICZ, F./MITTERMAIR K. H. (2006), Strategisches Management von Mergers & Acquisitions – State of the Art in Deutschland und Österreich, Wiesbaden 2006, S. 119–144.

WALSH, J. P./UNGSON, G. R. (1991): Organizational memory, in: Academy of Management Review, 1991, Nr. 16, S. 57–91.

WEICK, K. E. (1979): The social psychology of organizing, Reading, MA 1979.

WINTER, S. (1987): Knowledge and competence as strategic assets, in *TEECE, D. J.* (1987), The competitive challenge, Cambridge, MA 1987, S. 159–184.

WINTER, S. G. (2003): Understanding dynamic capabilities, in: Strategic Management Journal, 2003, Nr. 24, S. 991–995.

ZANDER, U./KOGUT, B. (1995): Knowledge and the speed of the transfer and imitation of organizational capabilities: An empirical test, in: Organization Science, 1995, Nr. 6, S. 76–92.

ZOLLO, M./SINGH, H. (2004): Deliberate learning in corporate acquisitions: Post-acquisition strategies and integration capability in U.S. Bank mergers, in: Strategic Management Journal, 2004, Nr. 25, S. 1233–1256.

ZOLLO, M./WINTER, S. G. (2002): Deliberate learning and the evolution of dynamic capabilities, in: Organization Science, 2002, Nr. 13, S. 339–351.

Wenn gute Manager schlechte Unternehmen kaufen – Interessenkonflikte und deren Management bei Akquisitionen

FRANK BOROWICZ

Fachhochschule St. Pölten

1	Einleitung	35
	1.1 Unternehmenskäufe – Hohe Relevanz, keine Wertschaffung	35
	1.2 Interessenkonflikte als eine Erklärung für fehlende Wertschaffung	36
2	Grundmodell und M&A-Phasen	40
	2.1 Theoretisches Grundmodell	40
	2.2 Phasen von M&A-Transaktionen	43
	2.2.1 Überblick über die M&A-Phasen	43
	2.2.2 Aufgabenkomplexe der Vorfeld-Phase	44
	2.2.3 Aufgabenkomplexe der Transaktions- und Integrations-Phase ...	44
3	„Schlechte" Unternehmenskäufe – Eine Analyse	45
	3.1 Was treibt Manager zu „schlechten" Unternehmenskäufen"?	45
	3.1.1 Gesamtunternehmens-Sphäre	45
	3.1.2 Verantwortungsbereich des Managers	47
	3.1.3 Eigenschaften des Managers	48
	3.1.4 Transaktions-Sphäre	48
	3.1.5 Zwischenfazit	49
	3.2 Wie Manager „schlechte" Unternehmenskäufe umsetzen	50
4	Instrumente zur Eindämmung der Interessenkonflikte	52
	4.1 Zentralbereiche, Anreizsysteme & Beschlussfassung	52
	4.2 Einbezug des Know-how von dritter Seite	54
5	Fazit	57
Quellenverzeichnis		58

1 Einleitung

1.1 Unternehmenskäufe – Hohe Relevanz, keine Wertschaffung

In 2005 wurden in der Datenbank Dealogic weltweit rund 25.000 Mergers & Acquisitions (M&A) registriert. Das finanzielle Volumen der abgeschlossenen Transaktionen betrug USD 2.059 Mrd. (siehe Abbildung 1).[1] Diese Zahlen belegen – trotz deutlicher Schwankungen im Zeitablauf – die *Bedeutung* von Mergers & Acquisitions. Die Globalisierung der Wirtschaft, die Öffnung und Deregulierung der Märkte, steigende Kapitalmarkterwartungen, verkürzte Produktlebenszyklen und der Know-how-Wettbewerb sind einige, miteinander zusammenhängende „Treiber" des M&A-Geschäfts.[2] Für Unternehmen repräsentieren Mergers & Acquisitions eine Handlungsoption, um Wachstum, Diversifikation, Internationalisierung, Portfoliobereinigungen oder eine Unternehmensnachfolge umzusetzen. Unter Mergers & Acquisitions (M&A) kann dabei der Handel mit Unternehmen, Unternehmensteilen und Unternehmensbeteiligungen verstanden werden,[3] der damit auch die hier fokussierten Unternehmenskäufe umfasst.

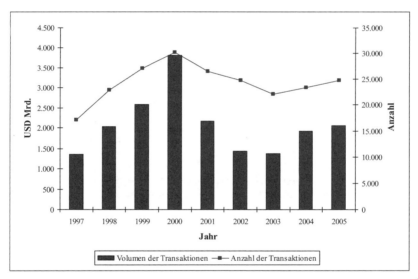

Abbildung 1: Weltweite M&A-Transaktionen nach Volumen und Anzahl 1997-2005[4]

In den letzten Jahrzehnten wurde eine Vielzahl von Studien erstellt, die den *Erfolg* von M&A messen. Er wird in aller Regel an den Zielgrößen der Anteilseigner fest gemacht. Da die Zielgrößen nicht bekannt und wohl auch durchaus heterogen sind, wird vereinfacht davon ausgegangen, dass Veränderungen der „Rendite" und des „Risikos", die M&A nach sich ziehen,

---

[1] Vgl. zu diesen Zahlen DEALOGIC und KPMG.
[2] Vgl. auch LUCKS/MECKL (2002), S. 5 ff., und WIRTZ (2003), S. 5.
[3] Vgl. MÜLLER-STEWENS (2004), Sp. 333.
[4] Vgl. DEALOGIC und KPMG. Die Angaben zu 2005 enthalten alle bis zum 28.11.2005 abgeschlossenen Transaktionen inklusive Privatisierungen, Spin-Offs und Carve-Outs.

dem Erfolg aus Sicht der Eigentümer nahe kommen.[5] Unternehmenskäufe sind somit erfolgreich, wenn durch die Transaktionen die (erwartete) Rendite des eingesetzten Kapitals bei gleich bleibendem Risiko steigt oder das Risiko bei gleicher Rendite abnimmt. Dies stimmt mit der Unternehmenswertsteigerung aus Sicht der Eigentümer überein (Shareholder Value).

In den Studien wird der M&A-Erfolg mittels unterschiedlicher Methoden gemessen, wobei teilweise mehrere Methoden zum Einsatz kommen. Es werden entweder Manager der beteiligten Unternehmen nach ihrer subjektiven Beurteilung zum Erfolg einer Transaktion befragt, oder es werden „objektivere" Größen, wie die des Jahresabschlusses,[6] der umstrittenen Wiederverkaufsraten oder der kapitalmarktorientierten Ereignisstudien herangezogen.[7] Die M&A-Studien unterscheiden sich nicht nur in der Art ihrer Erfolgsmessung, sondern auch hinsichtlich der betrachteten Zeiträume der Transaktionen und ihrer Erfolgswirksamkeit sowie hinsichtlich der betrachteten Branche, der Region oder des Vorhandenseins einer Kapitalmarktnotierung von Käufer und/oder Verkäufer.

Wie aufgezeigt weisen die Studien eine Vielzahl von Unterschieden auf. Mit Blick auf den Transaktionserfolg zeigt sich trotz ihrer Diversität folgendes, vereinfachtes Bild: Während sich Transaktionen für die Verkäuferseite lohnen, ist der M&A-Erfolg auf der Käuferseite ernüchternd. Ihr Erfolg ist in den meisten Studien negativ oder liegt nahe „null", das heißt für die Eigentümer der Käuferseite wird kein Wert geschaffen.[8] Dies zeigt auch eine Meta-Studie von KING ET AL., in der die Ergebnisse von 93 Querschnittsanalysen zusammenfassend ausgewertet wurden.[9] Somit kann zweierlei festgehalten werden:

➢ Erstens zählen M&A-Transaktionen mittlerweile zum „Standardrepertoire" von Unternehmen und im langfristigen Trend kann eher eine Zu- als eine Abnahme bei Transaktionszahl und -volumen festgestellt werden.

➢ Zweitens wird auf Seiten der Käufer kein Unternehmenswert geschaffen oder sogar Wert vernichtet.

Beide Feststellungen zusammen erscheinen paradox – warum finden sich weiterhin Jahr für Jahr Käufer, die erhebliche Summen in (statistisch) erfolglose Unternehmenserwerbe investieren?

1.2 Interessenkonflikte als eine Erklärung für fehlende Wertschaffung

Als Erklärung für ein solch paradoxes Verhalten der Unternehmen beziehungsweise ihrer Manager kann erstens auf die *HUBRIS*-Hypothese zurückgegriffen werden.[10] Demnach führt die Selbstüberschätzung des Managements zu „überteuerten" Unternehmenskäufen. Nun spricht jedoch wenig dafür, dass das übersteigerte Selbstbewusstsein alleine ursächlich ist für die Erfolglosigkeit von Unternehmenskäufen. Zweitens können Zieldivergenzen in die Erklä-

---

[5] Vgl. GLAUM/LINDEMANN/FRIEDRICH (2006), S. 297.
[6] Hierbei kommen etwa absolute und relative Gewinn- und Ertragsgrößen in Frage.
[7] Vgl. GLAUM/LINDEMANN/FRIEDRICH (2006), S. 297 ff.
[8] Vgl. JANSEN (2004), S. 531 f.
[9] Vgl. KING ET AL. (2004), S. 192.
[10] Vgl. ROLL (1986), S. 197 f.

rung einbezogen werden, das heißt Manager verfolgen bei einigen Transaktionen andere Ziele als Eigentümer. Damit wären die oben genannten Erfolgsmaße nutzlos, da sie nicht das eigentlich verfolgte Ziel in seiner Erreichung messen, sondern Ziele, die von außen auf die Transaktionen „aufgestülpt" werden.[11]

In der Tat wird in der betriebswirtschaftlichen Literatur regelmäßig davon ausgegangen, dass zwischen Eigentümern und geschäftsführenden Managern keine Zielidentität besteht und situationsabhängig *Interessenkonflikte* entstehen können. Hierauf weisen nicht zuletzt agencytheoretische und mikropolitische Veröffentlichungen seit langer Zeit hin.[12] Jedoch wird hierauf in der M&A-Literatur nur äußerst rudimentär Bezug genommen, da Fragen der „richtigen" Unternehmensbewertung, der Finanzierung von Transaktionen, der operativen Durchführung von Due Diligence-Untersuchungen et cetera dominieren.

Gerade Mergers & Acquisitions und damit Unternehmenskäufe ziehen substanzielle organisatorische, kulturelle, personelle und finanzielle Konsequenzen nach sich, von denen etwa Manager (Mitarbeiter) und Eigentümer eines Unternehmens erheblich beeinflusst werden:[13]

> - Einige *Manager* – vornehmlich des kaufenden Unternehmens – hoffen auf Beförderungen, Gehaltssteigerungen oder steigende Reputation, andere – vornehmlich Manager des Erwerbsobjektes – müssen Entlassungen, neue Arbeitsorte oder Karrierestagnation befürchten.[14] Allgemein erleben Mitarbeiter M&A-Transaktionen meist als Phasen großer Unsicherheit. Die entstehenden Ängste der Mitarbeiter beziehen sich beispielsweise auf Entlassungen sowie auf die Entwertung ihrer unternehmensspezifischen Investitionen.[15]

> - Für die *Eigentümer* des Unternehmens sind vor allem erhebliche finanzielle Folgen mit dem Kauf verbunden. Daneben können Transaktionen mit lokaler oder regionaler Bedeutung auch Folgen für die öffentliche Reputation der (Mehrheits-)Eigentümer haben.

Alles in allem wird klar: Es gibt kaum eine Einzelentscheidung, die derart gravierend in die bestehenden Verhältnisse von Managern, Mitarbeitern und Eigentümern sowie weiterer Stakeholder eingreift. Insofern wundert es nicht, dass gerade bei M&A – man denke an die Vielzahl der Betroffenen und das Ausmaß individueller Betroffenheit – *persönlichen, zum Teil gegensätzlichen Interessen* eine besondere Bedeutung zufällt. Es erscheint daher sinnvoll, mehrere Ebenen von Interessenkonflikten zu unterscheiden (siehe Abbildung 2 und die Nummerierung der Interessenkonflikte), wobei hier nur die Stakeholder Manager und Eigentümer betrachtet werden:[16]

---

[11] Überspitzt gesagt wäre dies so, als wenn ein 100 Meter-Lauf danach gemessen wird, wer nach dem Lauf das meiste Gewicht aufweist, die Läufer jedoch möglichst schnell laufen wollen.

[12] Vgl. etwa JENSEN/MECKLING (1976) und KÜPPER/ORTMANN (1986).

[13] Vgl. hierzu ausführlicher BOROWICZ (2006a), S. 5.

[14] Vgl. etwa HUNGENBERG/WULF (2006).

[15] Vgl. hierzu detailliert SHLEIFER/SUMMERS (1987), STOUT (2002) und BOROWICZ (2006a).

[16] Weitere Stakeholder bei M&A wären etwa Mitarbeiter, M&A-Dienstleister (Banken, Wirtschaftsprüfer, Rechtsanwälte et cetera), Gewerkschaften, Fremdkapitalgeber, die allgemeine Öffentlichkeit et cetera.

- Konfliktebene 8: Zunächst einmal können Interessenkonflikte zwischen den Eigentümergruppen auf der Käuferseite (buyside) und der Verkäuferseite (sellside) bestehen. Beide trachten hier annahmegemäß nach der Maximierung ihres eingesetzten Kapitals, das heißt die Käuferseite möchte möglichst wenig für den Erwerb zahlen, während die Eigentümer auf Verkäuferseite möglichst viel für ihr Unternehmen erhalten wollen. Dieser Interessenkonflikt wird bei Publikumsgesellschaften mit Minderheitsgesellschaftern nur indirekt über die Manager ausgetragen, bei mittelständischen Unternehmen mit Mehrheitsgesellschaftern können beide Eigentümergruppen jedoch direkt involviert sein.

- Konfliktebene 4: Sofern Unternehmen nicht eigentümergeführt sind (zum Beispiel Publikumsgesellschaften), werden Manager mit der Transaktion betraut. Vordergründig vertreten sie Interessen der Eigentümer, sodass der dort geschilderte Konflikt übertragen werden kann. Wenngleich die Eigentümerinteressen meist nicht gänzlich vernachlässigt werden, treten weitere, originäre Interessen der Manager hinzu. Hierbei geht es, wie oben skizziert, um Macht, Karrierepfade, Verdienstmöglichkeiten et cetera. So entstehen etwa Interessenkonflikte bei der Besetzung relevanter Führungspositionen, die zu einem „Deal-Breaker" evolvieren, ohne dass der Shareholder Value betroffen wäre.

- Konfliktebene 2 und 6: Interessenkonflikte kann es jedoch auch innerhalb einer Partei – beispielsweise auf der buyside – geben. Das klassische Beispiel betrifft die Beziehungsebene von Anteilseignern und den Manageragenten. Manager könnten etwa absichtlich Transaktionen durchführen, die den Shareholder Value nicht maximieren und somit den Eigner-Interessen zuwider laufen.

- Konfliktebene 1 und 7: Auf seiten der Anteilseigner können Interessenkonflikte zum Beispiel hinsichtlich der zeitlichen Perspektive (kurz- oder langfristig ausgerichtete Wertsteigerung) bestehen. Solche Interessenkonflikte können zwischen privaten und institutionellen Anlegern oder zwischen Minderheits- und Mehrheitsgesellschaftern entstehen.

- Konfliktebene 3 und 5: Schließlich können Interessenkonflikte zwischen Managern bestehen. Die Interessen der Manager können unter anderem an Ihrem Verantwortungsbereich festgemacht werden,[17] weshalb hier unterschiedliche Managementebenen betrachtet werden.

Im folgenden Beitrag wird auf Konflikte zwischen unterschiedlichen Managern desselben Unternehmens fokussiert (Konfliktebene 3 und 5). Hierfür spricht, dass die anderen Konfliktebenen vergleichsweise gut untersucht worden. Instrumente zur Entschärfung dieser Konflikte sind die Due Diligence und Shareholder Value-zentrierte Verfahren der Unternehmensbewertung. Beide verringern Informationsasymmetrien und die Gefahr opportunistischen Verhaltens in den Verkäufer-Käufer- und Manager-Anteilseigner-Beziehungen. Rechtliche und quasirechtliche Normen, die den Erwerb von Anteilen und das Verhalten bei Übernahmen regulieren,[18] sollen Interessenkonflikte innerhalb der Anteilseignergruppe als auch zwischen ihnen und den Managern reduzieren.

---

[17] Eine detaillierte Betrachtung der Faktoren, die auf die Interessen eines Managers einwirken, findet sich in Abschnitt 3.

[18] Zum Beispiel das Wertpapiererwerbs- und Übernahmegesetz WpÜG, das AktG oder der Corporate-Governance-Kodex.

Interessenkonflikte innerhalb eines Unternehmens werden in der Literatur hingegen kaum behandelt, da in der M&A-Literatur implizit davon ausgegangen wird, dass Unternehmen monolitische Blöcke aus Managern und Mitarbeitern mit identischen Interessen sind. Stattdessen wird hier angenommen, dass Manager unterschiedliche und teilweise konfligierende Interessen verfolgen.

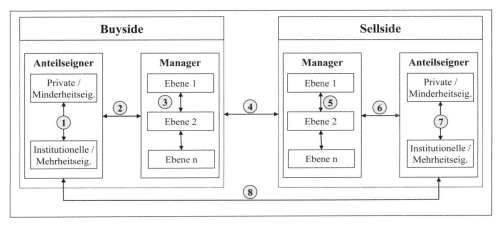

Abbildung 2: Beziehungs- und Konfliktebenen bei M&A-Transaktionen

Nachfolgend wird von einem Unternehmen ausgegangen, das mehrere Geschäftseinheiten (Sparten) aufweist. Ferner wird angenommen, dass Manager der Ebene 1 (Vorstand, Geschäftsführung) noch am ehesten den Gesamtinteressen des Unternehmens im Sinne des Shareholder Value verpflichtet sind. Diese Annahme ist insofern plausibel, da diese Managementebene vergleichsweise stark vom Aufsichtsrat und den Anteilseignern beeinflusst werden kann. Zudem spricht für diese Annahme ein pragmatisches Argument: Wenn nicht zumindest eine Managementebene die Eigentümer-Interessen verfolgt, sind Gedanken um ein Shareholder Value-konformes (M&A-)Management sinnlos, da innerhalb des Unternehmens niemand ein Interesse hat, diese Norm durchzusetzen.

Ziel des nachfolgenden Beitrages ist die Analyse der Interessenkonflikte bei Unternehmenskäufen zwischen den unterschiedlichen Managementebenen eines Unternehmens und die Entwicklung von Gestaltungsvorschlägen, wie mit den Interessenkonflikten umgegangen werden kann. Hierzu werden in Abschnitt 2 zunächst ein theoretisches Grundmodell vorgestellt (2.1) und anschließend die M&A-Phasen systematisiert (2.2). Abschnitt 3 wendet das theoretische Grundmodell auf Unternehmenskäufe an: Zunächst werden in 3.1 situative Rahmenbedingungen („Logik der Situation") eines Managers betrachtet, die dazu führen, dass sich die jederzeit vorhandenen Interessenunterschiede zu Konflikten entwickeln.[19] Anschließend wird beispielhaft analysiert, wie es Manager schaffen, suboptimale Unternehmenskäufe umzusetzen (3.2). Schließlich werden in Abschnitt 4 Instrumente vorgestellt, mittels derer Interessenkonflikte eingedämmt werden können.

---

[19] Interessenunterschiede beziehen sich in diesem Beitrag stets auf Unterschiede zwischen den Interessen der Shareholder Value-orientierten Manager der ersten Managementebene und denen der zweiten Ebene.

2 Grundmodell und M&A-Phasen

2.1 Theoretisches Grundmodell

So fahrlässig es wäre, Managern zu unterstellen, dass sie stets im Sinne ihrer Aktionäre handeln, so falsch wäre es anzunehmen, dass sie jederzeit gegen die Interessen ihrer Anteilseigner handeln. Das heißt ein Teil der durchgeführten Unternehmenskäufe maximiert nicht den Shareholder Value, da Manager absichtlich Akquisitionen durchführen, die schon zum Zeitpunkt ihrer Entscheidung suboptimal[20] für die Anteilseigner waren. Solche suboptimalen Transaktionen werden nachfolgend vereinfacht als „schlechte" Transaktionen bezeichnet.

Willentlich durchgeführte „schlechte" Akquisitionen sind das Ergebnis von Interessenkonflikten. Es lassen sich unterschiedliche Manifestationen dieser Konflikte unterscheiden:[21]

- Von einem *Realisierungskonflikt* sei gesprochen, wenn die potenziellen Erwerbsobjekte („Targets") prinzipiell nicht wertsteigernd sind, Spartenmanager dennoch eine Transaktion anstreben.[22]

- Sind einige „Targets" prinzipiell wertsteigernd, liegt einem Konflikt nicht mehr die Frage der Realisierung („ob?") sondern die Frage der Ausgestaltung („wie?") zugrunde. Folgende *Ausgestaltungskonflikte* seien unterschieden:

  - Interessenkonflikte über die Beschaffenheit des Kaufobjektes: So können Manager ein „Target" erwerben wollen, das eine geringere Wertsteigerung als alternative Investitionen verspricht. Dies kann etwa aus der Absicht eines Managers resultieren, über eine „Diversifikation" seiner Sparte eine Stabilisierung des Unternehmenserfolges und eine Senkung seines Arbeitsplatzrisikos zu erreichen (Humankapital-Diversifikation),[23] was mit den alternativen „Targets" nicht erreichbar wäre. Spezifische Target-Präferenzen können auch aus regionalen Motiven (Kauf und Entsendung in USA statt in Russland) resultieren.

  - Interessenkonflikte über den Preis und die sonstigen Konditionen: Hierbei sind Spartenmanager bereit, einen höheren Kaufpreis zu zahlen als notwendig oder sinnvoll wäre. Weitere Konzessionen gegenüber dem Verkäufer betreffen die sonstigen Konditionen wie etwa Gewährleistungen und Garantien, die Durchsetzung von Earn-Out-Klauseln und den Erhalt von Standorten oder Arbeitsplätzen et cetera.

---

[20] Suboptimal sind dann solche Transaktionen, die nicht wertsteigernd für die Anteilseigner sind. Einem strengeren Verständnis folgend können selbst wertsteigernde Transaktionen suboptimal sein, falls alternative Transaktionen eine höhere Wertsteigerung erbracht hätten. Dies setzt jedoch voraus, dass die Annahme des vollständigen Kapitalmarktes und die damit verbundene Prämisse der jederzeitigen Finanzierbarkeit vorteilhafter Investitionen fallen gelassen werden.

[21] In Anlehnung an WEIHE (2003) und WEIHE/ELSCHEN (2004), die jedoch teilweise eine andere Terminologie verwenden.

[22] Nachfolgend wird zumeist davon ausgegangen, da es bei Spartenmanagern eine übertriebene „Kaufneigung" gibt. Der Realisierungskonflikt könnte jedoch auch den umgekehrten Fall betreffen, das heißt Spartenmanager wehren sich generell gegen Unternehmenskäufe. Dieser Fall dürfte jedoch empirisch bedeutungsloser sein (Manager dürften sich eher gegen der „Verkauf" wehren).

[23] Vgl. JENSEN/MECKLING (1976).

> Interessenkonflikte über das Timing: Mit der Wahl eines Zeitpunktes für den Übergangs des Erwerbsobjektes können Manager versuchen, schlechte Ergebnisse der Käufersparte zu überdecken.

Es stellt sich die Frage, unter welchen Bedingungen einzelne Manager bewusst „schlechte" Akquisitionen durchführen, welches Ziel sie damit verfolgen und wie es Manager schaffen, diese „schlechten" Akquisitionen in einem Unternehmen mit einer Vielzahl von Entscheidungsträgern durchzusetzen. Antworten hierauf können unter Zuhilfenahme des struktur-individualistischen Ansatzes gewonnen werden, der mit Rational-Choice-Ansätzen verknüpft werden kann.[24]

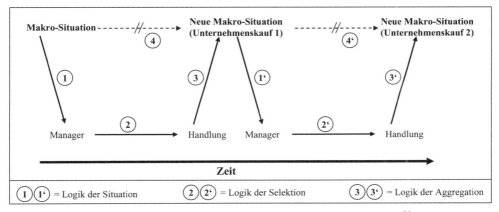

Abbildung 3: Das Grundmodell struktur-individualistischer Erklärungen[25]

Das Grundmodell des struktur-individualistischen Ansatzes sei mittels einer 3-Stufen-Logik beschrieben (siehe Abbildung 3):

> Schritt 1: Manager sind zum Zeitpunkt der Entscheidung über ein M&A-Vorhaben von bestimmten Rahmenbedingungen oder einer sozialen Situation umgeben. Diese ist einerseits objektiv gegeben, unterliegt andererseits jedoch der subjektiven Wahrnehmung und Interpretation durch die Akteure. So wird ein 30-jähriger „Jungmanager" einen Unternehmenskauf anders als ein erfahrener 60-jähriger Kollege wahrnehmen. Will man ein kollektives Phänomen wie eine „schlechte" Akquisition erklären, sind die objektive Situation und deren Interpretation der handelnden Akteure zu rekonstruieren, das heißt der Forscher muss sich in die *Logik der Situation* einfinden. Hierbei sind natürlich unmöglich alle situativen Rahmenbedingungen einzubeziehen, sodass jene auszuwählen sind, die für die Handlungssituation der Manager die wichtigsten sind. Welche diese im M&A-Kontext sein können, wird in Abschnitt 3 näher diskutiert.

> Schritt 2: Als nächstes ist zu klären, wie die wahrgenommene und interpretierte Situation zur Handlung führt – in unserem Fall der Förderung einer „schlechten" M&A-Transaktion. Es stehen unterschiedliche Handlungstheorien zur Verfügung, die eine Aussage darüber machen, wie eine Handlung ausgewählt wird (*Logik der Selektion*). Im Allge-

---

[24] Vgl. im Folgenden ESSER (1999) und KUNZ (2004).
[25] Vgl. COLEMANN (1990).

meinen wird von dem Prinzip der „Nutzenmaximierung" ausgegangen: Manager handeln folgen- und erfolgsorientiert auf Basis ihrer subjektiven Präferenzen. Aufgrund der Begrenztheit grundlegender Ressourcen (zum Beispiel der Zeit als universelle Restriktion) stellt ihr Handeln immer eine Auswahl einer Handlungsoption unter der Zurückweisung einer anderen dar. Ein „schlechter" Unternehmenskauf wird somit unterstützt, wenn der subjektive erwartete Nutzen dieser Handlung im Vergleich zu alternativen Handlungen am höchsten ist. Sind eine historisch-spezifische Handlungssituation (Logik der Situation) und die Handlungstheorie (Logik der Selektion) gegeben, so kann ein Handeln von Managern im Nachgang erklärt oder ex ante prognostiziert werden.[26]

➢ Schritt 3: In der Betriebswirtschaftslehre reicht die Erklärung einer individuellen Handlung meist nicht aus, da kollektive Phänomene im Mittelpunkt stehen. Hierunter fällt alles, was über die Handlung einer Person hinausgeht, also etwa die Arbeitsleistung einer Gruppe, ein bestimmter Unternehmenserfolg oder wie in unserem Fall der Kauf eines Unternehmens durch ein anderes. Kollektive Phänomene sind dabei das Resultat *individueller* Handlungen, das heißt die Analyse und Erklärung kollektiver Phänomene werden zurückgeführt auf einzelne Akteure.[27] Die Frage ist, wie sich aus den individuellen Handlungen ein kollektives Phänomen ergibt – oder anders ausgedrückt: Wie können individuelle Handlungen aggregiert werden (*Logik der Aggregation*)? Hier sind entsprechende Aggregations- oder Transformationsregeln auszuwählen. Bei M&A-Vorhaben spielen formelle und informelle Machtverhältnisse und -prozesse eine Rolle, wobei die Entscheidung über eine M&A-Transaktion letztlich von Gremien wie Vorständen und Aufsichtsräten gefällt werden. Sie sorgen für eine Transformation individueller Handlungen in kollektives Unternehmenshandeln (Unternehmenskauf). Nach erfolgtem „Unternehmenshandeln" ergibt sich für Manager eine veränderte soziale Situation. Es zeigt sich, dass soziale Strukturen und individuelle Handlungswahlen von Akteuren wechselseitig verknüpft sind. Kollektive Phänomene wie die Durchführung einer („schlechten") M&A-Transaktion sind letztlich sowohl das Ergebnis individueller Handlungen wie auch Ausgangspunkt neuer Handlungen – etwa einem weiteren Unternehmenskauf.[28]

---

[26] Auf die verschiedenen Handlungstheorien kann in diesem Beitrag nicht eingegangen werden. Vgl. hierzu etwa ESSER (1999).

[27] Die Dynamik des unternehmerischen Geschehens ist in den Entscheidungen individueller Akteure verankert. „Unternehmenshandeln" muss damit nicht immer dem Willen eines Individuums entsprechen. Jedoch ist jedes „Unternehmenshandeln" auf (eine aggregierte Summe handelnder) Individuen zurückführbar.

[28] Dies verdeutlicht auch, dass M&A-Lernen nur über die Mikro-Ebene der Individuen erklärt werden kann und weshalb es widersprüchliche Ergebnisse dazu gibt, ob Unternehmen, die in der Vergangenheit eine größere Zahl von Transaktionen durchgeführt haben, deshalb in Zukunft einen höherer M&A-Erfolg haben werden als jene Unternehmen, die bislang wenige oder keine Transaktionen durchgeführt haben.

2.2 Phasen von M&A-Transaktionen

2.2.1 Überblick über die M&A-Phasen

M&A-Transaktionen können in die folgenden *drei (logischen) Phasen* untergliedert werden, auf die nachgehend eingegangen wird:[29]

➢ Vorfeld-Phase

➢ Transaktions-Phase

➢ Integrations-Phase

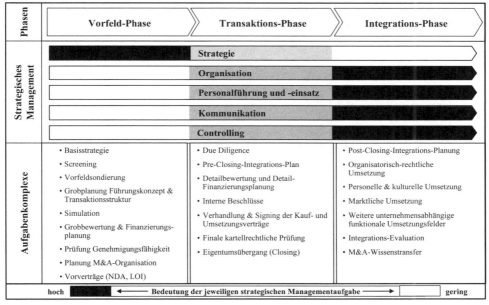

Abbildung 4:   Idealtypische M&A-Phasen und Aufgabenkomplexe[30]

Im oberen Teil der Abbildung 4 sind die drei Phasen skizziert. Der untere Teil enthält die sachlich zusammenhängenden Aufgabenkomplexe, die man den drei Phasen zuordnen kann. Dazwischen, in der Mitte der Abbildung, sind die Aufgaben des strategischen Managements abgetragen. Hierzu gehören Strategieentwicklung, Organisation, Personalführung und Personaleinsatz, Kommunikation[31] und Controlling. Über die Wahrnehmung dieser Funktionen greift das Management steuernd in den M&A-Prozess ein, das heißt richtet den Prozess aus, regelt Rahmenbedingungen und überwacht ihn. Die konkreten Aufgabenkomplexe sind teils rein operativer und teils strategischer Natur. In letztere greift das Management aktiv ein. Anhand der unterschiedlich dunklen Schattierungen sind idealtypisch Schwerpunkte der einzelnen Ma-

---

[29] Folgende Ausführungen beziehen sich auf *LUCKS/MECKL* (2002) und *BOROWICZ* (2006b).
[30] Vgl. *BOROWICZ* (2006b) in enger Anlehnung an *LUCKS/MECKL* (2002).
[31] Kommunikation ist bei M&A besonders relevant und wurde daher in den üblichen „Funktionskatalog" des Managements aufgenommen. Vgl. zur Bedeutung etwa *GÖTTGENS/STEINWAERDER/VOGEL* (2006).

nagementfunktionen kenntlich gemacht. So hat etwa die Funktion „Strategie" ihren Schwerpunkt in der Vorfeld-Phase, ist am Anfang der Transaktionsphase von geringerer Bedeutung und wird dann zu ihrem Ende angesichts der Entwicklung der Post-Merger-Strategie wieder bedeutsamer.

2.2.2 Aufgabenkomplexe der Vorfeld-Phase

Die Vorfeldphase beginnt mit der Prüfung alternativer *Basisstrategien*, die Entscheidungen über Wachstums- oder Schrumpfungsstrategien beinhalten. Wachstum kann intern, über Kooperationen oder extern über M&A realisiert werden. Eine Schrumpfung kann organisch oder über einen Verkauf realisiert werden. Obwohl in der Literatur meist nur Strategien für „Einzelakquisitionen" thematisiert werden,[32] spielen in der Praxis immer wieder Akquisitionsserien[33] eine Rolle. Mit der Wahl der Strategie sind grundlegende Entscheidungen getroffen und nachfolgende Aufgaben in ihrer Komplexität reduziert. In der *Screening-Phase* werden potenzielle Kandidaten für Akquisitionen, Fusionen oder Verkäufe ausgewählt und hinsichtlich ihrer Eignung bewertet.

Die *Vorfeldsondierung* umfasst die erste, meist informelle Kontaktaufnahme auf hoher Hierarchieebene. Hierbei wird die Bereitschaft der Kandidaten zu einer Transaktion ausgelotet. Es folgt die Grobplanung von *Führungskonzept und Transaktionsstruktur*. Im Rahmen der *Simulation* werden Grobplanungen erstellt, wie sich die Unternehmen separat („stand-alone") oder in einer neuen, integrierten und optimierten Einheit entwickeln. Wenngleich diese Planungen aufgrund fehlender Informationen noch grob sein müssen, sind sie doch sinnvoll, da sie eine gezielte Due Diligence ermöglichen. Es schließen sich unmittelbar erste *grobe Unternehmensbewertungen* an. Der indikativ ermittelte Unternehmenswert dient der *groben Finanzierungsplanung* und gegebenenfalls ersten Sondierungen bei Kapitalgebern.

Die Prüfung der *Genehmigungsfähigkeit* hat zwei, miteinander verbundene Facetten: Zum einen werden unternehmensinterne Gremien kontaktiert und Vor-Genehmigungen, zum Beispiel für den Eintritt in die Transaktionsphase, eingeholt. Die unternehmensexterne Genehmigungsfähigkeit kann kartellrechtliche Fragen oder Local-content-Vorschriften umfassen. Die Planung der *M&A-Organisation* sollte frühzeitig begonnen werden. Hierbei sind transaktionsbezogene Projektstrukturen festzulegen sowie Ablaufplanungen zu erstellen. Die Vorfeldphase endet mit der Unterzeichnung der *Vorverträge* (Non-Disclosure Agreement, Letter of Intent et cetera.)

2.2.3 Aufgabenkomplexe der Transaktions- und Integrations-Phase

Die Transaktions-Phase beginnt mit dem Eintritt in die *Due Diligence*. Bei der *Detailbewertung*[34] und *Finanzierungsplanung* finden sämtliche erarbeiteten Informationen Eingang, um für das Unternehmen einen Grenzpreis zu ermitteln und die Finanzierung auszuloten. Die Ergebnisse dieses Aufgabenkomplexes sind Grundlage der nachfolgenden *internen Beschlüsse* der Unternehmensgremien, auf deren Basis die *finalen Vertragsverhandlungen* geführt und die Verträge unterzeichnet werden (Signing). Sobald die endgültigen *kartellrechtlichen Bescheide* eingegangen sind, kann der *Eigentumsübergang* (Closing) erfolgen. An diesem Stich-

---

[32] Vgl. etwa *JANSEN* (2001), *VOGEL* (2002) und *WIRTZ* (2003).
[33] Einen Überblick vermittelt *VOSS/MÜLLER-STEWENS* (2006).
[34] Vgl. zu einem prägnanten Überblick über die Bewertungsmethoden *BOROWICZ* (2005a).

tag sind die wesentlichen Vertragsleistungen zu erbringen.[35] Damit wechselt das Unternehmen formal seinen Eigentümer und der Käufer hat Eingriffsrechte für die folgende Integrations-Phase.

Die bereits in der Vorfeld- und verstärkt in der Transaktionsphase erarbeiteten Integrationspläne werden nach dem Closing mit Blick auf neue Erkenntnisse permanent angepasst und detailliert (*Post-Closing-Integrations-Planung*). Es folgen mehr oder minder zeitgleich die wesentlichen organisatorisch-rechtlichen, personell-kulturellen und marktlichen sowie sonstigen *Umsetzungsfelder*. Gegenstand der *Integrations-Evaluation* ist es, die Umsetzung der Maßnahmen „in time", „in quality" und „at costs" zu überwachen und zu bewerten. Letztlich ist das *Wissensmanagement* (in Bezug auf M&A) sicherzustellen. Wesentliche Projektbeteiligte sollten ihre Erfahrungen austauschen, dokumentieren und nötigenfalls den M&A-Prozess für künftige Transaktionen überarbeiten.[36] Nur so kann das sehr flüchtige M&A-Know-how im Unternehmen gebunden werden und „best practices" spartenübergreifend geteilt werden.

3 „Schlechte" Unternehmenskäufe – Eine Analyse

3.1 Was treibt Manager zu „schlechten" Unternehmenskäufen"?

Im Folgenden wird vor allem auf situative Bedingungen eingegangen, die Manager dazu veranlassen, bewusst suboptimale beziehungsweise „schlechte" Kaufentscheidungen zu fällen. Hierzu werden Kriterien erarbeitet, die als besonders handlungsbeeinflussend angesehen werden. Naturgemäß wäre für ein vertieftes Verständnis der Logik der Situation ein konkreter Einzelfall zu analysieren, in dem man die Situation und ihre Wahrnehmung sowie Interpretation durch einen Manager detailliert betrachtet. Nachfolgend werden hier vier Gruppen situativer Rahmenbedingungen unterschieden, die für die Entstehung von Interessenkonflikten entscheidend sind.

3.1.1 Gesamtunternehmens-Sphäre

Ist die *Qualität des Controllings* gering und sind somit Ergebnisse von Transaktionen nicht einem Verantwortungsbereich schnell und eindeutig zuweisbar, steigt die Wahrscheinlichkeit des Ausbruchs von Interessenkonflikten, da sich Manager der mangelnden Planungs- und Kontrollmöglichkeiten der Unternehmenszentrale bewusst sind und diese Situation gegebenenfalls ausnutzen. Bedenkt man, dass für ein entsprechendes Controlling aussagekräftige wertorientierte Kennzahlen nötig sind, dem eine technische und organisatorische Reorganisation und Integration des Erwerbsobjektes vorgelagert ist,[37] wird ein hochwertiges Controlling keinesfalls zur Selbstverständlichkeit. Wenn es vor einem Unternehmenskauf Defizite im Controlling gibt, werden diese durch die Transaktion erheblich vergrößert.

---

[35] Vgl. hierzu PICOT (2005), S. 185.
[36] Vgl. hierzu LUCKS/MECKL (2002), S. 292 ff., und VOSS/MÜLLER-STEWENS (2006).
[37] Das gekaufte Unternehmen sowie die Sparte des Erwerbers werden in der Regel partiell oder vollständig integriert. Die damit verbundenen organisatorischen Veränderungen erschweren eine verursachungsgerechte Kostenrechnung und das Controlling. Zudem sind die Kostenrechnungs- und Controllingsysteme technisch zu verknüpfen; unter Umständen wird ein neues System einzuführen sein, bevor valide Controllingdaten vorliegen.

Auch wenn das Controlling gut ausgestaltet ist, somit Verantwortlichkeiten für Erfolge wie Mißerfolge von Transaktionen feststellbar sind, können Interessenkonflikte durch *Vergütungs- und Anreizsysteme* gefördert werden. Generell gilt, dass es in der Praxis kein Anreizsystem gibt, welches eine Interessenidentität von Managern und Anteilseignern herstellen kann. Mit Blick auf M&A können Anreiz- und Vergütungssysteme eine Reihe von Problemen umfassen, von denen hier zwei beispielhaft genannt seien:

➢ Probleme mit der Bemessungsgrundlage: Die Vergütung orientiert sich an absoluten Bemessungsgrundlagen wie dem Umsatz oder verschiedenen Gewinngrößen. Dies hat zur Folge, dass sich Manager mit Unternehmenskäufen höhere Vergütungen sichern können.[38] Meist geschieht dies auf indirekte Weise: So werden zwar die aus dem Unternehmenskauf resultierenden Zusatzeffekte nicht in die Bestimmung der (variablen) Vergütung einbezogen. Indirekt spielen diese jedoch bei zukünftigen Gehaltsverhandlungen sehr wohl eine Rolle: Wie Untersuchungen etwa von Kienbaum zeigen, bestehen zwischen der Unternehmensgröße und der Vergütung von Managern beachtenswerte Zusammenhänge – die Unternehmensgröße ist demnach der wichtigste Bestimmungsfaktor der Vergütungshöhe.[39]

➢ Probleme mit dem Bezugsobjekt: Die Vergütung eines Spartenmanagers orientiert sich nicht nur an seiner Sparte, sondern ist zumindest teilweise abhängig von Ergebnissen des Gesamtunternehmens. Ein „schlechter" Unternehmenskauf in seiner Sparte würde sich auf die Vergütung des Managers nur abgefedert auswirken, da eine Vermischung mit den Ergebnissen anderer Sparten stattfände.

Neben der Qualität des Controllings und der Anreizsysteme ist das Maß an *M&A- und Branchen-Know-how* relevant, das auf der Gesamtunternehmensebene (Zentralbereiche und Vorstand) vorhanden ist. Je höher das Know-how, desto schwerer wird es für die Spartenmanager, eine „schlechte" Akquisition durchzuführen. Schließlich sind M&A-Fachleute in der Lage, Businesspläne und Unternehmensbewertungen hinsichtlich ihrer wesentlichen Parameter zu analysieren. Hierbei ist entscheidend, dass das Know-how nicht nur grundsätzlich vorliegt, sondern tatsächlich – auch in M&A-Boomphasen – freie Kapazitäten vorhanden sind, um eine Transaktion entsprechend intensiv zu begleiten. Ein besonderes Problemfeld stellen Sparten mit Branchenbesonderheiten dar; nicht zuletzt entscheiden Annahmen über das Marktwachstum und Wettbewerbsverhalten über die Vorteilhaftigkeit einer Branche. Liegt dieses Branchen-Know-how auf Gesamtunternehmensebene nicht vor, kann auf externe Quellen wie Marktstudien, Berater et cetera zurückgegriffen werden. Hier besteht jedoch wie bei Spartenmanagern die Gefahr einer „Abschluss-Bias".

Bei Unternehmen, die Liquiditäts- und Rentabilitätsschwächen aufweisen, stehen im Normalfall Unternehmenskäufe nicht zur Diskussion, da das bestehende Geschäft saniert werden muss. Erst wenn ein gewisses Mindestmaß an *finanziellen Ressourcen* vorhanden ist, werden Unternehmenskäufe ermöglicht. Der gegenteilige Fall liegt bei hoher freier Liquidität vor (Free-Cash-Flow-Hypothese):[40] Demnach wird überschüssige freie Liquidität, die nicht für Investitionen benötigt und daher ausgeschüttet werden könnte (Free Cash Flow), von Managern für Akquisitionen verwandt. Dies würde den Abfluss von Ressourcen verhindern und so

---

[38] Vgl. MUELLER (1969).
[39] Vgl. etwa ENGESER/AUGTER (2004).
[40] Vgl. JENSEN (1986).

die Macht der Manager erhalten, indem beispielsweise neue Beförderungspotenziale für Manager geschaffen werden.

3.1.2 Verantwortungsbereich des Managers

Innerhalb des Verantwortungsbereichs (Sparte) des Managers beeinflusst eine Reihe von Faktoren die Wahrscheinlichkeit „schlechter" Unternehmenskäufen. So kann die *verabschiedete Strategie* der Sparte Transaktionen unterstützen oder nahezu unmöglich machen. „Schlechte" Akquisitionen werden erleichtert, wenn explizit eine Strategie des (anorganischen) Wachstums verfolgt wird. Da Strategie und Ressourcenzuteilung eng miteinander gekoppelt sind, besteht dann hinreichender finanzieller Spielraum für Unternehmenskäufe.

Die *Größe der Sparte* ist sowohl inner- als auch außerhalb des Gesamtunternehmens relevant. Mit der relativen Größe einer Sparte innerhalb eines Gesamtunternehmens geht auch ihr Einfluss einher, was sich bei der Verteilung von Positionen (zum Beispiel Beirats-Aufsichtsratsposten, Posten für Zentralbereiche), bei strategischen Entscheidungen auf Ebene des Gesamtunternehmens, bei der Ressourcenverteilung und so weiter niederschlägt. Kleinere Sparten haben zudem geringeren „Rückhalt" innerhalb des Gesamtunternehmens, sodass sie eher disponibel sind als größere Einheiten. Die relative Größe der Sparte zu anderen Branchenakteuren ist ebenfalls von Bedeutung. Aus einer geringen Größe entstehen für Spartenmanager insofern „Nachteile", als dass sie auf branchenspezifischen Kongressen, in Interessenvereinigungen und in der Presse nur eine untergeordnete Rolle spielen. Beides – eine geringe Größe innerhalb des Gesamtunternehmens und innerhalb der Branche – kann Manager veranlassen, „schlechte" Transaktionen durchzuführen, um die oben beschriebenen Nachteile zu überwinden.

Eine Sparte ist dann autonom, wenn operative und strategische Entscheidungen weitgehend unabhängig von den Zentralbereichen des Gesamtunternehmens gefällt werden können. Zudem ist der *Autonomiegrad* hoch, wenn die Entscheidungen durch die Sparte umgesetzt und kontrolliert werden, ohne dass sich die Unternehmenszentrale stark beteiligt. Natürlich werden den Zentralbereichen zumindest einige Kennzahlen zu melden sein und Transaktionen gewisser Größenordnungen nur von obersten Führungs- und Kontrollgremien endgültig entschieden werden können. Häufig müssen diese Gremien jedoch den Angaben der Sparte vertrauen und kleinere Transaktionen werden ohne allzu große Diskussionen beschlossen.

Schließlich ist von Bedeutung, welche *Macht* der betrachtete Manager innerhalb der Sparte hat. Aus der Einnahme einer bestimmten Position resultiert etwa die Macht zur Belohnung oder Bestrafung von Verhalten oder Verhaltensergebnissen. Personenorientierte, positionsunabhängige Machtquellen sind Expertenmacht und Macht aus der Identifikation mit dem Manager.[41] Hohe Macht führt dazu, dass Manager ihren Willen innerhalb der Sparte durchsetzen können, das heißt, Zweifel, Widerstände et cetera entweder nicht aufkommen lassen oder diese unterdrücken beziehungsweise sanktionieren. Beispielsweise werden es mächtige Manager eher schaffen, dass Ergebnisse der Due Diligence oder Meinungen zu einer geplanten Transaktion nur mit ihrem Einverständnis an Zentralbereiche weitergegeben werden. Die Durchführung „schlechter" Unternehmenskäufe bringt notwendigerweise „Mitwisser" mit sich, die etwa durch Belohnungen, wie eine neue Position im größeren Unternehmen, ruhig gestellt werden.

---

[41] Vgl. zu den Machtquellen FRENCH/RAVEN (1959).

3.1.3 Eigenschaften des Managers

Die absichtliche Durchführung eines „schlechten" Unternehmenskaufs – gegen tendenziell am Shareholder Value orientierte Zentralbereiche und Top-Manager des Gesamtunternehmens – erfordert ein gewisses Maß an *M&A-Know-how*. Ohne dieses ist der Manager nicht in der Lage, relevante Parameter wie Diskontierungszinssätze (Beta-Faktor, risikofreier Zins), Wachstumsraten in der ewigen Rente, Multiples et cetera zu erkennen und in seinem Sinne auszurichten. Nicht zuletzt die Bewertungsbandbreiten durch professionelle M&A-Dienstleister verdeutlichen, dass hierbei durchaus Gestaltungsspielräume vorhanden sind, ohne dass später eine bewusste Manipulation vorgeworfen werden kann.

Sind Manager gut vernetzt, umfasst ihr *persönliches Netzwerk* Steuerberater, Wirtschaftsprüfer, Investmentbanker, Rechtsanwälte et cetera, die als Berater bei M&A-Transaktionen in Frage kommen. Gelingt es dem Manager, diese Personen entsprechend als Berater für die betreffende Transaktion zu engagieren, wird das Erstzugriffsrecht bei den Beratungsberichten (Due-Diligence-Berichte, Unternehmensbewertung et cetera.) auch bei dem Manager liegen. Eine – zweifellos begrenzte – Flexibilität wird der Auftraggeber (Manager) von seinen Auftragnehmern (M&A-Dienstleistern) angesichts der personellen und monetären Abhängigkeiten erwarten können.[42]

Ein wichtiger Aspekt ist die *Lebenssituation* des Managers zu einem bestimmten Zeitpunkt. Merkmale wie die Anzahl der Personen, die der Manager unterstützen muss, sein Alter sowie der Umfang seines Vermögens, seine Arbeitsmarktfähigkeit sowie auch das Geschlecht beeinflussen seine Risikoneigung: Diese ist höher, wenn der Manager keine (wenige) Personen unterstützen muss, wenn er jung ist, ein hohes Vermögen[43] besitzt, gute Chancen auf dem Arbeitsmarkt hat und männlich ist. Manager mit diesem Profil werden es eher wagen, „schlechte" Unternehmenskäufe zu unterstützen, da die Kosten eines Fehlschlages durch seine Lebenssituation begrenzt werden.

3.1.4 Transaktions-Sphäre

Je nach *Verfassung der M&A- und Kapitalmärkte* werden Interessenkonflikte wahrscheinlicher oder nicht. M&A-Märkte sind äußerst zyklischer Natur. In Boomphasen finden viele Transaktionen statt, wie auch auf anderen Märkten steigen dann die Preise, was an Transaktionsmultiples (zum Beispiel Umsatz- oder Gewinnmultiples) ablesbar ist. In den meisten Branchen sind die zur Veräußerung stehenden Unternehmen ohnehin sehr begrenzt und die Konkurrenz um die „letzten Erwerbsobjekte" lässt wertorientierte Denkweisen schnell in den Hintergrund treten. Unterstützt wird dies durch boomende Kapitalmärkte, in denen Transaktionen auf eine positive Grundstimmung treffen und leicht refinanzierbar sind. Latent vorhandene Interessenkonflikte, die in schlechten M&A-Zeiten nicht ausbrechen, da man ohnehin geringe Kaufpreise zahlt, werden somit gerade in Boomzeiten wirksam.

---

[42] Die Reputation als Gegengewicht ist nur begrenzt wirksam. Vgl. hierzu etwa die Ausführungen von KITSCHLER (2005), der untersucht, inwiefern Reputation geeignet ist, um Interessenkonflikte bei Wirtschaftsprüfern zu verhindern.

[43] Dass ein Manager keinerlei Vermögen besitzt und deshalb risikoreiche Transaktionen eingeht wird hier ausgeschlossen („nichts zu verlieren"), da Manager zumindest für gewisse Zeit Vermögen akkumuliert haben dürften (als leitende Angestellte beziehen sie schon längere Zeit hohe Vergütungen).

In vielen Branchen ist die Zahl der Wettbewerber und damit der Kandidaten für Unternehmenskäufe gering. Sind in einem M&A-Prozess „Targets" vorhanden, mit denen die Manager des betrachteten Unternehmens gute *persönliche Beziehungen* pflegen, besteht die Gefahr, dass Manager der Sparte bereits „entscheidende" Bedingungen geklärt haben. Hierzu zählt dann etwa die Besetzung der Führungspositionen. Im weiteren Verlauf der Transaktion wird dann häufig eine „Präferenz" für dieses Taget feststellbar sein, obwohl unter Umständen andere Transaktionen sinnvoller wären.

3.1.5 Zwischenfazit

Mittels der oben genannten Kriterien können M&A-Leiter beziehungsweise Verantwortliche der Unternehmenszentrale analysieren, ob Interessenkonflikte bei Verantwortlichen der „kaufenden" Sparte wahrscheinlich sind, das heißt die Kriterien geben wieder, unter welchen Umständen oder Rahmenbedingungen ein Manager bereit sein dürfte, einen „schlechten" Unternehmenskauf zu unterstützen (siehe Abbildung 5).

Wie bereits eingangs des Beitrages betont, ist in der Praxis lediglich eine Annäherung der Ziele von Managern und Anteilseignern erreichbar, nicht aber eine Zielidentität. Der Ausbruch somit latent vorhandener Interessenkonflikte wird maßgeblich von der (Logik der) Situation geprägt, in der sich der Manager sieht. Die genannten Kriterien sind explizit in ihrem Zusammenwirken zu betrachten. So ist auch ein gutes Controlling alleine nicht ausreichend, wenn nicht – über entsprechend ausgestaltete Anreizmechanismen und deren glaubwürdige Umsetzung – Konsequenzen bei schlechten Spartenergebnissen drohen. Interessenkonflikte sind dann am wahrscheinlichsten, wenn

➢ seitens der Unternehmenszentrale die Qualität des Controllings und der Anreizsysteme gering ist, M&A- sowie Branchen-Know-how fehlen oder anderweitig gebunden sind und das Unternehmen über hohe finanzielle Mittel verfügt,

➢ für die Sparte eine Wachstumsstrategie verabschiedet wurde, ihre relative Größe gering ist und ihr Autonomiegrad sowie die Macht des Managers hoch sind,

➢ der Spartenmanager viel M&A-Know-how und Netzwerke zu M&A-Dienstleistern besitzt, seine Lebenssituation das Eingehen von Risiken fördert und

➢ sich die Transaktions-Sphäre durch boomende M&A- und Kapitalmärkte auszeichnet und die Sparte gute Kontakte zu potenziellen „Targets" aufweist.

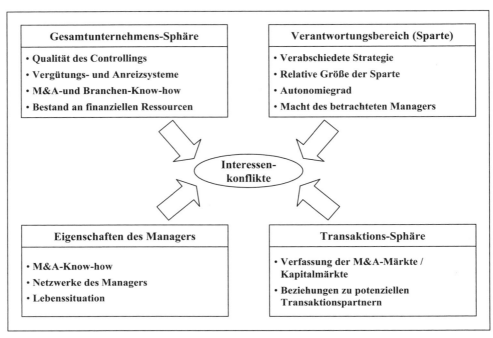

Abbildung 5: Situative „Treiber" von Interessenkonflikten bei Unternehmenskäufen

3.2 Wie Manager „schlechte" Unternehmenskäufe umsetzen

Interessenkonflikte manifestieren sich in allen drei Phasen einer M&A-Transaktion, also in der Vorfeld-, Transaktions- und Integrationsphase. Managern, die „schlechte" Unternehmenskäufe tätigen wollen, bieten sich Möglichkeiten, bevorzugte Targets entsprechend positiv darzustellen. Dies wird nachfolgend anhand ausgewählter Aufgabenkomplexe[44] veranschaulicht.

„Ermessensspielraum" bieten sich einem Spartenmanager schon bei der Festlegung der „*Basisstrategie*". Diese wird zwar mit der Unternehmenszentrale abzustimmen sein. Aufgrund ihres besonderen Branchenwissens können Spartenmanager jedoch häufig die Weichen für ein anorganisches Wachstum stellen. Bereits in der *Screeningphase* bietet sich die Gelegenheit, unliebsame Targets frühzeitig auszuschließen oder präferierte Targets vorteilhaft zu präsentieren. Dies etwa dadurch, dass gewisse strategische oder kulturelle Eigenschaften hervorgehoben werden. Anzeichen für eine „gefärbte" Analyse sind beispielsweise, dass einige Targets von Anfang an auf Basis geringer Informationslage ausgeschlossen werden und Screening-Kriterien nicht einheitlich verwandt oder gar wichtige Kriterien außer Acht gelassen werden.

---

[44] Siehe zu den Aufgabenkomplexen Abbildung 4.

Bei der *Simulation* und bei der später folgenden *Detailbewertung* wird das von den Managern präferierte Target über entsprechende Businesspläne „gerechtfertigt". Der Verlauf der Gewinne im Business-Plan könnte schablonenhaft wie folgt aussehen:

➢ Phase 1: Die Planungen für die Phase nach dem Unternehmensübergang sind eher konservativ, was sich einerseits mit Restrukturierungs- und Integrationskosten sowie andererseits mit Umsatzeinbußen durch Markenumstellungen sowie die Vertriebsintegration begründen lässt. Diese Phase wird ca. ein bis drei Jahre umfassen.

➢ Phase 2: Diese Phase, die ungefähr drei bis fünf Jahre dauert, wird anfänglich realistisch und in der Endphase optimistisch sein, da das letzte Jahr dieser Phase bei vielen Verfahren der Unternehmensbewertung als „Basisjahr" zur Berechnung der „Ewigen Rente" herangezogen wird.

➢ Phase 3: Die Phase der „Ewigen Rente" kann zusätzlich durch einen Wachstumsfaktor erhöht werden, der einen starken Einfluss auf den Unternehmenswert ausüben kann.

Im Endeffekt kann somit ein Business-Plan entwickelt werden, der einen hohen Kaufpreis begründet, ohne dass Spartenmanager in den ersten Jahren unter Ergebnisdruck geraten müssen. Wenn der Ergebnisdruck nach drei bis sechs Jahren zunimmt, dürfte der Spartenmanager häufig genug einen anderen Verantwortungsbereich inner- oder außerhalb des Unternehmens innehaben. In einigen Unternehmen ist zudem Praxis, dass nach erfolgtem Erwerb neue Business-Pläne errechnet werden, die dann als „Messlatte" für die Manager dienen. In den meisten Fällen werden diese neuen Pläne unter denen liegen, die den Kauf begründet haben. Eine solche Praxis gibt systematisch Anreize zu „überhöhten" Business-Plänen in der Transaktionsphase.

Entlang des gesamten Prozesses können Manager mit „Wettbewerbern" drohen, die ebenfalls an einem Target interessiert sind. Dies baut für Entscheider der Unternehmenszentrale entsprechenden „Druck" auf, etwa einem *Letter of Intent* (Anreiz: Exklusivitätsvereinbarung) zuzustimmen oder *Kaufverträge* zu unterschreiben.

Während der *Due Diligence* will ein Spartenmanager einerseits einen Überblick über alle relevanten Chancen und Risiken sowie Deal-Breaker erhalten. Andererseits wird er bei der Kommunikation mit der Unternehmenszentrale sicherstellen, dass die Inhalte entsprechend seiner Absichten präsentiert werden. Er kann etwa Risiken eines von ihm präferierten Targets herunterspielen und Chancen in den Mittelpunkt stellen; Risiken eines von ihm unerwünschten Targets kann er hingegen betonen („Deal-Breaker") und mögliche Lösungsansätze (Absicherung über Gewährleistungen des Verkäufers) nicht sorgfältig eruieren.

Auch nach Abschluss der Transaktion können Interessenkonflikte bestehen. So kann der Spartenmanager bei der *personellen und organisatorischen Umsetzung* eine Tendenz zur Belohnung seiner „Getreuen" aufweisen, die die Transaktion zusammen mit ihm durchgeführt haben. Positionen werden somit nicht nach Qualifikation sondern auf der Basis persönlicher Beziehungen besetzt, was wiederum zu Wertverlusten führt. Gleiches gilt für Reorganisationen, bei denen gelegentlich unnötig viele Organisationseinheiten (Abteilungen, Bereiche et cetera) geschaffen werden. Ergebnisse der Integrations-Evaluation werden wie schon die Resultate der Due Diligence nur gefiltert an die Zentrale weitergegeben.

4 Instrumente zur Eindämmung der Interessenkonflikte

Wollen Verantwortliche die Wahrscheinlichkeit „schlechter" Unternehmenskäufe verringern, bieten sich zumindest zwei Stellhebel an: Es kann die (Logik der) Situation verändert werden und es kann versucht werden, die (Logik der) Aggregation zu verändern. Abbildung 4[45] mit ihrer Betrachtung der M&A-Phasen und Aufgabenkomplexe strukturiert die Eingriffsmöglichkeiten der Unternehmenszentrale auf andere Art und Weise.[46] Über die Managementfunktionen Strategie, Organisation, Personalführung und -einsatz, Kommunikation und Controlling kann eher indirekt auf Kaufprozesse eingewirkt werden. An dieser Stelle können – leider nur selektiv – einzelne Aspekte thematisiert werden.

4.1 Zentralbereiche, Anreizsysteme & Beschlussfassung

Unabhängig davon, ob Unternehmen mehrere Sparten beziehungsweise Divisionen aufweisen (divisionale Organisationsstruktur) oder diese zusätzlich in eigenen Rechtsformen institutionalisieren (Holding), entstehen besondere, organisatorisch geförderte „Bereichsegoismen" und Interessenkonflikte,[47] so etwa solche um Unternehmenskäufe. Die Schaffung von Zentralbereichen soll diese Probleme reduzieren.[48] Zentralbereiche entstehen, wenn bestimmte Verrichtungen ganz oder teilweise aus den übrigen Unternehmensbereichen (Sparten) herausgelöst werden.

Angesichts der gerade bei M&A „ausbrechenden" Interessenkonflikte erscheinen Zentralbereiche besonders bedeutsam. Zwar wurde in den letzten Jahrzehnten der Sinn von „Overheads" angesichts ihrer Kosten regelmäßig hinterfragt. Sie können jedoch helfen, eklatante Fehlentscheidungen wie schlechte Unternehmenskäufe zu verhindern, sodass ein „Einspareffekt" deutlich wird.

Es erscheint sinnvoll, Zentralbereiche mit hinreichender Kompetenz und Kapazität in folgenden Bereichen aufzubauen:[49]

- Ein Zentralbereich „Controlling" kann Sparten oder Tochterunternehmen hinsichtlich ihrer Wertschaffung zeitnah und detailliert beurteilen. Dies schließt die Aufgabenkomplexe[50] „Grobbewertung", „Detailbewertung" und „Integrations-Evaluation" mit ein.

- Des Weiteren sollte ein „Zentralbereich" Unternehmensentwicklung den Aufgabekomplex „Basisstrategie des Gesamtunternehmens" und damit auch die Entscheidung über Wachstum oder Schrumpfung einzelner Sparten intensiv begleiten. Innerhalb der Unternehmensentwicklung kann entsprechendes Branchen-Know-how für jede Sparte aufge-

---

[45] Vgl. Abschnitt 2.2.
[46] Dabei hängen beide Betrachtungsweisen eng zusammen. So wirken organisatorische Elemente – etwa die Entscheidung über Beschlussregeln – auf die Logik der Aggregation und Entscheidungen in den Bereichen Strategie oder Controlling wirken ein auf die Logik der Selektion.
[47] Vgl. etwa BEA/GÖBEL (2002), S. 331.
[48] Vgl. SCHREYÖGG (2003), S. 135.
[49] Vgl. hierzu ausführlich BOROWICZ (2006b).
[50] Siehe zu den Aufgabenkomplexen bei M&A Abbildung 4.

baut werden. Dies erleichtert es, die Aufgabenkomplexe „Target-Screening" und „Simulation" steuernd zu begleiten.

➢ Schließlich können – je nach Anzahl der Transaktionen per annum – der Aufbau gesonderter M&A-Stellen beziehungsweise sogar ein M&A-Zentralbereich sinnvoll sein. Dieser Bereich wird üblicherweise jedes M&A-Projekt als Teil der Projektleitung begleiten, die Prozesskompetenz innehaben und die M&A-Dienstleister bestimmen („Planung M&A-Organisation"). Der Zentralbereich sollte zudem auf die Zusammenstellung des M&A-Teams einwirken: Heterogenität beziehungsweise Diversität kann ein Prinzip sein.[51] Außerdem kann der „M&A-Wissenstransfer" im Sinne eines gesamtorganisatorischen Lernens" sichergestellt werden.

Zentralbereiche können höchst unterschiedlich ausgestaltet werden: Zum einen können sie vornehmlich dazu dienen, andere Organisationseinheiten zu entlasten und zu beraten (Servicefunktion), wie es etwa häufig bei den Zentralbereichen Recht oder Personal zu beobachten ist. Zum anderen können sie einen lenkenden, prüfenden und überwachenden Charakter aufweisen (*Steuerungsfunktion*).[52] Sollen Interessenkonflikte vermieden werden, müssen Zentralbereiche auch Steuerungskompetenzen erhalten. Hierzu bieten sich drei Modelle an:

➢ Kernbereichsmodelle sehen vor, dass sämtliche Entscheidungen von Zentralbereichen getroffen werden. Sie widersprechen jedoch dem Divisionalisierungsprinzip („autonome Sparten") am stärksten und werden hier nicht weiter betrachtet.

➢ Werden Zentralbereiche als Richtlinienbereiche ausgestaltet, bestimmen sie lediglich die Grundsätze ihres jeweiligen Aufgabenbereiches. Das bedeutet für das Controlling beispielsweise, dass es als Richtlinienbereich festlegt, welche Inhalte von den Sparten zu welchem Zeitpunkt und in welcher Form berichtet werden müssen.

➢ Matrixbereiche sind nur gemeinsam mit den Sparten entscheidungsbefugt; diese absichtlich konfliktintensive Lösung impliziert somit ein Veto-Recht der Zentralbereiche.

Neben der Einführung von Zentralbereichen können insbesondere strategische Entscheidungen im Personalmanagement die Logik der Situation für einen Manager dahingehend verändern, dass eine „schlechte Akquisition" unattraktiver wird. Dies betrifft im Wesentlichen die Ausgestaltung der „Vergütungs- und Anreizsysteme". Entsprechend den Grundsätzen der Wertorientierten Unternehmensführung ist eine Kopplung wertorientierter Ziele (der Unternehmensentwicklung und des Controllings) mit der Vergütung der Spartenmanager notwendig.[53]

Die bislang aufgeführten Vorschläge verändern die situative Umgebung der Manager. Entscheidend für ihren Erfolg ist die Konsequenz, mit der diese Maßnahmen umgesetzt werden. Gerade die Umsetzung einer Wertorientierung erfordert, wie Fallbeispiele zeigen, viel Durchhaltewillen und Zeit. Zusätzlich kann versucht werden, *Aggregationsmechanismen* (Beschlussfassung) zu verändern. Diese betreffen etwa die Frage, bis zu welcher Größenordnung Unternehmenskäufe alleine von Sparten bewilligt werden dürfen, ob jeder Sparte oder Tochtergesellschaft ein Beirat zur Seite gestellt wird und ab welcher Größenordnung der Aufsichts-

---

[51] Zum Beispiel Mitarbeiter aus unterschiedlichen Zentralbereichen und Sparten, Mitarbeiter mit unterschiedlichen Persönlichkeiten.
[52] Vgl. ausführlicher KREISEL (1995), RECKENFELDERBÄUMER (2004) und BOROWICZ (2006b).
[53] Vgl. hierzu ausführlicher WEBER (2004), S. 191 ff.

oder Beirat des Gesamtunternehmens über eine Transaktion abstimmt. Corporate-Governance-Kodizes empfehlen zudem, dass sich Aufsichtsräte in (ständige) Ausschüsse untergliedern.[54] Diese können spezifische Entscheidungen sachkundig und zeitnah fällen. So kann etwa ein Ausschuss zur „Unternehmensentwicklung" Transaktionen überwachen; einige Unternehmen weisen gesonderte M&A-Ausschüsse auf, so etwa die Escada AG.[55]

4.2 Einbezug des Know-how von dritter Seite

Ein Einbezug des M&A- und Branchen-Know-how von externer Seite kann helfen, Interessenkonflikte bei Unternehmenskäufen zu erkennen, zu kompensieren oder gar durch einen „Lerneffekt" der Spartenmanager im Vorfeld zu vermeiden. Es wird von der „Objektivierungsfunktion" der Berater gesprochen; sie sollen als sachlich unvoreingenommene Drittpartei frei von subjektiven Einflüssen agieren.[56]

M&A-Berater können danach unterschieden werden, welche M&A-Phase beziehungsweise welche Aufgabenkomplexe sie abdecken.[57] Beispielsweise decken Investmentbanken zumindest große Teile der Vorfeld- und Transaktionsphase ab, die Integrationsphase hingegen nur in geringerem Maße. Wirtschaftsprüfer sind meist fokussiert auf Teile der Due Diligence und auf die Unternehmensbewertung. Neben dem direkten Einbezug von Beratern kann externes Know-how indirekt, zum Beispiel über den Einkauf von Branchenstudien, hinzugezogen werden. Diese können etwa zur Überprüfung wesentlicher Annahmen der Business-Pläne (zum Beispiel Wachstumsraten) genutzt werden.

Nachfolgend sei – stellvertretend für andere Beratungsleistungen – auf *Fairness Opinions* eingegangen,[58] da hieran die Chancen und Risiken von Beratungsleistungen exemplarisch veranschaulicht werden können. Bis vor wenigen Jahren waren Fairness Opinions in Deutschland kaum verbreitet. Nicht zuletzt verschärfte Haftungsregelungen sorgen jedoch dafür, dass sie in zunehmendem Maße von börsennotierten Unternehmen eingesetzt werden. Fairness Opinions sind zu einem bestimmten Zeitpunkt erstellte, schriftliche Stellungnahmen eines eher unabhängigen Sachverständigen zur finanziellen Angemessenheit einer Angebotsleistung für Aktionäre.[59] Diese Gutachten werden in der Regel von Leitungs- und Überwachungsgremien der Transaktionspartner angefordert. Beispielsweise hat der Vorstand der T-Online AG (TOI) Ende 2004 eine Fairness Opinion beauftragt, um das Kaufangebot der Deutschen Telekom AG (DTAG) an seine Aktionäre beurteilen zu lassen.[60] Gemäß § 27 (1) WpÜG mussten Vorstand und Aufsichtsrat der TOI eine Stellungnahme insbesondere auch über die Art und Höhe des Angebotes der DTAG erstellen. Die Fairness Opinion sollte der Fundierung und Objektivierung der Stellungnahme und dem Schutz vor allfälligen Vorwürfen dienen. Fairness Opinions bewerten damit die Angemessenheit eines Transaktionspreises und

---

[54] Vgl. etwa STRIEDER (2004), S. 21 f.
[55] Vgl. ESCADA (2006).
[56] Vgl. HOHNHAUS (2004), S. 104 ff., und auch ACHLEITNER/WECKER/WIRTZ (2004), S. 1382.
[57] Vgl. hierzu ACHLEITNER/WECKER/WIRTZ (2004), S. 1382 ff.
[58] Vgl. zum nachfolgenden BOROWICZ (2005b).
[59] Seltener wird in Fairness Opinions auch Stellung genommen zur Angemessenheit des M&A-Prozesses (prozedurale Angemessenheit).
[60] Damals ging es um die umstrittene Reintegration von TOI in die DTAG.

unterscheiden sich damit von Gutachten, die die Preisfindung im Sinne einer originären Erstbewertung bezwecken.

Mit der Beauftragung von Fairness Opinions verfolgen Leitungs- und Überwachungsgremien drei Ziele: Erstens das Ziel einer rechtlichen Absicherung der handelnden Personen (Absicherungsziel), zweitens das Ziel der Überzeugung der Aktionäre, die bei einer ablehnenden Haltung die Transaktion gefährden (Überzeugungsziel) und drittens ein internes *Informationsziel*, mit dem die Gremien zusätzliche Informationen über die geplante Transaktion erhalten. Diese Informationen bestätigen gegebenenfalls nur die Business-Pläne, sie können aber eben auch aufzeigen, dass beabsichtigte Kaufpreise und die dahinter stehenden Annahmen unrealistisch sind.

Damit Fairness Opinions einen Mehrwert bieten, ist die Unabhängigkeit des Sachverständigen von entscheidender Bedeutung. Es stellt sich die Frage, was seine Unabhängigkeit beeinträchtigen kann, das heißt wo eventuelle Abhängigkeiten des Sachverständigen gegeben sein könnten. Drei Dimensionen können bei der Überprüfung eventueller Abhängigkeitsverhältnisse helfen (siehe Abbildung 6):

➢ eine institutionell-personelle Dimension (von wem ist der Gutachter abhängig?)
➢ eine inhaltliche Dimension (wie ist er abhängig?)
➢ eine zeitliche Dimension (wann ist er abhängig?).

Bei der *institutionell-personellen Dimension* geht es sowohl um institutionelle Abhängigkeiten, das heißt um jene zwischen Institutionen, als auch um personelle Abhängigkeiten, das heißt um jene zwischen Personen. In der Regel wird lediglich die Abhängigkeit zwischen den Institutionen „Auftraggeber" (hier: Unternehmenskäufer beziehungsweise seine Leitungsgremien) und „Sachverständiger" diskutiert; eventuelle Abhängigkeiten zum Transaktionspartner (hier: Target) des Auftraggebers werden meist nicht explizit thematisiert.[61] Wenn jedoch der Fairness Opinion-Dienstleister eine langjährige Geschäftsbeziehung zum Target pflegt, ist er bereits nicht mehr unabhängig. Neben dieser institutionellen kann eine personelle Abhängigkeit vorliegen. Kennen sich beispielsweise der Sachverständige und der verantwortliche Spartenmanager des Auftraggebers aus „alten Zeiten" (gemeinsame Ausbildung, ehemals Kollegen et cetera), muss unter Umständen zwischen „Geschäft" und „Freundschaft" abgewogen werden. Somit wäre die Stellungnahme – trotz fehlender institutioneller Abhängigkeiten – bereits nicht mehr interessenfrei beziehungsweise unabhängig.

---

[61] Vgl. *SCHWETZLER ET AL.* (2005), S. 113 f.

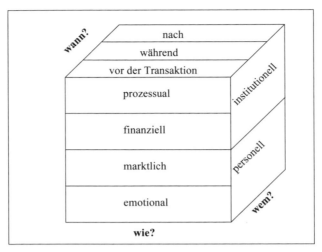

Abbildung 6: Charakterisierung möglicher Abhängigkeitsverhältnisse des Sachverständigen

Bei der *inhaltlichen Dimension* werden vier Ausprägungen unterschieden: Erstens wird in der Regel eine prozessuale Abhängigkeit gegeben sein, da sich die Stellungnahme des Sachverständigen zu ganz wesentlichen Teilen auf Informationen des Auftraggebers und damit auch der Sparte stützt. Zweitens liegt in jedem Fall eine finanzielle Abhängigkeit vor, da der Sachverständige für seine Stellungnahme entlohnt wird. Zu Recht wird hier gefordert, dass die Vergütung nicht vom Ergebnis der Stellungnahme abhängig sein darf.[62] Darüber hinaus ist zu untersuchen, ob der Sachverständige weitere Dienstleistungen erbringt. Beispielsweise wäre es problematisch, wenn der Ersteller der Fairness Opinion zugleich regelmäßig Dienstleistungen für die kaufende Sparte erbringt. Unter marktlicher Abhängigkeit wird die Auswirkung der Stellungnahme auf die Reputation des Sachverständigen erfasst, die durch den Auftraggeber negativ wie positiv beeinflusst werden kann. Letztlich kann noch eine emotionale Abhängigkeit vorliegen, die jedoch nur auf einer personellen Ebene denkbar ist.

Auf der *zeitlichen Ebene* können Abhängigkeiten vor, während sowie latent auch nach der betrachteten Transaktion vorliegen. So können sowohl derzeitige Geschäftsbeziehungen, Hoffnungen auf zukünftige Aufträge als auch positive wie negative Erfahrungen aus der Vergangenheit dazu führen, dass Personen oder Institutionen nicht mehr frei von Interessen sind. Sicherlich besonders gravierend sind aktuelle Geschäftsbeziehungen zu den Transaktionspartnern, die über die Erstellung der Fairness Opinion hinausgehen.

Die Beratungsleistung „Fairness Opinion" zeigt beispielhaft auf, welche Chancen und Risiken der Einbezug von M&A-Beratern birgt. In bestem Falle helfen sie tatsächlich, Interessenkonflikte bei Unternehmenskäufen zu erkennen, zu kompensieren oder gar durch einen „Lerneffekt" der Spartenmanager im Vorfeld zu vermeiden. Im schlechtesten Fall verschärfen sie Interessenkonflikte, indem sie wie (einige) Unternehmenssparten eine „Abschlussneigung" aufweisen. Die oben vorgestellten drei Dimensionen helfen, mögliche Abhängigkeitsverhältnisse von Beratern zu analysieren. Sie gehen weit über das hinaus, was heute üblich ist und praktiziert wird. Auch ist nicht jede dieser Abhängigkeiten zwingend Besorgnis erregend.

---

[62] Vgl. BUCHER/BUCHER (2004), S. 46.

Zunehmend wird jedoch – man denke nur an rechtliche und quasi-rechtliche Bestimmungen – gefordert, Interessenkonflikte von internen Gremien oder externen Beratern aufzudecken.[63]

5 Fazit

Dieser Beitrag ist übertitelt mit der Überschrift „Wenn gute Manager schlechte Unternehmenskäufe tätigen". Eine wesentliche Prämisse des Beitrages war es, dass Interessenkonflikte neben anderen Faktoren eine Erklärung für die mangelnde Wertschaffung von Unternehmenskäufen sind. Dass Interessenkonflikte bei M&A-Transaktionen eine wesentliche Rolle spielen, zeigen auch erste empirische Untersuchungen, so etwa eine Umfrage bei M&A-Beratern.[64] So falsch es wäre, (Sparten-)Managern stets opportunistisches, also arglistiges und täuschendes Verhalten zu unterstellen, so gefährlich wäre es, diese Möglichkeit gänzlich außer Acht zu lassen. Manager handeln eigennutzorientiert – manchmal stimmen dabei Eigennutz und Shareholder Value überein, manchmal konfligieren beide.

Der Beitrag verzichtet auf eine moralische Wertung von Managern verzichtet. Aus unserer Sicht ist es sowohl für eine Analyse der Interessenkonflikte als auch für ihre Vermeidung hilfreicher, die situativen Umstände eines Unternehmenskaufs zu betrachten (Logik der Situation), als an Manager zu appellieren oder gar ein umfassendes „Sozialisationsprogramm" zu starten.[65]

Die situativen Umstände offenbaren, dass nur „gute" Manager, also etwa jene mit M&A-Knowhow, in der Lage sind, „schlechte" Transaktionen gegen interne Widerstände durchzusetzen. Rahmenbedingungen machen Manager zu „Tätern" und es obliegt dem Top-Management, diese Rahmenbedingungen im Sinne einer Wertsteigerung zu verändern. Neben der Situationslogik können auch Aggregationsregeln in diesem Sinne beeinflusst werden. Hierzu gehört etwa die Einrichtung spezifischer M&A-Ausschüsse. Auch hiermit werden Interessenkonflikte zwar nicht gänzlich verhindert, aber doch reduziert werden können.

---

[63] Zum Teil entdecken auch M&A-Berater, welche Probleme Interessenkonflikte für sie bedeuten. Hierauf deutet ein Bericht über Interessenkonflikte bei Goldman Sachs zwischen M&A-Beratungsleistungen auf der einen Seite und dem Beteiligungsgeschäft auf der anderen Seite hin. Vgl. *o. V.* (2006).

[64] In einer Untersuchung zu Interessenkonflikten bei Unternehmensverkäufen von WEIHE (2003) gaben fast 97 % der befragten M&A-Berater an, dass sie Interessenkonflikte in ihrer Praxis erlebt haben. 82 % der Befragten gab an, dass Konflikte „meistens" oder „gelegentlich" vorkommen.

[65] Im Sinne einer sehr langfristig wirkenden Maßnahme, deren Effektivität und Effizienz jedoch umstritten ist, kann versucht werden, über eine Beeinflussung der Unternehmenskultur „schlechte" Unternehmenskäufe zu verhindern.

Quellenverzeichnis

ACHLEITNER, A.-K./WECKER, R./WIRTZ, B. W. (2004): Akteure und Phasen des M&A-Managements (I), in: Das Wirtschaftsstudium, 2004, S. 1381–1384.

BEA,F. X./GÖBEL, E. (2002): Organisation. Theorie und Gestaltung, Stuttgart 2002.

BOROWICZ, F. (2005a): Methoden der Unternehmensbewertung. Ertragswertmethode, Discounted Cash Flow und Economic Value Added, in: Wirtschaftswissenschaftliches Studium, 2005, S. 368–373.

BOROWICZ, F. (2005b): Fairness Opinions – Feigenblatt oder ernstzunehmendes Gutachten, in: M&A Review, 2005, S. 253–258.

BOROWICZ, F. (2006a): M&A-Management zwischen Stakeholder-Erwartungen und Shareholder-Ansprüchen, in: BOROWICZ, F./MITTERMAIR, K. (Hrsg.), Strategisches M&A-Management. State of the Art in Deutschland und Österreich, Wiesbaden 2006, S. 3–20.

BOROWICZ, F. (2006b): M&A-Aufbauorganisation, in: BOROWICZ, F./MITTERMAIR, K. (Hrsg.), Strategisches M&A-Management. State of the Art in Deutschland und Österreich, Wiesbaden 2006, S. 163-180.

BUCHER, P./BUCHER, M. H. (2004): Fairness Opinion im Visier, in: Schweizer Bank, 2004, Nr. 11, S. 46.

COLEMANN, J. S. (1990): Foundations of Social Theory, Cambridge,Mass./London 1990.

ENGESER, M./AUGTER, S. (2004): Managergehälter. Ritt ohne Risiko, in: Wirtschaftswoche, 2004, 29.07.2004., S. 56–61.

ESCADA (2006): Investor Relations, online: http://investor-relations.escada.com/gbdeu05/index.php?cont=cont/seite082.php, Abruf: 28.8.2006

ESSER, H. (1999): Soziologie. Spezielle Grundlagen, Band 1: Situationslogik und Handeln, Frankfurt/Main 1999.

FRENCH, J. R. P./RAVEN, B. H. (1959): The bases of social power, in: CARTWRIGHT, D. (Hrsg.), Studies in social power, Ann Arbor, Mich. 1959, S. 150-167.

GLAUM, M./LINDEMANN, J./FRIEDRICH, N. (2006): Erfolg von Mergers & Acquisitions, in: WIRTZ, B. W. (Hrsg.), Handbuch Mergers & Acquisitions Management, Wiesbaden 2006, S. 287–314.

GÖTTGENS, O./STEINWAERDER, D./VOGEL, F. (2006): M&A-Kommunikationsmanagement, in: WIRTZ, B. W. (Hrsg.), Handbuch Mergers & Acquisitions Management, Wiesbaden 2006, S. 405–428.

HOHNHAUS, W. (2004): Erfolg der M&A-Beratung bei M&A-Transaktionen, Wiesbaden 2004.

HUNGENBERG, H./WULF, T. (2006): Austausch der Führung in akquirierten Unternehmen, in: BOROWICZ, F./MITTERMAIR, K. (Hrsg.), Strategisches M&A-Management. State of the Art in Deutschland und Österreich, Wiesbaden 2006, S. 211–237.

JANSEN, S. A. (2001): Mergers & Acquisitions. Unternehmensakquisitionen und -kooperationen, Wiesbaden 2001.

JANSEN, S. A. (2004): Management von Unternehmenszusammenschlüssen. Theorien, Thesen, Tests und Tools, Stuttgart 2004.

JENSEN, M. C. (1986): Agency Costs of Free Cash Flow, Corporate Finance, and Takeovers, in: American Economic Review, 1986, S. 323–329.

JENSEN, M. C./MECKLING, W. H. (1976): Theory of the Firm: Managerial Behavior, Agency Costs and Ownership Structure, in: Journal of Financial Economics, 1976, S. 305–360.

KING, D. R./DALTON, D. R./DAILY, C. M./COVIN, J. G. (2004): Meta-Analyses of Post-Acquisition Performance: Indications of Unidentified Moderators, in: Strategic Management Journal, 2004, S. 187–200.

KITSCHLER, R. (2005): Abschlussprüfung, Interessenkonflikt und Reputation. Eine ökonomische Analyse, Wiesbaden 2005.

KREISEL, H. (1995): Zentralbereiche, Wiesbaden 1995.

KÜPPER, W. /ORTMANN, G. (1986): Mikropolitik in Organisationen, in: Die Betriebswirtschaft, 1986, S. 590–602

KUNZ, V. (2004): Rational Choice, Frankfurt/Main 2004.

LUCKS, K./MECKL, R. (2002): Internationale Mergers & Acquisitions. Der prozessorientierte Ansatz, Berlin/Heidelberg 2002.

MUELLER, D. C. (1969): A Theory of Conglomerate Mergers, in: Quarterly Journal of Economics, 1969, S. 643-659.

MÜLLER-STEWENS, G. (2004): Fusionen und Übernahmen (Mergers & Acquisitions), in: SCHREYÖGG, G./VON WERDER, A. (Hrsg.), Handwörterbuch Unternehmensführung und Organisation, 4. Auflage, Stuttgart 2004, Sp. 332–340.

O. V. (2006): Goldman Sachs fürchtet Interessenkonflikte, in: Handelsblatt, 2006, Nr. 76, S. 22.

PICOT, G. (2005): Wirtschaftsrechtliche Aspekte der Durchführung von Mergers & Acquisitions, insbesondere die Gestaltung des Transaktionsvertrages, in: PICOT, G. (Hrsg.), Handbuch Mergers & Acquisitions. Planung, Durchführung, Integration, Stuttgart 2005, S. 121–286.

RECKENFELDERBÄUMER, M. (2004): Zentralbereiche, in: SCHREYÖGG, G./VON WERDER, A. (Hrsg.), Handwörterbuch der Unternehmensführung und Organisation, Stuttgart 2004, Sp. 1665–1673.

ROLL, R. (1986): The Hubris Hypothesis of Corporate Takeovers, in: Journal of Business, 1986, Nr. 2, S. 197–216.

SCHREYÖGG, G. (2003): Organisation, Wiesbaden 2003.

SCHWETZLER, B. ET AL. (2005): Die Bedeutung der Fairness Opinion für den deutschen Transaktionsmarkt, in: Finanzbetrieb, 2005, S. 106–117.

SHLEIFER, A./SUMMERS, L. H. (1987): Breach of Trust in Hostile Takeovers, NBER Working Paper Nr. 2342, o. O. 1987.

STOUT, L. A. (2002): Bad and not-so-bad arguments for shareholder primacy, in: Southern California Law Review, 2002, S. 1189–1210.

STRIEDER, T. (2004): Erläuterungen zum Deutschen Corporate Governance Kodex, in: Finanzbetrieb, 2004, S. 13–27.

VOGEL, D. H. (2002): M&A. Ideal und Wirklichkeit, Wiesbaden 2002.

VOSS, I./MÜLLER-STEWENS, G. (2006): Die Umsetzung von Wachstumsstrategien durch Akquisitionsserien, in: BOROWICZ, F./MITTERMAIR, K. (Hrsg.), Strategisches M&A-Management. State of the Art in Deutschland und Österreich, Wiesbaden 2006, S. 119–144.

WEBER, J. (2004): Wertorientierte Unternehmenssteuerung. Konzepte – Implementierung – Praxisstatements, Wiesbaden 2004.

WEIHE, R. (2003): Interessenkonflikte zwischen Unternehmensverkäufer und Management, Wiesbaden 2003.

WEIHE, R./ELSCHEN, R. (2004): Interessenkonflikte im Mergers & Acquisitions-Prozess, in: Finanzbetrieb, 2004, S. 602–609.

WIRTZ, B. W. (2003): Mergers & Acquisitions Management, Wiesbaden 2003.

Der Krankenhausmarkt im Umbruch – M&A-Strategien privater Investoren im Markt

UWE HESSLAU & CHRISTIAN SCHMIDT

Universitätsklinikum Schleswig-Holstein

1	Situationsanalyse des deutschen Krankenhausmarkts	63
	1.1 Entwicklung der Anteile hinsichtlich der Rechtsformen	66
	1.2 Krankenhäuser in unterschiedlichen Trägerschaften	67
	1.2.1 Öffentlich-rechtliche Trägerschaft	68
	1.2.2 Freigemeinnützige Trägerschaft	68
	1.2.3 Private Trägerschaft	68
	1.3 Gesetzliche Reglements im deutschen Krankenhausmarkt	68
2	Klinikbetreiber im deutschen Gesundheitsmarkt	69
	2.1 Private Krankenhausbetreiber	71
	2.2 Private deutsche Krankenhausbetreiber	72
	2.3 Private ausländische Krankenhausbetreiber	73
3	Finanzinvestoren	73
4	Industrieunternehmen beziehungsweise Strategische Investoren	75
5	Privatisierungsaktivitäten im deutschen Krankenhausmarkt	76
	5.1 Formelle Privatisierung	76
	5.2 Materielle Privatisierung	76
	5.3 Funktionale Privatisierung	76
6	Entwicklungstendenzen im deutschen Krankenhausmarkt	77
7	Strategien der privaten Betreiber	78
	7.1 Markteintrittsbarrieren	79
	7.1.1 Rechtliche Betrachtung	79
	7.1.2 Wirtschaftliche Betrachtung	79
	7.1.3 Politische Betrachtung	79
	7.2 Akquisitionsstrategie	79
	7.3 Marktstrategie	80
	7.4 Medizinische Ergebnisqualität	80
	7.5 Wirtschaftliches Ergebnis	80
	7.6 Wettbewerber	81
8	Schlussfolgerungen	84
	Quellenverzeichnis	86

1 Situationsanalyse des deutschen Krankenhausmarkts

Der deutsche Krankenhausmarkt befindet sich zurzeit in einer tief greifenden Umbruchphase. Hohe Intransparenz und starke Regulierungen des Gesundheitssystems ohne ökonomische Ressourcenoptimierung sind zukünftig nicht mehr finanzierbar. Steigende Ausgaben und eine steigende Nachfrage der Gesundheitsleistungen, auch aufgrund immer älter werdenden Patienten, stoßen auf leere Kassen der öffentlichen Kostenträger.

Im deutschen Gesundheitsmarkt mit einem Gesamtvolumen von circa 225 Milliarden Euro wurden in 2004 circa 93 Milliarden Euro allein im Kliniksektor umgesetzt. Davon sind mehr als 70 % Ausgaben im Krankenhaussektor, also circa 66 Milliarden Euro. Der Rest entfällt auf Pflegeeinrichtungen mit 18 Milliarden Euro und Rehabilitationseinrichtungen mit 9 Milliarden Euro. Aus Sicht der Gesetzlichen Krankenversicherungen (GKV) fallen circa 34 % der Ausgaben im Krankenhaussektor an.

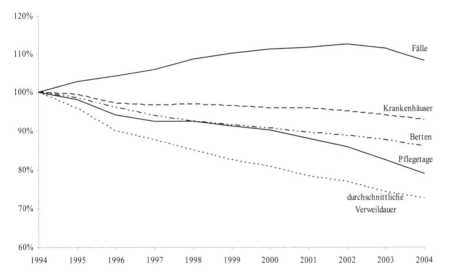

Abbildung 1:   *Wesentliche Indikatoren von Krankenhäusern, Gesundheitsberichterstattung des Bundes, 2006*

Trotz steigender Fallzahlen sank die durchschnittliche Verweildauer in den betrachteten 10 Jahren um 27 % auf 8,7 Tage. Im Vergleich zu anderen OECD-Ländern liegt die durchschnittliche Verweildauer seit Jahren weit unter der in Deutschland. Im Jahre 2004 lag die durchschnittliche Verweildauer der OECD-Länder bei 6,5 Tagen statt 8,7 in Deutschland. Die Anzahl der Betten hat sich seit 1994 um 14 % auf 531.333 reduziert; dies geht mit der steten Verringerung der Krankenhäuser einher. In 2004 gab es 2.166 Häuser, das sind 7 % weniger als zehn Jahre zuvor.

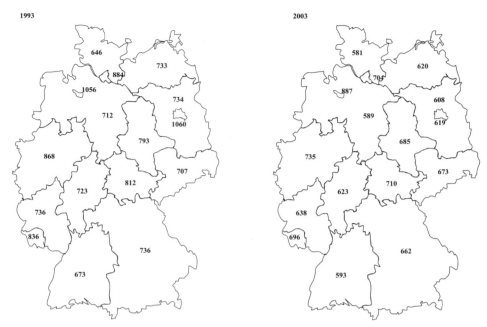

Abbildung 2:   *Betten je 100.000 Einwohner nach Ländern 1993 bis 2003*[1]

Mit der Reduzierung von Krankenhausbetten und damit die Verringerung der Krankenhäuser geht eine deutliche Verkürzung der Liegezeiten und die Verlagerung von Behandlungen auf den ambulanten Bereich einher. Der Rückgang der Betten ist in Abbildung 2 im Zeitraum 1993 bis 2003 dargestellt. In allen Bereichen wurden zum Teil erhebliche Reduzierungen der Bettenanzahlen vorgenommen. Die Wirtschaftlichkeit zwingt tendenziell die Krankenhäuser zu einer Verlagerung der Patienten von der stationären Behandlung zur ambulanten Versorgung und bestätigt die Entwicklung bezüglich Bettenabbau und Anzahl der Einrichtungen.

Die vier Entwicklungsphasen des globalen Gesundheitssektors:

1950-1970	1970-1990	1990-2010	2010-
• Freier Zugang zu medizinischen Leistungen • Gesundheit als öffentliches Gut	• Internationalisierung von Pharma- und Medizintechnik-industrie	• Weltweiter Austausch von Ärzten und Pflegekräften • Neue Finanzierungskonzepte • Zertifizierung • Outsourcing und Privatisierung	• Systemtransparenz • Migration von Krankheiten • Auflösung sektoraler und nationaler Grenzen • Höhe Patientenmobilität

Abbildung 3:   *Die vier Entwicklungsphasen des globalen Gesundheitssektors*[2]

---

[1] STATISTISCHES BUNDESAMT/ROBERT-KOCH-INSTITUT (2006).
[2] PRICEWATERHOUSECOOPERS (2005).

Die Entwicklungsphasen zeigen die Veränderungen im Markt auf. Deutlich wird die aktuelle Phase, die durch neue Finanzierungskonzepte, Outsourcing beziehungsweise Insourcing und Privatisierung geprägt ist. In den letzten Jahren ist ein ungebrochener Trend zu erkennen, der zunehmend von marktwirtschaftlichen Prinzipien im Gesundheitswesen geprägt ist. Durch Anwendung neuer Abrechnungssysteme und Prozessoptimierung soll die Effizienz des Gesundheitssystems gesteigert und die Kosten reduziert werden. Dabei entsteht mehr Konkurrenz sowohl zwischen den Leistungserbringern als auch zwischen den Kostenträgern. Durch Modellvorhaben und Strukturverträge sowie integrierte statt fragmentierte Versorgungsformen verändert sich der Wettbewerb im deutschen Gesundheitswesen.

Mit der gesetzlichen Verpflichtung zum Qualitäts-Management wurde erstmals eine verbindliche Auseinandersetzung mit der Güte der eigenen Leistungen eingeführt. Krankenhäuser müssen daher sowohl ihre Strukturen als auch ihre Prozesse und Ergebnisse analysieren und in Form eines Berichts niederlegen. Die am weitesten reichende Änderung für Krankenhäuser ergibt sich jedoch durch die seit 2003 gültigen so genannten Diagnosis Related Groups (DRGs), die das Abrechnungssystem mit Fallpauschalen, Sonderentgelten und Pflegesätzen ablösen. Durch diese Vergütungsform wird eine größere Transparenz der Behandlungsprozesse geschaffen. Überkapazitäten im stationären Bereich werden sichtbar und die Krankenhäuser dadurch zu mehr Wirtschaftlichkeit gezwungen. Die dadurch zu erwartende Reduzierung der Liegezeiten mit einhergehendem Bettenabbau wird die Konkurrenzsituation einzelner Kliniken untereinander verschärfen – verstärkt noch durch die demografische und medizintechnische Entwicklung sowie die finanzielle Situation zahlreicher Kommunen und Städte. Den Ländern und Kommunen als öffentliche Träger vieler Krankenhäuser, Kliniken und Universitätskliniken fehlt das Geld zur Unterhaltung beziehungsweise zum Neubau der Krankenhäuser und zum Ausgleich der Defizite. Darüber hinaus sind weitere Probleme bezüglich der Investitionen der Krankenhäuser und Kliniken zu sehen. Der Investitionsstau bei Baumaßnahmen, die öffentlich finanziert werden, ist immens.

Laut einer Studie des Rheinisch-Westfälischen Instituts für Wirtschaftsforschung (RWI) besteht ein Investitionsstau für deutsche Krankenhäuser bis 2010 in Höhe von 20 Milliarden Euro. Sale-and-lease-back-Modelle werden von den Experten des RWI als Lösung geboten. Ein Finanzinvestor erwirbt dabei die Immobilie und vermietet diese wiederum an die Klinik beziehungsweise das Krankenhaus zurück. Langfristige Mietverträge werden mit diesem Modell verpflichtend abgeschlossen. Bisher sind nur wenige Umsetzungen bekannt, weil dieses in vielen Fällen zunächst den Übergang der Immobilie in den Besitz des Krankenhauses und damit zwangsläufig eine Änderung der Rechtsform von der AöR zur GmbH oder AG voraussetzen würde. Dieses Modell kann jedoch zu einer kurzfristigen Entlastung der Träger beitragen. Darüber hinaus sind Public Private Partnership (PPP) im öffentlichen Sektor zu nennen, die den gleichen Zweck verfolgen –Anmietung einer Spezialimmobilie mit einem langfristigen Mietvertrag. Daraus resultieren überschaubare langfristig festgelegte Risiken, die die öffent-lichen Kassen entlasten.

Zusätzliche Investitionen sind erforderlich, weil

- Zugangsmöglichkeiten zur medizinischen Grundversorgung aufgrund politischer Vorgaben ausgebaut werden sollen,
- Qualitätsstandards der Behandlung bei immer mehr und immer älteren Patienten angewendet werden müssen,
- aufeinander abgestimmte Abläufe aufgrund steigender Patientenzahlen bei sinkenden Verweildauern und unverändertem Personal realisiert werden müssen,
- integrative Therapieverfahren und Technologien entwickelt und eingesetzt werden sollen,
- zusätzliche Dokumentationen aufgrund der DRG-Finanzierung durchgeführt werden müssen,
- gestiegene Anforderungen an das Management von Kliniken und Abteilungen gestellt werden, und weil
- das finanzielle Risiko der Krankenhausbehandlung in zunehmendem Maße von den Krankenkassen auf die Leistungserbringer übertragen werden soll.

Die öffentlich-rechtlich geführten Häuser stehen daher zunehmend vor der Frage der Finanzierung. Alternative Quellen zur Finanzierung des weiter anwachsenden Investitionsbedarfs im deutschen Gesundheitswesen werden somit an Bedeutung gewinnen. Im Rahmen von PPP oder durch Verkauf von Einrichtungen werden zurzeit Lösungswege gesucht. Private Krankenhausbetreiber im In- und Ausland, Finanzinvestoren und Risikokapitalgeber sowie Industrieunternehmen sind aus diesem Grunde bei vielen Trägern gern gesehene Gesprächspartner.

1.1 Entwicklung der Anteile hinsichtlich der Rechtsformen

In den vergangenen zehn Jahren ist eine zunehmende Privatisierung öffentlich getragener Krankenhäuser in Deutschland zu beobachten gewesen. Krankenhäuser in öffentlicher Trägerschaft sind wegen der beschränkten Budgets nur selten in der Lage, Einsparungen wie beispielsweise durch Zentralisierung wichtiger Kernbereiche zu erzielen.

Der Vorteil privater Krankenhausbetreiber liegt in der Möglichkeit zur Beschaffung von Finanzmitteln über den Kapitalmarkt. Sie unterliegen auch nicht dem öffentlichen Dienst-, Bau- und Einkaufsrecht und können durch diese Vorteile eine wettbewerbsfähige Infrastruktur vorhalten. Öffentlich getragene Krankenhäuser haben diese Möglichkeiten häufig nicht. Schon heute führen private Klinkketten etwa die Hälfte aller Instandhaltungen im Klinikbereich durch – obwohl sie nur etwa 10 % der Klinikbetten in Deutschland betreiben. Weitere Vorteile privater Krankenhausbetreiber liegen in der Zentralisierung des Einkaufs und wichtiger Kernkompetenzen wie zum Beispiel Management, Controlling, Qualitätssicherung und Öffentlichkeitsarbeit. Dadurch verschaffen sich diese Anbieter von Gesundheitsleistungen beispielsweise auch bei der Einführung der DRGs einen Vorsprung gegenüber Krankenhäusern in öffentlicher Trägerschaft. Aufgrund ihrer weit verzweigten Vernetzung ist häufig eine Integration von Akutkrankenhäusern, Rehabilitations- und Pflegeeinrichtungen möglich. Die

Größe dieser Komplettanbieter wiederum schafft die Grundlagen für direkte Vertragsverbindungen mit den Krankenkassen. Durch entsprechende Synergieeffekte werden dann weitere Kosteneinsparungen erreicht. Dieses sich mit jedem Element der integrierten Versorgung erhöhende Rationalisierungspotenzial bleibt einzelnen Krankenhäusern in öffentlicher Trägerschaft für gewöhnlich verschlossen. Auch wenn sie sich auf Verbundstrategien einigen, erreichen sie diesen Wirkungsgrad nicht annähernd. Aufgrund des zu erwartenden Fortgangs der Privatisierungen darf laut verschiedener Studien davon ausgegangen werden, dass der Anteil von Krankenhausbetten in privater Trägerschaft von heute etwa 12 % auf rund 40–45 % im Jahre 2015 wächst.

1.2 Krankenhäuser in unterschiedlichen Trägerschaften

In Deutschland gibt es mehrere Arten von Trägerschaften im Krankenhauswesen. Dabei handelt es sich um Einrichtungen in öffentlich-rechtlicher, freigemeinnütziger oder in privater Trägerschaft.

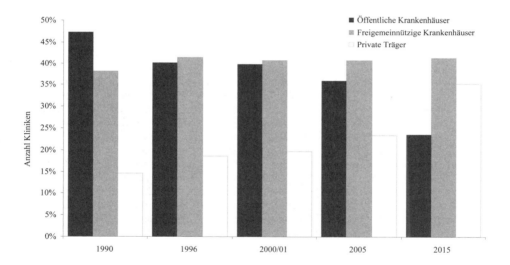

Abbildung 4: *Anteil an öffentlich, freigemeinnützig und privat getragenen Krankenhäusern von 1990 bis 2015*[3]

---

[3] STATISCHES BUNDESAMT/ROBERT-KOCH-INSTITUT (2006).

1.2.1 Öffentlich-rechtliche Trägerschaft

Einrichtungen in öffentlich-rechtlicher Form sind entweder rechtlich selbständig als Zweckverband, Anstalt oder Stiftung oder sie sind rechtlich unselbständig in Form eines Regie- oder Eigenbetriebs. Zusätzlich können die Krankenhäuser in Form einer privatrechtlichen Gesellschaft als GmbH firmieren, wenn der öffentliche Träger mehr als 50 % des Nennkapitals beziehungsweise der Stimmrechte hält.

1.2.2 Freigemeinnützige Trägerschaft

Hierbei handelt es sich um Einrichtungen der kirchlichen und freien Wohlfahrtspflege, die von Kirchengemeinden, Stiftungen und Vereinen geführt werden. Dieser Sektor ist im Vergleich zur Entwicklung öffentlicher Einrichtungen als stabil zu beurteilen.

1.2.3 Private Trägerschaft

Diese Einrichtungen stehen in privater Rechtsform. Grundlage ist die erwerbswirtschaftliche Ausrichtung dieser Betriebe, die als gewerbliche Unternehmen nach § 30 Gewerbeordnung geführt werden.

1.3 Gesetzliche Reglements im deutschen Krankenhausmarkt

Das Sozialgesetzbuch V (SGB), das Krankenhausgesetz (KHG), das Fallpauschalengesetz (FPG) und das Arbeitszeitgesetz (ArbZG) enthalten die wesentlichen Grundregeln für den deutschen Gesundheitsmarkt mit dem Ziel, die Versorgung der Bevölkerung sicherzustellen. Ferner wird der Markt durch Auflagen des Heilmittelwerbegesetzes (HWG) und der Berufsordnung der Ärzte hinsichtlich des Marketings beziehungsweise Werbung stark eingeschränkt. Das Leistungsangebot sowie die Finanzierung und die Leistungsvergütung werden durch den Staat geregelt. Die Deckelung über die Anzahl der im Krankenhausbedarfsplan festgelegten Betten und das duale Finanzierungssystem lassen nur geringe Anreize zu. Die duale Finanzierung besteht einerseits aus der Leistungsvergütung durch die gesetzlichen und privaten Krankenkassen und andererseits aus der Finanzierung von Investitionsgütern (in der Regel medizinische Großgeräte), Bauvorhaben und Ersatzinvestitionen. Durch das KHG sind die Bundesländer verpflichtet, bedarfsgerechte Krankenhausplanungen zu erstellen. Daraus ist der jeweilige Investitionsbedarf abzuleiten, der durch die Bundesländer getragen wird. Die dadurch entstehende nicht optimale Ressourcenverteilung führte in der Vergangenheit zu steigenden Ausgaben der Länder. Die leeren Kassen der Länder führten in den letzten Jahren zu einer Reduzierung der Fördermittel, welche wiederum starke Auswirkungen auf die Strukturqualität der Krankenhäuser hatte. Hier bauten sich enorme Investitionsstaus auf, die heute auch die Prozessqualität beeinträchtigen. Die hierarchische Versorgungsstruktur über die Versorgungsstufen Grund- und Regelversorgung, Schwerpunktversorgung und Maximalversorgung verteilt die Ressourcen innerhalb der Bundesländer. Erkennbar ist ein planwirtschaftlich gesteuertes, inflexibles System, das nur ein geringes Wachstum zulässt. Dies führt aufgrund unterschiedlicher Interessenlagen bei Politik und den Krankenhäusern zu Konflikten. Die überwiegend politisch bestimmten Investitionen stehen nicht selten im Widerspruch zu einer Aufrechterhaltung der Wirtschaftlichkeit und Qualität in den Krankenhäusern. Eine Änderung ist dringend notwendig. Forderungen nach selbständigen, schnellen und auch flexiblen Investitionsentscheidungen sollten bei den Krankenhäusern liegen. Das vorliegende Modell reagiert jedoch nur unflexibel auf Marktveränderungen. Insbesondere öffentlich-rechtliche Träger sind auf Veränderungen im Markt nur unzureichend vorbereitet. Tief greifende Strukturänderungen sind schneller bei den privaten Betreibern umsetzbar, die diese Chancen im Markt aufnehmen und umsetzen. Der Wettbewerbsdruck nimmt daher weiterhin zu und öffentlich geführte Häuser werden gezwungen, ihre Strategie zu verändern, um die Existenz nachhaltig zu sichern. Der Wettbewerbsdruck bedeutet ein hohes Insolvenzrisiko vieler Krankenhäuser. Dadurch werden den privaten Betreibern Möglichkeiten der Übernahme von Krankenhäusern eröffnet. Die privaten Betreiber nutzen diese Möglichkeiten, um zum Beispiel Modelle der integrierten Versorgung und medizinischer Versorgungszentren aufzubauen. Die Akquisitionen der privaten Betreiber werden unterstützt durch die schwierigen wirtschaftlichen Rahmenbedingungen, die demografische Entwicklung der Bevölkerung, neue Versorgungsformen und die sich stark verändernden gesetzlichen Rahmenbedingungen. Für den Betrieb ist eine Konzession laut Gewerbeordnung erforderlich. Aus bestimmten Genehmigungsrechten der jeweiligen Bundesländer folgen Bestimmungen der Fördermittelfinanzierung sowie die daraus folgenden umfangreichen baulichen Vorgaben und anzuwendenden Vorschriften, die zu beachten sind. Landes-, kommunal- und haushaltsrechtliche Vorschriften sind bei einer gemeinsamen Trägerschaft mit kommunalen Minderheitsgesellschaftern ebenfalls zu berücksichtigen.

2 Klinikbetreiber im deutschen Gesundheitsmarkt

Der deutsche Klinikmarkt unterliegt einer zurzeit sehr hohen Dynamik. Am deutschen Aktienmarkt sind heute von den insgesamt sieben börsennotierten Unternehmen ausschließlich drei vertreten, die ihren Fokus auf den Akutklinikbereich gelegt haben. Außerbörslich sind alle privaten Betreiber im Akutklinikbereich vertreten. Den stärksten Fokus auf den Akutbereich hat die Rhön-Klinikum AG, die 97 % des Konzernumsatzes im Akutbereich erzielten. Die Rhön-Klinikum AG ist seit der Übernahme des Universitätsklinikums Gießen-Marburg der erste deutsche Klinikbetreiber mit einem eigenen Universitätsklinikum. Diesem Trend würden andere Betreiber gerne folgen, denn das Interesse an dem veräußerten Universitätsklinikum war sehr groß.

Klinikbetreiber		2001	2002	2003	2004	2005	2006
Asklepios Kliniken GmbH	Anzahl Betten	617	2051	902	505	6.336	882
	Transaktionen	2	6	4	3	2	4
Damp Holding AG	Anzahl Betten			953	675		493
	Transaktionen			2	1		1
Fresenius Proserve GmbH	Anzahl Betten	6.587	634			9.300	1.850
	Transaktionen	2	3			1	1
Helios Klinken GmbH	Anzahl Betten	2.568	1.006	432	2.097		
	Transaktionen	3	1	2	2		
Mediclin AG	Anzahl Betten	228	969				
	Transaktionen	2	2				
Rhön Klinikum AG	Anzahl Betten	154	2.234	1.297	3.526	728	2.433
	Transaktionen	1	6	4	12	4	1
Sana Kliniken GmbH & Co. KG	Anzahl Betten	885	702	n. a.	1.645		
	Transaktionen	2	2	3	3		

Abbildung 5: Privatisierungen im deutschen Akutklinikbereich[4]

In 2005 und 2006 haben weitere große Transaktionen in diesem Sektor stattgefunden. Die Fresenius AG hat im Dezember 2005 den privaten Klinikbetreiber Helios Kliniken GmbH gekauft und die Transaktionen im März 2006 mit dem Erwerb der privaten HUMAINE-Kliniken GmbH fortgesetzt. Helios Kliniken GmbH war mit vier Maximalversorgern bislang Marktführer und hat starke Kompetenzen bei der Integration und Sanierung dieses Versorgungssegments. Diese Kompetenzen mit entsprechendem Marktanteil sind auf die Fresenius ProServe übergegangen. Die Asklepios Kliniken GmbH hat mit dem Kauf der Landesbetriebe Krankenhäuser Hamburg (LBK) die bisher größte Privatisierung durchgeführt. Insgesamt wurden 5.688 Betten verkauft. Die Abbildung 4 zeigt die Dynamik im Krankenhausmarkt 2001–2006.

Nach Angaben des Statischen Bundesamts besaßen die privaten Klinikbetreiber in 2004 13,5 % der Einrichtungen, allerdings nur 11,0 % der aufgestellten Betten. Im Jahr 1994 lagen der Anteil der Einrichtungen bei 5,9 % und die Anzahl der Betten bei 5,3 %. Ein deutlicher Trend, der sich auch in Zukunft weiter fortsetzen wird. Ein Grund dafür ist zum Beispiel, dass vor 2006 große Universitätskliniken und andere große Kliniken überwiegend in öffentlicher Hand waren. Nur circa 7 % der Krankenhäuser mit mehr als 500 Betten waren unter privater Trägerschaft. Die Transaktionsliste der privaten Betreiber zeigt allerdings einen starken Wandel. Eine Vielzahl von großen Kliniken mit mehr als 500 Betten hat in den letzten zwei Jahren in die private Trägerschaft gewechselt. Der Anteil der öffentlichen Häuser in privatrechtlicher Form hat sich von 2003 auf 2004 deutlich erhöht. 36,8 % rechtlich selbständige stehen circa 47,6 % rechtlich unselbständiger Einrichtungen gegenüber. Hier zeigt sich, dass der Wandel der Rechtsform in eine private Gesellschaftsform (AG, GmbH) von öffentlichen Trägern in zunehmendem Maße genutzt wird. Ein besserer Kapitalzugang durch Aufnahme von zusätzlichen Gesellschaftern oder die Ausgründung von Bereichen sowie Kreditaufnahmen sind die wesentlichen Gründe für diese Aktivitäten. Die Abkopplung vom öffentlich-rechtlichen Träger erlaubt neue Strukturen, die effizientes und ökonomisches Handeln zulassen. Als eigen-

---

[4]   Datenquelle *BVD ZEPHYR, M&A DATENBANK, FACTIVA-DATENBANK, MERGERSTAT* (2006).

ständige Rechtspersönlichkeit sind auch tarifrechtliche Änderungen leichter umsetzbar, um im Personalbereich eine gesteigerte Effizienz zu erreichen.

Bei den privaten Trägern ist ein Trend erkennbar. Das Betreiben der Kliniken wird immer mehr im Eigenbesitz durchgeführt als unter Management-Verträgen. Beispielsweise zeigen MediClin AG und Sana Kliniken GmbH & Co KG diesen Trend auf.

Kliniktypen mit den besten Zukunftsaussichten			
Anzahl Betten	**Bis 150**	**200–400**	**500–700***
Leistungsspektrum	Maximal drei Fachrichtungen	Breites allgemeines Leistungsspektrum	Schwerpunkt- und Maximalversorgung (inkl. Spezialleistungen)
Besonderheiten	Häufig geteilte Infrastruktur (begrenzte eigene Vorhaltung)	Verbundstruktur mit anderen „gleichwertigen" Häusern	Häufig Zentrum von Verbundstrukturen
Fallgewichteter Basisfallwert in EUR	2.562	2.611	2.736

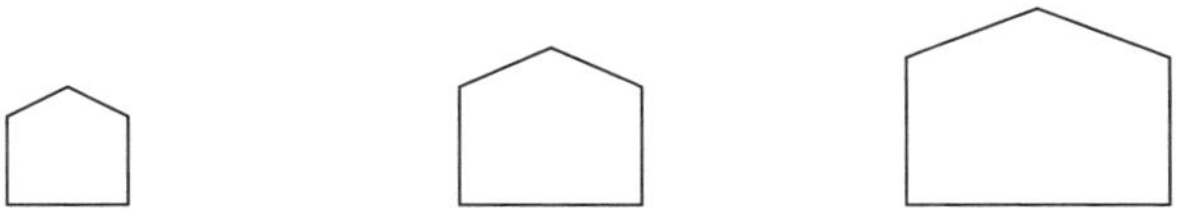

Abbildung 6: Zukunftsaussichten[5]

Das Betreiben der Krankenhäuser wird sich in Bezug auf das Leistungsspektrum verändern. Nach einer Bewertung von McKinsey liegen die besten Zukunftsaussichten bei den Schwerpunkt- und Maximalversorgern, die im Verbund mit niedergelassenen Ärzten und anderen Einrichtungen des Gesundheitswesens kooperieren.

2.1 Private Krankenhausbetreiber

Privatwirtschaftlich organisierte Unternehmen, die über mehrere Krankenhäuser verfügen, werden in der Regel als „private Klinikketten" oder auch als „private Krankenhausbetreiber" bezeichnet. Sie unterscheiden sich von öffentlich getragenen und freigemeinnützigen Krankenhäusern vorrangig durch ihre Gewinnorientierung. Aufgrund eines spezifischen Management-Konzepts können private Krankenhausbetreiber Renditen von 10–20 % erzielen. In Fachkreisen wird hier von so genannten EBIT-Margen gesprochen.

---

[5] MCKINSEY (2006).

Ein wesentlicher Vorteil privater Krankenhausbetreiber liegt wie bereits erwähnt im Zugang zu Kapital über den Markt und der damit verbundenen Möglichkeit, eine wettbewerbsfähige Infrastruktur vorhalten. Durch die Rechtsform als Kapitalgesellschaft sind größere Gestaltungsspielräume, wie beispielsweise im Facility Management über Sale-and-Lease-Back-Modelle, möglich. Outsourcing, Zentralisierung und Kooperationskontrakte sind leichter umsetzbar, um nur einige der Optionen zu nennen, mit denen den Anforderungen des sich ständig wandelnden Markts zu begegnen ist. Auch im Bereich Personal sind durch Wegfall des Bundesangestelltentarifs (BAT) die Möglichkeiten der Incentivierung oder Beteiligung am Unternehmen gegeben. Weitere Vorteile für private Krankenhausbetreiber beziehungsweise Klinikketten ergeben sich aus den weit reichenden Schulungsprogrammen für Mitarbeiter, welche von den meisten Klinikketten angeboten beziehungsweise durchgeführt werden. Nach dem Muster der internen Qualifizierung werden zum Beispiel ärztliche Mitarbeiter in betriebswirtschaftlichen Kenntnissen unterwiesen, um ein besseres Verständnis für das Unternehmen zu erlangen. Diese Form der Fortbildung sichert durch entsprechende Schlüsselqualifikationen sowohl einen hohen Ausbildungsstandard als auch die Zufriedenheit der Angestellten.

2.2   Private deutsche Krankenhausbetreiber

Zahlreiche private Krankenhausbetreiber sind auf dem deutschen Krankenhausmarkt aktiv. Vier der wichtigsten deutschen Unternehmen sind börsennotiert beziehungsweise als Aktienunternehmen organisiert: Die Marseille Kliniken AG, Hamburg, die Mediclin AG, Frankfurt am Main und die Rhön Klinikum AG mit Sitz in Bad Neustadt an der Saale und die Fresenius Proserve GmbH, eine Tochter der Fresenius AG in Bad Homburg. In Form einer GmbH tätig sind die Asklepios Kliniken mit Sitz in Königsstein-Falkenstein, die Paracelsus Kliniken mit Sitz in Osnabrück und die Sana Kliniken, München. Circa 10 % der Akutkliniken werden durch private Klinikketten betrieben. Die restlichen 90 % befinden sich in öffentlicher oder freigemeinnütziger Trägerschaft. Im Vergleich zu ihren international tätigen Konkurrenten, etwa aus den USA und Großbritannien, wirken die privaten deutschen Krankenhausbetreiber im Vergleich jedoch eher klein.

Die seit 2001 durchgeführten Transaktionen geben einen guten Einblick in den Verkauf von Krankenhäusern. Die Rhön Klinikum AG ist in den vergangenen Jahren sehr aktiv gewesen. Die Klinikgruppe hat seit 2001 insgesamt 27 Transaktionen von Krankenhäusern, Kliniken und einem Universitätsklinikum mit insgesamt circa 10.800 Betten abgeschlossen. Die Fresenius AG als Industrieunternehmen hat sich seit 2001 mit 7 Übernahmen und circa 18.588 Betten am Krankenhausmarkt neu positioniert. Das Portfolio der Krankenhäuser wurde in der neu gegründeten Fresenius ProServe GmbH zusammengeführt. Asklepios Kliniken GmbH ist um 21 Einrichtungen und circa 11.293 gewachsen. Bei der Damp Holding AG hat sich das Portfolio um 4 Einrichtungen und damit um circa 2.121 Betten vergrößert. Die Helios Kliniken GmbH hat 8 Transaktionen mit 6.103 Betten durchgeführt, bevor die Klinikgruppe selbst durch die Fresenius AG übernommen wurde. Sana Kliniken GmbH & Co KG hat in der Vergangenheit viele Management-Verträge abgeschlossen, hat allerdings die Strategie derart verändert, sodass in Zukunft der Fokus auf Zukauf von Kliniken liegt und nicht nur auf dem Management. Zu den größten Transaktionsunternehmen zählt die Asklepios Kliniken GmbH. 21 Krankenhäuser mit circa 11.293 Betten, darunter die LBK. Auch die börsennotierte MediClin AG hat im Zeitraum 2001 bis 2004 4 Transaktionen mit circa 1.197 Betten abgeschlossen. Es sind bei den führenden Klinikbetreibern eine Vielzahl von Transaktionen vorgenommen worden, in einem Markt, der als träge und unflexibel beschrieben wird. Der Grund dafür liegt nicht nur in den hohen Rationalisierungs- und Sanierungspotenzialen, sondern auch an der Möglichkeit, im Gesundheitswesen Renditen erwirtschaften zu können.

Die privaten Klinikbetreiber bringen bei Privatisierungen und Verkäufen viele Vorteile mit. Einerseits kann in einer privaten Trägerschaft die unternehmerische Handlungsfähigkeit gesichert werden und andererseits sind Kompetenzvorteile in Medizin und Management gegeben. Diese Vorteile werden darüber hinaus aus dem gesamten Klinikverbund geschöpft.

Beispielsweise war Helios Kliniken GmbH vor der Übernahme durch die Fresenius AG Marktführer in der Privatisierung von Krankenhäusern der Maximalversorgung. Strukturelle Unterschiede zu anderen Unternehmen bestehen im Hinblick auf die Existenz eines paritätisch mitbestimmten Aufsichtsrats, der bei Helios als wichtiges Merkmal und Instrument einer funktionierenden Sozialpartnerschaft auf Konzernebene angesehen wurde. In medizinischer Hinsicht ist die Ergebnisqualität anhand risikoadjustierter Sterblichkeiten veröffentlicht. Diese Transparenz erhöht die medizinische Qualität und bietet Möglichkeiten, frühzeitig die Weichenstellung für weitere Optimierungen zu treffen.

2.3 Private ausländische Krankenhausbetreiber

Private ausländische Krankenhausbetreiber verfolgen eine aggressive Wachstumspolitik. Gleich mehrere Unternehmen haben sich zum Ziel gesetzt, die größten Anbieter von Krankenhausdienstleistungen in Europa zu werden. Daher ist auch der deutsche Krankenhausmarkt für diese Unternehmen sehr bedeutend. Der erste Markteintritt ist durch CAPIO AB aus Schweden zu verzeichnen, welche die Deutsche Kliniken AG mit Sitz in Bad Brückenau, Bayern gekauft haben. Der Kaufpreis lag mit 34 Millionen Euro bei einem Unternehmensumsatz von 41,2 Millionen Euro vergleichbar hoch, was etwa einem Umsatz-Multiple von 0,8 entspricht. Üblich sind Kaufpreise mit einem Umsatz-Multiple von etwa 0,6–0,7. Klassische Übernahmekandidaten sind kommunale Krankenhausträger in den Großstädten, die über Formen der Privatisierung nachdenken. Weitere Aufkäufe privater deutscher Klinikketten durch ausländische Anbieter sind jedoch ebenfalls denkbar.

3 Finanzinvestoren

Finanzinvestoren zeichnen sich durch rein gewinnorientierte Engagements aus. Im Gegensatz zu industriellen, strategischen Investoren sind Finanzinvestoren nicht an der Technologie beziehungsweise dem Kundenzugang interessiert, sondern nur an einer möglichst hohen Rendite. Darin unterscheiden sie sich auch von Krankenhausbetreibern, die durch stetige Expansion eine strategische Position am Krankenhausmarkt erreichen wollen, um auf diese Weise Wettbewerbsvorteile zu erlangen. Ein weiteres Merkmal von Finanzinvestoren ist, dass ihr finanzielles Engagement zeitlich limitiert ist. Die Investitionsdauer beträgt für gewöhnlich zwei bis fünf Jahre und das Mindestvolumen der Investition variiert je nach Investor zwischen 5 und 20 Millionen Euro. In der Regel wird dabei eine Mehrheitsbeteiligung durch entsprechende Kapitaleinlage und Besetzung der Gesellschafterpositionen beziehungsweise Aktienerwerb übernommen. Die Finanzinvestoren finden zunehmendes Interesse am deutschen Krankenhausmarkt, was sich in wachsendem Engagement widerspiegelt. Auch für sie gilt, dass eine Klinikgruppe für den Markteintritt wesentlich besser geeignet ist, als ein einzelnes Krankenhaus. Weiterhin sind Joint Ventures beziehungsweise Übernahmeprojekte, bei denen das Management und Know-how von privaten Krankenhausbetreibern zur Verfügung gestellt werden, möglich. Die notwendigen finanziellen Mittel werden von Finanzinvestoren bereitgestellt. Diese Vorgehensweise erscheint insbesondere bei der Übernahme sehr großer Krankenhäuser beziehungsweise Verbünde als sinnvoll.

Die Erwartungshaltung vieler Investoren liegt in einer kalkulierbaren Rendite. Die erwarteten Renditen werden in erster Linie über den Wertzuwachs während der Laufzeit des Engagements erzielt. Von sekundärer Bedeutung sind dagegen die Gewinnausschüttungen an die Investoren. Am Ende seines Engagements hat der Investor verschiedene Ausstiegsmöglichkeiten (so genannte „Exit-Strategien"): Er platziert seine Anteile an der Börse oder er veräußert sie an einen anderen Investor. Die möglichen Potenziale für eine Wertsteigerung über eine Weiterentwicklung und strategische Neupositionierung der erworbenen Unternehmen sind daher für einen Finanzinvestor von entscheidender Bedeutung. Die größten im Krankenhausmarkt tätigen Finanzinvestoren sind in den Abbildungen 7 und 8 aufgezeigt:

Unternehmen	Profil	Schwerpunkte
Advent International	Gegründet 1984, eine der weltweit größten Beteiligungsgesellschaften, in 14 Ländern vertreten, über 500 Beteiligungen, davon zahlreiche im Gesundheitswesen	Chemie, Kommunikation, Elektronik, Industrie, Technologie, Finanz-Services, Gesundheitssektor und Life Sciences, Informationstechnologie, Software, Medien, Konsumgüter
BC Partners	Gegründet 1986, einer der führenden Investoren in Europa, 50 Übernahmen im Gesamtwert von 23 Milliarden Euro	Elektronik, Automobil, Technologie, Konsumgüter, Gesundheitssektor, Chemie, Software
Bridgepoint Capital GmbH	Gegründet 1976, einer der führenden Finanzinvestoren, Investitionen in über 150 Unternehmungen, Minimum Investment 15 Millionen Euro	Luft- und Raumfahrt, Verteidigung, Spezialmaschinenbau, Informationstechnologie, Hardware, Elektronik, Konsumgüter, Gesundheitssektor, Medien, Dienstleistungen
Cirven	Gegründet 1977, Beteiligungen im Gesamtwert von 27 Milliarden Euro seit 1995	keine Industriespezifikation, umfangreiche Erfahrungen im Krankenhaussektor
CVC Capital Partners	Gegründet 1981, 11 Niederlassungen in Europa, 5 im asiatischen Raum, einer der führenden Finanzinvestoren in Europa	Pharma, Gesundheitssektor und Medizinprodukte, Informationstechnologie, Medien, Konsumgüter, Dienstleistungen

Abbildung 7:   *Internationale Finanzinvestoren, Teil I*[6]

---

[6] SCHMIDT ET AL. (2003).

Unternehmen	Profil	Schwerpunkte
HSBC Private Equity Deutschland GmbH	Gegründet 1968, mehr als 400 Übernahmen und Beteiligungen mit einem Volumen von 5 Milliarden Euro	Maschinenbau, Chemie, Elektronik, Transport und Logistik, Gesundheitssektor, Pharma, Dienstleistungen
IKB Private Equity GmbH	Gegründet 1985, vorwiegend mittelständische Unternehmen, Muttergesellschaft ist die IKB Deutsche Industriebank A, mit ca. 9.000 mittelständischen Kunden, Investitionsvolumen 2–15 Millionen Euro	Automobilzulieferer, Industrie/Industriegüter, Information und Kommunikation, Verbrauchsgüter, Logistik, Life Sciences, Maschinenbau, Elektrotechnik, Medizintechnologie
Quadriga Capital	Gegründet 1985	Keine Angaben
3i	Gegründet 1952, mehr als 30 Niederlassungen in Europa, über 3.000 Beteiligungen, mehr als 130 Millionen Euro, jährliche Beteiligung im Gesundheitssektor	Gesundheit, Öl und Gas, Transport und Logistik, Finanzdienstleistungen, Freizeit, Informationstechnologie, Medien

Abbildung 8: *Internationale Finanzinvestoren, Teil II*[7]

4 Industrieunternehmen beziehungsweise Strategische Investoren

Strategische Investoren sind üblicherweise Industrie- oder Dienstleistungsunternehmen, die ihre Geschäftätigkeit auf den Krankenhausbereich ausdehnen. Zu dieser Gruppe zählt die Fresenius AG. Beim Erwerb der Wittgensteiner Kliniken AG und der Gründung der Fresenius ProServe durch die Fresenius AG hat erstmals ein Industrieunternehmen ein öffentliches Krankenhaus beziehungsweise eine Krankenhausgruppe aufgekauft. Fresenius ist ein weltweit tätiger Gesundheitskonzern mit Produkten und Dienstleistungen für die Dialyse und die ambulante medizinische Versorgung von Patienten. Zum Fresenius-Konzern gehören drei Unternehmensbereiche, deren Fresenius ProServe die Wittgensteiner Kliniken AG und neuerdings auch die Helios Kliniken GmbH betreibt. Die Fresenius ProServe bietet darüber hinaus Dienstleistungen wie Beratung, Planung, Errichtung und Ausstattung von Krankenhäusern, sowie die technische Betriebsführung für Einrichtungen im Gesundheitswesen bis hin zu Trägerschaft und Management-Funktion an. Der damit verbundene Ausbau des bisherigen Geschäftsbereichs der Fresenius AG hat verdeutlicht, dass der deutsche Krankenhausmarkt auch für Industrieunternehmen beziehungsweise strategische Investoren ein attraktives Geschäftsfeld sein kann. Durch die Erweiterung des eigenen Kerngeschäfts, im Falle der Fresenius AG um die Fresenius ProServe und damit um ein angrenzendes Geschäftsfeld, ist aus einem klassischen Industrieunternehmen ein integrierter Gesundheitsdienstleister geworden. Die Strategie des Unternehmens zielt auf weitere Zukäufe großer Kliniken ab. Auch in diesem Bereich sind daher weitere Aktivitäten von Pharmaunternehmen, Versicherungen, Herstellern von Medizinprodukten oder „klassischen" Industrieunternehmen zu erwarten.

---

[7] SCHMIDT ET AL. (2003).

5 Privatisierungsaktivitäten im deutschen Krankenhausmarkt

Die Privatisierung wird häufig durch die Schuldennot der öffentlich-rechtlichen Träger von Krankenhäusern bestimmt. Zunehmender Wettbewerb und erhöhte Anforderungen an die Effizienz bei gleichzeitig steigenden Defiziten stellen viele Träger vor eine einfache Frage. Wie kann ein Krankenhaus effizienter, wirtschaftlicher und kundennäher arbeiten als heute? Die Antwort geben häufig die privaten Betreiber, die es in der Vergangenheit gezeigt haben, wie derartige Krankenhäuser unter Wachstums- und Renditeaspekten zu optimieren sind und qualitativ hochwertige Leistungen zu günstigen Preisen angeboten werden können. Das Interesse an Übernahmen von Krankenhäusern, die in das Portfolio des privaten Trägers passen, steigt zunehmend. Bei der Privatisierung ist zwischen einer formellen, materiellen und funktionalen Privatisierung zu unterscheiden.

5.1 Formelle Privatisierung

Die ursprüngliche Aufgabenerfüllung, also die Erfüllung des Versorgungsauftrags liegt bei einem öffentlich-rechtlichen Träger. Die Privatisierung erfolgt in Form eines Rechtsformwechsels. Beteiligungen privater Betreiber sind nur selten zu finden. Bleibt der ursprüngliche Träger auch gleichzeitig der alleinige Träger des Krankenhauses mit einer neuen Rechtsform (in der Regel GmbH, AG), dann ist dies eine so genannte Scheinprivatisierung.

5.2 Materielle Privatisierung

Die materielle Privatisierung unterstellt die vollständige Übertragung der Aufgabenerfüllung an einen privaten Träger. Zusätzlich wird das Eigentum auf den neuen Träger übertragen. Das Risiko geht voll auf den neuen Träger über.

5.3 Funktionale Privatisierung

Das PPP-Modell wird immer häufiger als Lösung gesehen, wenn es darum geht, die Investitionsstaus der öffentlich-rechtlichen Träger zu reduzieren. Private Betreiber werden einerseits als Partner zur Finanzierung von Baumaßnahmen und Großgeräten gesucht, andererseits können ihnen auch Aufgaben und Funktionen übertragen werden, die nicht mehr durch den öffentlichen Träger wahrgenommen werden sollen. Bisher ist eine PPP noch wenig im Krankenhausbereich verbreitet, zunehmendes Interesse ist jedoch erkennbar. Die Kernbereiche der Krankenversorgung stehen dabei nicht im Fokus der Privatisierung, sondern Bereiche wie zum Beispiel Bau, Facility Management und viele als Service-Bereiche definierte Leistungen (zum Beispiel Küche, Reinigung, Lager, Logistik) werden als PPP-Modelle favorisiert. Gerade im Baubereich ist das Interesse der öffentlichen Einrichtungen sehr groß, weil gerade hier die Investitionsstaus abgebaut werden können. In 2005 sind allerdings laut einer Umfrage der Deutschen Krankenhausgesellschaft erst 3,3 % der geplanten Bauvorhaben nach einem PPP-

Modell umgesetzt worden. Das vom Bundesrat beschlossene PPP-Beschleunigungsgesetz vom 01.09.2005 konnte auch keine einschneidenden Veränderungen bezüglich einer zusätzlichen Aktivität von Privatisierungen bewirken.

Die Anzahl der in privatrechtlicher Form geführten Krankenhäuser liegt laut Statistischem Bundesamt bei circa 36,6 %. Die aktuelle finanzielle Situation vieler öffentlicher Träger wird den Anteil privatrechtlicher Krankenhäuser noch erhöhen. Da als Alternativen vor allem für den Investitions- und Instandhaltungsstau im Wesentlichen nur PPP zur Verfügung stehen, bleibt abzuwarten, wie sich dieser Bereich der Privatisierung entwickelt.

6 Entwicklungstendenzen im deutschen Krankenhausmarkt

Die Entwicklung der Krankenhäuser in Deutschland zu insgesamt weniger Häusern beziehungsweise Betten und mehr privaten Trägern wird sich stetig fortsetzen. Der Konsolidierungsdruck führte in den vergangenen 10 Jahren zu einem Rückgang der Krankenhäuser von 2.337 in 1994 auf 2.166 in 2004, das entspricht einem Rückgang von mehr als 7 %. Insbesondere mittelgroße Häuser von 300 bis 500 Betten sind von diesem Trend betroffen. Größere Häuser mit mehr als 800 Betten haben einen Rückgang Anfang der 90er Jahre erlebt; die Häuser bis 100 Betten sind im Wesentlichen konstant geblieben; die Häuser von 100 bis 300 Betten haben einen Rückgang zu verzeichnen gehabt. Genau diese Cluster lassen sich auch in den Transaktionslisten der privaten Betreiber finden. Nach einer Studie des RWI sind bereits circa 20 % aller Häuser insolvenzgefährdet. Dies wird sich bis 2010 bis auf 30 % erhöhen. Eine Schließung wegen Unwirtschaftlichkeit droht circa 10 % der Krankenhäuser. Davon liegen viele Krankenhäuser in westdeutschen Ballungsräumen. In den neuen Bundesländern besteht dagegen nur eine geringe Gefahr der Insolvenz, da die Krankenhäuser nach der Wiedervereinigung mit hohen Förderungen ausgestattet wurden.

Die Gründung von Klinikverbünden, Bildung von Marken und eine verstärkte Marktorientierung wirken den oben genannten Trends entgegen. Leider ist häufig bei Verbünden mit öffentlich-rechtlichen Partnern mit einer Misserfolgsquote zu rechnen. 70 % aller Fusionen und Verbünde erreichen die gesteckten Ziele nicht. Bei den privaten Betreibern liegt dieser Anteil nur bei 25 % laut einer Studie des Centrum für Krankenhaus-Management der Westfälischen Wilhelms-Universität Münster (CKM). Daraus wird deutlich, dass die öffentliche Trägerschaft die Synergiepotenziale in den Bereichen der Administration und der funktionalen Aufbaustrukturen weniger stark ausschöpft, als es bei einem privaten Träger der Fall ist. Häufig sind Potenziale im medizinisch-pflegerischen Bereich in Ansätzen erkennbar; diese werden jedoch durch die vielerorts nur gering vorhandene Veränderungsbereitschaft eingeschränkt ausgeschöpft.

7 Strategien der privaten Betreiber

Der Privatisierungsdruck im öffentlichen Sektor steigt enorm. Die Finanznot der Kommunen und Länder zwingen die öffentlichen Träger nicht nur formell, sondern auch materiell zu privatisieren. Aufgrund der auslaufenden Konvergenzphase für die Umsetzung der DRGs in 2009 wird eine zunehmende Privatisierungsaktivität erwartet. Große Krankenhäuser und vor allem Kliniken der Maximalversorgung, wie zum Beispiel die Universitätskliniken, werden als Zielobjekte der privaten Betreiber gesehen. Um ihr Portfolio bezüglich Qualität und Markenbildung zu optimieren, werden die privaten Betreiber ein großes Interesse an der Übernahme dieser Kliniken aufzeigen. Darüber hinaus sind auch bei den großen Kliniken und Krankenhäusern erhebliche Rationalisierungs- und Prozessoptimierungspotenziale zu erwarten, die die Akquisitionsfantasie der privaten Betreiber und Investoren beflügeln wird. Zusätzlich sind auch Akquisitionen kleinerer Häuser gegeben, sofern die Ineffizienzen der in der Regel öffentlich-rechtlichen Krankenhäuser Wachstumschancen für den Käufer ergeben.

Die Strategie der großen privaten deutschen Krankenhausbetreiber ist expansiv ausgerichtet, wobei für gewöhnlich Akutkrankenhäuser und seltener Rehabilitationskliniken übernommen oder betrieben werden. Bei einer Übernahme wechselt der Krankenhausträger. Im Rahmen eines Management-Vertrags wird dagegen die Betriebsführung als Dienstleistung durch den privaten Krankenhausbetreiber wahrgenommen, der nicht gleichzeitig der Besitzer des Krankenhauses ist. Der Unterschied zwischen einem Betreiber (mit entsprechendem Management-Vertrag) und einem Besitzer von Krankenhäusern war bis 2005 auch in der Größe der privaten Krankenhausbetreiber erkennbar. Die Betreiber hatten insgesamt mehr Betten aufzuweisen als die privaten Besitzer. Seit 2005 hat sich dieser Größenunterschied aufgrund verschiedener großer Transaktionen zugunsten der Besitzer relativiert. In seltenen Fällen werden auch Zukäufe von Kliniken im Ausland getätigt. Zurzeit bestimmen etablierte Unternehmen den Käufermarkt, weil es gilt, hohe Eintrittsbarrieren zu überwinden.

Private Krankenhausbetreiber streben an, dass die übernommenen Kliniken nach zwei bis drei Jahren die angestrebte zweistellige Rendite beziehungsweise EBIT-Margen erreichen. Bis dahin werden in der Regel umfangreiche Restrukturierungen und Maßnahmen der Organisationsentwicklung durchgeführt. Danach tragen die übernommenen Kliniken zur Verbesserung der Wettbewerbsfähigkeit des Betreibers bei. Privatwirtschaftliche Strukturen bergen grundsätzlich auch das Risiko des wirtschaftlichen Niedergangs in sich. Bislang sind jedoch Insolvenzen privatrechtlich geführter Krankenhausketten in Deutschland die Ausnahme. Wie anfäl-lig die Branche jedoch gegen diese Risiken ist, kann anhand der „Krise" in der stationären Rehabilitation in der zweiten Hälfte der 90er Jahre und der „Krise" der Senioreneinrichtungen während der letzten drei Jahre beobachtet werden.

7.1 Markteintrittsbarrieren

Der deutsche Krankenhausmarkt ist durch eine Vielzahl von Reglementierungen stark begrenzt. Die rechtlichen, wirtschaftlichen und politischen Rahmenbedingungen werden im Folgenden aufgezeigt.

7.1.1 Rechtliche Betrachtung

Für Akutkliniken herrscht ein staatlich sanktioniertes Gebietsmonopol vor. Die Festlegung zur Aufnahme in den Landeskrankenhausplan, über den Standort, über die Größe (Anzahl der Betten) und über eine fachliche Spezialisierung der Kliniken sind rechtliche Grundlagen, die es vor einem Eintritt oder einer Ausweitung in den Markt zu klären gilt. Speziell sind Aspekte zu betrachten, die unter dem Gliederungspunkt 1.3 – Gesetzliche Reglements im deutschen Krankenhausmarkt – dargestellt wurden.

7.1.2 Wirtschaftliche Betrachtung

Die Übernahme großer kommunaler Kliniken durch einen internationalen Klinikbetreiber war in der Vergangenheit wenig wahrscheinlich, weil die notwendigen Management-Qualitäten und effizienten Unternehmensstrukturen in den kommunalen Kliniken fehlen. Ein Einstieg internationaler Wettbewerber war nur im Rahmen der mehrheitlichen Akquisition einer der etablierten privaten Klinikketten möglich. Der schwedische Klinikbetreiber CAPIO AB hat gerade diesen Schritt gewagt und eine erste deutsche Klinikgruppe aufgekauft. CAPIO AB selbst sieht diese Transaktion als Anfang weiterer Aktivitäten bezüglich Kauf und gegebenenfalls auch Verkauf von Einrichtungen im Krankenhauswesen. Dies ist nur mit einem erfolgreichen Personal-Management umsetzbar, das umfangreiche Erfahrung im Umgang mit BAT, Betriebsverfassungsgesetz (BetrVG) und Gewerkschaften mitbringt. Diese qualitativen Anforderungen beziehen sich im Wesentlichen auf den deutschen Markt.

7.1.3 Politische Betrachtung

Der Nachweis langjähriger Erfahrung in der erfolgreichen Führung vergleichbarer Kliniken im deutschen Akutmarkt ist häufig eine Übernahmevoraussetzung für vorgesehene Transaktionen. Damit haben vor allem ausländische Investoren eine nur schwer überwindbare Markteintrittsbarriere zu bewältigen.

7.2 Akquisitionsstrategie

Bei vielen privaten Betreibern ist zu erkennen, dass die Steigerung der Qualität und die Steigerung des auftragsbezogenen Patientennutzens strategisch wichtiger sind, als ein stetiges Umsatzwachstum. In einer sich im Markt abzeichnenden Wachstumshysterie wird von Seiten der privaten Betreiber eine Strategie der selektiven Privatisierung bevorzugt. In das Portfolio der großen Betreiber werden größere Kliniken bis hin zu Maximalversorgern oder Universitätskliniken aufgenommen. Kleinere Kliniken werden mittlerweile nur noch gekauft, wenn sie eine Ergänzung zu schon bestehenden Klinikstandorten darstellen und sich gleichzeitig noch besondere Optionen der Zusammenarbeit bieten, die Synergieeffekte ermöglichen. Interessante Objekte, die besonders attraktive Konditionen darbieten, werden ebenfalls auf eine sinnvolle strategische Ergänzung des Portfolios überprüft. Als Trend ist erkennbar, dass die privaten Ketten ein gesteigertes Interesse an der Mehrheit der Geschäftsanteile der Zielobjekte haben. Eine eindeutige unternehmerische Gesamtverantwortung ist – insbesondere mit Blick auf die schwierigen, sich häufig ändernden gesetzlichen Rahmenbedingungen sowie die oftmals erforderlichen hohen Eigenmittelinvestitionen – zur Sicherung beziehungsweise Weiterentwicklung von Kliniken erforderlich, weil Unstimmigkeiten in der Geschäftsführung zu erheblichen Potenzialeinbußen führen können.

7.3 Marktstrategie

Zunehmend versuchen Betreiber von Rehakliniken auch Akutkliniken zu kaufen, um sinkende Zuweisungen/Auslastung zu kompensieren. Vertikale Integration aus dem Akutbereich in Segmente mit geringerer Komplexität (Downscaling) ist leichter möglich als umgekehrt. Ein Aufstieg in das Akutklinikengeschäft (Upscaling) erweist sich jedoch als schwierig. Dies zeigen die Daten verschiedener Rehabilitationsklinikbetreiber als auch die Beobachtung der Transaktionen im Krankenhausmarkt.

7.4 Medizinische Ergebnisqualität

Für die Kunden eines Krankenhauses, vor allem die Patienten selbst, aber auch die niedergelassenen Ärzte und Krankenkassen, steht die Ergebnisqualität der medizinischen Behandlung im Vordergrund. Gerade in diesem Bereich stehen im Gegensatz zu anderen Branchen Analysen und Statistiken nur vereinzelt zur Verfügung, sodass eine Auswahl anhand dieser potenziellen Wettbewerbsparameter nur unzureichend erfolgen kann. Ein umfangreiches Qualitäts-Management-System ist zwar gefordert, aber noch nicht derart umgesetzt, dass im Sinne eines kunden- und qualitätsorientierten Wettbewerbs Ergebnisse veröffentlicht werden. Erste Ansätze dazu finden sich auch auf den Internet-Seiten der Krankenkassen, wo mittlerweile für zahlreiche Kliniken Liegezeiten und Häufigkeiten für bestimmte Eingriffe nachzulesen sind. Flächendeckend sind diese Daten noch nicht verfügbar. Ein Ausbau dieser Ergebnisse ist jedoch vor dem Hintergrund der DRG-Umsetzung zu erwarten.

7.5 Wirtschaftliches Ergebnis

Im Bereich der wirtschaftlichen Ergebnisse zeigt der Druck des Kapitalmarkts in Verbindung mit der größeren Erfahrung der Unternehmen in der Finanzrechenschaftslegung seine Transparenz schaffende Wirkung. Die grundsätzlich bankenunabhängigere Finanzierungspraxis im angelsächsischen Bereich hat dort zu wesentlich höheren Konzernkapitalquoten um 50 % geführt. Die Konzernkapitalquote deutscher Klinikkonzerne steigt kontinuierlich an. Damit ist eine Unabhängigkeit von Kapitalgebern, die gegebenenfalls über einen Großteil der Stimmrechte verfügen könnten, gering. Selbstbestimmt und unabhängig können die Unternehmen diese sicherstellen. In Deutschland ist die Finanzierung des Anlagevermögens durch staatliche Fördermittel bedingt, sodass die Umsatzerlöse niedriger sind als in monistisch finanzierten Systemen. Aufgrund dessen fehlen die entsprechenden Abschreibungen. Bei einem internationalen EBITDA-Vergleich ergibt sich für monistische Systeme daher regelmäßig ein höherer Prozentanteil am Umsatz. Bei einem Vergleich von Unternehmensdaten sind als Basis die Ergebnisse vor Zinsen und Steuern (EBIT) sinnvoll. Grundsätzlich sollte dieser auch vor Firmenwertanpassungen erfolgen, womit sich das EBITDA als Vergleichsmaßstab für die operative Profitabilität ergibt. Allerdings ist die Beurteilung genau zu hinterfragen, weil zum Beispiel kreative Finanzierungen zu einer Verlagerung von Abschreibungen führen, die im Kapitalergebnis ausgewiesen werden oder Mieten, die im operativen Ergebnis erfasst werden und dann weitere Korrekturen erfordern. Regelmäßig sind die für eine Korrektur notwendigen Angaben aber nicht verfügbar, sodass nur Schätzungen bleiben.

7.6 Wettbewerber

Voraussetzung für ein Benchmarking ist die innere Bereitschaft der Klinikunternehmen, Transparenz nach außen, also Publizität, zu schaffen. Diese medizinische und ökonomische Vergleichbarkeit wird bereits heute eingefordert – von Patienten wie Gesundheits-, Privatisierungs- und Kapitalmarktpartnern. Von jenen Krankenhäusern und Klinikketten, die sich durch mangelhafte Transparenz auszeichnen und sich so dem Wettbewerb entziehen, wird sich der Markt über kurz oder lang distanzieren. Dies erschwert jedoch auch die Privatisierungsmöglichkeiten von Kliniken. Marktwirtschaft bedeutet Wettbewerb, der in einem geschlossenen Markt der Krankenversorgung um Kapital konkurriert. Finanzielle Gewinne bilden daher eine Grundvoraussetzung für Fortbestand und Wachstum eines jeden Klinikunternehmens. Dies ist auch mit der Gesundheitsversorgung erzielbar und vertretbar.

Im Vergleich der unterschiedlichen Unternehmensstrategien deutscher Klinikbetreiber wird deutlich, dass ein wesentliches Ziel in der Expansion liegt.

Unternehmen	Strategie
MediClin AG	Wachstum über Akquisition im Akutbereich
Rhön Klinikum AG	Expansion im deutschsprachigem Raum, Aktivitäten in Polen und England geplant, Zukauf von Krankenhäusern in öffentlich-rechtlicher Trägerschaft, Marktführerschaft in zehn Jahren angestrebt
Asklepios Kliniken GmbH	Ausbau der Führungsposition im Gebiet Neurologie, Spezialist für Akutversorgung und akutnahe Rehabilitation
Fresenius Proserve GmbH	Expansion im osteuropäischem Raum geplant, Übernahmen von Krankenhäusern der Maximalversorgung angestrebt
Helios Kliniken GmbH	Marktführer in medizinischer Qualität, Wachstum in Deutschland durch Übernahmen von Kliniken der Maximalversorgung
Paracelsus Kliniken	Expansion im deutschsprachigem Raum
Sana Kliniken GmbH & Co KG	Wachstum durch Akquisition im Bereich von Akutkliniken

Abbildung 9:   Strategien einzelner Klinikbetreiber

Der deutsche Markt wird für ausländische Klinikbetreiber immer interessanter. Er repräsentiert rund 30 % des gesamten europäischen Markts, sodass nicht nur die Übernahmefurcht aus dem Ausland zu sehen ist, sondern auch die Chancen zur Übernahme europäischer Kliniken beziehungsweise Klinikketten bestehen und aus wirtschaftlicher Sicht lukrativ erscheinen. Außerdem ist zu beachten, dass zum Beispiel amerikanische Unternehmen erheblich mehr Erfahrungen mit den in Deutschland eingeführten DRG-basierten Abrechnungssystemen haben. Hierbei handelt es sich auch weltweit um die größten Klinikbetreiber.

Ein Überblick der unterschiedlichen Akteure im Krankenhausmarkt zeigt die Vor- und Nachteile auf, die durch die unterschiedlichen Betreiber und Investoren gegeben sind:

	Kooperation mit ausländischem Krankenhauskonzern	Kooperation mit Finanzinvestor	Kooperation mit deutschem Krankenhausbetreiber
Ausländischer Krankenhaus-konzern	Vorteile: Alleinige Entscheidungsgewalt, Möglichkeit, Teilbereiche zu veräußern, Markteintritt als Vorreiter	Vorteile: finanzielle Stärke, geringere proportionale Transaktionskosten, Transaktion kann noch dominiert werden, Markteintritt weiterhin alleine	Vorteile: höhere Akzeptanz der lokalen Interessengruppen durch Integration eines nationalen oder lokalen Krankenhausbetreibers, Wissenstransfer bei Marktbesonderheiten, Risikoteilung, geringerer proportionaler Kaufpreis bei Transaktionen, größere Management-Kapazität und finanzielle Stärke, weitere Kooperationen möglich.
	Nachteile: Finanzielles Risiko, hohe Kosten bei Transaktionen, Management-Kapazität beschränkt, finanzielle Ressourcen limitiert	Nachteile: beschränkte Management-Kapazität, Kosten der Integration, Erwartungen des Finanzinvestors an Renditen, Entscheidungsmöglichkeiten gegebenenfalls eingeschränkt	Nachteile: Koordination der Interessenübereinstimmung, neue "Corporate Identity", Akzeptanz der Kooperation in der Öffentlichkeit unsicher
Finanzinvestor	Vorteile: finanzielle Stärke, Kostenaufteilung, geringerer proportionaler Kaufpreis bei Transaktionen, spezifisches Fachwissen durch Partner	Vorteile: Finanzielle Stärke, alleinige Entscheidungsmöglichkeit, Zergliederung einer Akquisition und Teilverkäufe möglich	Vorteile: finanzielle Stärke, Kostenaufteilung, geringerer proportionaler Kaufpreis bei Transaktionen, spezifisches Fachwissen durch Partner
	Nachteile: Fachkompetenz bei Junior-Partner, Führungsrolle in Kooperation dadurch eingeschränkt, Renditeerwartungen können nur beschränkt weitergegeben werden, Kosten der Integration	Nachteile: Management-Kapazitäten müssen vorgehalten werden, kein genuines Geschäftsfeld	Nachteile: Fachkompetenz bei Junior-Partner, Führungsrolle in Kooperation dadurch eingeschränkt, Renditeerwartungen können nur beschränkt weitergegeben werden, Kosten der Integration

Abbildung 10: Darstellung der Vor- und Nachteile bei Kooperationen, Teil I

	Kooperation mit	Kooperation mit	Kooperation mit
deutscher Krankenhaus- betreiber	Vorteile: Wissenstransfer bei Marktbesonderheiten, finanzielle Stärke, geringe- rer proportionaler Kaufpreis bei Transaktionen, größere Management-Kapazität, Kooperationen und Syner- gieeffekte in anderen Berei- chen möglich	Vorteile: finanzielle Stärke, geringere proportionale Trans- aktionskosten, Transaktion kann noch dominiert werden, deutsche und internationale Beispiele bereits vorhanden	Vorteile: finanzielle Stärke, geringerer proportionaler Kauf- preis bei Transaktionen, Nutzung von Synergieeffekten hoch, Marktdominanz möglich, Mana- gement-Kapazitäten vorhanden, größere Transaktionen möglich
	Nachteile: Koordination der Interessen, Akzeptanz einer Junior-Position des auslän- dischen Konzerns aufgrund der überlegenen Größe unwahrscheinlich	Nachteile: Management- Kapazität eingeschränkt, Kosten der Integration, Erwar- tungen des Finanzinvestors an Renditen, Entscheidungsmög- lichkeiten eingeschränkt	Nachteile: Aufteilung von Füh- rungsrollen, neue "Corporate Identity", Kosten der Integration, eventuell kartellrechtliche Hin- dernisse

Abbildung 11: Darstellung der Vor- und Nachteile bei Kooperationen, Teil II

8 Schlussfolgerungen

Der deutsche Gesundheitsmarkt ist durch die gesetzlichen Regulierungen für Investoren nur schwer zu erfassen. Die Darstellung der unterschiedlichen Investoren am Krankenhausmarkt und die zurzeit rasante Privatisierungswelle machen deutlich, dass noch weitere Umwälzun- gen des Gesundheitsmarkts in Deutschland zu erwarten sind. In Zukunft wird sich die Kran- kenhauslandschaft nachhaltig wandeln. Begleitet wird dieser Prozess von neuen Formen der Finanzierung beziehungsweise Beteiligung von Fremdunternehmen. Alle Formen der Finan- zierung bewirken eine stärkere Orientierung an Profit und Wirtschaftlichkeit, die zwangsläu- fig erheblichen Einfluss auf den Prozess der Leistungserbringung haben wird. Entscheidend für den Erfolg der Kliniken und für deren Nutzenstiftung zugunsten der Patienten und Mitar- beiter werden die politischen Rahmenbedingungen sein, unter denen die Leistungserbringung stattfindet. Eine klare Definition der Grenzen zwischen Ökonomie und notwendiger medizi- nischer Leistung erscheint aber notwendig. Auch ethische Grundsätze, zum Beispiel über das Maß an zumutbarer ambulanter Behandlung betagter Patienten, sollten dabei nicht außer Acht gelassen werden. Unter diesen Voraussetzungen könnte die medizinische Versorgung deut- lich verbessert werden. Dies ist umso wichtiger, da nun auch ausländische Krankenhausketten und Finanzinvestoren am deutschen Gesundheitsmarkt tätig sind, die möglicherweise davon abweichende Interessen vertreten. Weitere ausländische Investoren und Betreiber haben be- reits ihr Interesse an der Übernahme verschiedener Kliniken angemeldet.

Deutsche Unternehmen haben allerdings auch den europäischen Markt für sich erkannt und betreiben im benachbarten Ausland Akquisitionen. Bisher werden nur einzelne Kliniken übernommen; größere Transaktionen, wie die Übernahme großer Ketten werden auch hier erwartet. Dass dies wahrscheinlich ist, zeigt das kürzlich abgegebene Übernahmeangebot eines Finanzinvestors an CAPIO AB.

Quellenverzeichnis

MCKINSEY&COMPANY (2006): Business Breakfast – Perspektiven der Krankenversorgung in Deutschland, Frankfurt 2006

PRICEWATERHOUSECOOPERS (2005): HealthCast 2020 – Gesundheit zukunftsfähig gestalten, PricewaterhouseCoopers' Health Research Institut, o. O. 2005.

SCHMIDT C. ET AL. (2003): Investoren im Krankenhausmarkt, in: Deutsche Medizinische Wochenschrift, 2003, Nr. 128, S. 1551–1556.

STATISTISCHES BUNDESAMT/ROBERT-KOCH-INSTITUT (2006): Gesundheitsberichterstattung des Bundes – Gesundheit in Deutschland, o. O. 2006

Prüfungsobliegenheiten und -pflichten des Käufers beim Unternehmenskauf (Due Diligence)*

MENNO ADEN

Fachhochschule für Ökonomie und Management

1 Ausgangspunkt 89
2 Vorklärung 89
    2.1 Handelnde Personen 89
    2.2 Formen der Übernahme 90
        2.2.1 K kauft Betriebsteil (Asset Deal) 90
        2.2.2 K kauft Anteile an Z von E (Share Deal) 90
3 Rechtliche Beziehungen 91
    3.1 Käufer – Verkäufer (=EZ) 91
    3.2 Eigentümer des Käufers (EK) – Käufervorstand (VK) 92
    3.3 Eigentümer der Zielgesellschaft – Vorstand der Zielgesellschaft ‚VZ ... 92
    3.4 Pflicht und Obliegenheit 93
4 Due Diligence als importierter Systembegriff 94
    4.1 Perspektivische Unterschiede bei der Mängelhaftung 94
    4.2 Obliegenheit des Käufers 95
    4.3 Handlung und Unterlassung 95
5 Pflichten des Käufervorstands 96
    5.1 Rechtlicher Ausgangspunkt 96
    5.2 Rückwärtige Due Diligence beim Käufer 97
    5.3 Phasen der Übernahmeplanung 98
        5.3.1 Informationssicherungsvertrag 99
6 Verletzung von Pflichten im Betrieb 99
    6.1 Ausgangspunkt 99
    6.2 Informationsoptimierung 100
    6.3 Quantifizierung des Informationsbedürfnisses? 100
    6.4 Hypothetische Kosten der Sorgfalt versus reale Kosten
        der mangelnden Sorgfalt 101
7 Haftung des Vorstands der Käufergesellschaft 102
    7.1 Ausgangspunkt 102
    7.2 Beurteilungsspielraum und Ermessensentscheidung 103
        7.2.1 Parallele zum Verwaltungsrecht 103
    7.3 Funktionen des Informationsbedürfnisses 105
    7.4 Verweigerung der Informationen durch das Zielunternehmen 105

---

* Für den nachfolgenden, von der eigentlichen Zitationsweise in diesen Sammelband abweichenden, Quellenausweis trägt sich der Autor verantwortlich (gezeichnet durch die Herausgeber).

8	Mitwirkungspflichten der Zielgesellschaft	106
	8.1 Ausgangspunkt	106
	8.2 Informationspflicht kraft Eigentumsausstrahlung	106
	8.3 Informationspflicht des Zielunternehmens an einen interessierten Käufer	107
	8.3.1 Betriebs- und Geschäftsgeheimnisse der Zielgesellschaft	108
	8.4 Grenzen der Geheimnisweitergabe	108
	8.5 Vorgetäuschte oder fehlschlagende Due Diligence	109
	8.6 Folgen eines Fehlgebrauchs von Informationen durch den Bieter	109
9	Vorstand der Zielgesellschaft	110
	9.1 Ausgangspunkt	110
	9.2 Pflichten des Vorstands der Zielgesellschaft	110
10	Anwendbares Recht	111
	10.1 Ausgangspunkt	111
	10.2 Das auf den Vorstandsvertrag anwendbare Recht	111
	10.2.1 Grundsatz	111
	10.2.2 Rechtswahl	112
	10.2.3 Statut des Vorstandsvertrags	113
	10.3 Statut der Zielgesellschaft	113
	10.4 Statut der Due Diligence beziehungsweise des Informationssicherungsvertrags	113
11	Ergebnis	114
	Abkürzungsverzeichnis	115
	Quellenverzeichnis	116

1 Ausgangspunkt

Der Begriff *Due Diligence* bezeichnet, meist recht schlagwortartig, Pflichten und gegebenenfalls die aus deren Verletzung erwachsenden Ansprüche, welche sich im Rahmen eines Unternehmenskaufs ergeben. Im Wesentlichen handelt es sich um zwei Fragenkreise:

➢ Prüfungs*obliegenheiten* des Käufers in Bezug auf die Zielgesellschaft und die daraus resultierenden Prüfungs*pflichten* des Vorstands des Käufers und eventuell aus ihrer Verletzung folgende Schadensersatzhaftung. Gesetzlicher Ansatz ist § 93 AktG

➢ Bekanntgabe von Betriebsinterna der Zielgesellschaft durch deren Organe an einen Kaufinteressenten. Gesetzlicher Ansatz ist die insiderrechtliche Geheimhaltungspflicht der Zielgesellschaft und die aktienrechtliche ihres Vorstands.[1]

Ein Hauptanliegen der folgenden Ausführungen ist es, die schadensersatzbewehrte Haftung des Vorstands gemäß § 93 AktG angesichts geplanter Unternehmensübernahmen zu beleuchten. Diese Vorschrift ist eine der wichtigsten Normen des Unternehmensrechts. Aber praktische Bedeutung hat sie bisher eigentlich nicht gewonnen.[2]

Die Fragen werden im Überblick dargestellt und neue Lösungsansätze aufgezeigt. Da die hier auftretenden Probleme fast immer auch einen Auslandsbezug haben, wird auch die Frage des auf die jeweiligen Vorgänge anwendbaren Rechts behandelt.

2 Vorklärung

2.1 Handelnde Personen

Beim Unternehmenskauf müssen die verschiedenen in Betracht kommenden Rechtsbeziehungen gesehen werden. Die Vertragsparteien eines Unternehmenskaufs haben fast immer die Rechtsform einer Kapitalgesellschaft (Aktiengesellschaft, GmbH beziehungsweise ausländische Entsprechungen wie Ltd, S.A., NV und so weiter). Die Akteure der Übernahme, aktiv der Vorstand des Käufers oder passiv der Vorstand der Zielgesellschaft, sind also mit dem Käufer/Verkäufer nicht identisch. Das wirkt sich rechtlich aus. Die Beteiligten haben unterschiedliche Interessen, was sich auf den Rahmen ihrer Pflichten auswirken muss.

---

[1] Hinsichtlich der Geheimhaltungspflichten vgl. insbesondere *ZUMBANSEN/LACHNER* (2006).
[2] So auch *SCHMIDT* (2006), S. 31.

Bei der Anbahnung und Vorbereitung eines Unternehmenskaufs treten folgende Rechtspersonen auf.

Käuferseite:
1. Übernehmende, kaufwillige Gesellschaft: hier K= Käufer
2. Eigentümer von K (Aktionäre, Gesellschafter oder Ähnliches): EK
3. Gesetzlicher Vertreter von K (AG-Vorstand, GmbH-Geschäftsführung und so weiter), hier folgend: VK

Verkäuferseite:
4. Eigentümer von Z (Aktionäre, Gesellschafter): hier EZ
5. Zielgesellschaft, das Unternehmen, welches übernommen werden soll: hier Z
6. Gesetzlicher Vertreter von Z: hier folgend VZ

Im Idealmodell stimmen die Interessen von 1–3 bei der Anbahnung und Durchführung der Transaktion ebenso überein wie die, wenn auch gegenläufigen, Interessen von 4–6. In diesem Modell handeln alle Beteiligten pflichtgemäß; rechtliche Fragen entstehen nicht.[3]

2.2 Formen der Übernahme

Die Unternehmensübernahme geschieht durch einen Vertrag zwischen K und E, wobei VK und VZ oft, aber nicht notwendig, als deren Vertreter handeln. Zwei Formen können grundsätzlich unterschieden werden:

2.2.1 K kauft Betriebsteil (Asset Deal)

K kauft und Z verkauft aus ihrem Vermögen einen Betrieb(steil). Dieser kann rechtlich unselbständig sein, vgl. § 613 a BGB. Es wird dann eine Sachgesamtheit veräußert. Der Vertragstyp ist Kauf, § 433 BGB. Handelnde Personen sind VK und VZ. Der Eigentümer von Z tritt grundsätzlich nicht in Erscheinung.

2.2.2 K kauft Anteile an Z von E (Share Deal)

E ist Verkäufer, der seine Gesellschafterrechte an Z ganz oder teilweise an K verkauft (Share Deal), Typ Rechtskauf. Im Falle großer Transaktionen, jüngeres Beispiel Mittal/Arcelor (im Jahre 2006), ist E in der Regel nicht, schon gar nicht als juristische Person, organisiert. E bezeichnet dann die anonyme Vielzahl von Aktionären. Im Rechtssinne finden dann zwischen K und E ebenso viele Verkaufsverträge statt, wie es Aktionäre gibt, welche dem Übernahme-

---

[3] Als grundsätzliche rechtstheoretische Frage bliebe dann freilich, ob in einem solchen Idealmodell ein Geschäftsabschluss überhaupt denkbar ist. Der Grundsatz der Vertragsäquivalenz geht von den subjektiven Einschätzungen der Vertragspartner aus. Diese basieren auf Informationen. Vermutlich wird der vertragsgetragene Wirtschaftskreislauf nur durch ein Informationsgefälle zwischen den Partnern bewegt.

angebot freiwillig oder gegebenenfalls im Rahmen des Ausdrängungsverfahrens, §327 a AktG[4], gezwungen, folgen.

Die Tatsache, dass E eine anonyme Menge von Anteilseignern sein kann, führt dazu, dass E zu einer einheitlichen und damit im Zweifel Interesse wahrenden Willensbildung regelmäßig nicht in der Lage ist. E befindet sich daher in einem strukturellen Nachteil gegenüber K. Dieser tritt nicht nur, da Einzelperson, einheitlich auf, er verfügt bei seiner Willensbildung zum Kaufangebot über die Hilfsmittel und Informationen, die der einzelne Anteilseigner als Teilmenge von E definitionsgemäß nicht hat. Der Gesetzgeber in Deutschland und anderswo versucht dieses strukturelle Gefälle in der Willensbildung durch Gesetze wie das Wertpapierhandelsgesetz vom 09.09.1998 (WpHG) und das Wertpapiererwerbs- und Übernahmegesetz (WpÜG) vom 20.12.2001 auszugleichen. Die folgenden Ausführungen beziehen sich hauptsächlich auf den Fall des Anteilskaufs.

Das deutsche Gesellschaftsrecht ist sowohl gleichsam autonom in Bewegung geraten als auch – wie das unserer EU-Nachbarn auch – durch die Rechtsprechung des EuGH im Fall Centros[5] und Folgefällen in schier unglaublicher Weise „aufgemischt" worden.[6] Durch den Import ganz anders strukturierter gesellschaftsrechtlicher Formen ergeben sich neue, bisher für unser Recht unerforschte, Gestaltungs- oder Optimierungsmöglichkeiten für Unternehmen. Das betrifft auch die Rechte und Pflichten zur Informationsbeschaffung und -hergabe.[7]

Zur Vereinfachung der Bezeichnungen wird im Folgenden unterstellt, dass Käufer und Zielgesellschaft Aktiengesellschaften des deutschen Rechts sind; die für diese handelnden Personen sind, also, wenn nicht anders vermerkt, Vorstände gemäß §§ 76 ff. AktG.

3 Rechtliche Beziehungen

3.1 Käufer – Verkäufer (=EZ)

Die Rechtsbeziehung K – EZ wird hier schlagwortartig mit Kaufvertrag bezeichnet. Die nach deutschem oder anderem Recht gesetzlich vorgesehene und vertraglich möglichen beziehungsweise üblichen Ausgestaltungen des Unternehmenskaufs werden hier nicht erörtert. Der Kaufvertrag betrifft in erster Linie den Warenkauf. Einerseits liegt auf der Hand, dass die dafür geltenden Regeln auf den Unternehmenskauf nur sehr eingeschränkt, eigentlich gar nicht, übertragbar sind.[8] Andererseits ist ihm eine ganz bestimmte Risikoverteilung betreffend der Mängel der Kaufsache inhärent.[9] Das kann im Rahmen der *Due Diligence* Auswirkungen auf die Beweislastverteilung bei der Geltendmachung von Mängelansprüchen haben.

---

[4] Von deutschen Juristen meist als *Squeeze Out* bezeichnet.
[5] Vgl. *ADEN* (2006), S. 179 f.
[6] Statt vieler neuerdings *EBKE* (2006), S. 603.
[7] Hierzu grundsätzlich *HEINE/RÖPKE* (2006).
[8] Das Wiener Kaufrechtsabkommen meint daher nicht den Unternehmenskauf.
[9] Der Gewährleistungsanspruch des Käufers ist offenbar Weltrechtssatz, vgl. *ADEN* (2006), S. 209.

Sind die Gesellschaftsrechte als Inhaberpapiere etwa als Aktien verdinglicht, liegt ein Sachkauf vor.[10] In diesen Fällen stellt sich die Frage nach eventuellen Mängeln des Unternehmens formalrechtlich nicht. Die Mangelhaftigkeit des durch eine Aktie repräsentierten Unternehmens ist kein Mangel der Aktie selbst. Die Parteien müssen also, was praktisch ohnehin selbstverständlich ist, die eventuelle Risikotragung für Mängel des Unternehmens vertraglich regeln.

3.2 Eigentümer des Käufers (EK) – Käufervorstand (VK)

Für den Käufer handelt sein Vorstand, VK. Der Dienst-/Anstellungsvertrag verpflichtet VK dazu, die Interessen der Gesellschaft und der Eigentümer zu wahren, § 93 AktG.[11] Insofern Gegenstand dieser Dienstpflichten die Anbahnung und Durchführung eines Unternehmenskaufs ist, entstehen aus dem Dienstvertrag für VK gegenüber seinem Anstellungsträger eine Reihe von aus den Umständen sich ergebenden Nebenpflichten. Im Rahmen dieser Rechtsbebeziehung ist auch zu beachten, dass VK nicht alle Handlungen in eigener Person vornimmt, sondern gegebenenfalls sogar verpflichtet ist, diese an nachgeordnete Mitarbeiter zu delegieren. Für deren Fehler haftet VK nur im Rahmen des Organisations- und Auswahlverschuldens (*error in eligendo*).

Die Interessen von EK und VK sind nicht (notwendig) identisch. Im Anstellungsvertrag hat EK im Zweifel ein Interesse an einem möglich umfassenden Pflichtenkreis des VK mit der Möglichkeit, gegebenenfalls Schadensersatz für eine Pflichtverletzung zu verlangen. Naturgemäß liegt das Interesse des VK genau umgekehrt.

3.3 Eigentümer der Zielgesellschaft – Vorstand der Zielgesellschaft ‚VZ

Der Vorstand der Zielgesellschaft steht zu dieser beziehungsweise deren Eigentümer in einer entsprechenden Position wie VK gegenüber dem Käufer. Es bestehen also Interessensgegensätze zwischen den Vorständen und ihren Gesellschaftern. Die Interessen des Vorstands der Käufergesellschaft unterscheiden sich naturgemäß von denen des Vorstands der Zielgesellschaft oder auch der Verkäufergesellschaft.

Der VK hat im Zweifel ein eigenes, persönliches Interesse an dem Kauf, da dieser tendenziell zu seiner Machterweiterung führt. VZ hat umgekehrt im Zweifel kein Interesse an dem Verkauf, da dieser tendenziell zu einem Machtverlust führt. Dieses anthropologisch nicht weiter aufzuschlüsselnde Interesse des Menschen (fast immer sind es Männer!) an Machterhalt und Machtausweitung dürfte überhaupt die bestimmende Kraft hinter den meisten Unternehmensübernahmen der letzten Zeit sein. Dieses egoistische Interesse der Vorstandsmitglieder kann auch dann wirksam sein, wenn das Interesse des Käufers eher gegen den Erwerb spricht. Ein

---

[10] PALANDT – PUTZO § 453 RN10.

[11] Es wird für die Zwecke dieser Ausführungen unterstellt, dass die Interessen der Gesellschaft mit den wohl verstandenen Interessen der Eigentümer übereinstimmen. Das ist aber durchaus nicht selbst verständlich. Die Betonung der Eigentumsrechte (Shareholder Value) in den letzten Jahren hat den Gedanken etwas in den Hintergrund gedrängt, dass eine wirtschaftliche Unternehmung mit steigender Größe auch eine öffentliche Funktion erfüllt. Der Verfasser möchte also postulieren, was hier allerdings nicht weiter ausgeführt werden wird, dass die Interessen des Unternehmens mit denen der Eigentümer ab einer bestimmten, im Einzelfall festzulegenden Größe, durchaus nicht identisch sind.

besonders auffälliges Beispiel dafür ist wohl das des damaligen Vorstandsvorsitzenden der Daimler-Benz AG beim Erwerb der Chrysler Corporation. Zwar bedürfen Transaktionen dieser Art wohl immer der Genehmigung des Aufsichtsrats. Die Schadensersatzpflicht des Vorstands wird aber durch eine Zustimmung des Aufsichtsrats gemäß § 93 IV 2 AktG ausdrücklich nicht berührt. Dessen Prüfungs- und Aufsichtsumfang hat auch einen grundsätzlich anderen Umfang als die geschäftsleitende Tätigkeit des Vorstands. Zum anderen ist auch einmal auszuschließen, dass sich die Aufsichtsratsmitglieder von der Aussicht auf eigene Machterweiterung blenden lassen.[12]

Umgekehrt wird dasselbe egoistische Interesse auf Seiten der Verkäufergesellschaft auch dann gegen eine Übernahme sprechen, wenn die Transaktion im Interesse der Gesellschaft selbst und ihrer Eigentümer ist.[13]

Die Loyalitätsanforderungen an den Vorstand bei Käufer und Zielgesellschaft sind mithin völlig anderer Art. Von VK kann EK mehr Einsatzbereitschaft und Umsicht verlangen, da VK zugleich mit dem Interesse des Käufers auch sein eigenes fördert.

Das Interesse von VZ ist aber in diesem Falle fast notwendig dem des EZ entgegengesetzt. Es scheint rechtlich bisher nicht untersucht worden zu sein, bis zu welchem Grad der Selbstentäußerung der Vorstand der Zielgesellschaft gehen muss, um sich selbst und seine Position zur Disposition zu stellen, um das Interesse seiner Gesellschaft und von deren Eigentümern zu wahren. Treupflichten enden üblicherweise dort, wo der Verpflichtete sich und seine berechtigten Interessen selbst gefährdet. Es ist daher im Einzelfall zweifelhaft, ob sich für VZ überhaupt vertragliche Nebenpflichten ergeben können, daran mitzuwirken, sich selbst um die Postition als Vorstand der Zielgesellschaft zu bringen.

3.4 Pflicht und Obliegenheit

Wer einen Gegenstand kaufen will, schaut ihn sich vorher an. Dazu ist er aber nicht verpflichtet. Wenn Käufer die Katze im Sack kauft, so schädigt er sich höchstens selbst; Schadensersatzansprüche entstehen nicht. Wenn Käufer sich vor Abschluss des Kaufvertrags mit EZ über die wirtschaftlichen Verhältnisse von Z informiert, also eine Due-Diligence-Prüfung (DDP) durchführt, so geschieht das also im Rahmen einer Obliegenheit, er erfüllt damit keine Verpflichtung.[14]

Ganz anders sieht es aus im Verhältnis Käufervorstand – Käufer: VK steht in einer Rechtspflicht gegenüber K, günstige Kaufmöglichkeiten zu ermitteln und durch sachgerechte Einholung von Informationen den Kauf vorzubereiten oder den Erwerb zu unterlassen. Wenn VK das unterlässt, begeht er keine Obliegenheitsverletzung, sondern er verletzt eine Rechtspflicht gegenüber E, was zum Schadensersatz führen kann.

---

[12] Die meisten Aufsichtsratsmitglieder in deutschen Unternehmen sind von Kapitaleignern delegiert, die ihre eigenen Interessen verfolgen.

[13] Herausragendes Beispiel für diese Konstellation scheint in der letzten Zeit (2006) der Übernahmekampf Arcelor/Mittal gewesen zu sein. Nach Bekanntwerden des Übernahmeangebots von Mittal war in der Wirtschaftspresse überwiegend zu lesen, dass diese Fusion im Interesse der Arcelor-Eigentümer sei. Der verzweifelte Kampf der Vorstandsmitglieder von Arcelor gegen die Übernahme zeigte sich immer deutlicher als eine egoistische Selbstdarstellung von Männern, welche um ihre Position kämpfen. Diese Übernahme hat jedoch auch gelehrt, wie ein geschickter Bieter mit diesen menschlichen Schwächen umgehen kann.

[14] *PALANDT – HEINRICHS* vor § 241 Nr. 13; vgl. auch die Untersuchungsobliegenheit gemäß § 377 HGB.

Umgekehrt: Wenn EZ nicht verkaufen will, und dem K die zur Vorbereitung von dessen Kaufentschluss erforderlichen Informationen nicht gibt, dann schädigt EZ sich schlimmstenfalls selbst, indem ein günstiges Kaufangebot des K verfällt. Schadensersatzansprüche des K entstehen nicht. Ganz anders sieht es aber wieder aus im Verhältnis VZ – EZ: VZ ist aufgrund seines Dienstvertrags verpflichtet, alle an ihn herangetragenen Geschäftsmöglichkeiten darauf zu überprüfen, ob sie sich für K günstig auswirken können. Eine Verletzung dieser Pflicht kann zum Schadensersatz führen.

4 Due Diligence als importierter Systembegriff

4.1 Perspektivische Unterschiede bei der Mängelhaftung

Die Prüfungspflichten beim Unternehmenskauf und die damit im Zusammenhang stehenden Fragen werden bei uns mit dem amerikanischen Begriff *Due Diligence* bezeichnet. BÖTTCHER sagt: „Eine grundsätzliche Verpflichtung zur Durchführung einer due diligence Prüfung bei US-amerikanischen Unternehmenstransaktionen ist im Ergebnis unstreitig"[15]. Gegen diese Aussage ist gar nichts einzuwenden, es stellt sich nur die Frage, ob der deutsche Jurist daraus irgendeinen Nutzen ziehen kann, denn ein Unternehmenskauf ohne *Due Diligence* in dieser oder jener Form kommt nicht vor.

Der Eifer, mit welchem insbesondere deutsche Zeitgenossen amerikanische Begriffe goutieren, auch wenn sie uns eigentlich nichts Neues bedeuten, ist ein typisch deutsches Phänomen, dem hier nicht nachzugehen ist. Problematisch ist dabei stets, dass amerikanische rechtliche Begriffe naturgemäß aus ihrem systematischen Umfeld verstanden werden müssen. Durch ihre Übernahme werden dann Lösungen auf Fragen angeboten, welche aus dem amerikanischen Recht entstanden sind, die sich aber im deutschen Recht nicht so stellen. Diese Fragen müssen mit denen, die aus dem deutschen Recht entstehen, nicht identisch sein. Es werden also mit der Übernahme amerikanischer Begriffe leicht Fragen beantwortet, welche das deutsche Recht gar nicht stellt. Dadurch entstehen Scheinprobleme, welche sich vermeiden ließen, wenn man von vornherein die entsprechenden deutschen Begriffe in ihrer systematischen Stellung zugrunde legen würde.[16]

Zwischen dem amerikanischen und deutschen Kaufrecht[17] bestehen Unterschiede in Bezug auf die Risikozuweisungen beim Kauf. Nach deutschem Recht muss der Verkäufer mangelfrei liefern; der Käufer muss nur bezahlen, wenn er eine mangelfreie Leistung bekommt. Ist das nicht der Fall, hat der Käufer einen Anspruch auf Gewährleistung. Das amerikanische Recht geht den umgekehrten Weg: *Videat emptor – der Käufer schaue, was ihm der Verkäufer liefert*. Wer nicht genau hinschaut, hat eben das Nachsehen.[18]

---

[15] BÖTTCHER (2005), S. 52.
[16] Im Internationalen Privatrecht wird diese Erscheinung unter dem Stichwort Angleichung behandelt.
[17] Dem Verfasser ist selbstverständlich bekannt, dass es ein amerikanisches Recht im engeren Sinne nicht gibt, sondern einzelstaatliche Rechtsordnungen; hierzu ADEN (2006), S. 148 f. Auf diese Besonderheiten kommt es aber hier nicht an.
[18] Vgl. RITTMEISTER (2004).

Es besteht ein, für das praktische Ergebnis vielleicht nicht einmal besonders wirksamer, gleichsam perspektivischer Unterschied beider Rechtsordnungen. Gemäß § 434 ff. BGB hat der deutsche Käufer Gewährleistungsansprüche und er verliert sie gemäß § 442 BGB, wenn er bei Gefahrübergang den Mangel kennt oder grob fahrlässig verkennt. Nach amerikanischem Recht hat der Käufer einen Anspruch, wenn ihm der Mangel nicht erkennbar war. Die vor Abschluss des Kaufvertrags durchgeführte Prüfung der Kaufsache (*Due-Diligence-Prüfung*) hat daher im amerikanischen Recht eine ganz andere Bedeutung, als wenn der deutsche Käufer den ihm angebotenen Kaufgegenstand überprüft.

4.2 Obliegenheit des Käufers

Es kommt ein weiterer systematischer Unterschied zwischen den Rechtsordnungen hinzu. Wer eine Rechtspflicht schuldhaft verletzt, muss Schadensersatz leisten; das gilt für das amerikanische und deutsche Recht gleichermaßen. Das deutsche Recht ist aber systematischer als das amerikanische. Wir unterscheiden zwischen Rechtspflicht und Obliegenheit, das amerikanische Recht kennt diesen Unterschied so nicht, auch wenn er natürlich von der Sache her bekannt ist. Die Einholung von Informationen über den Kaufgegenstand/Zielgesellschaft ist eine Obliegenheit des Käufers. Auch deutschen Juristen fällt es gelegentlich schwer, zwischen Verpflichtung und Obliegenheit zu unterscheiden. Die Selbstverständlichkeit, dass der Käufer sich über die Kaufsache informiert, hat angesichts des systematisch anders aufgebauten amerikanischen Rechts eine ganz andere rechtliche Bedeutung als bei uns.

Es ist also möglich, dass wir uns durch den Import des amerikanischen Rechtsbegriffs *Due Diligence* eine triviale Fragestellung unnötig verkomplizieren.

4.3 Handlung und Unterlassung

Gesetzliche und vertragliche Schadensersatzpflichten setzen rechtsgeschichtlich und in wohl allen Rechtsordnungen bei einer Handlung an, die einen Schaden verursacht. Muster: A sticht B ins Bein, als Folge kann B nicht laufen.

In der modernen Welt, insbesondere im Wirtschaftsleben, kommen Schadensersatzpflichten aber in den weitaus häufigsten Fällen durch pflichtwidriges Unterlassen zustande. Muster: A hat die gesetzliche Pflicht, Brandmelder aufzustellen, nicht erfüllt. Der ausbrechende Brand wird, statt wie es mit Brandmelder möglich gewesen wäre, nicht im Zeitpunkt Z, sondern erst im Zeitpunkt Z + t erkannt. A haftet (nur) für den infolge der Verzögerung um t eingetretenen Schaden.

Die Frage nach der Haftung für pflichtwidriges Unterlassen steht in einem anderen systematischen Zusammenhang als die meist einfachere Handlung für aktives Tun. Die Durchführung einer Unternehmensprüfung wird typischerweise schadensersatzrechtlich nur dadurch relevant, dass die handelnden Personen vertragliche oder gesetzliche Handlungspflichten verletzen, indem sie nicht so sorgfältig sind, wie sie sein sollten. Schadensersatzansprüche im Zusammenhang mit DDP sind also in deutscher Terminologie Schadensersatzansprüche aufgrund einer pflichtwidrigen Unterlassung einer Handlung, die rechtlich geboten war.

Selbstverständlich kennt auch das *Common Law* der USA Ersatzansprüche wegen pflichtwidriger Unterlassung. Es ist hier nicht der Ort, ins Einzelne zu gehen. Die dogmatische Durchdringung des zivilrechtlichen Unterlassungsdelikts weist in Deutschland aber eine ganz andere Qualität auf als in den Ländern des Common Law, welche auf dogmatische Fragen eher verzichten und eine fallbezogene Lösung vorziehen. Es ist also wiederum nicht auszuschließen, dass die Verwendung des Begriffs Due Diligence Systemunterschiede in unser Recht transportiert, welche hier zu unnötigen Komplikationen führen.

5 Pflichten des Käufervorstands

5.1 Rechtlicher Ausgangspunkt

Die Person, welche für den Käufer handelt, also der Vorstand als Gremium beziehungsweise das einzelne Vorstandsmitglied, ist kraft Dienstvertrags und, soweit dieser schweigt, gemäß § 93 I Aktiengesetz verpflichtet, die Interessen der Käufergesellschaft wahrzunehmen. Es ist selbstverständlich, dass der Vorstand der Käufergesellschafter zur Vermeidung einer eigenen Schadensersatzpflicht dieser gegenüber verpflichtet ist, nur aufgrund angemessener Informationen, § 93 I 2 AktG, zu handeln.

Die Literatur zur DDP setzt regelmäßig erst bei dem Punkt ein, bei dem der VK eine Zielgesellschaft ausgemacht hat und nun an die Umsetzung des Kaufentschlusses geht. Die Pflichten des Vorstands sind aber umfassender. VK macht sich gemäß § 93 II AktG immer und überall schadensersatzpflichtig, wenn er irgendetwas unterlässt, was zum Vorteil seiner Gesellschaft, hier des Käufers, ist. Fraglich ist allein der Pflichtenrahmen, aus welchem sich in einem konkreten Fall eine Handlungspflicht oder auch eine Pflicht zum Unterlassen ergibt. Wenn ein Unternehmen eine bestimmte kritische Größe erreicht hat, wird es daher überhaupt zu den Pflichten des Vorstands gehören, eine Abteilung einzurichten, welche sich mit der strategischen Planung und Ausrichtung des Unternehmens befasst. Es ist heute eine Selbstverständlichkeit, dass ein wachsendes Unternehmen Wachstum auch durch Zukäufe von bestehenden Unternehmen erreichen kann. Ein Geschäftsleiter, welcher die Möglichkeit des externen Wachstums nicht berücksichtigt und daher darauf verzichtet, entsprechende Planungen im Unternehmen möglich zu machen, begeht im Zweifel ein Organisationsverschulden, welches wie jedes andere Fehlverhalten des Vorstands grundsätzlich die Rechtsfolgen des § 93 II AktG nach sich ziehen kann.

Wenn es im Interesse der Gesellschaft liegen kann, jetzt oder künftig irgendeine oder eine bestimmte Zielgesellschaft zu kaufen, dann ist VK rechtlich verpflichtet, alles zu tun, was an Planungen und Vorbereitungshandlungen zur Erreichung dieses Ziels erforderlich ist. *Due Diligence,* im herkömmlichen Sinne verstanden, ist daher nur ein enger Ausschnitt aus den Gesamtpflichten des Vorstands in Bezug auf einen konkreten Übernahmefall. Es stellt sich daher die Frage, ob die Übernahme dieses Begriffs nicht zu einer unnötigen Sichtverengung in Bezug auf die Pflichten des Unternehmensvorstands des Käufers führt.

5.2 Rückwärtige Due Diligence beim Käufer

Due Diligence, im herkömmlichen Sinne verstanden, bezieht sich auf die Einholung von Informationen in Bezug auf das Zielunternehmen durch den eventuellen Käufer. Wer einen Gegenstand kaufen will, prüft zunächst, ob er ihn braucht; auch der billigste Preis ist zu hoch, wenn der Kaufgegenstand dem Käufer nichts nützt. Bevor eine Übernahme eines Zielunternehmens in Betracht kommt, ist der Vorstand des Käufers daher verpflichtet, das eigene Unternehmen darauf zu überprüfen, was es braucht beziehungsweise was für dieses im Rahmen des in Betracht kommenden Zeithorizonts nützlich sein wird. Die später in Bezug auf ein Zielunternehmen anzustellende DDP kann nur dann sinnvolle Ergebnisse bringen, wenn das Käuferunternehmen diese Informationen in einen vernünftigen Bezug zu seinen eigenen Geschäftsmöglichkeiten setzen kann. *Due Diligence* des Käufers beginnt also mit einer *Due Diligence* in Bezug auf das eigene Unternehmen. In diesem Zeitpunkt heißt sie nur noch nicht so.

Im Grunde muss ein Käuferunternehmen, ehe es selbst an eine Übernahmeplanung geht, in Bezug auf sich selbst alle Phasen der Übernahmeplanung durchspielen, als wollte es sich selbst kaufen. Verantwortlich hierfür ist der Vorstand. Wenn er das nicht tut, haftet er gemäß § 93 II AktG für den aus dieser Unterlassung entstehenden Schaden. Das Ausbleiben der im Vorfeld mancher Großfusionen der letzten Zeit laut angepriesenen Synergieeffekte kann im Grunde nur damit erklärt werden, dass diese *rückwärtige Due Diligence,* wie sie genannt sei, nicht sorgfältig durchgeführt worden war.

Mehrfach wird KIETHE zitiert:„Jeder mittlere oder größere, auch rein innerdeutsche Unternehmenskauf ohne jeden Auslandsbezug, ist ohne die Durchführung einer due diligence praktisch nicht mehr denkbar."[19] Diese Aussage ist eine Trivialität. Es ist – wie schon gesagt – selbstverständlich, dass der Käufer sich den Kaufgegenstand vorher anschaut, und wenn der Käufer eine juristische Person ist, folgt ebenso selbstverständlich, dass der Vorstand gegenüber seiner Gesellschaft verpflichtet ist, solche Prüfungen anzustellen. Diese Aussage ergäbe nur in Bezug auf die *rückwärtige Due Diligence* einen spezifischen Sinn.

Es wurde zu Recht die Frage aufgeworfen, warum das Ausbleiben der zuvor angekündigten Synergieeffekte im Anschluss an eine Fusion praktisch niemals zu einem Schadensersatzanspruch der Gesellschaft gegen ihre handelnden Vorstandsmitglieder geführt hat. Es wird daher hier vertreten, dass eine Vermutung besteht, dass der Vorstand eines Käufers sich im Sinne § 93 II AktG pflichtwidrig verhalten hat, wenn er ein Unternehmen erwirbt, ohne eine förmliche *rückwärtige Due Diligence* durchgeführt zu haben. Der durch § 93 I 2 AktG vorgegebene Handlungsrahmen (Einholung *angemessener Informationen*) wird zu Unrecht nur in Bezug auf externe Informationen, etwa über das Zielunternehmen, interpretiert. Diese Vorschrift ist auch gleichsam rückwärts zu lesen, der Vorstand muss auch die angemessenen Informationen aus dem eigenen Unternehmen beiziehen.

---

[19] ZUMBANSEN/LACHNER (2006) und auch BÖTTCHER (2005).

5.3 Phasen der Übernahmeplanung

Im Vorfeld eines Unternehmenskaufs sind mehrere Phasen zu unterscheiden. Es versteht sich, dass diese Phasen je nach den Umständen erweitert und auch anders gewichtet werden können.[20] Für den Normalfall stellt der Verfasser folgende fünf zur Diskussion:

(1) **Strategiephase:** Es wird geprüft, ob ein Zukauf jetzt oder künftig für den Käufer vorteilhaft erscheint. Wenn die Antwort *nein* lautet, dann endet diese Phase. Aber der Dienstvertrag des VK als Dauerschuldverhältnis verpflichtet diesen zur ständigen Bereitschaft, neue Informationen aufzunehmen, die zu einer Überprüfung dieses Urteiles geeignet sind.

(2) **Suchphase:** Ist die Antwort auf die in der Strategiephase gestellte Frag *ja*, dann entsteht die Pflicht für VK, ein passendes Zielunternehmen aufzufinden. Wird keines gefunden, endet diese Phase, aber VK hat, wie unter Nr. 1, weiter den Markt zu beobachten.

(3) **Vorkontaktphase:** Hat VK ein in Betracht kommendes Zielunternehmen gefunden, entsteht aus seinem Dienstvertrag die Pflicht, Recherchen im Vorfeld anzustellen, ob Z wirklich passt.

(4) **Kontaktphase:** Wenn diese Recherchen positiv verlaufen, entsteht die weitere Pflicht, eine (Teil-)Übernahme in einer für den Käufer bestmöglichen Weise vorzubereiten.[21] In der Kontaktphase kann weiter unterschieden werden zwischen

> freundlicher und

> feindlicher Übernahme

Welche dieser beiden Möglichkeiten gewählt wird, entscheidet das Interesse des Käufers.

(5) **Abschlussphase:** Die Verträge werden gemacht.

Erst in der Kontaktphase treten die Fragen auf, welche im eigentlichen Sinne unter dem Begriff *Due Diligence* diskutiert werden. *Due Diligence* als Rechtsbegriff greift daher zu kurz, indem nur dieser Ausschnitt aus der umfassenden Verantwortung des Vorstands für seine Gesellschaft herausgehoben wird. Es stellt sich daher wiederum die Frage, ob das deutsche Wirtschaftsrecht gut daran tut, diesen Begriff überhaupt zu verwenden.

Ausgangspunkt ist, dass der Vorstand in allen Lagen das täglich anfallende Geschäft betriebswirtschaftlich optimieren muss. Fragen, welche sich auf die Übernahme eines anderen Unternehmens beziehen, gehören nicht zum Tagesgeschäft. Wenn der Käufervorstand es daher für pflichtgemäß hält, in die Strategiephase einzutreten, entstehen für ihn zusätzliche Pflichten, deren Erfüllung durch entsprechende Maßnahmen, zum Beispiel Organisationsmaßnahmen, ohne Beeinträchtigung der Erfüllung der laufenden Pflichten sichergestellt werden muss. Die Anforderungen an den Vorstand hinsichtlich der Beziehung von Informationen sind andere als in den späteren Phasen. Jetzt ist erst allgemein zu prüfen, ob ein Zukauf jetzt oder künftig sinnvoll sein wird. Dem Vorstand ist hier eine höhere Fehlermarge zuzubilligen als in den späteren Phasen.

---

[20] Vgl. auch die „Phasen" bei *ASSMANN* (2006) im Rahmen des § 14 WpÜG, RN 156.

[21] Vgl. § 14 WpÜG; *MERKNER/SUSTMANN* (2005), S. 732.

Mutatis mutandis sind entsprechende Überlegungen in Bezug auf alle in Betracht kommenden Phasen anzustellen. Der jeweilige Pflichtenrahmen des Vorstands ergibt sich aus dem jeweiligen Zwischenziel der betreffenden Phase. Handelt der Vorstand in Bezug auf dieses Zwischenziel sachgerecht, so ist er nicht schadensersatzpflichtig, auch wenn eine etwa vorgekommene Nachlässigkeit sich später nachteilig auswirkt. Konkret: Eine in der Strategiephase hinnehmbare Nachlässigkeit des Vorstands, welche sich in der Abschlussphase nachteilig auswirkt, führt nicht zu einem Schadensersatzanspruch der Käufergesellschaft gegen den Vorstand; es sei denn, was freilich zu prüfen sein wird und gegebenenfalls in der Beweislast der Gesellschaft steht, es ergebe sich aus dem Gesichtspunkt des vorangegangenen Tuns eine besondere Handlungspflicht des Vorstands.

5.3.1 Informationssicherungsvertrag

Im Falle einer feindlichen Übernahme wird die Zielgesellschaft die Bereitstellung von Informationen verweigern; hierzu vgl. unten 8.3. Wenn die Zielgesellschaft mit der Kontaktaufnahme und der Fortführung der Gespräche einverstanden ist, wird eine vertragliche Regelung des Informationsaustauschs nahe liegen.[22] Dieser Vertrag wird regelmäßig auch Vorschriften darüber enthalten, wie mit den ausgetauschten Informationen zu verfahren ist, falls es nicht zur geplanten Übernahme kommt. Ein solcher Informationssicherungsvertrag kann nicht alle Probleme lösen,[23] er schränkt aber das Haftungsrisiko des Vorstandsmitglieds wegen unangemessener Informationsbeschaffung wesentlich ein. Zur kollisionsrechtlichen Behandlung dieses Vertrags, siehe 10.4.

Aus Sicht des Insiderrechts ist ein solcher Vertrag nicht erforderlich, da sich das Verschwiegenheitsgebot beziehungsweise Benutzungsverbot für den Empfänger der Information aus dem Gesamtzusammenhang von selbst ergibt.[24]

6 Verletzung von Pflichten im Betrieb

6.1 Ausgangspunkt

Due Diligence als Rechtsbegriff beschreibt Pflichten. Der Begriff wäre sinnlos, wenn die Verletzung dieser Pflichten ohne Sanktion bliebe, also nicht eine Schadensersatzpflicht des Handelnden/pflichtwidrig Unterlassenden nach sich zöge. Das eigentliche Thema der DDP ist also die eventuelle Pflicht des VK, seiner Gesellschaft Schadensersatz zu leisten, wenn er die DDP nicht sorgfältig durchgeführt hat beziehungsweise im Rahmen seiner Organisationsverantwortung nicht richtig hat durchführen lassen.

---

[22] Rechtlich identisch ist der Fall, nur mit ausgetauschten Personen, wenn die Zielgesellschaft einen so genannten Weißen Ritter gegen den Bieter zur Hilfe ruft und diesem Informationen über sich gibt. Beiläufig: Der „Weiße Ritter", von deutschen Juristen gerne „White Knight" genannt (bei ASSMANN durchgängig), ist keine Figur aus dem englisch-keltischen Sagenkreis! Sie ist eine Gestalt aus dem Neuen Testament, vgl. OFFENBARUNG. 19, 11 f.

[23] ZUMBANSEN/LACHNER (2006), S. 15 f. Zu der Problematik eines solchen Vertrags. Diese ist aber auch sonst bekannt und nicht typisch für diese Fälle; vgl. etwa die Verträge, mit denen eine vertikale Preis- oder andere -Bindung erzeugt werden soll.

[24] ASSMANN (2006), RN 155.

6.2 Informationsoptimierung

Der Käufer wird so viele Informationen über den Kaufgegenstand einziehen wollen wie möglich. Grundsätzlich dürfte der Informationsbedarf des Käufers gegen Unendlich tendieren. Erst, wer 100 % der erhältlichen Daten hat, kann sicher sein. Der theoretisch auf das Ganze gerichteten Obliegenheit des Käufers korrespondiert die Pflicht des VK, sich über den Kaufgegenstand zu informieren. Sie stößt aber an wirtschaftliche Grenzen. Das Gossensche Gesetz vom abnehmenden Grenznutzen beschreibt einen universellen Zusammenhang. Der wie immer zu quantifizierende Nutzen der gegenüber der vorletzten zusätzlich gewonnen letzten Informationseinheit mag anfangs den Aufwand zu ihrer Erlangung übersteigen. Ab einem bestimmten Extrempunkt kehrt sich das Verhältnis aber mit mathematischer Notwendigkeit um: Es wird immer teurer, noch eine Informationseinheit zu beschaffen, und diese wird immer weniger wichtig für das Gesamtbild. 100 %-Lösungen sind, wenn sie überhaupt möglich sein sollten, immer zu teuer.[25]

VK handelt daher unwirtschaftlich, wenn er zu viele Informationen einholen will, wenn er also jenseits eines Extrempunkts auf der gedachten Kosten/Nutzen-Kurve seine Recherchen fortsetzt. Der Käufer handelt vielmehr wirtschaftlich, wenn er ein gewisses Maß an Unsicherheit in Bezug auf den Kaufgegenstand hinnimmt.

6.3 Quantifizierung des Informationsbedürfnisses?

Das Informationsbedürfnis von K in Bezug auf Z kann abhängig sein von Faktoren, die sich kaum abstrakt beschreiben oder quantifizieren lassen. Es ist auf Seiten des Entscheiders abhängig von:

➢ seinem Entscheidungsmodell
➢ der Menge der Handlungsalternativen
➢ den Zielgrößen, anhand derer die Alternativen bewertet werden
➢ den Wahrscheinlichkeiten, die den als möglich erachteten Umweltzuständen zugeordnet werden
➢ der Zielfunktion des Entscheiders

Das Wahrscheinlichkeitsurteil des Entscheiders hängt zwar ab von den gewonnenen Informationen, aber auch von den rational oder auch irrational (gefühlsmäßig) daraus gezogenen Schlüssen. Hier kann sich die Frage der Pareto-Optimalität stellen. Die Frage, wie viele Informationen vorliegen, und wie viele genug sind, und ab wann das Genug zu einem betriebswirtschaftlich nicht vertretbaren Zuviel wird, greift aber regelmäßig zu kurz. Entscheidend ist die Fähigkeit des Entscheiders, aus den gewonnenen Informationen die richtigen Rückschlüsse zu ziehen.

---

[25] Allgemein hierzu: HEINE/RÖPKE (2006), 148: „... der Aufwand zur Beschaffung von Informationen lohnt sich (nur) bei größeren Transaktionen."

6.4 Hypothetische Kosten der Sorgfalt versus reale Kosten der mangelnden Sorgfalt

Jeder Betrieb steht unter der Gesamtvorgabe der Kosten/Nutzen-Optimierung auf jeder Stufe. Wenn ein betrieblicher Vorgang, gleichgültig welcher Art und auf welcher Stufe (Ausnutzung der Produktionskapazitäten, fehlerhafte Auswahl der Abnehmer, mangelhafte Einkaufs- oder Verkaufsverträge und so weiter), ein suboptimales Ergebnis erzielt, wenn er also mehr Kosten verursacht hat als unbedingt nötig gewesen wäre, oder wenn ein geringerer Gewinn erzielt wird als möglich gewesen wäre, entsteht nicht nur die betriebswirtschaftliche Frage nach einer Verbesserung, sondern es entsteht – jedenfalls in der Theorie – immer auch die rechtliche Frage nach der schadensersatzrechtlichen Verantwortlichkeit für diesen Nachteil.[26]

Der Verschuldensmaßstab wäre hier wie immer letztlich aus der wenig präzisen Formel des § 276 II BGB (*..im Verkehr erforderliche Sorgfalt..*) zu entwickeln. Auch die Sorgfaltspflichten des Vorstands gemäß § 93 AktG sind nur konkrete Ausformungen dieser allgemeinen Norm.[27] Als Grundsatz wird gelten dürfen, dass der in einem Wirtschaftsbetrieb Handelnde/Unterlassende sich dann nicht pflichtwidrig verhält, wenn die Beachtung weiterer Vorsichtsmaßnahmen dem Betrieb höhere Kosten verursacht hätte als die Handlung/Unterlassung an Kosten tatsächlich verursacht hat. Daraus folgt: Wer in einem Wirtschaftsbetrieb auf die Erfüllung einer bestimmten Aufgabe mehr Sorgfalt verwendet als „erforderlich" ist, macht sich grundsätzlich schadensersatzpflichtig, wenn die Kosten für die zusätzliche Sorgfalt höher sind als der durch sie zu erwartende Vorteil für den Betrieb, entweder als Nichteintritt eines Schadens oder als Verminderung eines sonst zu erwartenden Gewinns. Das Gesagte gilt grundsätzlich auch für den Vorstand einer Käufergesellschaft, welche ein Zielunternehmen erwerben möchte.

---

[26] Das dürfte im Grundsatz unstreitig sein, vgl. BÖTTCHER (2005), S. 53 mit Nachweisen. Der Verfasser glaubt aber, dass Betriebswirtschaftslehre und Rechtswissenschaft viel enger zusammen arbeiten müssten. Insbesondere sollte der Schadensbegriff (sowohl bei der Schadenshöhe wie bei der Frage des Vorteilsausgleichs) stärker betriebswirtschaftlich ausgerichtet werden.

[27] HÜFFER (2006), § 93 RN 4.

7 Haftung des Vorstands der Käufergesellschaft

7.1 Ausgangspunkt

Auf der Grundlage der vorstehenden Überlegungen sei versucht, die Haftung des Vorstands im Zusammenhang mit einer Übernahme, gegebenenfalls auch der pflichtwidrigen Unterlassung einer Übernahme, zu beschreiben. Gesetzliche Grundlage der Haftung ist § 93 I 1 AktG, der schlicht sagt:

> „Die Vorstandsmitglieder haben bei ihrer Geschäftsführung die Sorgfalt eines ordentlichen und gewissenhaften Geschäftsleiters anzuwenden."

Etwas zusammenhanglos, denn von einer Pflicht*verletzung* ist in Satz 1 noch gar nicht die Rede, fährt das Gesetz in Satz 2 fort:

> „Eine Pflichtverletzung liegt nicht vor, wenn das Vorstandsmitglied bei einer unternehmerischen Entscheidung vernünftigerweise annehmen durfte, auf der Grundlage angemessener Information zum Wohl der Gesellschaft zu handeln."

Satz 2 ist kaum mehr als ein weiteres Beispiel für den beflissenen Eifer, den wir Deutschen allem Amerikanischen entgegenbringen.[28] Dieser Satz ist nur einen Wiedergabe dessen, was uns das American Law Institute vorgesprochen hat:

> „Ein Entscheidungsträger, welcher eine geschäftliche Entscheidung nach Treu und Glauben trifft, erfüllt seine Verpflichtungen nach dieser Vorschrift wenn er 1 (betrifft fehlendes Eigeninteresse) ... 2)in Bezug auf den Gegenstand seiner Entscheidung so weit informiert ist, dass er vernünftigerweise glaubt, dass seine Entscheidung unter den Umständen angemessen ist und 3) wenn er vernünftigerweise glaubt, dass die geschäftliche Entscheidung den Interessen seiner Gesellschaft am besten dient. (ÜvV)"[29]

Gegen diese Formel ist an sich nichts zu sagen, sie vermittelt aber dem deutschen Juristen nichts Neues.[30] *HÜFFER* sieht das offenbar auch so.[31]

---

[28] Im amerikanischen Recht gibt es eine so genannte *Bussiness Judgment Rule* für den Pflichtenrahmen eines Vorstandsmitglieds, BJR. Schon im Jahre 1829 habe der Oberste Gerichtshof des US-Bundesstaats Louisiana eine solche BJR formuliert. BÖTTCHER ET AL. (2005), S. 51, zitieren diese Entscheidung. Ein solcher Rückgriff auf die US-Judikatur zur Beschreibung eines wirtschaftsrechtlichen Problems im heutigen Deutschland ist unter folgendem Gesichtspunkt wenig hilfreich: Louisiana hatte im Jahre 1829 etwa 100.000 Einwohner (vgl. *Encyclopedia Britannica),* und lebte im Wesentlichen von durch Sklaven betriebenen Baumwollanbau. Das erst wenige Jahre zuvor von Frankreich übernommene Territorium folgte dem französischen Code Civil. Das französische Schadenersatzrecht unterscheidet sich systematisch wesentlich von dem deutschen und amerikanischen. Es ist also ohne eine rechtsvergleichende Vertiefung überhaupt nicht zu sehen, was der heutige deutsche Wirtschaftsjurist aus einer solchen Bezugnahme lernen soll.

[29] Engl. Original bei BÖTTCHER (2005), S. 53. Auch bei guten Sprachkenntnissen empfiehlt es sich, einen englischen Rechtstext ins Deutsche zu übersetzen. Oft wird erst dann deutlich, ob ein Text eigentlich etwas Neues sagt.

[30] Für einen amerikanischen Juristen mag das ja anders sein!

[31] So im Ergebnis, aber konzilianter im Ton: HÜFFER (2006), § 93 RN 4a.

7.2 Beurteilungsspielraum und Ermessensentscheidung

Hat der Arbeitnehmer in Erfüllung seiner Arbeitspflicht dem Arbeitgeber einen Schaden zugefügt, hat er nach der gefestigten Rechtsprechung des Bundesarbeitsgerichts nur Vorsatz und grobe Fahrlässigkeit zu vertreten.[32] Der Arbeitnehmer haftet also nicht für leichte Fahrlässigkeit.[33] Zugrunde liegt neben allgemeinen sozialen Erwägungen der Gedanke, dass der Arbeitnehmer im Rahmen seiner grundsätzlich unterbrechungslosen Dienstleistungspflicht in einem besonderen Risiko steht, das Vermögen des Arbeitgebers zu beschädigen. Es ist einem Menschen eigentlich nicht möglich, dauerhaft ohne leichte Fahrlässigkeit zu arbeiten. Der Arbeitgeber stellt Menschen ein, gleich ob Angestellte oder Vorstandsmitglieder, nicht Maschinen. Er muss daher typischerweise das Risiko eines leichten menschlichen Versagens auf sich nehmen.[34]

Das Vorstandsmitglied ist kein Arbeitnehmer.[35] Insofern er aber nicht als Organ fungiert, sondern zur Leistung von Diensten verpflichtet ist, besteht zwischen dem Dienstvertrag des Vorstands und dem Arbeitsvertrag kein systematischer Unterschied. Eine Haftung für leichtes Verschulden ist daher wahrscheinlich schon grundsätzlich ausgeschlossen.

§ 93 II AktG, die eigentliche haftungsrechtliche Anspruchsnorm, ist Spezialregel zu § 280 BGB.[36] Der Arbeitnehmer ist dadurch gekennzeichnet, dass er auf Anweisung arbeitet. Die Tätigkeit des Vorstandsmitglieds ist aber dadurch gekennzeichnet, dass dieses sein Handeln/Unterlassen weisungsfrei gestaltet und lediglich verpflichtet ist, den Unternehmenszweck zu fördern; wie er das tut, hat er selber zu beurteilen. Die Pflichtverletzung des Vorstands kann also nur darin bestehen, dass er

- seinen Beurteilungsspielraum falsch sieht und dann notwendigerweise falsch ausfüllt, oder dass er
- seinen Beurteilungsspielraum zwar richtig sieht, aber sein Ermessen, wie er ihn ausfüllen soll, falsch gebraucht.

7.2.1 Parallele zum Verwaltungsrecht

Es wird vorgeschlagen, für die Auslegung von § 93 AktG auf gefestigte Grundsätze des Verwaltungsrechts zurückzugreifen. Hier wird unterschieden zwischen dem Beurteilungsspielraum des Entscheidungsträgers, welcher der rechtlichen Überprüfung durch das Gericht entzogen ist, und dem Ermessen, welches nach bestimmten Regeln, § 40 Verwaltungsverfahrensgesetz, überprüft werden kann. Das Gericht kann nur *Recht* sprechen, es darf sich aber

---

[32] Dasselbe gilt für schlechte Arbeit. Wer durch Schusseligkeit oder allgemeine Unfähigkeit (einschließlich mangelnde Vorbildung) die ihm übertragende Arbeit nicht so erbringt, wie es eine normal befähigte Person an diesem Platz täte, erfüllt doch seine Arbeitspflicht und behält seinen ungeschmälertem Lohnanspruch. BAG NZA (1999), S. 141: Der Arbeitnehmer schuldet die Leistung der versprochenen Dienste, nicht den Erfolg der Leistung. Das Risiko der Schlechtleistung trägt grundsätzlich der Arbeitgeber.

[33] BAG NZA (1999), S. 141 f. (Fehlbeträge im Spielcasino).

[34] Anders als der typische Arbeitsvertrag wird aber der Vorstandsvertrag individuell vereinbart. Die Frage der Haftung kann daher frei ausgehandelt werden. Das geschieht auch. Das einzige wirkliche Problem ist dann oft nur der Deckungsumfang der bei Vollschutz nicht billigen Vermögensschadenhaftpflichtversicherung.

[35] Als gesetzlicher Vertreter der Gesellschaft hat der Vorstand eine organschaftliche Stellung, welche von seinem Dienstvertrag rechtlich zu unterscheiden ist. Vgl. *HÜFFER* (2006), § 76 RN 5 f.

[36] Zum Verhältnis beider Vorschriften *HÜFFER* (2006), § 93 RN 11.

nicht an die Stelle des Entscheidungsträgers setzen. In einem eventuellen Schadensersatzprozess gegen das Vorstandsmitglied wegen unzureichender Sorgfalt im Zusammenhang mit einem Unternehmenserwerb kann dessen Handlung nur *rechtlich* überprüft werden; das Gericht hat aber nicht die Befugnis, sein eigenes Gutdünken an die Stelle der Entscheidung des Vorstandsmitglieds zu setzen.

Auf dieser Grundlage wäre eine Entscheidung eines Vorstands immer dann rechtlich unangreifbar, wenn er darlegen kann, dass der Entscheidungsgegenstand in seinen Beurteilungsspielraum fällt. Eine rechtliche Überprüfung seiner Handlungen kommt nur noch mit der Fragestellung in Betracht, ob er bei der Wahrnehmung seines Beurteilungsspielraums allgemein anerkannte Regeln, welche aus diesem Grunde auch *Rechts*regeln sind, außer Acht gelassen hat, also unter anderem, dass er nach sachfremden Kriterien entschieden hat. Diese Überlegungen führen aufs Ganze zu keinen anderen Ergebnissen, als wie sie der BGH bereits in der bekannten ARAG-Entscheidung gefunden hat. Dort wurde gesagt: „Dem Vorstand muss bei der Leitung der Geschäfte ... ein weiter Handlungsspielraum zugebilligt werden, ... ohne den eine unternehmerische Tätigkeit ... nicht denkbar ist. Dazu gehört neben dem bewussten Eingehen geschäftlicher Risiken grundsätzlich auch die Gefahr von Fehlbeurteilungen, denen jeder Unternehmensleiter, mag er noch so verantwortungsvoll handeln, ausgesetzt ist." Danach kommt eine Schadensersatzpflicht des Vorstands erst in Betracht, wenn die „Bereitschaft, unternehmerische Risiken einzugehen, in unverantwortlicher Weise überspannt worden"[37] sind. In ähnlicher Weise hat das Kammergericht geurteilt, dass eine Haftung des Vorstands wegen einer Kreditvergabe trotz eines erkannten hohen Risikos nur in Betracht komme, wenn – im Augenblick der Entscheidung – „keine vernünftigen geschäftlichen Gründe dafür sprechen, das Risiko einzugehen"[38].

In beiden Entscheidungen ging es um die Frage, ob der Vorstand verpflichtet gewesen wäre, angesichts einer offenbar ausgeschöpften Informationslage ein erkennbares Risiko nicht einzugehen. Bei der Durchführung von *Due Diligence* geht es um die Frage, ob der Käufervorstand das Risiko, welches sich ex post als Folge der Übernahme für den Käufer verwirklicht, erkennen konnte. Entscheidend ist seine Informationslage zum Zeitpunkt Z_E, dem Zeitpunkt der Entscheidung zur Übernahme. Im Sinne der oben angegebenen Urteile kommt seine Schadensersatzhaftung nur in Betracht, wenn bei dieser Informationslage *keine vernünftigen geschäftlichen Gründe dafür sprechen,* das Zielunternehmen zu übernehmen.

Allerdings kann nun § 93 I 2 AktG aktiviert werden.[39] Der Vorstand muss beweisen, dass er *„vernünftiger Weise annehmen durfte, auf der Grundlage angemessener Informationen gehandelt zu haben".* Der Vorstand muss also dartun, dass eine Zusatzinformation I die Entscheidung, wäre sie zum Zeitpunkt (Z_E + Z_{zi}) gefallen, verhindert hätte; Z_{zi}= Zeitpunkt des Erhalts der Zusatzinformation. Kann der Vorstand das nicht, dann bleibt ihm noch die Möglichkeit, darzutun, dass die Beziehung dieser Zusatzinformationen im Sinne von 6.4 unwirtschaftlich war.

---

[37] BGHZ 135, 244 ff.

[38] KG ZIP 05, 1866.

[39] Gäbe es diese Vorschrift nicht, wäre dasselbe sehr leicht aus allgemeinen Regeln des Schuldrechts herzuleiten, welche insbesondere die Beweislastumkehr bei Vertragspflichtverletzungen schon immer kannt, früher § 282 heute § 280I 2 BGB.

7.3 Funktionen des Informationsbedürfnisses

Die Pflicht des Vorstands einer Käufergesellschaft, *Due Diligence* bei der Zielgesellschaft durchzuführen, ergibt sich also aus dem Beurteilungsrahmen, der ihm durch das Unternehmensziel gesetzt ist. Betriebswirtschaftliche Zielsetzungen sind von den täglich wechselnden Einzelvorgaben des Markts abhängig. Es wird daher für das Recht kaum möglich sein, abstrakte Vorgaben zu beschreiben, die mindestens erfüllt sein müssen, um eine DDP als sorgfältig durchgeführt anzuerkennen. Die folgende Aussage ist daher trivial: „...so wird man auch im deutschen Rechte zu dem Ergebnis kommen müssen, dass der Vorstand, um eine sorgfältige Ermittlung der Entscheidungsgrundlage zu gewährleisten, alle verfügbaren und der Tragweite der Entscheidung angemessenen Informationen einzuholen verpflichtet ist."[40]

Das Interesse an einem Kaufgegenstand ist niemals absolut. Es ist abhängig von Preis, Geschäftsaussichten, Positionierung im Markt, Mitarbeiterbestand, Innovationskraft, schwebenden Prozessen und vielem anderen mehr. Von großer Bedeutung ist der Zeitfaktor, wenn sich nämlich in einem engen Markt mehrere Unternehmen um ein bestimmtes Unternehmen bewerben, um jeweils ihre strategischen Positionen zu verbessern. Es wird dann nicht immer sinnvoll sein, umfangreiche Recherchen anzustellen. In einem wohl nur als theoretisch zu denkenden Modellfall kann aber angenommen werden, dass der Erwerb der Zielgesellschaft Z für den Käufer von schlechthin existenzieller Bedeutung ist, sodass er dem Eigentümer von Z unbesehen jeden Preis zahlt. Denkt man sich das Kaufinteresse des K an Z (y) als eine Funktion der über Z für erforderlich gehaltenen Informationen (x), so stellt sich ein Kurvenverlauf ein nach dem Muster

$$y = \frac{1}{x}$$

Nur wenn das Kaufinteresse von K gegen Unendlich tendiert, kann der Käufer sich mit gegen 0 tendierenden Informationen zufrieden geben. Umgekehrt: Wenn das Informationsinteresse von K sehr groß ist, wird das Kaufinteresse herabgezogen, um bei einem unendlichen Informationsbedürfnis seinerseits gegen 0 zu tendieren.

Der Modellfall ist unrealistisch, er beschreibt aber die Abhängigkeit des Informationsbedürfnisses und der Entscheidungen von Umständen, die sich der Berechnung entziehen.[41]

7.4 Verweigerung der Informationen durch das Zielunternehmen

Es kommt in Betracht, dass E das Zielunternehmen nicht verkaufen will und aus diesem Grund jegliche Informationen verweigert. Wie es niemals ein absolutes Kaufinteresse geben kann, so wird es auch kein absolutes Desinteresse geben können. Auch das stärkste gegenläufige Interesse kann mit einem richtigen Preis überwunden werden. In einem solchen Fall entsteht die Frage, ob VK im Verhältnis zum Käufer berechtigt ist, die Sache schlicht auf sich beruhen zu lassen. Es ist von einem ordentlichen Geschäftsleiter zu erwarten, dass er das strategische

---

[40] Vgl. BÖTTCHER (2005) und die dort in FN 48 zitierten Stellen.
[41] Vgl. HÜFFER (2006), § 93 RN 4b: Due Diligence ist beim Unternehmenskauf im Regelfall zu verlangen, sollte aber nicht verabsolutiert werden: Eilentscheidungen müssen jedenfalls möglich bleiben.

Interesse seiner Gesellschaft am Kauf des Unternehmens Z gegen den sichtbaren und erwarteten Widerstand des E/Z abwägt. Es ist von ihm auch zu erwarten, dass er den möglichen Vorteil, den der Erwerb dieses Unternehmens für den Käufer haben wird, in realistischer Weise mit den Risiken abwägt, welche dadurch entstehen, dass ihm wenige oder zu wenige Informationen über Z zur Verfügung stehen. Es sind also Fälle denkbar, in denen der Käufervorstand die Zielgesellschaft erwirbt, ohne Informationen aus dem Unternehmen selber gewonnen zu haben. Selbstverständlich ist zu erwarten, dass VK alle öffentlich zugänglichen Informationen über Z ausgewertet hat. Es ist sogar, freilich als Extremfall, denkbar, dass VK verpflichtet ist, das Unternehmen zu erwerben, ohne DDP durchgeführt zu haben.

Es ist ein Verstoß gegen die Pflichten eines Vorstands, das Wohl seiner Gesellschaft auch durch Übernahme unternehmerischer Risiken zu fördern, wenn er die Flinte zu früh ins Korn wirft.

8 Mitwirkungspflichten der Zielgesellschaft

8.1 Ausgangspunkt

Wer nicht verkaufen will, kann dazu im Rahmen des Privatrechts nicht gezwungen werden. Eine Übertragung von Privateigentum gegen den Willen des Eigentümers findet nur im Rahmen des öffentlichen Rechts statt (Enteignung, Zwangsvollstreckung und Ähnliches). Die Zielgesellschaft beziehungsweise ihre Eigentümer sind daher nicht verpflichtet, auf Kontaktversuche eines Kaufinteressenten einzugehen. Sie brauchen ihm auch keine Informationen über ihre Gesellschaft zu geben.

Das ist wohl bisher die allgemeine Meinung, welche auch für den Fall gilt, dass ein Kaufinteressent eine Zielgesellschaft im Rahmen eines Anteilskaufs übernehmen will. Dieses völlige Verweigerungsrecht der Zielgesellschaft wird durch das Auskunftsrecht gemäß § 131 AktG zwar etwas aufgeweicht. Diese Vorschrift beschränkt das Auskunftsrecht beziehungsweise -pflicht aber auf Aktionäre *in der Hauptversammlung*[42]. Der Bieter als vorerst nur möglicher künftiger Aktionär hat, zumal außerhalb der Hauptversammlung, ein solches Recht nicht. Der Verfasser schlägt eine andere Sicht vor.

8.2 Informationspflicht kraft Eigentumsausstrahlung

Es stellt sich die Frage, ob ein Unternehmen ab einer im Einzelfall zu bestimmenden kritischen Größe der Allgemeinheit gegenüber verpflichtet ist, bestimmte Informationen über seine wirtschaftliche Lage zu geben. Gesetzliche Begründung einer solchen Pflicht wäre Artikel 14 II 2 Grundgesetz (GG) in Verbindung mit den Vorschriften, welche der Gesetzgeber positiv zu den Publizitäts- und Informationspflichten von Unternehmen geschaffen hat.

---

[42] Vgl. *HÜFFER* (2006), § 131 RN 3.

Es gibt die gesetzlich ausgestalteten Publizitätspflichten des Handelsrechts. Zu deren Begründung wird der Gedanke des Gläubigerschutzes genannt. Das greift aber zu kurz. Jedes Unternehmen stellt besondere Ansprüche an die Infrastruktur seines Standorts; hier liegt auch die innere Begründung für die Gewerbesteuer. Wenn Flächen und Umwelt von einem Unternehmen in Anspruch genommen werden, dann darf die Öffentlichkeit auch wissen, wozu. Die überragende Bedeutung der Volkswagenwerk AG für die Region Wolfsburg/Braunschweig, im Grunde für ganz Deutschland, muss nur in Erinnerung gerufen werden, um weiterhin deutlich zu machen, mit welchem Grad die Öffentlichkeit ein berechtigtes Interesse daran hat, über die wirtschaftliche Lage eines Unternehmens informiert zu sein. Hierüber wird es in dieser Allgemeinheit der Aussage kaum Meinungsverschiedenheiten geben. Vermutlich ist auch der folgende Gedanke konsensfähig: Die ökologisch wohl in jedem Fall an sich unerwünschte Präsenz eines Wirtschaftsunternehmens einer bestimmten Größe ist nur durch die von ihm geschaffenen volkswirtschaftlichen Werte gerechtfertigt. Der Verfasser möchte daher einen abstrakten Anspruch der Allgemeinheit postulieren, dass Wirtschaftsunternehmen so profitabel wie möglich arbeiten.

Diese Meinung widerspricht der herrschenden Meinung. Diese sieht in Artikel 14 II GG nur eine Aufforderung an den Gesetzgeber, den Gebrauch des Eigentums in diesem Sinne zu regeln.[43] Wenn das aber richtig wäre, wäre Artikel 14 II GG überflüssig, denn dieses Recht hat der Gesetzgeber bereits gemäß Artikel 14 I GG. Nach Meinung der Verfassers folgt also aus Artikel 14 II GG, dass der Eigentümer, gleichsam als Gegenleistung für den Schutz, welchen die Rechtsordnung ihm und seinem Eigentum angedeihen lässt, verpflichtet ist, sein Eigentum zum Besten der Allgemeinheit zu nutzen.

8.3 Informationspflicht des Zielunternehmens an einen interessierten Käufer

Aus dem zu 8.2 Gesagten ergeben sich zunächst noch keine Individualansprüche. Ein konkreter Informationsanspruch entsteht aber, wenn ein Teilnehmer am Wirtschaftsverkehr durch ein plausibles Konzept den volkswirtschaftlichen Gesamtnutzen eines Unternehmens oder Betriebs zu erhöhen verspricht. Der zunächst abstrakte Anspruch der Allgemeinheit konkretisiert sich dann in der Person des Bieters und wird im Rechtssinne fällig.

Als in diesem Sinne die Fälligkeit begründende Tatsache ist die Veröffentlichung der Entscheidung zur Abgabe eines Angebots gemäß § 10 WpÜG anzusehen. Der Bieter, welcher ein Angebot zur Übernahme eines Unternehmens (Anteilskauf) abgibt, hat gemäß § 11 WpÜG eine Angebotsunterlage zu erstellen, welche notwendigerweise sehr detaillierte Informationen über ihn selbst enthält. Insbesondere verpflichtet § 11 II, S. 3, Nr. 1 WpÜG den Bieter, Angaben darüber zu machen, dass ihm die „zur vollständigen Erfüllung des Angebots notwendigen Mittel zur Verfügung stehen", außerdem hat er Angaben „zu den erwarteten Auswirkungen eines erfolgreichen Angebots auf (seines, des Bieters) Vermögens -, Finanz – und Ertragslage" zu machen.

---

[43] *MAUNZ/DÜRIG* (1958ff), Artikel 14 RN 305 ff.

Der Bieter tritt also mit substantiellen Informationen über sich selbst in Vorlage. Er löst mit seinem Angebot ein Verfahren aus, welches nicht mehr als rein privatrechtlich angesehen werden kann. Das zeigt insbesondere § 15 WpÜG, wonach die Bundesanstalt für Finanzdienstleistungsaufsicht (BaFin) die Abgabe beziehungsweise Weiterverfolgung des Angebots unter bestimmten Voraussetzungen verbieten kann. Es entsteht also durch die Abgabe des Angebots ein gesetzliches Schuldverhältnis zwischen Bieter und Zielgesellschaft. Dieses gesetzliche Schuldverhältnis kann gemäß § 241 II BGB „jeden Teil zur Rücksicht auf Rechtsgüter und Interessen des anderen Teils verpflichten".

Kerninhalt eines Übernahmeverfahrens ist es, den Entscheidungsträgern die Informationen zu verschaffen, die nötig sind, um unter Wahrung der Interessen der Beteiligten das Gesamtziel der volkswirtschaftlichen Wertemehrung zu erreichen. Es entsteht daher mit dem Zugang des Angebots bei der Zielgesellschaft eine grundsätzliche Pflicht zur Mitwirkung durch Bereitstellung von solchen Informationen, die in dieser Phase für den Bieter erforderlich sind, um das Verfahren weiter zu betreiben.

8.3.1 Betriebs- und Geschäftsgeheimnisse der Zielgesellschaft

Die hier erwogene Mitwirkungspflicht der Zielgesellschaft ist letztlich ein Ausfluss von Treu und Glauben, § 242 BGB. Diese Allgemeinklausel wird hier unter Berücksichtigung der Interessen der Öffentlichkeit an einer stetigen Mehrung des wirtschaftlichen Nutzens der in ihr tätigen Wirtschaftssubjekte ausgelegt. Aus dieser Begründung ergeben sich zugleich Grenzen der Mitwirkungspflicht. Es kann niemand verpflichtet werden, an der Vernichtung oder Gefährdung seines Vermögens oder seiner Vermögensinteressen mitzuwirken. Die Gesellschaft ist daher nicht verpflichtet, Geschäftsgeheimnisse zu offenbaren. Was ein Geheimnis ist, entscheidet der Geheimnisträger grundsätzlich allein. Aufgrund der besonderen rechtlichen Behandlung der so genannten Insiderinformation gemäß § 13 WpHG ist auch auszuschließen, dass der Bieter einen Anspruch auf Überlassung solcher Informationen hat, welche als Insiderinformation angesehen werden könnten.

Die hier geforderte Mitwirkungspflicht der Zielgesellschaft bedeutet daher im Wesentlichen nur, dass die Gesellschaft dem Bieter bereits im Vorwege mit solchen Informationen zur Verfügung stehen muss, die tendenziell ohnehin für die Öffentlichkeit bestimmt sind, also etwa Datenmaterial, welches im Rahmen des gesetzlichen Jahresabschlusses demnächst veröffentlicht würde.

8.4 Grenzen der Geheimnisweitergabe

Wenn der Eigentümer die Zielgesellschaft verkaufen will, wird er ein Interesse daran haben, dem Kaufinteressenten so viele Informationen über sein Unternehmen zu geben, wie zur Unterstützung des Käuferinteresses erforderlich sind. Dem Geheimnisträger beziehungsweise Informationseigentümer steht es frei, seine Informationen nach Belieben jedermann mitzuteilen.

Wer eine Information legal erhalten hat, kann diese grundsätzlich nach Belieben für seine Zwecke einsetzen. Grenzen können sich aus dem Gesetz ergeben. Eine in diesem Zusammenhang besonders wichtige Grenze ergibt sich aus dem Wertpapierhandelsgesetz. Gemäß § 14 WpHG ist es dem Besitzer von Insiderinformationen verboten, bestimmte Geschäfte durchzuführen, wenn die Insiderinformation sich auf diese Geschäfte beziehen. § 13 WpHG gibt eine Definition der Insiderinformation.[44]

Die Preisgabe von Unternehmensinformationen über die Zielgesellschaft an einen Käufer, welcher diese im Rahmen einer *Due Diligence* in Bezug auf die Zielgesellschaft verwenden will, ist geradezu der typischer Fall einer Insiderinformation. Der Käufer dürfte also die Information, welche ihm von der Zielgesellschaft gegeben werden, gar nicht nützen. Das WpÜG basiert aber, wenn auch nicht ausdrücklich, so doch implizit auf der Annahme, dass der Bieter/Käufer im Rahmen des Übernahmeverfahrens sich über die Zielgesellschaft kundig machen kann. Beide, auf europäisches Richtlinienrecht zurückgehenden Gesetze[45], können daher nur unter dem Gesichtspunkt widerspruchsfrei miteinander verbunden werden, dass die Weitergabe von an sich als Insiderinformation zu klassifizierenden Informationen dann kein Verstoß gegen §§ 13,14 WpHG ist, wenn diese ausschließlich dazu dienen, dem Bieter gemäß WpÜG die erforderliche Information zu vermitteln. Es besteht daher heute wohl Einigkeit darüber, dass die Informationsweitergabe von Insidertatsachen im Rahmen der *Due Diligence* keine Verletzung Insiderrechts ist.[46]

8.5 Vorgetäuschte oder fehlschlagende Due Diligence

Rechtssystematisch stellt die Vornahme von *Due Diligence* ein Rechtfertigungsgrund für die Verletzung von § 14 WpHG durch den Bieter dar. Damit entsteht die Frage, ob Bieter und Zielgesellschaft diese Informationen im Rahmen einer *Due Diligence*, das heißt also im Rahmen einer wirklich ernsthaften Übernahmeverhandlung austauschen. Es entstehen dann weitere Fragen, wenn nach einer *bona fide* geführten Übernahmeverhandlung beide Parteien zu dem Ergebnis kommen, dass ein Zusammenschluss nicht ratsam sei.

In diesen und ähnlichen Fällen, die hier pauschal als Fehlgebrauch der Information angesprochen werden, kann sich die Frage der zivilrechtlichen und strafrechtlichen, vgl. §§ 38 ff. WpHG, Verantwortlichkeit der Beteiligten ergeben, falls die Insiderinformation in verbotswidriger Weise, § 14 WpHG, genutzt worden sein sollte.

8.6 Folgen eines Fehlgebrauchs von Informationen durch den Bieter

Die Herausgabe betriebsbezüglicher Informationen durch die Zielgesellschaft im Rahmen von Übernahmeverhandlungen dient nur dem einen Zweck, dem Bieter im Rahmen von Treu und Glauben die Entscheidung zu ermöglichen. Diese Informationen bleiben das geistige Eigentum der Zielgesellschaft, so weit an den entsprechenden Daten und Unterlagen gewerbliche Schutzrechte, zum Beispiel § 87 a ff. UrhG bestehen sollten. Ein Fehlgebrauch dieser Informationen hätte also, neben den unter Umständen in Betracht kommenden strafrechtlichen Folgen, vgl. §§ 106 ff. UrhG, auch zivilrechtliche Folgen. Unterliegen diese Daten keinem ge-

---

[44] § 13 I 1 WpHG lautet: Eine Insiderinformation ist eine konkrete Information über nicht öffentlich bekannte Umstände, die sich auf einen oder mehrere Emittenten von Insiderpapieren oder auf die Insiderpapiere selbst beziehen, und die geeignet sind, im Falle ihres öffentlichen Bekanntwerdens den Börsen- oder Marktpreis der Insiderpapiere erheblich zu beeinflussen.

[45] Vgl. ZUMBANSEN/LACHNER (2006), S. 14, und ASSMANN (2006), § 14 RN 113.

[46] Vgl. ZUMBANSEN/LACHNER (2006) S. 14, und MERKNER/SUSTMANN (2005), S. 732.

werblichen Schutzrecht, kommen rechtsähnliche Ansprüche aufgrund des Gesetzes gegen den unlauteren Wettbewerb, UWG oder BGB, in Betracht.

Neben dem Ersatz des immer nur schwer zu beweisenden Schadens ist dabei insbesondere an einen Anspruch aus ungerechtfertigter Bereicherung, § 812 BGB (Bereicherung in sonstiger Weise), zu denken. Die Bereicherung ist in Anlehnung an die Rechtsprechung zum ungerechtfertigten Gebrauch von Schutzrechten mit dem Betrag anzusetzen, den der Fehlgebraucher hätte aufwenden müssen, um diese Information auf vertraglichem Wege zu erhalten.[47]

9 Vorstand der Zielgesellschaft

9.1 Ausgangspunkt

Mit Ausnahme der unter 8.3 erwogenen Informationspflicht der Gesellschaft ist nicht zu sehen, dass diese irgendeine Mitwirkungspflicht in Bezug auf die sie betreffenden Übernahmebemühungen der Käufergesellschaft hat. Insbesondere aber ist sie beziehungsweise ihr Eigentümer nicht verpflichtet, sich selbst darum zu bemühen, verkaufen zu können beziehungsweise übernommen zu werden.

9.2 Pflichten des Vorstands der Zielgesellschaft

Für den Vorstand der Zielgesellschaft kann etwas anderes gelten. Auch für diesen gilt § 93 AktG. Er ist daher zur Vermeidung seiner Schadensersatzpflicht in allen Lagen verpflichtet, das Beste seiner Gesellschaft zu suchen. Dieses Beste kann darin liegen, dass seine Gesellschaft mit der Käufergesellschaft oder einem anderen Unternehmen zusammengeht. In demselben Rahmen, wie oben erörtert worden ist, kommt daher in Betracht, dass der Vorstand der Zielgesellschaft verpflichtet ist, strategische Planungen anzustellen, Informationen einzuholen und Kontakte zu suchen, um die Übernahme seiner Gesellschaft durch einen Käufer herbeizuführen.

Dieses findet lebenspraktisch jedenfalls dann statt, wenn das Unternehmen, von seinen Banken gedrängt, nach Partner Ausschau hält. Dann ist dem Vorstand der Zielgesellschaft aber in der Regel bereits die Handlungsfreiheit genommen. Wesensgehalt der Beauftragung als Vorstand ist es jedoch, eigenverantwortlich das Schicksal des Unternehmens zu steuern, und dieses nicht den Banken zu überlassen. Es ist also an sich bereits als Verstoß gegen seine Pflichten als Vorstand anzusehen, wenn dieser durch eine riskante, wenn auch wirtschaftlich vertretbare, Kreditaufnahme es soweit kommen lässt, dass er sich von Banken bevormunden lassen muss. Der Vorstand der Zielgesellschaft ist also bereits weit im Vorfeld als verpflichtet anzusehen, strategische Überlegungen anzustellen, ob und wie in freier Entscheidung eine möglichst nützliche Zusammenarbeit oder Fusion mit einem anderen Unternehmen in Betracht kommt.

---

[47] Vgl. PALANDT – SPRAU (2006), § 812 RN 93, und dortige Nachweise.

Im Zuge dieser Vorüberlegungen kann in Betracht kommen, dass der Vorstand der Zielgesellschaft Informationen und auch Betriebsgeheimnisse an den eventuellen Partner weitergeben will. Gemäß § 93 I AktG hat der Vorstand über Betriebs- und Geschäftsgeheimnisse Stillschweigen zu bewahren. Diese Pflicht besteht aber nur gegenüber seiner Gesellschaft. Wenn sich der Vorstand nicht, wie für das wirkliche Leben wohl immer anzunehmen ist, im Vorfeld durch Rücksprache mit seinem Aufsichtsrat absichert, ist zu argumentieren, dass die an sich unbefugte Weitergabe von Betriebsgeheimnissen dann gerechtfertigt ist, wenn diese dem höherrangigen Ziel, das Beste der Gesellschaft zu fördern, dient.

Im Grunde gelten dieselben Erwägungen, wie sie oben in Bezug auf den Käufervorstand angestellt worden sind, allenfalls mit der Maßgabe, dass der Vorstand der Zielgesellschaft – wie bereits dargelegt – aufgrund seiner persönlichen Interessenlage ein geringeres Interesse an der Aufnahme von Fusionsverhandlungen hat als der Käufervorstand.

10 Anwendbares Recht

10.1 Ausgangspunkt

Wenn ein Vorgang irgendeine Auslandsberührung aufweist, hat der Richter zu prüfen, welcher Rechtsordnung die ihm vorgelegte Rechtsfrage unterliegt. Bei internationalen Unternehmenszusammenschlüssen sowieso, aber praktisch auch bei jeder binnenwirtschaftlichen Fusion, sind in der einen oder anderen Weise Auslandssachverhalte berührt.

Die vorstehenden Ausführungen beziehen sich wesentlich auf die Schadensersatzhaftung des Vorstands gegenüber seiner Gesellschaft. Es seien daher diese Fragen beleuchtet. Die Regelungen des Übernahmerichtlinien-Umsetzungsgesetz vom 14. Juli 2006 sind daher nur teilweise einschlägig.[48]

10.2 Das auf den Vorstandsvertrag anwendbare Recht

10.2.1 Grundsatz

Die Rechtsbeziehungen in und um eine Gesellschaft unterliegen nach deutschem Internationalen Privatrecht dem Gesellschaftsstatut. Es kann im Einzelfall fraglich sein, ob eine bestimmte Frage zum Gesellschaftsstatut gehört, also als *gesellschaftsrechtlich* qualifiziert wird. Für den Dienstvertrag zwischen Gesellschaft und Vorstand und die daraus fließenden Rechte und Pflichten gegenüber der Gesellschaft und auch Dritten ist das aber wohl unzweifelhaft.[49]

---

[48] Dieses Gesetz tritt am 1. Januar 2007 in Kraft; vgl. JOSENHANS (2006).

[49] JOSENHANS (2006), S. 274. Hier nicht zu erörtern ist die Frage, unter welchen Voraussetzungen gesellschaftsfremde Dritte unmittelbare Schadensersatzansprüche gegen Vorstandsmitglieder stellen können, und welchem Recht diese gegebenenfalls unterlägen; vgl. SCHNORR (2006), der den kollisionsrechtlichen Aspekt der von ihm vorgeschlagenen Haftung aber nicht sieht.

Die zweite Frage ist, nach welchem Recht die zum Gesellschaftsstatut gehörenden Rechtsbeziehungen beurteilt werden.[50] Das ist nach der noch herrschenden deutschen Meinung das Recht des tatsächlichen Sitzes der Gesellschaft. Eine hauptsächlich in Deutschland tätige Gesellschaft unterliegt daher hinsichtlich aller *gesellschaftsrechtlichen* Fragen dem deutschen Recht, auch wenn sie im EU-Ausland gegründet wurde.[51]

Das gilt grundsätzlich auch, wenn es sich um eine im EU-Ausland gegründete aber hauptsächlich in Deutschland tätige Gesellschaft handelt (häufigster Anwendungsfall: englische Limited).[52]

10.2.2 Rechtswahl

Nach deutschem Internationalen Privatrecht steht es den Vertragsparteien grundsätzlich frei, jeden Vertrag, unabhängig davon, ob diese eine Auslandsberührung enthält oder nicht, einem beliebigen Recht zu unterstellen, vgl. Artikel 27 EGBGB.[53] Es ist also denkbar, dass eine deutsche Aktiengesellschaft den Dienstvertrag mit ihrem Vorstand einem anderen als dem deutschen Recht unterstellt. Es kann das Recht des Staats New York gewählt werden, das von Brasilien, Island und so weiter. Das damit anwendbar gestellte Recht entscheidet dann über Rechte und Pflichten des Vorstandsmitglieds gegenüber seiner Gesellschaft, und folglich auch über eventuelle Schadensersatzansprüche der Gesellschaft gegen das Vorstandsmitglied aus Verletzungen seines Dienstvertrags.

Es kommt aber gemäß Artikel 30 EGBGB in Betracht, in § 93 AktG eine Vorschrift des so genannten *Ordre Public International* zu sehen, diese Vorschrift also gesondert anzuknüpfen. Das würde bedeuten, dass unbeschadet der an sich gültigen Rechtswahl mindestens der Haftungsrahmen gemäß § 93 AktG gilt. Der Rahmen der zum *Ordre Public International* gehörenden Rechtsvorschriften ist unsicher und muss nach allgemeiner Meinung nach dem jeweiligen Gesetzeszweck der in Betracht kommenden Norm festgestellt werden. Allgemein gilt aber wohl, dass dazu solche Rechtsvorschriften gehören, die ein öffentliches, insbesondere sozial- oder wirtschaftspolitisches Interesse schützen.[54] Die gesetzlichen Formen und Ausgestaltung der Haftung des Vorstands sprechen dafür, dass § 93 AktG ein solches öffentliches Interesse schützt. Eine abweichende Rechtswahl für den Vorstandsvertrag wäre daher zwar zulässig, könnte aber, wenn ein entsprechender Prozess vor einem deutschen Gericht geführt würde, nicht zu einer Minderung des Haftungsmaßstabs führen.

---

[50] Vgl. *ADEN* (2006), S. 54 , dort auch zu dem verwirrenden Doppelsinn des Begriffs Statut.

[51] Vgl. *ADEN* (2006), S.179 f. Die Rechtsprechung des EuGH zur Anerkennung einer im EU-Ausland gegründeten, aber im nur im Inland tätigen, juristischen Person im Inland als solche, hat hieran nichts geändert. Zunehmend findet sich aber die Meinung, dass künftig nur noch die Anknüpfung an den Gründungsort europarechtlich zulässig sein werde, *JOSENHANS* (2006) S. 276 mit Nachweisen.

[52] Vgl. LG Kiel ZIP 06, 1248 mit Anmerkungen von *JUST* zur Haftung für eine Insolvenzverschleppung nach deutschem Recht durch den „Director" einer in Deutschland tätigen englischen Limited. Das LG hat aber anscheinend die kollisionsrechtlichen Fragen gar nicht gesehen; vgl. im Anschluss an das Urteil *JUST* am angegebenen Ort.

[53] *ADEN* (2006), S. 78.

[54] *ADEN* (2006), S. 84, und *PALANDT – HELDRICH* Artikel 30 EGBGB RN 4 f.

10.2.3 Statut des Vorstandsvertrags

Für Arbeitsverträge trifft Artikel 30 II EGBGB eine ausdrückliche Regelung über das anwendbare Recht: „Mangels einer Rechtswahl unterliegen Arbeitsverträge und Arbeitsverhältnisse dem Recht des Staates, indem der Arbeitnehmer in Erfüllung des Vertrages gewöhnlich seine Arbeit verrichtet, selbst wenn er vorübergehend in einen anderen Staat entsandt ist".

Für den Dienstvertrag eines Vorstands mit seiner Gesellschaft ist eine solche ausdrückliche Regelung zwar nicht getroffen. Es liegt aber nahe, diese Vorschrift auch auf den Dienstvertrag des Vorstandsmitglieds anzuwenden, insbesondere unter dem Gesichtspunkt des Artikel 28 EGBGB. Darin ist gesagt, dass ein Rechtsverhältnis der Rechtsordnung unterliegt, mit welcher es die engste Verbindung hat. Ein Vorstandsmitglied mag neben dieser Funktion noch andere Funktionen ausüben, insofern es aber Vorstandsmitglied ist, übt es definitionsgemäß seine Tätigkeit dort aus, wo die Aktiengesellschaft ihren Schwerpunkt hat.[55] Liegt dieser in Deutschland, gilt also – vor deutschen Gerichten[56] – deutsches Recht.

10.3 Statut der Zielgesellschaft

Zwischen der Käufergesellschaft und der Zielgesellschaft, besteht kollisionsrechtlich kein Unterschied. Es könne sich freilich bei der internationalprivatrechtlichen Qualifikation einzelner Vorgänge Unterschiede ergeben. Die Informations- und gegebenenfalls die Mitwirkungspflichten des Zielunternehmens angesichts einer denkbaren oder durch § 14 WpÜG schon konkret möglichen Übernahme durch einen Bieter sind in der oben vertretenen Sichtweise eine Funktion des erwarteten volkswirtschaftlichen Gesamtnutzens. Es liegt daher nahe, diese Pflichten nicht als gesellschaftsrechtlich zu qualifizieren,[57] sondern gesondert anzuknüpfendes Gemeinschaftsgut zu qualifizieren. Kriterium der Mitwirkungspflichten der Zielgesellschaft ist ein erwarteter Gesamtnutzen aus der Übernahme. Das Recht des Orts, an dem dieser Nutzen hauptsächlich erwartet wird, sollte daher diesen Bereich regieren. Ist die Zielgesellschaft börsennotiert, so wird das Recht des Börsenorts, oder bei mehreren Notierungen der Börsenorte, entscheiden.

10.4 Statut der Due Diligence beziehungsweise des Informationssicherungsvertrags

Nach 10.2 entscheidet also deutsches Recht über die Frage, ob das Vorstandsmitglied einer deutschen Aktiengesellschaft verpflichtet ist, DDP durchzuführen.

Haben sich Bieter und Zielgesellschaft auf einen Informationssicherungsvertrag geeinigt, vgl. oben 5.3.1, stellt sich die Frage nach dem bei diesem Vertrag anwendbaren Recht. Im Allgemeinen ist es ein Kunstfehler der Vertragsjuristen, wenn eine Aussage über die Rechtswahl unterbleibt. Es ist daher anzunehmen, dass die Parteien das anwendbare Recht bestimmen.

---

[55] PALANDT – HELDRICH Anhang zu Artikel 12 EGBGB RN 2 ff.
[56] Da jeder Staat sein eigenes IPR hat, mag das zum Beispiel vor englischen, dänischen und so weiter Gerichten, falls diese mit der Frage befasst würden, anders gesehen werden.
[57] So aber JOSENHANS (2006), S. 280, welcher freilich keine gesetzlichen Mitwirkungspflichten der Zielgesellschaft sieht.

Bei Fehlen einer ausdrücklichen Rechtswahl wird gemäß Artikel 28 EGBGB zu fragen sein, wo das Schwergewicht des Sicherungsvertrags liegt. Dieses wird im Zweifel bei der Gesellschaft liegen, welche das größte Interesse an der Information hat, also beim Käufer.

Nimmt zum Beispiel ein Käufer aus Exotien in Abstimmung mit der deutschen Zielgesellschaft eine DDP vor, so wird mangels einer ausdrücklichen Rechtswahl der Informationssicherungsvertrag im Zweifel dem Recht dieses Staats unterliegen. Da Exotien die strengen Vorschriften des deutschen WpHGs nicht kennt, könnten die Parteien daran denken, diesen Vertrag ausdrücklich dem Recht dieses Staates zu unterstellen. Unbeschadet der grundsätzlichen Gültigkeit einer solchen Rechtswahl ist aber wiederum, wie unter 10.2 erwogen, anzunehmen, dass das deutsche Insiderrecht zum *Ordre Public International* gehört und daher durch eine abweichende Rechtswahl nicht ausgehebelt werden kann.

11   Ergebnis

1. *Due Diligence* ist die Prüfung der in Aussicht genommenen Zielgesellschaft durch potenzielle Käufer. *Due Diligence* ist eine Obliegenheit des Käufers; keine Pflicht. Die Durchführung der *Due Diligence* ist aber für den Vorstand der Käufergesellschaft eine aus dem Dienstvertrag und § 93 AktG fließende Pflicht. Als solche ist *Due Diligence* ein spezieller Anwendungsfall der allgemeinen Pflicht des Vorstands, das Beste seiner Gesellschaft zu suchen. Der aus dem Amerikanischen übernommene Begriff ist für das deutsche Recht daher zu eng und auch aus systematischen Gründen wenig hilfreich.

2. Wesentlicher Teil einer pflichtgemäßen *Due Diligence* im Verhältnis zu einer Zielgesellschaft ist, dass der Käufer sein eigenes Unternehmen nach mindestens denselben Gesichtspunkten prüft, ob er den in Aussicht genommene Kaufgegenstand (hier: Zielgesellschaft) überhaupt brauchen kann.

3. Informationsbeschaffung verursacht Kosten. Der Käufervorstand kann seine Pflichten gegenüber seiner Gesellschaft sowohl dadurch verletzen, dass er zu wenig Informationen eingeholt, als auch dadurch, dass er das Gesetz des abnehmenden Grenznutzens verkennt und für die Beschaffung zusätzlicher Informationen einen zu hohen Aufwand betreibt.

4. Die Zielgesellschaft ist grundsätzlich nicht verpflichtet, dem Käufer mit Informationen zu dienen. Es wird aber aus der Eigentumsbindung gemäß Artikel 14 Grundgesetz ein Anspruch der Öffentlichkeit auf Bereitstellung von Informationen erwogen, welche keine Betriebsgeheimnisse sind. Dieser Anspruch konkretisiert sich in der Person des Käufers und wird fällig, sobald dessen Angebot gemäß § 14 WpÜG bei der Zielgesellschaft eingeht.

5. Das auf die hier betrachteten Vorgänge anwendbare Recht folgt den allgemeinen Regeln des Internationalen Privatrechts. Die zulässige Rechtswahl kann aber nicht zu einer Umgehung der Haftungsvorschriften aus § 93 AktG und des Insiderrechts gemäß WpHG führen, da diese Regeln gemäß Artikel 30 EGBGB zum deutschen internationalen Vorbehaltsrecht gehören.

Abkürzungsverzeichnis

BB	Der Betriebsberater
BGH	Bundesgerichtshof
BGHZ	Amtliche Sammlung der Entscheidungen des BGH in Zivilsachen
EuGH	Gerichtshof der europäischen Gemeinschaften
KG	Kammergericht
LG	Landgericht
NJW	Neue Juristische Wochenschrift
NZA	Neue Zeitschrift für Arbeitsrecht
NZG	Neue Zeitschrift für Gesellschaftsrecht,.
OLG	Oberlandesgericht
RabelsZ	Zeitschrift für ausländisches und internationales Privatrecht
ZBB	Zeitschrift für Bankrecht und Bankwirtschaft,
ZHR	Zeitschrift für das gesamte Handels- und Wirtschaftsrecht
ZIP	Zeitschrift für Wirtschaftsrecht
ZVglRWiss	Zeitschrift für vergleichende Rechtswissenschaft

Quellenverzeichnis

ADEN, M. (2006): Internationales privates Wirtschaftsrecht, München et al. 2006.

ASSMANN, H.-D. ET AL. (2006): Wertpapierhandelsgesetz, Köln 2006.

ADEN, M. (2006): Internationales privates Wirtschaftsrecht, München et al. 2006.

BÖTTCHER, L. (2005): Verpflichtung des Vorstands einer AG zur Durchführung einer Due Diligence, in: Neue Zeitschrift für Gesellschaftsrecht (NZG) 2005, 49–54.

EBKE, W. F. (2006): Überseering und Inspire Art: Die Revolution im Internationalen Gesellschaftsrecht und ihre Folgen, in: *KNIFFKA, R. ET AL.* (2005), Festschrift für Prof. Dr. Reinhold Thode zum 65. Geburtstag, München 2005, S. 593–613.

HEINE, K./RÖPKE, K. (2006): Die Rolle von Qualitätssignalen – eine ökonomische und juristische Analyse am Beispiel der deutschen Kapitalschutzvorschriften, in: Rabels Zeitschrift für ausländisches und internationales Privatrecht, 2006, Nr. 1, S. 138–160.

HÜFFER, U. (2006): Aktiengesetz – Kommentar, München 2006.

JOSENHANS, M. (2006): Das neue Übernahmekollisionsrecht, in: Zeitschrift für Bankrecht und Bankwirtschaft, 2006, Nr. 4, 269–282.

MAUNZ, T./DÜRIG, G. (1958ff): Grundgesetz – Kommentar.

MERKNER, A./SUSTMANN, M. (2005): Insiderrecht und Ad-hoc-Publizität – Das Anlegerschutzverbesserungsgesetz in der Fassung durch den Emittentenleitfaden der BaFin, in: Neue Zeitschrift für Gesellschaftsrecht (NZG), 2005, S. 729–738.

PALANDT, O. (2006): BGB – Kommentar, München 2006.

RITTMEISTER, M. (2004): Due Diligence und Geheimhaltungspflichten beim Unternehmenskauf, in: Neue Zeitschrift für Gesellschaftsrecht, 2004, S. 1032–1037.

SCHMIDT, M. (2006): Die Sorgfaltspflichten des Vorstands nach § 93 Abs. 1 AktG bei Kreditvergabeentscheidungen aus ökonomischer Sicht, in: Zeitschrift für Bankrecht und Bankwirtschaft, 2006, Nr. 1, S. 31–40.

SCHNORR, R. (2006): Geschäftsleiteraußenhaftung für fehlerhafte Buchführung, in: Zeitschrift für das gesamte Handelsrecht und Wirtschaftsrecht, 2006, S. 9–38.

ZUMBANSEN, P./LACHNER, C. M. (2006): Die Geheimhaltungspflicht des Vorstands bei der Due Diligence: Neubewertung im globalisierten Geschäftsverkehr, in: Zeitschrift für vergleichende Rechtswissenschaft, 2006, Nr., 105, S. 1–18.

Erster Teil – Die Pre-M&A-Phase

Organisatorische und Change-Management-Perspektiven

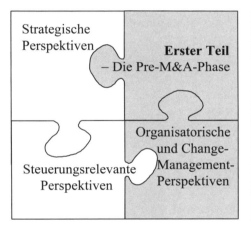

Standortbewertung von Shared-Service-Centern – Auswahl und geografische Verteilung unter besonderer Berücksichtigung von Mergers & Acquisitions

CARSTEN VON GLAHN

Siemens Business Services

1	M&A – Standortbedingte Entscheidungen zum Shared-Service-Center-Aufbau	121
2	M&A – Charakteristika	122
3	M&A – Relevante Standorttheorien	123
4	Generelle M&A-Einflussfaktoren – Standortbedingte Charakteristika	124
	4.1 Makroökonomische M&A-Einflussfaktoren	126
	4.2 Technologische M&A-Einflussfaktoren	128
	4.3 Politisch-rechtliche M&A-Einflussfaktoren	128
	4.4 Physisch-ökologische M&A-Einflussfaktoren	129
	4.5 Sozio-kulturelle M&A-Einflussfaktoren	130
5	Aufgabenspezifische M&A-Einflussfaktoren – Standortbedingte Charakteristika	131
	5.1 Kundenspezifische M&A-Einflussfaktoren	132
	5.2 Lieferantenspezifische M&A-Einflussfaktoren	132
	5.3 Wettbewerbsspezifische M&A-Einflussfaktoren	132
6	Potenzielle Shared-Service-Center – M&A-spezifische Selektion	133
	6.1 Wirkungskreis potenzieller Standorte	133
	6.2 Bewertung potenzieller Standorte	136
7	Shared-Service-Center-Standorte – M&A-relevante Anzahl	138
8	Fazit – Standortbedingte Entscheidungen zum Shared-Service-Center-Aufbau	140
	Quellenverzeichnis	141

1 M&A – Standortbedingte Entscheidungen zum Shared-Service-Center-Aufbau

Der Shared-Service-Ansatz stellt eine wettbewerbsfähige, hauptsächlich intern ausgerichtete, langfristig ausgelegte Erstellungs- und Bereitstellungsalternative von Unterstützungs- beziehungsweise Support-Services für die Bereiche und Einheiten eines Unternehmens dar.[1] Derartige nicht wertschöpfende und nicht strategische Services, die durch effizient und effektiv ausgerichtete Ressourcen in so genannten Shared-Service-Centern an den übergeordneten Zielen eines Unternehmens ausgerichtet und dabei den einzelnen Einheiten zur Verfügung gestellt werden, finden sich vorwiegend in Einkauf und Logistik, Informationstechnologie, Personal sowie Finanzen und Controlling.[2] Somit beschreibt ein Shared-Service-Center eine selbstständig agierende Einheit, die im Kontinuum zwischen Zentrale und externem Outsourcing-Service-Anbieter positioniert ist, gleichartige Support-Services bündelt und diese unter Ausnutzung von Effektivitäts- und Effizienzpotenzialen wettbewerbsorientiert den Bereichen, Einheiten und Zentraleinheiten eines Unternehmens anbietet.

Jede Unternehmenseinheit unterliegt dem Einfluss von externen Umweltfaktoren, die gerade in den vergangenen Jahren zu einer zunehmenden Marktkomplexität, anhaltend kürzer werdenden Marktlebenszyklen sowie einer Erosion von bislang abgrenzbaren Marktstrukturen geführt haben.[3] Die Erfassung von unternehmensexternen Umwelteinflüssen bedingt die Analyse von Gegebenheiten an lokal voneinander getrennten Zielmärkten und steht folglich in direktem Zusammenhang mit der standortbedingten Gestaltungskonzeption einer Unternehmenseinheit.[4] Damit standortbedingte Entscheidungen über *Mergers & Acquisitions* (*M&A*), die unter anderem die Errichtung eines Shared-Service-Centers an einer speziellen Lokalität zum Ziel haben, getroffen werden können, sind externe Einflussfaktoren zu ermitteln, zu priorisieren und in den Entscheidungsprozess einzubeziehen. Um weiterhin Anhaltspunkte sich bietender Chancen und Risiken einer Marktentwicklung frühzeitig zu erkennen und zu bewerten sowie erforderliche unternehmensinterne strukturelle Anpassungen einzuleiten, sind hierbei neben monetären Fakten vor allem qualitative Informationen zu verwerten. Die Fähigkeit, aus der externen Umwelt resultierende Standortbedingungen hinsichtlich angestrebter Mergers & Acquisitions abzuleiten und zu analysieren, Entwicklungen zu prognostizieren und mit diesen umzugehen sowie der Vielfältigkeit der externen Umwelt Rechnung zu tragen, stellt ein unerlässliches Merkmal zur Sicherung der langfristigen Überlebensfähigkeit eines Unternehmens dar.[5]

Im weiteren Verlauf werden zunächst die Charakteristika von Shared-Service-relevanten standortbedingten M&A-Einflussfaktoren dargestellt, gefolgt von einer M&A-spezifischen Selektion potenzieller Shared-Service-Center. Der Beitrag leitet danach zur Bewertung potenzieller Standorte von Shared-Service-Centern über, illustriert den Prozess zur Bestimmung einer Annäherung an die mögliche Standortanzahl von Shared-Service-Centern, die potenziell durch M&A-Transaktionen erworben werden, und schließt mit einem Fazit.

---

[1] Vgl. KEUPER/VON GLAHN (2005), S. 443 f.
[2] Vgl. KEUPER/VON GLAHN (2006) und NEUKIRCHEN/VOLLMER (2006), S. 313.
[3] Vgl. THIELMANN (2000), S. 10 ff.
[4] Vgl. SEIDEL (1977), S. 30.
[5] Vgl. MINTZBERG (1992), S. 187.

2 M&A – Charakteristika

Die Bedeutung des Begriffspaars „Mergers & Acquisitions" wurde in den vergangenen Jahrzehnten wirtschaftswissenschaftlich breit diskutiert und ist als strategische Option zur Reaktion auf exogen einwirkende Umweltveränderungen nicht mehr wegzudenken.[6] In Absenz einer allgemein gültigen Definition werden in diesem Beitrag alle Vorgänge, die mit dem Erwerb oder der Veräußerung von Unternehmensteilen einhergehen, mit besonderem Augenmerk auf der Errichtung einer unternehmensweiten Shared-Service-Center-Struktur unter Mergers & Acquisitions zusammengefasst.[7] Diese sehr weit gefasste Definition beinhaltet neben der Übertragung von Eigentumsrechten auch den Übergang von Kern- und Unterstützungsleistungen (*Support-Services*) sowie alle hiermit verbunden Rechte.[8]

Motive, die Unternehmen zur Durchführung von M&A veranlassen, finden sich in der Verbesserung der strategischen Wettbewerbsposition durch Wachstum, in der Optimierung des Service-Portfolios, im Aufbau neuer Geschäftsfelder, in der Erschließung inländischer und ausländischer Märkte, in der Erhöhung der Marktmacht durch Vergrößerung des marktlichen Anteils sowie im verbesserten Zugang zu Ressourcen und in der Realisierung von Synergien.[9] Shared-Service-orientierte Mergers & Acquisitions sind dabei den zwei letztgenannten Zielkategorien zuzuordnen, zumal die Wettbewerbsposition einerseits durch den Zugang zu vorhandenen Infrastrukturen, (Software-)Lizenzen und Humankapital gesteigert werden soll. Andererseits werden Synergien unter anderem in Form von Kostendegressionseffekten durch Bündelung eigener Ressourcen und Fähigkeiten mit denen eines Partners angestrebt.[10] Für das grundlegende Verständnis von M&A-Transaktionen eignen sich drei Grundformen, die sich nach der Bindungsintensität unterscheiden und im Folgenden hinsichtlich der Anwendung auf den Shared-Service-Ansatz differenziert betrachtet werden:

> **Kaufansatz**:[11] Bei Käufen (Acquisitions) handelt es sich um den Erwerb (von Teilen) fremder Wirtschaftseinheiten beispielsweise durch Übernahme von vorhandenen Rechenzentren zum Zwecke des Um- beziehungsweise Ausbaus zu einer unternehmensinternen Shared-Service-Center-Infrastruktur. Der übernommene Unternehmensteil behält hierbei seine rechtliche Selbstständigkeit. Eine nachgelagerte Fusion wird – wie nachfolgend beschrieben – durch diesen Ansatz nicht ausgeschlossen.

> **Fusionsansatz**:[12] Fusionen (Mergers) sind dadurch gekennzeichnet, dass zwei oder mehrere Unternehmensteile wirtschaftlich und rechtlich miteinander verbunden werden, die zuvor unterschiedlichen Eigentümern gehörten. Bei der *Fusion durch Aufnahme* wird das betrachtete Unternehmen ein (potenzielles) Shared-Service-Center samt Vermögen und Verbindlichkeiten von einem anderen Wirtschaftssubjekt erwerben und mit einer eigenen Unternehmenseinheit verschmelzen, wobei die übernommene Einheit ihre rechtliche Eigenständigkeit und Existenz vollständig verlieren wird. Hingegen werden bei der *Fusion durch Neugründung* die betrachteten Unternehmensteile zu einem eigenen Unternehmens-

---

[6] Vgl. BOROWICZ (2006), S. 121.
[7] Vgl. JANSEN (2001), S. 43 ff.
[8] Vgl. LUCKS/MECKL (2002), S. 24.
[9] Vgl. HAWRANEK (2004), S. 19 f.
[10] Vgl. EBERT (1998).
[11] Vgl. BUCKLEY (1993), S. 20.
[12] Vgl. BOROWICZ (2006), S. 124 f.

bereich, zum Beispiel als rechtlich selbstständige Shared-Service-Tochtergesellschaft, zusammengefasst, während beide rechtlichen Vorgänger aufgelöst werden.

➢ **Kooperationsansatz:**[13] Als dritter Weg zur Errichtung von Shared-Service-Center-Strukturen ist die unternehmensübergreifende Kooperation denkbar. Dieser Ansatz ist in Form *strategischer Allianzen* – und insbesondere in der Ausprägung als *Joint Ventures* – aus Unternehmenssicht von Bedeutung. Ein solcher Standorterrichtungsansatz ist praktikabel, grenzt jedoch die Definition von Shared Service nicht auf die Bereitstellung von Support-Services für den unternehmensinternen Markt ein,[14] sondern erweitert den Handlungsrahmen auf unternehmerische Verbundformen.

3   M&A – Relevante Standorttheorien

Die Lehre vom Standort wird in der betriebswirtschaftlichen Theorie traditionell als konstitutive Entscheidung angesehen, die den langfristigen Handlungsrahmen für Service-Erstellung und -Verwertung eines Unternehmens(teils) abbildet.[15] Aufbauend auf dem von WEBER[16] bereits im Jahre 1909 entworfenen theoretischen Grundmodell werden vielfältige Standorttheorierichtungen entwickelt:[17]

➢ Die *Standortbestimmungslehre* sucht die Frage nach den Gründen für die Wahl eines Standortes zu beantworten.

➢ Die *Standortwirkungslehre* analysiert die Auswirkungen von Standortentscheidungen auf betriebswirtschaftliche und teilweise volkswirtschaftliche Größen.

➢ Die *Standortentwicklungslehre* untersucht den „[...] geschichtlichen Prozeß der Standortbestimmungen [...]" sowohl aus gesamt- als auch aus einzelwirtschaftlicher Sicht.[18]

➢ Die *Standortgestaltungslehre* erforscht die wirtschaftspolitischen Gestaltungsmöglichkeiten der Standortverteilung und hat somit schwerpunktmäßig volkswirtschaftliche Erkenntnisse und Empfehlungen zum Inhalt.

➢ Die *Standortplanungslehre* erhebt den gesamten Entscheidungsprozess der Standortwahl zum Untersuchungsgegenstand.

Im Kern befassen sich diese Theorien mit der Beschreibung, Zusammenstellung und Systematisierung relevanter Einflussfaktoren, den so genannten *Standortbedingungen*, für die einzelwirtschaftliche Standortentscheidung und mit der Entwicklung von Entscheidungsmodellen zur Standortbestimmung.[19] Da die Grundlagen für das Verständnis standortpolitischer Entschei-

---

[13] Vgl. BANKHOFER (2003), S. 39.
[14] Vgl. VON GLAHN/KEUPER (2006), S. 18 ff.
[15] Vgl. KAPPLER/REHKUGLER (1991), S. 217.
[16] Vgl. WEBER (1922).
[17] Vgl. MEYER-LINDEMANN (1951), S. 143 ff., LÜDER/KÜPPER (1983), S. 138 ff., GOETTE (1993), S. 52 ff., und VON GLAHN (2006), S. 210 f.
[18] BEHRENS (1960), S. 55.
[19] Vgl. LÜDER (1990), S. 34.

dungen multinationaler Unternehmen vor allem in den Beiträgen zur Standortplanungslehre zu finden sind, bildet diese Theorierichtung die wesentliche Grundlage dieses Beitrages. Grundsätzlich zielt die Standortplanungslehre darauf ab, die Merkmale und Phasen der Standortplanung zu durchdringen.[20] Die Standortplanungslehre will folglich Empfehlungen zur Etablierung eines systematisch-strukturierten Vorgehens bei der Standortwahl vorgeben.[21] Die im Weiteren vorgenommene Analyse der Einflussparameter zur Determinierung Shared-Service-spezifischer M&A-Entscheidungen fußt zu großen Teilen auf der *empirisch-realistischen Standortbestimmungslehre*, die auf Abhandlungen von RÜSCHENPÖHLER, MEYER und BEHRENS gründen.[22] Im Rahmen dieser Theorie werden Faktoren herausgearbeitet, die für eine Standortwahl entscheidungsrelevante Bedeutung besitzen und damit der Unternehmensführung Anhaltspunkte für mögliche Fusionen, Käufe oder Kooperationen geben. Darüber hinaus wird auch auf Komponenten der *Standortplanungslehre* zurückgegriffen, um – zumindest in Ansätzen – die M&A-Planung und den M&A-Ablauf hinsichtlich der Standortentscheidung eines Shared-Service-Centers zu erklären.

4 Generelle M&A-Einflussfaktoren – Standortbedingte Charakteristika

Die Wahl des jeweiligen Standorts eines Shared-Service-Centers, mithilfe dessen Support-Services für unternehmensinterne Einheiten bereitgestellt werden, stellt eine von der Unternehmensführung zu treffende Grundsatzentscheidung dar. Neben der Auswahl an unternehmensinternen Rahmenbedingungen, der Anzahl potenzieller Fusions- und Übernahmepartner sowie dem Grad der angestrebten *Internationalisierung* existieren Umweltgegebenheiten, die unter anderem wirtschaftliche und gesetzliche Entscheidungsparameter aufweisen und auf die eigentliche Standortauswahl entscheidenden Einfluss nehmen. So ist speziell lokalen – aus der Legislative resultierenden – Restriktionen ein besonderes Augenmerk zu schenken. Es wird nicht nur die Wahl zwischen dem Aufbau eines neuen Standortes und der Nutzung beziehungsweise Erweiterung bereits vorhandener Einrichtungen durch lokale Genehmigungsprozeduren beeinflusst, sondern auch das Bestreben, standortspezifische Lücken mithilfe von M&A zu schließen.

Für den Shared-Service-spezifischen M&A-Entscheidungsprozess aus Sicht genereller Standortbedingungen lassen sich fünf zentrale Einflusssphären gegeneinander abgrenzen (siehe Abbildung 1):[23]

---

[20] Vgl. LÜDER/KÜPPER (1983).
[21] Vgl. GOETTE (1994), S. 51.
[22] Vgl. RÜSCHENPÖHLER (1958), MEYER (1960) und BEHRENS (1971).
[23] Vgl. zu den folgenden Ausführungen WELGE/WINTER (1980), Sp. 1247 f., und VON GLAHN (2006), S. 213 ff.

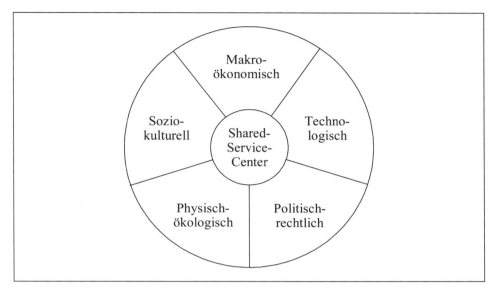

Abbildung 1:   *M&A-Einflussfaktoren aus Sicht genereller Standortbedingungen*[24]

Landesspezifische Konstanten werden folglich bei der Suche nach Standorten für das jeweilige Shared-Service-Center zu variablen Entscheidungsparametern.[25] Daher lässt sich ableiten, dass ein Vergleich aller wesentlichen Standortbedingungen, die aus den Umweltbedingungen eines potenziellen Standorts resultieren, mit den Anforderungen der zu beliefernden Unternehmenseinheiten eine Entscheidungsgrundlage hinsichtlich der Auswahl bestmöglicher Standorte bildet beziehungsweise Aufschluss über die Notwendigkeit nachgelagerter M&A-Transaktionen gibt.[26] Zudem sind nicht allein gegenwärtige Verhältnisse zu evaluieren, sondern auch künftige Entwicklungen zu antizipieren.[27] Es ist dabei nicht außer Acht zu lassen, dass multinationale Unternehmen, die im Begriff sind, eine Shared-Service-Center-Struktur unter Verwendung unterschiedlicher Standorte zu konzipieren, nicht nur passiv auf ihre Umwelt reagieren, sondern das Marktgeschehen beziehungsweise makroökonomische Strukturen – durch M&A-Transaktionen zusätzlich verstärkt – aktiv gestalten.[28]

---

[24]   In Anlehnung an SCHREYÖGG (1999), S. 311, und VON GLAHN (2006), S. 213.
[25]   Vgl. SEIDEL (1977), S. 29.
[26]   Vgl. MEYER (1960), S 90 ff.
[27]   Vgl. SCHÄFER (1980), S. 77.
[28]   Vgl. VON GLAHN (2006), S. 212.

4.1 Makroökonomische M&A-Einflussfaktoren

Makroökonomische standortbedingte M&A-Einflussgrößen sind dadurch gekennzeichnet, dass sie die gesamtwirtschaftliche beziehungsweise die branchenspezifische Situation und Entwicklung eines Wirtschaftsraumes in Betracht ziehen, die die zukünftigen Konstellationen auf den für das jeweilige Shared-Service-Center relevanten Beschaffungs- und Absatzmärkten beeinflusst.[29] Für die Standortwahl eines Shared-Service-Centers sind unter makroökonomischen Gesichtspunkten insbesondere die Faktoren Infrastruktur, Absatzpotenzial, Arbeitsmarkt und Währungsverhältnisse zu evaluieren. Solche Überlegungen, die sich mit der Standortfrage für Shared-Service-Center beschäftigen, folgen im Sinne der Wertschöpfungskette folgendem Ablauf: Beschaffung von Service-Komponenten, Service-Erstellung und Service-Absatz. Zur Sicherstellung einer derartigen Sequenz ist die Existenz *infrastruktureller Gegebenheiten* eine unerlässliche Voraussetzung, obwohl diese zum Teil nur qualitativ in die Standortbewertung einfließen können. Eine Bündelung von Ressourcen in Shared-Service-Centern ist an drei infrastrukturelle Standortvoraussetzungen geknüpft:[30]

➢ Die *Ver- und Entsorgungsdienste* (unter anderem Elektrizitäts-, Energie-, Wasserversorgung sowie Abfallbeseitigung) gehören zu den grundlegenden infrastrukturellen Voraussetzungen zur Errichtung von Shared-Service-Centern, ohne die Service weder erstellt noch abgesetzt werden können.

➢ Die *Verkehrsanbindung* (vor allem Straßennetz und Flughäfen) spielt insbesondere für supranational angelegte Shared-Service-Center-Konstellationen eine Rolle. Einerseits führt die internationale Zusammenarbeit von Mitarbeitern, die an unterschiedlichen Shared-Service-Center-Standorten tätig sind, zu einer erhöhten Reisetätigkeit. Andererseits müssen Führungskräfte potenzieller Shared-Service-Kunden sowie Zulieferer und sonstige unternehmensinterne beziehungsweise externe Geschäftspartner im Rahmen von Fusions- oder Kaufmaßnahmen das jeweilige Shared-Service-Center problemlos erreichen können.

➢ Die IT-infrastrukturelle Anbindung an *Informations- und Kommunikationssysteme* (zum Beispiel Post, Telefon, Telefax, Internet, Datenleitungen) und das hiermit verbundene Kostenniveau ist trotz deregulativer Tendenzen beziehungsweise neuartiger technologischer Möglichkeiten wie zum Beispiel „*Voice Over IP*", also der weltweiten Sprachübertragung in Echtzeit über das Internet, in vielen Ländern ein vorrangig zu beachtender Parameter bei der Standortsuche für ein Shared-Service-Center. Ferner steigt die Bedeutung informations- und kommunikationstechnischer Anbindungen, die Transaktionspartner (zum Beispiel Lieferanten von Service-Komponenten und Kunden) und Kooperationspartner über die organisatorischen Schnittstellen hinweg verbinden.[31]

Ein multinationales Unternehmen, das den Aufbau von Shared-Service-Center-Strukturen an mehr als einem Standort ausbauen oder das seinen Wirkungskreis mithilfe von M&A-Transaktionen über die nationalen Grenzen hinaus ausdehnen will, sieht sich unter anderem mit der Frage konfrontiert, welcher Wirtschaftsraum hinsichtlich seines *Absatzpotenzials* von Shared Services attraktiv ist. Wenn berücksichtigt wird, dass es sich bei einem Shared-Service-Center um eine unternehmerische Einheit handelt, die mit externen Service-Anbietern in Konkurrenz steht und ihre Support-Services unter marktlichen Bedingungen anbietet, spielt das Ab-

---

[29] Vgl. KUBICEK/THOM (1993), Sp. 3988.
[30] Vgl. SCHULMAN ET AL. (1999), S. 146 ff., und VON GLAHN (2006), S. 214 f.
[31] Vgl. BAUER (1997), S. 1.

satzpotenzial eine gewichtige Rolle. Je umfangreicher also die an einem Standort prognostizierten Absatzmengen von Shared Services und je höher die dort erzielbaren Preise sind, desto größer ist das dem betreffenden Standort einzuräumende Absatzpotenzial. Ergänzend werden derartige Überlegungen dadurch gestützt, dass Hindernisse, die durch eine räumliche Trennung vom Shared-Service-Center und der Unternehmenseinheit auftreten können, gering zu halten sind. Beispielsweise können die zuvor erwähnten transporttechnologischen Infrastrukturbedingungen, die zwischen verschiedenen Standorten eines Unternehmens innerhalb eines Landes eingerichtet sind, als wichtiger Kostenfaktor die Standortentscheidung positiv oder negativ beeinflussen.[32]

Dem Shared-Service-Center-Ansatz liegen aktuell vorwiegend Bestrebungen zur Effizienzsteigerung eines Unternehmens zugrunde,[33] sodass insbesondere der *Arbeitsmarkt* und die damit verbundenen Arbeitskosten sowie die Verfügbarkeit und Produktivität von Arbeitskräften in den Mittelpunkt des Interesses als standortbedingter M&A-Entscheidungsparameter rücken.[34] Inwieweit Arbeitskräfte an einem potenziellen Standort verfügbar sind, ist einerseits von den erstellungsspezifischen Anforderungen von Shared-Service-Centern an den lokalen Arbeitsmarkt abhängig. Andererseits variiert die Disponibilität von lokalen Mitarbeitern mit dem länderspezifischen Ausbildungsangebot und -niveau. Entscheidungen *gegen* die örtliche Bündelung aller denkbaren Shared Services werden nach SCHULMAN ET AL. gerade wegen der teilweise diametralen Anforderungen an das Mitarbeiterprofil und die -ausbildung getroffen.[35] Es kann folglich davon ausgegangen werden, dass gut ausgebildete Spezialisten mit großem Fachwissen und Erfahrungsschatz für spezifische Einsätze in einem Shared-Service-Center selten an Standorten mit durchschnittlich niedrigem Einkommensniveau vorzufinden sind. In derartigen Lokationen ist aber die Rekrutierung von Mitarbeitern für hochgradig standardisierte und im Betrieb automatisierbare Shared Services sinnvoll, weil kostenintensive Mitarbeiteranlernzeiten gering gehalten werden können. Zur objektiven Beurteilung eines Shared-Service-Center-Standorts sind für einen internationalen Vergleich anfallende Arbeitskosten pro Service-Einheit heranzuziehen, sodass – unter anderem in Abhängigkeit von der Arbeitsplatzausstattung, Wochenarbeitszeit und Qualifikation der Mitarbeiter – ein Aufschluss über die Produktivität möglich wird. Einflussfaktoren, die die *Währungsverhältnisse* eines Landes bestimmen, sind ferner bei der Standortentscheidung zu bewerten,[36] weil diese gegebenenfalls einen Risikofaktor hinsichtlich der Kalkulationssicherheit von Shared Services bedeuten. Generell wird hierbei bemessen, in welchem Ausmaß von einem multinationalen Unternehmen initiierte Aktivitäten von Wechselkursveränderungen und Inflation betroffen sind.[37]

---

[32] Vgl. KREMPEL (1998), S. 64.
[33] Vgl. KEUPER/OECKING (2006), S. 392.
[34] Vgl. BERGERON (2003), S. 3.
[35] Vgl. SCHULMAN ET AL. (1999), S. 143 f.
[36] Vgl. WRIGHT/KROLL/PARNELL (1996), S. 27.
[37] Vgl. POTT (1983), S. 76.

4.2 Technologische M&A-Einflussfaktoren

Technologische Rahmenbedingungen beschreiben Entwicklungen und Entwicklungszyklen neuer Technologien und Verfahren zur Service-Erstellung.[38] Sich hieraus entwickelnde Chancen und Bedrohungen im Hinblick auf die eigene Konkurrenzfähigkeit fußen zum einen auf der Anpassungsfähigkeit und -geschwindigkeit der Wertschöpfungskette und zum anderen auf den technologischen Standortbedingungen.[39] Die Faktoren Lebenszyklus und Innovation sind für das jeweilige Shared-Service-Center unter technologischen Standortgesichtspunkten bedeutsam. Ähnlich dem *Lebenszyklus* von Sachgütern durchlaufen auch immaterielle Support-Services mehrere Stadien im Zeitverlauf ihrer Marktpräsenz, nämlich die Einführungs-, die Wachstums-, die Reife-, die Sättigungs- und die Verfallsphase.[40] Das Schritthalten mit der Veränderungsdynamik von Support-Services und eine hieraus resultierende Anforderungsinstabilität aus Kundensicht sind folglich als grundlegende technologische Herausforderung eines Shared-Service-Centers einzustufen.

Vor diesem Hintergrund ist es für die Unternehmensführung wichtig, Standorte in ihre Überlegungen einzubeziehen, die als „technologiefreundlich" gelten, und somit den Nährboden für eine systematische Suche zu schaffen, die kontinuierliche Bestandsaufnahme und fundierte Bewertung vorhandener und neuer Trends ermöglicht. Letztlich bildet dies die Voraussetzung dafür, dass ein durch Mergers & Acquisitions erworbenes Shared-Service-Center aus technologischer Sicht seine Services kundenorientiert gestalten kann, als Innovator gegenüber seinen (potenziellen) unternehmensinternen Kunden auftritt und sich als konkurrenzfähig auf dem externen Markt der Support-Service-Anbieter etabliert.

4.3 Politisch-rechtliche M&A-Einflussfaktoren

Die Gesamtheit aller bestehenden rechtlichen Regelungen und Vorschriften, denen aktuelle und geplante Vorhaben unterliegen (zum Beispiel Rechtssystem, Arbeits- und Tarifrecht, Wirtschafts- und Wettbewerbsordnung), sowie deren Umsetzung und Veränderung durch Legislative, Exekutive und Judikative werden im Hinblick auf Mergers & Acquisitions unter dem Begriff standortbedingte politisch-rechtliche Einflussfaktoren zusammengefasst. Für die Investitionsentscheidung basierend auf einer internationalen M&A-Planung für Shared-Service-Center-Standorte ist die jeweilige nationale *Steuergesetzgebung* in die Standort-Evaluierung mit einzubeziehen.[41] Einerseits ist für eine Investitionsentscheidung grundsätzlich die erzielbare Nettorendite *nach* Steuern relevant,[42] andererseits sind für die Standortbetrachtung die landes- oder regionalspezifischen Aussichten steuerlicher Förder- beziehungsweise Befreiungsmaßnahmen zu prüfen. Ebenso begünstigen vorhandene bilaterale *Doppelbesteuerungsabkommen* die standortbedingten M&A-Entscheidungen in gewissen Ländern. Diese zwischenstaatlich festgeschriebenen Verträge regeln, in welchem Land ein multinational tätiges Unternehmen für die Erbringung bestimmter Services besteuert wird, um mehrfache Besteuerungen zu vermeiden. Bedingt durch zunehmende weltwirtschaftliche Verflechtungen, die zu einem anhaltenden Standortwettbewerb führen, sowie verstärkte zwischenstaatli-

---

[38] Vgl. HODGE/ANTHONY/GALES (1996), S. 103 f., und KEUPER (1999), S. 163 ff.
[39] Vgl. KUBICEK/THOM (1993), Sp. 3988 ff.
[40] Vgl. MEFFERT/BRUHN (2000), S. 136.
[41] Vgl. ROEDER/VOSSKUHL (2005), S. 258 f.
[42] Vgl. ESSER (1990), S. 158.

che Harmonisierungsbemühungen, wie sie zum Beispiel innerhalb der *Europäischen Union* (*EU*) zu beobachten sind, kann davon ausgegangen werden, dass es mittelfristig zu immer weiter reichenden Nivellierungstendenzen unter den einzelnen Steuergesetzgebungen kommen wird.[43]

Dagegen stehen unzählige gesetzliche, versicherungstechnische, ökologische und fachliche *Rechtsvorschriften* und *Handelshemmnisse*, die eine Erstellung und Verteilung von Support-Services durch ein Shared-Service-Center erheblich erschweren können. So erfordern die Anpassungen an die verschiedenen Vorschriften beziehungsweise Normen unter Umständen die Umstellung des gesamten Service-Erstellungsprozesses. Zumindest werden zum Teil Service-Erstellungsabläufe verlangsamt sowie eine Verringerung der *Erfahrungskurveneffekte* durch rechtliche Hemmnisse erzwungen. Des Weiteren wird auf Basis rechtlicher Vorschriften eine größere Anzahl von Service-Varianten notwendig, sodass für die supranationale Bereitstellung von Shared Services gegebenenfalls geringere Kostendegressionseffekte erzielbar sind. Bei der Auswahl geeigneter M&A-Engagements spielt der Abbau von Handelshemmnissen innerhalb von Wirtschaftsgemeinschaften wie der EU für dort ansässige Unternehmen eine zunehmend große Rolle. Darüber hinaus sind in den standortspezifischen M&A-Evaluierungsprozess generelle *Destabilisationskräfte* einzubeziehen, die sich beispielsweise in einem Mangel an Rechtstradition und -sicherheit, wirtschaftspolitischer Inkompetenz durch lokale Administrationen, Korruption und unverhältnismäßigen Auseinandersetzungen zwischen den Sozialpartnern äußern.[44] Obwohl seit Mitte der 80er Jahre ein nachhaltiger Trend zum Abbau staatlicher Restriktionen zu beobachten ist,[45] wird die Bedeutung politisch-rechtlicher M&A-Einflussfaktoren für die Errichtung von Shared-Service-Centern als essenziell eingestuft.[46]

4.4 Physisch-ökologische M&A-Einflussfaktoren

Unter physisch-ökologischen standortbedingten M&A-Einflussfaktoren wird die Gesamtheit physisch wahrnehmbarer, natürlicher oder gestalteter Bedingungen eines Wirtschaftsraumes verstanden. Bei der standortspezifischen M&A-Planung für ein Shared-Service-Center sind natürliche Ressourcen sowie ökologische Grundvoraussetzungen, Entwicklungen und Verpflichtungen zu berücksichtigen, weil diese als Inputfaktoren beziehungsweise Restriktionen für den gesamten Service-Erstellungsprozess innerhalb eines Shared-Service-Centers relevant sind:[47]

Shared-Service-Center sind bei der Erzeugung und Bereitstellung von Support-Services auf zahlreiche natürliche *Ressourcen* als direkten oder indirekten Input angewiesen. So muss insbesondere Strom – neben beispielsweise Wasser und Brennstoffen – in ausreichender Menge und in stabiler Form zur Verfügung gestellt werden. Umgekehrt können M&A-Entscheidungen der Unternehmensführung zu Shared-Service-Outputs mit negativer Beeinträchtigung der physisch-ökologischen Umwelt führen.[48] So sind unter anderem die Entsorgung und das Recycling von informationstechnologischem Sondermüll, der bei der Erstellung

---

[43] Vgl. GOETTE (1994), S. 215.
[44] Vgl. WEINER (1992), S. 20.
[45] Vgl. WRIGHT/KROLL/PARNELL (1996), S. 266 f.
[46] Vgl. WEINER (1992), S. 22.
[47] Vgl. SCHREYÖGG (1993), Sp. 4238 f.
[48] Vgl. KREIKEBAUM (1997), S. 46.

und Bereitstellung von Support-Services anfällt, ein nicht zu übersehender standortbedingter M&A-Entscheidungsparameter für ein Shared-Service-Center.

Weiterhin sind allgemeine *ökologische Gesichtspunkte* eines Landes als potenziell restriktive Freiheitsgrade bei M&A-Entscheidungen zu berücksichtigen, die sich unter anderem in klimatischen und topografischen Rahmenbedingungen widerspiegeln. Ökologische Verpflichtungen sowie Bestimmungen zum Umweltschutz fallen ebenfalls unter diese Kategorie. Letztendlich gelten physisch-ökologische Standortbedingungen für die M&A-Planung einer unternehmerischen Shared-Service-Center-Gesamtstruktur als untergeordnet und sind als ein po-tenzieller Engpassfaktor einzustufen. Im Gegensatz dazu ist diese Standortbedingung bei der Erstellung von Services mit hohem Materialitätsgrad, wie zum Beispiel in der Stahlindustrie, ein wesentliches Kriterium, weil unter anderem ein Großteil der Fertigungskosten aus dem Energieverbrauch resultiert, sodass eine kostengünstige Energieversorgung einen entscheidenden Wettbewerbsfaktor in diesem Industriesektor darstellt.

4.5 Sozio-kulturelle M&A-Einflussfaktoren

Sozio-kulturelle Faktoren als abschließend hier diskutierte Shared-Service-relevante Standortbedingungen, die Shared-Service-spezifische M&A-Entscheidungen beeinflussen können, repräsentieren im Allgemeinen Variablen wie zum Beispiel die gesellschaftliche Struktur und Wertvorstellungen beziehungsweise kulturelle Normen eines Wirtschaftsraumes.[49] Veränderungen dieses Umfeldes werden vereinzelt mit dem Stichwort „*Wertewandel*" tituliert, wobei hierunter eine sich verändernde Einstellung zu Arbeit und Freizeit, aber auch die Einstellung gegenüber erbrachten Services zu verstehen ist.[50] Die Einführung von Shared Services innerhalb eines multinationalen Unternehmens lässt als supranationaler Ansatz sozio-kulturelle Standortbedingungen bedeutsam erscheinen.[51] Für ein Shared-Service-Center sind aus soziokultureller Sicht die Einflussfaktoren Sprache und Mentalität hervorzuheben.[52] Ein erfolgreiches Agieren in einem ausländischen Wirtschaftsraum basiert in besonderem Maß auf der Überwindung von *Sprachunterschieden*. So kommt es bei der geografischen Strukturierung von Shared-Service-Center-Anordnungen – trotz M&A-Transaktionen – unumgänglich zu örtlichen Verlagerungen von Arbeitsplätzen. Die verfolgte Konzentration von Ressourcen kann durch zwischenmenschliche Kommunikationshemmnisse sowie Hindernisse bei der Informationsbeschaffung beziehungsweise -weiterverarbeitung erheblich behindert werden. Besonders schwerwiegende Auswirkungen ergeben sich bei Übernahmen und Fusionen, sobald fremdsprachliche Interaktionsprobleme zwischen dem ausländischen Management und einheimischen Interessengruppen, wie zum Beispiel Fremdkapitalgebern (unter anderem Banken, Finanzierungsgesellschaften) oder staatliche Institutionen auftreten. Vorhandene Sprachbarrieren verstärken die kulturellen Gegensätze,[53] sodass der Erfolg ausländischer Investitionen in Shared-Service-Center-Strukturen erheblich beeinträchtigt wird oder im Extremfall sogar scheitern kann, sofern diesem Umstand nicht frühzeitig entgegengewirkt wird. Weiterhin spielen bei den Überlegungen, in welchem Land neue Shared-Service-Center mithilfe von M&A-Transaktionen zu errichten sind, häufig nationale *Mentalitätsunterschiede* eine Rolle.

---

[49] Vgl. WRIGHT/KROLL/PARNELL (1996), S. 28 f.
[50] Vgl. WELGE/AL-LAHAM (1997), S. 86.
[51] Vgl. KAGELMANN (2001), S. 109, und VON GLAHN (2006), S. 224.
[52] Vgl. POTT (1983), S. 107 ff.
[53] Vgl. SCHMEISSER (1991), S. 159 ff.

Bezogen auf die Standortwahl eines Shared-Service-Centers kann dies bedeuten, dass unter anderem Vorurteile beispielsweise über die zu erwartende Arbeitsleistung die Planungen hinsichtlich Produktivität und Gewinn am dortigen Standort positiv oder negativ verändern können. So wird etwa Help-Desk-Support-Mitarbeitern aus Indonesien eine sehr gute Ausbildung im Zusammenspiel mit einer äußerst professionellen Arbeitseinstellung, besonderer Freundlichkeit und sehr guten englischen Sprachkenntnissen attestiert. Aus Sicht der sozio-kulturellen Standortkomponente lassen sich diese Voraussetzungen gut mit dem Denkmuster eines nordamerikanischen Unternehmens vereinbaren, das erwägt, zum Beispiel in Manila ein Shared-Service-Center zu errichten. Somit kann festgestellt werden, dass soziale und gesellschaftliche Standortbedingungen durchaus die Akzeptanz von Shared Services sowie deren Erstellung und Verwertung beeinflussen. Letztlich wird dies den M&A-Entscheidungsprozess hinsichtlich einer gewünschten Shared-Service-Center-Konstellation innerhalb eines multi-national aufgestellten Unternehmens mitbestimmen.

5 Aufgabenspezifische M&A-Einflussfaktoren – Standortbedingte Charakteristika

Zu den aufgabenspezifischen Umweltbedingungen zählen diejenigen externen Faktoren, „[...] mit denen eine Unternehmung zur Erreichung ihrer Sachziele interagiert, interagieren kann oder aufgrund verbindlicher Vorschriften interagieren muss."[54] Somit kommen all jene Variablen in Betracht, die die Shared-Service-Wertschöpfungskette direkt beeinflussen. Analog den generellen Standortbedingungen ist festzustellen, dass die Evaluierung bedeutungsvoller aufgabenspezifischer Standortbedingungen, abgeleitet aus der Aufgabenumwelt,[55] die zweite wesentliche M&A-Entscheidungsgrundlage zur Wahl geeigneter Standorte für Shared-Service-Center darstellt. Es werden demnach diejenigen Standortbedingungen als relevant eingestuft, die insbesondere im Hinblick auf die Shared-Service-spezifische Zielbildung, Zielsetzung und Zielerreichung eines Unternehmens wesentlich sind. Die aufgabenspezifischen standortbedingten M&A-Einflussfaktoren werden hauptsächlich durch die so genannten Anspruchsgruppen („*Stakeholder*") einer Shared-Service-Center-Struktur geprägt, die entweder direkten oder indirekten Einfluss auf M&A-Entscheidungen der Unternehmensleitung nehmen können.[56] Die Führung eines Shared-Service-Centers hat sich mit den Bedürfnissen dieser Anspruchsgruppen direkt oder indirekt, gegenwärtig und zukünftig auseinanderzusetzen.[57] Zu diesen Anspruchsgruppen gehören der relevante unternehmensinterne Kundenkreis, interne und externe Lieferanten sowie Konkurrenten.[58]

---

[54] KUBICEK/THOM (1993), Sp. 3992.
[55] Vgl. KIESER (1974), S. 302 f.
[56] Vgl. STEINMANN/SCHREYÖGG (2000), S. 76 f.
[57] Vgl. THOMMEN/ACHLEITNER (1998), S. 46 f.
[58] Vgl. zu den folgenden Ausführungen VON GLAHN (2006), S. 227 ff.

5.1 Kundenspezifische M&A-Einflussfaktoren

Kunden aus Shared-Service-Sicht sind Unternehmenseinheiten, die unter marktlichen Bedingungen Shared Services nachfragen. Hierbei handelt es sich um Abnehmer, die Support-Services im Sinne eines Endverbrauchers benötigen oder zur Erstellung und zum Weiterverkauf eigener Services nutzen.[59] Sie können, sofern es sich um eine *starke Abnehmergruppe* handelt, wie zum Beispiel ein Unternehmensbereich mit signifikantem Anteil am Service-Gesamtumsatz, in zwei denkbaren Konstellationen Einfluss auf die Standortwahl eines Shared-Service-Centers nehmen. Die räumliche Nähe des Shared-Service-Centers zum Kunden kann bei der Service-Erbringung erforderlich werden, um eine wachsende Anforderungsinstabilität aus Abnehmersicht durch Reagibilität mittels kurzer Distanzen zu kompensieren. In anderer Hinsicht ist es denkbar, dass eine Unternehmenseinheit die Zusammenarbeit eines Shared-Service-Centers mit einem anderen Service-Komponentenlieferanten der eigenen Wertschöpfungskette erwartet, um auf diese Weise Synergie-Effekte im Service-Erstellungsprozess zu realisieren. Zu diesem Zweck fließt die zu wählende Distanz zum Kundenstandort, aber auch zum betreffenden Zuliefererstandort in den Standortauswahlprozess ein.

5.2 Lieferantenspezifische M&A-Einflussfaktoren

Lieferanten aus Shared-Service-Sicht sind wirtschaftliche Einheiten, die unter marktlichen Bedingungen Shared-Service-Einheiten mit Betriebsmitteln, Service-Komponenten oder Ähnlichem beliefern. Generell sind die Einflussmöglichkeiten, die eine Machtverteilung zwischen Zulieferer und abnehmender Shared-Service-Einheit begründen, Spiegelbilder der zuvor genannten Bedingungen für Abnehmer.[60] Lieferanten spielen vor allem bei Technologiequellenentscheidungen eine bedeutsame Rolle. Nehmen diese beispielsweise einen beachtlichen Einfluss auf die Software-Entwicklungen, die eine Grundlage für den Betrieb angebotener Shared Services bilden, erweist sich unter Umständen die räumliche Nähe zu ihrem Entwicklungszentrum als vorteilhaft. Hingegen spielen lieferantenspezifische Standortbedingungen, die für den Erfolg der Wertschöpfungskette eines Shared-Service-Centers unkritisch beziehungsweise leicht ersetzbar sind, eine eher untergeordnete Rolle und werden hinsichtlich der M&A-Planung als Nebenbedingung bewertet.

5.3 Wettbewerbsspezifische M&A-Einflussfaktoren

Wettbewerbsorientierung bedeutet neben der Fokussierung auf die Kundenbedürfnisse und der Berücksichtigung des Lieferanteneinflusses letztlich eine Ausrichtung an bestehenden und zukünftigen Konkurrenten.[61] Für ein Shared-Service-Center entsteht eine Wettbewerbssituation, sobald ein potenzieller unternehmensinterner Kunde die Support-Services an einen unternehmensexternen Service-Erbringer vergeben kann (*Fremderstellung*)[62]. Der mit einem Shared-Service-Center in Konkurrenz stehende unternehmensexterne Anbieter strebt dabei an, den eigenen Marktanteil zu maximieren, indem er die marktseitigen Faktoren Kosten, Qualität und Zeit Erfolg versprechend einsetzt. Zur Klärung der Standortfrage ist im Einzelfall ab-

---

[59] Vgl. KUBICEK/THOM (1993), Sp. 3992.
[60] Vgl. PORTER (1999), S. 61 ff.
[61] Vgl. PORTER (1999), S. 33 ff.
[62] Vgl. FISCHER/STERZENBACH (2006), S. 125.

zuwägen, ob sich unternehmensinterne Markterfolge beziehungsweise Wettbewerbsvorteile mit Shared Services an bestimmten Standorten durch reinen „*Service-Export*" effektiv und effizient erzielen lassen. Die Beantwortung dieser Fragestellung ist unter anderem daran geknüpft, inwieweit es gelingt, den Kundenkontakt trotz räumlicher Distanz in ausreichendem Maß aufrechtzuerhalten,[63] um einerseits auf Anforderungen schnell zu reagieren und andererseits die angebotenen Shared Services beim unternehmensinternen (potenziellen) Abnehmer zu platzieren. Sofern die Überwindung gegenwärtiger beziehungsweise künftiger wettbewerblicher Markteintrittsbarrieren eine lokale Präsenz erforderlich macht, ist bei der M&A-spezifischen Standortentscheidung der wettbewerbliche Einflussfaktor mit hinreichendem Gewicht einzubeziehen.

6 Potenzielle Shared-Service-Center – M&A-spezifische Selektion

Nachdem die strukturellen Grundvoraussetzungen eines standortbedingten M&A-Entscheidungsprozesses zur Erbringung von Shared Services expliziert wurden, richten sich nachfolgende Ausführungen schwerpunktmäßig auf die Planung und den Ablauf zur Standortselektion potenzieller Mergers & Acquisitions. Auf Basis der *Standortplanungslehre* wird unter Einbeziehung alternativer Wirkungsräume von Shared-Service-Center-Standorten und Ansätzen zur Standorterrichtung der Prozess einer Standortbewertung erklärt.

6.1 Wirkungskreis potenzieller Standorte

Die Bereitstellung von Shared Services bedingt eine *standortverteilte Organisationsform*, die dem geografischen Kriterium ein besonderes Gewicht einräumt, weil die im Rahmen der Internationalisierung durchgeführten grenzüberschreitenden Aktivitäten die organisatorische Aufstellung von Shared-Service-Centern in zweierlei Hinsicht beeinflussen. Neben dem zu überbrückenden Grundproblem einer räumlichen Distanz aus Sicht des Service-Erbringers ist der verfolgte Wirkungskreis eines Shared-Service-Centers mit der *Internationalisierungsstrategie* des gesamten Unternehmens in Einklang zu bringen. Dies hängt damit zusammen, dass einzelne Unternehmensbereiche oder -einheiten, die ihr jeweiliges Aktionsfeld länderübergreifend ausdehnen, als Standortindikator nicht genügen. Multinationale Unternehmen folgen einem definierten Internationalisierungsmuster, das sich jedoch im Zeitverlauf ändern kann:[64]

> *Ethnozentrische* Orientierung herrscht vor, wenn sich ein multinationales Unternehmen bei seinen M&A-Aktivitäten zentralistisch verhält, sodass notwendige Entscheidungen vom Stammsitz eines Unternehmens aus getroffen und auch alle zur Abwicklung benötigten Ressourcen von dort zugewiesen werden. Das Shared-Service-Center-Netzwerk wird hinsichtlich regionaler ‚Außenstellen' dann nach dem *Anweisung-und-Kontrolle-Prinzip* geführt, das heißt länderübergreifende Integrationen der einzelnen Wertschöpfungsaktivitäten werden unter eingeschränktem regionalem Mitspracherecht organisiert.

---

[63] Vgl. RALL (1993), S. 76.
[64] Vgl. PERLMUTTER (1969), S. 9 ff., und PRIBILLA (2000), S. 384 ff.

Organisatorische Strukturen und Abläufe von Shared-Service-Centern werden nach diesem Modell an einer Bündelung von Befugnissen zum Beispiel bei der Beschaffung von Service-Komponenten ausgerichtet.

➤ Von *polyzentrischer* Orientierung wird gesprochen, wenn die Aktivitäten eines multinationalen Unternehmens sich auf verschiedene Länder konzentrieren, die als separate Zielmärkte eingeordnet werden. Im Gegensatz zur Ethnozentrik ist dieses Modell durch verstärkte zweiseitige Interaktionen zwischen dem Stammsitz und den einzelnen Unternehmensbereichen und -regionen geprägt. Ein Shared-Service-Center-Ansatz, der einer polyzentrischen Unternehmensorientierung unterliegt, wird die Service-Erstellung und die nachgelagerte -verteilung national ausrichten, sodass lokale Anpassungen des Angebots, eine besondere Nähe zum Absatzmarkt und eine hohe Lieferbereitschaft gewährleistet sind. Marktübergreifende Optimierungen werden jedoch auch hierbei nach einem zentral orientierten Führungskonzept etabliert. Beispielsweise obliegt die Festlegung von transnationalen Standards der Zentrale, wobei deren Umsetzung unter Berücksichtigung lokaler Gegebenheiten und Restriktionen vollzogen wird.

➤ Dagegen werden bei der *geozentrischen* Internationalisierungsstrategie eines multinationalen Unternehmens Kostendegressionseffekte und/oder Qualitätsvorteile auf allen Ebenen der Service-Erstellung auf globaler Basis nutzbar gemacht. Shared-Service-Center-Konstellationen eines geozentrisch orientierten Unternehmens unterliegen keinen geografischen Beschränkungen, sodass eine kontinentale oder weltweit ausgerichtete Service-Komponentenbeschaffung, Service-Erstellung und -verwertung innerhalb eines multinationalen Unternehmens begünstigt wird. Das geozentrische Modell nähert sich demnach dem Idealfall eines virtuellen Unternehmens an, bei dem alle anfallenden Entscheidungen rational unter Optimierungsgesichtspunkten durch gleichberechtigte Akteure getroffen werden.[65]

Werden die dargestellten Shared-Service-relevanten Charakteristika standortbedingter M&A-Einflussfaktoren, die multinationale Ausdehnung eines Unternehmens, das zur Verfügung gestellte Portfolio an Shared Services sowie die angesprochene internationale Ausrichtung eines multinationalen Unternehmens beachtet, beschreibt der *Wirkungskreis eines Standorts* die Ausdehnung des geografischen Raumes eines an einem bestimmten Standort – unter Umständen durch M&A-Transaktionen – aktivierten Shared-Service-Centers.

---

[65] Vgl. PICOT/REICHWALD/WIGAND (2003), S. 387 ff.

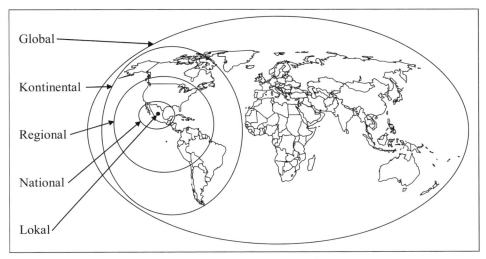

Abbildung 2: Geografischer Wirkungskreis von Shared-Service-Centern[66]

Der Wirkungskreis reicht potenziell vom weltweit operierenden Shared-Service-Center über kontinentale und regionale, das heißt nationalstaatenübergreifende Shared-Service-Center-Strukturen sowie national aufgestellte Zentren bis zu lokal, also von der Ausdehnung innerhalb eines Landes äußerst eingeschränkten Shared Service erbringenden Einheiten (siehe Abbildung 2). Die abgebildeten Alternativen einer geografischen Service-Abdeckung durch Shared-Service-Einheiten werden von multinationalen Unternehmen in unterschiedlicher Bandbreite realisiert, wobei zahlreiche Zwischenformen in der Praxis existieren.[67] Geografische Konsolidierungsmaßnahmen verlaufen zudem in mehreren Schritten. Eine Ressourcenzusammenführung auf regionaler oder kontinentaler Ebene wird hierbei mehrheitlich angestrebt, auch wenn auf lokaler oder nationaler Ebene begonnen wird.[68]

➢ Das Unternehmen *ABB* stellt mit seinen 36 Shared-Service-Centern und den circa 4000 dort beschäftigten Mitarbeitern Support-Services international zu Verfügung. Die jeweilige Shared-Service-Einheit steht in direkter Konkurrenz zu externen Marktanbietern und realisiert für ihre unternehmensinternen Kunden eine jährliche Produktivitätssteigerung von 10 %.[69] *ABB* verfolgt einen absatzorientierten *nationalen* Ansatz, bei dem Shared-Service-Einheiten nur in Ländern mit potenziell hohen Absatzvolumen aufgebaut werden.

➢ *Royal Dutch/Shell* etablierte mit der mehr als 5000 Mitarbeiter umfassenden Unternehmensdivision *Shell Services* eine der größten weltweit existierenden Shared-Service-Einheiten, die neben der Bereitstellung von Informationstechnologie ebenfalls Services im Personal-, Finanz- und Beschaffungsbereich anbietet, mit einem Umsatz von circa ei-

---

[66] Entnommen VON GLAHN (2006), S. 232.
[67] Vgl. PERLMUTTER (1984), S. 56.
[68] Vgl. VON GLAHN (2006), S. 233.
[69] Vgl. QUINN/COOKE/KRIS (2000), S. 4.

ner Mrd. US-Dollar.[70] *Royal Dutch/Shell* favorisiert einen *regionalen* Ansatz, bei dem aus Standortgesichtspunkten landessprachliche Erwägungen im Vordergrund stehen.

Die Realisierung *eines* Shared-Service-Centers mit globalem Wirkungskreis, das mehrere Unternehmenseinheiten mit einer Auswahl an Support-Services versorgt, ist zum aktuellen Zeitpunkt eher theoretischer Natur, wenngleich es in der Praxis vereinzelte Bestrebungen in diese Richtung gibt, wie das Beispiel *Oracle* zeigt.[71]

6.2 Bewertung potenzieller Standorte

Standortbedingte M&A-Entscheidungen sind darauf ausgerichtet, einen langfristigen Beitrag zur Erreichung der übergeordneten Unternehmensziele zu leisten. Die Beantwortung solcher Standortfragen bildet gleichzeitig das erforderliche Fundament für eine erfolgreiche Tätigkeit eines Shared-Service-Centers. Konsequenterweise wird bei der Standortbewertung vor allem überprüft, ob und in welcher Ausprägung ein durch M&A-Transaktionen potenziell erworbener Shared-Service-Center-Sitz die aus Unternehmenssicht relevanten Anforderungen erfüllen kann. Somit ist die Unternehmensführung in der Pflicht, zuerst die aktuellen und zukünftigen Anforderungen an den jeweiligen Standort des Shared-Service-Centers zu definieren, die sich wiederum aus den übergeordneten Zielen des gesamten Unternehmens ableiten lassen. Danach werden die Standortbedingungen der in Frage kommenden Länder im Hinblick auf das aus Unternehmenssicht formulierte Anforderungsprofil und das M&A-Potenzial analysiert. Dies erfolgt zur groben Eingrenzung mithilfe des Einsatzes von Checklisten, in denen alle relevanten Standortbedingungen mit entscheidungsrelevanten Parametern für die Standortwahl eines Shared-Service-Centers abwogen werden.[72] Aus dieser Gegenüberstellung zwischen Anspruch und Wirklichkeit lässt sich nach TESCH[73] die so genannte *Standortqualität* bestimmen. Zur Systematisierung einer standortbedingten Bewertung und Entscheidung schlägt *GOETTE* einen fünfstufigen Prozess vor, bestehend aus Konzeptphase, Ländervorauswahl, Makro- und Mikroanalyse sowie Entscheidungsphase (siehe Abbildung 3).[74]

---

[70] Vgl. GREENGARD (1999), S. 44.
[71] Vgl. METH-COHN (2003), S. 20.
[72] Vgl. WISSKIRCHEN/MERTENS (1999), S. 99.
[73] Vgl. TESCH (1980), S. 521.
[74] Vgl. GOETTE (1994), S. 257.

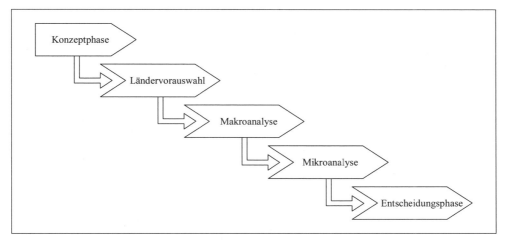

Abbildung 3:   Systematisierung standortbedingter Bewertung und Entscheidung

Durch die Allgemeingültigkeit dieses systematischen Standortauswahlverfahrens kann dieses Vorgehen bei der internationalen Standortauswahl mit sich anschließenden M&A-Transaktionen zur Errichtung eines Shared-Service-Center-Gefüges herangezogen werden:[75]

➢ **Konzeptphase**: Hier werden sämtliche einer standortbedingten M&A-Gestaltungskonzeption zugrunde liegenden Kriterien konzeptionell zusammengefasst. Die *strategische Bedeutung* des Shared-Service-Ansatzes, das aktuelle und künftig verfolgte Internationalisierungsmuster zur Eingrenzung des Standortwirkungskreises, die gewünschte Aufstellung möglicher M&A-Partner sowie die grundsätzlich präferierte *Standorterrichtungsoption* zählen zu den fundamentalen Kriterien des M&A-orientierten Standortbewertungs- und -auswahlprozesses. Hierdurch wird einerseits die Gestaltung des von der Unternehmensführung zu erstellenden Anforderungsprofils eines Standortes sowie andererseits die Gewichtung einzelner Standortbedingungen und M&A-Einflussfaktoren determiniert.

➢ **Ländervorauswahl**: In einem zweiten Schritt sind Länder festzulegen, die auf Basis der konzeptionellen Überlegungen in Frage kommen, bevor diese einer genaueren Analyse unterzogen werden. Hier wird gewöhnlich sehr pragmatisch eine Auswahl von Nationalstaaten festgelegt, indem sich an so genannten *limitierenden Faktoren* orientiert wird. Kommen beispielsweise für M&A-Transaktionen von Shared-Service-Centern nur jene Länder in Frage, in denen das untersuchte multinationale Unternehmen aufgrund absatzbedingter und infrastruktureller Überlegungen bereits ansässig ist, kann der Entscheidungsprozess zwar erheblich verkürzt werden. Es bleibt jedoch unter Umständen das (zum Beispiel mittel- oder langfristig) effektivste und/oder effizienteste Verbundszenario bei diesem Vorgehen unberücksichtigt. Das Entscheidungsfeld für Mergers & Acquisitions kann ebenfalls durch strategische Vorgaben der Unternehmensführung a priori auf bestimmte Regionen eingegrenzt sein, sodass die Anzahl potenzieller Standorte durch diese Vorbedingungen beschränkt wird. Die Ländervorauswahl bildet die Grundlage wei-

---

[75] Vgl. zu den folgenden Ausführungen SEIDEL (1977), S. 123 ff., LÜDER/KÜPPER (1983), S. 192 f., GOETTE (1994), S. 257 ff., und VON GLAHN (2006), S. 235 ff.

terer Eingrenzungen im Rahmen des M&A-spezifischen Standortauswahlprozesses, nämlich der Makro- und Mikroanalyse.

➤ **Makroanalyse**: Diejenigen Standorte, die den landes- und M&A-spezifischen Mindestanforderungen entsprechen, werden in der Makroanalyse tiefer gehend auf ihre Eignung als potenzieller Ort Shared-Service-orientierter M&A untersucht.[76] Die im Rahmen dieser Bewertungsphase favorisierten Grobkriterien, denen die bereits diskutierten fünf generellen M&A-Einflusskomponenten der standortbedingten Charakteristika zugrunde liegen, sind sorgfältig auszuwählen, weil sie von großer Bedeutung für den standortbedingten M&A-Entscheidungsprozess sind. Wird durch falsche Prioritäten bei der Auswahl der Standortbedingungen ein verzerrtes Anforderungsprofil für die durch M&A zu errichtenden neuen Standorte von Shared-Service-Centern gezeichnet, können gegebenenfalls vorteilhafte Standortalternativen unberücksichtigt bleiben.

➤ **Mikroanalyse**: Standorte, die aus M&A-Sicht bis zu diesem Punkt den höchsten Zielbeitrag liefern, werden in dieser Auswahlstufe einer Feinevaluierung unterzogen. Gegenüber der Makroanalyse gestaltet sich die Beschaffung und Verwertung relevanter Informationen wesentlich aufwendiger, sodass bei der Mikroanalyse Instrumente zur Abbildung mathematischer Modelle zum Einsatz kommen. Dieser Analyseschritt dient der Unternehmensführung letztlich als partikuläre M&A-Entscheidungsgrundlage zur Determinierung der besten Standorte.

➤ **Entscheidungsphase**: Die von der Unternehmensführung zu treffende endgültige standortbedingte M&A-Entscheidung hinsichtlich der Errichtung von Shared-Service-Centern wird letztlich nicht ausschließlich auf den Ergebnissen des geschilderten methodischen Vorgehens eines Standortauswahlverfahrens beruhen, sondern in Verbindung mit *persönlichen Präferenzen*[77] wie zum Beispiel persönlicher Karriereplanung und Erfahrungen der Entscheider geschehen. Weiterhin werden die jeweiligen Ansätze zur M&A-spezifischen Standorterrichtung, die eine Strategie zur Penetration in einen Markt mitbestimmen, beim Entscheidungsprozess mit ins Kalkül gezogen.

Sind die potenziellen Standorte ermittelt und analysiert, ist abschließend die adäquate Anzahl an Shared-Service-Centern zu ermitteln, die mithilfe von Mergers & Acquisitions für das Unternehmen zu errichten sind.

7 Shared-Service-Center-Standorte – M&A-relevante Anzahl

Nachdem die strukturellen Grundvoraussetzungen einer standortbedingten Gestaltungskonzeption zur Erbringung von Shared Service dargestellt wurden, richten sich nachfolgende Ausführungen schwerpunktmäßig auf die Planung und den Ablauf zur Standortselektion. Auf Basis der *Standortplanungslehre* wird unter Einbeziehung alternativer Wirkungsräume von Shared-Service-Center-Standorten und Ansätzen zur Standorterrichtung der Prozess einer M&A-spezifischen Standortbewertung erklärt. Entscheidungen über Eigenschaften und Ein-

---

[76] Vgl. VAN HERWAARDEN/SCHWARZ (2005), S. 185 f.
[77] Vgl. TAGGART/MCDERMOTT (1993), S. 123.

flussfaktoren sowie über die Anzahl notwendiger Standorte sind eng miteinander verwoben und können weder unabhängig voneinander noch sequenziell getroffen werden. Dies ist damit zu erklären, dass die Anzahl notwendiger Shared-Service-Einheiten stark mit dem Anforderungsniveau der zu erbringenden Services, der potenziellen M&A-Transaktionsoptionen und den exogen auf das gesamte Unternehmen einwirkenden Faktoren korrespondiert.

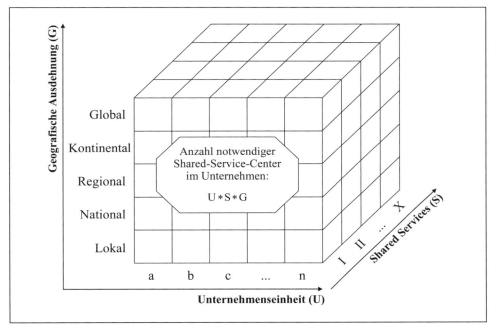

Abbildung 4: Anzahldeterminierung von Shared-Service-Centern[78]

So ist bei vereinfachender beispielhafter Darstellung ein Shared-Service-Center für den gesamten südostasiatischen Raum ausreichend, sofern es sich um hochgradig standardisierte Support-Services handelt, die länderübergreifend bereitgestellt werden können. Hierbei blieben jedoch entscheidungsbeeinflussende Größen, die entweder in die Unternehmensstrategie einbezogen wurden oder außerhalb der Organisationsgrenzen liegen, unberücksichtigt. Zur Entscheidungseingrenzung in Bezug auf die Anzahl notwendiger Shared-Service-Einheiten für ein multinationales Unternehmen sind im Wesentlichen folgende Kriterien heranzuziehen:[79] der Aufbau des *Shared-Service-Portfolios*[80] beziehungsweise die Anzahl der Services, die räumliche Ausdehnung des Wirkungskreises und die Anzahl in Betracht kommender Unternehmenseinheiten, die durch eine Shared-Service-Center-Struktur versorgt werden (siehe Abbildung 4). Eine Segmentierung nach *Shared Services* stellt das erste Kriterium zur Näherung an die Anzahl erforderlicher Einrichtungen dar. Je nach Spezialisierungsgrad und Qualitätsanforderungen, aber auch in Abhängigkeit von der Anzahl potenzieller Endnutzer kann ein Shared-Service-Center so gestaltet werden, dass es entweder exklusiv einen spezifischen Sha-

---

[78] In Anlehnung an KAGELMANN (2001), S. 93, und VON GLAHN (2006), S. 241.
[79] Vgl. KREMPEL (1998), S. 20.
[80] Vgl. VON GLAHN/OECKING (2006), S. 27 ff.

red Service erbringt oder mehrere bis alle im Shared-Service-Portfolio befindlichen Angebote den konsumierenden Unternehmenseinheiten zur Verfügung stellt. Die bereits beschriebene *geografische* Segmentierung definiert als zweite Dimension die Aufteilung der Shared-Service-Center-Struktur nach ihrer jeweiligen räumlichen Ausdehnung (Standortwirkungskreis). Eine Segmentierung nach *Unternehmenseinheiten* gilt als dritte Dimension zur Ermittlung der Anzahl potenzieller Shared-Service-Einheiten. Durch dieses Kriterium wird zum Ausdruck gebracht, ob Shared Services unabhängig von ihrer Zugehörigkeit zu Unternehmensbereichen beziehungsweise -einheiten erbracht werden können oder ob die Erbringung einheitenspezifisch erfolgt. Bei einer Anzahlbeschränkung der durch ein Shared-Ser-vice-Center zu erbringenden Services kann unter Umständen der Qualitätsstandard durch Aufbau spezifischen Wissens und Erfahrungen erhöht werden, was jedoch zulasten einer erhöhten Anzahl benötigter Einrichtungen zur Service-Erbringung geht. Wird ein hohes Maß an Stabilität in allen drei Segmenten unterstellt, kann in erster Näherung aus der Multiplikation der resultierenden Parameter die Anzahl erforderlicher Shared-Service-Einheiten abgeleitet werden.[81] Infolgedessen liegt die Minimalzahl bei nur einem Shared-Service-Center für ein multinationales Unternehmen, sofern eine solche Institution global aufgestellt ist, Unternehmenseinheiten übergreifend agiert und alle angebotenen Shared Services bereitstellt. Das andere unternehmensspezifische Extrem berechnet sich durch Multiplikation vorhandener Shared Services (S) mit der Anzahl der kleinsten geografischen Ausdehnung (G) sowie mit der Anzahl potenziell abnehmender Unternehmenseinheiten (U).

8 Fazit – Standortbedingte Entscheidungen zum Shared-Service-Center-Aufbau

Es wird deutlich, dass unter den aktuellen und künftig zu erwartenden ökonomischen Rahmenbedingungen der Aufbau eines multinational verflochtenen Gefüges an Shared-Service-Centern ein vielschichtiges Unterfangen darstellt. Gesteigert wird diese Komplexität, sobald die Standortverteilungs- beziehungsweise -selektionsfrage sowie eine Annäherung an die optimale Anzahl an Shared-Service-Centern durch M&A-spezifische Entscheidungsfaktoren angereichert wird. Nur ein strukturiertes Vorgehen, das die fünf generellen und drei aufgabenspezifischen standortbedingten M&A-Einflussfaktoren bei gleichzeitig möglichst vollständiger Ausblendung persönlicher Präferenzen analysiert, wird zu einer annähernd objektiv-detaillierten Entscheidungsgrundlage für die Unternehmensführung führen. Eine Untersuchung der Rahmenbedingungen, die zu M&A-Transaktionen mit dem Ziel des Aufbaus von Shared-Service-Centern führen, wird zudem nicht nur im Ist-Zustand durchzuführen sein, sondern auch positive oder negative Veränderungen der Standortqualität antizipieren müssen. Eine permanente Auseinandersetzung mit den Entwicklungen aller generellen und aufgabenspezifischen, den Standort bewertenden M&A-Einflussfaktoren sowie eine angemessene Priorisierung und Adaption ist unabdingbar, sofern der individuelle Zielerreichungsgrad von Shared-Service-Einheiten nicht reduziert werden soll.

---

[81] Vgl. KAGELMANN (2001), S. 94 f.

Quellenverzeichnis

BANKHOFER, U. (2003): Standortprobleme in Industrieunternehmen, in: Zeitschrift für Planung, 2003, Nr. 1, S. 25–50.

BAUER, S. (1997): Auswirkungen der Informationstechnologie auf die vertikale Integration von Unternehmen, Frankfurt et al. 1997.

BEHRENS, K. C. (1960): Zur Typologie und Systematik der Standortlehren, in: STAMMER, O./ THALHEIM, K. C. (Hrsg.), Festgabe für Friedrich Bülow zum 70. Geburtstag, Berlin 1960, S. 51–61.

BEHRENS, K. C. (1971): Allgemeine Standortbestimmungslehre, Opladen 1971.

BERGERON, B. (2003): Essentials of Shared Services, Hoboken 2003.

BOROWICZ, F. (2006): Zentralbereiche und Shared-Service-Center, in: KEUPER, F./OECKING, C. (Hrsg.), Corporate Shared Services, Wiesbaden 2006, S. 119–140.

BUCKLEY, P. J. (1993): Barriers to Internationalization in the New Global Economy, in: SCHMALENBACH-GESELLSCHAFT (Hrsg.), Internationalisierung der Wirtschaft, Stuttgart 1993, S. 17–25.

EBERT, M. (1998): Evaluation von Synergien bei Unternehmenszusammenschlüssen, Hamburg 1998.

ESSER, K. (1990): Standortfaktor Unternehmensbesteuerung, in: Zeitschrift für betriebswirtschaftliche Forschung, 1990, Nr. 2, S. 157–192.

FISCHER, T. M./STERZENBACH, S. (2006): ZP-Stichwort: Shared Service Center, in: Zeitschrift für Planung, 2006, Nr. 1, S. 123–128.

VON GLAHN, C. (2006): Theoretische Fundierung des Shared-Service-Ansatzes und Konzeptualisierung eines Shared-Service-Broker-Ansatzes zur Bereitstellung von IT-Leistungen im multinationalen Konzern, nichtevaluiertes Dissertationsskript, Hamburg 2006.

VON GLAHN, C./KEUPER, F. (2006): Shared-IT-Services im Kontinuum der Eigen- und Fremderstellung, in: KEUPER, F./OECKING, C. (Hrsg.), Corporate Shared Services, Wiesbaden 2006, S. 3–25.

GOETTE, T. (1994): Standortpolitik internationaler Unternehmen, Wiesbaden 1994.

GREENGARD, S. (1999): Fair Share, in: Industry Week, 1999, Nr. 6, S. 42–46.

HAWRANEK, F. (2004): Schnittstellenmanagement bei M&A-Transaktionen, Wiesbaden 2004.

VAN HERWAARDEN, E./SCHWARZ, G. (2005): Der optimale Standort für Shared Services, in: HERMES, H.-J., SCHWARZ, G. (Hrsg.), Outsourcing, Freiburg et al. 2005, S. 175–197.

HODGE, B. J./ANTHONY, W. P./GALES, L. M. (1996): Organization Theory, Upper Saddle River 1996.

JANSEN, S. A. (2001): Mergers & Acquisitions, Wiesbaden 2001.

KAGELMANN, U. (2001): Shared Services als alternative Organisationsform, Wiesbaden 2001.

KAPPLER, E./REHKUGLER, H. (1991): Konstitutive Entscheidungen, in: HEINEN, E. (Hrsg.), Industriebetriebslehre, Wiesbaden 1991, S. 73–240.

KEUPER, F. (1999): Fuzzy-PPS-Systeme, Wiesbaden 1999.

KEUPER, F./VON GLAHN, C. (2005): Shared-Service-Broker-Ansatz zur konzerninternen Bereitstellung von IT-Leistungen, in: Die Unternehmung, 2005, Nr. 5, S. 441–456.

KEUPER, F./VON GLAHN, C. (2006): Shared-Controlling-Services, in: Zeitschrift für Controlling & Management, 2006, Nr. 2, Sonderheft, S. 32–41.

KEUPER, F./OECKING, C. (2006): Shared-Service-Center, in: KEUPER, F./OECKING, C. (Hrsg.), Corporate Shared Services, Wiesbaden 2006, S. 387–412.

KIESER, A. (1974): Der Einfluß der Umwelt auf die Organisationsstruktur der Unternehmung, in: Zeitschrift für Organisation, 1974, Nr. 6, S. 302–314.

KREIKEBAUM, H. (1997): Strategische Unternehmensplanung, Stuttgart et al. 1997.

KREMPEL, M. (1998): Shared services, in: ECONOMIST INTELLIGENCE UNIT Forschungsbericht, London et al. 1998.

KUBICEK, H./THOM, N. (1993): Umsystem, betriebliches, in: WITTMANN, W./KERN, W./KÖHLER, R./KÜPPER, H.-U./VON WYSOCKI, K. (Hrsg.), Handwörterbuch der Betriebswirtschaft, 3. Bd., Stuttgart 1993, Sp. 3977–4017.

LUCKS, K./MECKL R. (2002): Internationale Mergers & Acquisitions, Berlin et al. 2002.

LÜDER, K. (1990): Standortwahl, in: JACOB, H. (Hrsg.), Industriebetriebslehre, Wiesbaden 1990, S. 25–100.

LÜDER, K./KÜPPER W. (1983): Unternehmerische Standortplanung und regionale Wirtschaftsförderung, Göttingen 1983.

MEFFERT, H./BRUHN, M. (2000): Dienstleistungsmarketing, Wiesbaden 2000.

METH-COHN, D. (2003): Shared Services, in: ORACLE Forschungsbericht, online: http://www.economistconferences.com/PeerGroup/Group_Meeting/Research/PG11-RES-6543.pdf, Stand: 01.02.2003, Abruf: 08.05.2004.

MEYER, W. (1960): Die Theorie der Standortwahl, Berlin 1960.

MEYER-LINDEMANN, H. U. (1951): Typologie der Theorien des Industriestandortes, Bremen-Horn 1951.

MINTZBERG, H. (1992): Die MINTZBERG-Struktur, Landsberg am Lech 1992.

NEUKIRCHEN, R./VOLLMER, M. (2006): Change Management und Shared-Services, in: KEUPER, F./OECKING, C. (Hrsg.), Corporate Shared Services, Wiesbaden 2006, S. 311–339.

PERLMUTTER, H. V. (1969): The Tortuous Evolution of the Multinational Corporation, in: Columbia Journal of World Business, 1969, Nr. 1, S. 9–18.

PERLMUTTER, H. V. (1984): The Tortuous Evolution of the Multinational Corporation, in: KAPOOR, A./GRUB, P. D. (Hrsg.), The Multinational Enterprise in Transition, Princeton 1984, S. 53–66.

PICOT, A./REICHWALD, R./WIGAND, R. T. (2003): Die grenzenlose Unternehmung, Wiesbaden 2003.

PORTER, M. E. (1999): Wettbewerbsstrategie, Frankfurt et al. 1999.

POTT, P. (1983): Direktinvestitionen im Ausland, München 1983.

PRIBILLA, P. (2000): Integration bzw. Implementierung der Mergers & Acquisitions. Personelle und kulturelle Integration, in: PICOT, G. (Hrsg.), Handbuch Mergers & Acquisitions, Stuttgart 2000, S. 377–418.

QUINN, B./COOKE, R /KRIS, A. (2000): Shared Services, London 2000.

RALL, W. (1993): Flexible Formen internationaler Organisations-Netze, in: SCHMALENBACH-GESELLSCHAFT (Hrsg.), Internationalisierung der Wirtschaft, Stuttgart 1993, S. 73–93.

ROEDER, A./VOSSKUHL, S. (2005): Steuerliche Aspekte von Shared Services, in: HERMES, H.-J./ SCHWARZ, G. (Hrsg.), Outsourcing, Freiburg et al. 2005, S. 257–274.

RÜSCHENPÖHLER, H. (1958): Der Standort industrieller Unternehmungen als betriebswirtschaftliches Problem, Berlin 1958.

SCHÄFER, E. (1980): Die Unternehmung, Wiesbaden 1980.

SCHMEISSER, W. (1991): Personalführung in unterschiedlichen Kulturen, in: Zeitschrift Führung und Organisation, 1991, Nr. 3, S. 159–165.

SCHREYÖGG, G. (1993): Umfeld der Unternehmung, in: WITTMANN, W./KERN, W./KÖHLER, R./ KÜPPER, H.-U./VON WYSOCKI, K. (Hrsg.), Handwörterbuch der Betriebswirtschaft, 3. Bd., Stuttgart 1993, Sp. 4231–4247.

SCHREYÖGG, G. (1999): Organisation, Wiesbaden 1999.

SCHULMAN, D. S./HARMER, M. J./DUNLEAVY, J. R./LUSK, J. S. (1999): Shared Services, New York et al. 1999.

SEIDEL, H. (1977): Erschließung von Auslandsmärkten, Berlin 1977.

STEINMANN, H./SCHREYÖGG, G. (2000): Management, Wiesbaden 2000.

TAGGART, J. H./MCDERMOTT, M. C. (1993): The Essence of International Business, New York et al. 1993.

TESCH, P. (1980): Die Bestimmungsgründe des internationalen Handels und der Direktinvestition, Berlin 1980.

THIELMANN, B. (2000): Strategisches Innovations-Management in konvergierenden Märkten, Wiesbaden 2000.

THOMMEN, J.-P./ACHLEITNER, A.-K. (1998): Allgemeine Betriebswirtschaftslehre, Wiesbaden 1998.

WEBER, A. (1922): Über den Standort der Industrien, Teil I, Tübingen 1922.

WEINER, B. (1992): What Executives Should Know About Political Risk, in: Management Review, 1992, Nr. 1, S. 19–22.

WELGE, M. K./AL-LAHAM, A. (1997): Erscheinungsformen und betriebswirtschaftliche Relevanz von Strategischen Allianzen, in: MACHARZINA, K./OESTERLE, M.-J. (Hrsg.), Handbuch Internationales Management, Wiesbaden 1997, S. 553–578.

WELGE, M. K./WINTER, L. G. (1980): Management, multinationales, in: GROCHLA, E. (Hrsg.), Handwörterbuch der Organisation, Stuttgart 1980, Sp. 1243–1252.

WISSKIRCHEN, F./MERTENS, H. (1999): Der Shared Services Ansatz als neue Organisationsform von Geschäftsbereichsorganisationen, in: WISSKIRCHEN, F. (Hrsg.), Outsourcing-Projekte erfolgreich realisieren, Stuttgart 1999, S. 79–111.

WRIGHT, P./KROLL, M. J./PARNELL, J. (1996): Strategic Management, Englewood Cliffs et al. 1996.

M&A-Transaktionen im Rahmen von IT-Outsourcing

SASCHA ALILOVIC & *DANIELA KÜHNE*

Siemens Business Services

1	Wachsende Bedeutung von M&A im IT-Outsourcing	147
2	Entwicklungstendenzen am Markt	148
	2.1 Konzerninterne Organisationsstrukturen	150
	2.1.1 Von CIO-Abteilungen zu IT-Töchtern	151
	2.1.2 Entwicklungstendenzen im Bereich der IT-Töchter	152
	2.2 Reaktionen der Provider	153
3	Strategische Analyse und Bewertung von M&A-Zielen	156
	3.1 Strategische Analyse	156
	3.2 Marktanalyse und Bewertung	158
4	Durchführung von M&A-Transaktionen im Rahmen von Outsourcing-Deals	160
	4.1 Screening-Analyse von Kandidaten	161
	4.2 Businesspläne und Bewertungsverfahren für Unternehmenskäufe bei Outsourcing-Deals	162
	4.3 Due Diligence	165
	4.4 Definition der Deal-Struktur	166
	4.5 Verhandlungen bei Outsourcing-Transaktionen	167
	4.6 Integration von IT-Tochtergesellschaften	168
5	Beispieltransaktion – Kauf der RAG Informatik durch SBS	169
	Quellenverzeichnis	172

1 Wachsende Bedeutung von M&A im IT-Outsourcing

Nachfolgend zum M&A-Boom der 90er Jahre, der im Jahre 2000 mit weltweiten Transaktionen von 3.684 Milliarden US$ einen Höhepunkt fand, werden in den kommenden Jahren M&A-Transaktionen vermehrt auch von IT-Service-Providern zur Abwicklung und Gestaltung ihrer Outsourcing-Transaktionen eingesetzt. Insofern entwickeln IT-Service-Anbieter zu einem wichtigen Mittel, um die strategische Planung umzusetzen.

Parallel dazu entwickelte sich die Informationstechnologie in den Konzernen von einer Ansiedelung der Aufgaben in unterschiedlichsten Abteilungen, über die Einrichtung von Chef-Information-Officer-(CIO)-Abteilungen bis hin zur vermehrten Gründung eigener IT-Gesellschaften. Dieser Fortschritt zog auch eine Reaktion im Angebot der Service Provider am Markt nach sich. Von partieller Übernahme einzelner Services über ganzheitliches Outsourcing stellt heute die Übernahme dieser gegründeten IT-Töchter ein gezieltes Instrument des Wachstums dar.

Im IT-Services-Markt können die Provider im Hinblick auf das angebotene Dienstleistungsspektrum, die Positionierung im Markt und die geografische Aufstellung unterschieden werden. Das Spektrum zieht sich von so genannten Global-Playern wie zum Beispiel IBM, EDS und Hewlett-Packard (HP) über große weltweite Anbieter mit europäischem Schwerpunkt wie T-Systems und Siemens Business Services (SBS) bis zu kleineren IT-Dienstleistern. Unter die kleineren IT-Dienst-leister können auch die IT-Töchter von großen Industriekonzernen und Banken gezählt werden. Eine Vielzahl dieser macht mehr als 80 % ihres Umsatzes mit der jeweiligen Konzernmutter und wird daher als „Captive" bezeichnet. Diese IT-Töchter deutscher Konzerne, die über weitgehendes Wissen in den jeweiligen Branchen verfügen, sind in den letzten Jahren von bedeutendem Interesse für strategische Käufer und Finanzinvestoren geworden.

Die IT-Tochter der Siemens AG, SBS, ist als großer Anbieter von IT-Service-Dienstleistungen vorwiegend am deutschen Markt positioniert. An ihrem Beispiel schließt sich der Kreis, da sie am Markt sowohl ein klassisches Übernahmeziel darstellt, als sich auch selbst dem Werkzeug M&A in ihren Outsourcing-Deals bedient, um die eigene Marktposition zu festigen und auszubauen.

Der nachfolgende Beitrag soll aufzeigen, wie im Zuge der veränderten Organisationsstrukturen die klassischen Outsourcing-Deals eine neue Form gefunden haben und die Vorteile von M&A-Konstrukten von den Konzernen selbst aber auch von den IT-Service-Providern genutzt werden.

Da abzusehen ist, dass sich im Laufe der kommenden Jahre der Verkaufstrend am deutschen Markt fortsetzen wird und rund 40 große und kleine deutsche IT-Töchter gänzlich oder in Teilen von ihrer Konzernmutter veräußert werden, sind sowohl Verkäufer als auch Käufer am Zuge.

Wie jedoch finden Käufer generell, oder wie in diesem Falle der Betrachtung, IT-Service Provider im Speziellen, den geeigneten Übernahmekandidaten, dessen Struktur, Ausrichtung und Aufstellung in die strategische Konzernplanung passt? Das Risiko ist vergleichsweise hoch und aus diesem Grund ist eine sorgfältige strategische Analyse, Entscheidungsvorbereitung und Entscheidungsfindung, bedachte Auswahl der Deal-Struktur, sowie eine strukturierte und professionelle Durchführung von größter Wichtigkeit. Diese Fragestellungen werden im zweiten Teil des Beitrags betrachtet und anhand eines praktischen Beispiels unterlegt.

2 Entwicklungstendenzen am Markt

Wie bereits einführend beschrieben befindet sich der IT-Services-Markt in einem Wandel, der von allen Marktteilnehmern unterschiedlich beantwortet wird. Steigender Kosten- und Produktivitätsdruck führen zu Übernahmen und Fusionen und bedingen dadurch neue Geschäftsstrukturen und -modelle. Insgesamt sieht man den Trend zu einer weitreichenden Konsolidierung am Markt, die vor allem den deutschen Raum auch die nächsten Jahre prägen wird.

Betrachtet man die aktuelle Studie von Pierre Audoin Consultants (PAC), die den deutschen Outsourcing-Markt nach den Vertragsinhalten und der Art der Leistungserbringung segmentiert, erhält man folgende Einschätzung zum Stand und zur Entwicklung und erkennt vor allem im Applikationsbereich die größten Wachstumsraten:

in € m	2005	2006	2007	2008	2009	2010
Applikations-Outsourcing	4.573	5.163	5.904	6.629	7.414	8.243
Infrastruktur-Outsourcing	3.873	4.145	4.521	4.871	5.243	5.645
Komplett-Outsourcing	2.230	2.402	2.611	2.857	3.104	3.333
Total	10.676	11.709	13.035	14.357	15.761	17.220

Tabelle 1:   Entwicklung deutscher Outsourcing-Markt

An dieser Darstellung lässt sich auch die klassische Segmentierung des betrachteten Markts aufzeigen, welcher in die drei großen Segmente Applikations-Outsourcing mit zum Beispiel Application Service Providing (ASP), Business Process Outsourcing (BPO), Applikations-Management, Infrastruktur-Outsourcing mit Rechenzentrumbetrieb, Desktop Outsourcing, sowie Komplett-Outsourcing aufgeteilt wird.[1]

Der deutsche IT-Services-Markt ist im Vergleich zu reiferen Märkten wie den USA und Großbritannien noch relativ wenig konsolidiert:

> ➢ Die 30 größten Anbieter in Deutschland erzielen zusammen nur einen Marktanteil von rund 60 %. Die verbleibenden 40 % teilen sich eine Vielzahl von Nischenanbietern, regional fokussierten Unternehmen und IT-Töchtern.

---

[1] Vgl. *PAC* (2006b).

➢ Im Jahr 2005 nahmen die fünf größten Anbieter mit 49 % fast die Hälfte des gesamten Markts ein und besetzen damit einen sehr großen Teil des Markts. Im Vergleich zum Jahr 2004 mit 38 % wird die voranschreitende Konsolidierung deutlich.

Der vergleichsweise hohe Marktanteil der fünf größten Anbieter ist durch die Marktanteile der großen deutschen Provider T-Systems und SBS zu erklären, die im Jahr 2005 zusammen 25 % erreichten. Das jeweilige Wachstum der beiden Unternehmen im Geschäftsjahr 04/05 von 7 % (T-Systems) und 14 % (SBS) begründet sich neben dem Abschluss von klassischen Outsourcing-Verträgen vor allem durch die strategische Übernahme von IT-Töchtern großer Konzerne.[2]

In nachfolgender Tabelle ist ein Überblick über ausgewählte M&A-Transaktionen mit IT-Service-Providern aus Deutschland seit 2004 bis zum ersten Halbjahr aus 2006 dargestellt:[3]

Unternehmen	IT-Tochter	Käufer	Outsourcing Volumen	Weitere Informationen und Motive
Rheinmetal	Rheinmetal Informationssysteme	IBM Deutschland	120 Mio. EUR	Basis für das Mittelstandsgeschäft
ThyssenKrupp	Triaton	HP	800 Mio. EUR	Strategische Konzernentwicklung
RAG	RAG Informatik	SBS	500 Mio. EUR	Neue Konzernstruktur
Karstadt Quelle	Itellium	Atos Origin	1.200 Mio. EUR	Teilveräußerung als Teil der Unternehmenssanierung gekoppelt an ITO-Vertrag. Stärkung des D-Geschäftes
Volkswagen	Gedas	T-Systems	ca. 2.000 Mio. EUR	Klare Konzentration auf Kernkompetenz
Stinnes AG	Stinnes Data Service	Waterland	Keine Angabe	Übernahme durch Finanzinvestor-Portfoliobereinigung

Tabelle 2: M&A-Transaktionen in Deutschland

Nahezu alle führenden Provider am Markt versuchen sich an diesen Übernahmen zu beteiligen, um ihre Marktpositionen zu festigen, oder, wie zum Beispiel Atos Origin, ein signifikantes Wachstum im Deutschen Markt zu erreichen. Auch kapitalkräftige Finanzinvestoren werden immer bedeutendere Spieler am Markt und eine zunehmende Konkurrenz für die bisherigen Player. Motive für und die Vertragskonstrukte der Übernahmen sind wiederum von ganz unterschiedlicher Ausprägung. Dies kann von einer Bereinigung des Kernportfolios über den Eintritt in neue Zielmärkte, sowie von Joint Ventures, zum Beispiel Deutsche Bank – Sinius, bis zu einer 100 % Übernahme Triaton – HP reichen.

---

[2] Vgl. *PAC* (2006b), S. 17.
[3] Vgl. *GRIMME/KREUTTER* (2006).

Eine Reihe von Gründen sprechen für diese M&A-Transaktionen im Zuge von IT-Outsourcing (ITO)-Deals:

Treibende Faktoren für Konzerne
- Stringentes Lieferantenmanagement mit einer signifikanten Reduzierung der IT-Service Provider – „alles aus einer Hand"
- Erweiterter Marktzugang der IT-Tochter bietet Entwicklungspotenzial sowie den Zugang zu Innovationen und Technik mit Lösungen auf dem neuesten Stand
- Hoher Freiheitsgrad in Gestaltung des rechtlichen Modells in Bezug auf Beteiligung, Partnerschaftsmodelle, et cetera
- Nutzung der Transaktion zur Abwicklung anfallender Restrukturierungsbedarfe

Treibende Faktoren für Provider
- Wachstumsbeschleunigung zum Beispiel für globale Anbieter, die bisher am deutschen Markt noch nicht stark vertreten sind oder waren, zum Beispiel Atos Origin durch den Kauf der KarstadtQuelle IT-Tocher Itellium.
- Abdeckung von weiteren Marktsegmenten zum Beispiel Mittelstandsausrichtung oder Regionen und Zugriff auf den Mutterkonzern
- Schnelle Abwicklung des gesamten Prozesses
- Erhöhung des Share of Wallet im Konzern des Verkäufers

Bevor jedoch diese Tendenzen weiter aufgegriffen und vertieft werden können, ist es wichtig, einen Blick auf die Entwicklung in den Konzernen zu werfen und auch die Reaktionen der Provider auf diese Strukturierung zu betrachten.

2.1 Konzerninterne Organisationsstrukturen

Die beschriebenen Entwicklungen der letzten Jahre setzen der seit Mitte der 90iger Jahre stattfindenden Aus- und Neugründungsphase im IT-Sektor ein Ende und führen zur vorhergesagten Konsolidierung im Markt. Ausgangspunkt der unten beschriebenen Organisationsentwicklung von der Gründung der CIO-Abteilungen bis hin zu eigenständigen IT-Töchtern war, wie in vielen anderen Bereichen auch, die Automobilindustrie. Mit dem Kauf von EDS durch General Motors und Daimler-Benz mit der Gründung der debis 1990 mit dem Auftrag, alle Service-Dienstleistungen für den Konzern zu erbringen, entstanden die ersten IT-Töchter. Viele Konzerne folgten dieser Entwicklung, wie zum Beispiel ThyssenKrupp, Bayer oder BASF. Fast jeder deutsche Industriekonzern bündelte die IT in eine eigene Sparte. Jedoch nur wenige wie Triaton, T-Systems, Siemens Business Services, die Deutsche Börse Systems, die Lufthansa-Tochter Lufthansa Systems sowie Gedas (VW) erreichten einen Non-Captive-Umsatz von über 20 %.

2.1.1 Von CIO-Abteilungen zu IT-Töchtern

In den Ursprüngen wurden die IT-Aufgaben von verschiedensten Abteilungen im Konzern wahrgenommen. Einzelne Arbeitsschritte wurden von unterschiedlichsten Personen ausgeführt und hinzukommende Prozesse und Themen blieben oftmals in der Verantwortung der jeweiligen Abteilungen. In einer ersten Konsolidierungs- und Strukturierungsphase wurden in den 80iger Jahren Projekte aufgesetzt, um diese einzelnen Aufgaben anhand beschriebener Prozesse zu strukturieren und in gemeinsamen Gebieten zu bündeln. Erst in einem nächsten Schritt wurden eigene Abteilungen gegründet.

Diese eigenen IT-Abteilungen bündelten erstmalig alle Infrastruktur-, Applikations- und Telekommunikationsthemen der Konzerne. Es wurden eigene Strukturen und Ablaufprozesse eingeführt und erste Optimierungsprojekte durchgeführt. Der CIO als Leiter aller IT-Abteilungen erlangte einen neuen Stellenwert im Unternehmen. Dennoch verwaltete er mit seiner Abteilung und den darin liegenden Aufgaben lediglich ein Cost Center. Die Ausgaben seiner Abteilung, obwohl im Zuge der Optimierung rückgängig, schlagen vollkommen auf die Overhead-Kosten der Konzerne durch. In den wirtschaftlich positiven Zeiten der späten 90iger und Anfang des neuen Jahrtausends standen vornehmlich Expansionsthemen und Einführung von Innovationen wie zum Beispiel neue Software-Lösungen und neue Server-Generationen im Vordergrund und weniger die Optimierung bestehender Strukturen. Durch die gute finanzielle Situation wurde kein Augenmerk auf Kostenpositionen gelegt und die nötige Transparenz nicht geschaffen.

Erst mit dem Rückgang der Wirtschaft wurde das Thema Produktivitätssteigerung wieder von großer Bedeutung und Cost Center nicht mehr tragbar. Auf dieser Überlegung gründete sich der letzte Schritt der beschriebenen Organisationsentwicklung. Die IT-Abteilungen der einzelnen Bereiche werden in eine Einheit mit unternehmerischer Verantwortung zusammengeführt. Profit Center traten an Stelle der alten Cost Center. Es rückte zunehmend auch der externe Markt in den Blickpunkt zur Erzielung weiteren Umsatzes und somit folgte der letzte Schritt, in Form einer Ausgliederung dieser Abteilungen.

Mit der Gründung ihrer IT-Töchter verbanden die Unternehmen eine Vielzahl von Erwartungen, wie zum Beispiel Erhöhung der Qualität, Bündelung der Prozesse mit sinkenden Kosten, oftmals jedoch wurden diese nicht gänzlich erreicht. Auch für die Phase, welche dann folgen sollte, kann wiederum Daimler-Chrysler die Vorreiterrolle zugesprochen werden. Bereits 2000 setzte der Konzern mit dem Verkauf der IT-Tochter debis an die Deutsche Telekom (heute T-Systems) einen Trend, der vor allem in den Jahren 2004 bis 2006 ständig zunahm.

Eine große Zahl der Unternehmen durchschritt in dieser Zeit ähnliche Entwicklungspfade, die sich in den folgenden Phasen beschreiben lassen:

(1) Phase
Ausgründung der IT-Tochter durch die Konzernmutter mit dem Ziel, externen Umsatz zu generieren und diesen in der Folge signifikant zu steigern. Um sich am Markt entsprechend platzieren zu können, wurde hierbei oftmals der Versuch unternommen, Kunden mit niedrigsten Preisen zu gewinnen. Diese Aufträge brachten über die Laufzeit Verluste ein, die von der Mutter getragen werden mussten.

(2) Phase
Der Gewinn von Neukunden aus dem externen Markt steht im Fokus der Ausrichtungen der Töchter. Dies führte oftmals zu einer Vernachlässigung der Bestandskunden im Mutterkonzern, welche als feste Größen betrachtet werden. Parallel trifft die Expansion am Markt nicht im geplanten Masse ein, da zeitgleich zu viele neue Dienstleister auf einen nicht im prognostizierten Umfang wachsenden Markt treffen. In der Konsequenz können über einen längeren Zeitraum weniger externe Kunden als geplant als Neukunden gewonnen werden. Die Pipelines bleiben leer und die geplanten Volumina bestätigen sich nicht.

(3) Phase
In der Konsequenz setzt nun eine Re-Fokussierung ein, welche die Konzernmutter in den Mittelpunkt der strategischen Planungen rückt. Die Reintegration in den Konzern mit Fokus auf die Kunden im Konzern tritt in den Vordergrund. Zwischenzeitlich sehen sich die Töchter jedoch eines steigenden Wettbewerbsdrucks durch die anderen Anbieter am Markt und deren Outsourcing-Angebote ausgesetzt und haben es entsprechend schwieriger, Services im Konzern zu den bisherigen Preisen und Konditionen anzubieten. Der Wettbewerb ist eröffnet, es werden Vergleichsangebote vom Markt eingeholt, bestehende Services werden überprüft und die Erwartungen an die IT-Tochter steigen.

(4) Phase
Die Erwartungen des Mutterkonzerns können nicht erfüllt werden, Kostenposition und externe Umsätze weichen von den Planungen ab. Die aufgesetzten Kostensenkungsprogramme füh-ren vermehrt zur Betrachtung von Angeboten externer Dienstleister. Die IT-Tochter wird nicht mehr als strategischer Kern betrachtet und eine Veräußerung in Erwägung gezogen. Angesichts des zunehmenden Kostendrucks stellt sich außerdem die Frage, ob Economies of Scale in notwendigem Maße im eigenen Konzernverbund erzielt werden können, oder ob Tei-le der Leistungserbringung, insbesondere Dienstleistungen mit Commodity-Charakter, an Dritte abgegeben werden sollten. Die Investorensuche beginnt.

2.1.2 Entwicklungstendenzen im Bereich der IT-Töchter

Auch wenn im ersten Halbjahr 2006 die Diskussion um den Verkauf der IT-Töchter merklich nachgelassen hat, so ist der Druck der Leitungen auf das Management ihrer Töchter nach Produktivitätssteigerung und Kostensenkung gleichbleibend hoch. Die vielfach auf Umsatzwachstum am Drittmarkt aufgebauten Businesspläne sind in den meisten Fällen nicht aufgegangen und eine vermehrte Konzentration auf die Konzernmutter als wichtigsten Kunden ist klar erkennbar.

Eine Ausnahme war die ThyssenKrupp-Tochter Triaton, die die Hälfte ihres Umsatzes mit externen Kunden erlöste. Doch auch in diesem Beispiel reichte der Erfolg nicht zu einem Verbleib im Konzern aus, sondern wurde vielmehr genutzt, um Ende 2004 einen gewinnbringenden Verkauf der Triaton an HP zu erreichen und somit freiwerdende Ressourcen anderweitig einsetzen zu können.

Vor allem in Deutschland ist eine wichtige Entwicklung klar erkennbar, die großen Unternehmen trennen sich von ihren IT-Töchtern. Die Vorstände der Mutterkonzerne erhöhen den zeitlichen Druck und konzentrieren sich im Zuge der Neuausrichtung ihrer Konzernstrategie auf ihre Kernkompetenzen. Höchste Priorität dabei hat, was die Kosten senkt oder die Bilanz verkürzt. Beim Aussortieren der Randbereiche stehen die IT-Töchter auch deshalb schnell ganz oben auf der Agenda, weil die meisten IT-Ausgründungen die Geschäftspläne der Vergangenheit verfehlt und die umfangreichen und vom Konzern getragenen Investitionen in Marketing, Vertrieb und Unternehmensaufbau sich kaum ausgezahlt haben.

Wie beschrieben ist aus geschäftspolitischen Überlegungen der Muttergesellschaften der Verkauf von Unternehmen oder Unternehmensteilen an externe Provider vorangetrieben worden. Trotz steigender unternehmerischer Verantwortung und Professionalisierung der IT im Konzernverbund wurden erforderliche Investitionsmittel für ein erfolgreiches Auftreten außerhalb des Konzernverbunds – etwa zum Aufbau von Markenstärke, kritischer Masse und Vertriebsmannschaft – von den Muttergesellschaften häufig nicht zur Verfügung gestellt und das Geschäft nicht nur durch wachsende Konkurrenz an den Märkten erschwert.

Vor diesem Hintergrund wird deutlich, dass die Mehrzahl der IT-Töchter auf dem Prüfstand standen oder immer noch stehen und selbst die Konzerne, die noch keine öffentlichen Ankündigungen über einen möglichen Verkauf getroffen haben, zumindest im Hintergrund entsprechend Möglichkeiten prüfen lassen und in vielen Fällen bereits mit Investoren in Gesprächen stehen. Zu diesen Überlegungen passen nun die Offerten der Outsourcing-Anbieter sehr gut, die in Akquisitionsgesprächen kommunizieren, fast jeden Wunsch nach Kostensenkung und Qualitätssicherheit erfüllen zu können. Darüber hinaus herrschte lange Zeit die Hoffnung, der Dienstleister werde für die IT-Töchter strategische Prämien, sprich einen Extraaufschlag, zahlen. Obwohl inzwischen viele Käufer sensiver im Punkt der Kandidatenauswahl werden, ist eine weitere Konsolidierung absehbar.

2.2 Reaktionen der Provider

Die wachsende Zahl der Provider im deutschen Markt hat sich über die Jahre mit ihrem Angebot den Strategien der Konzerne angepasst. Bevor diese parallel einhergehende Entwicklung beschrieben wird, ist es jedoch zunächst wichtig, eine Kategorisierung der einzelnen Provider vorzunehmen.

Grundsätzlich können die Teilnehmer am Markt bezüglich der Größe, des Service-Portfolios und der geografischen Reichweite unterschieden werden:

➢ Globale Anbieter: Umfangreiches Service-Portfolio, typischerweise mindestens zehn Milliarden Euro Umsatz, starke Marke, reife Firmen, oft US-amerikanische Wurzeln, große Infrastruktur- und Asset Basis.

- Große weltweite Anbieter: Breiter Service-Umfang, meist weltweite Abdeckung mit Fokus auf einem Land, Umsatz zwischen einer und zehn Milliarden Euro.
- Indische Firmen: Ursprünglich nur Software-Services, mittlerweile breiteres Service-Portfolio, typischerweise zwischen 500 Millionen und zehn Milliarden Euro Umsatz, zweistellige Wachstumsraten am deutschen Markt.
- IT-Töchter, die ihre IT-Services in erster Linie im eigenen Konzernverbund bereitstellen, typischerweise zwischen 50 Millionen und einer Milliarde Euro Umsatz, davon mehr als 60 % Umsatz im eigenen Konzernverbund, vorwiegend regionale Ausrichtung.
- Second-Tier: Regionale Firmen, bis zu 500 Millionen Euro Umsatz, Konzentration auf einen spezifischen Service.
- Große Spezialisten: Über zwei Milliarden Euro Umsatz, spezifische Dienstleistungen rund um das Hauptprodukt des im IT-Markt positionierten Konzerns, beispielsweise Sun Microsystems Support & Professional Services, oder funktional spezialisierte Dienstleistungen, beispielsweise First Data als Abwickler von Kartentransaktionen.[4]

Jede dieser Gruppen nimmt einen Teil des Markts für sich ein und versucht, entsprechend seine Positionierung dort zu behaupten beziehungsweise auszubauen. Dies erfolgt durch unterschiedlichste strategische Aufstellung von innovativsten Entwicklungen und Einführung von Produktneuheiten, über aggressive Preisgestaltung durch Leistungserbringung aus Ländern mit geringerem Kostenniveau bis hin zu einer klaren Übernahmestrategie von strategischen Partnern.

In einer heutigen Betrachtung haben sich die großen Anbieter am deutschen Markt eine starke Position aufgebaut, werden jedoch von indischen Firmen mit enormen Wachstumsraten klar unter Druck gesetzt. Eine mögliche Abgrenzung zwischen großen weltweiten Anbietern und globalen Anbietern ist fließend, denn durch gezielte Akquisitionen wurde bereits Bewegung in die Marktverteilung gebracht. Die Tendenz der großen globalen und nationalen Anbieter durch Akquisitionen von IT-Töchtern die eigene Präsenz im deutschen Markt auf- oder auszubauen war und ist ein prägender Faktor. Auf diesem Weg werden weitere IT-Töchter Bestandteil der großen regionalen und globalen Anbieter werden.

Die Unternehmen, die aktiv die Konsolidierung vorantreiben, müssen bereits über eine kritische Größe verfügen und dürfen geografisch sowie funktional nicht zu fokussiert sein. Allerdings sind die globalen Anbieter, die bereits über ein breites Service-Portfolio und eine hohe geografische Reichweite verfügen, derzeit wieder zunehmend preissensitiv, was Neu-Akquisitionen anbetrifft, und wie oben beschrieben nur bedingt bereit, strategische Prämien zu zahlen.

---

[4] Vgl. SCHULTE-CROONENBERG/HIMMELREICH/HASSELMANN (2004), S.32 f.

Die IT-Service Provider haben sich über die Jahre mit ihren jeweiligen Ausprägungen entwickelt und entsprechend mit ihrem Angebot auf die veränderten Strukturen der Kunden reagiert. Von einer partiellen Übernahme einzelner Services hin zu einem kompletten Outsourcing bis zum Kauf der ausgegründeten IT-Tochter reichte die Entwicklung.

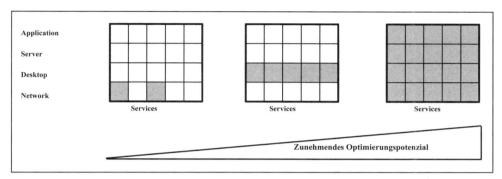

Abbildung 1:   Service-Entwicklung

Während in den Anfängen des Outsourcings oftmals nur einzelne Bereiche eines Services von Kunden übergeben wurden und dadurch nur partielles Outsourcing erbracht wurde, nahm der Umfang der extern vergebenen Services mit den Jahren zu. So wurden zum Beispiel nicht mehr nur die Wartung der PCs, sondern von Beschaffung bis Verschrottung der gesamte Lebenszyklus durch externe Provider erbracht. Mit der Zielsetzung, weiteres Optimierungspotenzial zu gewährleisten hatten die Provider das Full ITO im Blick ihrer Strategie, die Übernahme aller IT-Leistungen für den Kunden. Da inzwischen die gesamten IT-Services der Konzerne vielfach in eigenen Töchtern gebündelt waren, schien die Übernahme dieser und ein Herauslösen der IT aus den Konzernen ein logischer nächster Schritt zu sein.

Von den Entwicklungen in den großen Konzernen profitieren vor allem die größeren Anbieter am Markt, welche die Töchter übernehmen, um sich damit Zugriff auf den Mutterkonzern zu verschaffen, der oftmals über mehrere Jahre eine Bindung an den Käufer eingeht. In vielen Konstellationen wird in die eigentliche M&A-Transaktion ein langjähriger IT-Outsourcing-Vertrag integriert. Ein Minimum von 5 Jahren benötigt der Provider in den meisten Fällen, um die übernommene Tochter auf ein marktfähiges Niveau zu entwickeln. Wichtig ist natürlich auch der Einkauf des Geschäfts, um die übernommen Mitarbeiter auslasten zu können und eine Basis für weitere Serviceerbringung zu schaffen.

Die Unternehmensstrategie bestimmt das Vorgehen im Umfeld des IT-Outsourcings nachhaltig und somit auch das Eingehen von entsprechenden M&A-Transaktionen. Die Festlegung der Strategie wie dem Wachstum durch Neugeschäft, Wachstum aus Bestandkunden oder der Nutzung von entsprechenden M&A-Strukturen muss auf einer entsprechenden strategischen Analyse bestehen, die nachfolgend beschrieben wird.

3 Strategische Analyse und Bewertung von M&A-Zielen

3.1 Strategische Analyse

Nach der Beschreibung des Markts und der entsprechenden Betrachtung der Reaktionen von Konzernen und Providern wird im Folgenden der Blickwinkel gänzlich auf den Provider als Käufer gelegt. In vielen Fällen werden sehr hohe Investments getätigt und eine lange Partnerschaft eingegangen. Daher ist es von größter Wichtigkeit, eine langfristige strategische Planung zugrunde zu legen und das so genannte Target oder mehrere Zielunternehmen sorgfältig auszuwählen.

Den Betrachtungen der Provider liegt der komplette Markt aller IT-Töchter offen, denn selbst wenn diese den Kauf zum gegenwärtigen Zeitpunkt noch nicht avisieren, ist bereits ein langfristiger Beziehungsaufbau im Vorfeld von großer Bedeutung. Wie werden nun aus diesem weiten Feld die für den Käufer am besten passenden Unternehmen selektiert?

Grundsätzlich muss die M&A-Strategie des Unternehmens klar definiert sein und aus der übergeordneten Unternehmensstrategie hervorgehen. Es müssen nicht nur die notwendigen finanziellen Ressourcen vorhanden sein, sondern auch die Voraussetzungen geschaffen werden, einen gekauften Unternehmensbereich in die eigene Struktur integrieren zu können und dabei möglichst zeitnah die gegebenen Produktivitätsziele zu erreichen. Generell sollten im Prozess des so genannten Screening einige spezifische Fragen und Themen sowohl das Kaufobjekt als auch die Strategie des Käufers betreffend beantwortet werden, wenn die mögliche M&A-Transaktion erfolgreich verlaufen soll:

(1) Entsteht zusätzlicher Investitionsbedarf und wenn ja, in welcher Höhe, um die avisierte IT-Tochter auf den vorgegebenen Produktivitäts- und Wachstumskurs zu bringen?
Im Vordergrund steht in einem ersten Schritt eine übergreifende Finanzanalyse. Hierbei werden die Analyse der wichtigsten Finanzkennzahlen, insbesondere des prognostizierten Umsatzwachstums, und der Nachhaltigkeit der bisherigen Geschäftstätigkeit vorgenommen. Des Weiteren müssen eventuell notwendige Investitionen zur Optimierung des Ressourceneinsatzes, Integration der Prozesse und, falls erforderlich, Erneuerung der Infrastruktur berücksichtigt werden.

(2) Deckt sich der Kauf des Targets mit der übergeordneten Konzernstrategie?
Ist das zu erwartende Investitionsvolumen in der Geschäftsjahres- und langfristigen Planung eingestellt und passt das Target in die weitere Unternehmensstrategie? Die Entscheidung, was eine Unternehmensstruktur in der Lage ist aufzunehmen, hat großen Einfluss auf die Einkaufstrategie. Der Kauf einer Reihe von kleineren Unternehmen („String of Pearls") versus dem Abschluss eines großen Deals, welcher dann in einer aufwändigen und auch langwierigen Integrationsphase in das Unternehmen verschmolzen werden muss, stehen hier in der Entscheidungsfindung gegenüber.

(3) Bringt das Target ein gewisses Umsatzvolumen, vor allem durch die eigene Mutter, in den Deal ein?
Mit dieser Frage wird die Basis für das zukünftige Geschäft gelegt, denn nur wenn ein bereits bestehendes Auftragsvolumen vorhanden ist, rechnet sich der Business Case für einen Kauf vor allem in den ersten Jahren. Die Akquise von Neukunden im IT-Outsourcing-Bereich ist langwierig und kann erst mit den entsprechend aufgebauten Strukturen und Kostenpositionen erreicht werden. Zentrales Erfolgskriterium ist die vertragliche Absicherung dieses Auftragsvolumens durch einen langfristigen Outsourcingvertrag, der im Rahmen der Akquisition mit der ehemaligen Muttergesellschaft vereinbart wird.

(4) Gibt es kombinierte Wettbewerbsvorteile?
Können durch den Kauf Synergien gehoben werden, die im Falle einer weiteren Eigenständigkeit und ohne die Ressourcen des Targets nicht erreichbar gewesen wären? Die Nutzung von Economies of Scale durch den Kauf einer IT-Tochter sind kritisch zu bewerten, da sie sich nicht in allen Portfolioelementen realisieren lassen. Im Infrastrukturbereich jedoch können oftmals durch eine gemeinsame Nutzung beider Rechenzentren neue regionale Gebiete erschlossen, Branchen und auch neue Kundengruppen adressiert werden. Hieraus sind die Optimierungsmöglichkeiten zu erkennen, die während einer Integration und im laufenden Betrieb umgesetzt werden müssen.

(5) Wie hoch ist der Anteil am Drittmarkt?
Neben dem Umsatz mit der Konzernmutter trägt der Umsatz am Drittmarkt in großem Maße zur Attraktivität der IT-Tochter bei. Ist sie bereits ein etablierter Player am externen Markt, kann auf eine weitaus größere Kundenbasis zugegriffen werden als nur auf den Mutterkonzern. Bestehende Marktstrukturen und Prozesse können genutzt und müssen nicht neu aufgebaut werden wie zum Beispiel eine Vertriebsmannschaft, deren Ziel es ist, Umsatz im externen Markt zu generieren. Hier werden die bestehenden Beziehungen gekauft und als Eintrittsbasis in neue Kunden bewertet.

(6) Wie hoch ist die Deckung im Hinblick auf Portfolio und definierte Fokusbranchen?
Liegt die Portfolio-Ausprägung des Käufers im Schwerpunkt auf einem Outsourcing-Bereich wie zum Beispiel Infrastruktur-Outsourcing, ist ein Target mit gleichem Fokus im Normalfall attraktiver. Außer die Unternehmensstrategie sieht beispielsweise ein Wachstum im Applikations-Outsourcing vor und mit der Übernahme kann das Wachstum in diesem Bereich realisiert werden. Gleich verhält es sich in Bezug auf die Branchenausrichtung. Auch hier sollte eine möglichst hohe Deckung des Know-hows und der Ausprägung erreicht werden, um eine zusätzliche Stärkung zu erzielen. Die Entscheidung hinsichtlich Breite versus Tiefe in der jeweiligen Aufstellung wird in der strategischen Planung vorgegeben und dient als Grundlage für die Auswahl der Kandidaten.

Mit der Beantwortung dieser Fragen legt der Käufer die Grundlage für seine strategische Entscheidung zum Kauf. Unverzichtbare Anforderungen müssen dabei klar definiert sein und auch mit so genannten K.-o.-Kriterien hinterlegt werden. Nur dadurch erreicht man auf schnellem Weg eine Deckungsgleichheit zwischen dem Leistungsprofil des Kandidaten und dem Anforderungsprofil des Käufers. Darüber hinaus ist von Bedeutung, dass der Druck zu handeln für die Käufer größer wird, denn die Anzahl der wirklich attraktiven Töchter ist gering und der Wettbewerb um die vermeintlich besten IT-Töchter steigt stetig.

Die genaue Detaillierung der Analyse im Hinblick auf Attraktivität und Chancen bei einer Bid-Entscheidung werden nachfolgend dargelegt.

3.2 Marktanalyse und Bewertung

Wie unter der strategischen Analyse beschrieben sind das Portfolio und vor allem die Kundenstruktur des Kandidaten die entscheidenden Faktoren für eine Entscheidungsfindung. Strategisches Ziel bei einer derartigen M&A-Transaktion im IT-Outsourcing-Umfeld ist es, Kunden und deren Verträge zu kaufen, das Unternehmen selbst tritt in den Hintergrund.

Alle am Markt platzierten IT-Töchter mit deren IT-Leistungen fallen in die grundsätzliche Betrachtung. Es erfolgt dann eine Fokussierung auf ausgewählte Zukunftsthemen, entsprechendes erwartetes Marktwachstum, den Match in punkto Portfolio und der erwartete Mehrwert. Zusätzlich werden die Erwartungen im Hinblick auf entsprechende Synergien in Bezug auf Preis und inhaltliche Themen aufgenommen. Dieses Anforderungsprofil bildet die Basis entsprechend der strategischen Vorstellungen und nach der Sammlung relevanter Informationen erfolgt die Identifizierung geeigneter IT-Töchter. Je größer die Überdeckung von Anforderungsprofil des Käufers und Leistungsprofil des Targets, desto höher fällt die Attraktivität der IT-Tochter aus.

Geht es nun in die konkrete Analyse, wird eine Reihe von Faktoren über eine komplette Anzahl möglicher Kandidaten analysiert. Zunächst werden die Grunddaten der einzelnen Kandidaten anhand von

➤ Daten des Konzerns, zum Beispiel Umsatz, Mitarbeiter,
➤ Daten der IT-Tochter zum Beispiel Umsatz, Mitarbeiterstruktur,
➤ Umsatzstrukturen, zum Beispiel in Regionen, Captive versus Non-Captive, Anteil am gesamt Outsourcing-Umsatz, Anteil in Portfolioelementen,
➤ bestehenden Geschäfts- und Beziehungsstrukturen[5]

aufgenommen, um eine erste Einschätzung zu erlangen. Die Informationen stammen aus den öffentlich zugänglichen Quellen wie zum Beispiel Geschäftsberichten, Presseberichten, Studien, Analysteneinschätzungen, sowie Einschätzungen von Beratern und Investoren.

Darüber hinaus erfolgt eine detaillierte Analyse auf Kandidatenbasis mit den vorher beschriebenen strategischen Elementen: Höhe des Share of Wallet versus mögliche Neukunden, Zielbranche im strategischen Unternehmensfokus, Übereinstimmung von Branchen und Portfolio, et cetera. Somit sind die Kriterien für das Anforderungsprofil im Vorfeld klar festgelegt, um eine quantitativ vergleichbare Entscheidungsbasis zu gewährleisten.

Den jeweiligen Faktoren werden definierte Grenzen gegeben, um die Werte quantifizierbar zu machen. Zusätzlich bekommen die einzelnen Kriterien unterschiedliche Gewichtungen, um den wichtigsten Faktoren auch den notwendigen Raum in der Analyse einzuräumen.

---

[5] Vgl. Screening-Ansatz der Siemens Business Services Outsourcing Vertrieb.

Wichtig ist es nun, die Attraktivität des möglichen Targets und auch die Chancen eines erfolgreichen Abschlusses zu bewerten. Diese Kriterien werden in Form von Attraktivität für den Provider und Erfolgswahrscheinlichkeit in Relation gesetzt.

Durch diese beschriebenen Analyseformen bekommt der Käufer eine sehr klare Übersicht über den Match des Targets in die eigenen strategischen Ziele und seine Chancen, sich gegenüber dem Wettbewerb zu positionieren.

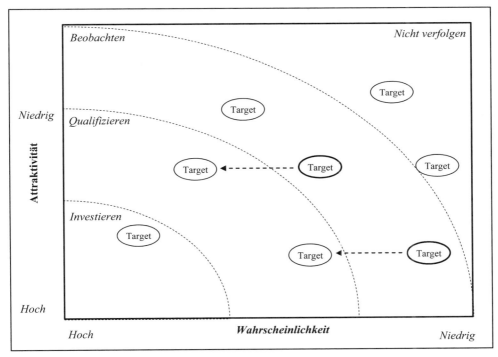

Abbildung 2:   Darstellung IT-Töchter-Bewertung[6]

Wie grafisch dargestellt werden nicht nur die aktuelle Positionierung anhand der beschriebenen Screening-Kriterien, sondern auch die Handlungsoptionen und Entwicklungsschritte der fokussierten Targets aufgezeigt.

Sind die Top-Targets ermittelt und in der grafischen Auswertung in ihrem Entwicklungsstadium aufgezeigt, erfolgt die weitere Planung. Je nachdem sich das avisierte Unternehmen bisher im Markt platziert hat, wird eine Ansprache des Konzerns vorgenommen.

In den folgenden Kapiteln wird nun die sich der strategischen Analyse und Bewertung anschließenden Durchführung der M&A-Transaktion in Outsourcing-Deals beschrieben.

---

[6]   Interne Darstellung der Siemens Business Services Outsourcing Vertrieb.

4 Durchführung von M&A-Transaktionen im Rahmen von Outsourcing-Deals

Unternehmenskäufe im Rahmen von Outsourcing-Deals unterscheiden sich rein technisch wenig von „klassischen" M&A-Transaktionen, die einzelnen Prozessschritte eines M&A-Deals werden immer durchlaufen. Im Wesentlichen zählen dazu Analyse und Vorselektion möglicher Targets, bei Anfrage und entsprechender Erlangung von Informationen durch den potenziellen Verkäufer/Outsourcenden wird ein Business Case und eine entsprechende Evaluierung auf Basis von Annahmen erstellt, die im Rahmen der Due-Diligence-Phase geprüft werden. In Gesprächen mit dem Verkäufer werden auch die Eckpunkte der Deal-Struktur festgelegt, um dann, nach Abgabe eines bindenden Angebots, in die Verhandlungen des Kaufvertrags zu gehen und bei erfolgreicher Einigung zum Closing zu kommen und in einer anschließenden Phase das Target zu integrieren.[7]

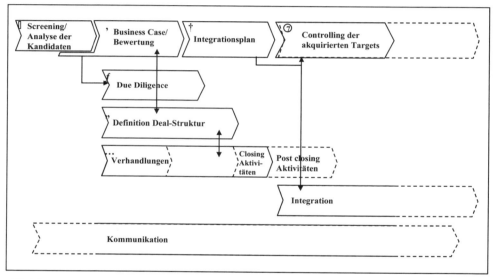

Abbildung 3:   *Generischer M&A-Prozess*

Allerdings unterscheiden sich in Outsourcing-Transaktionen die Prozessschritte inhaltlich wesentlich von klassischen M&A-Deals. So ist die Analyse und Vorselektion möglicher Targets sowie die Erlangung der gewünschten Informationen häufig in einen längeren Salesprozess eingebunden. Oft entsprechen die betroffenen Targets nicht zu 100 % den (vom Verkäufer oder Käufer) gewünschten Elementen, die outgesourct werden sollen. So sind oft noch weite-

---

[7]   Vgl. beispielhaft *VOGEL* (2002), S. 209 ff., und *JANSEN* (2001).

re Abteilungen in der Gesellschaft enthalten, wenn diese als gesamtheitliche Entität für Shared-Service-Aktivitäten[8] eines Konzerns genutzt wird.[9] Möglicherweise werden die entsprechenden Leistungen aber auch von einer Einheit aus dem Konzern erbracht und müssen (nach klarer Abgrenzung) erst in eine neue Gesellschaft, zum Beispiel mittels Betriebsübergang, gezogen werden. Hier kann ein Outsourcing-Dienstleister häufig Hilfestellungen geben, welche Vorarbeiten notwendig sind, um das Outsourcing durchzuführen. Oftmals wenden sich Unternehmen aber auch an professionelle Berater, die sich auf das Thema IT-Outsourcing spezialisiert haben.

Nach Erlangung einer ersten Datenbasis kann ein Businessplan erarbeitet werden, der wesentlich von der Höhe und Qualität des Drittgeschäfts des zu übernehmenden IT-Dienstleisters abhängt sowie von der Gestaltung des Outsourcing-Vertrags. Da Konzern-IT-Töchter zumeist ihren überwiegenden Umsatz mit der Muttergesellschaft erzielen, sollte der Vertrag möglichst langfristig sein (normal sind 5 bis 10 Jahre), um den Umbau der IT-Tochter zu einer marktfähigen Gesellschaft mit einer Umsatzgarantie zu unterstützen.

In der Due-Diligence-Phase konzentrieren sich IT-Dienstleister, die als Käufer auftreten, entsprechend einer normalen Due Diligence auf die Bereiche Finanzen, Human Resources, Legal Aspects und Tax; dazu kommt noch eine (häufig sehr tiefgehende) Prüfung der IT-Technologie sowie der IT-Prozesse, die das Unternehmen einsetzt.

Die Kombination der Informationen aus der Due Diligence, gemeinsam mit den Annahmen des Businessplans, führen zu einer vorgeschlagenen Deal-Struktur. Hier gibt es im Wesentlichen den Unterschied zwischen einem klassischen M&A-Deal und einem Outsourcing-Deal, dass der Verkäufer über den Verkaufszeitpunkt hinaus Zusagen macht, die im Outsourcing-Vertrag niedergelegt werden.

In der Verhandlungsphase werden entsprechend immer zwei Verträge parallel verhandelt, der Unternehmenskaufvertrag (das so genannte „Share Purchase Agreement") sowie der Outsourcing-Vertrag. Beide hängen stark voneinander ab und bedingen sich normalerweise auch gegenseitig in den entsprechenden aufschiebenden Klauseln.

Bei Einigung auf die beiden wesentlichen Verträge sowie Vertragsunterschrift und Closing folgt der Umbau der Gesellschaft, um die gewünschten Ziele des Käufers sowie Verkäufers (Synergieeffekte, Kostensenkung, et cetera) in angemessener Zeit zu realisieren.

4.1 Screening-Analyse von Kandidaten

Im Wesentlichen wurde der Screening- und Analyseprozess zur Auswahl bestehender IT-Tochtergesellschaften in den vorigen Kapiteln beschrieben. Ein Unterschied bei der Ansprache potenzieller Verkäufer/Kunden besteht jedoch bei klassischen M&A-Transaktionen und Outsourcing-Vorhaben mit M&A-Charakter darin, dass Kunden sich oftmals erst zum Outsourcing „entwickeln". Da die Vergabe von IT-Leistungen, die wesentlich zur Aufrechterhal-

---

[8] Vgl. zu Corporate Shared Services KEUPER/OECKING (2006a).
[9] Shared Services bezeichnen die konsolidierten und zentralisierten Dienstleistungsprozesse in einem Unternehmen, zum Beispiel Personal, Einkauf, Rechnungswesen und Informationstechnologie. Vgl. hierzu KEUPER/ OECKING (2006b), S. 391.

tung des Betriebs einer Gesellschaft sind, häufig zuerst mit Misstrauen betrachtet wird, folgen viele Gesellschaften einer schrittweisen Entwicklung, vom Outtasking bis zur vollständigen Vergabe des gesamten IT-Betriebs und der IT-Projekte an einen externen IT-Dienstleister inklusive Hardware- und Personalübernahme. Die zugehörige Akquisitionsphase, bis zu der ein IT-Outsourcer schließlich die gewünschten Informationen, zusammengestellt in einem Request for Proposal oder Informationsmemorandum, erhält, kann entsprechend im Extremfall mehrere Jahre betragen. Andererseits hat ein IT-Outsourcer geringe Siegchancen, wenn er die Akquisitionsphase beim Kunden mit ersten Projekten nicht betreut und sich als glaubwürdiger und langfristig orientierter Partner bewiesen hat und erst im Rahmen einer Ausschreibung angesprochen wird. Ein IT-Outsourcing bedeutet im Gegensatz zu einer reinen M&A-Transaktion nicht einen klaren Schnitt, sondern im Gegenteil den Beginn einer langjährigen Partnerschaft. Beide Parteien sind mindestens für den Zeitraum des Outsourcing-Vertrages aufeinander angewiesen. Entsprechend gehört starkes Lobbying und Vermittlung von Vertrauen auf hoher und höchster Ebene unbedingt zu jedem Outsourcing-Deal, in dem die gesamte IT-Kompetenz eines Unternehmens nach außen vergeben wird.

4.2 Businesspläne und Bewertungsverfahren für Unternehmenskäufe bei Outsourcing-Deals

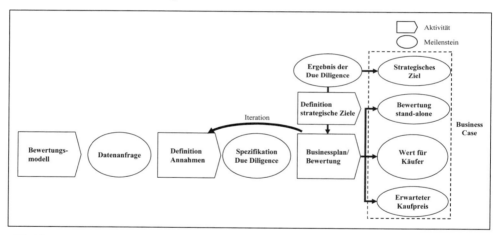

Abbildung 4:   Businessplan und Unternehmenswert

Businesspläne für Unternehmensbewertungen zu erstellen ist bei einer klassischen M&A-Transaktion dann recht einfach, wenn die Gesellschaft eine konstante Kundenbasis seit vielen Jahren besitzt, mit seinem Produktportfolio Nischen besetzt und technologisch führend ist. Die Gesellschaft sollte möglichst in einem stabilen, ohne starken Zyklen ausgeprägten Markt tätig sein, in dem kurzfristig keine größeren Veränderungen der Marktstruktur durch externe Einflüsse (zum Beispiel Deregulierungen, Veränderung von Im- und Exportbestimmungen) zu erwarten sind, sowie einen Shareholder besitzen, der die Gesellschaft vollkommen autark aufgestellt hat. IT-Töchter sind dahingegen etwas schwieriger einzuschätzen: Der oftmals einzige langjährige Kunde ist der Gesellschafter, dessen Verträge mit der Tochter im Rahmen des Outsourcings komplett neu erstellt und verhandelt werden. Entsprechend schwierig ist es, von den historischen Werten auf die zukünftige Entwicklung schließen zu wollen. Oft werden die IT-Töchter auch als eine Art Cost Center geführt. Ein eigenständiger Vertrieb ist häufig schwach ausgeprägt, das Produktportfolio ist (zumindest in Teilen) häufig durch Wettbewerber angreifbar (sonst wäre es auch nicht für einen Outsourcer interessant, der Skaleneffekte erzielen möchte), wenn die Konzernbereiche frei am Markt die Leistungen einkaufen könnten. Zusätzlich werden häufig eine Reihe von Leistungen für die IT-Tochter erbracht, die oftmals unter Marktwert berechnet werden (zum Beispiel Unterstützung durch die zentrale Accounting- und Controlling-Abteilung, durch die Legal-Services-Abteilung oder Steuerexperten). Dies alles macht eine Businessplan-Erstellung äußerst schwierig; häufig wird dies dadurch erschwert, dass IT-Töchter von Konzernen in den letzten Jahren einem starken Wandel unterworfen waren, sodass die Jahre schwer vergleichbar sind.

Zusätzlich zur so genannten „Stand-alone"-Betrachtung der Gesellschaft, die es im Rahmen des Outsourcings zu übernehmen gilt, kann es noch eine Reihe weiterer Werttreiber im Businessplan für den Erwerber geben. So können vielmals Skaleneffekte durch Bündelung und Standardisierung von Leistungen erzielt werden, durch Prozessverbesserungen und Verlagerung von niedrigwertigen Leistungen in so genannte Offshoring-Lokationen Kosteneinsparungen erzielt werden sowie möglicherweise durch Leistungen, die der Outsourcer dem Verkäufer im Rahmen des abzuschließenden Rahmenvertrags zusätzlich verkaufen kann und dort Dritte ablöst, weitere Umsätze und Gewinne realisiert werden. In seltenen Fällen kann sogar Drittgeschäft generiert werden, wenn die IT-Tochter zum Beispiel spezifisches Branchen-Know-how bietet, das durch den Vertrieb des Outsourcers bei weiteren Kunden der Branche platziert werden kann.[10]

---

[10] Vgl. zur Vertiefung auch JANSEN (2004), S. 263 ff.

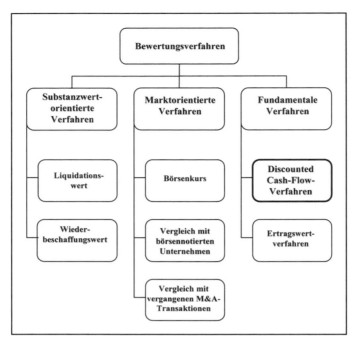

Abbildung 5: Bewertungsverfahren

Bei Unternehmenskäufen gibt es eine Reihe von Bewertungsmethoden, die sich in der Praxis etabliert haben:[11] Von den so genannten fundamentalen Verfahren wie zum Beispiel der Discounted-Cash-Flow-(DCF)-Methode über marktorientierte Verfahren wie der Comparable Company Analysis und der Comparable Transaction Analysis bis zu substanzwertorientierten Verfahren. Häufig werden zur Plausibilisierung auch mehrere Verfahren parallel eingesetzt, um einen Korridor möglicher Unternehmenswerte zu belegen. Alle diese Verfahren sind in ihrer „reinen" Form jedoch bei der Bewertung von IT-Töchtern schwer nutzbar: Sie haben keinen ausreichend hohen Anteil Drittgeschäft außerhalb des Konzerns, sodass eine reine DCF-Betrachtung ohne weiteres möglich wäre. Für marktorientierte Verfahren fehlen häufig die Vergleichswerte, da IT-Töchter in den seltensten Fällen börsennotiert sind und auch die Transaktionsvolumina bei vergleichbaren Transaktionen nicht in ausreichender Zahl bekannt sind. Am Substanzwert orientierte Verfahren greifen ebenfalls zu kurz, da zumeist mit dem Verkauf der IT-Töchter auch ein Outsourcing-Vertrag der Verkäuferin mit der Tochter abgeschlossen wird, der häufig einen hohen Teil des Werts der Gesellschaft ausmacht. Der Outsourcing-Vertrag regelt (je nach Transaktion in unterschiedlicher Detailtiefe) die Leistungserbringung zwischen der IT-Tochter und der Mutter zu definierten Preisen. Diese Parameter

---

[11] Zur Vertiefung siehe *DRUKARCZYK* (2006) oder auch *COPELAND/KOLLER/MURRIN* (2002).

sowie die Laufzeit sichern dem Unternehmen einen Umsatz ab und bieten damit Zeit für einen zumeist notwendigen Umbau von einer intern orientierten IT-Tochter, die als Cost Center geführt wird, zu einem Unternehmen, das zu Marktpreisen IT-Leistungen anbietet.

Der oben beschriebene Hintergrund zeigt bereits auf, dass eine Kombination aus einem modifizierten DCF, ergänzt um eine am Substanzwert orientierte Methode, die sinnvollste Kombination zur Unternehmensbewertung darstellt. DCF stellt die bei M&A-Praktikern gebräuchlichste Methode dar, um Unternehmenswerte zu ermitteln. Diese Methode kann für die Laufzeit des Outsourcing-Vertrages genutzt werden. Mit der Substanzwertmethode kann dann ermittelt werden, wie hoch sich der Wert der Gesellschaft nach Ablauf des Outsourcing-Vertrages beläuft, wenn der Outsourcing-Vertrag nicht verlängert wird.

4.3 Due Diligence

Der Inhalt der Due-Diligence-Phase ist nahezu identisch, wenn man einen klassischen M&A-Deal mit einem Outsourcing-Deal vergleicht. Immer prüft der Erwerber, ob sich seine Annahmen mit den Inhalten des Datenraums decken oder ob die tatsächlichen Inhalte seinen Businessplan positiv (selten) oder negativ (der gewöhnlichere Fall) beeinflussen.

Die Due-Diligence-Phase teilt sich zumeist auf in die Schritte Planung der Logistik und der Team-Zusammensetzung, welches die Due Diligence durchführt sowie der Erstellung der Datenraumanforderungsliste (die so genannte „Data Request List")[12]. Die Durchführung teilt sich auf in Datenraumanalyse, Managementpräsentationen und -interviews sowie der Besichtigung der wesentlichen Lokationen. Das Ergebnis wird in den entsprechenden Reports zusammengefasst, um die Auswirkungen für die Verhandlungsführer transparent zu machen und um die Resultate in den Businessplan (und damit die Bewertung) einfließen zu lassen.

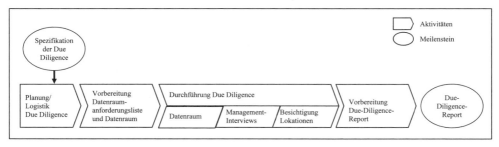

Abbildung 6: Due-Diligence-Prozess

Die wesentlichen Prüfungen in einer Due Diligence beinhalten zwar auch bei einem Outsourcing-Deal, der mittels Kauf von Gesellschaftsanteilen durchgeführt wird, eine Prüfung der historischen Jahresabschlüsse und der aktuellen Situation der Aktiv- und Passivseite der Bilanz (Financial Due Diligence) sowie der Prüfung aller wesentlichen Verträge und der daraus resultierenden Risiken und Chancen (Legal Due Diligence). Da aber der wesentlichste Vertrag, der Outsourcing-Vertrag mit dem Verkäufer, zumeist zeitgleich mit dem Unternehmenskaufvertrag neu abgeschlossen wird sowie der bisherige Vertrag wesentlich die Finanzdaten des Tar-

---

[12] Vgl. zum Beispiel BERENS/BRAUNER/STRAUCH (2005).

gets beeinflusst hat, sind diese Punkte im Verhältnis eher untergeordneter Natur. Wichtiger ist die Due Diligence auf Personalseite (Human Ressources) ausgeprägt, insbesondere die Punkte Betriebsvereinbarungen, Pensionszusagen und Knowledge/Skills der zu übernehmenden Mitarbeiter spielen eine große Rolle. Eine besondere Bedeutung kommt natürlich auch der Due Diligence der IT zu, da hier die wesentlichen Stellhebel zu finden sind, ob und wie schnell ein Käufer Kostenpotenziale heben kann, zum Beispiel durch die Einführung standardisierter Prozesse oder durch die Konsolidierung von Rechenzentren.

Dieser Logik folgend werden die Teams aus den verschiedenen Einheiten gestaffelt zur Datenraumanalyse. Da es häufig eine Begrenzung der zugelassenen Personen zum Datenraum gibt und die Zeitspanne, in welcher der Datenraum für den einzelnen Interessenten geöffnet ist, zumeist kurz ist, ist auf die Zusammenstellung des Teams und dessen Vorbereitung mit Due-Diligence-Checklisten[13] ein starkes Augenmerk zu richten. Häufig kann man sich im Vorfeld der Due-Diligence-Phase bezüglich der Inhalte und deren Detailtiefe informieren und dementsprechend das Team danach ausrichten. Der zentrale Punkt jeder Due Diligence ist die stringente Führung des Due-Diligence-Teams sowie der Dokumentierung der jeweiligen Ergebnisse. Dies gilt aber unabhängig davon, ob ein klassischer M&A-Deal oder eine Outsourcing-Transaktion mit M&A-Charakter durchgeführt wird.

4.4 Definition der Deal-Struktur

Die Deal-Struktur bei einem Outsourcing-Deal ist prinzipiell mittels Übergang von Gesellschaftsanteilen („Share Deal") oder dem IT-Personal und den zur Leistungserbringung zugehörigen Assets ohne Übergang von Gesellschaftsanteilen („Asset Deal") möglich. Beide Varianten werden in der Regel mit einem langjährigen Dienstleistungsvertrag kombiniert, der sowohl die Leistungserbringung für den Verkäufer als auch die Auslastung der übernommenen Mitarbeiter für den Käufer sicherstellt.

Ein Asset Deal wird in der Regel dann bevorzugt, wenn die Mitarbeiter, die den IT-Betrieb erbringen, nicht von einer separaten IT-Gesellschaft beschäftigt werden. Voraussetzung für die Übernahme der Mitarbeiter ist aber auch bei einem Asset Deal, dass die Mitarbeiter und Assets organisatorisch klar getrennt sind von anderen Abteilungen und Funktionen. Im Regelfall werden Asset Deals bevorzugt, wenn nur Teile des IT-Betriebs an einen externen Dienstleister vergeben werden sollen. In einem Asset Deal werden ausschließlich klar definierte Positionen und Verträge sowie Risiken übertragen, wenn diese organisatorisch wie oben dargestellt klar abgegrenzt sind.

---

[13] Vgl. beispielhaft KUSCHE (2005) und online http://www.4-deal.de/serv_know-how/dateienthemenbeitraege/vow-muster-due-diligence.htm.

Mit einem Share Deal übernimmt der Käufer dagegen alle Risiken, die in der Gesellschaft liegen, soweit diese nicht explizit im Kaufvertrag ausgeschlossen werden. Die Übernahme des kompletten IT-Bereichs eines Konzerns erfolgt im Regelfall durch einen Share Deal, da sich Konzerne wie in den vorigen Kapiteln beschrieben oft graduell hin zum Voll-Outsourcing entwickeln und zumeist den IT-Bereich im Vorfeld in eine eigenständige Gesellschaft eingebracht haben.

Häufig möchte ein Konzern nur einen Anteil seiner IT-Tochter an den Partner abgeben, da so die Kontrolle über die Gesellschaft und deren Leistungen zumindest noch partiell gewahrt bleibt. Erst nach einer Übergangsphase sind die Verkäufer bereit, auch die restlichen Anteile zu veräußern; in der Zwischenzeit wollen sie aber in den entsprechenden Gremien (Geschäftsführung/Vorstand und Beirat/Aufsichtsrat) ihre Interessen vertreten. IT-Dienstleister, die diesen Wünschen entgegenkommen, sehen sich jedoch einigen Problemen gegenüber: Die Kostenstruktur der Gesellschaft liegt dem Hauptkunden völlig offen, jegliche Überrenditen sind damit ausgeschlossen, die Konsolidierungsmöglichkeiten sind begrenzt, da der Verkäufer ein Mitspracherecht besitzt. Die Interessen der Gesellschafter laufen hier also teilweise entgegengesetzt, insbesondere, wenn der Outsourcende nur noch einen Minderheitsanteil an der IT-Tochter hält, da er dann die Werte nicht mehr konsolidieren muss.

So wird der Verkäufer nicht im selben Masse entschlossen zu Restrukturierungen, Reorganisationen und Eingliederungen zur Erzielung von Economies of Scale drängen, da der Leistungsvertrag häufig beim Kauf fixiert wurde. IT-Dienstleister, die Gesellschaften im Rahmen von Outsourcing-Deals übernehmen, sollten versuchen, die Phase, in der der Verkäufer und Kunde noch an der IT-Tochter beteiligt ist, kurz zu halten.

Die Deal-Struktur bei einem Outsourcing-Deal unterscheidet sich von einem klassischen M&A-Deal auch noch dahingehend, dass der Verkäufer normalerweise in einem M&A-Deal einen möglichst hohen Verkaufspreis erzielen möchte. Dies gilt nicht unbedingt bei Outsourcing-Transaktionen, da ein hoher Kaufpreis immer über die Laufzeit des Outsourcings zurückverdient werden muss. Daher ist es aus steuerlichen Gründen häufig sinnvoller, die IT-Tochter zu Buchwert zu übernehmen und umgehend eine Optimierung durchzuführen, um eine zügige Senkung der Preise für die Leistungen der Tochtergesellschaft zu erreichen.

4.5 Verhandlungen bei Outsourcing-Transaktionen

Wie bereits dargestellt, unterscheiden sich klassische M&A-Transaktionen von Outsourcing-Transaktionen insbesondere darin, dass man gemeinsam eine langjährige Partnerschaft eingeht, die nicht mit der Unternehmenstransaktion abgeschlossen ist, sondern im Gegenteil dann erst beginnt. Das zeigt sich insbesondere auch sehr stark in den Verhandlungen. Hier sollte die spätere Zusammenarbeit bereits „geübt" werden. Verhandlungen, die bereits hier von Misstrauen geprägt sind, weisen oft darauf hin, dass die verhandelnden Partner auch zukünftig nicht fair und offen miteinander umgehen werden. Während bei M&A-Transaktionen gelegentlich mit Maximalpositionen begonnen wird und die Verhandlungen oft in einem harten Ton geführt werden, so werden Outsourcing-Verhandlungen idealerweise immer im Hinblick auf die gemeinsame Zukunft geführt. Dies ist insbesondere wichtig im Outsourcing-Vertrag, der zumeist inklusive aller zu verhandelnden Leistungsscheine wesentlich detaillierter und umfangreicher ist als der Kaufvertrag.

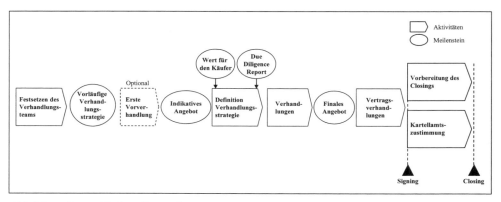

Abbildung 7: Verhandlungsphase

Verhandlungs-Teams bestehen häufig (auf Seiten des Erwerbers) aus dem Geschäftsverantwortlichen, einem M&A-Experten für den Unternehmenskaufvertrag sowie einem Juristen für den Kaufvertrag (Gesellschaftsrechtler) und einem Juristen mit Outsourcing-Spezialisierung. Auf Seiten des Veräußerers ist dieselbe Konstellation vorzufinden, nur dass der Geschäftsverantwortliche hier in der Regel durch den CIO des jeweiligen Konzerns ersetzt wird. Dieser kann seinen zukünftigen Ansprechpartner auf Seiten des Kunden bereits in dieser Phase sehr gut kennen lernen und sehen, ob die Chemie (auch persönlich) stimmt.

Ein Fehler, der oft bei Outsourcing-Transaktionen auftritt, ist die Nutzung externer Berater zur Verhandlung, die gewöhnlich in einem anderen Umfeld arbeiten. So können insbesondere externe Kanzleien in den Vertragsverhandlungen die Gespräche stark in die Länge ziehen; die verhandelten Risiken der Mandanten sowohl auf Käufer als auch Verkäuferseite stehen häufig in keinem Verhältnis zu der Alternative, die Verhandlungen mit internen Anwälten zu führen. Der Vorteil liegt insbesondere darin, dass diese während den Verhandlungen bereits ein Vertrauensverhältnis aufbauen und zukünftige Eskalationen schneller lösen können. Grundsätzlich sollte es das Ziel eines jeden Outsourcers und Outsourcenden sein, dass die Verhandlungsführer sich auch anschließend als Betreuer von Seiten des Kunden als auch von Seiten des Dienstleisters wieder sehen. So können Missverständnisse frühzeitig vermieden werden, da letztlich doch nicht jede mögliche Situation in den Verträgen regelbar ist.

4.6 Integration von IT-Tochtergesellschaften

Die Integration von IT-Tochtergesellschaften verhält sich ähnlich wie bei einem Zukauf in einer klassischen M&A-Transaktion. Der Käufer wird stets versuchen, durch schnelle Integration Kostenpotenziale zu heben und die neue Tochtergesellschaft in die internen Verfahren und Prozesse einzugliedern. Vorsicht ist bei der Integration aber insbesondere in den kritischen ersten Monaten angebracht, der wesentliche Kunde, der gleichzeitig Verkäufer der Gesellschaft ist, akzeptiert im Normalfall keinerlei Beeinträchtigung der Leistungserbringung während dieser Umbauphase.

Wesentlich in der Integrationsphase ist es, die Key Player zu behalten und zu motivieren, sich mit der Strategie des neuen Gesellschafters zu identifizieren. Zumeist besitzen die Mitarbeiter des übernommenen Unternehmens nicht nur die langjährig gewachsenen Kontakte zum Kunden, sondern kennen auch die Prozesse und die Sprache des Kunden sowie seine Befindlichkeiten. Gemeinsam mit den Vorteilen, die ein global aufgestellter IT-Dienstleister einbringen kann, gilt es, dieses Verständnis des Kunden zu nutzen, um das Gesamtportfolio platzieren zu können und sich zum natürlichen Single Point of Contact für IT-Leistungen zu positionieren. Es ist im Normalfall zwingend, diese Vorteile des Targets zu nutzen und mit den eigenen Vorteilen zu kombinieren, um alle Synergien ausschöpfen zu können, damit der Businessplan sich erfüllen kann.[14]

5 Beispieltransaktion – Kauf der RAG Informatik durch SBS

Im Zuge der Konzentration der RAG AG (ehemals Ruhrkohle AG) auf ihre Kernkompetenzen und der Vorbereitung eines Börsengangs wurde auch die Entscheidung gefällt, die IT-Tochter RAG Informatik an einen IT-Dienstleister zu veräußern. Im Zuge der Veräußerung wurden die klassischen Schritte der Outsourcing-Transaktion von einer Investmentbank sowie von einer Kanzlei begleitet, die den Gesamtprozess für die RAG aussteuerten und die Transaktion im Dezember 2004 zum Abschluss brachten.

Die RAG ist ein weltweit aufgestellter Mischkonzern mit ca. 20 Milliarden Euro Umsatz per annum und beschäftigt circa 100.000 Mitarbeiter in ihrem diversifizierten Portfolio, das sich von Chemieaktivitäten über Energieerzeugung bis hin zu den klassischen Kohleabbau- und -handelsaktivitäten spannt. 1997 bündelte RAG alle zentralen IT-Bereiche des Konzerns in der RAG Informatik mit dem Ziel, einen drittmarktfähigen IT-Provider aufzustellen. Dies gelang, wenn auch der überwiegende Teil des Umsatzes mit der Mutter erzielt wurde. 2004 setzte RAG Informatik zusammen mit ihrer Tochtergesellschaft saardata 107 Millionen Euro um, davon 85 % mit den Bereichsgesellschaften der RAG, 15 % des Umsatzes wurde am Drittmarkt erzielt. Die 830 Mitarbeiter erzielten ihren Umsatz zu 67 % im Betriebsbereich und zu 33 % im Beratungs- und Projektgeschäft.

Sowohl Siemens AG als auch die Tochtergesellschaft SBS waren zu diesem Zeitpunkt bereits langjährige Partner. Während Siemens für die Bereiche Fördertechnik (Ruhrkohle) und Chemie (Degussa) wesentliche Komponenten lieferte, waren die Telekommunikationsanlagen der RAG bereits inklusive Mitarbeiterübernahme seit mehreren Jahren an die SBS outgesourct worden. Beide Unternehmen kannten also bereits den Umgang miteinander, und SBS platzierte bei entsprechenden Gelegenheiten die Vorteile eines vollumfänglichen Outsourcings für die RAG auf allen Ebenen. Die RAG Informatik war für die SBS durch die passende Größe (groß genug, um interessant zu sein, klein genug, um die Gesellschaft gut in das Gesamtkonzept integrieren zu können), die strategische Ausrichtung (gute gemeinsame Abdeckung

---

[14] Vgl. *O. V.* (2006), S. 17.

von Leistungselementen, keine IT-portfoliofremden Leistungen) sowie die Leistungsfähigkeit und Kostenstruktur und damit verbundener Erfolge am Drittmarkt ein ideales Target aus Sicht der SBS.

Nachdem die strategische Entscheidung der RAG zur Trennung von der RAG Informatik final gefallen war, wurde als externer Berater die M&A-Boutique Lazard, die vorher bereits ThyssenKrupp bei der Veräußerung der Triaton beraten hatte, engagiert. Um die Attraktivität der RAG Informatik für einen Käufer zu steigern, wurde ein Rahmenvertrag mit allen Bereichen und Tochtergesellschaften des RAG Konzerns auf 7 Jahre geschlossen, der die Mindestabnahme von Leistungen von der RAG Informatik regelt. Zusätzlich wurde in diesem Rahmenvertrag ein First-Bid-[15]/Last-Call-Recht[16] für die Ausschreibung bei allen IT-Leistungen verankert. Parallel wurden die Dokumente und Informationen zusammengetragen, die für einen Käufer der RAG Informatik als wesentlich eingestuft wurden, um Interessenten mit einem Informationsmemorandum ansprechen zu können und einen virtuellen Datenraum aufzubauen.

Nachdem im Juli 2004 nach Austausch einer Vertraulichkeitsvereinbarung das Informationsmemorandum gemeinsam mit dem Process Letter[17] an vorab ausgewählte Interessenten verschickt wurde, die sich aus dem Kreis der großen IT-Dienstleister mit starker Basis in Europa rekrutierten, konnten die Bieter innerhalb von 6 Wochen ein indikatives Angebot einreichen. Daraufhin erfolgte Mitte September die Reduktion auf zwei Bieter reduziert (SBS und Atos Origin), die in die nächste Phase (Due Diligence in einem virtuellen Datenraum und Management-Interviews) eingeladen wurden. Der virtuelle Datenraum wurde 8 Tage offengehalten, in derselben Zeit fanden auch die Interviews mit und Präsentationen des Managements statt. Nachdem das bindende Angebot 5 Wochen nach Schließung des Datenraums abgegeben wurde, trat RAG mit beiden Parteien in die finalen Verhandlungen ein. In den Verhandlungen, die innerhalb von drei Wochen im November abgeschlossen wurden, wurden parallel der Outsourcing- als auch der Unternehmenskaufvertrag verhandelt. Nach Signing Ende November und Closing Ende Dezember wurde die RAG Informatik sowie deren Tochtergesellschaft saardata gemeinsam mit dem 7-jährigen Outsourcingvertrag durch SBS zum 01.01.2005 übernommen.

Die ehemalige RAG Informatik, die seit Übernahme durch SBS SBI Ruhr heißt, hat ihre Umsätze sowohl mit der ehemaligen Mutter als auch am externen Markt stetig ausgebaut. Da parallel der Umbau der Gesellschaft im vollen Einklang mit den Arbeitnehmerinteressen, aber trotzdem zügig umgesetzt wurde, konnte die strategische Partnerschaft zwischen SBS und

---

[15] Unter First-Bid-Recht versteht man das Recht des Unternehmens, bei allen relevanten Ausschreibungen die Gelegenheit zu erhalten, mit anbieten zu können, und nicht bei der Auswahl der möglichen Anbieter außen vorgelassen zu werden.

[16] Mit dem Last-Call-Recht hält man dem Unternehmen die Möglichkeit offen, im Falle eines besseren Angebots eines Mitbewerbers mit diesem gleichziehen zu können, um die Ausschreibung nicht aufgrund von preislichen Aspekten zu verlieren.

[17] Der Process Letter regelt den Prozess im Rahmen einer M&A-Transaktion, er beschreibt, wann welche Schritte mit welchen Inhalten zu erfolgen haben, damit der Prozess formal befolgt wird.

RAG immer stärker vertieft werden. RAG konnte die gewohnt hochwertigen Dienstleistungen seines IT-Partners nutzen, der noch um die internationalen Kompetenzen der SBS bei gleichzeitig sinkenden Servicepreisen erweitert wurde. Auch im Drittgeschäft hat sich die SBI Ruhr als regionaler Anbieter für mittelständisch geprägte Kunden etablieren können.

Wesentlich für den Erfolg der Transaktion und der damit vertieften Partnerschaft war insbesondere, dass auch hier der RAG Konzern den in den vorigen Kapiteln beschriebenen Weg gegangen war: Von der Bündelung seiner gesamten IT-Kompetenzen in einer separaten Gesellschaft hin zur Orientierung auf den Drittmarkt, der Vergabe einzelner Leistungen an Outsourcer (in diesem Fall die SBS) und durch die „Übung" der partnerschaftlichen Zusammenarbeit eine Vertrauensbasis gelegt war, um Missverständnisse schnell ausräumen zu können. Die zügigen Verhandlungen mit der RAG zur Übernahme der RAG Informatik wurden deutlich unterstützt durch die gemeinsame Vertrauensbasis, sodass die aufkommenden Knackpunkte im Rahmen der Transaktion wie Höhe und Dauer des garantierten Umsatzvolumens schnell einvernehmlich geklärt werden konnten.

Quellenverzeichnis

BERENS, W./BRAUNER, H. U./STRAUCH (Hrsg.) (2005): Due Diligence bei Unternehmensakquisitionen, Stuttgart 2005

DRUKARCZYK, J. (2006): Unternehmensbewertung, München, 2006.

COPELAND, T/KOLLER, T.//MURRIN, J. (2002): Unternehmenswert, Frankfurt 2002

GRIMME, K./KREUTTER P. (2006): Consolidation continues ..., in: M&A Review, 2006, Nr. 6, S. 261–266.

HERMES, H.-J./SCHWARZ, G. (Hrsg.) (2005): Outsourcing – Chancen und Risiken, Erfolgsfaktoren und rechtssichere Umsetzung, München, 2005.

JANSEN, S. (2001): Mergers & Acquisitions: Unternehmensakquisitionen und -kooperationen, eine strategische, organisatorische und kapitalmarkttheoretische Einführung, Wiesbaden 2001.

JANSEN, S. (2004): Bestimmung von Integrations- und Synergieerzielungskosten bei der Unternehmensbewertung von Zusammenschlüssen, in: RICHTER, F./TIMMRECK, C. (Hrsg.), Unternehmensbewertung – Moderne Instrumente und Lösungsansätze, Stuttgart, S. 263–282.

KEUPER, F./OECKING, C. (Hrsg.) (2006a): Corporate Shared Services – Bereitstellung von Dienstleistungen im Konzern, Wiesbaden 2006.

KEUPER, F./OECKING, C. (2006b): Shared-Service-Center – The First and the Next Generation, in: KEUPER, F./OECKING, C. (Hrsg.), Corporate Shared Services – Bereitstellung von Dienstleistungen im Konzern, Wiesbaden 2006, S. 389–416.

KROKER, M. (2004): IT-Dienstleister: Nur aufgehübscht, in: Handelsblatt, 14. Januar 2004, S. 17.

KUSCHE, M.-S. (2005): Die aktienrechtliche Zulässigkeit der Durchführung einer Due Diligence anlässlich eines Unternehmenskaufes – Mit Due Diligence-Checkliste für die Zielgesellschaft, Frankfurt am Main 2005.

PAC STUDIE (2006a): Deutschland – Outsourcing Deals 06 – Q206, o. O. 2006.

PAC STUDIE (2006b): Outsourcing Program Germany Update April 2006, o. O. 2006.

SCHWARZ, C. (2004): Erfolg im Post-Merger Management – Zielorientierte Unternehmensintegration nach M&A mittels Integrationsscorecard, Stuttgart 2004.

SEEGER C. (2005): Fusionen – M&A-Strategien entwickeln – Kandidaten analysieren – Kulturen vereinen, Frankfurt 2005.

VOGEL, D. (2002): M&A – Ideal und Wirklichkeit, Wiesbaden, 2002.

WEISE, V. (2006): „Checkliste Due Diligence", online: http://www.4-deal.de/servknow-how/dateienthemenbeitraege/vow-muster-due-diligence.htm, Stand der Seite: 01.09.2006, Tag des Abrufs: 10.09.2006.

O. V. (2006): Übernahmen vernichten Wert, in: Handelsblatt, 3. Mai 2006, S. 17.

Fusionen in dezentralen Gruppen – Bankenverschmelzung zwischen Standardereignis und Singularität

MARTIN STROBEL & STEPHAN WEINGARZ

Akademie Deutscher Genossenschaften

1	Einleitung..	177
2	Markierungspunkte des Fusionsweges	180
	2.1 Impulsgebung für Fusionsprojekte – Vision versus Gelegenheit........................	181
	2.2 Kulturelle Integration	186
	2.3 Indikatoren des Erfolgs und des Scheiterns	189
3	Die strukturell-strategische Bedeutung von Fusionen für dezentrale Gruppen.............	192
	Quellenverzeichnis...	196

Fusionen in dezentralen Gruppen 177

1 Einleitung

Deutschland ist overbanked lautet eine gängige Feststellung, wenn ein Vergleich des deutschen Bankenmarktes mit seinen europäischen Nachbarn, insbesondere mit Großbritannien, vorgenommen wird. Geringe Margen, starker Konkurrenzdruck und eine auf den ersten Blick weitgehend gleichartige Produktpalette der verschiedenen Anbieter lassen den Schluss zu, dass sich in Deutschland zu viele Anbieter auf dem Markt für Finanzdienstleistungen tummeln. Die Grundstruktur des deutschen Finanzsektors ist durch das Drei-Säulen-Modell bestimmt, das sich aus den privaten Geschäftsbanken, dem Sparkassensektor sowie den Genossenschaftsbanken zusammensetzt. Wenn man von Fusionen[1] im Bankensektor spricht, so folgen diese der derzeit noch ehernen politischen Maxime der dezentralen Gruppen, dass eine klare Trennung der drei Sektoren beizubehalten und damit jeder säulenübergreifende Zusammenschluss zu vermeiden sei.

Dies bedeutet, dass sich für jedes Finanzinstitut in Deutschland nur eine begrenzte Zahl von möglichen Fusionspartnern anbietet: Im Lager der privaten Banken wurde in den 90er Jahren nahezu jede denkbare Kombination zwischen der Deutschen Bank und deren großen Wettbewerbern durchgespielt, bis schließlich 2001 die Dresdner Bank mit der Allianz fusionierte, 2005 die HypoVereinsbank mit der italienischen Unicredit zusammenging und die Commerzbank eine Stand-alone-Strategie wählte. Die Deutsche Bank verlegte sich daraufhin auf den Zukauf kleinerer, insbesondere im Retailgeschäft tätiger Institute wie der Berliner Bank und der Norisbank. Diese Entwicklung zeigt, dass der Sektor der privaten Banken in Deutschland keine ausreichende Zahl interessanter Fusionspartner aufwies, worauf sich vielfach neue Geschäftsmodelle herausgebildet haben. Im Falle der Dresdner Bank ist dies die strategische Verknüpfung des Banken- mit dem Versicherungssektor, während die HypoVereinsbank mit einer europäischen Allianz ihre Marktposition in Deutschland stärken will.

Auch im Sparkassensektor ist die Zahl der möglichen Fusionspartner überschaubar, aber in einem anderen Sinne als bei den privaten Banken. Der Sparkassensektor umfasst derzeit 463 Sparkassen und 11 Landesbanken[2], also deutlich mehr Institute als der private Bankensektor. Im öffentlich-rechtlichen Sektor sind es vielmehr die dezentrale Struktur und das ausgeprägte Regionalmarktprinzip, welche in Fusionsfragen bestimmend wirken und die Zahl möglicher Fusionspartner einschränken. Der seit Jahren schwelende Streit mit Brüssel und der im Jahr 2005 eingetretene Wegfall der Gewährträgerhaftung haben erneut Bewegung in den Sparkassensektor gebracht, doch stellt dies nur einen neuen Impuls im Rahmen der allgemeinen Neuausrichtung des Sparkassensektors seit den 90er Jahren dar. Bereits seit längerem suchen sowohl die einzelnen Banken vor Ort als auch die einzelnen Landesbanken in Abstimmung mit den politisch Verantwortlichen neue Modelle des Zusammenspiels der verschiedenen Sparkasseninstitute. Die diskutierten und bereits gelebten Modelle reichen von der klassischen vertikalen Arbeitsteilung zwischen Landesbanken und den örtlichen Sparkassen über den Sachsen-Finanzverband als Anstalt des öffentlichen Rechts und Träger verschiedener Spar-

---

[1] Wenn in den folgenden Ausführungen der Begriff *Fusion* dem *Merger*-Begriff vorgezogen wird, so hängt dies mit dem Untersuchungsgegenstand der dezentralen Bankengruppen und der in diesem Umfeld üblicherweise verwendeten Terminologie zusammen. Der *Merger*-Begriff wird im Finanzsektor insbesondere beim Zusammenschluss großer Finanzinstitute angewendet. Vgl. beispielsweise das Handbuch *MergerGuide* von PENZEL/PIETIG (2000), welches auf den Erfahrungen des Zusammenschlusses der Bayerischen Hypotheken- und Wechsel-Bank und der Bayerischen Vereinsbank zur HypoVereinsbank basiert. In der Literatur zu öffentlich-rechtlichen sowie genossenschaftlichen Kreditinstituten dominiert dagegen derzeit noch der *Fusions*-Begriff.

[2] Vgl. online *DSGV* (2006).

kasseninstitute in Sachsen bis hin zu einer direkten Beteiligung beziehungsweise Fusion einer Landesbank mit einer örtlichen Sparkasse wie im Falle der Landesbank Baden-Württemberg. Zwischen diesen drei Ausprägungen existiert eine Vielzahl von weiteren Modellen und Entwürfen, die eine Stärkung des Sparkassensektors in der jeweiligen Region anstreben.[3] Lediglich eine säulenübergreifende Fusion zwischen einer Sparkasse und einem privaten oder genossenschaftlichen Institut wird in keinem der veröffentlichten Modelle propagiert.[4]

Die größte Zahl der Fusionen weist im deutschen Bankenmarkt der genossenschaftliche FinanzVerbund auf. Dies liegt vor allem in der großen Zahl selbständiger Volksbanken und Raiffeisenbanken sowie weiterer genossenschaftlicher Institute begründet, die den genossenschaftlichen FinanzVerbund bilden. Im Jahr 1990 gab es noch 3.037 selbständige Institute, deren Zahl sich innerhalb von 15 Jahren bis Ende 2005 durch Fusionen auf 1.290 um mehr als die Hälfte reduzierte. Konkret gingen in diesem Zeitraum rund 1.750 Institute in einem größeren Unternehmen auf. Die größte Zahl der Fusionen erfolgte im Jahr 2000 mit 240 Fusionen genossenschaftlicher Banken. Seitdem ist der Fusionstrend rückläufig, im Jahr 2005 verzeichnet die Statistik noch lediglich 45 Unternehmenszusammenschlüsse.[5]

Auch bei den genossenschaftlichen Banken gelten hinsichtlich der Wahl möglicher Fusionspartner die Spielregeln einer dezentralen Gruppe[6] mit einem ausgeprägten Regionalitätsprinzip, sodass Fusionen als *horizontale*[7] Zusammenschlüsse in der Regel zwischen Kreditinstituten mit aneinandergrenzenden beziehungsweise sich überschneidenden Marktgebieten erfolgen. Die große Zahl der Fusionen resultierte in der Vergangenheit insbesondere aus der Tatsache, dass viele der stark regional ausgerichteten Banken über eine – im Vergleich zu den Wettbewerbern der anderen Bankengruppen – kleine Bilanzsumme verfügten. Die durchschnittliche Bilanzsumme der Genossenschaftsbanken beträgt im Jahr 2005 458 Mio. EUR, im Jahr 1990 lag sie dagegen bei lediglich 94 Mio. EUR. Nach dem ausgeprägten Fusionsboom in den 90er Jahren und Anfang dieses Jahrzehnts ist heute – einhergehend mit dem steten Rückgang der Fusionszahlen – ein neues Selbstbewusstsein der kleinen Genossen-

---

[3] Für eine fundierte und detailreiche Analyse des Sparkassensektors, der einzelnen Modelle und der möglichen Zukunftsausrichtung des öffentlich-rechtlichen Finanzsektors vgl. STAATS (2006).

[4] HOFMANN/WITTMANN analysieren den möglichen Mehrwert einer Fusion zwischen Genossenschaftsbanken und Sparkassen in den Bereichen Finanzen, Kunden, Prozesse und Mitarbeiter, ausgehend von der nie umgesetzten Planung einer solchen Fusion im oberfränkischen Marktredwitz im Jahr 1998, vgl. HOFMANN/WITTMANN (2004). Auch wenn eine solche Fusion in der Einzelbetrachtung für die beteiligten Institute durchaus mit messbarem Mehrwert verbunden wäre, würde die Realisierung eines solchen Präzedenzfalls die mittelfristige Auflösung der bestehenden dezentralen Gruppen zur Folge haben.

[5] Vgl. online BVR (2006).

[6] Unter dem Begriff der *dezentralen Gruppe* soll im Folgenden ein Netzwerk von unabhängigen Unternehmen verstanden werden, die langfristig ein enges Kooperationsverhältnis auf Basis einer gleichgerichteten wirtschaftlichen Tätigkeit eingegangen sind. Im Rahmen dieser – zumeist historisch gewachsenen – Kooperation wurden zur Verbesserung der gemeinsamen Marktpräsenz sowie der geschlossenen politischen Interessenvertretung einerseits Verbandsstrukturen, andererseits Unternehmen mit übergeordneten koordinierenden Aufgaben (Zentralinstitute) beziehungsweise mit der Aufgabe spezieller Produktentwicklung für die Mitglieder der dezentralen Gruppe geschaffen. Das Zusammenspiel der Mitglieder einer dezentralen Gruppe folgt dabei institutionalisierten Regeln, die einem steten Wandel unterliegen. Für eine grundlegende Einordnung von Unternehmensnetzwerken und ihrer Erfolgsfaktoren vgl. AULINGER (2005) und (2006).

[7] HOFMANN/WITTMANN (2004), S. 180, unterscheiden *horizontale, vertikale* sowie *diagonale* Unternehmenszusammenschlüsse. Während der Begriff der *horizontalen* Fusion die Zusammenschlüsse von Instituten der gleichen Ebene – also beispielsweise der Primärebene – beschreibt, wird mit einer *vertikalen* Fusion die Verschmelzung von Instituten unterschiedlicher Ebenen, also beispielsweise einer Ortsbank mit einem Zentralinstitut, erfasst. Als *diagonale* Fusion bezeichnen HOFMANN/WITTMANN schließlich den Zusammenschluss von Instituten verschiedener dezentraler Gruppen.

schaftsbanken mit einer Bilanzsumme von bis zu 250 Mio. EUR zu beobachten.[8] Es scheint, als ob sich die genossenschaftliche Gruppe bei der Zahl ihrer Mitgliedsinstitute einem neuen Gleichgewicht nähert, welches von Seiten des Bundesverbandes der Deutschen Volksbanken und Raiffeisenbanken mittelfristig bei einer Zahl zwischen 800 und 1.000 Instituten erwartet wird.[9]

Verlässt man die gruppeninterne Perspektive, so stößt man in Hinblick auf den Bankensektor insgesamt – sowohl national als auch international – auf gerade die entgegengesetzte Einschätzung hinsichtlich des noch vorhandenen Konzentrationspotenzials im Finanzbereich. So sehen *GRUBE/TÖPFER* mit Bezug auf eine von A. T. Kearney durchgeführte Analyse speziell in der Bankenbranche noch ein erhebliches Fusions- und damit Konzentrationspotenzial. Während in anderen Branchen wie Autoherstellern und Stahlproduzenten ein durchschnittlicher Konzentrationsgrad von rund 45 % erreicht wird, gemessen am Marktanteil der drei größten Unternehmen am Gesamtmarkt, so liegt dieser Wert in der Bankenbranche zu Beginn dieses Jahrzehnts bei lediglich 10 %.[10] Mit der Maßgabe eines durchschnittlichen Konzentrationsgrads von 40 bis 50 % würde dies für die deutschen Kreditinstitute noch einen umfangreichen Fusionsschub erwarten lassen.

Eine zentrale Rolle in dieser Frage kommt dem gewählten Blickwinkel zu. Legt man die reinen Institutszahlen – unabhängig von ihrer jeweiligen Einbindung in den privaten, öffentlich-rechtlichen beziehungsweise den genossenschaftlichen Sektor – zugrunde, so liegt offensichtlich eine Zersplitterung der Marktanteile und damit keine bestimmende Marktmacht vor. Aus einem gruppenbezogenen Blickwinkel, der einen geschlossenen Marktantritt sowohl des öffentlich-rechtlichen als auch des genossenschaftlichen Bankensektors berücksichtigt, kann man durchaus von großen Marktanteilen einzelner Unternehmen beziehungsweise Unternehmensgruppen sprechen. Damit liegt die entwicklungsoffene Situation vor, dass unter einem gruppenbezogenen Perspektive die dezentralen Unternehmensgruppen langsam zu einem hinsichtlich ihrer Zahl internen Gleichgewicht gelangen, welches weiter rückläufige Fusionszahlen erwarten lässt, während sich aus einer auf die Einzelinstitute abhebenden Perspektive für die nächsten Jahre ein erheblicher Fusionsdruck im deutschen Finanzsektor abzeichnet. Ein mittelfristiges Aufbrechen der Gruppenstrukturen würde in diesem Sinne wahrscheinlich wieder eine neue Fusionswelle im Bankensektor auslösen.

---

[8] Um den eigenen Interessen stärker Gehör innerhalb der dezentralen Gruppe zu verschaffen, gründete sich im Dezember 2004 die *Interessengemeinschaft kleinerer und mittlerer Genossenschaftsbanken*, der im Jahr 2005 rund 450 Banken angehörten, vgl. online *AUFTERBECK* (2005). Die Interessengemeinschaft sucht bei Themen von übergeordneter Bedeutung für den genossenschaftlichen Verbund die Position der kleineren Institute in die Diskussion einzubringen.

[9] Vgl. *BVR* (2002), S. 4.

[10] Vgl. *GRUBE/TÖPFER* (2002), S. 6.

2 Markierungspunkte des Fusionsweges

Üblicherweise werden in Publikationen zum Thema *Fusionen* drei Phasen unterschieden: eine Pre-Fusionsphase, ein Fusionszeitpunkt – das Closing – sowie eine Post-Fusionsphase. Eine solche auf den Zeitablauf abhebende Betrachtungsweise, die den formaljuristischen Unternehmenszusammenschluss als Hauptbezugspunkt wählt, bietet für die Untersuchung eine klare Trennung in eine *offene* Phase vor der Fusion, in der die beteiligten Institute jederzeit die Möglichkeit haben, die Fusion noch abzubrechen, und eine *geschlossene* Phase, in der die zusammengehenden Unternehmen juristisch verschmolzen sind und damit ein Abbruch des weiteren Integrationsprozesses nur durch einen erneuten juristischen Vertrag erreichbar wäre.

Für die vorliegende Untersuchung im Rahmen von dezentralen Gruppen soll vornehmlich eine systematisch-funktionelle Betrachtungsweise zugrunde gelegt werden, die auf einzelne Komponenten abhebt, die mit einer Fusion einhergehen. Dabei können folgende Komponenten unterschieden werden:

➢ *Vision und Vorbereitung einer Fusion*

➢ *Juristische Fusion* mit dem rechtlichen Verschmelzungsprozess gemäß Umwandlungsgesetz

➢ *Technische Fusion* mit der Zusammenführung der EDV-Systeme durch die zuständige Rechenzentrale

➢ *Organisatorische Fusion* mit der Schaffung der neuen Strukturen beziehungsweise Übertragung des in einem Institut bewährten Aufbaus in den Bereichen Vertrieb, Produktion und Steuerung

➢ *Kulturelle Fusion* mit der Zusammenführung der Mitarbeiter aus zwei bisher getrennten Unternehmenskulturen heraus in ein neues kulturelles Umfeld unter einem neuen, gemeinsamen Leitbild

➢ *Fusionscontrolling* als Prozess des stetigen Überprüfens der Durchführungsergebnisse der einzelnen Fusionsschritte

Zwar bauen diese Fusionskomponenten in der Regel sukzessive aufeinander auf, doch ist je nach Ausgangslage in den beteiligten Instituten die Betonung der einen oder der anderen Komponente stärker erforderlich, sodass auch eine Überschneidung beziehungsweise enge Verzahnung der verschiedenen Fusionskomponenten denkbar ist.

Für eine Analyse von Fusionsprozessen in dezentralen Gruppen sind vor allem zwei Komponenten – die *Vision und Vorbereitung einer Fusion* sowie die *kulturelle Fusion* – von Bedeutung, da an diesen Punkten das gruppenspezifische Umfeld in besonderem Maße zum Tragen kommt. Sie sollen im Weiteren besonders beleuchtet werden. In abgeschwächter Form ist auch die *juristische* sowie die *technische Fusion* durch das spezifische Umfeld der dezentralen Unternehmensgruppe geprägt, wenn beispielsweise gesetzlich vorgeschrieben ist, dass der zuständige Prüfungsverband ein Gutachten zu einem geplanten Fusionsvorhaben abgeben muss (§ 81 Abs. 1 UmwG) oder die *technische* Fusion in weiten Teilen nicht vor Ort in den beteiligten Banken, sondern vielmehr in der zuständigen Rechenzentrale abläuft.[11] Die gruppenspezifische Prägung spielt die geringste Rolle in Fragen der *organisatorischen Fusion* sowie des *Fusionscontrollings*. Diese Teile einer Fusion sind eher durch ein branchenunabhängiges Fusionsmanagement bestimmt, welches sich möglichst als stringent koordiniertes und präzise durchgeführtes Projektmanagement darstellen sollte.

2.1 Impulsgebung für Fusionsprojekte – Vision versus Gelegenheit

Fusionsankündigungen von nebeneinander agierenden Instituten innerhalb einer dezentralen Bankengruppe enthalten kurzfristig immer ein gewisses Überraschungsmoment, mittel- bis langfristig entspricht aber die Entstehung von immer größeren Einheiten bei Kreditinstituten der allgemeinen Erwartungshaltung. Man kann bei Banken in dezentralen Gruppen von einer *latent vorhandenen Fusionsperspektive* sprechen.[12] Dies liegt einerseits in der Entwicklungsgeschichte der letzten 25 Jahre begründet, in der sich sowohl im öffentlich-rechtlichen als auch im genossenschaftlichen Sektor die Zahl der Kreditinstitute durch Fusionen in deutlichem Maße verringert hat, andererseits besteht die Erwartung externer und interner Beobachter, dass sich durch die anhaltende Veränderung des Wettbewerbsumfelds im Finanzsektor dieser Fusionstrend weiter fortsetzt. In der genossenschaftlichen Gruppe wurde dieser Trend auch in der strategischen Ausrichtung der Kreditgenossenschaften unter dem Schlagwort „Ein Markt – eine Bank" mit der Zielsetzung aufgegriffen, Doppelpräsenzen genossenschaftlicher Institute innerhalb eines Marktgebietes nach Möglichkeit abzubauen.[13]

Diese stetig präsente Fusionsoption führt – insbesondere bei kleineren Instituten – zur strategischen Maxime einer möglichst langen Stand-alone-Strategie, sozusagen zu einem *negativen Fusionsbeschluss*, der regelmäßig vom jeweiligen Vorstand bestätigt wird. Gleichwohl ist das Wissen um die Möglichkeiten der Verschmelzung mit Nachbarinstituten im Bewusstsein vieler Mitarbeiter in Banken der Primärebene durchaus präsent. So suchen viele Führungskräfte der 2. Ebene über weiterführende Qualifizierungsmaßnahmen sich auf eine unbestimmte, in der nahen oder fernen Zukunft möglicherweise anstehende Fusion ihrer Bank vorzubereiten, um im dann einsetzenden Personalkarussell bestmöglich positioniert zu sein.

---

[11] Betrachtet man die *juristische* sowie die *technische* Fusion unter dem Aspekt möglicher Komplikationen wie auch möglicher Verzögerungen in der Umsetzung, so verlaufen beide Fusionsschritte offensichtlich weitgehend reibungslos. In empirischen Erhebungen wird die *juristische* Fusion von 95 % der Befragten als unproblematisch beziehungsweise neutral bewertet. Entsprechend planmäßig verlief in diesen Fällen die zeitliche Umsetzung. Lediglich in 5 % der Fälle wurde die *juristische* Fusion als problematisch eingestuft, die mit entsprechenden zeitlichen Verzögerungen einherging. In ähnlicher Weise stellt sich auch die *technische* Fusion in empirischen Erhebungen dar: Nachdem in dezentralen Gruppen die EDV jeweils über gruppeneigene Rechenzentralen zur Verfügung gestellt wird und im genossenschaftlichen Sektor nach einer Reihe von Fusionen im Wesentlichen nur zwei Rechenzentralen verblieben sind, verläuft die *technische* Fusion von Kreditgenossenschaften – insbesondere die Zusammenführung der verschiedenen Datenbestände – in der Regel hochstandardisiert. Die Zahl möglicher technischer Fusionskomplikationen tritt gem. empirischen Erhebungen bei weniger als einem Drittel der Fusionsfälle auf, zeitliche Verzögerungen wurden nur in 17 % der Fälle genannt. Vgl. dazu *SCHIERECK/TIMMRECK* (2002), S. 174.

[12] So äußerten sich auch in einer Umfrage unter 1.000 Volksbanken und Raiffeisenbanken im Jahr 2000 über 80 % der befragten Institute, dass sie in den nächsten Jahren mit einer Fusion rechneten, wobei allein 37 % der Banken eine Fusion mittelfristig, also in einem Zeitraum von frühestens drei Jahren, erwarteten. Vgl. *O. V.* (2000), S. 20.

[13] Vgl. *BVR* (2002).

Die Frage, ob beziehungsweise ab wann sich ein Vorstand aktiv mit der Vision und der Möglichkeit einer Unternehmensverschmelzung mit einem oder mehreren Nachbarinstituten auseinandersetzt, lässt sich in zwei Richtungen beantworten:

(1) Wenn die strategische Analyse der Zukunftsmöglichkeiten der Bank im Markt erkennen lässt, dass mit den vorhandenen Ressourcen der Bank und dem gegebenen Marktumfeld kein langfristiges Wachstum für das Institut realisierbar ist. Eine solche Situation tritt besonders häufig durch laufende beziehungsweise abgeschlossene Fusionsprozesse von Mitanbietern im eigenen Markt auf.

(2) Wenn sich im Markt beziehungsweise in der Personalsituation einer möglichen Partnerbank eine für eine Verschmelzung günstige Konstellation ergibt. Dies kann beispielsweise im positiven Sinne eine Vorstandskonstellation in zwei Instituten sein, die eine erfolgreiche Fusion möglich erscheinen lässt, oder aber – aus einer ernsthaften Krisensituation einer Bank heraus – eine *Sanierung durch Fusion* mit der entsprechenden Unterstützung des gruppeninternen Sicherungsfonds. In jedem Fall liegt diesen Fusionsvorhaben weniger eine strategische Vision als vielmehr die Erfolg versprechende Gelegenheit vor Ort zugrunde.

Der Ablauf eines Fusionsvorhabens hängt häufig von der Machtkonstellation zwischen den Fusionspartnern ab. Bezugspunkt ist dabei in erster Linie die Bilanzsumme der beteiligten Banken.

Eine *Fusion unter Gleichen*, bei der die beteiligten Partner über eine vergleichbare Bilanzsumme und damit auch über vergleichbare Geschäftsstrukturen verfügen, lässt am ehesten erwarten, dass sich beide Seiten in ausreichendem Maße in den Fusionsprozess und damit in das neu entstehende Institut einbringen können. Diese Konstellation bildet zwischenzeitlich die Grundlage für die überwiegende Zahl der Fusionen in dezentralen Gruppen, da eine *Fusion unter Gleichen* am ehesten das positive Umfeld bietet, innerhalb dessen die Organe eines Kreditinstituts einen Nutzengewinn für sich erwarten und in eine Fusion einwilligen. Eine solche Fusion impliziert einen umfassenden Veränderungsprozess für beide beteiligten Institute.

Bei ausgeprägten Größenunterschieden zwischen den Fusionspartnern – wie beispielsweise zwischen einer großen ländlichen Flächenbank und einer auf ein Mittelzentrum konzentrierten Ortsbank – ergibt sich in der Regel ein deutlich anderes Fusionsszenario. Man kann in weiten Teilen von einer *dominierten Fusion* sprechen. Allein die Fusionsroutine, die ein großes Kreditinstitut in den Fusionsprozess mit einbringt,[14] schafft bereits einen konkreten Rahmen für den Verschmelzungsvorgang. Ist der Größenunterschied zwischen den Fusionspartnern besonders ausgeprägt, kommt es vor, dass die aufnehmende Bank über ein eingespieltes Fusionsteam verfügt, welches die Integration der aufzunehmenden Bank standardisiert abwickelt, ohne dass die nicht unmittelbar betroffenen Mitarbeiter des integrierenden Instituts dies bemerken. Der fusionsbedingte Veränderungsprozess betrifft dabei in erster Linie die Mitarbeiter des kleineren Instituts.

---

[14] Betrachtet man das Wachstum von Kreditinstituten in dezentralen Gruppen, so erkennt man, dass zentrale Wachstumssprünge der einzelnen Banken weniger auf internem Wachstum basieren, sondern vielmehr das Ergebnis einer langen Fusionsgeschichte mit zum Teil bis zu dreißig Vorgängerinstituten darstellen. Vgl. beispielsweise online die Fusionsgeschichte der Westerwaldbank eG, *WESTERWALDBANK* (2006).

Eine situationsbedingt vorgegebene Machtkonstellation, die zumeist unabhängig von den bestehenden Bilanzgrößen ist, ist eine *Fusion mit Sanierungshintergrund*. Bei diesen häufig relativ kurzfristig anberaumten Unternehmensverschmelzungen liegt eine klare Dominanz beim aufnehmenden Institut, insbesondere wenn der Vorstand des Sanierungsinstituts aus seiner Geschäftsführungsposition ausscheidet.[15]

Eine *Fusion unter Gleichen* bietet den beteiligten Instituten das breiteste Spektrum an Handlungs- und Entwicklungsmöglichkeiten. Sowohl bei einer *dominierten Fusion* als auch bei einer *Fusion mit Sanierungshintergrund* steht vor allem der Integrationsansatz hinsichtlich des übernommenen Instituts im Vordergrund und weniger das Ziel eines spürbaren Wachstumsimpuls.

Welche konkreten Vorteile werden von einer Fusion für ein Institut erwartet? Allgemein gesprochen soll durch eine Fusion die Wettbewerbsfähigkeit eines Instituts erhöht werden, um eine bestimmte Marktposition zu erreichen beziehungsweise zu erhalten. Ziel ist also eine höhere Leistungsfähigkeit bei einer gleichzeitigen Verbesserung der Kostenstruktur. Dabei kann es sich um eine strategische Reaktion auf eine zu erwartende beziehungsweise bereits eingetretene Markt- und Umfeldveränderung handeln.

Aus betriebswirtschaftlicher Perspektive bietet eine Fusion dafür folgende Ansätze:[16]

➢ schnelleres Wachstum, als es organisch aus den eigenen Kräften des Unternehmens heraus möglich wäre, und damit eine verbreiterte Handlungsbasis,

➢ Hebung von Synergiepotenzialen durch Kostensenkung,

➢ Steigerung der Effektivität und damit der Erträge, insbesondere durch Economies of Scale sowie Economies of Scope,

➢ Erschließung neuer Geschäftsfelder,

➢ Verbreiterung der Kundenbasis,

➢ verbesserte Risikostreuung durch eine Erweiterung des Kreditportfolios,

➢ Optimierung der Personalstruktur durch Zusammenlegung von Back-Office- sowie Stabsfunktionen.[17]

Es wäre aber zu kurz gegriffen, wenn man annähme, dass bei einer Fusionsentscheidung lediglich betriebswirtschaftlich-rationale, unmittelbar auf das Unternehmen bezogene Aspekte zum Tragen kämen. Von ähnlicher Bedeutung sind akteursbezogene Aspekte, wobei sich die verschiedenen Interessengruppen in einer Bank in unterschiedlichem Maße in den Entscheidungsprozess einbringen können. Zentraler Entscheidungsträger im Rahmen der Fusionsanbahnung ist der jeweilige Vorstand, der die Zustimmung des Aufsichtsrates und der Eigentümer für seine Pläne einholen muss.

---

[15] Im Falle einer Fusion zur Abfederung einer Sanierung ist zu berücksichtigen, dass neben dem Vorstand der beteiligten (aufnehmenden) Bank ebenso bankexterne Akteure wie die zuständigen Verbände und der gruppeneigene Sicherungsfonds an der Entscheidungsfindung und der Durchführung eines solchen Zusammenschlusses teilhaben.

[16] Vgl. auch GRUBE/TÖPFER (2002), S. 6.

[17] Für eine Gewichtung der verschiedenen Motive durch die beteiligten Akteure vgl. die empirische Studie von EEKHOFF (2004) über Genossenschaftsbankfusionen in Norddeutschland.

Die Verteilung der Entscheidungskompetenzen und Einflussmöglichkeiten im Vorfeld einer Fusion erlaubt auch einen Blick auf häufig anzutreffende Corporate-Governance-Strukturen in Kreditinstituten. Hinter dem Begriff der *Corporate Governance* verbirgt sich im weitesten Sinne die institutionelle Ausgestaltung von Strukturen in einem Unternehmen, die der Leitung und Kontrolle dienen. Im Speziellen werden die wesentlichen Elemente der Strukturgestaltung unter dem Fokus betrachtet, ob durch das vorhandene Governance-System ein fairer Ausgleich der Interessen der Eigentümer, des Managements und der jeweiligen Kontrollgremien stattfindet. Als wesentliche Elemente der Gestaltung gelten *Eigentumsverhältnisse* (Verfügungsrechte), *Leitung, Entscheidungsfindung, Kontrolle, Verantwortung, Konfliktlösungsmechanismen* sowie *Kommunikation*. Governance-Strukturen setzen damit die Spielregeln in einem Unternehmen fest, deren Institutionalisierung notwendig ist, um den Interessenausgleich der Beteiligten im Rahmen einer langfristigen Zusammenarbeit zu sichern.[18]

In vielen Primärinstituten, insbesondere wenn sie regional eng eingebunden sind, liegt eine stark vorstandszentrierte Machtkonstellation vor, die nicht nur in operativen Fragen, sondern auch in grundlegenden, den Fortbestand des Unternehmens betreffenden Fragen wie der Fusionsentscheidung zum Tragen kommt. Stellt man sich die Verteilung der Einflussmöglichkeiten auf eine Fusionsentscheidung als Pyramide vor, so bildet der Vorstand des Kreditinstituts als Geschäftsführung in der Regel die Spitze, gefolgt vom Aufsichtsrat als Kontrollorgan, der Vertreterversammlung beziehungsweise der Versammlung der Gewährträger als Gremium der zustimmungspflichtigen Eigentümer sowie – als weitgehende einflusslose Basis – die Mitarbeiter der Bank, noch einmal unterteilt in die zweite Führungsebene und die weiteren Mitarbeiter. Diese Einflusspyramide innerhalb einer Bank entspricht dabei nur bedingt den formalrechtlichen Gegebenheiten in einem Kreditinstitut, gemäß derer den Eigentümern – und nicht dem geschäftsführenden Management – die wesentlichen Entscheidungskompetenzen in Grundsatzfragen innerhalb der Bank zukommen. Durch die breite Streuung der Eigentümeranteile, wie sie insbesondere in Kreditgenossenschaften häufig vorliegt, wird der Vorstand in der Durchsetzung seiner Interessen begünstigt, da im Eigentümergremium eine Interessenbündelung häufig schwierig ist.[19] So wirkt die starke Position des Vorstandes im operativen Bereich auch im Fusionskontext fort.[20]

---

[18] Vgl. STEIGER (2001), Sp. 530 f., sowie THEURL/KRING (2002), S. 6 ff. Theoretisch können die ökonomischen Fragestellungen der Thematik der Neuen Institutionenökonomik zugeordnet werden. Insbesondere die im Rahmen der Agency-Theorie aufgegriffene Problematik der asymmetrischen Informationsverteilung zwischen den Vertragsparteien (zum Beispiel Eigentümer und Management) und der unter der Annahme der Nutzenmaximierung entstehenden Vertretungskosten durch opportunistisches Handeln ist als theoretischer Hintergrund für die Konstruktion von Governance-Strukturen ausschlaggebend. Vgl. für eine kurze Einführung zur Agency-Theorie MENSCH (1999) beziehungsweise zur Thematik der Neuen Institutionenökonomik ERLEI/LESCHKE/SAUERLAND (1999).

[19] Gleichzeitig ist gesetzlich mit einer Zustimmungsquote von drei Vierteln der abgegebenen Stimmen in der Generalversammlung (§ 84 UmwG) eine relativ hohe Hürde für die Fusionsentscheidung gesetzt worden, sodass mit einem Viertel der abgegebenen Mitgliederstimmen eine Sperrminorität erreichbar ist.

[20] Dass dies nicht zwangsläufig so sein muss, zeigt die Akquisitionspolitik von Private-Equity-Firmen. So ist vielfach in den Statuten von Private-Equity-Firmen festgeschrieben, dass diese keine feindlichen Übernahmen durchführen dürfen. Der Begriff *feindlich* wird dabei angelsächsisch interpretiert, das heißt nur die Entscheidung des Aufsichtsrates hinsichtlich einer Übernahmeofferte ist von Interesse. Das Votum des Vorstandes des avisierten Unternehmens spielt dagegen für die übernahmeinteressierten Bieter keine Rolle, vgl. KLOEPFER/BRAUNBERGER (2006), S. 29.

Diese (häufig intransparent gehaltene) Einflussverteilung zwischen den Akteuren spiegelt sich auch in den nach außen getragenen Beweggründen für eine Fusion wider: Während die betriebswirtschaftlichen Aspekte die primäre, *öffentliche* Entscheidungsgrundlage darstellen, bilden die Motive der verschiedenen Akteursgruppen den eher diffusen Entscheidungshintergrund, der zwar nicht im Einzelnen ausformuliert wird und von außen erkennbar ist, aus dem heraus aber häufig der entscheidende Impuls für oder gegen ein Fusionsvorhaben erfolgt.

Die Motive der verschiedenen direkt beziehungsweise indirekt involvierten Akteursgruppen lassen sich kurz gefasst mit den drei Größen *Macht, Einkommen* sowie *Einfluss* erfassen, wobei die Ausprägung nach Interessengruppen variiert. Während für den Vorstand eine erfolgreiche Fusion in der Regel mit einem Macht- und Einkommenszuwachs einhergeht,[21] steht für Mitglieder des Aufsichtsrates eher die Frage eines Informationsvorsprungs und des unmittelbaren Einflusses auf die Entwicklung der Bank und – damit eng verbunden – des Prestiges im Vordergrund.[22] Die Eigentümerinteressen divergieren dagegen je nach Gesellschaftsform des jeweiligen Instituts. Während bei öffentlich-rechtlichen Instituten der Aspekt des Einflusses eine zentrale Größe für die Gewährträger darstellt, treten bei genossenschaftlichen Instituten die Mitglieder sowohl als Eigentümer als auch als Kunden auf. Für sie ist sowohl eine erhöhte betriebswirtschaftliche Leistungsfähigkeit als auch ein verbreitertes Förderpotenzial von Interesse, gleichzeitig besteht die Erwartung einer fortdauernden Verankerung der Bank vor Ort.[23] Die Mitarbeiter der fusionierenden Institute schließlich haben insbesondere ein positionales Interesse, da mit der Fusion in der Regel zwei Anwärter für eine Position bereitstehen.

Im Rahmen der Entscheidung für oder gegen eine Fusion sind die zu erwartenden Kosten dem erwarteten Nutzen gegenüberzustellen. Diese umfassen in der Regel drei Kostenblöcke[24], deren Höhe zum Zeitpunkt der Entscheidungsfindung zumeist nicht genau definiert werden kann:

---

[21] BÜHNER (2001), Sp. 929, verweist in diesem Zusammenhang auf die Agency-Theorie. Danach verfolgen Manager bei der Fusion von Unternehmen in erster Linie eigene Ziele, auch wenn diese nicht im Interesse der Eigentümer liegen. Zu den agency-theoretischen Managementmotiven für Fusionen werden dabei unter anderem neben Macht- und Prestigestreben finanzielle Interessen des Managements sowie die Verwendung freier liquider Mittel im Eigeninteresse gezählt. Eine Fusion kann sich dabei als besonders interessanter Hebel erweisen, da sich beispielsweise die Höhe der Gehälter des Vorstandes häufig an der Bilanzsumme des Kreditinstituts ausrichtet. Auch MOSSLER (1994), S. 95, stellt für Vorstände von fusionierten Kreditgenossenschaften fest, dass Prestigedenken und die Chance auf Machtgewinn sowie mehr Gehalt durchaus eine Rolle spielen. Für eine intensive Diskussion der Motivlage von Vorständen vgl. BECKER (2002), S. 22 ff.

[22] Voraussetzung für die Realisierung dieser Motive ist, dass die jeweiligen Akteure (Vorstand/Aufsichtsrat) ihre Position auch im neuen, fusionierten Institut einnehmen können. Wenn nicht, bedarf es in der Vorbereitungsphase alternativer Anreize, die den notwendigen Verzicht kompensieren. Für ausscheidende Vorstände sind dies in der Regel finanzielle Abfindungen beziehungsweise alternative Positionen mit entsprechender materieller Ausstattung.

[23] TOPP (1999), S. 44, verweist darauf, dass gerade bei kleinen und ländlichen genossenschaftlichen Kreditinstituten sowie bei Sparkassen vermehrt ein Interesse an lokalpolitischer Verbundenheit und persönlicher und räumlicher Überschaubarkeit des Instituts auftritt. Aber auch die Erhaltung des persönlichen Einflusses auf die Geschäftsleitung, die Tradition und das Image der beteiligten Banken können eine Rolle im Entscheidungskalkül der betroffenen Eigentümer spielen.

[24] Vgl. TOPP (1999), S. 36.

- Allgemeine Kosten einer Fusion (Notarkosten, Kosten der EDV-Zusammenführung, gegebenenfalls Kosten einer Beratungsgesellschaft),
- Kompromisskosten wie Abfindungen für nicht übernommene Manager,
- Koordinations- und Integrationskosten.

Wenn für die beiden Unternehmen die Höhe der notwendigen Aufwendungen im Rahmen der Fusion größer wäre als der mögliche zukünftige Nutzen, so wäre die Fusion unrentabel. Für eine rechnerische Gegenüberstellung von Kosten und Nutzen stellt sich jedoch die Schwierigkeit, die gesamten Fusionsaufwendungen im Vorfeld zu konkretisieren. Lediglich die allgemeinen Kosten einer Fusion sind in einer Vorschau kalkulierbar; bereits die Koordinations- und Integrationskosten lassen sich nur näherungsweise auf Basis eines geplanten Integrationsprozesses innerhalb des neuen Unternehmens abschätzen. Die Kompromisskosten schließlich stellen das Ergebnis eines internen Verhandlungsprozesses dar. Veranschlagte man bereits im Vorfeld eine bestimmte Summe für diesen Posten, wäre auf diese Weise der Rahmen und damit gegebenenfalls das Ergebnis des Verhandlungsprozesses mit möglicherweise ausscheidenden Vorstandsmitgliedern vorweggenommen.[25]

Insgesamt ist anzunehmen, dass die Gegenüberstellung der zu erwartenden Fusionskosten auf der einen Seite und dem Fusionsnutzen in Form von Synergieeffekten und Wachstumsimpulsen auf der anderen Seite insbesondere in der Phase der ersten betriebswirtschaftlichen Überlegungen eine Rolle spielt. Für die letztendlich durch die Interessen der agierenden Akteure bestimmte Entscheidung für oder gegen eine Fusion dürften die unmittelbaren Fusionskosten eher zweitrangig sein. Ursache dafür ist zum einen der hohe Anteil noch nicht quantitativ fixierbarer Fusionsaufwendungen und zum anderen die subjektive Bewertung des angestrebten Nutzen sowie des zusätzlichen Marktpotenzials für das neue fusionierte Institut.

2.2   Kulturelle Integration

Obwohl in der Literatur Einigkeit darüber besteht, dass vor allem die schwer messbaren *Soft Facts* die zentralen Erfolgsfaktoren bilden, scheint in der Praxis diese Erkenntnis hinter den leichter *zu greifenden Faktoren* zurückzustehen.[26] Dabei besteht häufig die Gefahr, die möglichen negativen Effekte einer Vernachlässigung der *Soft Facts* vor der Fusionsentscheidung zu unterschätzen. Dies gilt im Rahmen von Fusionsvorhaben insbesondere für die nachhaltige Integration der jeweiligen Unternehmenskulturen. Zwar existieren zahlreiche Erfolgsregeln zur Gestaltung der kulturellen Integration[27], ein einheitliches Verständnis von Unternehmenskultur sowie ein anerkanntes Verfahren in Form eines geplanten und durchdachten kulturellen Integrationsprozesses im Kontext von Unternehmenszusammenschlüssen ist jedoch selten existent.[28] Lediglich die Begleitung der kulturellen Zusammenführung der Unternehmen durch

---

[25] Im Falle einer *dominierten Fusion* sowie einer *Fusion mit Sanierungshintergrund* sind die zu erwartenden Kosten – wenn man im Sanierungsfall die möglicherweise noch verdeckt vorhandenen Risiken ausklammert – eher fixierbar, da in diesen Fällen die aufnehmende Bank durch die gegebene Macht- und Größenkonstellation einen größeren Anteil an der Bestimmung und Gestaltung des Fusionsprozesses hat.

[26] So konstatieren FISCHER/WIRTGEN (2000), S. 9: „Das meiste Geld verschlingen die *soft facts*, (…). Alle Autoren und Sonntagsredner sind sich über diese Tatsache – gemessen an ihren Lippenbekenntnissen – im Klaren. In der rauhen Wirklichkeit werden gerade diese Dinge ausgeklammert oder einfach übersehen."

[27] Vgl. beispielsweise GLASMACHER (2004) sowie AHLERS/KANY (2004).

[28] Vgl. BICKMANN (2004), S. 37.

intensive Kommunikationsmaßnahmen stößt auf einhellige Zustimmung, auch wenn manche Maßnahmen eher den Anschein erwecken, dass es sich weniger um Transparenz und Information als um einen kulturellen Marketing-Feldzug handelt.[29] Dabei besteht die Gefahr, eine unfundierte Einheitskultur zu etablieren, die Unterschiede und Probleme ausblendet und langfristig zu Konflikten führen muss. Ähnlich der klassischen Transaktionsvorbereitung von M&A durch Durchführung einer Due Diligence zur Beschaffung von internen (quantitativen) Informationen kann gerade bei Fusionen eine *Cultural Due Diligence* in Form einer Kulturanalyse beider Unternehmen einen hohen Nutzen sowohl für die Fusionsentscheidung als auch den Integrationsprozess darstellen.[30]

Wie kann Unternehmenskultur definiert werden? Stark vereinfacht impliziert ein Auseinandersetzen mit der Unternehmenskultur immer die Frage, wie etwas in einem Unternehmen *gemacht* wird. Dies bedeutet, dass das Verhalten der Führungskräfte und Mitarbeiter in den Mittelpunkt gerückt wird. Ein bestimmtes Verhalten wie Kooperation, Widerstand oder Zusammenhalt begründet sich immer auf eintretende Ereignisse, die für den Einzelnen von Bedeutung sind. Die Bedeutung entsteht durch die Bewertung des Ereignisses aufgrund von Einstellungen, Motiven oder Überzeugungen, welche wiederum durch das gesellschaftliche Umfeld, die sozialen Beziehungen oder aber aus Erfahrung geprägt werden. Die Unternehmenskultur äußert sich damit durch das *sichtbare* Verhalten der Führungskräfte und Mitarbeiter sowie durch die Einheit *unsichtbarer* Werte, Normen und Wertvorstellungen, die das Verhalten prägen. Sie formt nicht nur das Image des Unternehmens, sondern auch das Leistungsverständnis der Mitarbeiter.[31]

Die Fusion von Kreditinstituten kann demnach als ein externes Ereignis gedeutet werden, dass mit hoher Wahrscheinlichkeit eine Bedeutung hinsichtlich des Arbeitsplatzes, der Aufgabenstellung und der Erwartungshaltung für die Führungskräfte und Mitarbeiter der fusionierenden Unternehmen erlangt und somit zu unterschiedlichen Verhaltensweisen der Beteiligten führt.

Die Zusammenführung von Unternehmenskulturen im Rahmen von Fusionen in dezentralen Gruppen mag auf den ersten Blick verhältnismäßig einfach erscheinen. Zumeist handelt es sich um horizontale Fusionen, bei denen die beteiligten Unternehmen nicht nur in der gleichen Branche, sondern auch auf der gleichen Produktions- beziehungsweise Handelsstufe agieren.[32] Zudem gelten häufig zentrale Regeln und Prinzipien, die in den dezentralen Einheiten zum Teil schon langfristig gelebt werden und die in der Unternehmenskultur fest verankert sind. So gelten beispielsweise im genossenschaftlichen FinanzVerbund das Prinzip der Mitgliederförderung, die Prinzipien der Selbstverantwortung und Selbstverwaltung oder das Demokratieprinzip als Gestaltungsnormen für Governance- und Organisationsstrukturen, aber eben auch als Eckpfeiler einer zentralen Unternehmenskultur[33] für dezentrale Einheiten. Die Existenz derartiger gleicher Normen und Wertvorstellungen kann die Zusammenführung von Kulturen dezentraler Einheiten im Vergleich zum Merger einer Privatbank mit einer Invest-

---

[29] Vgl. AHLERS/KANY (2004), S. 40.
[30] Vgl. BISHOP/MARTENS (2006), S. 1051.
[31] Vgl. hierzu und zu einer weiteren Vielfalt von Definitionen dieses Terminus aus der Organisations- und Managementliteratur SACKMANN (2002), S. 24 ff.
[32] Vgl. BÜHNER (2001), Sp. 927.
[33] In diesem Zusammenhang eigentlich besser: Verbund- beziehungsweise Netzwerkkultur.

mentbank vereinfachen,[34] doch birgt auch die *Fusion unter Gleichen* ein hohes Potenzial an Konflikten und Widerständen; dies gilt insbesondere dann, wenn zwar auf horizontaler Ebene, aber mit einer unterschiedlichen Machtverteilung zwischen den beteiligten Unternehmen fusioniert wird. Entscheidend für den erfolgreichen Integrationsprozess ist daher die Akzeptanz der Machtverhältnisse, die sich unter anderem auch in der Bereitschaft zeigt, Eigenes aufzugeben. Diese Bereitschaft definiert letztendlich auch, welcher Weg für die kulturelle Zusammenführung gewählt wird:[35]

> Der Weg der *kulturellen Integration* beruht auf der gegenseitigen Feststellung, dass Elemente der jeweils anderen Unternehmenskultur attraktiv sind, eigene Kulturelemente aber definitiv beibehalten werden sollen. Eine kulturelle Integration setzt voraus, dass die Fusionspartner über eine hohe Kompromiss- und Veränderungsbereitschaft verfügen. Andernfalls kann der Prozess der kulturellen Integration schnell zu einem Konflikt darüber führen, wer die *richtigen* Systeme beziehungsweise Prozesse besitzt.

> Der Weg der *kulturellen Assimilation* setzt eine hohe Bereitschaft bei einem Fusionspartner voraus, Eigenes aufzugeben. Die Bereitschaft wird jedoch nur gegeben sein, wenn die Mehrzahl der Führungskräfte und Mitarbeiter eine geringe Wertschätzung für die eigene Unternehmenskultur aufbringt. Bestehen beide Partner auf die eigene Unternehmenskultur, so ist mit hohem Widerstand und Konflikten im Fall einer dominierten Assimilation zu rechnen, aber auch im Fall einer oktroyierten Kulturintegration. Als Ausweg bietet sich eine *kulturelle Separation* an. Diese Strategie der Kulturtrennung versucht, Ein- und Übergriffe in die gewachsenen Strukturen des Fusionspartners zu vermeiden. Die kulturelle Separation erweist sich jedoch häufig als theoretisches Konstrukt im Rahmen von Fusionen, die gerade auf die Ausschöpfung von Synergiepotenzialen abzielen und somit auch eine Kollision der Strukturen vorsehen.

> Einen radikalen Ansatz stellt die *Dekulturation* dar. Diese Strategie setzt die Beseitigung der vorhandenen Unternehmenskulturen bei gleichzeitigem Neuaufbau voraus. Der Nachteil der bewussten Dekulturation ist evident: Da die Unternehmenskultur durch das Verhalten der Führungskräfte und Mitarbeiter verkörpert wird, ist eine Dekulturation nur über Entlassungen zu erreichen; dies bedeutet aber auch gleichzeitig einen erheblichen Verlust an Wissen, Kundenkontakten und eventuell Wettbewerbsvorteilen, die durch die alte Kultur generiert wurden.

Eine Kombination der unterschiedlichen Wege ist denkbar und in der Praxis auch durchaus zu beobachten: So findet sich der Ansatz der Dekulturation auf der Führungsebene kombiniert mit der kulturellen Integration auf der nachgelagerten Ebene, um unverzichtbare Mitarbeiter zu halten.

Damit erreicht die Zusammenführung von Unternehmenskulturen im Rahmen von Fusionen eine strategische Dimension. Fusionen sind immer ein Anlass zur strategischen Neuausrichtung des Unternehmens. Die gewünschte Unternehmenskultur spiegelt sich dabei sowohl im Unternehmensleitbild als auch in Führungsgrundsätzen und -systemen wider, die wiederum das Führungsverhalten beeinflussen. Eine Veränderung in eine bestimmte Richtung setzt jedoch eine fundierte Analyse der bestehenden Kulturen voraus, um Grundmerkmale, Ähn-

---

[34] Vgl. *SCHIERECK/TIMMRECK* (2002), S. 171 f.
[35] Vgl. im Folgenden *WINKLER/DÖRR* (2001), S. 180 ff.

lichkeiten und Unterschiede herauszuarbeiten; erst eine Cultural Due Diligence schafft die Voraussetzung, einen Sollzustand für die Gestaltung eines Integrationsprogramms zu entwerfen.

2.3 Indikatoren des Erfolgs und des Scheiterns

„Die wenigsten Zusammenschlüsse sind erfolgreich"[36], ist ein beliebter Aufhänger vieler Studien zu Fusionsprozessen. Schätzungen zufolge sind rund Zweidrittel der Fusionen über die verschiedenen Branchen hinweg als gescheitert einzustufen.[37] Dies wirft die Frage auf, anhand welcher Kriterien eine Fusion als erfolgreich und wann sie als gescheitert eingestuft werden kann beziehungsweise ob sich objektive Indikatoren für eine erfolgreiche Fusion benennen lassen. Weiter gefasst steht dahinter die Frage, wie viel Subjektivität in die allgemeine Erfolgsbewertung hineinspielt. Die Einschätzung des mehrheitlichen Scheiterns findet beispielsweise in einer empirischen Erhebung aus dem genossenschaftlichen Bankenbereich keine Bestätigung: Rund 70 % der Vorstände genossenschaftlicher Banken, die eine Fusion abgeschlossen haben, stuften ihre Fusion als erfolgreich ein und lediglich knapp 7 % sahen in der Fusion einen Misserfolg.[38]

Die Beurteilung des Fusionserfolgs konzentriert sich dabei regelmäßig auf die *Hard Facts* des Fusionsvorhabens. Insbesondere bieten sich für eine Beurteilung diejenigen Fusionspotenziale an, die (vermeintlich) leicht messbar sind. Derartige Effekte resultieren beispielsweise aus Skaleneffekten im Massengeschäft von fusionierten Kreditinstituten oder aus Verbundeffekten durch die höhere Auslastung der EDV-Anlagen. Synergieeffekte, die durch gemeinsame Ressourcennutzung des Sach- und Humankapitals entstehen, sind häufig nicht nur beherrschendes Motiv für die Fusionsentscheidung, sondern auch erstes Kriterium im Rahmen der Erfolgsmessung.[39]

Eine isolierte Bewertung des Fusionserfolgs wird jedoch dadurch erschwert, dass ein Fusionsprozess nie unabhängig von den begleitenden Umwelteinflüssen beurteilt werden kann. So weist *EEKHOFF* darauf hin, dass es häufig schwierig ist festzustellen, welche Effekte in der Entwicklung des neuen Instituts fusionsbedingt sind und welche Effekte durch externe Faktoren verursacht wurden. Insbesondere bei Fusionen, die in eine Phase des konjunkturellen Abschwungs fallen, können negative Effekte auftreten, die nicht unmittelbar mit der Fusion zusammenhängen müssen.[40] Ebenso wird eine Fusion auch häufig zur strategischen Neuausrichtung in einzelnen Bereichen genutzt, beispielsweise im Vertriebsbereich durch eine seit langem geplante kritische Analyse des Filialnetzes und den Ausbau des Multi-Kanal-Vertriebs.

---

[36] PENZEL/PIETIG (2000), S. 2.
[37] Vgl. PENZEL/PIETIG (2000). Ebenso JANSEN/KÖRNER (2000).
[38] Vgl. EEKHOFF (2004), S. 8, sowie SCHIERECK/TIMMRECK (2002), S. 175. Die gleiche Frage stellt EEKHOFF auch Mitarbeitern der befragten Institute. Auch wenn die subjektive Bewertung „erfolgreiche Fusion" mit knapp 50 % niedriger ausfiel als bei der Vorstandsbefragung, so stimmen die Mitarbeiter bei der Bewertung hinsichtlich eines Misserfolgs der Fusion mit knapp 8 % weitgehend mit den Vorständen überein. Vgl. EEKHOFF (2004), S. 9.
[39] MATTERN/HEIDEGGER/LOTTNER weisen darauf hin, dass die direkte Messbarkeit des Fusionserfolgs einerseits durch die mangelhafte Operationalisierung der Fusionsziele eingeschränkt wird und andererseits sich die angesprochenen Fusionseffekte – bedingt durch den langen Integrationshorizont – schwer isolieren lassen, vgl. MATTERN/HEIDEGGER/LOTTNER (2001), Sp. 942. Die in der Praxis vorkommende Messung des Fusionserfolgs anhand der Veränderung des Aktienkurses relativ zum Marktdurchschnitt beziehungsweise vergleichbaren Wettbewerbern erscheint als Verfahren zu kurz gegriffen und anspruchslos.
[40] Vgl. EEKHOFF (2004), S. 16.

Eine umfängliche Zuordnung positiver Vertriebserfolge allein zum Fusionsprojekt würde diese Bewertung verzerren.

Schließlich hängt die Bewertung des Fusionserfolgs auch vom gewählten Betrachtungszeitpunkt ab: Insbesondere die angestrebten Synergieeffekte lassen sich zumeist erst mittelfristig in einem Zeitraum ab zwei Jahren nach Beginn der organisatorischen Fusion erfassen. Eine Aussage zu einem früheren Zeitpunkt wird sich auf Basis des *Fusionscontrollings* insbesondere auf die Fusionskomponenten *juristische, technische* sowie *organisatorische Fusion* beziehen, im Sinne der Beurteilung des durchgeführten Fusions- und Projektmanagements. Die angestrebten Markt- und Wachstumseffekte werden zu diesem Zeitpunkt noch nicht realisiert worden sein.

Für eine langfristige positive Bewertung einer Fusion werden in erster Linie die betriebswirtschaftlichen Aspekte einer Fusion herangezogen, das heißt

➢ die Erhöhung des Marktanteils,

➢ das Bilanzsummenwachstum,

➢ die Realisierung der angestrebten Synergieeffekte, insbesondere bei den Sachkosten und im Personalbereich,[41]

➢ die Vergrößerung des Kundenbestandes,

➢ die Erschließung neuer Geschäftsfelder sowie

➢ die Sicherung der Zukunftsfähigkeit durch eine entsprechende Betriebsgröße.

Auch hinsichtlich eines kritischen Fusionsverlaufs – der bis zum vollständigen Scheitern einer Fusion eskalieren kann – lässt sich eine Reihe von Indikatoren aufzeigen, die den verantwortlichen Akteuren Handlungsnotwendigkeiten innerhalb des Fusionsprozesses aufzeigen. Gründe für einen kritischen Fusionsverlauf können in einer allgemeinen Unterschätzung des Fusionsprojekts liegen, was sich in einer unzureichenden Vorbereitung des Projektmanagements, in einer zu geringen Kenntnis des Fusionspartners und einer weitgehenden Vernachlässigung des kulturellen Aspekts der Fusion ausdrücken kann.

Mögliche Krisenszenarien im Rahmen von Fusionen sind:

➢ ein deutlich höherer Zeit- und Ressourcenbedarf im Rahmen der Fusionsumsetzung,

➢ der Verlust von Marktanteilen durch eine fusionsbedingte Innenorientierung der Bank und damit einhergehender Vernachlässigung der Kundenbetreuung und Marktpräsenz,

➢ ausbleibende Realisierung der geplanten Synergieeffekte, beispielsweise durch langfristige Kompromisslösungen im Bereich Personal mit Ausnutzung der natürlichen Fluktuation,[42]

---

[41] Für eine fundierte empirische Untersuchung der Realisierung dieser angestrebten Synergieeffekte vgl. EEKHOFF (2004), S. 21 ff.

[42] Vgl. dazu SCHIERECK/TIMMRECK (2002), S. 167.

- keine umfängliche Zusammenführung und Abstimmung der Geschäftsprozesse sowie der Technik im neuen Institut, was zu Problemen bis zum vorübergehenden Zusammenbruch der Technik führen kann,
- Uneinigkeit im neuen Vorstandsgremium, was die Entscheidungs- und Handlungsfähigkeit des neuen Instituts stark einschränkt. Der Vorstand zerfällt in konkurrierende Lager beziehungsweise einzelne Mitglieder verlassen das Gremium,
- Überforderung des Managements und der Mitarbeiter der Bank durch die Anforderungen der neuen Größenordnungen, denen das fusionierte Institut begegnen muss,
- der Verlust qualifizierter Mitarbeiter durch Abwanderung (so genannter *Brain Drain*),[43]
- ein unerwartetes Auftreten von Risiken im zusammengeführten Portfolio der neuen Bank,
- die Erhöhung der Risiken durch den Einstieg in größere, überregionale Engagements sowie
- der *Kampf der Kulturen* zwischen den Mitarbeitern und damit eine Lähmung der Geschäftstätigkeit,[44]

Während in vielen Branchen das Scheitern eines Fusionsprozesses zur erneuten Trennung beziehungsweise zum Verkauf einzelner Unternehmensteile führen kann, zieht ein Fusionsmisserfolg in dezentralen Gruppen in den wenigsten Fällen eine Auflösung des vollzogenen Zusammenschlusses nach sich. Der Schritt zurück in die ehemalige kleinere Wirtschaftseinheit oder ein Wechsel zu einem anderen Fusionspartner erweist sich bei genauer Betrachtung als keine realisierbare Option. Ein Kreditinstitut, welches einmal in einen Unternehmenszusammenschluss eingebracht wurde, ist als eigenständiges Wirtschaftsobjekt untergegangen.[45] Das Scheitern einer Fusion, das heißt der Umstand, dass mittelfristig die aggregierten Fusionskosten letztendlich höher sind als der aggregierte Fusionsnutzen, zwingt das Management zu einem strategischen Kurswechsel, der häufig mit dem Austausch der vorherigen Entscheidungsträger einhergeht. Diese Neuausrichtung kann auch erneut die Fusionsoption mit Nachbarinstituten und damit die Flucht nach vorn beinhalten, was zu dem kritischen Phänomen führt, dass manche Fusionspartner ihre letzte Fusion – insbesondere im Bereich der kulturellen Integration – noch nicht vollständig abgeschlossen haben und sich bereits in den nächsten Fusionsprozess mit seinen spezifischen Chancen und Risiken begeben.

---

[43] Der Verlust qualifizierter Mitarbeiter kann auch bereits in der Vorphase einer möglichen Fusion stattfinden. Wenn zwei Institute in erkennbarem Maße die Möglichkeit einer Fusion eruieren, aber über einen längeren Zeitpunkt keine klare Entscheidung für oder gegen den Zusammenschluss erfolgt, entwickelt sich aufgrund der unklaren Zukunftsausrichtung der Institute für viele Mitarbeiter ein Klima der beruflichen Unsicherheit, da auf absehbare Zeit keine klare Aussage über die weitere Ausrichtung des jeweiligen Instituts getroffen wird. In dieser Phase tendieren vor allem Mitarbeiter mit einem hohen Marktwert dazu, alternative Angebote mit klaren beruflichen Perspektiven anzunehmen und das in der Fusionsfrage verfangene Institut zu verlassen.

[44] Vgl. dazu näher Abschnitt 2.2.

[45] Nur über den Weg der Neugründung könnte eine ähnlich ausgerichtete Bank die Stelle des fusionierten und damit untergegangenen Kreditinstituts einnehmen. Neugründungen von Primärinstituten, wie dies derzeit in Braunschweig hinsichtlich einer neuen Sparkasse erwogen wird, vgl. *O. V.* (2006), stellen in dezentralen Gruppen angesichts des bisherigen Fusionstrends die absolute Ausnahme dar.

3 Die strukturell-strategische Bedeutung von Fusionen für dezentrale Gruppen

Fusionen in dezentralen Gruppen betreffen als Einzelereignisse in erster Linie jeweils die involvierten Institute. Gleichzeitig führt eine anhaltende Fusionswelle in einer dezentralen Gruppe mittelfristig zu weiteren *induzierten* Fusionsprozessen von Unternehmen beziehungsweise Organisationen innerhalb der Gruppe. Das Entstehen größerer Einheiten in der unmittelbaren Nachbarschaft kann für das angrenzende Institut zu einem strategischen Fusionsdruck und der Suche nach strategischen Partnern führen. In ähnlicher Weise entsteht auch für die weiteren Unternehmen und Organisationen einer dezentralen Gruppe – Zentralinstitute, Verbände, Rechenzentralen –, die in enger Prozessverflechtung mit den Kreditinstituten der Primärebene stehen, mit dem stetigen zahlenmäßigen Rückgang der Banken in ihrer Region die Notwendigkeit, sich strategisch neu auszurichten. Diese Notwendigkeit wird umso größer, als mit den Fusionen auf der Primärebene nicht nur die Zahl der Banken als Kunden und Mitglieder rückläufig ist, sondern die entstehenden größeren Einheiten auch eine größere Marktmacht innerhalb ihrer Region mitbringen, die wiederum Einfluss auf das Zusammenspiel innerhalb der Gruppe haben kann. *RINGLE/KEEBINGATE* weisen in diesem Sinne darauf hin, dass es in der genossenschaftlichen Bankengruppe in den 70er und 80er Jahren in erster Linie zu Zusammenschlüssen von relativ kleinen Instituten kam. Zwischenzeitlich fusionierten aber die aus diesen damaligen Zusammenschlüssen hervorgegangenen Institute wiederum untereinander, wodurch *Großgenossenschaften* entständen, die sich über einen beträchtlichen Teil einer Region erstrecken könnten.[46]

Die anhaltende Fusionswelle auf der Primärebene führt damit zu einer sekundären Fusionswelle auf der Ebene der Verbundunternehmen und Verbände. So ist im genossenschaftlichen Verbund parallel zu den Fusionen der Ortsbanken eine Reihe von Zusammenschlüssen auf Verbandsebene, bei den Rechenzentralen und den Zentralbanken zu beobachten. Dies führte dazu, dass im Genossenschaftssektor heute lediglich noch zwei Zentralbanken und zwei Rechenzentralen nebeneinander tätig sind und auch für diese das Thema Fusion intensiv diskutiert wird. Für diese Unternehmen sind nicht nur die Vorstellungen des jeweiligen Vorstandes, sondern vor allem auch die Interessen der Anteilseigner, die als Primärbank gleichzeitig die Kunden sind, ausschlaggebend. Diese befinden sich in einer ähnlichen Position wie die *Mitglieder-Kunden* einer Primärgenossenschaft, doch gelingt es ihnen aufgrund ähnlich gelagerter Interessen im Hinblick auf mögliche Kosten- und Synergieeffekte im Rahmen einer Fusion in der Regel besser, ihre Vorstellungen zu bündeln und in den Entscheidungsprozess einzubringen.

Von besonderem Interesse ist die Position der Verbände in dezentralen Gruppen, die in der Regel die Funktionen der politischen Vertretung, der Beratung sowie der Prüfung übernehmen. Dabei können Verbände als Organisationen mit eigenständigen Interessen innerhalb dezentraler Gruppen gesehen werden. Prinzipiell kann bei ihnen ein grundlegendes Interesse an einem stetigen Wachstum der eigenen Verbandseinrichtungen angenommen werden. Dies setzt den Erhalt beziehungsweise die kontinuierliche Stärkung und Fortentwicklung der Konkurrenzfähigkeit der Mitgliedsinstitute voraus. Damit werden die Verbände alle Fusionen auf Primärebene unterstützen, die geeignet sind, gruppeninterne Konkurrenz in Form von Doppelpräsenzen innerhalb eines Marktgebiets abzubauen, schwache Institute in ertragsstärkere

---

[46] Vgl. *RINGLE/KEEBINGATE* (2002), S. 151.

Institute zu integrieren beziehungsweise Betriebsgrößen zu schaffen, die eine Verbesserung der Kosten- und/oder Ertragssituation versprechen.[47]

Eine wettbewerbsfähige Region mit ertragsreichen Unternehmen stärkt den zuständigen Verband auch in seiner Position innerhalb des Gremiengeflechts der dezentralen Gruppe und bietet eine größere Gestaltungsfreiheit in der eigenen Region. Eine breite krisenhafte Entwicklung bei den Instituten einer Region führt dagegen zu einer stärkeren Einflussnahme der bundesweiten Institutionen auf die regionale Ausrichtung.[48] Vor diesem Hintergrund wird der Verband die Entwicklung größerer Einheiten grundsätzlich begrüßen.[49]

Diesem Interesse der Verbände an leistungsstarken Mitgliedsinstituten steht die eigene betriebswirtschaftliche Handlungsgrundlage entgegen. Mit der fusionsbedingt sinkenden Zahl von Mitgliedsbanken und einem unveränderlichen Block fixer Kosten im Verband steigt die finanzielle Belastung für das einzelne Institut stetig an. Der Wunsch nach regionaler Abgeschlossenheit mit eigenem Verbandsgebiet, der in dezentralen Gruppen auf Primärebene häufig vorliegt, wird unter Kostenaspekten verstärkt zum teuren Luxus. Wenn eine Verschlankung der Prozesse und damit eine Kostensenkung bei den Verbandsleistungen nicht realisierbar sind, ist ein mögliches Szenario, dass die Mitgliedsbanken Druck auf ihren Verband in Richtung einer Fusion mit benachbarten Verbänden ausüben.[50]

In diesem Zusammenhang kann es im strategischen Kalkül der Verbände zu einer Wechselwirkung zwischen Verbandsinteressen einerseits und der weiteren Fusionsanbahnung bei Kreditinstituten auf Primärebene andererseits kommen: Wenn für die Verbandsleitung erkennbar wird, dass mit einem weiteren Rückgang der Mitgliedszahlen im Verbandsgebiet mittelfristig ein verstärkter Druck hinsichtlich eines Zusammenschlusses mit anderen Verbänden einhergeht, so wird das Interesse des Verbandes an weiteren Fusionen im eigenen Ver-

---

[47] Vgl. *RINGLE/KEEBINGATE* (2002), S. 160.

[48] Jede längere Krise auf Ebene der Primärinstitute wirkt sich auch mittelfristig auf das Image des Verbandes der jeweiligen Region aus. So stellt sich bei einer Häufung von Sanierungsfällen gegebenenfalls die Frage einer möglichen Früherkennung einzelner Krisensymptome im Rahmen der jährlichen Prüfung des Instituts.

[49] *RINGLE/KEEBINGATE* bewerten Fusionen in diesem Zusammenhang als ein bedeutendes „Element strategischer Verbundpolitik", da damit „eine größenbezogene Harmonisierung im verbundwirtschaftlichen Unterbau" und die „Entwicklung leistungsfähiger Einheiten im *Verbundformat*" möglich würden. Auf diese Weise könne man dem „Problem der heterogenen Unternehmensgrößen an der Verbundbasis" begegnen, vgl. *RINGLE/KEEBINGATE* (2002), S. 151 f. Die mögliche Schlussfolgerung aus dieser Bewertung, nämlich dass für die Leistungsfähigkeit einer dezentralen Gruppe eine optimale Betriebsgröße der einzelnen Institute erforderlich wäre, lässt sich weder betriebswirtschaftlich herleiten noch ist ein solcher Ansatz mit der Selbständigkeit der einzelnen Institute zu vereinbaren, die selbst über das Ob, Wann und Wie einer Fusionen entscheiden.

[50] Fusionen auf Verbandsebene in dezentralen Gruppen haben häufig eine lange Vorgeschichte mit verschiedenen Anläufen im Hinblick auf einen Zusammenschluss. Selbst innerhalb der Grenzen von einzelnen Bundesländern wird – solange dies wirtschaftlich vertretbar ist – an den alten Verbandsstrukturen festgehalten. In Nordrhein-Westfalen kam es erst im Jahr 2002 zur Fusion der beiden regionalen genossenschaftlichen Verbände zum neuen RWGV, in Baden-Württemberg sind weiterhin zwei Verbände nebeneinander tätig, nicht zuletzt auf Wunsch der jeweiligen Mitgliedsbanken. Im Falle des sächsischen Verbandes, der insbesondere aus politischen Gründen eine fortbestehende Unabhängigkeit wünschte, kam es im Sinne von *HIRSCHMAN* im Jahr 2003 zu einer *Abstimmung mit den Füßen* durch die Mitgliedsbanken, die begannen, sich dem größeren benachbarten Regionalverband anzuschließen, vgl. *HIRSCHMAN* (1970). Zum 1.1.2004 wechselten dann die 28 Kreditgenossenschaften in Abstimmung mit dem neu strukturierten Mitteldeutschen Genossenschaftsverband zum Genossenschaftsverband Frankfurt und behielten in ihrer unmittelbaren Region eine Gastmitgliedschaft. Vgl. online *MITTELDEUTSCHER GENOSSENSCHAFTSVERBAND* (2006).

bandsgebiet rückläufig sein.[51] Als möglicher Hebel steht den Verbänden ihre obligatorische Gutachterfunktion im Rahmen einer geplanten Fusion zur Verfügung. Im Genossenschaftssektor hat jede beteiligte Genossenschaft eine gutachterliche Äußerung des Prüfungsverbandes einzuholen (§ 83 Abs. 2 UmwG). Dieses Gutachten ist auch in der Mitgliederversammlung zu verlesen und nimmt damit Einfluss auf die Entscheidungsfindung.[52] Konkret untersagen kann ein Verband eine Fusion jedoch nicht.[53]

Daraus lässt sich die These ableiten, dass Verbände mit einer kleinen Zahl von Mitgliedsinstituten mittelfristig eher eine restriktivere Position gegenüber einer neuerlichen Fusion an den Tag legen werden als große Verbandsorganisationen. Je geringer die Zahl der Mitgliedsinstitute in einem Verband, um so eher stellt sich bei einem fortschreitenden Konzentrationsprozess die Frage der zukünftigen Struktur der jeweiligen dezentralen Gruppe.

Für die langfristige fusionsinduzierte Entwicklung von dezentralen Gruppen sind grundsätzlich zwei mögliche Modelle vorstellbar, über deren Wahrscheinlichkeit in Bezug auf den öffentlich-rechtlichen sowie den genossenschaftlichen Sektor heute noch keine Aussagen gemacht werden können:

➤ eine strukturelle *Homogenisierung* der Mitgliedsinstitute durch weitere Fusionen zu immer größeren Einheiten, womit auch eine engere strategische Ausrichtung der Institute in der dezentralen Gruppe einhergeht. Langfristig würde sich in diesem Modell eine Gruppenstruktur herausbilden, wie sie heute in den dezentralen Gruppen der Sparda- beziehungsweise PSD-Banken vorliegt.

➤ eine weitere *Ausdifferenzierung* der organisatorischen und strategischen Vielfalt innerhalb der dezentralen Gruppe. Für den Erfolg im Markt ist weniger eine bestimmte Institutsgröße als vielmehr die Verankerung im eigenen Marktgebiet durch Umsetzung der für diesen Markt adäquaten Konzepte ausschlaggebend. Dieses Modell umfasst gleichermaßen die weitere Entstehung sehr großer Flächenbanken als auch das – wirtschaftlich fundierte – Fortbestehen der traditionellen *Ortsbank* in einem abgegrenzten Marktgebiet.

---

[51] Die Steuerung der Fusionsprozesse in ihrer Region wird von Regionalverbänden zum Teil anhand von Strukturkonzepten, basierend auf einer Markteinteilung gemäß den sozio-geographischen Gegebenheiten mit Unter-, Mittel-, und Oberzentren –, vorgenommen. Wenn diese Strukturkonzepte den betroffenen Instituten bekannt sind, können diese die strukturellen Verbandsvorstellungen in die eigenen Überlegungen der strategischen Ausrichtung mit einfließen lassen. Dieser eher *aktiven* Struktursteuerung durch die Verbände steht der *passive* Steuerungsansatz gegenüber, bei dem ein Verband erst in der Vorphase einer Fusion die Auswirkungen auf die Marktstrukturen im Verbandsgebiet prüft und bewertet. Beiden Ansätzen gemein ist der Versuch, sogenannte *Sprungfusionen*, das heißt Fusionen von zwei nicht unmittelbar benachbarten Kreditinstituten, zu vermeiden, wenn dadurch das neue Institut längerfristig in einem geteilten Marktgebiet tätig sein wird.

[52] Vgl. RINGLE/KEEBINGATE (2002), S. 159.

[53] Auch unter machtpolitischen Aspekten verringert sich das Interesse des Verbandes an einem Entstehen weiterer, aus Sicht des Verbandes sehr großer Institute, da sich diese häufig eigene strategische und organisatorische Stabsabteilungen für bestimmte Fragestellungen leisten und sich auf diese Weise sukzessive von Leistungen des Verbandes abkoppeln – bis hin zur Vergabe des Prüfungsauftrags an gruppenexterne Prüfungsgesellschaften. Gleichzeitig kann ein politischer Zusammenschluss großer Banken innerhalb eines Verbandgebietes versuchen, vermehrt Einfluss auf die gesamte strategische Ausrichtung in der Region zu erlangen.

Institute, die über kein abgegrenztes Marktgebiet, geringe Marktanteile beziehungsweise kein zukunftsfähiges Konzept verfügen, werden mit großer Wahrscheinlichkeit weiteren Fusionen entgegengehen. Die dritte Entwicklungsmöglichkeit, die *Konzernbildung* aus dem weiteren Konzentrationsprozess heraus, ist aufgrund der dann grundlegend veränderten institutionellen Rahmenbedingungen als das Ende der dezentralen Gruppe zu betrachten und als Fortführung der Geschäftstätigkeit im Finanzsektor mit einem neuen Geschäftsmodell.

Quellenverzeichnis

AHLERS, A./KANY, L. (2004): Gemeinsam laufen lernen, in: BankInformation, 2004, Nr. 2, S. 38–40.

AUFTERBECK, S. (2005): Volksbanken schlagen sich wacker, online: http://www.handelsblatt.co m/news/Unternehmen/Firmen-Rankings/_pv/grid_id/1215455/_p/201312/_t/ft/_b/960174 /default.aspx/volksbanken-schlagen-sich-wacker.html, Stand: 15.09.2005, Abruf: 29.09.2 006.

AULINGER, A. (2005): Unternehmens- und Verbundnetzwerke, Schriftenreihe am IZV Institut für Zukunftsmanagement in Verbundnetzwerken an der Akademie Deutscher Genossenschaften ADG, Band 1, Montabaur 2005.

AULINGER, A. (2006): Netzwerke auf Erfolgskurs – Wo ist das Ziel?, Schriftenreihe am IZV Institut für Zukunftsmanagement in Verbundnetzwerken an der Akademie Deutscher Genossenschaften ADG, Band 2, Montabaur 2006.

BECKER, D. (2002): Bankenfusionen: Die Folgen für die Mitarbeiter, Schriftenreihe der Stiftung Kreditwirtschaft an der Universität Hohenheim, Band 10, Frankfurt am Main 2002.

BICKMANN, R. (2004): Eine Bank ist eine Bank ist eine Bank?, in: BankInformation, 2004, Nr. 2, S. 35–37.

BISHOP, O./MARTENS, K. (2006): Post-Merger-Integration, in: WISU – Wirtschaftsstudium, 2006, Nr. 8–9, S. 1048–1051.

BÜHNER, R. (2001): Fusion, in: GERKE, W./STEINER, M. (Hrsg.), Handwörterbuch des Bank- und Finanzwesens, Stuttgart 2001, Sp. 927–935.

BVR – BUNDESVERBAND DER DEUTSCHEN VOLKSBANKEN UND RAIFFEISENBANKEN (2002): Bündelung der Kräfte: Die gemeinsame Strategie. Projekt 3, Ein Markt – eine Bank (erweiterte Fassung Oktober 2002), Berlin 2002.

BVR – BUNDESVERBAND DER DEUTSCHEN VOLKSBANKEN UND RAIFFEISENBANKEN (2006): Finanzverbund – Zahlen, Daten, Fakten, online: http://www.bvr.de/public.nsf/index.html!R eadForm&main=3&sub=70, Abruf: 30.09.2006.

DSGV – DEUTSCHER SPARKASSEN- UND GIROVERBAND (2006): Daten und Fakten, online: http: //www.dsgv.de/de/sparkassen-finanzgruppe/daten-und-fakten/uebersicht/index.html, Abruf: 29.09.2006

EEKHOFF, T. (2004): Genossenschaftsfusionen in Norddeutschland – eine empirische Studie, Arbeitspapiere des Instituts für Genossenschaftswesen der Westfälischen Wilhelms-Universität Münster, Nr. 38, Münster 2004.

ERLEI, M./LESCHKE, M./SAUERLAND, D. (1999): Neue Institutionenökonomik, Stuttgart 1999.

FISCHER, J./WIRTGEN, J. (2000): Post Merger Integration Management, Berlin 2000.

GLASMACHER, B. (2004): Fusionen kulturell meistern, in: BankInformation, 2004, Nr. 2, S. 25–27.

GRUBE, R./TÖPFER, A. (2002): Post Merger Integration. Erfolgsfaktoren für das Zusammenwachsen von Unternehmen, Stuttgart 2002.

HIRSCHMAN, A. (1970): Exit, Voice and Loyality: Responses to Decline in Firms, Organizations and States, Cambridge 1970.

HOFMANN, J./WITTMANN, S. (2004): Fusionen zwischen Genossenschaftsbanken und Sparkassen – Utopie oder sinnvolle Strategie?, in: Zeitschrift für das gesamte Genossenschaftswesen, 2004, S. 179–188.

JANSEN, S./KÖRNER, K. (2000): Fusionsmanagement in Deutschland, Studie des Institute for Mergers & Acquisitions (IMA) der Universität Witten/Herdecke, Witten/Herdecke 2000.

KLOEPFER, I./Braunberger, G. (2006): Muskelspiele mit Milliarden, in: Frankfurter Allgemeine Sonntagszeitung, 16.07.2006, S. 29.

MATTERN, F./HEIDEGGER, H./LOTTNER, J. (2001): Fusionsmanagement, in: GERKE, W./STEINER, M. (Hrsg.): Handwörterbuch des Bank- und Finanzwesens, Stuttgart 2001, Sp. 927–935.

MENSCH, G. (1999), Grundlagen der Agency-Theorie, in: WISU – Wirtschaftsstudium, 1999, Nr. 5, S. 686–688.

MITTELDEUTSCHER GENOSSENSCHAFTSVERBAND (2006): Wirtschaftskraft der Mitgliedsgenossenschaften, online: http://www.mgv-info.de/index.php?main=verband&cat=mitglieder&art=Kredit&PHPSEDDID, Abruf: 29.09.2006.

MOSSLER, C. P. (1994): Betriebswirtschaftliche Aspekte und Problemfelder von Fusionen bei Kreditgenossenschaften, in: Rheinisches Genossenschaftsblatt, 1994, N3. 3, S. 92–96.

O. V. (2000): Acht von zehn Geno-Banken planen eine Fusion, in: Geldinstitute, 2000, Nr. 5, S. 20–21.

O. V. (2006): Braunschweig sucht Partner für geplante Sparkasse, in: Handelsblatt, 08.09.2006, S. 28.

PENZEL H.-G./PIETIG C. (Hrsg.) (2000): MergerGuide. Handbuch für die Integration von Banken, Wiesbaden 2000.

RINGLE, G./KEEBINGATE, F. (2002): Fusionsstrategien und Zukunftssicherung der Bankgenossenschaften, in: Zeitschrift für das gesamte Genossenschaftswesen, 2002, S. 149–162.

SACKMANN, S. (2002): Unternehmenskultur, Neuwied 2002.

SCHIERECK, D./TIMMRECK, CHR. (2002): Integrationsmanagement im Rahmen von kreditgenossenschaftlichen Fusionen, in: Zeitschrift für das gesamte Genossenschaftswesen, 2002, S. 163–179.

STAATS, ST. (2006): Fusionen bei Sparkassen und Landesbanken – Eine Untersuchung zu den Möglichkeiten der Vereinigung öffentlich-rechtlicher Kreditinstitute, Berlin 2006.

STEIGER, M. (2001): Corporate Governance, in: GERKE, W./STEINER, M. (Hrsg.): Handwörterbuch des Bank- und Finanzwesens, Stuttgart 2001, Sp. 530–540.

THEURL, T./KRING, T. (2002), Governance Strukturen im genossenschaftlichen Finanzverbund – Anforderungen und Konsequenzen ihrer Ausgestaltung, Arbeitspapiere des Instituts für Genossenschaftswesen der Westfälischen Wilhelms-Universität Münster, Nr. 27, Münster 2002.

TOPP, S. (1999): Die Pre-Fusionsphase von Kreditinstituten – Eine Untersuchung der Entscheidungsprozesse und ihrer Strukturen, Studienreihe der Stiftung Kreditwirtschaft an der Universität Hohenheim, Band 26, Sternenfels/Berlin 1999.

WESTERWALDBANK (2006): Historie, online: http://www.westerwaldbank.de, Abruf: 29.09.2006.

WINKLER, D./DÖRR, S. (2001): Fusionen überleben, München/Wien 2001.

Erster Teil – Die Pre-M&A-Phase

Steuerungsrelevante Perspektiven

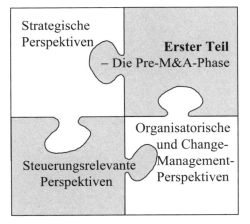
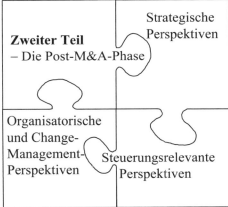

Mergers & Acquisitions im öffentlichen Sektor – Ausgewählte Probleme in der Bewertungsphase

Christina Schaefer

Fachhochschule für Technik und Wirtschaft Berlin

1	Problemstellung und Vorgehensweise	203
2	Allgemeine Vorüberlegungen zur Berücksichtigung internationaler Entwicklungen im öffentlichen Rechnungswesen	203
3	Ansatz von Erträgen einschließlich solcher ohne Gegenleistung	205
	3.1 Ertragsbegriff und maßgebliche Regelwerke	206
	3.2 Öffentliche Erwerbsunternehmen	207
	3.2.1 Ansatz von Erträgen	207
	3.2.2 Ansatz von Investitionszuwendungen der öffentlichen Hand	207
	3.3 Gebietskörperschaften und verwaltungsnahe Einrichtungen	209
	3.3.1 Ansatz von Erträgen mit Gegenleistung	209
	3.3.2 Ansatz von Erträgen ohne Gegenleistung	210
	3.3.2.1 Steuern	210
	3.3.2.2 Transfererträge	213
	3.3.2.2.1 Ansatz von erhaltenen Investitionszuwendungen...	213
	3.3.2.2.2 Ansatz von geleisteten Investitionszuwendungen ..	214
	3.3.2.2.3 Ausgewählte weitere Beispiele	215
4	Schlussbemerkung	216
	Quellenverzeichnis	219

1 Problemstellung und Vorgehensweise

Mit der Koalitionsvereinbarung vom Oktober 1998, in der sich die damals amtierende Bundesregierung für die Schaffung eines effizienten und bürgerfreundlichen Staats aussprach, wurde das Leitbild des aktivierenden Staates geprägt und die Privatisierungspolitik in diesen Zusammenhang gestellt und neu ausgerichtet. Eine wesentliche Aufgabe dieser Neuausrichtung, die vom Bundeskabinett am 15. Dezember 1999 im „Bericht zur Verringerung der Beteiligungen des Bundes" verabschiedet wurde, besteht in der dauerhaften Überprüfung, inwieweit staatliche Aufgaben oder unternehmerische Betätigungen des Staats durch Ausgliederung oder Privatisierung genauso gut oder besser erfüllt werden können. Die daraus resultierenden Kooperationsformen zwischen öffentlichem und privatem Sektor ermöglichen zum einen die Einbringung und Nutzung privaten, spezifischen Know-hows und zum anderen die Erschließung privater Investoren und privaten Beteiligungskapitals beispielsweise durch die Umwandlung von kommunalen Eigenbetrieben in eine GmbH oder AG. Obwohl bei der Festlegung der Ziele und Aufgaben der Privatisierungspolitik betont wurde, dass diese nicht primär darauf ausgerichtet ist, Einnahmen zur Haushaltsfinanzierung zu erzielen, nehmen in Anbetracht des auf den öffentlichen Haushalten zunehmenden finanziellen Drucks die Veräußerung von Gesellschaftsanteilen öffentlicher Beteiligungen zur Schließung von Finanzierungslücken, Mergers & Acquisitions (M&A) und damit die Gefahr eines Steuerungs- und Kontrollverlusts seitens des öffentlichen Trägers zu.

Welchen Beitrag die Reformentwicklungen im öffentlichen Rechnungswesen zur Beseitigung des Informationsdefizits insbesondere in den Schritten der Due Diligence und Bewertung einer M&A-Transaktion zum einen und des Steuerungs- und Kontrolldefizits in bestehenden Kooperationsformen zum anderen leisten können, soll im Folgenden an einer ausgewählten, die Spezifika des öffentlichen Sektors verdeutlichenden Problemstellung erläutert werden: dem Ansatz von Erträgen insbesondere solcher ohne Gegenleistung (maßgeblich Steuern und Transferleistungen).

2 Allgemeine Vorüberlegungen zur Berücksichtigung internationaler Entwicklungen im öffentlichen Rechnungswesen

Die Diskussion über Geldverbrauchsorientierung oder Ressourcenverbrauchsorientierung auf kommunaler Ebene ist zugunsten der Ablösung des geldverbrauchsorientierten kameralen Systems durch ein ressourcenbasiertes und outputorientiertes „doppisches" Rechnungs- und Haushaltswesen entschieden.[1] Bezüglich der zukünftigen inhaltlichen Ausgestaltung der Verbundrechnung auf Basis der Doppik findet derzeit eine Orientierung an den Vorschriften des deutschen Handelsrechts statt, sofern die Besonderheiten des öffentlichen Sektors keine Abweichungen erforderlich machen.[2] Dabei zählen das Neue Kommunale Rechnungswesen (NKR) und das Neue Kommunale Finanzmanagement (NKF) zu den bekanntesten ausformu-

---

[1] Vgl. LÜDER (2006b), S. 641.
[2] Vgl. LÜDER (1999), S. 66 ff., und MODELLPROJEKT „DOPPISCHER KOMMUNALHAUSHALT IN NRW" (2003), S. 27.

lierten Konzepten, die diese Orientierung verfolgen und bereits in Modellprojekten erprobt worden sind.

Ob die Orientierung an den Vorschriften des deutschen Handelsrechts in Anbetracht der aktuellen Entwicklungen in der Rechnungslegung im privaten Sektor, die durch eine zunehmende Verbreitung internationaler Rechnungslegungsstandards und einer zunehmenden Orientierung an den internationalen Rechnungslegungsstandards bei der Weiterentwicklung der deutschen Vorschriften gekennzeichnet sind, allerdings noch zeitgemäß ist, wird in der wissenschaftlichen Diskussion kritisch hinterfragt.[3] Dies geschieht insbesondere aus dem Grund, da die Gebietskörperschaften seit 2005 mit dem Inkrafttreten der EU-Verordnung zur Anwendung internationaler Rechnungslegungsstandards vom 27.05.2002 und von Basel II aufgrund der Vielzahl von Kapitalgesellschaften im Konzernverbund mit Abschlüssen nach den International Accounting Standards (IAS)/International Financial Reporting Standards (IFRS) konfrontiert werden. Um trotz dieser Entwicklungen weiterhin eine verzerrungsfreie Konsolidierung der Kernverwaltung mit ihren dezentralen Einheiten gewährleisten zu können und eine fundierte Entscheidungsgrundlage für M&A zu besitzen, sollte die Wahl der IAS/IFRS als Referenzmodell beziehungsweise die Anlehnung nationaler Rechnungslegungsstandards an den IAS/IFRS unbedingt in Betracht gezogen und diskutiert werden. Nicht zuletzt auch aus den Gründen, als dass die Orientierung an den IAS/IFRS zum einen im Vergleich zum HGB einen geringeren Gestaltungsspielraum durch die Einräumung weniger Wahlrechte und zum anderen die Chance zur Harmonisierung von internem und externem Rechnungswesen bietet, wodurch eine erhebliche Vereinfachung des Reformprozesses und eine verbesserte Praktikabilität der Steuerungsinstrumente zu erwarten sind.[4]

Vom Public Sector Committee (PSC) der International Federation of Accountants (IFAC) werden zudem seit 1986 im Rahmen des so genannten Standards-Projects internationale Rechnungslegungsstandards für den öffentlichen Sektor erarbeitet und deren Umsetzung in nationales Recht unterstützt. Derzeit sind 21 International Public Sector Accounting Standards (IPSAS) verabschiedet worden, bei deren Entwicklung auf die IAS/IFRS zurückgegriffen und fallweise Modifizierungen vorgenommen worden sind, sofern die Besonderheiten des öffentlichen Sektors dies verlangt haben.

Die Meinungen darüber, welches Referenzmodell, die IPSAS oder die IAS/IFRS für den Fall der Ausrichtung der nationalen Standards an den internationalen Rechnungslegungsstandards bevorzugt werden soll, differieren. Für eine Anlehnung an die IPSAS spricht grundsätzlich deren über die IAS hinausgehende Berücksichtigung der Besonderheiten des öffentlichen Sektors, die als Anregungen in die nationale Diskussion und die deutsche Gesetzgebung einfließen könnten.[5] Zugleich könnte durch die parallel zu leistende nationale und internationale Facharbeit ein Austauschprozess eingeleitet werden, der wechselseitig Anregungen gibt, auf noch auszufüllende Lücken hinweist und dennoch Freiraum für die jeweils national existierenden Spezifika lässt.[6]

---

[3] Vgl. BUDÄUS (2006), S. 194 f.
[4] Vgl. SROCKE (2002), S. 102.
[5] Vgl. VOGELPOTH/DÖRSCHELL (2001), S. 762.
[6] Vgl. BOLSENKÖTTER (2003), S. 177.

Zum anderen bestehen grundsätzliche Bedenken über die Zweckmäßigkeit der ISPAS, die sich darin äußern, dass durch die enge Anlehnung der IPSAS an den IAS/IFRS die Gefahr besteht, dass der Blick mehr auf Gemeinsamkeiten zwischen dem privaten und dem öffentlichen Sektor gelegt wird und die einzelnen Standards den Besonderheiten des öffentlichen Sektors zu wenig gerecht werden. Zudem müssten aufgrund der bestehenden konzeptionellen Unterschiede zwischen der angloamerikanischen und der kontinental-europäischen Rechnungslegung bei einer weltweiten Anwendung der IPSAS Kompromisslösungen in Form von uneinheitlichen Spezifizierungen, Wahlrechten und Ausnahmeregelungen zugelassen werden.[7] Beide Aspekte würden dazu führen, dass der Informationsgehalt der Abschlüsse nicht qualitativ hochwertig wäre. Da die IPSAS letztlich keinen Gesetzescharakter und die IFAC-PSC keine Implementationskompetenz besitzen, scheinen einer weltweiten Einführung der IPSAS bereits in ihren Anfängen nur schwer überwindbare Grenzen gesetzt.[8]

Festzuhalten bleibt, dass bei der aktuellen Gestaltung des Reformprozesses zukünftige Entwicklungstendenzen, wie beispielsweise die Internationalisierung des Rechnungswesens, unbedingt berücksichtigt werden müssen, da heutige Entscheidungen, beispielsweise die Festlegung auf das HGB als Referenzmodell, einen Einfluss sowohl auf die langfristige Entwicklung des Reformprozesses hinsichtlich seiner Komplexität und der zeitlichen Ausdehnung der Umsetzungsphase als auch auf die kurzfristig zu ergreifenden Anpassungsmaßnahmen besitzen. Fachkonzepte, wie beispielsweise das NKF, berücksichtigen diese Dynamik, indem sie auf zukünftige Entwicklungstendenzen hinweisen, deren Auswirkungen beschreiben und mögliche Änderungen am bestehenden Konzept vorsehen.[9]

3 Ansatz von Erträgen einschließlich solcher ohne Gegenleistung

Nach dem Periodisierungsgrundsatz (Accrual Principle) sind gemäß der im HGB (§ 252 Abs. 1 Nr. 5) und in den IAS/IFRS festgehaltenen Grundsätzen Erträge und Aufwendungen der Berichtsperiode unabhängig von den Zeitpunkten der ihnen zugrunde liegenden Zahlungen zu erfassen. Die Periodisierung von Zahlungen wird im kaufmännischen Rechnungswesen durch das Realisationsprinzip in Verbindung mit dem „Abgrenzungsgrundsatz der Sache nach" (Matching Principle) geregelt. Erträge, die auf Austauschbeziehungen beruhen, wie zum Beispiel Gebühren, gelten demnach in der Leistungsperiode als realisiert. Der überwiegende Teil der Erträge von Gebietskörperschaften, maßgeblich Steuern und steuerähnliche Erträge, beruht jedoch nicht auf Austauschbeziehungen, das heißt, diesen Erträgen stehen keine direkten und annähernd gleichwertigen Gegenleistungen gegenüber.[10] Der in der Privatwirtschaft dominierende „Abgrenzungsgrundsatz der Sache nach" (Matching Principle) ist aufgrund des im Regelfall nicht bestehenden Zusammenhangs zwischen Erträgen und Aufwendungen demnach nur ausnahmsweise bei Gebietskörperschaften anwendbar,[11] und es stellt sich die Frage,

---

[7] Vgl. LÜDER (2002), S. 162.
[8] Vgl. LÜDER (2002), S. 159.
[9] Vgl. MODELLPROJEKT „DOPPISCHER KOMMUNALHAUSHALT IN NRW" (2003), S. 28.
[10] Vgl. LÜDER (2006a), S. 607.
[11] Vgl. LÜDER (2005), S. 39.

nach welchen Grundsätzen Erträge ohne Gegenleistung zu erfassen sind, das heißt, welcher Periode positive Ergebnisbeiträge zuzurechnen sind. Im Gegensatz zur Privatwirtschaft nimmt damit der „Abgrenzungsgrundsatz der Zeit nach" eine dominante Stellung ein.[12]

Ausgehend von den Zwecken der Rechnungslegung von Gebietskörperschaften soll im vorliegenden Beitrag diese Frage auf Grundlage der handelsrechtlichen und internationalen Rechnungslegungsvorschriften untersucht werden.

In den Ausführungen wird in öffentliche Erwerbsunternehmen (Government Business Enterprises), bei denen die internationalen Rechnungslegungsgrundsätze IAS/IFRS Anwendung finden, und Gebietskörperschaften, bei denen die internationalen Rechnungslegungsgrundsätze IPSAS Anwendung finden, differenziert.

3.1 Ertragsbegriff und maßgebliche Regelwerke

Nach dem IFRS-Rahmenkonzept (Framework) setzen sich Erträge aus Erlösen und anderen Erträgen zusammen. IAS 18 (Erträge [Revenue]) definiert Ertrag als den aus der gewöhnlichen Geschäftstätigkeit resultierenden, reinvermögensmehrenden Bruttozufluss wirtschaftlichen Nutzens (Economic Benefits) während der Berichtsperiode, zum Beispiel Umsatzerlöse, Zinsen, Mieten und Dividenden und schließt damit Reinvermögensmehrungen durch Einlagen der Anteilseigner aus (IAS 18.7). Ein wirtschaftlicher Nutzen resultiert für das Unternehmen nur aus Zahlungsströmen, die es auf eigene Rechnung erwirtschaftet hat und beanspruchen kann. Damit umfasst der Begriff Ertrag nicht Beträge, die im Namen Dritter eingezogen werden, insbesondere Umsatz- und andere Verkehrssteuern, sowie die Teile der Einzahlungen aus Vermittlungsgeschäften, die vertragsgemäß an den Auftraggeber weitergeleitet werden, wie zum Beispiel Zahlungen für Kommissionsware.[13] Eine spezielle Definition für Erträge existiert im deutschen Recht nicht. Die übliche Handhabung in der Praxis, unter Erträgen alle erfolgswirksamen Mehrungen des Reinvermögens aus dem betrieblichen Leistungserstellungsprozess zu verstehen,[14] ähnelt dem IFRS-Rahmenkonzept.[15]

Für die weitere Abhandlung sind die folgenden Punkte und für deren Behandlung notwendigen spezifischen Abgrenzungen von Bedeutung: Zum einen beruht der überwiegende Teil der Erträge von Gebietskörperschaften nicht auf Austauschbeziehungen (insbesondere Steuern).[16] Hier gilt es zu prüfen, inwieweit bereits in den nationalen und internationalen Regelwerken eine Abgrenzung in Erträge mit Gegenleistung und solche ohne Gegenleistung vorgenommen wird, Unterschiede aufzuzeigen und sodann die in rechtlichen Regelwerken bestehenden Vorschriften für Ansatz und Bewertung auf ihre Zweckmäßigkeit zu prüfen und gegebenenfalls Handlungsempfehlungen abzugeben. Zum anderen beruht ebenfalls ein erheblicher Teil der Aufwendungen der öffentlichen Hand nicht auf Austauschbeziehungen. Dies gilt insbesondere für den überwiegenden Teil der Zuwendungen (oder Beihilfen) der öffentlichen Hand. Hier gilt es, analog eine Abgrenzung in Aufwendungen mit und ohne Gegenleistung vorzunehmen und deren Ansatz und Bewertung zu diskutieren.

---

[12] Vgl. BERENS ET AL. (2005), 889.
[13] Vgl. ORDELHEIDE/BÖCKEM (2002), S. 6, und DIHK/PRICEWATERHOUSECOOPERS (2005), S. 14.
[14] Vgl. BRIXNER ET AL. (2003), A 117, S. 29 und E 155, S. 232.
[15] Vgl. PRICEWATERHOUSECOOPERS (2005), S. 58.
[16] Vgl. BERENS ET AL. (2005), S. 889.

Gemäß der Problemstellung sollen nun die Unterschiede und Gemeinsamkeiten zwischen deutschem und internationalem Recht bei Ansatz und Bewertung von Erträgen herausgearbeitet werden. Die Vorgehensweise orientiert sich an der internationalen Einteilung öffentlicher Einrichtungen. Bei der kurz gefassten Behandlung der öffentlichen Erwerbsunternehmen (Government Business Enterprises) werden Investitionszuwendungen durch die öffentliche Hand gesondert behandelt. Bei den öffentlichen Einrichtungen, die nicht zu den öffentlichen Erwerbsunternehmen zählen, wird eine Differenzierung nach Erträgen mit und ohne (zurechenbare) Gegenleistung sowie eine separate Behandlung von Investitionszuwendungen vorgenommen.

3.2 Öffentliche Erwerbsunternehmen

3.2.1 Ansatz von Erträgen

Die Kriterien der Ertragsrealisierung nach IFRS und dem deutschen Handelsrecht stimmen weitestgehend überein. Die Erfassung nach IFRS basiert auf mehreren Kriterien, die eine Erfassung von Erträgen erfordern, wenn die Chancen und Risiken übertragen wurden und die Erträge verlässlich bewertet werden können. Annähernd wie IFRS werden Erträge nach deutschem Recht erfasst, wenn sie zum Bilanzstichtag realisiert sind (Realisationsprinzip, § 252 Abs. 1 Nr. 4 HGB). Ausnahmen bei der Ertragsrealisierung bilden Detailfragen, die

➢ den Verkauf von Erzeugnissen und Waren,

➢ die Ertragsrealisierung bei langfristiger Fertigung[17] und

➢ Filmlizenzverträge

betreffen.

Die Unterschiede ergeben sich daraus, dass nach deutschem Handelsrecht eine Reduktion des verbleibenden Risikos bis auf ein verbleibendes Inkasso-, Delkredere- und Gewährleistungsrisiko gefordert wird, während nach der Probability-Formel des IAS 18 die Risikoposition ein zusätzlich verbleibendes Abnahmerisiko berücksichtigt.[18]

3.2.2 Ansatz von Investitionszuwendungen der öffentlichen Hand

Gemäß IAS 20 (Bilanzierung und Darstellung von Zuwendungen und Beihilfen der öffentlichen Hand [Accounting for Government Grants and Disclosure of Government Assistance]) gelten als Zuwendungen der öffentlichen Hand Beihilfen, die zum Ausgleich für die vergangene oder künftige Erfüllung bestimmter Bedingungen im Zusammenhang mit der betrieblichen Tätigkeit des Unternehmens gewährt werden. Diese dürfen erst dann bilanziell erfasst werden, wenn eine angemessene Sicherheit dafür besteht, dass das Unternehmen die notwendigen Anspruchsvoraussetzungen erfüllen wird und zu erwarten ist, dass dem Unternehmen die Zuwendungen tatsächlich gewährt werden.

---

[17] Nach IFRS (IAS 18.20) erfolgt die Bilanzierung anhand der Methode der Teilgewinnrealisierung. Die nach deutschem Recht anzuwendende Fertigstellungsmethode ist gemäß IFRS unzulässig. Die Methode der Teilgewinnrealisierung ist im deutschen Recht im Allgemeinen unzulässig.

[18] Vgl. BAETGE ET AL. (2003), IAS 18 Erträge (Revenue), Abschnitt B, Tz. 98.

Die Erfassung findet im Ergebnis jener Periode statt, in der die durch die Zuwendung zu deckenden Kosten anfallen. Eine direkte Erfassung im Eigenkapital ist nicht zulässig.

IAS 20 nimmt eine Abgrenzung in vermögensbezogene Zuwendungen (Investitionszuwendungen) und ertragsbezogene Zuwendungen (Aufwandzuschüsse) vor. Investitionszuwendungen hat der Empfänger erfolgswirksam zu erfassen, in der Regel über die Nutzungsdauer des damit beschafften Vermögenswerts. Der Ausweis erfolgt als passiver Abgrenzungsposten (Auflösung über die Nutzungsdauer) oder als Minderung des Buchwerts des Vermögenswerts. Ertragsbezogene Zuwendungen werden erfolgswirksam in den Perioden erfasst, in denen die subventionierten Aufwendungen anfallen. Der Ausweis erfolgt als Ertrag, in der Regel unter „sonstige betriebliche Erträge" oder durch Saldierung mit den betreffenden Aufwandspositionen.[19]

Wesentliche Unterschiede zwischen den IFRS und dem deutschen Recht bestehen in den folgenden Punkten:

➢ Die Verrechnung von ertragsbezogenen Zuwendungen mit den entsprechenden Aufwendungen ist nach § 246 Abs. 2 HGB grundsätzlich unzulässig.

➢ Die Bildung eines passiven Rechnungsabgrenzungspostens lehnt HFA 1/1984 ab. Stattdessen soll die Investitionszuwendung unter der Bezeichnung „Sonderposten für Investitionszuschüsse zum Anlagevermögen" ausgewiesen werden. Die Auflösung erfolgt sodann als sonstiger betrieblicher Ertrag.

➢ Zudem bestehen nach internationalem Recht weitergehende Offenlegungspflichten.

Für öffentliche Erwerbsunternehmen dürfte für die Erfassung von Erträgen der Schluss erlaubt sein, dass die Übernahme der Bilanzierungs- und Bewertungsregeln der IAS nicht nachteilig ist und das von den IAS verfolgte Ziel, ein den tatsächlichen Verhältnissen entsprechendes Bild der Vermögens-, Finanz- und Ertragslage abzubilden, den Anforderungen der Adressaten an die Dokumentation der Aktivitäten von öffentlichen Erwerbsunternehmen in weiten Teilen besser gerecht wird als die im deutschen Recht vorhandenen Regelungen. Die konkrete Ausformulierung der Kriterien, nach denen Erträge zu erfassen sind, sowie die im Unterschied zum HGB, das eine Vielzahl von ausdrücklichen sowie indirekten Wahlrechten zulässt, verfolgte Zielsetzung des IASB, noch bestehende Gestaltungsspielräume aus den IAS und damit auch dort noch bestehende bilanzpolitische Spielräume und Möglichkeiten der Bildung stiller Reserven zu beseitigen,[20] sind zwei wesentliche Punkte, die eine Anlehnung an die IAS bei der Rechnungslegung öffentlicher Erwerbsunternehmen empfehlen lassen.[21] Dabei sollte diese Anlehnung mit Bedacht und unter Berücksichtigung der besonderen Zwecke der Rechnungslegung im öffentlichen Sektor erfolgen. Freilich gilt es zudem mit Blick auf die mit einer Reform des öffentlichen Haushalts- und Rechnungswesens angestrebten Ziele, die Einzelabschlüsse der Kernverwaltung und der zur wirtschaftlichen Einheit „Kernverwaltung" zählenden verselbständigten Einheiten unabhängig von ihrer Rechtsform zu einem Konzernabschluss zu konsolidieren, die Vorgehensweise mit den Entwicklungen und Entscheidungen über die Ausgestaltung der öffentlichen Rechnungslegungsstandards stets abzugleichen und abzustimmen.

---

[19] Vgl. *PRICEWATERHOUSECOOPERS* (2005), S. 97.

[20] Vgl. die auf der Internetseite des IASB (http://www.iasb.org) angegebenen Active Projects, beispielsweise zu Fair Value Measurement und zu Revenue Recognition.

[21] Vgl. *SROCKE* (2004), S. 65 f.

Welche Alternativen grundsätzlich für den Ansatz von Erträgen, insbesondere solcher ohne Gegenleistung, für Gebietskörperschaften bestehen, welche Entwicklungen sich abzeichnen und welche Handlungsempfehlungen im kritischen Vergleich abzugeben sind, soll daher Inhalt des folgenden Abschnitts sein.

3.3 Gebietskörperschaften und verwaltungsnahe Einrichtungen

Die ordentlichen Erträge einer Gebietskörperschaft sind überwiegend Erträge aus Transaktionen, denen keine Leistungsaustauschbeziehung zugrunde liegt („Erträge ohne zurechenbare Gegenleistung", „einseitige Geschäfte"), vor allem Steuern, Transferleistungen[22] und Zuwendungen. Die den zur Ermittlung des ordentlichen Jahresergebnisses den ordentlichen Erträgen gegenüberzustellenden Aufwendungen resultieren zum Teil aus zweiseitigen Geschäften, wie beispielsweise Personal und Versorgungsaufwendungen, zum Teil aus einseitigen Geschäften, das heißt Transferaufwendungen wie zum Beispiel geleistete Zuwendungen und Zuschüsse.[23]

3.3.1 Ansatz von Erträgen mit Gegenleistung

IPSAS 9 (Erträge aus Transaktionen mit Gegenleistung [Revenue from Exchange-Transactions]) richtet sich an alle öffentlichen Einheiten, bei denen in etwa den Marktwerten entsprechende Erträge aus der Übertragung von Dienstleistungen, dem Verkauf von Gütern oder der Nutzung von Vermögenswerten der Einheit durch Dritte gegen Zinsen, Lizenzgebühren beziehungsweise Dividenden entstehen. Diese sind nach IPSAS 9.14 mit Zeitwerten zu bewerten. Die Bewertungsansätze im Speziellen für die Erbringung von Dienstleistungen, den Verkauf von Gütern und Zinsen, Lizenzgebühren und Dividenden lauten im Wesentlichen zusammengefasst:

➢ Bei langfristigen Fertigungsaufträgen ist der Ertrag periodengerecht nach der Methode der Teilgewinnrealisierung auszuweisen, sofern der Ausgang des Auftrags zuverlässig geschätzt werden kann. Ist der Ausgang jedoch ungewiss, so sind nur die angefallenen Kosten aus dem Umsatz zu berücksichtigen. Als zuverlässig schätzbar ist der Ertrag aus einer Transaktion, der eine Leistungsaustauschbeziehung zugrunde liegt, dann zu betrachten, wenn dieser zuverlässig geschätzt werden kann, es wahrscheinlich ist, dass der wirtschaftliche Nutzen beziehungsweise das Dienstleistungspotenzial aus dem Geschäft mit Gegenleistung auch wirklich der Einheit zufließt, eine Abrechnung nach Auftragsfortschritt verlässlich bestimmt werden kann sowie die Kosten, die für das Geschäft mit Gegenleistung angefallen sind beziehungsweise die noch anfallen werden, verlässlich bestimmt werden können (IPSAS 9.19).

➢ Der Ertrag aus dem Verkauf von Gütern wird dann als zuverlässig schätzbar betrachtet, wenn Nutzen und Gefahr auf den Käufer übergegangen sind, der Verkäufer keine Kontrolle mehr über das Gut hat, der Ertrag aus dem Verkauf verlässlich bestimmt werden kann, es wahrscheinlich ist, dass der wirtschaftliche Nutzen beziehungsweise das Dienstleistungspotenzial aus dem Geschäft mit Gegenleistung der Einheit zufließt sowie die

---

[22] Zu den Transferleistungen zählen neben Zuwendungen maßgeblich der Ersatz von sozialen Leistungen und Schuldendiensthilfen. Beiträgen nach den Kommunalabgabegesetzen stehen Gegenleistungen gegenüber. Diese sind demnach nicht den Transferleistungen zuzuordnen.

[23] Vgl. LÜDER ET AL. (2005), S. 7.

Kosten, die bei dem Geschäft mit Gegenleistung anfielen beziehungsweise noch anfallen werden, zuverlässig bestimmt werden können (IPSAS 9.28).

> Erträge aus Zinsen, Lizenzen und Dividenden sind dann als realisiert zu betrachten, wenn es wahrscheinlich ist, dass der wirtschaftliche Nutzen beziehungsweise das Dienstleistungspotenzial aus der Transaktion, der eine Leistungsaustauschbeziehung zugrunde liegt, der Einheit zufließt und der Ertrag verlässlich bestimmt werden kann (IPSAS 9.33).[24]

Diese stimmen weitestgehend mit IAS 18 überein. Für die in Detailfragen bestehenden Unterschiede zwischen deutschem Handelsrecht und IAS respektive IPSAS sei daher auf 3.2.1 verwiesen.

3.3.2 Ansatz von Erträgen ohne Gegenleistung

Die Erträge von Gebietskörperschaften beruhen überwiegend auf Transaktionen, denen keine Austauschbeziehung zugrunde liegt, wie Steuern, Transferleistungen und Zuwendungen. Der „Abgrenzungsgrundsatz der Sache nach" erhält damit eine nachrangige Bedeutung, während der Abgrenzungsgrundsatz der Zeit nach an Bedeutung zunimmt.[25]

Der nach fast zweijähriger Beratung im Januar 2006 zur Kommentierung und Vernehmlassung vorgelegte Standardentwurf IPSAS-ED 29 für Erträge ohne Gegenleistung (Revenue from Non-Exchange Transactions [Including Taxes and Transfers]) folgt den in IPSAS 9 festgelegten Kriterien für die Ertragsrealisierung. Gemäß IPSAS-ED 29.31 sind Erträge ohne Gegenleistung periodengerecht auszuweisen, sofern der Ertrag als zuverlässig messbar betrachtet werden kann. Dies ist genau dann der Fall, wenn der Zeitwert des Ertrags zuverlässig erfasst werden kann und es wahrscheinlich ist, dass der zukünftige wirtschaftliche Nutzen oder das Dienstleistungspotenzial aus dem Geschäft ohne Gegenleistung auch tatsächlich der Einheit zufließt.

3.3.2.1 Steuern

Nach IPSAS-ED 29.60 sind Steuererträge anzusetzen, wenn der Taxable Event eingetreten ist und die Kriterien für eine Ertragsrealisierung erfüllt sind. Der Taxable Event bestimmt damit den frühestmöglichen Zeitpunkt einer Ertragsrealisierung und ist der Zeitpunkt, zu dem ein zurückliegendes Ereignis zur Kontrolle über den Vermögenswert geführt hat. Nach dem IPSAS-ED 29 sind die Erträge aus Steuern mit dem Bruttobetrag anzusetzen und demnach nicht mit über das jeweils geltende Steuersystem geleisteten Aufwendungen zu verrechnen. Steueraufwendungen sind vorausgegangene Steuereinnahmen und führen also nicht zu Ressourcenzu- oder -abfluss.

---

[24] Vgl. *KNECHTENHOFER/WOHLWEND* (2002), S. 25 ff.
[25] Vgl. *BERENS ET AL.* (2005), S. 889.

Als Taxable Event werden für die folgenden Steuerarten in IPSAS-ED 29.66 festgelegt:

➢ Lohn- und Einkommensteuer/Kapitalertragsteuer, Körperschaftsteuer (Income Tax, Corporate Tax): Verdienst steuerpflichtigen Einkommens während der Steuerperiode

➢ Umsatz- und Mehrwertsteuer/Waren- und Dienstleistungssteuer (Goods and Services Tax, Value Added Tax): Erwerb oder Verkauf von steuerpflichtigen Waren oder Dienstleistungen während der Steuerperiode, Unternehmung einer steuerpflichtigen Aktivität während der Steuerperiode

➢ Zoll (Customs Duty): Übergang zollpflichtiger Güter und Dienstleistungen über die Zollgrenze

➢ Erbschaftsteuer (Death Tax): Tod der Person im Besitz steuerpflichtigen Eigentums

➢ Grunderwerbsteuer (Land Tax): Zeitpunkt, zu dem der Bescheid festgesetzt wird

➢ Vermögensteuer (Property Tax): Zeitpunkt, zu dem die Steuer erhoben wird oder die Periode, für die die Steuer erhoben wird, sollte die Steuer auf periodischer Basis erhoben werden

Steuervorauszahlungen sind gemäß des Asset-and-Liability-Approach bis zum Eintritt des Taxable Event passivisch abzugrenzen. Mit Eintritt des Taxable Event ist die Verbindlichkeit aufzulösen und der Ertrag aus Steuern zu realisieren (IPSAS-ED 29.67).

Zwischen den im Zuge der Reformentwicklungen im öffentlichen Haushalts- und Rechnungswesen entwickelten und teilweise bereits in Pilotprojekten umgesetzten Leitfäden für die Bewertung und Kontierung von Steuererträgen und dem IPSAS-ED 29 sind mit Blick auf den für die Realisierung von Steuererträgen maßgeblichen Taxable Event Abweichungen festzustellen. Da im internationalen Vergleich insbesondere zwischen den steuerlichen Rechtsvorschriften signifikante Unterschiede bestehen,[26] wird gerade bei der Behandlung von und dem Bemühen um einheitliche Standards für die Realisierung von Steuererträgen ein Konsens, der wenig Wahlrechte zulässt und genaue Vorgaben für Bewertung und Kontierung festsetzt, nur schwer umsetzbar sein. Diese Problematik soll am Beispiel der Besteuerung von Erbschaften und Schenkungen verdeutlicht werden: Der im IPSAS-ED festgelegte Taxable Event lehnt sich an die überwiegend in anglo-amerikanischen Staaten praktizierte Nachlassbesteuerung an, bei der die ungeteilte Erbmasse der Anknüpfungspunkt für die Nachlasssteuer ist und die Erbschaftsteuer auf den ungeteilten Nachlass des Erblassers erhoben wird. Verwandtschaftsverhältnisse zwischen Erben und Erblasser bleiben in diesem Steuersystem grundsätzlich außer Betracht.[27] Dahingehend erfolgt in den meisten kontinental-europäischen Staaten und insbesondere in Deutschland die Besteuerung von Erbschaften und Schenkungen durch die Erbfallsteuer. Hier ist der Umfang des Gesamtnachlasses für die Besteuerung irrelevant. Erfasst und besteuert wird die jeweilige Bereicherung des einzelnen Erben; meistens erfolgt die Bestimmung der Höhe der zu zahlenden Erbschaft- oder Schenkungsteuer unter Berücksichtigung der verwandtschaftlichen Beziehung zwischen dem Erblasser beziehungsweise Schenker und dem Erben beziehungsweise Beschenkten sowie der Höhe der Bereicherung.[28] Folglich wird in der Regel bei einer Besteuerung nach der Erbanfallsteuer die Erbschaft- bezie-

---

[26] Vgl. hierzu auch *IDW-STELLUNGNAHME* (2004), S. 3: „Nevertheless, the Steering Committee should bear in mind that there are significant differences from jurisdiction to jursidiction concerning the details relevant to taxation.".

[27] Vgl. *KLUGE* (2000), S. 969, und *STALLER/FASSBENDER* (2000), S. 192.

[28] Vgl. *KLUGE* (2000), S. 969, und *ARLT* (2001), S. 85.

hungsweise Schenkungsteuer später anfallen als bei einer Besteuerung nach der Nachlassteuer. Da nach dem IPSAS-ED der Taxable Event den frühestmöglichen Zeitpunkt für die Ertragsrealisierung festlegt, ist in der praktischen Umsetzung auf die Erfüllung der Kriterien für die Ertragsrealisierung abzustellen, maßgeblich die zuverlässige Messbarkeit des Zeitwerts des Ertrags; diese wird aufgrund der dargelegten Unterschiede zu zeitlichen Abweichungen der Ertragsrealisierung von Erbschaft- und Schenkungssteuern je nach praktiziertem Steuersystem führen.

Im Folgenden soll an einigen wenigen Beispielen die in den deutschen Reformentwicklungen vorgeschlagene Behandlung von Steuerforderungen dargelegt werden.

Nach den Grundsätzen des NKR sind Steuererträge dem Jahr zuzurechnen, in dem sie realisiert sind. Grundsätzlich ist dies das Jahr, in dem die Bemessungsgrundlage realisiert wird und damit die Voraussetzungen für einen Zahlungsanspruch der Gebietskörperschaft erfüllt sind. Ist der Steuerertrag allerdings bei Erstellung des Abschlusses nicht zuverlässig messbar, so ist dieser anstelle der Realisierungsperiode der Bemessungsgrundlage der Periode zuzurechnen, in der ein rechtswirksamer Anspruch entsteht. Nach den Grundsätzen des NKR werden daher beispielsweise für die beiden wichtigsten Kommunalsteuern, die Gewerbesteuer und die Grundsteuer, die Taxable Events wie folgt festgelegt und begründet: Da die Höhe des Gewerbeertrags bei Erstellung des Abschlusses für das betreffende Jahr in der Regel nicht bekannt ist, ist demzufolge die Gewerbesteuer nicht zuverlässig messbar. Daher ist dem Abschlussjahr nur der Steuerertrag zuzurechnen, für den es einen Rechtsanspruch gibt. Hierzu zählen die für das Abschlussjahr festgesetzten Steuervorauszahlungen sowie die im Abschlussjahr festgesetzten Steuernachzahlungen für Vorperioden, gegebenenfalls vermindert um Erstattungen. Da der Steuermessbetrag als Bemessungsgrundlage für die Grundsteuer grundsätzlich für einen Zeitraum von sechs Jahren allgemein festgesetzt wird (§ 16 GrStG i. Vdg. mit § 21 BewG) und durch Erteilung von Steuermessbescheiden rechtswirksam wird, ist die Höhe des Grundsteuerertrags im Abschlussjahr zuverlässig messbar und kann in diesem auch vereinnahmt werden. Ausnahmen zu dieser Verfahrensweise be-stehen hier in Fällen der Neu- und Nachveranlagung. Die Veranlagung erfolgt in diesen Fällen meist mit erheblichem Zeitverzug, so dass die Grundsteuererträge in dem Jahr gebucht werden müssen, in dem der Bescheid erstellt wird, da sie erst zu diesem Zeitpunkt zuverlässig messbar sind.[29]

Im Rahmen des Modellprojekts „Doppischer Kommunalhaushalt in NRW" wird als Taxable Event für Forderungen aus Vorauszahlungsbescheiden der Termin der Fälligkeit festgelegt. Die ertragswirksame Einbuchung zum Termin der Fälligkeit wird damit begründet, dass die Forderungen in der richtigen Periode eingebucht werden und bei Abstellung auf die Fälligkeit zudem Abgrenzungserfordernisse entfallen. So müsste bei Festlegung des Tages der Bescheiderstellung als Taxable Event ein im Jahr 2006 verschickter Vorauszahlungsbescheid für das Jahr 2007 im Jahr 2006 passivisch abgegrenzt werden.[30] Während weitgehende Übereinstimmung dahingehend besteht, auf Grundlage eines Vorauszahlungsbescheids keine entsprechende Forderung und damit auch keinen Ertrag zu buchen, wird alternativ zum Fälligkeitstermin für den Taxable Event der Termin des Zahlungseingangs als erhaltene Anzahlung für die Buchung der Vorauszahlung festgelegt.[31]

---

[29] Vgl. LÜDER ET AL. (2005), S. 9 ff.
[30] Vgl. MODELLPROJEKT „DOPPISCHER KOMMUNALHAUSHALT IN NRW" (2003), S. 237.
[31] Vgl. BRIXNER ET AL. (2003), S. 320.

Für Forderungen aus Nachzahlungsbescheiden wird bei Festlegung des Taxable Event für die Ertragsbuchung auf das Datum der Bescheiderstellung abgestellt. Würde ein Bescheid vor Erstellung des Jahresabschlusses 2006, beispielsweise im Februar 2007, versendet, so würde dieser Ertrag noch im Jahre 2006 gebucht. Begründet wird diese Vorgehensweise damit, dass das Datum des Bescheids zeitnäher an der zu buchenden Periode als das Datum der Fälligkeit liegt.[32] Über dieses Vorgehen besteht weitgehende Übereinstimmung in der im deutschsprachigen Raum geführten Diskussion.[33]

3.3.2.2 Transfererträge

3.3.2.2.1 Ansatz von erhaltenen Investitionszuwendungen[34]

Das nordrhein-westfälische NKF, das NKR und auch das Institut der deutschen Wirtschaft (IDW) – um den Konsens bezüglich dieses Sachverhaltes aus nationaler Perspektive zu verdeutlichen – sprechen sich dafür aus, empfangene Investitionszuwendungen und -beiträge für abnutzbares Sachanlagevermögen in einem Sonderposten für Investitionszuwendungen auf der Passivseite zu erfassen und über die Nutzungsdauer des Vermögensgegenstands, für den die Zuwendung gewährt wurde, ergebniswirksam zu verrechnen.[35] Da durch die ergebniswirksame Verrechnung der ordentlichen Erträge die planmäßigen Abschreibungen auf den zuwendungsfinanzierten Teil einer Investition gedeckt werden, muss die öffentliche Einheit demnach nur ihren Eigenanteil an der Investition durch andere Erträge decken.[36] Über die Anwendung der im Handelsrecht vorgesehenen Möglichkeit, erhaltene Investitionszuwendungen direkt von den Anschaffungs-/Herstellungskosten der Investitionen abzusetzen, sollte unter bestimmten Umständen fallbezogen entschieden werden. In der Anwendung entspräche die ergebniswirksame Verrechnung des Sonderpostens in diesem Fall einer entsprechend verminderten Abschreibung. Dies kann durchaus im Rahmen der Gebührenkalkulation mit Blick auf die Verhaltenssteuerung der Nutzer zweckmäßig sein.[37] Allerdings würde bei dieser Verfahrensweise die Bilanz in diesen Fällen an Informationsgehalt verlieren, da nunmehr nicht mehr zu erkennen ist, wie hoch die Anschaffungs-/Herstellungskosten ohne die Zuwendung gewesen wären, und die Ergebnisrechnung würde keine Information darüber liefern, inwieweit das Jahresergebnis durch die erhaltenen Zuwendungen beeinflusst wurde. Mit Blick auf das Ziel, ein den tatsächlichen Verhältnissen entsprechendes Bild der Vermögens-, Finanz- und Ertragslage der Gebietskörperschaft abzubilden, und auf die intergenerative Gerechtigkeit wäre demnach Bildung eines Sonderpostens vorzuziehen.[38]

Empfängt die Gebietskörperschaft Investitionszuwendungen für nicht abnutzbares Vermögen, so dürfen diese nicht mit dem ordentlichen Aufwand verrechnet werden. Um dies in der praktischen Umsetzung sicherzustellen, empfehlen LÜDER ET AL. eine ergebnisneutrale Verrechnung mit dem Basisreinvermögen. Von einer Verbuchung als außerordentlicher Ertrag nehmen die

---

[32] Vgl. MODELLPROJEKT „DOPPISCHER KOMMUNALHAUSHALT IN NRW" (2003), S. 237.
[33] Vgl. KGST (1997), S. 47, und BRIXNER ET AL. (2003), S. 320.
[34] Vgl. hierzu auch die Ausführungen unter 3.2.2.
[35] Vgl. KPMG (2005), S. 24.
[36] Vgl. LÜDER ET AL. (2005), S. 13.
[37] Beispielsweise wenn Anreize zur Senkung des Wasserverbrauchs geschaffen werden sollen und zu diesem Zweck über die ergebniswirksame Verrechnung des Sonderpostens eine verminderte Abschreibung und damit eine Gebührenerhöhung herbeigeführt wird.
[38] Vgl. BRIXNER ET AL. (2003), S. 350, und KPMG (2005), S. 25.

Verfasser eher Abstand beziehungsweise formulieren Bedingungen, die in diesem Fall eine Verrechnung der Investitionszuwendungen mit dem ordentlichen Aufwand über den Umweg der Deckung eines Defizits des ordentlichen Jahresabschlusses durch Inanspruchnahme von Rücklagen aus Überschüssen verhindern.[39]

Die Unterschiede zu IAS 20 (Bilanzierung und Darstellung von Zuwendungen und Beihilfen der öffentlichen Hand; Accounting for Government Grants and Disclosure of Government Assistance) sind unter 3.2.2 dargelegt worden.

3.3.2.2.2 Ansatz von geleisteten Investitionszuwendungen

Bei der Erfassung von geleisteten Investitionszuwendungen sollte zunächst geklärt werden, ob der gegebenen Leistung, der Zuwendung, ein Anspruch auf Gegenleistung gegenübersteht oder nicht. Auch wenn Zuwendungen der öffentlichen Hand in der Regel für Zwecke vergeben werden, die als im Eigeninteresse der öffentlichen Hand angesehen werden können, und auch der Umstand, dass für die Wahrung dieses Eigeninteresses häufig eine rechtliche Absicherung derart vorgenommen wird, dass die Leistung zurückgefordert werden kann, sollte der Empfänger sich nicht an die Zweckbindung halten, rechtfertigen nicht die Feststellung eines Leistungs-Gegenleistungs-Verhältnisses. Ein Leistungs-Gegenleistungs-Verhältnis ist dann festzustellen, wenn beide Seiten in einer Geschäftsbeziehung zueinander stehen und auf dieser Grundlage konkretisierbare zeit- und mengenbezogene Gegenleistungsansprüche formuliert werden kann. Zwischen Gebietskörperschaften und bezuschussten Unternehmen bestehen keine Geschäftsbeziehungen und damit dürfte die Formulierung konkreter zeit- und mengenbezogener Gegenleistungsansprüche sehr problematisch sein. Für den daher nur in sehr seltenen Fällen anzutreffenden Fall eines Anspruchs auf Gegenleistung würde die Gebietskörperschaft mit der geleisteten Investitionszuwendung einen aktivierungsfähigen Vermögensgegenstand erwerben und könnte nach HFA 2/1996, Abschnitt 3111 je nach Art der Zuwendung einen Rechnungsabgrenzungsposten, eine geleistete Anzahlung oder eine sonstige Forderung aktivieren.[40]

Für die in der Praxis mehrheitlich anzutreffende Konstellation von Investitionszuwendungen ohne Gegenleistung sind diese nach deutschem Recht als Aufwand anzusehen und daher aufwandswirksam zu buchen.[41] Die Aufwendungen sollen grundsätzlich in der Periode verrechnet werden, in der ihre wirtschaftliche Ursache liegt, das heißt in der ein rechtswirksamer Anspruch eines Dritten auf die Ressourcen der Gebietskörperschaft entsteht. Der rechtswirksame Anspruch entsteht in der Periode, in der ein Leistungsbescheid ergeht oder, sollte dieser an Leistungsvoraussetzungen geknüpft sein, in der diese Voraussetzungen erfüllt sind. Zuwendungen, die ohne Leistungsbescheid gewährt werden, sind der Periode, in der die Leistungsvoraussetzungen erfüllt werden, als Aufwand zuzurechnen.[42]

---

[39] Vgl. *LÜDER ET AL.* (2005), S. 13, und die geführte Diskussion in *BRIXNER ET AL.* (2003), S. 351.
[40] Zum Aktivierungsverbot immaterieller Wirtschaftsgüter, die nicht entgeltlich erworben worden sind, vgl. auch § 248 Abs. 2 HGB.
[41] Vgl. HFA 2/1996, Abschnitt 32, und vgl. *KPMG* (2005), S. 25 f.
[42] Vgl. *LÜDER ET AL.* (2005), S. 14.

3.3.2.2.3 Ausgewählte weitere Beispiele

3.3.2.2.3.1 Bußgeld (Fines)

Bußgelder, Verwarnungsgelder und Strafen aufgrund einer Verfügung eines Gerichts oder einer anderen Vollzugsbehörde begründen Forderungen. Sie legen der empfangenden Einheit keine weiteren Verpflichtungen auf, die als Verbindlichkeit anzusetzen wären. Daher wird gemäß IPSAS-ED 29.90 eine Ertragsrealisierung aus Bußgeldern zum korrespondierenden Zeitwert, in der Regel Nennwert, empfohlen, wenn die Forderung einem Vermögenswert entspricht und die Kriterien für eine Ertragsrealisierung erfüllt sind. Diese Vorgehensweise entspricht grundsätzlich den im Zuge der Reformentwicklungen im öffentlichen Rechnungswesen entwickelten Ansätzen.

3.3.2.2.3.2 Nachlass (Bequest)

Nachlässe sind Transfers, für die eine verstorbene Person testamentarisch Vorkehrung getroffen hat. Mit dem Ereignis des Erwerbs eines rechtswirksamen Anspruchs auf den Nachlass in Geld- oder Sachform erhält die empfangende Einheit gemäß IPSAS-ED 29.91 Kontrolle über diesen. Dieses Ereignis kann etwa der Tod des Testamentverfassers oder die Gewährung durch die gerichtliche Testamentseröffnung sein. Nachlässe sind als Vermögenswert und Ertrag zu realisieren, wenn sie die Definition eines Vermögenswerts und die Kriterien der Ertragsrealisierung erfüllen. Die Bestimmung der Wahrscheinlichkeit eines zukünftigen wirtschaftlichen Nutzens oder Dienstleistungspotenzials kann sich aufgrund eines zeitlichen Verzugs zwischen dem Tod des Testamentverfassers und dem Erhalt der Vermögenswerte durchaus problematisch gestalten.[43]

3.3.2.2.3.3 Geld- und Sachschenkungen (Gifts and Donations, Goods in-kind)

Gemäß § 516 BGB ist eine Schenkung eine Zuwendung, durch die jemand aus seinem Vermögen einen anderen bereichert, wenn beiderseitiges Einvernehmen darüber besteht, dass die Zuwendung unentgeltlich erfolgt.

Schenkungen können in Geld- oder Sachform und entweder ohne oder unter einer Auflage geleistet werden. Bei einer Schenkung unter einer Auflage kann der Schenkende gemäß § 525 Abs. 1 BGB die Vollziehung der Auflage verlangen, wenn er seinerseits die Schenkung geleistet hat. Die gebräuchlichste Form einer Schenkung unter einer Auflage ist die Spende.

Für Geldschenkungen gelten grundsätzlich die Ausführungen des Abschnitts 3.3.2.2.1 über erhaltene Zuwendungen.

Bei Sachschenkungen sind mit Blick auf die hier behandelte Problematik die Fragen nach den Kriterien für eine Ertragsrealisierung, deren Zeitpunkt und den Bewertungsansatz zu behandeln. Da bei Sachschenkungen dem Beschenkten keine Anschaffungskosten entstehen, sind nach den handelsrechtlichen Vorschriften gemäß § 253 Abs. 1 HGB Anschaffungskosten in Höhe von 0 Euro anzusetzen; eine Gebietskörperschaft könnte hiernach nur eigene Aufwendungen für die Anschaffung aktivieren. Bei der Frage nach der bilanziellen Behandlung von Sachschenkungen wird in den Reformentwicklungen auf nationaler Ebene allerdings grund-

---

[43] Vgl. hierzu auch die vorangegangenen Ausführungen zur Auswirkung unterschiedlicher Steuersysteme auf den Zeitpunkt der Ertragsrealisierung bei Erbschaft- und Schenkungsteuern.

sätzlich dem Steuerrecht gefolgt; demnach hat die Gebietskörperschaft als Anschaffungskosten den Betrag anzusetzen, den sie für den Vermögensgegenstand im Zeitpunkt der Schenkung hätte aufwenden müssen. Der als Anschaffungsaufwendung festgesetzte Zeitwert ist als Sonderposten zu passivieren. Da im Regelfall der Schenkende den Wert seiner Sachschenkung in einer Spendenquittung ausweist, ist die Ermittlung des Zeitwerts und damit der anzusetzenden Anschaffungsaufwendungen unproblematisch. Sollte keine Spendenquittung ausgestellt werden, so bietet sich alternativ eine sachkundige Schätzung des Zeitwerts an. Bei Sachschenkungen ohne Auflage muss die Gebietskörperschaft entscheiden, ob die Sachschenkung dauerhaft genutzt werden soll und damit dem Anlagevermögen zuzuordnen ist oder ob diese in Zukunft veräußert werden soll und damit dem Umlaufvermögen zuzuordnen ist. Im erstgenannten Fall hat die Gebietskörperschaft den Zeitwert der Sachschenkung zu ermitteln und sowohl in der entsprechenden Vermögensart als auch als Zuwendung im Sonderposten zu bilanzieren. Im zweitgenannten Fall stellt die Sachschenkung eine Anschaffungskostenminderung dar und ist zunächst ergebnisneutral zu behandeln. Zu aktivieren sind hier ausschließlich die aus dem Anschaffungsvorgang hervorgehenden Aufwendungen. Erst bei einer Veräußerung des Vermögenswerts ist der Ertrag zu realisieren.[44]

Bei der Ertragsrealisierung von Geld- und Sachschenkungen[45] besteht weitgehende Übereinstimmung mit den im IPSAS-ED 29.94-98 dem Realisationsprinzip und Fair Value-Ansatz getätigten Angaben. Geldschenkungen werden als Vermögensgegenstand und Ertrag realisiert, wenn deren Zeitwert zuverlässig erfasst werden kann und es wahrscheinlich ist, dass der zukünftige wirtschaftliche Nutzen oder das Dienstleistungspotenzial der Gebietskörperschaft zufließt. Da in der Regel mit der Schenkung zugleich der Rechtsanspruch übertragen wird, sind diese Kriterien meist zum Zeitpunkt der Schenkung zweifelsfrei erfüllt. Sachschenkungen in Form von Gütern oder Waren sind nach dem IPSAS-ED 29 für den Fall einer Schenkung ohne Auflage sofort im Zeitpunkt des Empfangs als Ertrag zu realisieren. Für den Fall einer Schenkung unter einer Auflage ist eine Verbindlichkeit zu passivieren, die im Zeitpunkt der Erfüllung der Auflage aufzulösen und als Ertrag zu realisieren ist.

4 Schlussbemerkung

Für den Ansatz von Erträgen mit Gegenleistung kann abschließend festgehalten werden, dass die Kriterien zur Ertragsrealisierung und die Bewertungsansätze nach IAS/IFRS und IPSAS annähernd mit der deutschen Sicht nach Handelsrecht und den Grundsätzen ordnungsgemäßer Buchführung sowie den in den Reformprojekten für das Haushalts- und Rechnungswesen in Deutschland entwickelten Vorschlägen übereinstimmen. Grundsätzlich wird international und national dem Realisationsprinzip gefolgt. Unterschiede sind bei der Ertragsrealisierung bei langfristiger Fertigung festzustellen. Im Allgemeinen ist die nach IAS/IFRS und IPSAS verfolgte Anwendung der Methode der Teilgewinnrealisierung nach deutschem Recht unzulässig; die nach deutschem Recht im Allgemeinen für alle Fertigungsaufträge erforderliche Fertigstellungsmethode ist nach IAS/IFRS und IPSAS unzulässig.

---

[44] Vgl. MODELLPROJEKT „DOPPISCHER KOMMUNALHAUSHALT IN NRW" (2003), S. 81 ff.
[45] Zu Abweichungen bei Geldschenkungen vgl. 3.3.2.2.1 in diesem Abschnitt.

Für den Ansatz von Erträgen aus Transaktionen, denen keine Leistungsbeziehung zugrunde liegt, kann festgestellt werden, dass zwischen IAS/IFRS und IPSAS sowie der deutschen Sicht Übereinstimmung dahingehend besteht, dem Realisationsprinzip verbunden mit dem Abgrenzungsgrundsatz der Zeit nach zu folgen.

Unterschiede sind bei der konkreten Ausgestaltung festzustellen. So beispielsweise bei der Festlegung des Zeitpunkts für die Realisierung von Forderungen für Steuervorauszahlungen und Steuernachzahlungen. Da im internationalen Vergleich insbesondere zwischen den steuerlichen Rechtsvorschriften signifikante Unterschiede bestehen,[46] wird gerade bei der Behandlung von und dem Bemühen um einheitliche Standards für die Realisierung von Steuererträgen[47] ein Konsens, der wenig Wahlrechte zulässt und genaue Vorgaben für Bewertung und Kontierung festsetzt, nur schwer umsetzbar sein.

Ein weiterer wesentlicher Unterschied ist beim Ansatz erhaltener Investitionszuwendungen festzustellen. Im Vergleich mit IAS/IFRS ist nach deutschem Recht eine Verrechnung von ertragsbezogenen Zuwendungen mit den entsprechenden Aufwendungen nach § 246 Abs. 2 HGB unzulässig. Die Bildung eines passiven Rechnungsabgrenzungspostens lehnt HFA 1/1984 ab. Stattdessen soll die Investitionszuwendung unter der Bezeichnung „Sonderposten für Investitionszuschüsse zum Anlagevermögen" ausgewiesen werden und sodann die Auflösung als sonstiger betrieblicher Ertrag erfolgen.

Grundsätzlich bleibt abschließend festzuhalten, dass sich bei der Adaption der internationalen Rechnungslegungsstandards im privatwirtschaftlichen Bereich in den nächsten Jahren gewiss noch ein erheblicher Diskussionsbedarf ergeben wird. Dieser wird sich in Form von Änderungsbedarfen auf die das Rahmenkonzept der IAS/IFRS zugrunde legenden IPSAS auswirken[48] und damit wiederum in die nationale Diskussion über öffentliche Rechnungslegungsstandards eingehen.

Internationale Rechnungslegungsstandards sollten nicht ohne Überprüfung und Diskussion vor dem konkreten haushalts- und verfassungsrechtlichen Hintergrund in das öffentliche Haushalts- und Rechnungswesen übernommen werden.[49]

Die im IPSAS-Regelwerk vorgesehene Regelung, nach der Geschäfte, die zum Teil auf einer Austauschbeziehung und zum anderen Teil auf einer Transaktion ohne Gegenleistung beruhen, zum einen nach IPSAS 9 (Erträge aus Transaktionen mit Gegenleistung [Revenue from Exchange-Transactions]) und zum anderen nach dem derzeit in seiner aktuellen Version als Exposure Draft 29 zur Diskussion stehenden IPSAS zu Erträgen aus Transaktionen ohne zurechenbare Gegenleistung (Revenue from Non-Exchange-Transactions [including Taxes and Transfers]) zu realisieren sind, sollte zwecks einer Vereinfachung des Regelwerks kritisch unter Berücksichtigung der Empfehlung und Begründung des IDW diskutiert werden.[50]

---

[46] Vgl. hierzu auch die IDW-Stellungnahme in Fußnote 26.
[47] Vgl. hierzu die Ausführungen unter 3.3.2 zu den Auswirkungen unterschiedlicher Steuersysteme auf die Ertragsrealisierung von Erbschaft- und Schenkungsteuer.
[48] Vgl. beispielsweise die aktuell geführte Diskussion in der von EFRAG und DRSC gegründeten Arbeitsgruppe zum Thema Revenue Recognition.
[49] Vgl. *IDW* (2001), Ziffer 9, und *BRIXNER ET AL.* (2003), S. 171.
[50] Vgl. *IDW-STELLUNGNAHME* (2004), S. 7.

Die Tatsache, dass das PSC nach Kenntnisnahme der Vernehmlassungsresultate diese bei der Entwicklung von Richtlinien für den IPSAS-ED 29 berücksichtigt hat – insbesondere wird im nunmehr aktuellen ED ein Ausweis hinterzogener und administrativ versickerter Steuererträge, ebenso ausgeschlossen,[51] wie die Erfassung und Bewertung von Freiwilligenarbeit[52] – zeigt, dass ein eingehender Diskussionsbedarf besteht und dieser bei der Weiterentwicklung der IPSAS mit Blick auf die Erzielung eines möglichst weit reichenden Konsenses im internationalen Kontext Berücksichtigung findet.

Im Allgemeinen und im Besonderen für die Erfassung von Erträgen dürfte der Schluss erlaubt sein, dass die Anlehnung an den Bilanzierungs- und Bewertungsregeln der IAS und IPSAS nicht nachteilig ist, sondern vielmehr Anregungen und konstruktive die aktuellen Reformentwicklungen auf nationaler Ebene unterstützende Hinweise und Empfehlungen bereitstellt. Insbesondere mit Blick auf M&A-Transaktionen kann in der Bewertungsphase eine höhere Transparenz erzielt und eine Entscheidung auf einer den tatsächlichen Verhältnissen der Vermögens-, Finanz- und Ertragslage entsprechenden Informationsgrundlage getroffen werden.

---

[51] In der Stellungnahme des IDW wurde mit Blick auf den Ausweis insbesondere hoher hinterzogener und administrativ versickerter Steuererträge auf die Gefahr hingewiesen, dass Informationen dieser Art die Gefahr eines Anstiegs von Steuerhinterziehungen in der Zukunft bergen, weil ehrliche Steuerzahler solche Informationen als Entmutigung für Steuerzahlungen verstehen und diese als Anreiz für Steuerhinterziehung verstehen könnten. Vgl. *IDW-STELLUNGNAHME* (2004), S. 3 f. und S. 6.

[52] In diesen Punkten wurde insbesondere den Empfehlungen des IDW gefolgt. Vgl. *IDW-STELLUNGNAHME* (2004), S. 3 f. und S. 6.

Quellenverzeichnis

ARLT, B. (2001): Internationale Erbschaft- und Schenkungsteuerplanung, Herne/Berlin 2001.

BERENS, W. ET AL. (2005): Eckpunkte für die Grundsätze ordnungsmäßiger Buchführung im öffentlichen Haushalts- und Rechnungswesen auf Basis der Integrierten Verbundrechnung (IVR), in: Die Wirtschaftsprüfung, 2005, S. 887–890.

BOLSENKÖTTER, H. (2003): Reform des deutschen öffentlichen Rechnungswesens und internationale Reformbestrebungen, in: der Gemeindehaushalt, 2003, S. 169–178.

BRIXNER, H. C. ET AL. (2003): Verwaltungs-Kontenrahmen, München 2003.

BUDÄUS, D. (2006): Reform des öffentlichen Haushalts- und Rechnungswesens in Deutschland, in: Die Verwaltung, 2006, S. 187–214.

BUDÄUS, D. ET AL. (2004): Reformen des öffentlichen Haushalts- und Rechnungswesens in Deutschland – Stand, Konzepte, Entwicklungsperspektiven, in: Verwaltung und Management, 2004, S. 228–233.

DIHK/PRICEWATERHOUSECOOPERS (2005): International Financial Reporting Standards (IFRS) in mittelständischen Unternehmen – Grundlagen, Nutzenpotenziale, Umfrageergebnisse, Umstellungsanforderungen, 2005.

IDW (2001): Entwurf der IDW-Stellungnahme zur Rechnungslegung: Rechnungslegung der öffentlichen Verwaltung nach den Grundsätzen der doppelten Buchführung (IDW ERS ÖFA 1) vom 30.10.2001.

IDW-STELLUNGNAHME (2004): Stellungnahme zum IFAC Public Sector Committee invitation to comment – Revenue from Non-Exchange Transactions (Including Taxes and Transfers) vom 13. August 2004.

KGST (1997): Auf dem Weg in das Ressourcenverbrauchskonzept: Die kommunale Bilanz, Köln, Bericht Nr. 7/1997.

KLUGE, V. (2000): Das Internationale Steuerrecht, München 2000.

KNECHTENHOFER, W./WOHLWEND, B. (2002): IPSAS 1-17 – International Public Accounting Standards (Beschreibung in deutscher Sprache), Working Paper Nr. 5, 2. überarb. und erw. Version, St. Gallen 2002.

KPMG (2005): Doppik schlägt Kameralistik.

LÜDER, K. (1999): Konzeptionelle Grundlagen des Neuen Kommunalen Rechnungswesens (Speyerer Verfahren), Stuttgart 1999.

LÜDER, K. ET AL. (2005): Dokumentation des Modellprojekts Uelzen, Teil B: Rechnungswesen.

LÜDER, K. (2006a): Ordnungsmäßigkeits-Grundsätze für das Neue Öffentliche Haushalts- und Rechnungswesen, in: Die Wirtschaftsprüfung, 2006, S. 605–612.

LÜDER, K. (2006b): Notwendige rechtliche Rahmenbedingungen für ein reformiertes staatliches Rechnungs- und Haushaltswesen, in: Die Öffentliche Verwaltung, 2006, S. 641–648.

MODELLPROJEKT „DOPPISCHER KOMMUNALHAUSHALT IN NRW" (2003): Neues Kommunales Finanzmanagement. Betriebswirtschaftliche Grundlagen für das doppische Haushaltsrecht, Freiburg et al. 2003.

ORDELHEIDE, D./BÖCKEM, H. (2002): IAS 18 Erträge (Revenue), in: BAETGE, J. ET AL. (Hrsg.), Rechnungslegung nach International Accounting Standards (IAS), Stuttgart 2002, S. 5–42.

PRICEWATERHOUSECOOPERS (2004): Zukunft der Rechnungslegung im öffentlichen Sektor, 2004.

PRICEWATERHOUSECOOPERS (2005): Gemeinsamkeiten und Unterschiede – IFRS, US-GAAP und deutsches Recht im Vergleich 2005.

SROCKE, I. (2002): Konsequenzen der Internationalisierung für das öffentliche Rechnungswesen, in: BUDÄUS, D. ET AL. (Hrsg.), Public und Nonprofit Management: Neuere Entwicklungen und aktuelle Problemfelder, Linz/Hamburg 2002, S. 73–108.

SROCKE, I. (2004): Konzernrechnungslegung in Gebietskörperschaften unter Berücksichtigung von HGB, IAS/IFRS und IPSAS, Düsseldorf 2004.

STALLER, K./FASSBENDER, H. (2000): Erbschaft von US-Immobilien: Auswirkungen der Änderungen im DBA, in: Praxis Internationale Steuerberatung, 2000, S. 192–236.

VOGELPOTH, N./DÖRSCHELL, A. (2001): Internationale Rechnungslegungsstandards für öffentliche Verwaltungen – Das Standards-Project des IFAC Public Sector Committee, in: Die Wirtschaftsprüfung, 2001, S. 752–762.

Ermittlung des Grenzpreises für die Einräumung einer Beteiligung[*]

THOMAS HERING

Fern-Universität in Hagen

1 Kapitalbeteiligung gegen Bareinlage als Grenzfall zwischen Fusion und Verkauf 223
2 Bestimmung des Beteiligungswerts mit Hilfe des Zustands-Grenzpreismodells 224
    2.1 Prämissen zu Zielsetzung und Entscheidungsfeld 224
    2.2 Bewertung der Kapitalbeteiligung mit dem ZGPM 225
3 Berechnung des Beteiligungswerts am Zahlenbeispiel 227
    3.1 Grunddaten des Zahlenbeispiels 227
    3.2 Zahlenbeispiel für die „vereinfachte" Bewertungsformel 229
        3.2.1 Basisprogramm 229
        3.2.2 Bewertungsprogramm 230
        3.2.3 „Vereinfachte" Bewertung 232
    3.3 Zahlenbeispiel für die „komplexe" Bewertungsformel 233
        3.3.1 Basisprogramm 233
        3.3.2 Bewertungsprogramm 234
        3.3.3 „Komplexe" Bewertung 236
4 Ausblick 238
Quellenverzeichnis 239

---

[*] Der vorliegende Beitrag wurde nach alter deutscher Rechtschreibung verfasst, womit die Herausgeber des Sammelbandes in der Übergangszeit bis die neue deutsche Rechtschreibung am 01.08.2007 verbindlich in Kraft tritt, einverstanden sind, um so der Freiheit von Forschung und Lehre Rechnung zu tragen (gezeichnet durch die Herausgeber).

1 Kapitalbeteiligung gegen Bareinlage als Grenzfall zwischen Fusion und Verkauf

Die Einräumung einer bestimmten Kapitalbeteiligung gegen Bareinlagen läßt sich betriebswirtschaftlich als Spezialfall einer Fusion einordnen:[1] Das neue Anteile emittierende Unternehmen schließt sich mit zusätzlichen Eigentümern zusammen, die kein Unternehmen mit eigenem Geschäftsbetrieb einbringen, sondern ein Barvermögen p einlegen und im Gegenzug wie bei einer *Fusion* Miteigentümerrechte erhalten. Nach dem Zusammenschluß stehen dem gewachsenen Unternehmensvermögen somit zusätzliche Ausschüttungsansprüche an die neu hinzugekommenen Miteigentümer gegenüber. Diese Situation ähnelt in ihren finanziellen Konsequenzen zugleich dem Fall des *Verkaufs* von Unternehmensteilen, bei dem Dritte gegen Zahlung eines Preises p unternehmensbezogene Eigentums- und Ausschüttungsansprüche akquirieren.[2] Während aber im Verkaufsfall der Gegenwert der veräußerten Anteile dem Privatvermögen der Verkäufer zufließt, erhöht die Bareinlage das Betriebsvermögen und kommt insofern den bisherigen Eigentümern wie auch den neu Beteiligten zugute.

Damit die bisherigen Eigentümer (Alteigentümer) keine ökonomischen Nachteile durch Kapitalverwässerung erleiden, dürfen die neuen Anteile (zum Beispiel junge Aktien im Falle einer AG) nicht „unter Wert" ausgegeben werden. Bei einer ordentlichen Kapitalerhöhung würden die Altaktionäre entsprechend durch die Gewährung von Bezugsrechten geschützt.[3] Nun liegt die Inanspruchnahme von Bezugsrechten – sofern die Unternehmensrechtsform sie überhaupt vorsieht – oft gerade dann nicht im Interesse der bisherigen Eigentümer, wenn es um die Aufnahme von weiterem Wagniskapital (Risikokapital, Eigenkapital) zur Wachstumsfinanzierung geht. Falls das Privatvermögen der bisherigen Unternehmenseigner zu gering ist, um zusätzliche Investitionen über neue Einlagen zu finanzieren, muß das benötigte Eigenkapital hauptsächlich von Personen zur Verfügung gestellt werden, die bisher am Unternehmen nicht beteiligt sind.[4]

Wenn das Wachstumskapital von außen aus der Hand neuer Miteigentümer kommen soll, stellt sich für die auch in Zukunft weiterhin beteiligten Alteigentümer sofort das Problem, denjenigen Grenzpreis für die Gewährung des Unternehmensanteils zu bestimmen, der ihre ökonomischen Interessen im Verhältnis zu den neuen Gesellschaftern wahrt.[5] Konkret bedeutet dies, den Emissionspreis p der an bisher außenstehende Dritte zu vergebenden Eigenkapitaltitel mindestens so hoch anzusetzen, daß die finanzielle Zielerreichung

---

[1] Vgl., auch zum Folgenden, HERING (2006), S. 101 ff.
[2] Zum Verkauf im Wege des Börsengangs vgl. zum Beispiel HERING/OLBRICH (2002).
[3] Zu Kapitalerhöhung und Börsengang allgemein vgl. zum Beipiel BITZ (2002), S. 216 ff.; zur funktionalen Bewertung beim Börsengang vgl. MATSCHKE/BRÖSEL (2006), S. 459 ff.
[4] Zur Durchführung der Kapitalerhöhung wird also im Falle einer AG ein Bezugsrechtsausschluß nach § 186 AktG erforderlich. Da der Bezugsrechtsausschluß im Interesse der Gesellschaft liegt und von den bisherigen Gesellschaftern ausdrücklich gewünscht wird, stehen ihm keine rechtlichen Hindernisse entgegen. Vgl. LUTTER/DRYGALA (1995), S. 243 ff.
[5] Auch wenn sich Alteigentümer erneut beteiligen, erfordert das Interesse der Mitgesellschafter, den Preis der Beteiligung nicht unterhalb des Wertes anzusetzen.

der Alteigentümer im Vergleich zur Basissituation ohne Kapitalerhöhung nicht geschmälert wird.

Im folgenden wird gezeigt, wie das Bewertungsproblem aus Sicht der Alteigentümer mit Hilfe des allgemeinen Zustands-Grenzpreismodells (ZGPM) gelöst werden kann. Kapitel 2 enthält hierzu die mathematische Modellierung und Kapitel 3 ausführlich dokumentierte Zahlenbeispiele. Kapitel 4 beschließt den Beitrag mit einem Ausblick.

2 Bestimmung des Beteiligungswerts mit Hilfe des Zustands-Grenzpreismodells

2.1 Prämissen zu Zielsetzung und Entscheidungsfeld

Es sei angenommen, daß die Alteigentümer das finanzwirtschaftliche Ziel der *Vermögensmaximierung* anstreben.[6] Sie möchten mithin die Summe GW der gewichteten Konsumentnahmen aus dem Unternehmen maximieren. Eine Entnahme G_t im Zeitpunkt (oder unter Unsicherheit allgemeiner: Zustand) t geht dabei mit dem Gewicht w_t in die Zielfunktion ein. Diese Gewichte sind subjektiv und spiegeln die Konsumpräferenzen der Eigentümer wider. Bei strikter Gegenwartspräferenz gilt etwa $w_0 = 1$ und $w_t = 0$ für $t > 0$. Als Nebenbedingungen sind fixe Entnahmevorgaben zu beachten (zum Beispiel Dividendenausschüttungen als vorgegebener Prozentsatz des Grundkapitals). Diese finden sich zusammen mit anderen festen Zahlungen des Entscheidungsfelds (zum Beispiel Gehälter, Kapitaldienst von Altkrediten, unabhängig von den modellierten Entscheidungsvariablen anfallende Umsatzerlöse) in den Konstanten b_t der zustandsbezogenen Liquiditätsnebenbedingungen. Für die Unternehmensleitung noch disponible Zahlungen werden über die nichtnegativen, reellwertigen Entscheidungsvariablen x_j der verfügbaren Investitions- und Finanzierungsobjekte j abgebildet, welche jeweils durch eine endliche Konstante x_j^{max} nach oben beschränkt sein können (aber nicht müssen). Die im Entscheidungsfeld des Unternehmens befindlichen Objekte j sind im Zustand t jeweils mit der Zahlung g_{jt} verbunden. Um herauszufinden, welches Investitions- und Finanzierungsprogramm für das gegebene Entscheidungsfeld zielsetzungsgerecht (optimal) ist, hat die im Dienste der Alteigentümer stehende Unternehmensleitung den folgenden *Basisansatz* zu lösen:[7]

---

[6] Zur Beteiligungsbewertung unter Einkommensmaximierung vgl. HERING (2004), S. 160 ff., zum Spezialfall Endvermögensmaximierung (Endwertmaximierung) HERING (2005).

[7] Es handelt sich um ein *HAX*-Modell vom Typ „GW". Vgl. schon *HAX* (1964) und zum GW-Typ HERING (2003), S. 142 ff.

Ermittlung des Grenzpreises für die Einräumung einer Beteiligung

$$\max. \; GW; \quad GW := \sum_{t=0}^{n} w_t \cdot G_t$$

$$-\sum_{j=1}^{m} g_{jt} \cdot x_j + G_t \leq b_t \quad \forall \, t \in \{0, 1, 2, \ldots, n\}$$

$$x_j \leq x_j^{\max} \quad \forall \, j \in \{1, 2, \ldots, m\}^8$$

$$x_j \geq 0 \quad \forall \, j \in \{1, 2, \ldots, m\}$$

$$G_t \geq 0 \quad \forall \, t \in \{0, 1, 2, \ldots, n\}^9$$

Dieses Modell besitze den maximalen Zielfunktionswert GW*.[10] Die damit verbundene optimale Lösung (optimale Werte der Entscheidungsvariablen x_j und Entnahmevariablen G_t) heißt *Basisprogramm*. Die optimale Zielerreichung GW* in der Basissituation vor Kapitalerhöhung ist die Meßlatte, welche für die Alteigentümer auch nach Durchführung der Kapitalbeteiligung wieder mindestens erreicht werden muß.

2.2 Bewertung der Kapitalbeteiligung mit dem ZGPM

Gewähren die Alteigentümer neuen Eigenkapitalgebern eine relative Beteiligung von α (mit $0 < \alpha < 1$) an ihrem Unternehmen, so muß zur Wahrung ihrer Vermögensinteressen sichergestellt sein, daß mit den im Anfangszustand t = 0 von außen zufließenden Mitteln p im ganzen Planungszeitraum vom Unternehmen mindestens der gewichtete Konsumentnahmewert $GW = GW^*/(1 - \alpha)$ erreicht wird. Dann nämlich erhalten die nur noch mit der Quote $1 - \alpha$ beteiligten Alteigentümer bei gesunkenem Anteil am gestiegenen GW nach wie vor wenigstens ihren Zielwert GW* aus dem Basisprogramm ohne die Transaktion. Der *Bewertungsansatz* zur Bestimmung des Grenzemissionserlöses (also der Mindesteinlage p) minimiert die in t = 0 zufließende Einlage p demnach unter der zusätzlichen Nebenbedingung:

---

[8] Diese Bedingung entfällt für alle x_j mit $x_j^{\max} = \infty$.
[9] Die Variable G_t entfällt für alle Zustände t mit $w_t = 0$.
[10] Zur Lösungsfindung mit Hilfe der linearen Optimierung vgl. DANTZIG (1966).

$$GW = \sum_{t=0}^{n} w_t \cdot G_t \geq \frac{GW^*}{1-\alpha}$$

$\Leftrightarrow$

$$\sum_{t=0}^{n} w_t \cdot (1-\alpha) \cdot G_t \geq GW^*.$$

Nur unter dieser Bedingung wirkt sich die Kapitalaufnahme aus Sicht der Alteigentümer nicht nachteilig aus. Der dafür zu fordernde Grenzpreis (als Beteiligungswert aus Sicht der Alteigentümer, das heißt als entscheidungskritischer, minimal akzeptabler Emissionserlös p) soll mit dem Symbol p* bezeichnet werden; das zugehörige Investitions- und Finanzierungsprogramm (Lösungswerte des Bewertungsansatzes) trägt den Namen *Bewertungsprogramm*.[11]

Durch dualitätstheoretische Auswertung des Bewertungsansatzes ergibt sich die folgende „komplexe"[12] Lösungsformel für den Beteiligungsgrenzpreis:[13]

$$p^* = \sum_{G_t > 0} G_t \cdot \rho_t - \sum_{t=0}^{n} b_t \cdot \rho_t - \sum_{C_j > 0} x_j^{max} \cdot C_j .$$

Hierin ist C_j der Kapitalwert des Entscheidungsobjekts j und ρ_t der endogene Zustandspreis (gewissermaßen ein *ARROW-DEBREU*-Preis[14] bei unvollkommenem Markt) des Zustands t im Bewertungsprogramm.[15] Sofern im Spezialfall die Zustände Zeitpunkten bei sicheren Erwartungen entsprechen, handelt es sich bei ρ_t also einfach um den Abzinsungsfaktor vom Zeitpunkt t auf den Planungszeitpunkt 0. Damit ist die folgende anschauliche ökonomische Deutung der Grenzpreisformel gegeben:

$$\underbrace{p^* + \sum_{t=0}^{n} b_t \cdot \rho_t + \sum_{C_j > 0} x_j^{max} \cdot C_j}_{\text{Kapitalwert des (neuen) Investitions- und Finanzierungsprogramms (mit Bareinlage)}} = \underbrace{\sum_{G_t > 0} G_t \cdot \rho_t}_{\text{Kapitalwert der (neuen) Ausschüttungen}} .$$

---

[11] Zu den Begriffen Basis- und Bewertungsprogramm sowie der Modellkonzeption des Entscheidungswerts vgl. MATSCHKE (1975).

[12] Zur Unterscheidung „komplexer" und „vereinfachter" Bewertungsformeln aus HAX-Modellen vgl. erstmals LAUX/FRANKE (1969).

[13] Zum Beweis der folgenden Formeln vgl. HERING (2006), S. 106 ff.

[14] Preis eines „reinen Wertpapiers" im gleichgewichtstheoretischen Modell der arbitragefreien Bewertung. Vgl. zum Beispiel MATSCHKE/HERING/KLINGELHÖFER (2002), S. 15 f.

[15] Zum inneren Zusammenhang und den mathematischen Eigenschaften der endogenen Zustandspreise und Kapitalwerte im GW-Modell vgl. HERING (2003), S. 148 ff.

Im Bewertungsprogramm entspricht der Gesamtkapitalwert des Unternehmens (inklusive zusätzlicher minimaler Bareinlage p*) dem Kapitalwert aller Ausschüttungen. Die Beteiligung ist also mit p* richtig bewertet, wenn sie zusammen mit den Barwerten der autonom gegebenen Zahlungen b_t und den (positiven) Kapitalwerten der (dann auch im maximalen Umfang x_j^{max} verwirklichten) vorteilhaften Entscheidungsobjekte j genau dazu ausreicht, um den Kapitalwert aller an die (alten und neuen) Eigentümer auszuschüttenden Entnahmen G_t zu „finanzieren".

Eine erhebliche Vereinfachung der Formel ergibt sich dann, wenn die Struktur des optimalen Investitions- und Finanzierungsprogramms durch die Hinzufügung der Bareinlage p* nicht verändert wird, also die Grenzobjekte und damit die endogenen Zustandspreise beziehungsweise Abzinsungsfaktoren ρ_t im Basis- und Bewertungsprogramm dieselben sind. Dies ist zum Beispiel bei vollkommenem Kapitalmarkt immer der Fall, aber es kann auch bei unvollkommenem Kapitalmarkt ohne weiteres eintreten, wenn nämlich die Bareinlage nicht an den im Basisprogramm gültigen optimalen Vorteilhaftigkeitsentscheidungen rüttelt. Als „vereinfachte" Lösungsformel für in dieser Weise günstige Parameterkonstellationen resultiert:

$$p^* = \alpha \cdot \sum_{G_t > 0} G_t \cdot \rho_t .$$

Diese Gleichung besagt nichts anderes, als daß der Grenzpreis der Kapitalbeteiligung genau dem Anteil α der neuen Miteigentümer am gesamten Ausschüttungskapitalwert des Bewertungsprogramms entsprechen muß. Die neu hinzukommenden Eigner müssen also im Grenzpreisfall zum Zeitpunkt t = 0 exakt den Barwert ihrer späteren Ausschüttungsansprüche einlegen, damit die Alteigentümer keinen Nachteil gegenüber dem Basisprogramm erleiden.

3   Berechnung des Beteiligungswerts am Zahlenbeispiel

3.1   Grunddaten des Zahlenbeispiels

Einem Unternehmen bieten sich zwei Investitionsmöglichkeiten I_1 und I_2 mit den Zahlungsreihen (–110, 10, 80, 80) beziehungsweise (–100, 50, 55) und den Obergrenzen 1 beziehungsweise 2 (Investition 1 kann also maximal einmal, Investition 2 zweimal durchgeführt werden; beide Objekte seien beliebig teilbar). Zur Finanzierung könnte eine Anleihe A aufgenommen werden: Nennbetrag 100, Laufzeit drei Jahre, Ausgabekurs 98 %, Nominalzins 6 % per annum, Tilgung zu gleichen Teilen am Ende des zweiten und dritten Jahres. Die Kreditlinie für einen Kontokorrentkredit von 10 % beträgt in jedem Jahr 25. Einjährige Geldanlagen sind zu 5 % per annum unbegrenzt verfügbar. Lediglich zu Beginn des Planungszeitraums kann noch auf eigene Mittel zurückgegriffen werden: Der Kassenbestand beträgt 10. Um das Wesentliche herauszuarbeiten, sei der Fall quasi-sicherer

Erwartungen angenommen.[16] Die Entscheidungsvariablen der neun Objekte und ihre Zahlungsreihen finden sich zusammengefaßt in der folgenden Tabelle 1.[17]

t	I_1	I_2	A	K_0	K_1	K_2	F_0	F_1	F_2	b_t
0	−110	−100	98	1			−1			10
1	10	50	−6	−1,1	1		1,05	−1		
2	80	55	−56		−1,1	1		1,05	−1	
3	80		−53			−1,1			1,05	
Grenze	1	2	1	25	25	25	∞	∞	∞	

Tabelle 1:   *Daten des Zahlenbeispiels*

Die Alteigentümer möchten neue Teilhaber aufnehmen und diesen eine Kapitalbeteiligung von α = 20 % am Unternehmen einräumen. Effektive Mitspracherechte mögen dadurch nicht entstehen, so daß weder die eigentümerorientierte Unternehmenszielsetzung „Vermögensmaximierung" noch das in der Tabelle 1 zusammengefaßte Entscheidungsfeld nach Beitritt der neuen Miteigentümer anders als zuvor ausschaut.

Wie das Beispiel zeigen wird, hat die gewählte Vermögenszielsetzung unter Umständen großen Einfluß auf das Ergebnis der Bewertung.[18] Mit **w** als Vektor der die GW-Zielfunktion charakterisierenden Entnahmegewichte w_t lautet die erste untersuchte Zielfunktion **w** = (4, 3, 2, 1) und führt zu einem Beteiligungsgrenzpreis von p* = 9,5623, der außer mit dem Bewertungsansatz auch mit Hilfe der „vereinfachten" Bewertungsformel ermittelbar ist (Unterkapitel 3.2). Ändern sich jedoch die Konsumpräferenzen der Alteigentümer dergestalt, daß sie lieber die GW-Zielfunktion **w** = (0, 0, 2, 1) verfolgen möchten, so erhöht sich *ceteris paribus* ihr Grenzpreis für dieselbe Beteiligung von 20 % auf p* = 11,3205, und durch Strukturänderungen vom Basis- zum Bewertungsprogramm muß überdies die „komplexe" Bewertungsformel herangezogen werden (Unterkapitel 3.3).

---

[16] Bei Unsicherheit müßten die entsprechenden Zustandsbäume und zustandsbedingten Variablen definiert werden, was das Beispiel nur in der Größenordnung aufblähte, ohne für die interessierende bewertungstheoretische Frage zusätzlichen Erkenntnisgewinn zu stiften. Das Unsicherheitsproblem begleitet alle Planungen, läßt sich in keiner Weise ausschalten und sei daher hier im Beispiel nicht zusätzlich modelliert.

[17] Um bei Bedarf Grundlagen der Lenkpreistheorie nachlesen zu können, sind die Basisdaten dieselben wie in HERING (2003), S. 165. Hinsichtlich der Berechnung und Interpretation von Kapitalwerten und Grenzzinsfüßen sei der Leser auf die dort folgenden ausführlichen Erläuterungen verwiesen.

[18] Nur im theoretischen Idealfall eines vollkommenen Marktes, der aber weder in der Realität noch in diesem kleinen Zahlenbeispiel vorliegt, hat die von den Eigentümern verfolgte Konsumzielsetzung keine Auswirkung auf den Beteiligungswert.

3.2 Zahlenbeispiel für die „vereinfachte" Bewertungsformel

3.2.1 Basisprogramm

Der Gewichtungsvektor **w** sei (4, 3, 2, 1). Die zugehörige GW-Vermögenszielfunktion $GW = 4\,G_0 + 3\,G_1 + 2\,G_2 + G_3$ wertet also zum Beipiel eine sofortige Entnahme viermal stärker als eine Endentnahme. Der *Basisansatz* (mathematisch ein linearer Optimierungsansatz für ein *HAX*-Modell vom Typ GW) lautet mit den unter 3.1 angegebenen Daten:

max. GW; $GW := 4\,G_0 + 3\,G_1 + 2\,G_2 + G_3$

$$110\,I_1 + 100\,I_2 - 98\,A - K_0 + F_0 + G_0 \leq 10$$

$$-10\,I_1 - 50\,I_2 + 6\,A + 1{,}1\,K_0 - 1{,}05\,F_0 - K_1 + F_1 + G_1 \leq 0$$

$$-80\,I_1 - 55\,I_2 + 56\,A + 1{,}1\,K_1 - 1{,}05\,F_1 - K_2 + F_2 + G_2 \leq 0$$

$$-80\,I_1 + 53\,A + 1{,}1\,K_2 - 1{,}05\,F_2 + G_3 \leq 0$$

$$I_1 \leq 1$$

$$I_2 \leq 2$$

$$A \leq 1$$

$$K_0 \leq 25$$

$$K_1 \leq 25$$

$$K_2 \leq 25$$

$$I_1, I_2, A, K_0, K_1, K_2, F_0, F_1, F_2, G_0, G_1, G_2, G_3 \geq 0$$

Als optimale Lösung dieses Ansatzes resultiert mit Hilfe des Simplexalgorithmus[19] das *Basisprogramm*:[20]

---

[19] Hierzu ist immer noch der Klassiker *DANTZIG* (1966) lesenswert.
[20] Obgleich in diesem Beitrag aus Platzgründen alle Zahlen nur auf vier Dezimalstellen genau angegeben werden, erfolgten die Berechnungen stets mit höherer Genauigkeit. Hieraus resultieren scheinbare kleinere Ungenauigkeiten beim Nachrechnen mit den nur vierstelligen Werten.

GW* = 152,9970, $\quad$ $G_0 = 38,1577$, $\quad$ $G_1 = 0,1220$,

$I_1 = 0,8622$, $A = 1$, $K_0 = 25$, $K_1 = 25$, $K_2 = 14,5238$,

$G_2 = G_3 = I_2 = F_0 = F_1 = F_2 = 0$.

Entnahmen werden also nur zu t = 0 und t = 1 getätigt und ergeben einen maximalen gewichteten Gegenwartswert von GW* = 152,9970. Zur Finanzierung sind die Anleihe und die Kontokorrentkredite der ersten beiden Jahre voll auszuschöpfen. Als teilweise zu realisierende Grenzobjekte erweisen sich die Investition 1 und der Kontokorrentkredit des dritten Jahres. Investition 2 und sämtliche Geldanlagen sind unvorteilhaft.

Zur Veranschaulichung des Basisprogramms dient der folgende vollständige Finanzplan (VOFI):

Basisprogramm	t = 0	t = 1	t = 2	t = 3
Entnahmen G_t	**–38,1577**	**–0,1220**		
Eigenmittel	10			
I_1 (zu 86,22 %)	–94,8423	8,6220	68,9762	68,9762
A	98	–6	–56	–53
Kreditaufnahme	25	25	14,5238	
Kredittilgung		–25	–25	–14,5238
Kreditzinsen		–2,5	–2,5	–1,4524
Kontrollsaldo	**0**	**0**	**0**	**0**

Tabelle 2: $\quad$ *VOFI des Basisprogramms für w = (4, 3, 2, 1)*

Es gilt GW* = 4 · 38,1577 + 3 · 0,1220 + 2 · 0 + 0 = 152,9970. Diese Meßlatte darf auch nach der Kapitalerhöhung nicht unterschritten werden, und hieraus ergibt sich im nächsten Schritt die erforderliche Mindesteinlage p*, welche die Alteigentümer für die geplante Einräumung einer Beteiligung von 20 % von den bisher außenstehenden neuen Kapitalgebern verlangen müssen.

3.2.2 $\quad$ Bewertungsprogramm

Um nach Vornahme einer Kapitalerhöhung von 20 % den Zielfunktionswert GW* des Basisprogramms nicht zu unterschreiten, muß der Bewertungsansatz für die nur noch mit 80 % beteiligten Alteigentümer sicherstellen, daß gilt:

$$4 \cdot 80\% \, G_0 + 3 \cdot 80\% \, G_1 + 2 \cdot 80\% \, G_2 + 80\% \, G_3 \geq 152,9970 = GW^*.$$

Im Gegenzug für die Ausschüttungsansprüche der nunmehr zu 20 % an allen Entnahmen G_t partizipierenden neuen Miteigentümer erfolgt die sofortige Bareinlage p als Preis der Beteiligung. In der Liquiditätsrestriktion des Zeitpunkts t = 0 steht also im Vergleich zum Basisansatz der von außen eingelegte Betrag p zusätzlich zur Verwendung im Unternehmen zur Verfügung. Der Wert der Beteiligung aus Sicht der Alteigentümer ist nun derjenige minimale Preis p = p*, welcher mit dem so definierten Entscheidungsfeld gerade noch

Ermittlung des Grenzpreises für die Einräumung einer Beteiligung 231

vereinbar ist. Zu minimieren ist also der Emissionserlös EE der Beteiligung, und dies geschieht mit dem folgenden *Bewertungsansatz*:

min. EE; EE := p

$$110\,I_1 + 100\,I_2 - 98\,A - K_0 + F_0 \qquad -p \qquad + G_0 \qquad \leq 10$$

$$-10\,I_1 - 50\,I_2 + 6\,A + 1{,}1\,K_0 - 1{,}05\,F_0 - K_1 + F_1 \qquad + G_1 \qquad \leq 0$$

$$-80\,I_1 - 55\,I_2 + 56\,A + 1{,}1\,K_1 - 1{,}05\,F_1 - K_2 + F_2 \qquad + G_2 \qquad \leq 0$$

$$-80\,I_1 \qquad + 53\,A + 1{,}1\,K_2 - 1{,}05\,F_2 \qquad + G_3 \qquad \leq 0$$

$$-3{,}2\,G_0 - 2{,}4\,G_1 - 1{,}6\,G_2 - 0{,}8\,G_3 \qquad \leq -152{,}9970$$

$$I_1 \qquad \leq 1$$

$$I_2 \qquad \leq 2$$

$$A \qquad \leq 1$$

$$K_0 \qquad \leq 25$$

$$K_1 \qquad \leq 25$$

$$K_2 \qquad \leq 25$$

$$I_1, I_2, A, K_0, K_1, K_2, F_0, F_1, F_2, G_0, G_1, G_2, G_3, p \qquad \geq 0$$

Die optimale Lösung des Ansatzes ergibt sich mit dem Simplexalgorithmus als *Bewertungsprogramm*:

$p^* = 9{,}5623, \qquad G_0 = 47{,}7200, \quad G_1 = 0{,}1220,$

$\qquad\qquad\qquad I_1 = 0{,}8622,\ A = 1,\ K_0 = 25,\ K_1 = 25,\ K_2 = 14{,}5238,$

$\qquad\qquad\qquad G_2 = G_3 = I_2 = F_0 = F_1 = F_2 = 0.$

Basis- und Bewertungsprogramm sind identisch mit der einzigen Ausnahme, daß der zugeflossene Emissionserlös $p^* = 9{,}5623$ sofort komplett verwendet wird, um die zeitgleiche Ausschüttung G_0 zu steigern: $G_0^{Basis} + p^* = 38{,}1577 + 9{,}5623 = 47{,}7200 = G_0$. Die gestiegene neue Ausschüttung stellt die an ihr nur noch mit 80 % beteiligten Alteigentümer nicht schlechter als zuvor im Basisprogramm, denn es gilt:[21]

$$80\,\% \cdot (4 \cdot 47{,}7200 + 3 \cdot 0{,}1220 + 2 \cdot 0 + 0) = 80\,\% \cdot 191{,}2463 = 152{,}9970 = GW^*.$$

---

[21] Wer es genauer prüfen mag: $G_0 = 47{,}72005208$, $G_1 = 0{,}12202381$; $p^* = 9{,}56231399$.

Nachfolgender VOFI zeigt das Bewertungsprogramm:

Bewertungs-programm	t = 0	t = 1	t = 2	t = 3
Entnahmen G_t	−47,7200	−0,1220		
Bareinlage p*	**9,5623**			
Eigenmittel	10			
I_1 (zu 86,22 %)	−94,8423	8,6220	68,9762	68,9762
A	98	−6	−56	−53
Kreditaufnahme	25	25	14,5238	
Kredittilgung		−25	−25	−14,5238
Kreditzinsen		−2,5	−2,5	−1,4524
Kontrollsaldo	0	0	0	0

Tabelle 3:   *VOFI des Bewertungsprogramms für w = (4, 3, 2, 1)*

Ein Vergleich mit Tabelle 2 zeigt keine strukturellen Änderungen. Wie zuvor sind die Investition 1 und der Kredit des dritten Jahres Grenzobjekte (also teilweise realisierte Objekte zwischen ihrer Untergrenze 0 und ihrer Obergrenze 1 beziehungsweise 25), während die voll oder gar nicht vorteilhaften Objekte sowie die optimalen Entnahmezeitpunkte gleich geblieben sind. Damit sind auch die endogenen Kalkulationszinsfüße (periodenspezifische Grenzzinsfüße und demnach auch die Abzinsungsfaktoren ρ_t) nach wie vor die gleichen wie im Basisprogramm.[22]

3.2.3   „Vereinfachte" Bewertung

Sofern sich die endogenen Abzinsungsfaktoren ρ_t von Basis- und Bewertungsprogramm nicht unterscheiden, kann gemäß Unterkapitel 2.2 die Struktur des Grenzpreises p* sehr plastisch veranschaulicht werden: Die neuen Eigentümer müssen exakt den Barwert ihrer Ausschüttungsansprüche einlegen – den Alteigentümern entsteht dann kein Nachteil, denn das Unternehmen erhält ja in diesem Falle von den neuen Eigentümern genau die Summe, die es zur späteren Bedienung der neuen Dividendenansprüche benötigt.

Im Zahlenbeispiel finden nur zu t = 0 und t = 1 Ausschüttungen statt, so daß für die „vereinfachte" Bewertung außer der Beteiligungsquote α = 20 % und den geplanten neuen Ausschüttungen G_0 und G_1 lediglich der endogene Grenzzins des ersten Jahres benötigt wird. Dieser beträgt im Basis- und Bewertungsprogramm gleichermaßen[23]

---

[22] Zum investitionstheoretischen Zusammenhang zwischen optimaler Lösungsstruktur und endogenen Grenzzinsfüßen vgl. HERING (2003), S. 206 ff.

[23] Die ausführliche Herleitung und lenkpreistheoretische Interpretation am selben Zahlenbeispiel finden sich, wie bereits oben erwähnt, in HERING (2003), S. 167 f. Im vorliegenden Beispiel handelt es sich bei i_1 um nichts anderes als die *Initialverzinsung* des Grenzobjekts I_1; vgl. numerisch ebenda, S. 169 und zum allgemeinen Beweis S. 210 ff.

Ermittlung des Grenzpreises für die Einräumung einer Beteiligung 233

$$i_1 = 33\frac{1}{3}\%.$$

Per definitionem ist der Abzinsungsfaktor für t = 1 gegeben durch

$$\rho_1 = \frac{1}{1+i_1} = \frac{1}{1+\frac{1}{3}} = \frac{3}{4}.$$

Dann gilt die „vereinfachte" Bewertungsformel

$$p^* = \alpha \cdot \sum_{G_t > 0} G_t \cdot \rho_t = 20\,\% \cdot (47{,}7200 + 0{,}1220 \cdot 0{,}75) = 9{,}5623.$$

Sofern also in der Praxis abschätzbar ist, daß eine Kapitalbeteiligung vermutlich keine grundsätzlichen Umstrukturierungen im optimalen Investitions- und Finanzierungsprogramm auslöst und außerdem[24] die Ausschüttungsbeträge G_t planbar erscheinen, eröffnet die Formel einen recht einfachen heuristischen Lösungsweg für das Bewertungsproblem. Je ungenauer freilich die erforderlichen Schätzungen sind, desto eher wird man theoretisch wieder auf das explizite Aufstellen und Durchrechnen des Bewertungsansatzes verwiesen.

3.3 Zahlenbeispiel für die „komplexe" Bewertungsformel

3.3.1 Basisprogramm

Um den Einfluß der Zielfunktion auf das Bewertungsergebnis aufzuzeigen, sei im folgenden angenommen, die Konsumpräferenzen der Eigentümer ließen sich durch den Gewichtungsvektor **w** = (0, 0, 2, 1) abbilden. Die geänderte GW-Vermögenszielfunktion GW = 2 G_2 + G_3 legt keinen Wert auf frühe Ausschüttungen und gewichtet Entnahmen zu t = 2 doppelt so hoch wie zu t = 3. Der *Basisansatz* bleibt, abgesehen von der Zielfunktion, der gleiche wie im Abschnitt 3.2.1, wobei die nicht mehr benötigten Entnahmevariablen G_0 und G_1 auch in den Liquiditäts- und Nichtnegativitätsrestriktionen ganz wegfallen können.

---

[24] Diese zusätzliche Komplikation entfällt bei den Zielsetzungen Einkommens- und Endwertmaximierung, da hier die neue Entnahmebreite EN*/(1 – α) beziehungsweise der neue Endwert EW*/(1 – α) direkt aus den alten Zielwerten EN* beziehungsweise EW* ableitbar ist. Beim allgemeinen GW-Ziel jedoch kann sich, wie bereits das vorliegende kleine Beispiel zeigt, die Relation der Ausschüttungsbeträge zwischen den einzelnen Zeitpunkten ändern: Im Beispiel erhöht sich nur G_0, während G_1 von der Bareinlage unberührt bleibt (siehe Tabelle 3 versus 2). Da aber in der Formel die einzelnen G_t abgezinst werden müssen, kommt man um ihre Prognose auch im „vereinfachten" Fall nicht herum.

Als optimale Lösung resultiert nunmehr:

$GW^* = 100{,}8709$, $G_2 = 50{,}4355$,

$I_1 = 1$, $A = 1$, $K_0 = 2$, $F_1 = 1{,}8$, $K_2 = 24{,}5455$,

$G_3 = I_2 = F_0 = K_1 = F_2 = 0$.

Eine Entnahme wird nur zu $t = 2$ getätigt und ergibt über ihr Gewicht $w_2 = 2$ den doppelten Zielwert: $GW^* = 2 \cdot 50{,}4355 = 100{,}8709$. Anleihe und Investition 1 sind vollständig im Programm enthalten. Als teilweise zu realisierende Grenzobjekte fungieren der Kredit von 10 % im ersten und dritten sowie die Geldanlage von 5 % im zweiten Jahr. Investition 2, der Kredit im zweiten Jahr sowie die Geldanlagen im ersten und dritten Jahr sind unvorteilhaft. Aus den internen Zinsfüßen der einperiodigen Grenzobjekte resultieren die für die Kapitalwertmethode steuerungsrelevanten endogenen Grenzzinsfüße des Basisprogramms: $i_1 = 10\ \%$, $i_2 = 5\ \%$ und $i_3 = 10\ \%$.

Basisprogramm	$t = 0$	$t = 1$	$t = 2$	$t = 3$
Entnahmen G_t			−50,4355	
Eigenmittel	10			
I_1	−110	10	80	80
A	98	−6	−56	−53
Kredit	2	−2	24,5455	−24,5455
Geldanlage		−1,8	1,8	
Zinsen		−0,2	0,09	−2,4545
Kontrollsaldo	0	0	0	0

Tabelle 4:   VOFI des Basisprogramms für $w = (0, 0, 2, 1)$

Das Basisprogramm hat den vorstehenden VOFI.

3.3.2   Bewertungsprogramm

Erneut sei eine Kapitalbeteiligung von 20 % gegen Bareinlage zu bewerten. Um den Zielfunktionswert GW^* des Basisprogramms einzuhalten, muß dann im Bewertungsansatz gelten:

$2 \cdot 80\ \%\ G_2 + 80\ \%\ G_3 \geq 100{,}8709 = GW^*$.

Von dieser Modifikation einer Nebenbedingung abgesehen, entspricht der Bewertungsansatz demjenigen aus Abschnitt 3.2.2; die bedeutungslosen Variablen G_0 und G_1 können wie im Basisansatz ebenfalls entfallen.

Das *Bewertungsprogramm* hat sich allerdings gegenüber dem Basisprogramm strukturell geändert:

$p^* = 11{,}3205$, $\qquad G_2 = 63{,}0443$,

$I_1 = 1$, $A = 0{,}9906$, $F_0 = 8{,}3960$, $F_1 = 12{,}8724$, $K_2 = 25$,

$G_3 = I_2 = K_0 = K_1 = F_2 = 0$.

Investition 1 bleibt vollständig vorteilhaft, der Kredit im dritten Jahr wird es. Grenzobjekte sind nunmehr die nicht mehr komplett aufzunehmende Anleihe sowie die Geldanlagen in den ersten zwei Jahren. Wir erhalten also $i_1 = i_2 = 5\,\%$, aber wie hoch ist i_3? Da der Kapitalwert eines Grenzobjekts und damit auch der dreijährigen Anleihe null beträgt, läßt sich hieraus der noch fehlende endogene Grenzzins des dritten Jahres errechnen:

$$C_A = 98 - \frac{6}{1{,}05} - \frac{56}{1{,}05^2} - \frac{53}{1{,}05^2 \cdot (1+i_3)} \overset{!}{=} 0$$

$\Leftrightarrow$

$$i_3 = \frac{\frac{53}{1{,}05^2}}{98 - \frac{6}{1{,}05} - \frac{56}{1{,}05^2}} - 1 = \frac{1451}{9149} = 15{,}8597\,\%.$$

Die Interessen der Alteigentümer sind gewahrt, denn es gilt:[25]

$80\,\% \cdot (2 \cdot 63{,}0443 + 0) = 80\,\% \cdot 126{,}0886 = 100{,}8709 = GW^*$.

Nachstehender VOFI enthält das Bewertungsprogramm.

---

[25] Wer es genauer prüfen mag: $G_2 = 63{,}04431818$; $p^* = 11{,}32052135$.

Bewertungs-programm	t = 0	t = 1	t = 2	t = 3
Entnahmen G_t			–63,0443	
Bareinlage p*	**11,3205**			
Eigenmittel	10			
I_1	–110	10	80	80
A (zu 99,06 %)	97,0755	–5,9434	–55,4717	–52,5
Kredit			25	–25
Geldanlage	–8,3960	–12,8724		
Tilgung		8,3960	12,8724	
Zinsen		0,4198	0,6436	–2,5
Kontrollsaldo	0	0	0	0

Tabelle 5:   VOFI des Bewertungsprogramms für **w** = (0, 0, 2, 1)

Ein Vergleich mit Tabelle 4 zeigt deutliche strukturelle Änderungen. Die endogenen Grenzinsfüße sind im ersten und dritten Jahr andere als im Basisprogramm; lediglich der Kalkulationszins $i_2 = 5\ \%$ ist noch beiden Programmen gemeinsam. Damit ergeben sich jeweils andere Kapitalwerte und andere Vorteilhaftigkeitsentscheidungen; auch kann die Berechnung des Beteiligungsgrenzpreises nicht mehr mit der „vereinfachten" Formel erfolgen.

3.3.3   „Komplexe" Bewertung

Da sich die endogenen Abzinsungsfaktoren ρ_t von Basis- und Bewertungsprogramm unterscheiden, muß gemäß Unterkapitel 2.2 zur Erklärung der Höhe von p* = 11,3205 die „komplexe" Bewertungsformel angesetzt werden, welche sich als Gleichheitsbedingung von Unternehmensgesamtkapitalwert und Ausschüttungskapitalwert deuten läßt:

$$p^* = \underbrace{\sum_{G_t > 0} G_t \cdot \rho_t}_{(1)} - \underbrace{\sum_{t=0}^{n} b_t \cdot \rho_t}_{(2)} - \underbrace{\sum_{C_j > 0} x_j^{\max} \cdot C_j}_{(3)}.$$

Wir berechnen die Teilsummen (1) bis (3) erst einzeln und fassen sie am Schluß zusammen.

Zu (1): Summe der Ausschüttungsbarwerte

$$\sum_{G_t > 0} G_t \cdot \rho_t = G_2 \cdot \rho_2 = \frac{63,0443}{1,05^2} = 57,1831.$$

Zu (2): Summe der Barwerte der fixen Zahlungen

$$\sum_{t=0}^{n} b_t \cdot \rho_t = b_0 \cdot \rho_0 = 10 \cdot 1 = 10 \text{ (unabgezinste eigene Mittel in } t = 0).$$

Zu (3): Summe der (positiven) Kapitalwerte aller vorteilhaften Objekte

Zunächst lauten die Einzelkapitalwerte der Objekte I_1 und K_2:

$$C_{I_1} = -110 + \frac{10}{1,05} + \frac{80}{1,05^2} + \frac{80}{1,05^2 \cdot 1,158597} = 34,7157.$$

$$C_{K_2} = \frac{1}{1,05^2} - \frac{1,1}{1,05^2 \cdot 1,158597} = 0,04587.$$

Dann folgt:

$$\sum_{C_j > 0} x_j^{\max} \cdot C_j = 1 \cdot C_{I_1} + 25 \cdot C_{K_2} = 34,7157 + 25 \cdot 0,04587 = 35,8625.$$

Summa summarum: (1) – (2) – (3)

$$p^* = 57,1831 - 10 - 35,8625 = 11,3205.^{26}$$

Die „komplexe" Bewertungsformel kann in der Praxis einen Anhaltspunkt zur Schätzung des Beteiligungswerts geben, wenn es sich aufgrund von Größen- und Datengewinnungsproblemen als zu schwierig erweist, den Basis- und Bewertungsansatz aufzustellen und zu lösen. Man weiß zumindest, daß p* die Lücke zwischen dem Ausschüttungskapitalwert und dem Unternehmenskapitalwert auszufüllen hat, und kann versuchen, dementsprechende Rechnungen mit verfügbarem gröberem Planungsdatenmaterial vorzunehmen.

---

[26] Wie immer auf vier Stellen Genauigkeit angegeben, mit höherer Genauigkeit gerechnet.

4 Ausblick

Der Beitrag hat gezeigt, wie sich Grenzpreise von Kapitalbeteiligungen aus Alteigentümersicht so bestimmen lassen, daß keine Kapitalverwässerung eintritt. Zugrunde gelegt war dabei die Konsumzielsetzung „Vermögensmaximierung", für die bisher – außer für den Spezialfall Endwertmaximierung – in der Literatur keine Rechenbeispiele vorlagen. Schon die präsentierten kleinen Zahlenbeispiele zeigen das komplexe Zusammenwirken der verschiedenen Werteinflußgrößen auf, von der Wahl der Zielsetzung bis hin zu den Parametern der Zahlungsreihen und den in der Realität wirksamen Kreditrestriktionen. Sie weisen zugleich Wege, das Bewertungsproblem in der Praxis mittels heuristischer Vereinfachungen näherungsweise zu lösen, und zwar durch Anwendung der abgeleiteten theoretisch richtigen Bewertungsformeln[27] unter Verwendung geschätzten Datenmaterials.

Möchte man das Unsicherheitsproblem hingegen nicht über Parameterschätzungen und Sensitivitätsanalysen des quasi-sicheren Modells angehen, sondern explizit modellieren, bietet sich gerade für die moderne Zeit-Zustands-Sichtweise das in diesem Beitrag analysierte allgemeine Vermögensmaximierungsziel als mögliche Alternative zur Zielsetzung Einkommensmaximierung an.[28]

Erweiterungen des Grundmodells sind nahezu beliebig möglich; exemplarisch erwähnt seien nur Ergänzungen um produktionswirtschaftliche Aspekte.[29] Einen anderen Zugang zum Unsicherheitsproblem bietet die unscharfe Logik;[30] ob sich hieraus allerdings leistungsfähigere Bewertungsansätze ergeben als auf Basis der 0-1-Logik, wird sich noch erweisen müssen.

---

[27] Die Praxis behilft sich vielfach mit theoretisch unfundierten Verfahren, zum Beispiel simplen Multiplikatoren, Vergleichspreisen oder Börsenkursen. Dabei verkennt sie, daß der *Preis*findung die individuelle *Wert*bemessung voranzugehen hat, weil sich sonst nicht beurteilen läßt, ob ein angebotener „Marktpreis" die eigene Entscheidungsgrenze verletzt. Zur Kritik an „Bewertungsverfahren" der Praxis, bei denen es sich in der Regel nur um Preisfindungsverfahren ohne Rücksicht auf die individuelle Situation des Bewertungssubjekts handelt, vgl. OLBRICH (2000).

[28] Vgl. HERING (2003), S. 264 und KLINGELHÖFER (2004).

[29] Vgl. zum Beispiel BRÖSEL (2002), KLINGELHÖFER (2004) und ROLLBERG (2005).

[30] Vgl. zur unscharfen Arithmetik wegweisend STEINRÜCKE (1997) und zu Anwendungen im Bereich der Unternehmensbewertung KEUPER (2002) und VINCENTI (2004).

Quellenverzeichnis

BITZ, M. (2002): Finanzdienstleistungen, München/Wien 2002.

BRÖSEL, G. (2002): Medienrechtsbewertung, Wiesbaden 2002.

DANTZIG, G.B. (1966): Lineare Programmierung und Erweiterungen, Berlin/Heidelberg/ Neuyork 1966.

HAX, H. (1964): Investitions- und Finanzplanung mit Hilfe der linearen Programmierung, in: Schmalenbachs Zeitschrift für betriebswirtschaftliche Forschung, 1964, S. 430–446.

HERING, TH. (2003): Investitionstheorie, München/Wien 2003.

HERING, TH. (2004): Der Entscheidungswert bei der Fusion, in: Betriebswirtschaftliche Forschung und Praxis, 56. Jg. (2004), S. 148-165.

HERING, TH. (2005): Grenzpreisermittlung für die Wachstumsfinanzierung mit Wagniskapital, in: BÖRNER, CH. J./GRICHNIK, D. (Hrsg.), Entrepreneurial Finance, Heidelberg 2005, S. 179–192.

HERING, TH. (2006): Unternehmensbewertung, München/Wien 2006.

HERING, TH./OLBRICH, M. (2002): Einige grundsätzliche Bemerkungen zum Bewertungsproblem beim Börsengang junger Unternehmen, in: Zeitschrift für Betriebswirtschaft, 2002, Erg.-Heft 5, S. 147–161.

KEUPER, F. (2002): Unscharfe, kapitalwertbasierte Verfahren zur Unternehmensbewertung, in: Zeitschrift für Betriebswirtschaft, 2002, S. 457–476.

KLINGELHÖFER, H. E. (2004): Finanzwirtschaftliche Bewertung von Umweltschutzinvestitionen, Habilitationsschrift Greifswald 2004.

LAUX, H./FRANKE, G. (1969): Zum Problem der Bewertung von Unternehmungen und anderen Investitionsgütern, in: Unternehmensforschung, 1969, S. 205–223.

LUTTER, M./DRYGALA, T. (1995): Rechtsfragen beim Gang an die Börse, in: SCHMIDT, K./ SCHWARK, E. (Hrsg.), Unternehmen, Recht und Wirtschaftsordnung, Festschrift für P. Raisch, Köln et al. 1995, S. 239–253.

MATSCHKE, M.J. (1975): Der Entscheidungswert der Unternehmung, Wiesbaden 1975.

MATSCHKE, M.J./BRÖSEL, G. (2006): Unternehmensbewertung, Wiesbaden 2006.

MATSCHKE, M.J./HERING, TH./KLINGELHÖFER, H. E. (2002): Finanzanalyse und Finanzplanung, München/Wien 2002.

OLBRICH, M. (2000): Zur Bedeutung des Börsenkurses für die Bewertung von Unternehmungen und Unternehmungsanteilen, in: Betriebswirtschaftliche Forschung und Praxis, 2000, S. 454–465.

ROLLBERG, R. (2005): Produktions- und finanzwirtschaftlich fundierte Ressourcenbewertung, in: Betriebswirtschaftliche Forschung und Praxis, 2005, S. 486–505.

STEINRÜCKE, M. (1997): Fuzzy Sets und ihre konzeptionelle Anwendung in der Produktionsplanung, Wiesbaden 1997.

VINCENTI, A. J. F. (2004): Subjektivität der Prognoseunsicherheit und der Informationswirkung, Göttingen 2004.

Produktions- und finanzwirtschaftlich fundierte Bewertung von Fusions- und Akquisitionsvorhaben

ROLAND ROLLBERG & MICHAEL LERM

Ernst-Moritz-Arndt-Universität Greifswald

1	Problemstellung und Ausgangssituation	243
	1.1 Fusionen und Akquisitionen als Bewertungsanlässe	243
	1.2 Das Grundmodell der integrierten Investitions-, Finanzierungs- und Produktionsprogrammplanung als Basisansatz	246
2	Bewertung eines Fusionsvorhabens	248
	2.1 Fusionsbewertungsansatz	248
	2.2 Fusionsbewertungsformeln	252
	2.3 Fusionsbewertungsbeispiel	256
3	Bewertung eines Akquisitionsvorhabens	262
	3.1 Akquisitionsbewertungsansatz	262
	3.2 Akquisitionsbewertungsformeln	263
4	Zusammenfassende Schlussbetrachtung	266
	Symbolverzeichnis	267
	Quellenverzeichnis	270

1 Problemstellung und Ausgangssituation

1.1 Fusionen und Akquisitionen als Bewertungsanlässe

Fusionen und Akquisitionen (F&A oder M&A für „Mergers & Acquisitions") führen zu einer Übertragung von Leitungs-, Kontroll- und Verfügungsrechten,[1] wobei mindestens eines der beteiligten Unternehmen seine rechtliche Selbständigkeit verliert.[2] Die beiden Pole des Kontinuums möglicher Ausgestaltungsformen strategisch begründeter F&A-Vorhaben, also solcher, die auf Synergieeffekte abzielen, bilden die echte Fusion unter Gleichen, bei der sich zwei Unternehmen freiwillig zu einer rechtlichen und wirtschaftlichen Einheit zusammenschließen, und die Akquisition, bei der ein Unternehmen ein anderes kauft, um es anschließend mit dem eigenen zu verschmelzen.[3] Insofern findet jede strategisch begründete Akquisition mit einer „Fusion unter Ungleichen" ihren Abschluss.

F&A lassen sich danach unterscheiden, ob sie sich auf Unternehmen derselben Branche und Wertschöpfungsstufe (horizontale F&A), derselben Branche, aber verschiedener Wertschöpfungsstufen (vertikale F&A) oder unterschiedlicher Branchen (laterale F&A) beziehen.[4] Wird im Rahmen einer vertikalen Akquisition ein Unternehmen der vorhergehenden oder der nachfolgenden Wertschöpfungsstufe gekauft, so kommt es zu einer Rückwärts- beziehungsweise Vorwärtsintegration.

Die Motive von F&A-Vorhaben sind vielfältiger Natur.[5] Beispielsweise versprechen horizontale F&A über eine erhöhte Ausbringung artverwandter Produkte Stückkostensenkungen in der Produktion und bei der Beschaffung der hierfür erforderlichen Repetierfaktoren (Degressionseffekte, „economies of scale"). Laterale F&A führen gegebenenfalls zu Kosteneinsparungen durch die Mehrfachnutzung von Potenzialfaktoren, Beschaffungs- und Vertriebskanälen sowie Informationen für die gemeinsame Erstellung und Verwertung auch artverschiedener Produkte (Verbundvorteile, „economies of scope"). Dagegen können vertikale F&A durch die Integration von Beschaffungs- oder Vertriebskanälen die Koordinationskosten senken (Integrationseffekte, „economies of integration"). Darüber hinaus dienen horizontale F&A der Marktbereinigung sowie der Vergrößerung des Marktanteils und der Marktmacht, vertikale F&A der Sicherung von Versorgung und Absatz sowie laterale F&A der Risikominderung und dem externen Wachstum durch Diversifikation. Neben diesen primär realgüterwirtschaftlichen Motiven tritt unabhängig von der jeweiligen F&A-Kategorie noch die finanzwirtschaftliche Hoffnung, dass nach einer Fusion oder Akquisition mehr Fremdkapital zu günstigeren Konditionen zur Verfügung steht und sich die Möglichkeiten der Eigenkapitalbeschaffung verbessern.

---

[1] Vgl. WIRTZ (2003), S. 12.
[2] Vgl. REICHERTER (2000), S. 45.
[3] Zu den vielfältigen Ausgestaltungsformen von F&A-Vorhaben vgl. beispielsweise GERPOTT (1993), S. 36 ff., NEUMANN (1994), S. 33 ff., JANSEN (2001), S. 47 ff., und ACHLEITNER/WIRTZ/WECKER (2004), S. 480 f.
[4] Zu den leistungswirtschaftlichen Ausrichtungen von F&A-Vorhaben vgl. beispielsweise GERPOTT (1993), S. 43 ff., NEUMANN (1994), S. 65, WIRTZ (2003), S. 18 f., und ACHLEITNER/WIRTZ/WECKER (2004), S. 481 f.
[5] Zu den unterschiedlichen Motiven sowie ökonomischen Vor- und Nachteilen von F&A-Vorhaben vgl. beispielsweise NEUMANN (1994), S. 74 ff., JANSEN (2001), S. 70 ff., ACHLEITNER (2002), S. 142 ff., VOGEL (2002), S. 32 ff., WIRTZ (2003), S. 57 ff., FRANCK/MEISTER (2006) und LINDSTÄDT (2006).

Ernüchternderweise ist aber darauf hinzuweisen, dass sich die an F&A-Vorhaben knüpfenden Hoffnungen nicht mit den tatsächlichen Konsequenzen ihrer Realisierung decken müssen. Mit der zunehmenden Betriebsgröße können nämlich durchaus auch Nachteile verbunden sein, wie beispielsweise Kostensteigerungen bei Überschreitung der eigentlich „optimalen Betriebsgröße" nach horizontalen F&A oder durch zusätzliche Fixkosten bei sinkendem Beschäftigungsgrad nach vertikalen F&A (Progressionseffekte, „diseconomies of scale") sowie wachsende Komplexitätskosten[6] infolge stark diversifizierter Produktionsprogramme nach lateralen F&A (Verbundnachteile, „diseconomies of scope").

Vor einer Fusion oder Akquisition ist es daher unumgänglich, die zu erwartenden Vor- und Nachteile der jeweiligen Transaktion gegeneinander abzuwägen. Insofern ist die Bewertung des geplanten Fusions- oder Akquisitionsvorhabens vor Vertragsabschluss eine betriebswirtschaftliche Notwendigkeit und die Unternehmensbewertung der „Nukleus der Prä-F&A-Phase".[7] Wenn allerdings in der einschlägigen Literatur von Unternehmensbewertung die Rede ist, geht es letztlich immer nur um eine Bewertung von Zahlungsströmen mit rein finanzwirtschaftlichen Modellen.[8] Die Qualität des Bewertungsergebnisses hängt dabei empfindlich von der Qualität der Eingangsinformationen, sprich dem Wissen über die zu bewertenden Zahlungsreihen ab. Eine Abschätzung der Nettozahlungswirkungen von ganzen Produktionsbetrieben und ihrer Synergien mit dem Umfeld, in das sie bei einer Verschmelzung integriert werden sollen, stellt indes ein eigenes Bewertungsproblem dar, das am besten mit einem produktionswirtschaftlichen Modell gelöst wird. Anstatt aber zunächst realgüterwirtschaftlich begründete Zahlungsreihen zu schätzen und diese anschließend finanzwirtschaftlich zu bewerten, ist es zweckmäßiger, die zu verschmelzenden Unternehmen gleich in produktions- und finanzwirtschaftlich fundierten Fusions- oder Akquisitionsbewertungsmodellen abzubilden.[9]

Um den Wert beispielsweise von Werkstoffen oder Maschinenkapazitäten zu ermitteln, wird gern auf das lineare Grundmodell der einperiodigen und damit statischen Produktionsprogrammplanung zurückgegriffen, das eine Deckungsbeitragsmaximierung verfolgt und lediglich Bestandteile der Realgütersphäre abbildet.[10] Demgegenüber hat sich zur Bewertung von Zahlungsströmen das lineare Grundmodell der mehrperiodigen und somit dynamischen Investitions- und Finanzierungsplanung bewährt, das unter ausschließlicher Berücksichtigung der Finanzgütersphäre beispielsweise das Endvermögen am Planungshorizont maximiert.[11] Zur produktions- und finanzwirtschaftlich fundierten Bewertung von Unternehmenszusam-

---

[6] Zum Thema „Komplexitätskosten" vgl. ADAM/ROLLBERG (1995).

[7] Zur rein finanzwirtschaftlichen Unternehmensbewertung im Fusionsfalle vgl. HERING (2004), MATSCHKE/ BRÖSEL (2005), S. 319 ff., und HERING (2006), S. 85 ff. Schon vor knapp 100 Jahren beschäftigte sich SCHMALENBACH (1912/1913) mit der „Vergütung für den Wert des Geschäfts bei dessen Übergang in andere Hände". Vgl. auch SCHMALENBACH (1917/1918).

[8] Vgl. beispielsweise LAUX/FRANKE (1969), MATSCHKE (1975), MATSCHKE/BRÖSEL (2005) und HERING (2006). Zur Unternehmensbewertung auf der Grundlage der unscharfen Arithmetik vgl. KEUPER (2002).

[9] Vgl. hierzu auch LAUX (1971), S. 533, 536 ff., und HERING (2002), S. 77 f.

[10] Vgl. beispielsweise HERING (2002), S. 60 ff. sowie ADAM (1970), S. 50 ff., WITTE/DEPPE/BORN (1975), S. 104 ff. in Verbindung mit S. 58 ff., ADAM (1996), S. 460 ff., insbesondere S. 465 ff., KLINGELHÖFER (2000), S. 417 ff., NIEUWENHUIZEN (2003) und BLOECH/BOGASCHEWSKY/GÖTZE/ROLAND (2004), S. 156 ff., insbesondere S. 167 f.

[11] Vgl. beispielsweise HERING (2002), S. 74 ff. sowie WEINGARTNER (1963), S. 139 ff., HAX (1964), S. 435 ff., ADAM (2000), S. 270 ff., KLINGELHÖFER (2003), HERING (2003), S. 136 ff., und GÖTZE/BLOECH (2004), S. 337 ff. Zur Bewertung von Medienrechten mit derartigen Modellen vgl. BRÖSEL (2002), zu der von Stimmrechtsänderungen vgl. HERING/OLBRICH (2001) und MIRSCHEL/KLINGELHÖFER/LERM (2004).

menschlüssen mit oder ohne vorherigem Anteilserwerb sind diese beiden Grundmodelle zu einem dynamischen Modell der integrierten Investitions-, Finanzierungs- und Produktionsprogrammplanung zu vereinen, um sowohl die real- als auch die finanzgüterwirtschaftlichen Implikationen von Fusionen und Akquisitionen explizit abbilden zu können.[12]

Der eigentliche Bewertungsakt ist zweistufig konzipiert:[13] Im Fusionsfall sind zunächst produktions- und finanzwirtschaftlich fundierte, aber noch einzelunternehmensspezifische Basisprogramme aufzustellen und zu optimieren, um zu ermitteln, was die einzelnen Fusionskandidaten allein maximal zu erwirtschaften vermögen. Sodann werden die Unternehmen in einem produktions- und finanzwirtschaftlich fundierten Fusionsbewertungsprogramm zusammengeführt, das Auskunft darüber erteilt, welcher „Mehrwert" aus der Verschmelzung der Unternehmen gegenüber ihrer einzelwirtschaftlichen Betätigung resultiert. Im Akquisitionsfall wird nur für das kaufende Unternehmen ein Basisprogramm formuliert und optimiert. Sein ursprüngliches Entscheidungsfeld ist anschließend im produktions- und finanzwirtschaftlich fundierten Akquisitionsbewertungsprogramm um das zu erwerbende Unternehmen zu erweitern, um den Grenznutzen zu bestimmen, der sich aus der Akquisition und anschließenden Verschmelzung mit dem eigenen Unternehmen ergibt. Dieser Grenznutzen markiert die Preisobergrenze für das akquirierbare Unternehmen, den subjektiven Grenzpreis, den der Akquirent maximal zu zahlen bereit ist, und damit die subjektive „Grenze der Konzessionsbereitschaft"[14] des Akquirenten im Akquisitionsprozess.

Im Folgenden werden produktions- und finanzwirtschaftlich fundierte Basis- und Bewertungsansätze präsentiert, mit denen Urteile über die Vorteilhaftigkeit einer horizontal-lateralen Fusion unter Gleichen gefällt sowie Preisobergrenzen für horizontal-laterale Akquisitionsvorhaben bestimmt werden können. Dabei wird deutlich, dass das Akquisitionsbewertungsmodell als Spezialfall des Fusionsbewertungsmodells aufgefasst werden kann. Durch geringfügige Abwandlungen lassen sich diese Bewertungsansätze ohne Probleme an alle erdenklichen Ausgestaltungsformen von F&A-Vorhaben anpassen.

---

[12] Zur produktions- und finanzwirtschaftlich fundierten Bewertung von Potenzial- und Repetierfaktoren sowie Zusatzaufträgen und Zahlungsströmen vgl. ROLLBERG (2005), von Bestands- und Entwicklungsflexibilitätspotenzialen in der Produktion vgl. MIRSCHEL (2006), S. 182 ff. sowie von Umweltschutzinvestitionen auf der Grundlage der linearen Aktivitätsanalyse vgl. KLINGELHÖFER (2004), S. 123 ff.

[13] Der zweistufige Bewertungsansatz mit Hilfe eines Basis- und eines Bewertungsprogramms geht auf JAENSCH (1966a), S. 664 f., (1966b), S. 136 ff., und MATSCHKE (1969), S. 58 ff., (1972), S. 153 ff., (1975), S. 253 ff., 387 ff. zurück. Vgl. auch MATSCHKE/BRÖSEL (2005), S. 124 ff. Zum sogenannten Zustandsgrenzpreismodell (ZGPM), das ebenfalls auf der Unterscheidung von Basis- und Bewertungsprogramm fußt und im vorliegenden Beitrag produktionswirtschaftlich verfeinert werden soll, vgl. HERING (2006), S. 35 ff., 247 ff.

[14] MATSCHKE (1975), S. 11, und MATSCHKE/BRÖSEL (2005), S. 8, 50, 112.

1.2 Das Grundmodell der integrierten Investitions-, Finanzierungs- und Produktionsprogrammplanung als Basisansatz

Mit dem folgenden Grundmodell[15] der integrierten Investitions-, Finanzierungs- und Produktionsprogrammplanung wird das Vermögen VZ eines Unternehmens als Saldo V_{tv} aller Ein- und Auszahlungen im Zeitpunkt tv unter Berücksichtigung real- und finanzgüterwirtschaftlicher Restriktionen maximiert.

Da der Einfachheit halber von der Möglichkeit einer Lagerhaltung abstrahiert werden soll, darf die tatsächliche Produktions- und damit Absatzmenge x_{nt} eines Produkts n in Periode t das zugehörige Absatzpotenzial X_{nt}^A nicht überschreiten. Es kann nur verkauft werden, was in der Periode auch produziert wurde; daher gibt es keine Absatzmengen zu Beginn des Planungszeitraums. Dies wird über die gleich null gesetzten Absatzobergrenzen für den Zeitpunkt t = 0 erzwungen. Weiter muss gewährleistet sein, dass die Kapazitätsnachfrage als Summe der mit den entsprechenden potenzialfaktorspezifischen Produktionskoeffizienten PK_{jn}^P gewichteten Fertigungsmengen x_{nt} der Erzeugnisse n in Periode t das gegebene Kapazitätsangebot Kap_{jt}^P des jeweiligen Potenzialfaktors j in Periode t nicht übersteigt. Strukturgleich sind die Restriktionen zur Einhaltung der maximal beschaffbaren Menge X_{lt}^B des Repetierfaktors l in Periode t mit den repetierfaktorspezifischen Produktionskoeffizienten PK_{ln}^R.

Liquiditätsbedingungen sorgen für das finanzwirtschaftliche Gleichgewicht, das nur dann sichergestellt ist, wenn zu keinem Zeitpunkt t die Auszahlungen die Einzahlungen übersteigen. Wird ein Finanzobjekt[16] o im Umfang von n_o realisiert, so resultieren hieraus in den Zeitpunkten seiner Lebensdauer Zahlungen als Produkt aus Ein- oder Auszahlungsbetrag pro Objekteinheit (E_{ot} bzw. A_{ot}) und Objektumfang. Der Objektumfang n_o ist gegebenenfalls nach oben begrenzt (N_o). Nicht mehr beeinflussbare Zahlungen E_t in den einzelnen Zeitpunkten, die beispielsweise auf in der Vergangenheit getätigte Finanzinvestitionen zurückzuführen sind, können größer null (Einzahlungen), kleiner null (Auszahlungen) und gleich null (keine Zahlungen) sein.

Neben die Ein- und Auszahlungen der finanzwirtschaftlichen Objekte treten in den Liquiditätsbedingungen als verbindendes Element zwischen der Real- und der Finanzgütersphäre noch die Zahlungswirkungen des Produktionsbereichs in Gestalt erzeugnis- und periodenspezifischer Deckungsbeiträge. Selbige ergeben sich aus einer Multiplikation der jeweiligen zahlungsorientierten Deckungsspannen (als Differenz aus Absatzpreis e_{nt} und produktionsbedingten Auszahlungen pro Stück a_{nt}) mit den zugehörigen Produktionsmengen x_{nt}.

Unter Berücksichtigung der Nichtnegativitätsbedingungen für alle Variablen lässt sich dann nachstehendes *Primalproblem* der integrierten Investitions-, Finanzierungs- und Produktionsprogrammplanung formulieren:

---

[15] Hierbei handelt es sich um eine einfache Verschmelzung des Grundmodells der Produktionsprogrammplanung mit dem der Investitions- und Finanzierungsplanung, wobei das Ziel verfolgt wird, das Vermögen in einem frei wählbaren Zeitpunkt innerhalb des Planungszeitraums zu maximieren. Komplexere Modelle finden sich beispielsweise in JACOB (1964), S. 581 ff., SCHWEIM (1969), S. 75 ff., ROSENBERG (1975), S. 73 ff., und ROLLBERG (2001), S. 109 ff.

[16] Finanzobjekte sind Geldanlage- und Geldaufnahmemöglichkeiten (Finanzinvestitionen, Kredite im weiteren Sinne).

max. VZ; $VZ := V_{tv}$

$x_{nt} \leq X_{nt}^A \quad \forall\, n \in \{1,...,N\}, \quad \forall\, t \in \{0,...,T\} \quad \text{mit} \quad X_{n0}^A = 0 \quad \forall\, n \in \{1,...,N\}$

$\sum_n PK_{jn}^P \cdot x_{nt} \leq Kap_{jt}^P \quad \forall\, j \in \{1,...,J\}, \quad \forall\, t \in \{0,...,T\}$

$\sum_n PK_{ln}^R \cdot x_{nt} \leq X_{lt}^B \quad \forall\, l \in \{1,...,L\}, \quad \forall\, t \in \{0,...,T\}$

$\sum_n (a_{nt} - e_{nt}) \cdot x_{nt} + \sum_o (A_{ot} - E_{ot}) \cdot n_o \leq E_t \quad \forall\, t \in \{0,...,T\} \setminus tv$

$\sum_n (a_{ntv} - e_{ntv}) \cdot x_{ntv} + \sum_o (A_{otv} - E_{otv}) \cdot n_o + V_{tv} \leq E_{tv}$

$n_o \leq N_o \quad \forall\, o \in \{1,...,O\}$

$x_{nt} \geq 0 \quad \forall\, n \in \{1,...,N\}, \quad \forall\, t \in \{0,...,T\}; \quad n_o \geq 0 \quad \forall\, o \in \{1,...,O\}; \quad V_{tv} \geq 0$

Durch Einfügen der Schlupfvariablen s_{nt}^A in die Absatz-, s_{jt}^K in die Kapazitäts-, s_{lt}^B in die Beschaffungs-, s_t^L in die Liquiditäts- und s_o^D in die Durchführungsrestriktionen entsteht ein Gleichungssystem, das sich mit dem Simplexalgorithmus lösen lässt.

Das zum vorgestellten Primalproblem gehörige *Dualproblem* minimiert die Summe der mit den jeweiligen Knappheitspreisen α_{nt}, κ_{jt}, β_{lt}, λ_t und δ_o als Strukturvariablen bewerteten Restriktionsobergrenzen:[17]

min. RW; $RW := \sum_n \sum_t X_{nt}^A \cdot \alpha_{nt} + \sum_j \sum_t Kap_{jt}^P \cdot \kappa_{jt} + \sum_l \sum_t X_{lt}^B \cdot \beta_{lt} + \sum_t E_t \cdot \lambda_t + \sum_o N_o \cdot \delta_o$

$\alpha_{nt} + \sum_j PK_{jn}^P \cdot \kappa_{jt} + \sum_l PK_{ln}^R \cdot \beta_{lt} + (a_{nt} - e_{nt}) \cdot \lambda_t \geq 0 \quad \forall\, n \in \{1,...,N\}, \quad \forall\, t \in \{0,...,T\}$

$\sum_t (A_{ot} - E_{ot}) \cdot \lambda_t + \delta_o \geq 0 \quad \forall\, o \in \{1,...,O\}$

$\lambda_{tv} \geq 1$

$\alpha_{nt}, \kappa_{jt}, \beta_{lt}, \lambda_t, \delta_o \geq 0 \quad \forall\, n \in \{1,...,N\}, \quad \forall\, j \in \{1,...,J\}, \quad \forall\, l \in \{1,...,L\}, \quad \forall\, t \in \{0,...,T\}, \quad \forall\, o \in \{1,...,O\}$

Die Schlupfvariablen s_{nt}^P, s_o^O und s^V transformieren die produkt- und objektbezogenen Nebenbedingungen sowie die „Vermögensrestriktion" in Gleichungen.

Es ist grundsätzlich gleichgültig, ob das primale oder das duale Problem gelöst wird, weil jeweils dieselben Informationen verarbeitet werden und die Lösungen der beiden Probleme letztlich identisch sind: Die Lösungswerte der primalen (dualen) Struktur- und Schlupfvariablen entsprechen den originären beziehungsweise derivativen Dualwerten des Dualproblems (Primal-

---

[17] Zur Entwicklung eines Dualproblems aus einem Primalproblem und zum Zusammenhang zwischen beiden Problemen vgl. beispielsweise die Kurzdarstellungen in WITTE/DEPPE/BORN (1975), S. 119 ff., oder ELLINGER/BEUERMANN/LEISTEN (2003), S. 59 ff.

problems).[18] Deshalb lässt sich auch das maximale Vermögen alternativ mit der primalen oder der dualen Zielfunktion berechnen:

$$VZ^{max} = V_{tv} = \sum_n \sum_t X_{nt}^A \cdot \alpha_{nt} + \sum_j \sum_t Kap_{jt}^P \cdot \kappa_{jt} + \sum_l \sum_t X_{lt}^B \cdot \beta_{lt} + \sum_t E_t \cdot \lambda_t + \sum_o N_o \cdot \delta_o = RW^{min}$$

Vor einer Fusionsbewertung ist zunächst für jedes beteiligte Unternehmen ein entsprechendes Basisprogramm zu formulieren und zu optimieren. Dabei müssen sich die Fusionspartner bereits auf einen gemeinsamen Planungshorizont T geeinigt haben, um eine abgestimmte, ökonomische Vergleiche erlaubende zeitliche Reichweite der einzel- und fusionsunternehmensspezifischen Planungen sicherzustellen. Dagegen ist es nicht erforderlich, die einzelunternehmerischen Bezugszeitpunkte der Vermögensmaximierung anzugleichen. Im Falle einer Akquisitionsbewertung reicht es aus, lediglich für das kaufende Unternehmen einen Basisansatz zu lösen.

2 Bewertung eines Fusionsvorhabens

2.1 Fusionsbewertungsansatz

Um den Zusammenschluss zweier rechtlich und wirtschaftlich selbständiger Unternehmen zu einer rechtlichen und wirtschaftlichen Einheit im Rahmen einer Fusion unter Gleichen bewerten zu können, ist ein Bewertungsansatz aufzustellen, der auf die Basisansätze der beteiligten Unternehmen zurückgreift. Die Zielfunktion strebt jetzt nach einer Maximierung des Fusionserfolgs FE als auf den Zeitpunkt t = 0 bezogene Differenz aus Fusionsvorteil FV und Fusionsnachteil FN unter der Bedingung, wenigstens die maximalen Vermögen aus den Optimallösungen der Basisprogramme wieder zu erreichen.[19] Dabei ist zu beachten, dass sich die unternehmensspezifischen Vermögen VZa_{Basis}^{max} und VZb_{Basis}^{max} auf unterschiedliche Zeitpunkte ta und tb beziehen können. Die Maximierungsvorschrift sorgt dafür, dass die Mindestvermögensbedingungen in der Optimallösung als Gleichungen erfüllt sind, denn der Fusionserfolg wird in der Liquiditätsrestriktion für t = 0 wie eine Auszahlung erfasst, die als Preisobergrenze der Verschmelzung interpretiert werden könnte.[20] Wäre dieser Preis tatsächlich zu entrichten, so erwüchsen den beteiligten Unternehmen keinerlei Vorteile aus dem Zusammenschluss.

---

[18] Vgl. *WITTE/DEPPE/BORN* (1975), S. 131. Die Dualwerte der Strukturvariablen (Schlupfvariablen) heißen derivative (originäre) Dualwerte; vgl. *WITTE/DEPPE/BORN* (1975), S. 108.

[19] Der Vollständigkeit halber sei erwähnt, dass die Schlupfvariablen s^{aM} und s^{bM} die Mindestvermögensrestriktionen in Gleichungen überführen sollen, damit zur Optimierung der Simplexalgorithmus angewandt werden kann.

[20] Ein negativer Fusionserfolg ($FN_0 > 0$) lässt sich analog als Einzahlung oder Grenzforderung für die unvorteilhafte Aufgabe der rechtlichen und wirtschaftlichen Selbständigkeit der beiden Unternehmen interpretieren und führt zur Unterlassung der anvisierten Verschmelzung.

max. FE; FE := $FV_0 - FN_0$

$-V_{ta}^{af} \leq -VZa_{Basis}^{max}$

$-V_{tb}^{bf} \leq -VZb_{Basis}^{max}$

Da exemplarisch eine horizontal-laterale Fusion als eine Verschmelzung von Unternehmen derselben Wertschöpfungsstufe, die artverwandte, aber auch artverschiedene Produkte anbieten, bewertet werden soll, sind im Folgenden vier Produktkategorien zu unterscheiden: Na (Nb) Erzeugnisse können nur vom Unternehmen a (b) hergestellt werden. Nab Produkte werden bereits vor der Fusion in beiden Unternehmen gefertigt. Nach der Verschmelzung gibt es zusätzlich Ns „Synergieprodukte", die nur hergestellt werden können, weil nach der Fusion die Technologien beider Unternehmen gemeinsam zur Verfügung stehen. Hierbei handelt es sich nicht nur um die Ns' „völlig neuartigen" Erzeugnisse, sondern auch um solche, die bereits vor der geplanten Fusion hergestellt werden, nach der Verschmelzung aber aufgrund der Technologiezusammenführung mit andersartigen Produktionsprozessen gefertigt werden könnten.

$$Ns = Ns' + \sum_{n=1}^{Na+Nb+Nab} |\mathbf{N}_n^s|$$

Die Indexmenge $\mathbf{N}_n^s$ enthält alle Ordnungsnummern derjenigen Synergieprodukte, die dem schon vor der Fusion vom Unternehmen a oder b oder von beiden ursprünglich hergestellten Produkt n entsprechen. All diese Erzeugnisse unterscheiden sich nur hinsichtlich der zum Einsatz gelangenden Technologie. Aus Kundensicht sind sie indes identisch, weshalb sie sich gegenseitig vollständig „kannibalisieren". Mithin darf die Fertigungsmenge des ursprünglichen Produkts n zuzüglich der Produktionsmengen all seiner „Synergiesubstitute" die erzeugnisspezifische Absatzobergrenze nicht überschreiten.[21] Die einzelnen Absatzbegrenzungen können nach der Fusion auch im Falle von Na- und Nb-Produkten durchaus von denen in den Basisprogrammen abweichen. Weiter ist zu berücksichtigen, dass die Nab-Produkte vor der Fusion in jedem der beiden Unternehmen möglicherweise mit einem eigenen Verfahren hergestellt werden. Soll nach der Verschmelzung die Option bestehen, zwischen den gegebenenfalls unternehmensspezifischen Prozessen zu wählen, sind die Produktionsmengen dieser Erzeugniskategorie verfahrensspezifisch zu unterscheiden (hochgestellter Index a beziehungsweise b). Nur für die Ns' wirklich neuartigen Synergieprodukte reichen Absatzobergrenzen nach altbekanntem Muster. Absatzmengen zu Beginn des Planungszeitraums werden aus den oben beschriebenen Gründen erneut ausgeschlossen. Nun sind die einzelnen Erzeugnisse noch so zu ordnen, dass der Produktindex n von 1 über Na, (Na + Nb), (Na + Nb + Nab) und (Na + Nb + Nab + Ns') nach (Na + Nb + Nab + Ns) läuft.[22]

---

[21] Für die Elemente aller Indexmengen $\mathbf{N}_n^s$ brauchen daher keine eigenen Absatzrestriktionen formuliert zu werden.

[22] Der hochgestellte Index f an allen Konstanten und Variablen kennzeichnet im Folgenden die Fusionssituation, denn einerseits können die so indizierten Größen nach der Verschmelzung andere Werte annehmen, andererseits werden sie aufgrund der Zusammenführung in einem einzigen Bewertungsansatz anders durchnummeriert als in den unternehmensspezifischen Basisansätzen.

$$x_{nt}^f + \sum_{v \in N_n^s} x_{vt}^f \leq X_{nt}^{fA} \quad \forall\, t, \quad \forall\, n \in \{1, ..., Na + Nb\}$$

$$x_{nt}^{af} + x_{nt}^{bf} + \sum_{v \in N_n^s} x_{vt}^f \leq X_{nt}^{fA} \quad \forall\, t, \quad \forall\, n \in \{Na + Nb + 1, ..., Na + Nb + Nab\}$$

$$x_{nt}^f \leq X_{nt}^{fA} \quad \forall\, t, \quad \forall\, n \in \{Na + Nb + Nab + 1, ..., Na + Nb + Nab + Ns'\}$$

mit $\quad X_{n0}^{fA} = 0 \quad \forall\, n$

Weiter sind drei Maschinenkategorien zu differenzieren: Ja (Jb) Aggregate, die in dieser Art vor der Fusion ausschließlich in Unternehmen a (b) eingesetzt werden, und Jab Aggregate, die in dieser Art schon vor der Verschmelzung in beiden Unternehmen zum Einsatz gelangen.[23] Auch die einzelnen Potenzialfaktoren werden so geordnet, dass der Maschinentypindex j von 1 über Ja und (Ja + Jb) nach (Ja + Jb + Jab) läuft. Für alle Aggregate sind Kapazitätsobergrenzen zu formulieren, die sich im Falle der dritten Maschinenkategorie jeweils aus der Summe der typidentischen Kapazitäten aus den Basisprogrammen der beiden Unternehmen zusammensetzen. Prinzipiell ist es möglich, dass alle (Na + Nb + Nab + Ns) Produkte auf den Aggregaten dieser dritten Kategorie und dass die Ns Synergieprodukte auf den Aggregaten aller Kategorien bearbeitet werden müssen. Gleiches gilt für die Nab Erzeugnisse, die bereits vor der Fusion in beiden Unternehmen produziert werden, wobei zwischen den gegebenenfalls alternativen Produktionsprozessen der Unternehmen a und b zu unterscheiden ist, die gegeneinander abzuwägen sind. Jedoch sei ausgeschlossen, auch nur eines der Na (Nb) einzelunternehmensspezifischen Erzeugnisse auf den Jb (Ja) einzelunternehmensspezifischen Maschinen herstellen zu können.

$$\sum_{n=1}^{Na} PK_{jn}^{fP} \cdot x_{nt}^f + \sum_{n=Na+Nb+1}^{Na+Nb+Nab} PK_{jn}^{fP} \cdot x_{nt}^{af} + \sum_{n=Na+Nb+Nab+1}^{Na+Nb+Nab+Ns} PK_{jn}^{fP} \cdot x_{nt}^f \leq KAP_{jt}^{fP} \quad \forall\, t, \quad \forall\, j \in \{1,...,Ja\}$$

$$\sum_{n=Na+1}^{Na+Nb} PK_{jn}^{fP} \cdot x_{nt}^f + \sum_{n=Na+Nb+1}^{Na+Nb+Nab} PK_{jn}^{fP} \cdot x_{nt}^{bf} + \sum_{n=Na+Nb+Nab+1}^{Na+Nb+Nab+Ns} PK_{jn}^{fP} \cdot x_{nt}^f \leq KAP_{jt}^{fP}$$

$$\forall\, t, \quad \forall\, j \in \{Ja+1,...,Ja+Jb\}$$

$$\sum_{n=1}^{Na+Nb} PK_{jn}^{fP} \cdot x_{nt}^f + \sum_{n=Na+Nb+1}^{Na+Nb+Nab} \left(PK_{jn}^{(a)fP} \cdot x_{nt}^{af} + PK_{jn}^{(b)fP} \cdot x_{nt}^{bf} \right) + \sum_{n=Na+Nb+Nab+1}^{Na+Nb+Nab+Ns} PK_{jn}^{fP} \cdot x_{nt}^f \leq KAP_{jt}^{fP}$$

$$\forall\, t, \quad \forall\, j \in \{Ja+Jb+1,...,Ja+Jb+Jab\}$$

Differenzierung, Ordnung und Begrenzung der Repetierfaktoren l gestalten sich analog. Folglich sind für Nab-Produkte auch alternative Repetierfaktorkombinationen in Abhängigkeit vom zum Einsatz gelangenden unternehmensspezifischen Verfahren a oder b möglich. Nach dem Unternehmenszusammenschluss können alle Beschaffungsobergrenzen von denen in den Basisprogrammen abweichen.

---

[23] Auch Aggregate, beispielsweise aus Flexibilitätsüberlegungen heraus zurückbehaltene Altbestände, die nicht für die eigene Produktion, wohl aber für die des anderen Unternehmens zu gebrauchen sind, zählen zu den Jab-Maschinen. Für sie werden im jeweiligen Basisprogramm Kapazitätsrestriktionen formuliert, in denen auf der linken Seite ausschließlich Produktionskoeffizienten in Höhe von null mit den Produktvariablen verknüpft sind.

$$\sum_{n=1}^{Na} PK_{ln}^{fR} \cdot x_{nt}^{f} + \sum_{n=Na+Nb+1}^{Na+Nb+Nab} PK_{ln}^{fR} \cdot x_{nt}^{af} + \sum_{n=Na+Nb+Nab+1}^{Na+Nb+Nab+Ns} PK_{ln}^{fR} \cdot x_{nt}^{f} \leq X_{lt}^{fB} \quad \forall\, t,\ \forall\, l \in \{1,...,La\}$$

$$\sum_{n=Na+1}^{Na+Nb} PK_{ln}^{fR} \cdot x_{nt}^{f} + \sum_{n=Na+Nb+1}^{Na+Nb+Nab} PK_{ln}^{fR} \cdot x_{nt}^{bf} + \sum_{n=Na+Nb+Nab+1}^{Na+Nb+Nab+Ns} PK_{ln}^{fR} \cdot x_{nt}^{f} \leq X_{lt}^{fB}$$

$$\forall\, t,\ \forall\, l \in \{La+1,...,La+Lb\}$$

$$\sum_{n=1}^{Na+Nb} PK_{ln}^{fR} \cdot x_{nt}^{f} + \sum_{n=Na+Nb+1}^{Na+Nb+Nab} \left(PK_{ln}^{(a)fR} \cdot x_{nt}^{af} + PK_{ln}^{(b)fR} \cdot x_{nt}^{bf} \right) + \sum_{n=Na+Nb+Nab+1}^{Na+Nb+Nab+Ns} PK_{ln}^{fR} \cdot x_{nt}^{f} \leq X_{lt}^{fB}$$

$$\forall\, t,\ \forall\, l \in \{La+Lb+1,...,La+Lb+Lab\}$$

Nach dem gleichen Muster wie bei den Produkten lassen sich auch vier Kategorien von Finanzobjekten unterscheiden, weil sich neben den Oa und Ob jeweils nur einem und den Oab beiden Unternehmen zur Verfügung stehenden Objekten fusionsbedingt weitere Os Geldanlage- und Geldaufnahmemöglichkeiten als Synergieeffekte ergeben können. Darüber hinaus ist es denkbar, dass die Charakteristika des neu entstehenden Unternehmens eine Verschiebung der Durchführungsbegrenzungen der einzelnen Objekte bewirken.

$$n_o^f \leq N_o^f \quad \forall\, o \in \{1,...,Oa+Ob+Oab+Os\}$$

Alle Zahlungswirkungen, die sich aus den vielfältigen Finanzmaßnahmen o sowie aus der Produktion und dem Absatz der verschiedenen Erzeugnisse n ergeben, finden sich in den zeitpunktbezogenen Liquiditätsbedingungen wieder. Je nachdem, welcher Prozess a oder b für die Herstellung der Nab-Produkte eingesetzt wird, können sich unterschiedliche Zahlungswirkungen ergeben, die gemeinsam mit den verfahrensspezifischen Produktionskoeffizienten für die Beanspruchung der Potenzial- und Repetierfaktoren in den Kapazitäts- und Beschaffungsrestriktionen über die Vorteilhaftigkeit der Verfahren entscheiden. Die nicht mehr beeinflussbaren Zahlungen E_t^f entsprechen jeweils der Summe der zeitpunktspezifischen fixen Zahlungen aus den Basisprogrammen der beiden Unternehmen. Zusätzlich sind fusionsbedingte Auszahlungen A_t^f (negative Größen bei fusionsbedingten Einzahlungen) auf den rechten Seiten aller Liquiditätsrestriktionen zu subtrahieren. Der Fusionserfolg als Differenz aus Fusionsvorteil FV und Fusionsnachteil FN wird als Entnahme (bei negativer Differenz als Einzahlung) zu Beginn des Planungszeitraums auf der linken Seite der Liquiditätsrestriktion für den Zeitpunkt t = 0 modelliert, die erzwungenen Vermögen V_{ta}^{af} und V_{tb}^{bf} analog als Entnahmen zu den Zeitpunkten ta und tb auf den linken Seiten der entsprechenden Bedingungen.

$$\sum_{o=1}^{Oa+Ob+Oab+Os} (A_{oo}^f - E_{oo}^f) \cdot n_o^f + \overline{g}_0^a \cdot V_{ta}^{af} + \overline{g}_0^b \cdot V_{tb}^{bf} + FV_0 - FN_0 \leq E_0^f - A_0^f$$

$$\sum_{n=1}^{Na+Nb} (a_{nt}^f - e_{nt}^f) \cdot x_{nt}^f + \sum_{n=Na+Nb+1}^{Na+Nb+Nab} \left((a_{nt}^{(a)f} - e_{nt}^{(a)f}) \cdot x_{nt}^{af} + (a_{nt}^{(b)f} - e_{nt}^{(b)f}) \cdot x_{nt}^{bf} \right) +$$

$$\sum_{n=Na+Nb+Nab+1}^{Na+Nb+Nab+Ns} (a_{nt}^f - e_{nt}^f) \cdot x_{nt}^f + \sum_{o=1}^{Oa+Ob+Oab+Os} (A_{ot}^f - E_{ot}^f) \cdot n_o^f + \overline{g}_t^a \cdot V_{ta}^{af} + \overline{g}_t^b \cdot V_{tb}^{bf} \leq E_t^f - A_t^f$$

$$\forall\, t \in \{1,...,T\}$$

Die Symbole $\bar{g}_t^a$ und $\bar{g}_t^b$ stehen für Schaltkonstante, die nur im Zeitpunkt ta beziehungsweise tb auf den Wert eins gesetzt werden, um die Vermögensvariablen zu aktivieren, und ansonsten gleich null sind.

Zur Komplettierung des Bewertungsansatzes fehlen jetzt nur noch die Nichtnegativitätsbedingungen für alle Variablen.

$x_{nt}^f \geq 0 \quad \forall\, t, \quad \forall\, n \in \{1,\ldots,Na+Nb\} \cup \{Na+Nb+Nab+1,\ldots,Na+Nb+Nab+Ns\}$

$x_{nt}^{af} \geq 0 \quad \forall\, t, \quad \forall\, n \in \{Na+Nb+1,\ldots,Na+Nb+Nab\}$

$x_{nt}^{bf} \geq 0 \quad \forall\, t, \quad \forall\, n \in \{Na+Nb+1,\ldots,Na+Nb+Nab\}$

$n_o^f \geq 0 \quad \forall\, o \in \{1,\ldots,Oa+Ob+Oab+Os\}$

$FV_0 \geq 0\,; \quad FN_0 \geq 0\,; \quad V_{ta}^{af} \geq 0\,; \quad V_{tb}^{bf} \geq 0$

2.2 Fusionsbewertungsformeln

Aufgrund der aufgezeigten Zusammenhänge zwischen der primalen und der dualen Formulierung eines Planungsproblems lässt sich der gesuchte Fusionserfolg auch unter Verwendung der dualen Zielfunktion und somit der originären Dualwerte des primalen Bewertungsprogramms ermitteln. Letzteres besteht aus den Mindestvermögensrestriktionen, den zusätzlichen Restriktionen, die sich auf die fusionsbedingten Synergieeffekte im Produktions- und Finanzbereich beziehen, und den miteinander verschmolzenen primalen Basisprogrammen der beiden Fusionskandidaten. Dabei ist zu beachten, dass die Restriktionen in den zwei Basisprogrammen, die sich auf denselben Produkt-, Maschinen-, Rohstoff- und Finanzanlage- oder Kredittyp beziehen, zusammengefasst werden. Somit unterscheidet sich die duale Zielfunktion des Fusionsbewertungsansatzes von der eines einzelunternehmensspezifischen Basisprogramms (a) durch die zusätzlichen Terme, die das Produkt aus negativem Mindestvermögen und dualer Strukturvariabler[24] μ^{af} beziehungsweise μ^{bf} repräsentieren, (b) durch die veränderte Zahl der Glieder der einzelnen Summenterme, erkennbar an den modifizierten Laufweiten der Indizes n, j, l und o, sowie (c) durch die zumindest zum Teil korrigierten und unter anderem deshalb mit einem hochgestellten f gekennzeichneten Restriktionsobergrenzen.

$FE^{max} = FV_0 - FN_0 = RW^{f\,min} =$

$\sum_{n=1}^{Na+Nb+Nab+Ns'} \sum_{t=0}^{T} X_{nt}^{fA} \cdot \alpha_{nt}^f + \sum_{j=1}^{Ja+Jb+Jab} \sum_{t=0}^{T} KAP_{jt}^{fP} \cdot \kappa_{jt}^f + \sum_{l=1}^{La+Lb+Lab} \sum_{t=0}^{T} X_{lt}^{fB} \cdot \beta_{lt}^f +$

$\sum_{t=0}^{T} (E_t^f - A_t^f) \cdot \lambda_t^f + \sum_{o=1}^{Oa+Ob+Oab+Os} N_o^f \cdot \delta_o^f - VZa_{Basis}^{max} \cdot \mu^{af} - VZb_{Basis}^{max} \cdot \mu^{bf}$

---

[24] Zur Interpretation dieser Dualvariablen, allerdings im rein finanzwirtschaftlichen Modell, vgl. MIRSCHEL/LERM (2004).

Diese Bewertungsformel lässt sich so umformen, dass genau erkennbar wird, welche Elemente allein auf das Unternehmen a, welche allein auf das Unternehmen b und welche unmittelbar auf die Fusion zurückzuführen sind. Hierzu werden die dualen Zielfunktionen der einzelunternehmensspezifischen Basisprogramme entsprechend den Nummerierungen im Bewertungsprogramm umgeordnet und um den jeweiligen Mindestvermögensterm reduziert. Für Unternehmen a (b) ergeben sich dann in den Zeilen 3 bis 5 (6 und 7) der folgenden Gleichung Summenterme

➢ für die Na (Nb) ausschließlich von ihm und die Nab schon vor der Fusion von beiden Unternehmen angebotenen Produkte,

➢ für die Ja (Jb) ausschließlich von ihm und die Jab schon vor der Fusion von beiden Unternehmen eingesetzten Potenzialfaktoren,

➢ für die La (Lb) ausschließlich von ihm und die Lab schon vor der Fusion von beiden Unternehmen eingesetzten Repetierfaktoren,

➢ für seine nicht mehr beeinflussbaren Zahlungen $E_t^{(a)}$ ($E_t^{(b)}$) sowie

➢ für die Oa (Ob) ausschließlich ihm und die Oab schon vor der Fusion beiden Unternehmen zur Verfügung stehenden Finanzobjekte,

von denen das Produkt aus dem unternehmensspezifischen Mindestvermögen und dualer Strukturvariabler μ^{af} (μ^{bf}) zu subtrahieren ist. Die unmittelbaren Fusionsfolgen lassen sich aus den Zeilen 1 und 2 ablesen: Durch den Unternehmenszusammenschluss können sich die Absatz-, Beschaffungs- sowie Geldanlage- und Geldaufnahmeobergrenzen aus den Basisprogrammen der beiden Unternehmen verschieben (Δ). Zudem sind die Absatzobergrenzen der Ns' wirklich neuartigen Synergieprodukte,[25] die Os Durchführungsbegrenzungen der nur den verschmolzenen Unternehmen angebotenen Finanzobjekte und die fusionsbedingten Zahlungen A_t^f zu berücksichtigen.

---

[25] Für die „Synergiesubstitute" gibt es keine eigenen Absatzobergrenzen; vgl. Unterkapitel 2.1.

$$FE^{max} = \sum_{n=1}^{Na+Nb+Nab} \sum_{t=0}^{T} \Delta X_{nt}^{fA} \cdot \alpha_{nt}^{f} + \sum_{n=Na+Nb+Nab+1}^{Na+Nb+Nab+Ns'} \sum_{t=0}^{T} X_{nt}^{fA} \cdot \alpha_{nt}^{f} + \sum_{l=1}^{La+Lb+Lab} \sum_{t=0}^{T} \Delta X_{lt}^{fB} \cdot \beta_{lt}^{f} -$$

$$\sum_{t=0}^{T} A_{t}^{f} \cdot \lambda_{t}^{f} + \sum_{o=1}^{Oa+Ob+Oab} \Delta N_{o}^{f} \cdot \delta_{o}^{f} + \sum_{o=Oa+Ob+Oab+1}^{Oa+Ob+Oab+Os} N_{o}^{f} \cdot \delta_{o}^{f} +$$

$$\left(\sum_{n=1}^{Na} \sum_{t=0}^{T} X_{nt}^{(a)A} \cdot \alpha_{nt}^{f} + \sum_{n=Na+1}^{Na+Nb+Nab} \sum_{t=0}^{T} X_{nt}^{(a)A} \cdot \alpha_{nt}^{f} \right) + \left(\sum_{j=1}^{Ja} \sum_{t=0}^{T} KAP_{jt}^{(a)P} \cdot \kappa_{jt}^{f} + \sum_{j=Ja+Jb+1}^{Ja+Jb+Jab} \sum_{t=0}^{T} KAP_{jt}^{(a)P} \cdot \kappa_{jt}^{f} \right) +$$

$$\left(\sum_{l=1}^{La} \sum_{t=0}^{T} X_{lt}^{(a)B} \cdot \beta_{lt}^{f} + \sum_{l=La+Lb+1}^{La+Lb+Lab} \sum_{t=0}^{T} X_{lt}^{(a)B} \cdot \beta_{lt}^{f} \right) + \sum_{t=0}^{T} E_{t}^{(a)} \cdot \lambda_{t}^{f} + \left(\sum_{o=1}^{Oa} N_{o}^{(a)} \cdot \delta_{o}^{f} + \sum_{o=Oa+Ob+1}^{Oa+Ob+Oab} N_{o}^{(a)} \cdot \delta_{o}^{f} \right) -$$

$$VZa_{Basis}^{max} \cdot \mu^{af} +$$

$$\sum_{n=Na+1}^{Na+Nb+Nab} \sum_{t=0}^{T} X_{nt}^{(b)A} \cdot \alpha_{nt}^{f} + \sum_{j=Ja+1}^{Ja+Jb+Jab} \sum_{t=0}^{T} KAP_{jt}^{(b)P} \cdot \kappa_{jt}^{f} + \sum_{l=La+1}^{La+Lb+Lab} \sum_{t=0}^{T} X_{lt}^{(b)B} \cdot \beta_{lt}^{f} +$$

$$\sum_{t=0}^{T} E_{t}^{(b)} \cdot \lambda_{t}^{f} + \sum_{o=Oa+1}^{Oa+Ob+Oab} N_{o}^{(b)} \cdot \delta_{o}^{f} - VZb_{Basis}^{max} \cdot \mu^{bf}$$

Da annahmegemäß der Fusionserfolg als auf den Zeitpunkt 0 bezogene Differenz aus Fusionsvor- und -nachteil zu maximieren ist, handelt es sich bei den Werten der dualen Strukturvariablen wie bei den originären primalen Dualwerten um Kapitalwerte und Abzinsungsfaktoren. Somit entspricht der Fusionserfolg der Summe aus dem Kapitalwert der Fusionssynergien und den aus den Umstrukturierungen der Investitions-, Finanzierungs- und Produktionsprogramme der Fusionspartner herrührenden Kapitalwertänderungen.

Eine *einfache Fusionsbewertung*, also eine Bewertung ausschließlich unter Rückgriff auf die aus den Optimallösungen der Basisansätze und nicht aus der Lösung des Bewertungsprogramms ableitbaren Kapitalwerte und Abzinsungsfaktoren, ist nur möglich,

➢ wenn sich die Lösungsstrukturen der beiden Basisprogramme in der Lösung des Bewertungsprogramms unverändert wiederfinden,

➢ wenn insbesondere weder die Ns Synergieprodukte noch die Os Synergiefinanzobjekte, die nicht Gegenstand der einzelunternehmensspezifischen Basisprogramme sein können, in der Basis der Optimallösung des Bewertungsprogramms sind,

➢ wenn zudem weder die Nab Produktarten, Jab Potenzial- und Lab Repetierfaktortypen noch die Oab Finanzobjekte, die in beiden Basisansätzen vorkommen, in der Basis der Optimallösungen sind *oder*, wovon im Folgenden außer im Zahlenbeispiel abstrahiert werden soll, wenn sich für sie aus allen drei Optimallösungen „zufälligerweise" dieselben Abzinsungsfaktoren $\hat{\alpha}_{nt}$, $\hat{\kappa}_{jt}$, $\hat{\beta}_{lt}$ und $\hat{\delta}_o$, deren Herleitung aus den Lösungen der Basisprogramme noch erläutert wird, ergeben und sie nicht knappheitspreisdeterminierende Grenzobjekte sind und

➢ wenn die periodenspezifischen endogenen Abzinsungsfaktoren $\hat{\lambda}_t$ aus den beiden Optimallösungen der Basisprogramme, deren Herleitung im folgenden Absatz erläutert wird, „zufälligerweise" identisch sind.

Nur in dieser Situation behalten die zu den Schlupfvariablen der einzelnen Restriktionen gehörenden Dualwerte α_{nt}, κ_{jt}, β_{lt}, λ_t und δ_o aus dem jeweiligen Basisprogramm ihre Gültigkeit. Sie repräsentieren aufgrund der verfolgten Zielsetzung den Wert einer zusätzlich in t veräußerbaren Produkt-, verfügbaren Potenzial- und Repetierfaktor-, vorhandenen Geld- und realisierbaren Finanzobjekteinheit zum Zeitpunkt tv der Vermögensmaximierung (GE_{tv}/ME_{nt}, GE_{tv}/KE_{jt}, GE_{tv}/FE_{lt}, GE_{tv}/GE_t, GE_{tv}/OE_o)[26]. Zur Ermittlung der für eine Kapitalwertbetrachtung erforderlichen periodenspezifischen Gegenwartswerte zum Zeitpunkt 0 müssen diese Werte auf den Planungszeitpunkt abgezinst, also durch den Aufzinsungsfaktor λ_0 dividiert werden. Mithin ergeben sich die Kapitalwerte $\hat{\alpha}_{nt}$, $\hat{\kappa}_{jt}$, $\hat{\beta}_{lt}$, $\hat{\lambda}_t$ und $\hat{\delta}_o$ einer zusätzlichen Einheit in t (GE_0/ME_{nt}, GE_0/KE_{jt}, GE_0/FE_{lt}, GE_0/GE_t, GE_0/OE_o), wenn die Quotienten aus α_{nt}, κ_{jt}, β_{lt}, λ_t bzw. δ_o und λ_0 gebildet werden. Dies sei exemplarisch für die Berechnung der Abzinsungsfaktoren $\hat{\lambda}_t$ gezeigt:

$$\hat{\lambda}_t := \frac{\lambda_t}{\lambda_0} = \frac{GE_{tv}}{GE_t} \cdot \frac{GE_0}{GE_{tv}} = \frac{GE_0}{GE_t} \quad \forall\, t$$

Unter Verwendung der fusionskandidatenspezifischen Kapitalwerte und Abzinsungsfaktoren ergänzen sich die Terme in den Zeilen 3 bis 5 für Unternehmen a sowie die in den Zeilen 6 und 7 für Unternehmen b jeweils zu null, da es zu keinen Umstrukturierungen kommt.[27] Der Fusionserfolg ergibt sich dann allein aus den fusionsbedingten Lockerungen und/oder Verschärfungen der Restriktionen, die sich auf die Objekte entweder nur des einen oder nur des anderen Unternehmens beziehen, sowie aus den fusionsbedingten Zahlungen:

$$FE^{max} = \sum_{n=1}^{Na} \sum_{t=0}^{T} \Delta X_{nt}^{fA} \cdot \hat{\alpha}_{nt}^{(a)} + \sum_{n=Na+1}^{Na+Nb} \sum_{t=0}^{T} \Delta X_{nt}^{fA} \cdot \hat{\alpha}_{nt}^{(b)} + \sum_{l=1}^{La} \sum_{t=0}^{T} \Delta X_{lt}^{fB} \cdot \hat{\beta}_{lt}^{(a)} + \sum_{l=La+1}^{La+Lb} \sum_{t=0}^{T} \Delta X_{lt}^{fB} \cdot \hat{\beta}_{lt}^{(b)} -$$

$$\sum_{t=0}^{T} A_t^f \cdot \hat{\lambda}_t + \sum_{o=1}^{Oa} \Delta N_o^f \cdot \hat{\delta}_o^{(a)} + \sum_{o=Oa+1}^{Oa+Ob} \Delta N_o^f \cdot \hat{\delta}_o^{(b)}$$

Abgesehen davon, dass eine unternehmensübergreifende Identität der periodenspezifischen Abzinsungsfaktoren nahezu ausgeschlossen ist, wäre der Fusionserfolg nach dieser einfachen Bewertungsformel allein auf Synergieeffekte zurückzuführen, die aus der Interaktion mit den externen Real- und Finanzgütermärkten resultieren. Dagegen spielten interne Produktionssynergien keinerlei Rolle.

Im Normalfalle wird die einfache Bewertungsformel nicht weiterhelfen und stattdessen das vorgestellte Bewertungsprogramm zu lösen sein.[28] Insofern hat die komplexe Bewertungsformel lediglich erklärenden Charakter: Der Fusionserfolg lässt sich mit ihr erst berechnen, wenn die originären Dualwerte des primalen Bewertungsprogramms bereits vorliegen; dann aber ist auch der gesuchte Fusionserfolg schon bekannt (Dilemma der Lenkpreistheorie).

---

[26] FE für Faktor-, GE für Geld-, KE für Kapazitäts-, ME für Mengen- und OE für Objekteinheiten.

[27] Es sei darauf hingewiesen, dass unter den gesetzten Prämissen $\mu^{af} = \hat{\lambda}_{ta}^{(a)} = 1/\lambda_0^{(a)}$ und $\mu^{bf} = \hat{\lambda}_{tb}^{(b)} = 1/\lambda_0^{(b)}$ gilt und die maximalen Vermögen mit den Bezugszeitpunkten ta und tb somit auf den Zeitpunkt 0 abgezinst werden.

[28] Zur Unterscheidung zwischen einfacher und komplexer Bewertung vgl. auch LAUX/FRANKE (1969), S. 210 ff., 214 ff., und HERING (2006), S. 45 f., 51 ff.

2.3 Fusionsbewertungsbeispiel

Zur Veranschaulichung der in den vorangegangenen Unterkapiteln aufgezeigten Zusammenhänge zwischen Primal- und Dualproblem sowie zwischen einfacher und komplexer Fusionsbewertung möge ein elementares Zahlenbeispiel die Ausführungen abrunden. Um dieses Beispiel trotz der großen Modellkomplexität überschaubar zu halten, ist davon auszugehen, dass die Daten für die aus jeweils nur zwei Produkten, einem Potenzialfaktor und zwei beziehungsweise einem Repetierfaktor bestehende Realgütersphäre der beiden betrachteten Einzelunternehmen mit Fusionsabsicht im Zeitablauf konstant sind (siehe Tabelle 1 für Unternehmen A und Tabelle 4 für Unternehmen B).

Die Finanzgütersphäre erstreckt sich auf jeweils nur ein unternehmensspezifisches beschränktes Finanzobjekt (Finanzanlage a5, Kredit b5) sowie auf jeweils eine für beide Unternehmen identische unbeschränkte einperiodige Geldanlage- und Kreditaufnahmemöglichkeit zu Beginn jeder Periode. Von unbeeinflussbaren Zahlungen in den einzelnen Zeitpunkten des Planungszeitraums wird abstrahiert (siehe Tabelle 2 für Unternehmen A und Tabelle 5 für Unternehmen B). Unternehmen A verfolgt als Ziel eine End-, Unternehmen B eine Anfangsvermögensmaximierung. Beide Unternehmen haben sich auf einen einheitlichen zweiperiodigen Planungszeitraum geeinigt.

Unter Berücksichtigung dieses Zahlenmaterials ergeben sich die in den Tabellen 3 und 6 dargestellten Optimallösungen für die primalen und dualen Basisprogramme der Unternehmen A und B. Aufgeführt sind ausschließlich primale und duale Strukturvariable mit Lösungswerten größer null. Die primalen Strukturvariablenwerte geben an, welche Produkte und Finanzobjekte in welchem Umfang zur Erlangung des jeweils maximalen Vermögenswerts hergestellt beziehungsweise realisiert werden müssen. Aus den dualen Strukturvariablenwerten lässt sich einerseits ablesen, welche Restriktionen voll ausgeschöpft werden und daher einen Engpass begründen, denn nur dann ergeben sich Knappheitspreise größer null, und andererseits, wie sich eine Lockerung der jeweiligen Restriktion um eine Einheit auf das Endvermögen des Unternehmens A oder das Anfangsvermögen des Unternehmens B auswirkt, wenn sich hierdurch die Struktur der entsprechenden Basisprogrammlösung nicht verändert.

Tabellarische Daten für das Unternehmen A

PK_{jn}^P [KE/ME] PK_{ln}^R [FE/ME]	$j = a1$	$l = a1$	$l = a2$	X_{nt}^A [ME]	$(e_{nt} - a_{nt})$ [GE/ME]
$n = a1$	3	1	0	10	2
$n = a2$	2	4	1	∞	5
Kap_{jt}^P [KE] X_{lt}^B [FE]	80	60	10		

Tabelle 1: *Produktionswirtschaftliche Ausgangsdaten für das Unternehmen A*

$(E_{ot} - A_{ot})$ [GE]	o = a1	o = a2	o = a3	o = a4	o = a5	E_t [GE]
t = 0	1	0	–1	0	0	0
t = 1	–1,25	1	1,1	–1	–1	0
t = 2	0	–1,25	0	1,1	1,2	0
N_o [OE]	∞	∞	∞	∞	100	

Tabelle 2: Finanzwirtschaftliche Ausgangsdaten für das Unternehmen A

primale Strukturvariable		duale Strukturvariable	
$x_{a11} = x_{a12}$	10	α_{a11}	2,4
$x_{a21} = x_{a22}$	10	α_{a12}	2
n_{a5}	70	β_{a21}	6
		β_{a22}	5
		λ_{a0}	1,32
		λ_{a1}	1,2
		λ_{a2}	1
$V_{a2} = RW_{a2}$	154		

Tabelle 3: Optimallösung des Unternehmens A

Die Produktarten a1 und b1, die Potenzialfaktortypen a1 und b1 und die Repetierfaktorsorten a1 und b1 seien jeweils identisch. Obwohl sich die unternehmensspezifischen Dualwerte α der Absatzrestriktionen dieser Produkte und λ der Liquiditätsrestriktionen in den Optimallösungen der Unternehmen A und B voneinander unterscheiden, ergeben sich nach einer Division der Werte des Unternehmens A durch seinen Aufzinsungsfaktor $\lambda_{a0} = 1{,}32$ dieselben Kapitalwerte und Abzinsungsfaktoren wie für Unternehmen B: $\hat{\alpha}_{alt} = \alpha_{blt}$ und $\hat{\lambda}_{at} = \lambda_{bt}$.[29] Insoweit stimmen die Lösungsstrukturen beider Basisprogramme „zufälligerweise" überein.

Tabellarische Daten für das Unternehmen B

PK^P_{jn} [KE/ME] PK^R_{ln} [FE/ME]	j = b1	l = b1	X^A_{nt} [ME]	$(e_{nt} - a_{nt})$ [GE/ME]
n = b1	3	1	10	2
n = b2	1	3	20	3
Kap^P_{jt} [KE] X^B_{lt} [FE]	60	90		

Tabelle 4: Produktionswirtschaftliche Ausgangsdaten für das Unternehmen B

---

[29] Zur Herleitung von Kapitalwerten und Abzinsungsfaktoren aus Basisprogrammlösungen vgl. Unterkapitel 2.2. Da Unternehmen B sein Anfangsvermögen maximiert, handelt es sich bei den Werten seiner dualen Strukturvariablen bereits um Kapitalwerte und Abzinsungsfaktoren. Eine Umrechung wie bei Unternehmen A ist insofern nicht erforderlich.

$(E_{ot} - A_{ot})$ [GE]	o = b1	o = b2	o = b3	o = b4	o = b5	E_t [GE]
t = 0	1	0	−1	0	1	0
t = 1	−1,25	1	1,1	−1	−0,6	0
t = 2	0	−1,25	0	1,1	−0,6	0
N_o [OE]	∞	∞	∞	∞	140	

Tabelle 5: Finanzwirtschaftliche Ausgangsdaten für das Unternehmen B

primale Strukturvariable		duale Strukturvariable	
$x_{b11} = x_{b12}$	10	α_{b11}	1,8181818
$x_{b21} = x_{b22}$	20	α_{b12}	1,5151515
n_{b5}	133 1/3	α_{b21}	2,7272727
		α_{b22}	2,272727
		λ_{b0}	1
		λ_{b1}	0,9090909
		λ_{b2}	0,7575757
$V_{b0} = RW_{b0}$	133 1/3		

Tabelle 6: Optimallösung des Unternehmens B

Da sich eine Fusion nicht auf die in den Unternehmen A und B gleichermaßen gefertigte Produktart sowie verwendeten Potenzial- und Repetierfaktortypen, die im fusionierten Unternehmen AB mit dem Index ab gekennzeichnet werden, auswirken soll, sind die entsprechenden Absatz-, Kapazitäts- und Beschaffungsobergrenzen nach der Fusion einfach aufzuaddieren. Die Produkte a2 und b2 sowie der Repetierfaktor a2 gehen als einzelunternehmensspezifische Bestandteile in die Fusion ein; sie werden folgerichtig weiterhin mit a2 und b2 indiziert. Alle Produktionskoeffizienten und zahlungsorientierten Deckungsspannen bleiben von der Fusion unberührt.

Allerdings soll die Fusion zu einer Erhöhung einerseits der Beschaffungsobergrenze des Repetierfaktors a2 und andererseits der Absatzobergrenze des Produkts b2 führen. Der Umfang dieser Erhöhung ist für die beiden folgenden Beispielrechnungen noch genauer zu spezifizieren. Zusätzlich kann ein Synergieprodukt s gefertigt werden, das Produkt b2 kannibalisiert (siehe Tabelle 7).

Die unbeschränkten einperiodigen Geldanlage- und Kreditaufnahmemöglichkeiten stehen auch nach der Fusion unverändert zur Verfügung und verschmelzen zu den Finanzobjekten ab1 bis ab4. Ebenfalls bleiben die unternehmensspezifischen Finanzobjekte mit den Herkunftsindizes a5 und b5 erhalten. Jedoch sollen sich durch die Fusion ihre Durchführungsbegrenzungen ändern. Schließlich ist in t = 0 noch eine fusionsbedingte Auszahlung zu verbuchen (siehe Tabelle 8).

Tabellarische Daten für das fusionierte Unternehmen AB

PK_{jn}^P [KE/ME] PK_{ln}^R [FE/ME]	j = ab	l = ab	l = a2	X_{nt}^A [ME]	$(e_{nt} - a_{nt})$ [GE/ME]
n = ab	3	1	0	20	2
n = a2	2	4	1	∞	5
n = b2	1	3	0	$20 + \Delta X_{b2t}^A$	3
n = s	4	2	2		4,5
Kap_{jt}^P [KE]	140				
X_{lt}^B [FE]		150	$10 + \Delta X_{a2t}^B$		

Tabelle 7:   *Produktionswirtschaftliche Daten für das fusionierte Unternehmen AB*

$(E_{ot} - A_{ot})$ [GE]	o = ab1	o = ab2	o = ab3	o = ab4	o = a5	o = b5	$E_t - A_t^f$ [GE]
t = 0	1	0	–1	0	0	1	–56
t = 1	–1,25	1	1,1	–1	–1	–0,6	0
t = 2	0	–1,25	0	1,1	1,2	–0,6	0
N_o [OE]	∞	∞	∞	∞	$100 + \Delta N_{a5}$	$140 + \Delta N_{b5}$	

Tabelle 8:   *Finanzwirtschaftliche Daten für das fusionierte Unternehmen AB*

Zunächst soll angenommen werden, dass die Fusion in jeder Periode eine Erhöhung der gemeinsamen Absatzobergrenze von Produkt b2 und s um 3 ME sowie der Beschaffungsobergrenze des Repetierfaktors a2 um 5 FE bewirkt. Die Durchführungsbegrenzungen der restringierten Finanzobjekte a5 und b5 steigen ebenfalls fusionsbedingt um 50 GE beziehungsweise 60 GE. Die resultierende Optimallösung des Bewertungsprogramms ist in diesem Falle strukturgleich mit den beiden Lösungen der Basisprogramme vor der Fusion. Auch alle anderen Voraussetzungen zur Anwendung der einfachen Fusionsbewertungsformel sind erfüllt (siehe Tabelle 9).

primale Strukturvariable		duale Strukturvariable	
$x_{ab1} = x_{ab2}$	20	α_{ab1}	1,8181818
$x_{a21} = x_{a22}$	15	α_{ab2}	1,5151515
$x_{b21} = x_{b22}$	23	α_{b21}	2,7272727
n_{a5}	70	α_{b22}	2,272727
n_{b5}	190	β_{a21}	4,5454545
V_{a2}	154	β_{a22}	3,78787879
V_{b0}	133 1/3	$\lambda_0 = \mu^{bf}$	1
		λ_1	0,9090909
		$\lambda_2 = \mu^{af}$	0,7575757
$FE_{AB1} = RW_{AB1}^f$	2/3		

Tabelle 9:   *Optimallösung 1 des fusionierten Unternehmens AB*

Wird der Fusionserfolg mit Hilfe der einfachen Bewertungsformel berechnet, ergibt sich allgemein:

$$FE_{AB1} = \sum_{t=0}^{2} \Delta X_{b2t}^{A} \cdot \alpha_{b2t}^{(b)} + \sum_{t=0}^{2} \Delta X_{a2t}^{B} \cdot \hat{\beta}_{a2t}^{(a)} - A_0^f + \Delta N_{a5} \cdot \hat{\delta}_{a5}^{(a)} + \Delta N_{b5} \cdot \delta_{b5}^{(b)}$$

Nach Einsetzen der jeweiligen Werte errechnet sich:

$$FE_{AB1} = 3 \cdot \left(2,\overline{72} + 2,\overline{27}\right) + 5 \cdot \left(\frac{6}{1,32} + \frac{5}{1,32}\right) - 56 + 50 \cdot 0 + 60 \cdot 0 = 2/3 \text{ GE}$$

Auffällig an obiger Lösung ist, dass die Erhöhungen der Finanzobjektbegrenzungen mit null bewertet werden und demzufolge keinen Fusionserfolgsbeitrag liefern. Dies liegt daran, dass die Finanzobjekte in der Optimallösung Grenzobjekte und damit nicht knapp sind. Daraus abzuleiten, die Heraufsetzung der Durchführungsobergrenzen sei bedeutungslos, wäre jedoch insbesondere mit Blick auf den Kredit b5 falsch, wie das folgende leicht modifizierte Beispiel zeigt.

In Abänderung der vorherigen Modelldaten soll die Fusion nunmehr zu keiner Erhöhung der Durchführungsbegrenzung des Kredits b5 führen. Zudem soll sich die Beschaffungsobergrenze des Repetierfaktors a2 nicht wie vorher um 5 FE, sondern sogar um 7 FE erhöhen. Alle übrigen Folgen der Fusion entsprechen denen des vorangegangenen Beispiels. Hätte die Heraufsetzung der Durchführungsobergrenze von Kredit b5 keinerlei Bedeutung, so dürfte sich wegen der gestiegenen Verfügbarkeit des knappen Repetierfaktors a2 ein höherer, zumindest aber kein geringerer Fusionserfolg einstellen als zuvor (siehe Tabelle 10).

Im Gegensatz zur Optimallösung 1 ist der Fusionserfolg in Optimallösung 2 jedoch negativ und eine Verschmelzung von A und B damit unvorteilhaft. Dies liegt daran, dass der Kredit b5 jetzt nicht mehr Grenzobjekt ist, sondern voll ausgeschöpft wird. Deshalb muss auch zur Finanzierung der durch die zusätzlichen Repetierfaktoren ermöglichten Produktionsausdehnung zum Teil auf den offensichtlich zu teuren Kredit ab1 zurückgegriffen werden. Mithin ist die Finanzgütersphäre nicht in der Lage, die erfreulichen Entwicklungen der Realgütersphäre in einen Fusionserfolg zu transformieren. Die Bedeutung der Ausdehnung der Durchführungsbegrenzung des Finanzobjekts b5 im vorangegangenen Beispiel ist also darin zu sehen, dass dadurch der günstige Kredit b5 weiterhin Grenzobjekt bleiben kann, der teure Kredit ab1 nicht beansprucht werden muss und somit die Lösungsstruktur des Bewertungsprogramms die Lösungsstrukturen der beiden Basisprogramme unverändert widerspiegelt.

primale Strukturvariable		duale Strukturvariable	
$x_{ab1} = x_{ab2}$	20	α_{ab1}	0,8444444
$x_{a21} = x_{a22}$	15,444444	α_{ab2}	0,7037037
$x_{b21} = x_{b22}$	22,222222	α_{b21}	0,1333333
$x_{s1} = x_{s2}$	0,7777778	α_{b22}	0,1111111
n_{ab1}	48,9703703	β_{ab1}	0,7555555
n_{a5}	42,17592592	β_{ab2}	0,6296296
n_{b5}	140	β_{a21}	0,97777778
V_{a2}	154	β_{a22}	0,81481481
V_{b0}	133 1/3	$\lambda_0 = \mu^{bf}$	1
		λ_1	0,8
		$\lambda_2 = \mu^{af}$	2/3
		δ_{b5}	0,12
$FE_{AB2} = RW^{f}_{AB2}$	−0,362963		

Tabelle 10:   *Optimallösung 2 des fusionierten Unternehmens AB*

Aufgrund der nunmehr gegebenen Struktur*un*gleichheit der Basis- und Bewertungsprogrammlösungen muss jetzt die komplexe Fusionsbewertungsformel angewendet werden, die für Beispiel 2 in allgemeinen Symbolen folgendermaßen lautet:

$$FE_{AB2} = \sum_{t=0}^{2} \Delta X^{A}_{b2t} \cdot \alpha_{b2t} + \sum_{t=0}^{2} \Delta X^{B}_{a2t} \cdot \beta_{a2t} - A^{f}_{0} + \Delta N_{a5} \cdot \delta_{a5} + \Delta N_{b5} \cdot \delta_{b5} +$$
$$\sum_{t=0}^{2} X^{(a)A}_{abt} \cdot \alpha_{abt} + \sum_{t=0}^{2} X^{(a)B}_{abt} \cdot \beta_{abt} + \sum_{t=0}^{2} X^{(a)B}_{a2t} \cdot \beta_{a2t} + N^{(a)}_{a5} \cdot \delta_{a5} - VZa^{max}_{Basis} \cdot \mu^{af} +$$
$$\sum_{t=0}^{2} X^{(b)A}_{abt} \cdot \alpha_{abt} + \sum_{t=0}^{2} X^{(b)A}_{b2t} \cdot \alpha_{b2t} + \sum_{t=0}^{2} X^{(b)B}_{abt} \cdot \beta_{abt} + N^{(b)}_{b5} \cdot \delta_{b5} - VZb^{max}_{Basis} \cdot \mu^{bf}$$

Nach Einsetzen der jeweiligen Werte errechnet sich:

$$FE_{AB2} = 3 \cdot \left(0,1\overline{33} + 0,\overline{11}\right) + 7 \cdot \left(0,9\overline{77} + 0,\overline{814}\right) - 56 + 50 \cdot 0 + 0 \cdot 0,12 +$$
$$10 \cdot \left(0,8\overline{44} + 0,\overline{703}\right) + 60 \cdot \left(0,\overline{755} + 0,\overline{629}\right) + 10 \cdot \left(0,9\overline{77} + 0,\overline{814}\right) + 100 \cdot 0 - 154 \cdot 0,\overline{66} +$$
$$10 \cdot \left(0,8\overline{44} + 0,\overline{703}\right) + 20 \cdot \left(0,1\overline{33} + 0,\overline{11}\right) + 90 \cdot \left(0,\overline{755} + 0,\overline{629}\right) + 140 \cdot 0,12 - 133,\overline{33} \cdot 1 =$$
$$-42,718518 + 13,851851 + 28,503704 = -0,362963 \text{ GE}$$

Aus den Ergebnissen dieser beiden Beispielrechnungen kann der Schluss gezogen werden, dass es wegen der zwischen der Real- und der Finanzgütersphäre bestehenden Interdependenzen für den Erfolg einer Fusion unter anderem mitentscheidend ist, dass sich aus einer Verschmelzung positive real- *und* finanzgüterwirtschaftliche Synergien quasi „im Gleichlauf" ergeben. Nur dann wird die fusionserfolgsinduzierende Nutzung der Synergien der einen Sphäre nicht durch die jeweils andere Sphäre behindert.

3 Bewertung eines Akquisitionsvorhabens

3.1 Akquisitionsbewertungsansatz

Soll aus der Sicht eines Unternehmens a der Wert eines möglicherweise zu akquirierenden Unternehmens b derselben Wertschöpfungsstufe ermittelt werden, das im Vergleich zum kaufenden Unternehmen artverwandte und artverschiedene Produkte anbietet, so ist ein Bewertungsansatz aufzustellen, der sich nur geringfügig von dem bereits diskutierten Fusionsbewertungsansatz aus Unterkapitel 2.1 unterscheidet. Naheliegenderweise strebt die Zielfunktion jetzt nach einer Maximierung des Akquisitionserfolgs AE als auf den Zeitpunkt 0 bezogene Differenz aus Akquisitionsvorteil AV und Akquisitionsnachteil AN. Dabei muss diesmal lediglich die Nebenbedingung eingehalten werden, mindestens das maximale Vermögen VZa_{Basis}^{max} zu erwirtschaften, das das akquirierende Unternehmen auch ohne den Unternehmenskauf erreichen könnte. Wieder sorgt die Maximierungsvorschrift dafür, dass die Mindestvermögensbedingung in der Optimallösung als Gleichung erfüllt ist, denn der Akquisitionserfolg wird in der Liquiditätsrestriktion für t = 0 erneut als Auszahlung erfasst. Er entspricht der Preisobergrenze für das zu kaufende Unternehmen im Zeitpunkt 0 und damit der subjektiven Grenze der Konzessionsbereitschaft des kaufenden Unternehmens im Akquisitionsprozess.[30]

max. AE; $AE := AV_0 - AN_0$

$-V_{ta}^{ak} \leq -VZa_{Basis}^{max}$

$$\sum_{o=1}^{Oa+Ob+Oab+Os} (A_{o0}^k - E_{o0}^k) \cdot n_o^k + \overline{g}_0^a \cdot V_{ta}^{ak} + AV_0 - AN_0 \leq E_0^k - A_0^k$$

$$\sum_{n=1}^{Na+Nb} (a_{nt}^k - e_{nt}^k) \cdot x_{nt}^k + \sum_{n=Na+Nb+1}^{Na+Nb+Nab} \left((a_{nt}^{(a)k} - e_{nt}^{(a)k}) \cdot x_{nt}^{ak} + (a_{nt}^{(b)k} - e_{nt}^{(b)k}) \cdot x_{nt}^{bk} \right) +$$

$$\sum_{n=Na+Nb+Nab+1}^{Na+Nb+Nab+Ns} (a_{nt}^k - e_{nt}^k) \cdot x_{nt}^k + \sum_{o=1}^{Oa+Ob+Oab+Os} (A_{ot}^k - E_{ot}^k) \cdot n_o^k + \overline{g}_t^a \cdot V_{ta}^{ak} \leq E_t^k - A_t^k \quad \forall\, t \in \{1,\ldots,T\}$$

$AV_0 \geq 0$; $AN_0 \geq 0$

Alle übrigen Restriktionen des Fusionsbewertungsansatzes bleiben bis auf die Indizierung aller Variablen und Konstanten mit einem hochgestellten k (statt f) zur Kennzeichnung der Kaufsituation unverändert, weshalb auf ihre erneute Darstellung als Bestandteil des Akquisitionsbewertungsprogramms verzichtet wird.

---

[30] Ein negativer Akquisitionserfolg ($AN_0 > 0$) lässt sich analog als Einzahlung oder Grenzforderung für die letztlich unvorteilhafte und folglich zu unterlassende Akquisition interpretieren.

3.2   Akquisitionsbewertungsformeln

Die große Ähnlichkeit zwischen Fusions- und Akquisitionsbewertungsansatz spiegelt sich auch in den zugehörigen dualen Zielfunktionen wider. Letztlich unterscheiden sie sich nur durch die verwendeten Hochindizes f für Fusion und k für Kauf sowie durch den unterschiedlichen Ansatz der mindestens zu erreichenden Vermögen. Während sich eine Fusion nur lohnt, wenn sich dadurch alle beteiligten Unternehmen gemeinsam besserstellen, ist es bei einer Akquisition ausreichend, dass das kaufende Unternehmen allein gewinnt. Im Fusionsfalle sind also mindestens die maximalen Vermögen zu erreichen, die die Unternehmen a und b auch unverschmolzen erwirtschaften könnten, im Akquisitionsfalle lediglich das, was der Akquirent a allein zu erwirtschaften vermag.

$$AE^{max} = AV_0 - AN_0 = RW^{k\,min} =$$

$$\sum_{n=1}^{Na+Nb+Nab+Ns'} \sum_{t=0}^{T} X_{nt}^{kA} \cdot \alpha_{nt}^{k} + \sum_{j=1}^{Ja+Jb+Jab} \sum_{t=0}^{T} KAP_{jt}^{kP} \cdot \kappa_{jt}^{k} + \sum_{l=1}^{La+Lb+Lab} \sum_{t=0}^{T} X_{lt}^{kB} \cdot \beta_{lt}^{k} +$$

$$\sum_{t=0}^{T} (E_t^k - A_t^k) \cdot \lambda_t^k + \sum_{o=1}^{Oa+Ob+Oab+Os} N_o^k \cdot \delta_o^k - VZa_{Basis}^{max} \cdot \mu^k$$

Diesmal ist der Ausdruck so umzustellen, dass erkennbar wird, welche Elemente allein auf das kaufende Unternehmen a und welche unmittelbar auf die Akquisition zurückzuführen sind. Hierzu muss zunächst die duale Zielfunktion des Basisprogramms a entsprechend den Nummerierungen im Bewertungsprogramm umgeordnet und um den Mindestvermögensterm von a reduziert werden. Dies führt in der folgenden Gleichung strukturell zu denselben Termen wie im Fusionsfalle (siehe Zeilen 4 bis 6). Die unmittelbaren Akquisitionsfolgen setzen sich nunmehr aber nicht nur aus den akquisitionsbedingten Synergieeffekten, sondern auch aus den isoliert betrachteten Potenzialen des Akquisitionskandidaten b zusammen. Insofern verschmelzen im Akquisitionsfalle die Terme der Fusionsbewertungsformel, die sich auf die unmittelbaren Fusionsfolgen beziehen, mit denen des Unternehmens b, allerdings ohne den beim Kauf entscheidungsirrelevanten Mindestvermögensterm.

$$AE^{max} = \sum_{n=1}^{Na+Nb+Nab} \sum_{t=0}^{T} \Delta X_{nt}^{kA} \cdot \alpha_{nt}^{k} + \sum_{n=Na+1}^{Na+Nb} \sum_{t=0}^{T} X_{nt}^{(b)A} \cdot \alpha_{nt}^{k} + \sum_{n=Na+Nb+Nab+1}^{Na+Nb+Nab+Ns'} \sum_{t=0}^{T} X_{nt}^{kA} \cdot \alpha_{nt}^{k} +$$

$$\sum_{j=Ja+Jb+1}^{Ja+Jb+Jab} \sum_{t=0}^{T} \Delta KAP_{jt}^{kP} \cdot \kappa_{jt}^{k} + \sum_{j=Ja+1}^{Ja+Jb} \sum_{t=0}^{T} KAP_{jt}^{(b)P} \cdot \kappa_{jt}^{k} + \sum_{l=1}^{La+Lb+Lab} \sum_{t=0}^{T} \Delta X_{lt}^{kB} \cdot \beta_{lt}^{k} + \sum_{l=La+1}^{La+Lb} \sum_{t=0}^{T} X_{lt}^{(b)B} \cdot \beta_{lt}^{k} +$$

$$\sum_{t=0}^{T} (E_t^{(b)} - A_t^k) \cdot \lambda_t^k + \sum_{o=1}^{Oa+Ob+Oab} \Delta N_o^k \cdot \delta_o^k + \sum_{o=Oa+1}^{Oa+Ob} N_o^{(b)} \cdot \delta_o^k + \sum_{o=Oa+Ob+Oab+1}^{Oa+Ob+Oab+Os} N_o^k \cdot \delta_o^k +$$

$$\left(\sum_{n=1}^{Na} \sum_{t=0}^{T} X_{nt}^{(a)A} \cdot \alpha_{nt}^{k} + \sum_{n=Na+Nb+1}^{Na+Nb+Nab} \sum_{t=0}^{T} X_{nt}^{(a)A} \cdot \alpha_{nt}^{k} \right) + \left(\sum_{j=1}^{Ja} \sum_{t=0}^{T} KAP_{jt}^{(a)P} \cdot \kappa_{jt}^{k} + \sum_{j=Ja+Jb+1}^{Ja+Jb+Jab} \sum_{t=0}^{T} KAP_{jt}^{(a)P} \cdot \kappa_{jt}^{k} \right) +$$

$$\left(\sum_{l=1}^{La} \sum_{t=0}^{T} X_{lt}^{(a)B} \cdot \beta_{lt}^{k} + \sum_{l=La+Lb+1}^{La+Lb+Lab} \sum_{t=0}^{T} X_{lt}^{(a)B} \cdot \beta_{lt}^{k} \right) + \sum_{t=0}^{T} E_t^{(a)} \cdot \lambda_t^k + \left(\sum_{o=1}^{Oa} N_o^{(a)} \cdot \delta_o^k + \sum_{o=Oa+Ob+1}^{Oa+Ob+Oab} N_o^{(a)} \cdot \delta_o^k \right) -$$

$$VZa_{Basis}^{max} \cdot \mu^k$$

Die Absatz-, Kapazitäts-, Beschaffungs- sowie Geldanlage- und Geldaufnahmeobergrenzen des Unternehmens b, die sich auf Produktarten, Potenzial- und Repetierfaktortypen sowie Finanzobjekte beziehen, die auch im Basisprogramm des Unternehmens a vorkommen, werden in dieser detaillierten Akquisitionsbewertungsformel nicht mehr explizit aufgeführt. Sie sind Bestandteil der zugehörigen „Δ-Größen". Dies lässt sich besonders anschaulich an den Kapazitätsobergrenzen der Jab bereits vor der Akquisition in beiden Unternehmen genutzten Aggregattypen verdeutlichen. Im Fusionsfalle wurden die Kapazitätsobergrenzen dieser Potenzialfaktoren unternehmensspezifisch ausgewiesen (Kap$^{(a)P}$, Kap$^{(b)P}$). Da sich die Gesamtkapazität dieser Aggregate nach der Verschmelzung aus der Summe der entsprechenden Einzelkapazitäten der Fusionspartner zusammensetzt, waren keine aggregatspezifischen Synergieeffekte als unmittelbare Fusionsfolgen zu erfassen (ΔKap^{fP} = 0). Auch im Akquisitionsfalle könnten diese Kapazitätsobergrenzen unternehmensspezifisch ausgewiesen werden, wobei die Kap$^{(b)P}$-Terme dann allerdings unter den unmittelbaren Akquisitionsfolgen zu verbuchen wären. Hier wird indes ein anderer Weg gewählt, wenn diese zusätzlichen Kapazitäten von b als Veränderungsgrößen (ΔKap^{kP} = Kap$^{(b)P}$ > 0) erfasst werden, weil sie die bereits vorhandenen Kapazitäten von a schlicht erhöhen. Insofern gilt:

$$\sum_{j=Ja+Jb+1}^{Ja+Jb+Jab} \sum_{t=0}^{T} \Delta KAP_{jt}^{kP} \cdot \kappa_{jt}^{k} = \sum_{j=Ja+Jb+1}^{Ja+Jb+Jab} \sum_{t=0}^{T} KAP_{jt}^{(b)P} \cdot \kappa_{jt}^{k}$$

Auf den ersten Blick könnte man den Eindruck gewinnen, Akquisitionserfolge ließen sich eher realisieren als Fusionserfolge: Zum einen ist nur das maximal allein erzielbare Vermögen des Unternehmens a wieder zu erreichen, zum anderen zählt neben den akquisitionsbedingten Synergieeffekten die gesamte Wirtschaftskraft des Unternehmens b zu den unmittelbaren Akquisitionsfolgen. Allerdings darf nicht vergessen werden, dass ein ausgewiesener Fusionserfolg unmittelbar von der Vorteilhaftigkeit einer Unternehmensverschmelzung zeugt, ein entsprechender Akquisitionserfolg aber zunächst dem zu entrichtenden Akquisitionspreis gegenüberzustellen ist, um über die Vorteilhaftigkeit des Unternehmenskaufs befinden zu können. Nur wenn der Kaufpreis unter dem Akquisitionswert liegt, ist ein Unternehmenserwerb vorteilhaft.

Würde ein Kaufpreis in Höhe des mit dem Abzinsungsfaktor $\mu^{bf} = \lambda_{tb}^{f}$ aus der Optimallösung des Fusionsbewertungsprogramms multiplizierten (unter der Prämisse identischer Planungshorizonte errechneten) maximal allein erzielbaren Vermögens VZb$_{Basis}^{max}$ des Unternehmens b gezahlt, entspräche der sich für das Unternehmen a einstellende Nettoakquisitionserfolg exakt dem Fusionserfolg, den die beiden Unternehmen auch nach einer Verschmelzung unter Gleichen verbuchen könnten.

Im Akquisitionsfall ist eine *einfache Bewertung* noch problematischer als im Fusionsfall, denn es ist davon auszugehen, dass dem kaufwilligen Unternehmen a die Dualwerte aus der Optimallösung des Basisprogramms des Unternehmens b nicht bekannt sind, eine einfache Bewertung mithin ausschließlich unter Rückgriff auf die aus der Optimallösung des Basisprogramms a ableitbaren Kapitalwerte und Abzinsungsfaktoren erfolgen muss.[31] Dies ist aber nur möglich,

---

[31] Sind die Dualwerte des Unternehmens b dem Akquirenten dagegen bekannt, ist den entsprechenden Ausführungen im Fusionsfall nichts hinzuzufügen. Allerdings ist dann der Akquisitionserfolg um das auf den Zeitpunkt 0 abgezinste (unter der Prämisse identischer Planungshorizonte errechnete) maximale Vermögen, das Un-

➢ wenn sich die Lösungsstruktur des Basisprogramms a in der Lösung des Bewertungsprogramms unverändert wiederfindet,

➢ wenn insbesondere weder die Nb Produkte, Jb Potenzial- und Lb Repetierfaktoren sowie Ob Finanzobjekte des Unternehmens b noch die Ns Synergieprodukte und Os Synergiefinanzobjekte, die allesamt nicht Gegenstand des Basisprogramms a sein können, in der Basis der Optimallösung des Bewertungsprogramms sind und

➢ wenn weder die Nab Produktarten, Jab Potenzial- und Lab Repetierfaktortypen noch die Oab Finanzobjekte, die bereits vor einer Akquisition von beiden Unternehmen beansprucht werden könnten, in der Basis der Optimallösung des Basisprogramms sind *oder*, wovon im Folgenden allerdings abstrahiert werden soll, wenn sich für sie aus den Optimallösungen des Basis- und des Bewertungsprogramms „zufälligerweise" dieselben Abzinsungsfaktoren $\hat{\alpha}_{nt}$, $\hat{\kappa}_{jt}$, $\hat{\beta}_{lt}$ und $\hat{\delta}_o$ ergeben und sie nicht knappheitspreisdeterminierende Grenzobjekte sind.

Das aber bedeutete, dass sich der Akquisitionserfolg allein aus den akquisitionsbedingten Lockerungen und/oder Verschärfungen nur der Restriktionen, die sich auf die Objekte des Unternehmens a beziehen, aus den nicht mehr beeinflussbaren Zahlungen des Unternehmens b sowie den periodenspezifischen akquisitionsbedingten Zahlungen ergäbe:

$$AE^{max} = \sum_{n=1}^{Na} \sum_{t=0}^{T} \Delta X_{nt}^{kA} \cdot \hat{\alpha}_{nt}^{(a)} + \sum_{l=1}^{La} \sum_{t=0}^{T} \Delta X_{lt}^{kB} \cdot \hat{\beta}_{lt}^{(a)} + \sum_{t=0}^{T} (E_t^{(b)} - A_t^k) \cdot \hat{\lambda}_t^{(a)} + \sum_{o=1}^{Oa} \Delta N_o^k \cdot \hat{\delta}_o^{(a)}$$

Neben den aus der früheren Geschäftstätigkeit des Unternehmens b fließenden Zahlungen schlagen also nur noch aus der Größe des durch die Akquisition gewachsenen Unternehmens a resultierende Verhandlungsvorteile auf den Real- und Finanzgütermärkten zu Buche. Der Produktionsapparat des Unternehmens b führt dagegen weder als isoliert betrachtete Erweiterung noch als integraler Bestandteil des Unternehmens a zu quantifizierbaren Vorteilen. Diese Situation kann sicherlich nicht als Normalfall eines Akquisitionsvorhabens angesehen werden. Deshalb gilt analog zum vorhergehenden Kapitel, dass die einfache Bewertungsformel nur in Ausnahmefällen ausreichen wird, um Akquisitionserfolge zu ermitteln. Im Regelfall aber ist das komplexe Bewertungsprogramm zu lösen.

---

ternehmen b auch allein erwirtschaften könnte, ceteris paribus höher als der Fusionserfolg, weil allein aus der Perspektive des Unternehmens a bewertet wird.

4 Zusammenfassende Schlussbetrachtung

Um über die Vorteilhaftigkeit eines strategischen Fusions- oder Akquisitionsvorhabens befinden zu können, ist es erforderlich, die real- und finanzgüterwirtschaftlichen Implikationen der Unternehmensverschmelzung zu untersuchen und das verschmolzene Unternehmen der Ausgangssituation gegenüberzustellen. Hierzu wurden in der vorangegangenen Untersuchung produktions- und finanzwirtschaftlich fundierte Basis- und Bewertungsprogramme formuliert, die es erlauben, aufbauend auf den Unternehmenswerten der potenziellen Fusionspartner den Wert der geplanten Fusion oder aufbauend auf dem Unternehmenswert des potenziellen Akquirenten den Wert der geplanten Akquisition zu ermitteln. Dabei hat sich gezeigt, dass die Bewertung einer Akquisition als Spezialfall der Bewertung einer Fusion interpretiert werden kann. Im Fusionsfall ist der „Mehrwert" einer Verschmelzung der beteiligten Unternehmen gegenüber ihrer einzelwirtschaftlichen Betätigung zu bestimmen, im Akquisitionsfall der Grenznutzen des Akquirenten, der sich aus einem Unternehmenskauf mit anschließender Verschmelzung ergibt und folglich den Wert des zu kaufenden Unternehmens mit einschließt. Während bei einer Akquisition finanzielle Mittel in erheblichem Umfang zur Begleichung des Kaufpreises aufzubringen sind, bedürfen „echte" Fusionen keiner besonderen Finanzkraft, wenn von den auch bei der Akquisition anfallenden Auszahlungen für die eigentliche Verschmelzung abstrahiert wird. Eine Akquisition lohnt sich daher nur, wenn der ermittelte Akquisitionswert den Kaufpreis übersteigt, eine Fusion schon dann, wenn der Fusionswert größer null ist. Dafür ergeben sich im Falle einer Fusion unter Umständen Probleme, wenn es um die Aufteilung des Fusionserfolgs auf die Fusionspartner geht.

Wenngleich sich auch für die geschilderte Problemsituation einfache und komplexe Bewertungsformeln herleiten ließen, so wurde doch überdeutlich, dass einer vereinfachten Bewertung enge Grenzen gesetzt sind. Verkürzt formuliert ist eine einfache Bewertung im Fusionsfalle überhaupt nur dann denkbar, wenn sich durch die Verschmelzung keinerlei Synergievorteile in der Produktion ergeben, und im Akquisitionsfalle, wenn der gekaufte Produktionsapparat weder als isoliert betrachtete Erweiterung noch als integraler Bestandteil des erweiterten Unternehmens zu quantifizierbaren Vorteilen führt. Beide Situationen sind aber gerade für *strategische* F&A eher untypisch, sodass in der Regel kein Weg an der Lösung eines Bewertungsprogramms vorbeiführt.

Durch geringfügige Abwandlungen lassen sich die vorgestellten Modelle zur Bewertung einer echten horizontal-lateralen Fusion und einer schlichten horizontal-lateralen Akquisition ohne Probleme an alle erdenklichen Ausgestaltungsformen von F&A-Vorhaben anpassen.

Symbolverzeichnis

Hochgestellte Indizes

a	„Unternehmen-a-spezifischer" Variablenwert aus dem Bewertungsprogramm
(a)	Konstante oder Dualvariablenwert aus dem Basisprogramm des Unternehmens a
b	„Unternehmen-b-spezifischer" Variablenwert aus dem Bewertungsprogramm
(b)	Konstante oder Dualvariablenwert aus dem Basisprogramm des Unternehmens b
f	Größe im Fusionsbewertungsansatz
k	Größe im Akquisitionsbewertungsansatz
max	maximaler Wert
min	minimaler Wert

Tiefgestellte Indizes und Indexmengen

j	Potenzialfaktor; $j \in \{1, 2, ..., J\}$ in den Basisprogrammen; Ja (Jb) Potenzialfaktortypen, die ausschließlich Unternehmen a (b) nutzt; Jab Potenzialfaktortypen, die von beiden Unternehmen genutzt werden.
l	Repetierfaktor; $l \in \{1, 2, ..., L\}$ in den Basisprogrammen; La (Lb) Repetierfaktortypen, die ausschließlich Unternehmen a (b) nutzt; Lab Repetierfaktortypen, die von beiden Unternehmen genutzt werden.
n	Produkt; $n \in \{1, 2, ..., N\}$ in den Basisprogrammen; Na (Nb) Produktarten, die ausschließlich Unternehmen a (b) herstellt; Nab Produktarten, die von beiden Unternehmen hergestellt werden; Ns Synergieprodukte, die nur das neu entstehende Unternehmen herstellen kann; Ns' für beide Ursprungsunternehmen „völlig neuartige" Synergieprodukte.
v	Synergieprodukt, das ein Ursprungsprodukt kannibalisiert; Ns'$< v \leq$ Ns
N_n^s	Indexmenge aller Synergieprodukte, die das Ursprungsprodukt n kannibalisieren
o	Finanzobjekt; $o \in \{1, 2, ..., O\}$ in den Basisprogrammen; Oa (Ob) Finanzobjekte, die ausschließlich Unternehmen a (b) verfügbar sind; Oab Finanzobjekte, die beiden Unternehmen zur Verfügung stehen; Os Finanzobjekte, die nur dem neu entstehenden Unternehmen verfügbar sind.
t	Zeitpunkt; $t \in \{0, 1, 2, ..., T\}$
ta	Vermögensmaximierungszeitpunkt des nicht fusionierten Unternehmens a
tb	Vermögensmaximierungszeitpunkt des nicht fusionierten Unternehmens b
tv	Vermögensmaximierungszeitpunkt

Konstante

a	variable Auszahlung pro Mengeneinheit
A	Auszahlung
Δ...	Differenzbetrag zur jeweiligen Ausgangsgröße ...
e	variable Einzahlung pro Mengeneinheit
E	Einzahlung
$\bar{g}$	Schaltkonstante
Kap^P	Kapazitätsobergrenze eines Potenzialfaktors
N	Durchführungsbegrenzung eines Finanzobjekts
PK^P	potenzialfaktorspezifischer Produktionskoeffizient
PK^R	repetierfaktorspezifischer Produktionskoeffizient
VZa_{Basis}^{max}	maximales Vermögen in ta aus der Basisprogrammlösung des Unternehmens a
VZb_{Basis}^{max}	maximales Vermögen in tb aus der Basisprogrammlösung des Unternehmens b
X^A	Absatzobergrenze eines Produkts
X^B	Beschaffungsobergrenze eines Repetierfaktors

Variable

AE	Akquisitionserfolg (Zielfunktionswert im primalen Akquisitionsbewertungsansatz)
AN	Akquisitionsnachteil
AV	Akquisitionsvorteil
FE	Fusionserfolg (Zielfunktionswert im primalen Fusionsbewertungsansatz)
FN	Fusionsnachteil
FV	Fusionsvorteil
n	Umfang eines Finanzobjekts
RW	„Restriktionsobergrenzenwert" (Zielfunktionswert in dualen Ansätzen)
s^A	primale Schlupfvariable einer Absatzrestriktion
s^B	primale Schlupfvariable einer Beschaffungsrestriktion
s^D	primale Schlupfvariable einer Durchführungsrestriktion
s^K	primale Schlupfvariable einer Kapazitätsrestriktion
s^L	primale Schlupfvariable einer Liquiditätsrestriktion
s^M	primale Schlupfvariable einer Mindestvermögensrestriktion
s^O	duale Schlupfvariable einer objektbezogenen Restriktion
s^P	duale Schlupfvariable einer produktbezogenen Restriktion
s^V	duale Schlupfvariable einer „Vermögensrestriktion"
V	Vermögen
VZ	Vermögen im Zeitpunkt t (Zielfunktionswert in primalen Basisansätzen)
x	Produktions- und Absatzmenge eines Produkts
α	zur primalen Absatzrestriktion gehörige duale Strukturvariable
$\hat{\alpha}$	auf den Zeitpunkt 0 abgezinster α-Wert aus der Lösung des Basisprogramms
β	zur primalen Beschaffungsrestriktion gehörige duale Strukturvariable
$\hat{\beta}$	auf den Zeitpunkt 0 abgezinster β-Wert aus der Lösung des Basisprogramms
δ	zur primalen Durchführungsrestriktion gehörige duale Strukturvariable
$\hat{\delta}$	auf den Zeitpunkt 0 abgezinster δ-Wert aus der Lösung des Basisprogramms
κ	zur primalen Kapazitätsrestriktion gehörige duale Strukturvariable

$\hat{\kappa}$	auf den Zeitpunkt 0 abgezinster κ-Wert aus der Lösung des Basisprogramms
λ	zur primalen Liquiditätsrestriktion gehörige duale Strukturvariable
$\hat{\lambda}$	auf den Zeitpunkt 0 abgezinster λ-Wert aus der Lösung des Basisprogramms
μ	zur primalen Mindestvermögensrestriktion gehörige duale Strukturvariable

Quellenverzeichnis

ACHLEITNER, A.-K. (2002): Handbuch Investment Banking, Wiesbaden 2002.

ACHLEITNER, A.-K./WIRTZ, B. W./WECKER, R. M. (2004): M&A-Management, in: Das Wirtschaftsstudium, 2004, S. 476–486.

ADAM, D. (1970): Entscheidungsorientierte Kostenbewertung, Wiesbaden 1970.

ADAM, D. (1996): Planung und Entscheidung, Wiesbaden 1996.

ADAM, D. (2000): Investitionscontrolling, München/Wien 2000.

ADAM, D./ROLLBERG, R. (1995): Komplexitätskosten, in: Die Betriebswirtschaft, 1995, S. 667–670.

BLOECH, J./BOGASCHEWSKY, R./GÖTZE, U./ROLAND, F. (2004): Einführung in die Produktion, Berlin et al. 2004.

BRÖSEL, G. (2002): Medienrechtsbewertung, Wiesbaden 2002.

ELLINGER, T./BEUERMANN, G./LEISTEN, R. (2003): Operations Research, Berlin et al. 2003.

FRANCK, E./MEISTER, U. (2006): Vertikale und horizontale Unternehmenszusammenschlüsse, in: WIRTZ, B. W. (Hrsg.), Handbuch Mergers & Acquisitions Management, Wiesbaden 2006, S. 79–107.

GERPOTT, T. J. (1993): Integrationsgestaltung und Erfolg von Unternehmensakquisitionen, Stuttgart 1993.

GÖTZE, U./BLOECH, J. (2004): Investitionsrechnung, Berlin et al. 2004.

HAX, H. (1964): Investitions- und Finanzplanung mit Hilfe der linearen Programmierung, in: Schmalenbachs Zeitschrift für betriebswirtschaftliche Forschung, 1964, S. 430–446.

HERING, T. (2002): Bewertung von Produktionsfaktoren, in: KEUPER, F. (Hrsg.), Produktion und Controlling, Wiesbaden 2002, S. 57–81.

HERING, T. (2003): Investitionstheorie, München/Wien 2003.

HERING, T. (2004): Der Entscheidungswert bei der Fusion, in: Betriebswirtschaftliche Forschung und Praxis, 2004, S. 148–165.

HERING, T. (2006): Unternehmensbewertung, München/Wien 2006.

HERING, T./OLBRICH, M. (2001): Zur Bewertung von Mehrstimmrechten, in: Schmalenbachs Zeitschrift für betriebswirtschaftliche Forschung, 2001, S. 20–38.

JACOB, H. (1964): Neuere Entwicklungen in der Investitionsrechnung, in: Zeitschrift für Betriebswirtschaft, 1964, S. 487–507, 551–594.

JAENSCH, G. (1966a): Ein einfaches Modell der Unternehmungsbewertung ohne Kalkulationszinsfuß, in: Schmalenbachs Zeitschrift für betriebswirtschaftliche Forschung, 1966, S. 660–679.

JAENSCH, G. (1966b): Wert und Preis der ganzen Unternehmung, Köln/Opladen 1966.

JANSEN, S. A. (2001): Mergers & Acquisitions, Wiesbaden 2001.

KEUPER, F. (2002): Unscharfe, kapitalwertbasierte Verfahren zur Unternehmensbewertung, in: Zeitschrift für Betriebswirtschaft, 2002, S. 457–476.

KLINGELHÖFER, H. E. (2000): Betriebliche Entsorgung und Produktion, Wiesbaden 2000.

KLINGELHÖFER, H. E. (2003): Investitionsbewertung auf unvollkommenen Kapitalmärkten unter Unsicherheit, in: Betriebswirtschaftliche Forschung und Praxis, 2003, S. 279–305.

KLINGELHÖFER, H.E. (2004): Finanzwirtschaftliche Bewertung von Umweltschutzinvestitionen, noch unveröffentlichte Habilitationsschrift, Greifswald 2004.

LAUX, H. (1971): Unternehmensbewertung bei Unsicherheit, in: Zeitschrift für Betriebswirtschaft, 1971, S. 525–540.

LAUX, H./FRANKE, G. (1969): Zum Problem der Bewertung von Unternehmungen und anderen Investitionsgütern, in: Unternehmensforschung, 1969, S. 205–223.

LINDSTÄDT, H. (2006): Ziele, Motive und Kriterien für Unternehmenszusammenschlüsse, in: WIRTZ, B. W. (Hrsg.), Handbuch Mergers & Acquisitions Management, Wiesbaden 2006, S. 57–78.

MATSCHKE, M. J. (1969): Der Kompromiß als betriebswirtschaftliches Problem bei der Preisfestsetzung eines Gutachters im Rahmen der Unternehmensbewertung, in: Schmalenbachs Zeitschrift für betriebswirtschaftliche Forschung, 1969, S. 57–77.

MATSCHKE, M.J. (1972): Der Gesamtwert der Unternehmung als Entscheidungswert, in: Betriebswirtschaftliche Forschung und Praxis, 1972, S. 146–161.

MATSCHKE, M. J. (1975): Der Entscheidungswert der Unternehmung, Wiesbaden 1975.

MATSCHKE, M. J./BRÖSEL, G. (2005): Unternehmensbewertung, Wiesbaden 2005.

MIRSCHEL, S. (2006): Messung und Bewertung von Produktionsflexibilitätspotentialen in geschlossenen und offenen Entscheidungsfeldern, noch unveröffentlichte Dissertation, Greifswald 2006.

MIRSCHEL, S./KLINGELHÖFER, H. E./LERM, M. (2004): Bewertung von Stimmrechtsänderungen, Wirtschaftswissenschaftliche Diskussionspapiere der Ernst-Moritz-Arndt-Universität Greifswald, Nr. 3/2004, Greifswald 2004.

MIRSCHEL, S./LERM, M. (2004): Zur Interpretation der Dualvariable der Mindestzielfunktionswertrestriktion im Zustandsgrenzpreismodell, Wirtschaftswissenschaftliche Diskussionspapiere der Ernst-Moritz-Arndt-Universität Greifswald, Nr. 7/2004, Greifswald 2004.

NEUMANN, A. (1994): Fusionen und fusionsähnliche Unternehmenszusammenschlüsse, Bern/Stuttgart/Wien 1994.

NIEUWENHUIZEN, T. (2003): Schattenpreise in der linearen Optimierung, Aachen 2003.

REICHERTER, M. (2000): Fusionsentscheidung und Wert der Kreditgenossenschaft, Wiesbaden 2000.

ROLLBERG, R. (2001): Integrierte Unternehmensplanung, Wiesbaden 2001.

ROLLBERG, R. (2005): Produktions- und finanzwirtschaftlich fundierte Ressourcenbewertung, in: Betriebswirtschaftliche Forschung und Praxis, 2005, S. 486–505.

ROSENBERG, O. (1975): Investitionsplanung im Rahmen einer simultanen Gesamtplanung, Köln et al. 1975.

SCHMALENBACH, E. (1912/1913): Vergütung für den Wert des Geschäftes bei dessen Übergang in andere Hände, in: Zeitschrift für handelswissenschaftliche Forschung, 1912/1913, S. 36–37.

SCHMALENBACH, E. (1917/1918): Die Werte von Anlagen und Unternehmungen in der Schätzungstechnik, in: Zeitschrift für handelswissenschaftliche Forschung, 1917/1918, S. 1–20.

SCHWEIM, J. (1969): Integrierte Unternehmungsplanung, Bielefeld 1969.

VOGEL, D. H. (2002): M&A – Ideal und Wirklichkeit, Wiesbaden 2002.

WEINGARTNER, H. M. (1963): Mathematical Programming and the Analysis of Capital Budgeting Problems, Englewood Cliffs 1963.

WIRTZ, B. W. (2003): Mergers & Acquisitions Management, Wiesbaden 2003.

WITTE, T./DEPPE, J. F./BORN, A. (1975): Lineare Programmierung, Wiesbaden 1975.

Zweiter Teil – Die Post-M&A-Phase

Strategische Perspektiven

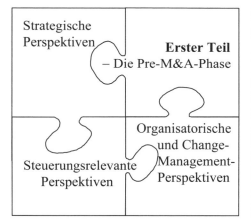
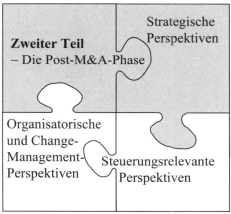

Grundlegende Anmerkungen zu den Herausforderungen der Post-Merger-Integration im Rahmen von Privatisierungen kommunaler Unternehmen

TOBIAS GEORGI, REIMER HINTZPETER & FRANK KEUPER

Steinbeis-Hochschule Berlin &
Hintzpeter & Partner – Management Consultants

1	Grundlegende Zwecke der Privatisierungen kommunaler Unternehmen		277
2	Grundlegende Anmerkungen zur Post-Merger-Integration bei der Privatisierung kommunaler Unternehmen		278
	2.1	Privatisierung kommunaler Aufgaben	278
		2.1.1 Aufgaben einer Kommune	278
		2.1.2 Begriff und Formen der Privatisierung	279
		2.1.3 Einordnung der Post-Merger-Integration in den idealtypischen Privatisierungsprozess	280
	2.2	Herausforderungen für die Privatisierung kommunaler Unternehmen	281
		2.2.1 Wirtschaftliche Betätigung der Kommunen und Daseinsvorsorge	281
		2.2.2 Zielsystem kommunaler Unternehmen	283
		2.2.3 Organisationsformen kommunaler Unternehmen	286
		2.2.4 Mitarbeiterstatus kommunaler Unternehmen	288
		2.2.5 Stakeholderansatz bei kommunalen Unternehmen	290
		2.2.6 Unternehmenskulturen bei kommunalen Unternehmen	293
3	Konklusion		296
Quellenverzeichnis			298

1 Grundlegende Zwecke der Privatisierungen kommunaler Unternehmen

Die Liberalisierungs- und Privatisierungsbestrebungen in der Politik der Europäischen Union (EU) und der Bundes führten zu einer wettbewerblichen Öffnung von Märkten, die vormals im Verantwortungsbereich der öffentlichen Hand lagen.[1] Während in den 90er Jahren zunächst Privatisierungen auf Bundesebene wie die der Post und der Bahn im Fokus lagen, hat die Privatisierungswelle in den letzten Jahren auch kommunale Unternehmen erreicht. Die Liberalisierung des Strommarkts löste einen ersten kommunalen Privatisierungsschub aus, sodass zum Beispiel die Städte Leipzig, Chemnitz, Rostock oder Kassel Anteile an ihren Stadtwerken veräußerten.[2] Auch andere kommunale Einrichtungen in den Bereichen wie etwa Gesundheitssektor, Abfallentsorgung, Wohnungsbau und Nahverkehr gerieten in jüngster Zeit ins Blickfeld der Privatisierung. Im Jahr 2005 veräußerten Kommunen in Deutschland insgesamt 5,7 Mrd. Euro ihres Vermögens.[3]

Zweck der Liberalisierungs- und Deregulierungsmaßnahmen ist eine aus Sicht der ökonomischen Theorie geleiteten Förderung beziehungsweise Schaffung eines Wettbewerbs. Eine höhere Wettbewerbsintensität in ehemaligen Monopolmärkten soll die Anbieter motivieren, verstärkt Rationalisierungspotenziale zu nutzen und die Kostenvorteile an die Abnehmer weiterzugeben und die Kosten verursachergerecht bei den Abnehmern anzulasten.[4] Ein weiterer Motor von Privatisierungen ist neben erhofften Wettbewerbseffekten die Finanznot der Kommunen. Die desolate Haushaltslage gilt als einer der Haupttreiber für Privatisierungen. Zum Stichtag 31. Dezember 2005 betrug die Verschuldung der Kommunen (Gemeinden und Gemeindeverbände ohne Stadtstaaten) 83,8 Mrd. Euro; die Kassenkredite in Höhe von 23,9 Mrd. Euro sind hier noch nicht berücksichtigt.[5] Viele Kommunen sind nicht mehr in der Lage, einen ausgeglichenen Haushalt vorzulegen.[6] Die angespannte Finanzlage führt zu einer Verringerung des Handlungsspielraums und damit zwangsläufig zu einer Drosselung von infrastrukturellen Leistungen für den Bürger.[7] Privatisierungen von kommunalen Unternehmen sind konsequenterweise die Folge der mangelnden Finanzausstattung[8] der Gebietskörperschaften.

Bei Einbezug eines privaten Investors oder Betreibers zur Erfüllung der kommunalen Aufgaben kollidiert die zweckorientierte Gemeinwohlorientierung einer Kommune mit der Gewinnmaximierung eines Privaten, auch wenn für kommunale Tätigkeiten in den Gemeindeordnungen der Länder die Haushaltsgrundsätze der Wirtschaftlichkeit und Sparsamkeit verankert sind. Im Spannungsfeld zweier aufeinander prallender Organisationskulturen fordern die Anspruchsgruppen sowohl auf kommunaler wie auch auf Investorenseite einen hohen Grad an Zielerreichung. Insbesondere im Kontext der Daseinsvorsorge[9] spielen die Anspruchs-

---

[1] Vgl. *LIBBE/TOMERIUS/TRAPP* (2001), S. 4.
[2] Vgl. *O. V.* (2003), S. 14.
[3] Vgl. *SCHMID* (2006), S. 19.
[4] Vgl. *EWERS ET AL.* (2001), S. 3.
[5] Vgl. *STATISTISCHES BUNDESAMT*, Fachserie 14, Reihe 5, 2005.
[6] Vgl. *O. V.* (2003), S. 6.
[7] Vgl. *O. V.* (2003), S. 6.
[8] Zum Finanzmanagement vgl. *KEUPER* (2000).
[9] Vgl. *KEUPER ET AL.* (2005), S. 5 ff.

gruppen eine gewichtige Rolle für den Erfolg von Privatisierungen. Privatisierungsmaßnahmen enden daher nicht nach dem einmaligen Akt der Privatisierungsentscheidung.[10] Die nach der Transaktionsphase anschließende Phase der Post-Merger-Integration ist gerade aufgrund der Heterogenität der beteiligten Unternehmen bedeutend, wurde aber in der wirtschaftswissenschaftlichen Diskussion nur rudimentär beleuchtet.[11] Die ohnehin schon bedeutende Stellung von Post-Merger-Integrationen als Schlüsselaufgabe des M&A-Managements gewinnt zudem im Rahmen der Privatisierung kommunaler Unternehmen aufgrund der spezifischen Besonderheiten des kommunalen Sektors weiter an Bedeutung.

2 Grundlegende Anmerkungen zur Post-Merger-Integration bei der Privatisierung kommunaler Unternehmen

2.1 Privatisierung kommunaler Aufgaben

2.1.1 Aufgaben einer Kommune

Kommunen als unterste Stufe im dreistufigen deutschen Verwaltungsaufbau sind Gebietskörperschaften mit verfassungsmäßiger Selbstverwaltungsgarantie mit genereller Zuständigkeit für alle lokalen öffentlichen Aufgaben.[12] Das Selbstverwaltungsrecht einer Kommune erstreckt sich auf Pflichtaufgaben und freiwillige Aufgaben.[13] Bei den freiwilligen Aufgaben liegt der Entscheidungsspielraum bei den Kommunen, ob sie eine Aufgabe überhaupt übernimmt. Freiwillige Aufgaben erbringt eine Kommune somit nach eigenem Ermessen und nach ihren finanziellen Möglichkeiten (zum Beispiel der Bau und Betrieb eines Schwimmbads). Pflichtaufgaben müssen Kommunen übernehmen, nur die Ausgestaltung bleibt ihnen überlassen (Sparsamkeitsprinzip[14]).[15] Kommunale Pflichtaufgaben (ohne Weisung) sind Aufgaben, die einer Kommune explizit gesetzlich zugewiesen sind, wie zum Beispiel Abwasserbeseitigung und Müllentsorgung. Weisungsaufgaben sind Pflichtaufgaben, die Kommunen nach staatlichen Vorgaben erbringen müssen (dazu zählen die Auszahlung von Wohngeld und Sozialhilfe, die Bereitstellung von Rettungsdiensten, Feuerwehr, Rettungsdiensten, die Durchführung von Gemeindewahlen) und sind nicht Bestandteil dieses Beitrags.

---

[10] Vgl. *PANKE* (2005), S. 23.
[11] Vgl. zum Beispiel *BOROWICZ* (2006).
[12] In Artikel 28, Absatz 2, Satz 1 des Grundgesetzes ist die kommunale Selbstverwaltungsgarantie verankert.
[13] Vgl. *STOBER* (2004), S. 83.
[14] Vgl. *BRÖSEL/KEUPER* (2004), *KEUPER/BRÖSEL* (2004) und *KEUPER/BRÖSEL* (2005).
[15] Vgl. *STOBER* (2004), S. 83, und *KEUPER/HINTZPETER* (2006).

Die Erfüllung von freiwilligen wie Pflichtaufgaben erbringen Kommunen über eigene Unternehmen. Unter dem Blickwinkel des Eigentums können öffentliche Unternehmen daher als Unternehmen charakterisiert werden, deren Inhaber oder Träger die öffentliche Hand ist.[16]

2.1.2 Begriff und Formen der Privatisierung

Allgemein kann Privatisierung als „the act of reducing the role of government ... in producing goods and services and in owning property"[17] definiert werden. Die Formen der Privatisierung sind vielschichtig, weil sie eine Bandbreite verschiedener Ausprägungen der Übertragung der Leistungserbringung von der öffentlichen Hand zur privaten Wirtschaft umfassen. Folgende Unterteilung zeigt eine *aufgabenbezogene* Unterscheidungssystematik:[18]

➢ Formelle Privatisierung: Umwandlung einer öffentlichen Einrichtung von einer öffentlich-rechtlichen in eine private Rechtsform. Es erfolgt kein Übergang von Eigentumsrechten vom öffentlichen Sektor auf Private und auch die Aufgabe verbleibt bei der öffentlichen Hand. Formelle Privatisierungen schaffen oft erst die Voraussetzungen für eine materielle Privatisierung.

➢ Materielle Privatisierung: Hier erfolgt eine Übertragung einer öffentlichen Aufgabe auf einen privaten Dritten, wobei den Kommunen Grenzen bei der Privatisierung wie beispielsweise in der Abwasserbeseitigung gesetzt sind.

➢ Funktionelle Privatisierung: Einbeziehung eines privaten Dritten zur Aufgabenerledigung, während die Aufgabenzuständigkeit beim öffentlichen Aufgabenträger verbleibt.

Die materielle wie funktionelle Art der Privatisierung ist häufig mit einer Vermögensprivatisierung verbunden, das heißt die Veräußerung von Liegenschaften oder von öffentlichen Unternehmen, die vorher die privatisierten Aufgaben durchgeführt haben, an private Wirtschaftssubjekte.[19] Bei beiden Privatisierungsformen geht eine Veränderung der Verantwortungsverteilung und -teilung zwischen öffentlichem und privatem Sektor einher. Privatisierungen im Infrastrukturbereich bedeuten äußerst selten einen „Totalrückzug des Staates".[20] Die öffentliche Hand übernimmt nach Rückzug aus der Erstellung der Leistung die Rolle eines Gewährleisters. Dieser Punkt unterstreicht die Bedeutung einer zielorientierten Post-Merger-Integration im Rahmen von Privatisierungsprozessen.

Materielle sowie funktionelle Privatisierungen in Kombination mit einer Vermögensprivatisierung stehen in diesem Beitrag im Fokus, weil eine intensivere Betrachtung der Post-Merger-Integration nur in diesen Fällen sinnvoll ist. Bei einer formellen Privatisierung wird kein privater Dritter zur Erfüllung von Aufgaben einbezogen, sodass keine Integrationsphase im klassischen Sinne stattfindet. Bei der Veräußerung eines sich im Eigentum der öffentlichen Hand befindlichen *erwerbswirtschaftlichen* Unternehmens liegt keine Aufgabenveränderung vor, sondern lediglich ein Wechsel der Eigentumsverhältnisse.[21] Ein solcher Fall ist mit

---

[16] Vgl. PÜTTNER (1985), S. 55.
[17] SAVAS (2000), S. 3.
[18] Vgl. hierzu zum Beispiel AUGSTEN ET AL. (2002), S. 157 f., und SCHÖNEFUSS (2005), S. 74 ff.
[19] Vgl. SCHÖNEFUSS (2005), S. 77.
[20] Vgl. SCHÖNEFUSS (2005), S. 78.
[21] Vgl. KRÖLLS (1995), S. 129, 133, und PANKE (2005), S. 33.

einer gewöhnlichen privaten M&A-Transaktion vergleichbar und steht hier nicht im Mittelpunkt der Betrachtung.

2.1.3 Einordnung der Post-Merger-Integration in den idealtypischen Privatisierungsprozess

Klassischerweise kann der Transaktionsprozess in eine Vor- und eine Nach-Akquisitionsphase (Pre- und Post-Merger-Phase) unterteilt werden.[22] Aufgaben in der Pre-Phase sind beispielsweise die Festlegung der Transaktionsziele und der Transaktionsstrategie, Verhandlungsaufnahme, Durchführung einer Due Diligence, Unternehmensbewertung und Vertragsabschluss. Neben formal-juristischen Angelegenheiten liegt im Rahmen der Post-Merger-Phase der Schwerpunkt vor allem auf betriebswirtschaftlichen Aspekten der strategischen und organisatorischen Integration der beteiligten Unternehmen.[23]

Obwohl die Integration eine eigenständige Phase des Akquisitionsprozesses darstellt, kann sie nicht isoliert betrachtet werden, sondern muss in den Kontext des gesamten Akquisitionsprozesses gestellt werden. Eine besonders wichtige Determinante für die Integrationsphase ist dabei die Zielsetzung der Akquisition.

Alle Übernahmen haben trotz zahlreicher möglicher Akquisitionsmotive das Ziel einer Wertschöpfung gemeinsam.[24] Unter Wertschöpfung verstehen HASPELAGH/JEMISON die Verbesserung der Wettbewerbssituation durch den Einsatz und die Übertragung strategischer Fähigkeiten, wobei sie drei Wertschöpfungskategorien unterscheiden.[25] Der Ressourcen-Verbund, die erste Kategorie, besteht in der Übertragung und gemeinsamen Nutzung betrieblicher Ressourcen. Daraus resultieren Kostensenkungen unter anderem durch die Realisierung von Economies-of-Scale- oder Economies-of-Scope-Effekten.[26]

Bei der zweiten Kategorie wird eine Wertschöpfung durch den Transfer funktioneller Fähigkeiten geschaffen, zum Beispiel durch Transfer spezifischen Wissens[27]. Ein internationaler Investor beispielsweise könnte aufgrund der Markttätigkeiten in mehreren Ländern mit mehreren Auftraggebern über wertvolles Wissen verfügen, um die Formalziele Wirtschaftlichkeit und Kostendeckung besser zu erreichen, als das kommunale Unternehmen. Ein kommunales Unternehmen könnte dagegen über spezifisches geografisches Wissen (zum Beispiel die regionale Beschaffenheit des Wassers oder die Anforderungen der Nutzer) verfügen.

Die dritte Wertschöpfungskategorie ist der Transfer von Management-Fähigkeiten, indem ein Unternehmen von der Management-Qualität des anderen profitiert. Mitarbeiter eines kommunalen Unternehmens könnten nicht nur die Sorge um den langfristigen Bestand ihres Arbeitsplatzes haben, sondern aufgrund eines internationalen Netzwerks von attraktiven Entwicklungsperspektiven profitieren. Die vorgenannten drei Wertschöpfungskategorien erfordern den

---

[22] Vgl. MARKS (1982), S. 38, BALLOUN/GRIDLEY (1990), S. 90 f., GERPOTT (1993), S. 127 f., und JANSEN (2004), S. 150.
[23] Vgl. GRIMPE (2005), S. 14.
[24] Vgl. GERPOTT (1993), S. 61, und HASPELAGH/JEMISON (1992), S. 31. Für eine umfassende Darstellung der Akquisitionsmotive vgl. ZOERN (1994), S. 1 ff.
[25] Vgl. zu den folgenden Ausführungen HASPELAGH/JEMISON (1992), S. 36 ff.
[26] Vgl. zu diesen Effekten ausführlich KEUPER (2004a).
[27] Zum Zusammenhang zwischen Wissen und Information vgl. KEUPER (2002a), S. 119 ff.

Transfer strategischer Fähigkeiten. Eine vierte identifizierte Wertschöpfungskategorie beinhaltet automatische Fusionsvorteile wie beispielsweise die gemeinsame Nutzung finanzieller Ressourcen oder die Erhöhung der Marktmacht.

Grundsätzlich entsprechen die Phasen und Aufgaben im Privatisierungsprozess einem „gewöhnlichen" Transaktionsprozess. Besonderheiten bei Privatisierungen sind unter anderem vergaberechtliche Aspekte bei der Übertragung von Pflichtaufgaben. Die Übertragung einer freiwilligen kommunalen Aufgabe wie zum Beispiel die Aufgabe der Versorgung mit Strom und Gas über den Weg einer Anteilsveräußerung ist nicht vergabepflichtig.[28] Allerdings greifen allgemeine haushalts- und kommunalrechtliche Grundsätze, die einen Verkauf von öffentlichem Vermögen nur unter wettbewerblichen Bedingungen zulassen.

2.2 Herausforderungen für die Privatisierung kommunaler Unternehmen

Der Post-Merger-Integrationsprozess wird als der „Schlüssel zum Akquisitionserfolg"[29] gesehen, weil hier die besonderen Herausforderungen des M&A-Managements liegen. Die wirtschaftswissenschaftliche Literatur behandelt zu diesem Themenkomplex fast ausschließlich das Management von M&A unter privaten Unternehmen.[30] Hierbei ist jedoch zu beachten, dass die Komplexität[31] des generellen Integrationsmanagements im Rahmen von M&A-Prozessen durch die spezifischen Herausforderungen, die im Rahmen von Privatisierungen kommunaler Unternehmen auftreten, wesentlich erhöht wird.

2.2.1 Wirtschaftliche Betätigung der Kommunen und Daseinsvorsorge

Die wirtschaftliche Betätigung der kommunalen Hand betrifft die unterschiedlichsten Bereiche und lässt sich in drei Kategorien einordnen:[32]

> Kommunen in der Rolle als Verwaltungsträger betreiben Daseinsvorsorge im Sinn einer infrastrukturellen Grundversorgung.

> Kommunen in der Rolle als Kunde vergeben Aufträge über Güter und Dienstleistungen (Beispiel Bauauftrag für ein Verwaltungsgebäude).

> Kommmunen in der Rolle des Unternehmers werden erwerbswirtschaftlich mit Ziel der Erwirtschaftung von Gewinnen (Beispiel Spielbank).

Der diffuse und recht umstrittene Begriff der Daseinsvorsorge umfasst die staatliche Aufgabe der Versorgung der Bürger mit infrastrukturellen Einrichtungen und Leistungen.[33] Als Daseinsvorsorge im infrastrukturellen Bereich zählt zunächst die Grundvorsorge wie vor allem Verkehrs-, Informations-, Versorgungs-, Entsorgungs-, Bildungs- und Forschungsinfrastruktur;

---

[28] Vgl. hierzu und im Folgenden KEILHOFER (2003), S. 28.
[29] HASPELAGH/JEMISON (1992), S. 129.
[30] Vgl. zum Beispiel BOROWICZ (2006).
[31] Zum Begriff und der Wirkung von Komplexität vgl. KEUPER (2004b), S. 621 ff., und KEUPER (2005), S. 51 ff.
[32] Vgl. STOBER (2004), S. 223 f.
[33] Vgl. STOBER (2004), S. 224.

zusätzlich zählen kulturelle Institutionen und Einrichtungen zur Befriedigung von gesellschaftlichen Bedürfnissen ebenfalls zur Daseinsvorsorge.[34] Neben der Veräußerung von kommunalen Energieversorgungsunternehmen gerieten und geraten zunehmend nahezu alle Bereiche der Daseinsvorsorge ins Blickfeld von Privatisierungen. Kommunen entwickeln sich daher immer mehr vom Leistungs- zum Gewährleistungsstaat.[35] Statt der Herstellung von Gütern und Dienstleistungen zur Daseinsvorsorge übernehmen Kommunen zunehmend künftig die Rolle der Gewährleistung. Eine Kommune definiert und garantiert demnach sein Daseinsvorsorgeangebot, bedient sich zur Aufgabenerfüllung Dritter und übernimmt anschließend überwiegend die Kontrollfunktion.[36]

Bei der Privatisierung kommunaler Unternehmen handelt es sich, wie bereits erläutert, sehr selten um einen Totalrückzug der kommunalen Hand, sodass auch die neuen Gesellschafter mit dem ehemaligen Inhaber oder Träger agieren beziehungsweise kooperieren müssen. Der konkrete Grad des Einflusses der Kommune nach der Privatisierung ist Bestandteil von Privatisierungsverträgen und hat selbstverständlich Auswirkungen auf den Preis. Im Gegensatz dazu treten die Altgesellschafter bei Unternehmensverkäufen[37] in der Privatwirtschaft mit Abschluss der Transaktion in der Regel vollständig die Rechte am Unternehmen (Einfluss, Kontrolle, Einsicht, Gewinnbeteiligung, ...) ab.

Der Aspekt der Daseinsvorsorge liefert für private Investoren wesentliche Herausforderungen im Rahmen der Post-Merger-Integration:

➢ Die Tatsache, dass in der Regel kein Totalrückzug des Staats stattfindet, kann eine permanente Kooperation mit dem Träger auch nach Vertragsabschluss erforderlich machen.

➢ Das für die Bürger und dem jeweiligen kommunalen Träger sensible Thema der Daseinsvorsorge erfordert eine ebensolche Sorgfalt bei der Erstellung von Dienstleistungen und Produkten. Dabei muss der private Investor stets die Gemeinwohlorientierung beachten.

➢ Je nach Regulierung und Eigenschaften des betreffenden Daseinsvorsorgesektors können unterschiedliche Herausforderungen wahrzunehmen sein. Die Herausforderungen bei der Wasserversorgung sind zum Beispiel unterschiedlich zu denen im Wohnungsbau.

➢ In häufigen Fällen verspricht sich die öffentliche Hand durch die Privatisierung neben der Effizienzsteigerung ganzheitliche und lebenszyklusorientierte Sanierungs- und Modernisierungsmaßnahmen, die vielleicht aufgrund unwirtschaftlicher Strukturen, langsamer Handlungsfähigkeit und des kameralen Haushaltswesens ausgeblieben sind. Ein privater Investor muss die häufig vertraglich fixierten Sanierungen und Modernisierungen durchführen.

---

[34] Vgl. BERSCHIN (2000), S. 6 f.
[35] Vgl. BERSCHIN (2000), S. 9 f.
[36] Vgl. O. V. (2003), S. 12.
[37] Zur Berücksichtigung unscharfer Daten im Rahmen der Unternehmensbewertung vgl. KEUPER (2001a), S. 487 ff., und KEUPER (2002b), S. 457 ff.

2.2.2 Zielsystem kommunaler Unternehmen

Unternehmen – und damit auch kommunale Unternehmen – sind im Sinne der Systemtheorie als sozio-technische (und damit auch äußerst komplexe) Systeme zu kennzeichnen. Systeme können grundsätzlich zweck- und gegebenenfalls zielorientiert handeln.[38] Zweckorientierte Systeme, für die das Umsystem ein Datum darstellt, streben einen an ihrem Zweck ausgerichteten Gleichgewichtszustand an. Der Zweck eines jeden Unternehmens liegt daher in der Sicherung der langfristigen Überlebensfähigkeit.[39] Zielorientierte Systeme können die Umsystemausschnitte selbst wählen und beurteilen die zulässigen Systemzustände anhand von Bewertungskriterien. Sie versuchen somit, nicht nur zu überleben, sondern den bestmöglichen Systemzustand auszuwählen und das bestmögliche Ergebnis auf Basis von Gleichgewichts- und Ungleichgewichtsbestrebungen zu erzielen.

Kommunale Unternehmen müssen infrastrukturelle Dienstleistungen bestmöglich erstellen und dabei eine möglichst optimale Allokation der knappen Ressourcen vornehmen. So sind zum Beispiel kommunale Abwasserunternehmen darauf ausgerichtet, den Auftrag zur Beseitigung von Abwasser dauerhaft bei optimaler Allokation der knappen Ressourcen zu erfüllen. Kommunale Unternehmen können somit als zweck- und *begrenzt* zielorientierte sozio-technische Systeme bezeichnet werden. Begrenzt zielorientierte Systeme sind kommunale Unternehmen, weil ihnen der öffentliche Auftrag und damit ihr Daseinsvorsorgeauftrag vorgegeben werden. Damit wird auch gleichzeitig vorgegeben, in welchem Segment öffentlicher Aufgaben das kommunale Unternehmen zu agieren hat. Insofern ist das „Marktsegment" oktroyiert und nicht frei vom kommunalen Unternehmen gewählt worden.

Der oberste Zweck kommunaler Unternehmen liegt, wie bereits dargestellt, in der Sicherung der langfristigen Überlebensfähigkeit,[40] weil nur so das durch die öffentliche Hand vorgegebene Sachziel dauerhaft verfolgt werden kann.[41] Um den Zweck der Sicherung der langfristigen Überlebensfähigkeit zu erreichen, müssen kommunale Unternehmen erfolgreich ihre Aufgaben erfüllen. Dementsprechend haben kommunale, wie auch privatwirtschaftliche Unternehmen, die Effektivität und die Effizienz – als die aus dem Zweck abgeleiteten und dekomponierten obersten Unternehmensziele – zweckorientiert zu erfüllen.[42]

Im Rahmen der Zieldiskussion bei kommunalen Unternehmen sind zudem die Zieldimensionen – Sach- und Formalzieldimensionen – zu beachten. Dabei ist generell zu attestieren, dass bei kommunalen Unternehmen eine Sachzieldominanz existiert. Während unter Sachzielen allgemein Leistungsziele zu verstehen sind, repräsentieren Formalziele monetäre Erfolgsziele. Als oberstes Sachziel eines Abwasserunternehmens kann beispielsweise die Beseitigung von Abwasser genannt werden (Effektivitätsziel). Insofern ist das allgemein ausgedrückte Sachziel – wie die Beseitigung von Abwasser – letztlich der Repräsentant des Zwecks eines kommunalen Unternehmens aus Sicht der Systemtheorie (seitens der öffentlichen Hand vorgegebener Systemausschnitt). Das Formalziel, die wirtschaftliche (effiziente) Realisierung des Sachziels durch das kommunale Unternehmen, wird durch das Sachziel geleitet.[43] Die Haus-

---

[38] Vgl. KEUPER (2004), S. 20 ff.
[39] Vgl. KEUPER (2004), S. 20 ff.
[40] Vgl. hierzu HERING (2003), S. 9.
[41] Vgl. BRÖSEL/KEUPER (2005), S. 2.
[42] Vgl. BRÖSEL/KEUPER (2005), S. 1 ff.
[43] Vgl. BRÖSEL/KEUPER (2005), S. 8 ff.

haltsgrundsätze Wirtschaftlichkeit[44] und Sparsamkeit[45] (Mindesteffektivität = Begrenzung des Sachziels) sind in den meisten Gemeindeordnungen der Länder verankert.[46] Gemäß den Vorgaben und der Interpretation dieser Vorgaben ist die Erfüllung der kommunalen Aufgaben mit einer Mindesteffektivität (Sparsamkeitsprinzip) bei maximaler Effizienz (Wirtschaftlichkeitsprinzip) sicherzustellen (siehe Abbildung 1).[47]

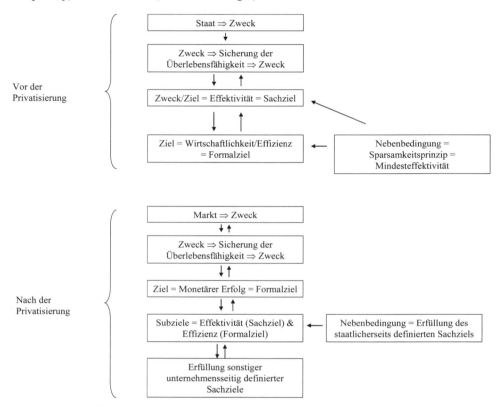

Abbildung 1:   Zielssystemtransformation

Sichert beispielsweise ein kommunales Unternehmen seine langfristige Überlebensfähigkeit, so wird die Erfüllung des Sachziels – zum Beispiel die Beseitigung von Abwasser – langfristig gesichert. Gleichzeitig bedingt das Sachziel kommunaler Unternehmen die Sicherung der langfristigen Überlebensfähigkeit der kommunalen Unternehmen, weil anderenfalls das Sachziel selbst gefährdet ist. Es besteht somit zwischen Sachziel und Zweck von kommunalen Unternehmen eine infinite subventionierte Rekursionsbeziehung, die vor dem Hintergrund knapper

---

[44] Zum Lean Management in der öffentlichen Verwaltung vgl. ROLLBERG (1996), S. 217 ff.
[45] Das Sparsamkeitsprinzip ist ein Ausdruck der Mindesteffektivität, vgl. KEUPER/BRÖSEL (2005).
[46] Zum Beispiel im Kommunalselbstverwaltungsgesetz (KSVG) des Saarlands in § 82 (2), in der Gemeindeordnung für den Freistaat Bayern in Art. 61 (2), in der Gemeindeordnung für das Land Nordrhein-Westfalen in § 75 (2), und in der Gemeindeordnung für das Land Sachsen-Anhalt in § 90 (2).
[47] Vgl. KEUPER/BRÖSEL (2005), S. 11.

Ressourcen letztlich nur durch eine Entscheidung für eine Sicherung der Überlebensfähigkeit unter marktlichen Bedingungen (Effektivitäts- und Effizienzziele) oder durch eine Entscheidung gegen das Sachziel durchbrochen werden kann.[48]

Im Gegensatz zu den von der öffentlichen Hand vorgegebenen Systemausschnitten können sich private Unternehmen die Umsystemausschnitte selbst wählen. Im Rahmen von Privatisierungen können potenzielle Investoren im Entscheidungsprozess die kommunalen Märkte wählen, die sie nach der Privatisierung bedienen wollen. Handelt es sich wie in den Bereichen der Wasserver- und -entsorgung sowie im Öffentlichen Personennahverkehr (ÖPNV) realistischerweise um den Wettbewerb *um den* Markt[49], so besteht nach der Wahl des Marktsegments durch einen privaten Anbieter im Hinblick auf das Segment keine Varietät mehr. Der Zweck und vor allem das Sachziel bleiben auch nach einer Privatisierung bestehen. Daher begründet sich auch das Interesse oder vielmehr die Verantwortung des öffentlichen Trägers, nach einer Privatisierung einen gewissen Grad an Einfluss auf den privatisierten Bereich zu behalten und wahrzunehmen. Auch ein privater Wasserversorger wird alle Bürger einer Gemeinde mit Wasser versorgen müssen. Gleichwohl wird die bisherige Sachzieldominanz durch eine Privatisierung in eine Formalzieldominanz überführt (siehe Abbildung 1). Der private Investor legt damit sein Hauptaugenmerk auf die Aspekte der Wirtschaftlichkeit und Sparsamkeit.

Die Zielsystemtransformation kann somit zu folgenden Herausforderungen für den privaten Investor führen:

> Vor Abschluss eines Kaufvertrags mit einer Kommune muss der private Investor eine zielgeleitete Due Diligence des relevanten Umsystemausschnitts vornehmen, um etwaige, nicht oder zu sehr hohen Kosten revidierbare Fehlentscheidung zu vermeiden.

> Der private Investor muss sorgfältig prüfen, ob das betrachtete Kaufobjekt in das Gesamtzielsystem des Käuferunternehmens passt.

> Vor allem beim Wettbewerb *um den* Markt tritt der Investor nach Vertragsabschluss in Form eines zeitlichen Monopols in die Pflicht zur Erstellung von Dienstleistungen der Daseinsvorsorge mit in häufigen Fällen weitestgehend vorgegebenen Output (Mindesteffektivität) ein. Dieser Mindest-Output ist durch den privaten Investor zu erbringen.

> In häufigen Fällen müssen die Dienstleistungen der Daseinsvorsorge mindestens zu geringeren Kosten (Effizienzziele) produziert werden. Die im vorherigen Wettbewerb antizipierte Effizienzsteigerung muss anschließend auch tatsächlich (über-)erreicht werden, damit der private Investor einen Gewinn erzielt und seinerseits die langfristige Überlebensfähigkeit sichert.

---

[48] Vgl. *BRÖSEL/KEUPER* (2005), S. 14.

[49] Beim Wettbewerb *im* Markt konkurrieren mehrere Anbieter um den einzelnen Kunden; in netzgebundenen Bereichen erfolgt der Wettbewerb entweder über konkurrierende Netze oder der Wettbewerb kommt aufgrund eines gemeinsamen Netzes zustande (zum Beispiel Energie- oder Telekommunikationssektor). Beim Wettbewerb *um den* Markt findet der Wettbewerb um zeitlich befristete Monopole statt (zum Beispiel Wasserver- und -entsorgung). Ein analog dem Energie- oder Telekommunikationssektor vergleichbarer Durchleitungswettbewerb, in dem also ein Wettbewerb *im* Markt stattfindet, ist in der Wasserwirtschaft unwahrscheinlich. Vgl. zum Wettbewerb *im* Markt und zum Wettbewerb *um den* Markt zum Beispiel *LIBBE/TOMERIUS/TRAPP* (2001), S. 17 f.

2.2.3 Organisationsformen kommunaler Unternehmen

Die Organisationsformen kommunaler Unternehmen sind ebenso variantenreich wie in privatwirtschaftlichen Unternehmen. Mögliche Kriterien zur Unterscheidung sind beispielsweise der Grad der Verselbständigung eines kommunalen Unternehmens gegenüber dem Träger sowie der Blick darauf, ob es primär dem öffentlichen oder privaten Recht zugeordnet ist.[50]

Zur unmittelbaren Verwaltung, also solche Einheiten, die einen geringen Grad an Verselbständigung aufweisen, gehören beispielsweise

> Gemeindebehörden und Ämter (zum Beispiel Amt für Wirtschaftsförderung),
> Regiebetrieb (rechtlich, organisatorisch und wirtschaftlich unselbständiger Teil der Kommunalverwaltung) sowie
> die nichtrechtsfähige öffentlich-rechtliche Anstalt.[51]

Zu den Organisationsformen der mittelbaren Verwaltung, also mit einem höheren Grad an Verselbständigung ausgestattet, zählen

> der Eigenbetrieb (klassische, am häufigsten anzutreffende Organisationsform; nicht rechtsfähig),
> die rechtsfähige öffentlich-rechtliche Anstalt,
> die rechtsfähige Stiftung (öffentlichen oder privaten Rechts),
> der rechtsfähige Verein,
> und die Eigengesellschaft (privatrechtliche Gesellschaft).[52]

Bei den letzten beiden genannten Organisationsformen Verein und Eigengesellschaft handelt es sich um juristische Personen des Privatrechts. Grundsätzlich gilt für Kommunen im Rahmen unternehmerischer Tätigkeiten der Grundsatz der Formenwahlfreiheit.[53] Insbesondere für Versorgungs-, Entsorgungs- und Verkehrsunternehmen gilt als wichtigste Gesellschaftsform des Privatrechts die GmbH.[54] Die nachfolgende Übersicht der Mitgliedsunternehmen des Verbands kommunaler Unternehmen e. V. anhand der Organisationsformen verdeutlicht diesen Zusammenhang. Zweckverbände stellen die klassische öffentlich-rechtliche Form der interkommunalen Zusammenarbeit dar.

---

[50] Vgl. hierzu und im Folgenden FABRY (2002), S. 5 f., und STOBER (2004), S. 361 ff.
[51] Vgl. FABRY (2002), S. 6.
[52] Vgl. FABRY (2002), S. 6.
[53] Vgl. FABRY (2002), S. 13.
[54] Vgl. STOBER (2004), S. 361 und nachfolgende Tabelle.

Rechtsform	Anzahl
Eigenbetriebe	334
Zweckverbände, Wasser- und Bodenverbände	79
Anstalten der öffentlichen Rechts und Körperschaften des öffentlichen Rechts	43
sonstige öffentliche Organisationsformen	152
AG	61
GmbH	653
sonstige Gesellschaften / gemischt wirtschaftlich	49
Insgesamt	1.371

Abbildung 2:   *Mitgliedsunternehmen des VkU, Stand: 15.08.2005*

Um die Einbindung eines privaten Investors zu ermöglichen, spielt die Organisationsform eine wichtige Rolle. Zunächst müssen auf kommunaler Seite Entscheidungen getroffen werden, ob komplette Einrichtungen wie etwas das kommunale Stadtwerk oder einzelne Aufgabenbereiche wie zum Beispiel Facility-Management-Leistungen für Krankenhäuser privatisiert werden sollen. Ein Stadtwerk ist in den meisten Fällen in der privatrechtlichen Form konstituiert, sodass der privatisierungswillige öffentliche Träger keinen Rechtsformwechsel durchführen muss. Werden aber zu privatisierende Reinigungsleistungen in einem Eigenbetrieb erbracht, besteht für die Kommune die Möglichkeit der Gründung einer Eigengesellschaft vor dem eigentlichen Privatisierungsprozess. Dies stellt lediglich nur eine Möglichkeit von vielen dar. Für die Frage nach einem Rechtsformwechsel liefert das Umwandlungsgesetz die rechtliche Grundlage. Eine weitere Variante wäre die Vergabe eines Betriebsführungsvertrags an ein zu gründendes kommunalen Unternehmen, dessen 100 %-Anteile zunächst der kommunale Träger hält. Im nächsten Schritt wird dieses im Wesentlichen lediglich mit einem Betriebsführungsvertrag ausgestatteten Unternehmen privatisiert.

Grundsätzlich liegt die Aufgabe einer privatisierungsfähigen Einheit bei der Kommune. Ein privater Investor muss aber auch organisatorisch bedingte Herausforderungen wahrnehmen, die abhängig vom Privatisierungsobjekt sind. Folgende Herausforderungen sind beispielhafter Natur:

➢ Im Vorfeld von Privatisierungen finden häufig bereits Interessentengespräche statt. Ein privater Investor kann somit im Hinblick auf eine zielgerichtete Integration gegebenenfalls Einfluss auf die Gestaltung der Rechtsform ausüben. Dies wird auch im Sinne des kommunalen Verkäufers sein, der neben der nachhaltigen Gewährleistung der Daseinsvorsorge auf dem Markt einen möglichst hohen Preis zu erzielen beabsichtigt. Zunächst liegt die Herausforderung beim privaten Investor in der Erarbeitung eines für die eigenen Zwecke geeigneten Rechtsformmodells unter besonderer Berücksichtigung von juristischen und steuerrechtlichen Aspekten. Im nächsten Schritt liegen die Herausforderungen in der Kommunikation und der Beeinflussung des Verkäufers, zumal davon auszugehen ist, dass auch die konkurrierenden Bieter ebenfalls Einfluss auf den Verkäufer auszuüben versuchen.

➢ Eine eigens für den Zweck einer Privatisierung umgewandelte Einrichtung kann strukturell noch nicht so gewachsen und ausgereift sein, sodass der private Investor bei Eintritt in das laufende Geschäft erhebliche organisatorische Umstrukturierungsmaßnahmen wird ergreifen müssen. Die Herausforderung des privaten Investors liegt in einer schnellen effektiven und effizienten Einarbeitung in das operative Geschäft, in dem auch ein kurzfristiger Stillstand kaum möglich sein wird. Des Weiteren liegen die Herausforderungen in einer zielorientierten Festlegung und Umsetzung der Umstrukturierungsmaßnahmen.

➢ Bei einer eigens für den Zweck einer Privatisierung gegründeten Betriebsführungsgesellschaft handelt es sich häufig um eine leere Hülle. Die Herausforderungen des privaten Investors liegen im weiteren Aufbau und Management des Unternehmens zur Erzielung von Effizienzsteigerungen.

➢ Nach der Privatisierung einer interkommunalen Einrichtung steht der Investor mehreren kommunalen Trägern mit zum Teil auch divergierenden Vorstellungen, Erwartungen und Zielen gegenüber, die voraussichtlich auch nach dem Abschluss der Privatisierung bestrebt sein werden, Einfluss auszuüben.

2.2.4 Mitarbeiterstatus kommunaler Unternehmen

Bei vielen Übernahmen in der Privatwirtschaft ist die Mitarbeiterthematik eine der zentralen Herausforderungen. Dies gilt verstärkt für Privatisierungen.

Generell können Kommunen im Rahmen einer Privatisierung Betriebsmittel auf ein privatrechtliches Unternehmen übertragen (Asset Deal), oder sie führen eine Ausgliederung nach dem Umwandlungsgesetz durch.[55] Bei der Übertragung von Betriebsmitteln sowie auch in der Regel bei der Ausgliederung findet ein Betriebsübergang gemäß § 613 a Bürgerliches Gesetzbuch (BGB) statt.[56] Im Grundsatz führt der Betriebsübergang nach dieser Regelung nicht zu einer Beendigung der Arbeitsverhältnisse. Sinn und Zweck dieser Vorschrift ist unter anderem die Erhaltung des sozialen Besitzstands der Arbeitnehmer. Wie auch bei privaten Akquisitionen hat auch bei Privatisierungen der Arbeitnehmer grundsätzlich das Widerspruchsrecht innerhalb eines Monats nach der Unterrichtung gegen den Übergang seines Arbeitsverhältnisses. Durch den Widerspruch geht allerdings der Arbeitnehmer das Risiko einer betriebsbedingten Kündigung ein, die bei Veräußerung eines gesamten Betriebs gerechtfertigt ist.

Die tariflichen Folgen eines Betriebsübergangs für die Arbeitsverhältnisse sind je nach Tarifgebundenheit des Veräußerers und Erwerbers unterschiedlich. Weiterhin sind die Informationspflichten sowie Mitwirkungs- und Mitbestimmungsrechte des Personal- oder Betriebsrats (je nach Rechtsform) im erforderlichen Umfang zu berücksichtigen.

Eine wichtige Besonderheit bei Privatisierungen besteht in der Zusatzversorgung.[57] Nach dem Tarifvertrag über die Versorgung der Arbeitnehmer des Bundes und der Länder sowie von Arbeitnehmern kommunaler Verwaltungen und Betriebe sind die Arbeitnehmer gemäß dem Gesamtversorgungsprinzip zusatzversichert. Bei einem Betriebsübergang tritt der neue Gesellschafter, also hier der private Investor, gemäß § 613 a BGB auch in die Versorgungspflichten ein. Der private Investor muss weiterhin die zusätzliche Altersversorgung gewähren.

---

[55] Vgl. AUGSTEN ET AL. (2002), S. 187.
[56] Vgl. AUGSTEN ET AL. (2002), S. 187.
[57] Vgl. hierzu und im Folgenden AUGSTEN ET AL. (2002), S. 199.

Hierfür wird er zunächst ebenfalls eine Mitgliedschaft der jeweiligen Zusatzversorgungskasse anstreben. Wenn diese nicht reüssiert, ist der neue Gesellschafter verpflichtet, die Versorgungslasten selbst zu erbringen. Dabei haftet der private Gesellschafter auch für diejenigen Anwartschaften, die bis zum Zeitpunkt der Privatisierung von den Arbeitnehmern erdient wurden. Dieses Risiko und die finanziellen Zusatzlasten bedeuten Nachteile für den privaten Investor und haben zudem Auswirkungen auf den Privatisierungserlös.

Es kann vorkommen, dass in kommunalen zu privatisierenden Unternehmen Beamte eingesetzt werden. Beamte in höheren Hierarchiestufen verfügen über wesentliches Wissen, auf das möglicherweise auch der private Investor nicht verzichten will und kann (zumindest für eine Übergangszeit). Daher stellt sich die Frage nach der Weiterbeschäftigung von Beamten in den Unternehmen mit den neuen privaten Gesellschaftern. Denn für Beamte gilt nicht die Regelung des § 613 a BGB, weil Beamte nicht in einem Arbeitsverhältnis stehen.[58] Beabsichtigt der private Investor die Weiterbeschäftigung des Beamten für die neue Gesellschaft, so gibt es unterschiedliche Lösungsansätze: Auf Antrag des betreffenden Beamten hin kann der Beamte entlassen werden und ein Arbeitsverhältnis mit dem neuen Eigentümer begründen. Dadurch verliert der betroffene Beamte allerdings seine Rechte aus dem Beamtenverhältnis, sodass – gerade in konjunkturell schwierigen Situationen – dieser Ansatz unwahrscheinlich ist.

Die Gewährung von Sonderurlaub und Begründung eines privaten Arbeitsverhältnisses ist wie der oben beschriebene Fall von der Mitwirkung des betreffenden Beamten abhängig. Grundsätzlich sehen die entsprechenden Verordnungen lediglich zeitlich begrenzte Beurlaubungen vor, sodass die Erteilung einer unbefristeten Beurlaubung nicht erteilt werden darf. Im Gegensatz zum obigen Fall bleibt das Beamtenverhältnis zwar bestehen, aber die Sonderurlaubszeiten werden nicht für die beförderungsrelevanten Dienstzeiten angerechnet, sodass aufgrund der Nachteile eine Einwilligung des Beamten ebenfalls nicht wahrscheinlich ist.

Eine Zuweisungsmöglichkeit besteht gemäß § 123 a Abs. 2 Beamtenrechtsrahmengesetz (BRRG). Wenn eine Dienststelle ganz oder teilweise in eine Einrichtung in privater Rechtsform umgebildet wird, kann auch ohne Zustimmung des Beamten eine seinem Amt entsprechende Tätigkeit bei dieser von der öffentlichen Hand geführten Gesellschaft zugewiesen werden. Eine Voraussetzung ist das Vorhandensein eines öffentlichen Interesses, die wohl – wie schon bei der Diskussion der Daseinsvorsorge aufgezeigt – bestehen dürfte. Eine weitere Voraussetzung ist die Mehrheitsbeteiligung der öffentlichen Hand an der betreffenden Gesellschaft, was in der Praxis auch häufig gegeben ist. Eine Realisierung der dargestellten Zuweisungsmöglichkeit ist jedoch mit Problemen verbunden. So sieht beispielsweise der § 123 a Abs. 2 keine Regelung vor, wie das Weisungsrecht gegenüber dem Beamten konkret gestaltet ist.

Beim Dienstleistungsüberlassungsmodell stellt der Dienstherr der neuen Gesellschaft die Dienstleistungen des Beamten zur Verfügung. Der Beamte behält weiterhin seine aus dem Beamtenverhältnis resultierenden Rechte (und Pflichten). Der Nachteil für das Management des privatisierten Unternehmens besteht darin, dass das Weisungsrecht beim öffentlichen Dienstherrn verbleibt.

---

[58] Vgl. hierzu und im Folgenden AUGSTEN ET AL. (2002), S. 196.

Die Zukunft und die Aufgabengestaltung der Mitarbeiter stehen bei Post-Merger-Integrationen im Vordergrund. Die für den Fähigkeiten-Transfer notwendige Atmosphäre im Rahmen einer Post-Merger-Integration ergibt sich aus den Interaktionen zwischen den Mitarbeitern der beiden Unternehmen.[59] Daher muss der Erwerber auf Basis der rechtlichen Grundlage geeignete Lösungen finden, um die notwendige Atmosphäre herbeizuführen. Mitarbeiter und deren Interaktionen sind zwar Kern einer Integration, aber gerade bei Privatisierungen gibt es eine Reihe von weiteren Anspruchsgruppen, die Gegenstand des folgenden Abschnitts sind.

Die zentralen Herausforderungen im Personalbereich für private Investoren während und nach einer Privatisierung können folgende sein:

➢ Die Besonderheiten im öffentlichen Personalbereich (wie aufgezeigt der Beamtenstatus) erfordern oft auch innovative wie anreizfördernde Personalkonzepte, die ein privater Investor in geeigneter Weise mit Mitarbeitern des erworbenen kommunalen Unternehmens entwickeln muss.

➢ Für eine erfolgreiche Integration und die Erreichung der durch den Kauf eines kommunalen Unternehmens festgelegten Ziele ist seitens des privaten Investors eine konsequente Kommunikation mit den Mitarbeitern erforderlich.

➢ Für eine erfolgreiche Integration ist in der Regel eine angemessene Einbindung des Personal- beziehungsweise Betriebsrats erforderlich und rechtlich sogar zwingend.

➢ Vor dem Hintergrund, dass die wirtschaftliche Betätigung durch die öffentliche Hand oft auch durch beschäftigungspolitische Anliegen gerechtfertigt wird,[60] sind häufig mit Privatisierungen einhergehende umfassende Restrukturierungen zur Effizienzsteigerung sowie die Erarbeitung eines Sozialplans erforderlich.

2.2.5 Stakeholderansatz bei kommunalen Unternehmen

Wie bereits unter Gliederungspunkt 2.2.2 dargelegt, versuchen kommunale Unternehmen, um die langfristige Überlebensfähigkeit zu sichern, die Effektivität und die Effizienz – als die aus dem Zweck des sozio-technischen Systems kommunaler Unternehmen abgeleiteten und dekomponierten Ziele – zweckorientiert zu erfüllen. Innerhalb dieser Ziele sind jedoch grundsätzlich die Wünsche und Präferenzen, und damit die Ziele der im Umsystem eines Systems und innerhalb eines Systems (Systemelemente) befindlichen Anspruchsgruppen, mit denen die Ziele des Systems schließlich in interdependenter Beziehung stehen, zu berücksichtigen. Anspruchsgruppen oder Stakeholder sind Bezugsgruppen, die von der Verfolgung und dem Realisierungsgrad des Unternehmenszwecks und der Unternehmensziele betroffen sind. Dementsprechend verfolgen die Anspruchsgruppen ihre eigenen Interessen gegenüber dem Unternehmen.[61] Insofern haben die Ziele eines kommunalen Unternehmens die Aufgabe, nicht nur dem Zweck des Systems und damit dem Zweck kommunaler Unternehmen dienlich zu sein, sondern gleichzeitig die Aufgabe, die Ziele der Anspruchsgruppen widerzuspiegeln, weil die systemseitig gewählten Ziele sonst ihre zweckerfüllende Wirkung verlieren würden. Dementsprechend wird die Ausgestaltung und Erfüllung der Ziele der Stakeholder durch den besonderen Zielkontext kommunaler Unternehmen beeinflusst. So spiegeln sich die zum Teil „ho-

---

[59] Vgl. HASPELAGH/JEMISON (1992), S. 143
[60] Vgl. hierzu FUEST/KROKER/SCHATZ (2002), S. 34.
[61] Vgl. BEA/HAAS (2001), S. 101.

heitlichen Aufgaben" kommunaler Unternehmen unter anderem im Beamtentum und in der besonderen Stellung des öffentlichen Diensts wieder.

Kommunale Unternehmen stehen im außerordentlichen Fokus vieler unterschiedlicher Stakeholder mit unterschiedlichen Zielen:

Mögliche Stakeholder können sein:

➢ Verwaltung: zum Beispiel Oberbürgermeister, Kämmerer
➢ Stadtrat: zum Beispiel Fraktionsvorsitzende der jeweiligen Parteien und meinungsführende Stadträte
➢ Geschäftsführung und wichtige Abteilungsleiter des zu privatisierenden Unternehmens
➢ Gegebenenfalls Bürgerbewegungen
➢ Belegschaft, Angestellte und Beamte
➢ Nutzer: zum Beispiel Bürger in der Rolle als Energieverbraucher oder Patienten,
➢ Öffentlichkeit: zum Beispiel Presse
➢ Sonstige Interessengruppen: zum Beispiel Gewerkschaften, IHK und weitere

Bei privaten Unternehmen stehen hingegen in herkömmlicher Weise gemäß dem Shareholder-Ansatz die Anteilseigner im Vordergrund.[62] In einer erweiterten mikroönomischen Perspektive werden als Anspruchsgruppen Kunden, Mitarbeiter, Fremdkapitalgeber, Lieferanten und Konkurrenten anerkannt.[63] Aber auch private Unternehmen wirtschaften im Blickpunkt des öffentlichen und politischen Interesses, denn schon im Grundgesetz ist die Verpflichtung gegenüber dem Allgemeinwohl verankert.[64] Anspruchsgruppen wie Interessensverbände oder Verbrauchergruppen haben somit einen hohen Einfluss auf die Entscheidungsfindung und Unternehmensführung.[65] Insbesondere bei spektakulären und internationalen Übernahmen wie zum Beispiel bei der Übernahme von Aventis durch Sanofi nehmen Repräsentanten der Politik aktiv und beeinflussend Stellung.[66]

Allerdings sind die Vielfalt und die Heterogenität der Anspruchsgruppen und die damit einhergehenden divergierenden Zielvorstellungen bei Privatisierungen von kommunalen Unternehmen als weitaus größer anzusehen, auch wenn die nationale oder internationale Bedeutung eines kommunalen Unternehmensverkaufs nicht dem Stellenwert einer Sanofi-Aventis-Übernahme nahe kommt. Hinzu kommt die besondere Wirkung des Zielkontexts kommunaler Unternehmen auf die Ausgestaltung und Erfüllung der Ziele der Stakeholder.

---

[62] Vgl. MACHARZINA (2005), S. 11, und BEA/HASS (2001), S. 103.
[63] Vgl. BEA/HAAS (2001), S. 103.
[64] Siehe Artikel 14 (2) des Grundgesetzes.
[65] Vgl. MACHARZINA (2005), S. 12.
[66] Die Sanofi-Aventis-Übernahme betraf die deutsch-französische Industriepolitik und demnach waren deutsche und französische Spitzenpolitiker im Übernahmeprozess involviert, vgl. zum Beispiel HAUSCHILD (2004), S. 3.

Beim Sanofi-Anvetis-Deal und bei fast allen internationalen M&A-Aktivitäten steht das Ziel einer möglichst langfristigen Bestandssicherheit für die Mitarbeiter in Deutschland im Vordergrund,[67] wohingegen dies bei der Privatisierung kommunaler Unternehmen weitaus vielschichtiger sein kann. Ein Kämmerer könnte vornehmlich das Ziel der Haushaltssanierung verfolgen, weshalb er unter bestimmten Umständen eine Privatisierung priorisiert. Die Belegschaft dagegen wird in der Regel das Interesse an der Beständigkeit der Stellen sowie der tariflichen Bezahlung haben. Die Nutzer von leitungsgebundener Infrastruktur haben demgegenüber nur begrenzt die Möglichkeit, ihre Ziele zu verfolgen, weil ihre Auswahl von Anbietern eingeschränkt ist (zum Beispiel Wasserversorger).

Auch Bürgerbewegungen können einen nicht zu vernachlässigenden Einfluss auf das Privatisierungsgeschehen haben. Nachdem der Stadtrat den mehrheitlichen Verkauf seiner Verkehrsbetriebe einschließlich der 80 Busse an den französischen Umweltdienstleister Veolia beschlossen hatte, stemmte sich ein Pforzheimer Aktionsbündnis erfolgreich gegen den bereits vollzogenen Verkauf.[68] Die Folge war ein Bürgerentscheid, der zur Verhinderung der Privatisierung letztendlich nicht ausreichend Stimmen gegen die Privatisierung zusammenbrachte.

Aus den vorangehend skizzierten Aspekten resultiert für private Investoren eine besondere Herausforderung, die komplexen Präferenzen der Anspruchsgruppen bereits im Vorfeld einer Privatisierung in den Transaktions- und Post-Merger-Strategien zu berücksichtigen (zum Beispiel durch eine weiter als ursprünglich geforderte Modernisierung von Infrastrukturanlagen, das Eingehen von Engagements im Bereich des Sponsorings oder das über das bisherige Niveau des kommunalen Unternehmens hinausgehende Commitment zum Thema Umweltschutz). Jedoch sind Meinungen und Zielvorstellungen der Stakeholder nicht zwingend exogene, nicht beeinflussbare Faktoren. Ein privater Investor muss somit nicht nur Fähigkeiten einbringen, den Formalzielen Wirtschaftlichkeit und Rentabilität, bei gleichzeitiger Erfüllung der vorgegebenen Formalziele, genüge zu leisten. Er muss zudem Kommunikationsleistungen vollbringen, um das relevante Stakeholder-Set von seiner Tätigkeit als privater Investor zu überzeugen. Es ist ersichtlich, dass vor allem auf Grund von Zieldivergenzen nicht alle Ziele aller Anspruchsgruppen erreicht werden können. Letztendlich entscheiden auch bei Privatisierungen die Gesellschafter. Bei 100 %-igen Eigengesellschaften ist dies in der Regel der Stadtrat.

Die Kommunikationsmaßnahmen sind jedoch keineswegs nach erfolgreichem Kauf eines kommunalen Unternehmens nicht einzustellen. Vielmehr haben die Anspruchsgruppen auch nach einer Privatisierung ein außerordentliches Interesse an der zufrieden stellenden Erbringung der sensiblen Aufgaben. Einige Stakeholder werden das Geschehen eines privaten Investors argwöhnischer beobachten als vor einer Privatisierung. Denn wie bereits dargestellt zieht sich der kommunale Träger in den meisten Privatisierungsfällen nicht vollständig zurück, sondern wahrt nach wie vor einen bestimmten Einfluss.

---

[67] Vgl. beispielsweise WINTER (2004), S. 40, und O. V. (2004), S. 19.
[68] Vgl. O. V. (2006), S. 26.

Die charakteristische Stellung der Stakeholder kann zu vielfältigen Herausforderungen für den privaten Investor führen:

- Bereits vor dem Erwerb eines kommunalen Unternehmens sollte ein zielorientierter Investor die relevanten Stakeholder identifizieren sowie deren Ansprüche, Erwartungen und Zielvorstellungen eruieren.

- Der private Investor sollte ein Kommunikationskonzept zur Ansprache von Stakeholdern entwickeln. Durch einen effektiven Austausch von Informationen lassen sich vielleicht Irritationen reduzieren und Missverständnisse vermeiden. Bei ideologiebehafteten Gegnern von Privatisierungen kann es allerdings durchaus vorkommen, dass eine rationale Diskussionsgrundlage schon im Vorfeld nicht gegeben ist.

- Die Erfahrungen aus den Stakeholdergesprächen und der aufgenommene Input der Erwartungen der relevanten Stakeholder können zu einer Überprüfung und gegebenenfalls sogar zu einer Modifizierung der späteren Strategie führen.

- In manchen Fällen führt das Einsetzen von Goodies oder Add-ons wie zum Beispiel das Sponsoring von lokalen Sportvereinen zu einer Erhöhung von Sympathie- und Imagewerten des privaten Investors. Die relevanten Goodies oder Add-ons einer Region sind relativ einfach zu identifizieren. Die Herausforderungen liegen in der Erarbeitung von (Sponsor-)Strategien bereits in der Pre-M&A-Phase und deren tatsächlichen Umsetzung während der Post-Merger-Integration, auch wenn dabei andere komplexe und scheinbar wichtigere Aspekte im Fokus liegen.

2.2.6 Unternehmenskulturen bei kommunalen Unternehmen

Die hohe Misserfolgsrate von M&A-Aktivitäten lässt sich auch auf die Unterschätzung der Kulturunterschiede der betroffenen Unternehmen zurückführen.[69] Die Unternehmenskultur[70] kennzeichnet die Grundgesamtheit gemeinsamer Werte, Normen und Einstellungen und prägen das Denken, Verhalten und Handeln der Organisationsmitglieder,[71] wobei die Unternehmenskultur die Unternehmenssituation in zwei Richtungen beeinflusst:[72] Zum einen bestimmt die Unternehmenskultur das Verhalten der Unternehmensmitglieder untereinander und determiniert so die Effektivität und die Effizienz der innerbetrieblichen Prozesse; zum anderen beeinflusst sie das Auftreten des Unternehmens nach außen und steuert seine Reaktionen gegenüber exogenen Entwicklungen. Unternehmenskulturen in der Funktion der Verhaltenssteuerung haben somit maßgeblichen Einfluss auf den Erfolg eines Unternehmens.[73]

Im Rahmen von M&A treten in der Regel zwei unterschiedliche Unternehmenskulturen aufeinander.[74] Im Rahmen von Privatisierungen sind dies in der Regel alleine schon vom Hintergrund der Herkunft vollständig unterschiedliche Unternehmenskulturen, die in geeigneter Form je nach Integrationsmethode und Akquisitionsziel zu integrieren sind. Auf Basis der beiden Kriterien *Risiken des Markts* sowie *Feedback (Geschwindigkeit, mit der eine Unter-*

---

[69] Vgl. RATHJE (2006), S. 103.
[70] Vgl. hierzu auch KEUPER (2001b), S. 48 ff.
[71] Vgl. BRÖSEL (2004), S. 603.
[72] Vgl. hierzu und im Folgenden BRÖSEL (2004), S. 604.
[73] Vgl. WELGE/AL-LAHAM (1999), S. 529.
[74] Vgl. RATHJE (2006), S. 109.

nehmensmaßnahme sich positiv beziehungsweise negativ auf das Unternehmen auswirkt) lassen sich vier Unternehmenskulturtypen in einem zweidimensionalen Modell klassifizieren:[75]

Abbildung 3: Unternehmenskulturtypen in Anlehnung an DEAL/KENNEDY[76]

➢ Unternehmen mit einer *Verwaltungskultur* agieren auf Märkten mit niedrigen Risiken. Eine rasche Rückkopplung der durchgeführten Maßnahmen wird nicht erwartet. Pflichterfüllung sowie Kontinuität sind wesentlichste Ausprägungen dieser Kultur.

➢ Auch Unternehmen der *Leistungskultur* handeln auf Märkten, die durch relativ geringe Risiken gekennzeichnet sind. Im Gegensatz zur Verwaltungskultur wird harte Arbeit geleistet. Typische Merkmalsausprägungen sind Leistung, Aktivität und Teamgeist.

➢ Bei Entscheidungen von Unternehmen mit einer *Spielerkultur* steht grundsätzlich viel auf dem Spiel. Die Wirkungen von Entscheidungen sind allerdings erst mit Zeitverzögerungen erkennbar, wie zum Beispiel in der Forschung und Entwicklung.

➢ Unternehmen mit einer *Kultur der tollen Burschen* sind relativ hohen Risiken ausgesetzt und erhalten im Gegensatz zur Spielerkultur eine schnelle Reaktion über ihre Entscheidungen.

Auch wenn diese einfache und plakative Typologie Schwächen aufweist,[77] so dient sie für diesen Sachverhalt zur Identifikation von Herausforderungen im Rahmen von Privatisierungen. Märkte der Daseinsvorsorge unterliegen generell geringeren Risiken als beispielsweise hoch komplexe und extrem dynamische Märkte der Telekommunikations- und Medienbranche. Die Nachfrage nach Wasser, Abwasser oder Patientenversorgung zum Beispiel ist verhältnismäßig besser prognostizierbar als die Nachfrage nach einem innovativen komplexen Systempro-

---

[75] In Anlehnung an die Typologie von *DEAL/KENNEDY* (1982), S. 107 ff.
[76] Vgl. *DEAL/KENNEDY* (1982), S. 107 ff.
[77] Ein Kritikpunkt ist, dass in der Realität die Unternehmenskultur sich aus unterschiedlichen schwer typologisierbaren Subkulturen zusammensetzt, vgl. *WELGE/AL-LAHAM* (1999), S. 531.

dukt der Informations- und Medienbranche. Trifft ein privater Investor beispielsweise auf ein kommunales Unternehmen, deren Kultur Merkmale wie die Pflichterfüllung (Sachzieldominanz – Mindesteffektivität) und Kontinuität (Sicherung der Überlebensfähigkeit – Zweck) aufweisen und der Typologie entsprechend der bürokratisch ausgeprägten Verwaltungskultur zuzuordnen wäre, dann müsste der private Investor aufgrund seines Zielsystems bestrebt sein, diese Kultur in Richtung einer Leistungskultur zu transformieren. Durch aktive Arbeit und Leistung soll die Effektivität und die Effizienz gesteigert werden (Sachziel-Formalziel-Balance – kundenorientierte Effektivität und Effizienz).

Tradierte, langfristig gewachsene kulturelle Gewohnheiten, Regeln und Normen des kommunalen Unternehmens werden im Zuge der Post-Merger-Integration durch die jeweiligen Wertvorstellungen des privaten Investors in Frage gestellt.[78] Eine solche „Kulturkollision" löst bei der Belegschaft des übernommenen kommunalen Unternehmens einen Kulturschock aus. Die abrupte Konfrontation mit einer völlig andersartigen ausgeprägten Kultur sowie das damit verbundene Infragestellen der eigenen gewachsenen Wertvorstellungen führen oft zu Motivationseinbrüchen bei den Mitarbeitern, die sich in Gestalt von Produktivitätseinbrüchen, Widerständen sowie Friktionen in der Abstimmung zwischen beiden Unternehmen ausdrücken kann. Dies führt zu einer Erfolgsbeeinträchtigung, dessen Ausmaß von den drei Kriterien Kulturrelevanz, Kulturkontakt und Kulturdifferenzen abhängig ist.[79]

Die Kulturrelevanz ist bei solchen Akquisitionen vorhanden, bei denen die Realisierung der Akquisitionsziele nur durch eine starke Einbindung der Mitarbeiter des kommunalen Unternehmens erreicht werden können. Bei Vorliegen der Kulturrelevanz muss der Investor im nächsten Schritt analysieren, ob und in welchem Ausmaß ein Kulturkontakt zur Erreichung der Akquisitionsziele vorliegt. So findet ein reger Kulturkontakt bei solchen Akquisitionen statt, bei denen der Erwerber Teile der Funktionen und Tätigkeiten (wie zum Beispiel der Beschaffungsbereich) in die eigenen Strukturen und Prozesse zu integrieren plant und damit die Mitarbeiter des ehemals kommunalen Unternehmens auf neue und ungewohnte Systeme stoßen. Liegen sowohl Kulturrelevanz als auch Kulturkontakt vor, muss der private Investor die Situation im Hinblick auf die Kulturdifferenzen überprüfen. Das Ausmaß der Erfolgsbeeinträchtigung ist umso größer,[80]

➢ je stärker die Mitarbeiter des übernommenen kommunalen Unternehmens an der Zielerreichung der Käuferunternehmung eingebunden sind (Kulturrelevanz);

➢ je erheblicher die Mitarbeiter des kommunalen Unternehmens mit den kulturellen Symbolen des Erwerbers konfrontiert werden (Kulturkontakt);

➢ je umfangreicher die Unterschiede sind, die die kulturellen Muster beider Unternehmen im Vergleich miteinander aufweisen (Kulturdifferenzen).

---

[78] Vgl. hierzu und im Folgenden *BRÖSEL/OLBRICH* (2003), S. 142.
[79] Vgl. hierzu und im Folgenden *BRÖSEL/OLBRICH* (2003), S. 142 f.
[80] Vgl. *BRÖSEL/OLBRICH* (2003), S. 143.

Folgende Herausforderungen bei der Transformation von Unternehmenskulturen kommunaler Unternehmen lassen sich hierbei identifizieren:

➤ Die zu übertragenen strategischen Fähigkeiten im Rahmen der Post-Merger-Integration sind in der jeweiligen Unternehmenskultur eingebettet. Der private Investor muss sich zunächst über den kulturellen Kontext bewusst machen, aus welchen kulturellen Wertesystemen diese Fähigkeiten stammen, und in welche Systeme sie transferiert werden sollen (Ermittlung der Ist-Kulturen).

➤ Zur Übertragung der strategischen Fähigkeiten muss der private Investor ein zielgerichtetes kulturbezogenes Anforderungsprofil erstellen (Festlegung der Soll-Kultur). Grundsätzlich stehen dem Erwerber drei generische Strategien zur Verfügung: Kulturbeseitigung, Kulturtrennung und Kulturanpassung.[81]

➤ Eine Erfolg versprechende Integration wird eventuell weit reichende Änderungen in der Unternehmenskultur und eine starke Führung erforderlich machen.[82] Unter Umständen sind die Führungspositionen des kommunalen Unternehmens so zu besetzen, dass eine Änderung der mit einer verkrusteten Struktur ausgeprägten Unternehmenskultur von einer Verwaltungs- zur Leistungskultur vorangetrieben wird.

➤ Gerade bei Privatisierungen sind hohe Kulturdifferenzen üblich. Die unter Umständen erforderliche Anpassung einer Unternehmenskultur ist ein langwieriger und schwieriger Prozess.[83] Es ist daher anzunehmen, dass, je stärker die Unternehmenskulturen differieren, desto schwieriger und langwieriger der Änderungsprozess sein wird. Solche Verzögerungen wirken sich nachteilig auf die Erreichung von Akquisitionszielen aus und müssen bei der Unternehmensbewertung im Vorfeld berücksichtigt werden.

3 Konklusion

Neben der Schaffung eines Wettbewerbs setzt die öffentliche Hand Privatisierungen im kommunalen Umfeld auch als Mittel zur Bekämpfung der Haushaltsnot ein. Die Einbindung von privaten Investoren in den Märkten der Daseinsvorsorge bringt für beide Parteien – der kommunalen Hand und dem privaten Investor – hohe Herausforderungen mit sich. Dieser Beitrag zeigte auf, dass bei kommunalen Unternehmen die Verfolgung des Sachziels dominiert, während private Investoren ihren Fokus auf die Erreichung von Formalzielen richten. Aber auch nach einer erfolgreichen abgeschlossenen Privatisierungstransaktion verabschiedet sich die kommunale Hand nicht von ihren Pflichten zur Erfüllung der Daseinsvorsorge. Sie fungiert vielmehr als Gewährleister und überlässt das Management und die Erbringung der Dienstleistungen einem privaten Investor. Dieser Beitrag zeigte ferner fokussiert aus Sicht eines potenziellen privaten Investors auf, welche vielfältigen Herausforderungen bei der Übernahme von kommunalen Unternehmen bestehen können. Ziel des Beitrags war die Darstellung dieser grundlegenden Herausforderungen mit partiellem Empfehlungscharakter aus einer übergeordneten Perspektive, auch wenn jeder betrachtete Aspekt für sich gesondert eine detaillierte

---

[81] Vgl. BRÖSEL/OLBRICH (2003), S. 143 f.
[82] Vgl. HASPELAGH/JEMISON (1992), S. 97.
[83] Vgl. WELGE/AL-LAHAM (1999), S. 531 f.

umfassende Analyse verdiente, weil unterschiedliche Regulierungen und Produkteigenschaften im Bereich der Daseinsvorsorge unterschiedliche Herausforderungen hervorrufen. Die grundlegenden Kenntnisse dieser Herausforderungen im Rahmen von Privatisierungen können jedoch bei der Erarbeitung von Post-Merger-Integration-Strategien für private Investoren als wertvolle Anhaltspunkte fungieren, wobei die Situation selbstverständlich in dem jeweiligen Privatisierungskontext unterschiedlich ausgeprägt sein kann.

Quellenverzeichnis

AUGSTEN, U./FABRY, B./SCHADEN, M. (2002): Privatisierung öffentlicher Unternehmen und Einrichtungen, in: FABRY, B./AUGSTEN, U. (Hrsg.), Handbuch Unternehmen der öffentlichen Hand, Baden-Baden 2002, S. 155–217.

BALLOUN, J./GRIDLEY, R. (1990): Understanding the challenges, in: The McKinsey Quarterly, Winter, 1990, S. 90–102.

BEA, F. X./HAAS, J. (2001): Strategisches Management, Stuttgart 2001.

BERSCHIN, F. (2000): Daseinsvorsorge durch Wettbewerb – der öffentliche Verkehr zu Lande im Markt, Heidelberg 2000.

BRORORWICZ, F./MITTERMAIR, K. (Hrsg.) (2006), Strategisches Management von Mergers & Acquisitions. State of the Art in Deutschland und Österreich, Wiesbaden 2006.

BLEICHER, F. (1993): Organisation II, in: BEA, F. X./DICHTL, E./SCHWEITZER, M. (Hrsg.), Allgemeine Betriebswirtschaftslehre, Band II: Führung, Stuttgart/Jena 1993, S. 103–186.

BRÖSEL, G. (2004): Unternehmenskultur, in: SJURTS, I. (Hrsg.), Gabler Lexikon Medienwirtschaft [A–Z], Wiesbaden 2004, S. 603–605.

BRÖSEL, G./OLBRICH, M. (2003): Zur Unternehmenskultur von Rundfunkanbietern, in: BRÖSEL, G./KEUPER, F. (Hrsg.), Medienmanagement: Aufgaben und Lösungen, München/Wien 2003, S. 135–146.

BRÖSEL, G./KEUPER, F. (2004): Überlegungen zu einem integrierten Kennzahlensystem für den öffentlich-rechtlichen Rundfunk, in: Betriebswirtschaftliche Forschung und Praxis, 2004, S. 369–384.

DEAL, T. E./KENNEDY, A. A. (1982): Corporate Cultures: The Rules and Rituals of Corporate Life, Boston 1982.

EWERS, H.-J./BOTZENHART, K./JEKEL, M./SALZWEDEL, J./KRAEMER, R. A. (2001): Optionen, Chancen und Rahmenbedingungen einer Marktöffnung für eine nachhaltige Wasserwirtschaft, BMWi-Forschungsvorhaben, 2001.

FABRY, B. (2002): Organisationsformen öffentlicher Unternehmen, in: FABRY, B./AUGSTEN, U. (Hrsg.), Handbuch Unternehmen der öffentlichen Hand, Baden-Baden 2002, S. 1–56.

FUEST, W./KROKER, R./SCHATZ, K.-W. (2002): Die wirtschaftliche Betätigung der Kommunen und die Daseinsvorsorge, Köln 2002.

GERPOTT, T. J. (1993): Integrationsgestaltung und Erfolg von Unternehmensakquisitionen, Stuttgart 1993.

GRIMPE, C. (2005): Post Merger Integration der Forschung und Entwicklung, aus der Reihe: Betriebswirtschaftslehre für Technologie und Innovation Bd. 51, Wiesbaden 2005.

HASPELAGH, P. C./JEMISON, D. B. (1992): Akquisitionsmanagement, Frankfurt am Main et al. 1992.

HAUSCHILD, H. (2004): DGB kritisiert deutsche Industriepolitik, in: Handelsblatt, 01.06.2004, S. 3.

HERING, TH. (2005): Investitionstheorie, München 2005.

JÄGER, M. (2001): Personalmanagement bei Mergers & Acquisitions. Strategien, Instrumente, Erfolgsfaktoren, Neuwied et al. 2001.

JANSEN, S. A. (2004): Management von Unternehmenszusammenschlüssen, Stuttgart 2004.

KEILHOFER, F. X. (2003): Das Vergaberecht und seine Relevanz für M&A-Transaktionen im Geschäftsbereich Öffentliche Kunden (II), in: M&A-Intern, HVB Consult, Nr. 9, April 2003.

KEUPER, F. (2000): Finanzmanagement – Aufgaben und Lösungen, München/Wien 2000.

KEUPER, F. (2001a): Möglichkeiten und Grenzen unscharfer kapitalwertbasierter Verfahren zur Unternehmensbewertung, in: FREIDANK, C.-CHR. (Hrsg.), Die deutsche Rechnungslegung und Wirtschaftsprüfung im Umbruch, Festschrift für Prof. Strobel, München 2001, S. 487–525.

KEUPER, F. (2001b): Strategisches Management, München/Wien 2001.

KEUPER, F. (2002a): Ökonomische Bedeutung der Information im Informationszeitalter, in: KEUPER, F. (Hrsg.), Electronic Business und Mobile Business – Ansätze, Konzepte und Geschäftsmodelle, Wiesbaden 2002, S. 119–141.

KEUPER, F. (2002b): Unscharfe kapitalwertbasierte Verfahren zur Unternehmensbewertung, in: Zeitschrift für Betriebswirtschaft, 2002, S. 457–476.

KEUPER, F. (2004a): Kybernetische Simultaneitätsstrategie – systemtheoretisch-kybernetische Navigation im Effektivitäts-Effizienz-Dilemma, Berlin 2004.

KEUPER, F. (2004b): Systemkomplexität, in: Die Betriebswirtschaft, 2004, S. 621–625.

KEUPER, F. (2005): Unternehmenskomplexität und deren Bedeutung für das Risikomanagement, in: GLEISSNER, W. (Hrsg.), Risikomanagement im Unternehmen – Praxisratgeber für die Einführung und Umsetzung, Augsburg 2005, Kap. 4–5, S. 51–86.

KEUPER, F./BRÖSEL, G. (2004): Einsatz der Balanced Scorecard im öffentlich-rechtlichen Rundfunk, in: Zeitschrift für Controlling & Management, 2004, Nr. 5, S. 32–40.

KEUPER, F./BRÖSEL, G. (2005): Zum Effektivitäts-Effizienz-Dilemma des öffentlich-rechtlichen Rundfunks, in: Zeitschrift für öffentliche und gemeinwirtschaftliche Unternehmen, 2005, S. 1–18.

KEUPER, F./GAMERS, S./GURA, S./HANS, R. (2005): Strategische Ausrichtung öffentlich-rechtliche Fernsehsender im Spannungsfeld zwischen Programmauftrag und Konvergenz am Beispiel E-Business, in: KEUPER, F./SCHÄFER, C. (Hrsg.), Führung und Steuerung öffentlicher Unternehmen – Probleme, Politiken und Perspektiven entlang des Privatisierungsprozesses, Berlin 2005, S. 5–60.

KEUPER, F./HINTZPETER, R. (2006): Steuerungsproblematik von Non-profit-Unternehmen am Beispiel von öffentlichen Musiktheatern, unveröffentlichtes Manuskript, Hamburg 2006.

KRÖLLS, A. (1995): Rechtliche Grenzen der Privatisierungspolitik, in: Gewerbearchiv: Zeitschrift für Gewerbe- und Wirtschaftsverwaltungsrecht, 1995, Nr. 4, S. 129–144.

LIBBE, J./TOMERIUS, S./TRAPP, J. H. (2001): Liberalisierung und Privatisierung öffentlicher Aufgabenbereiche in Kommunen – sozial-ökologische Problemlagen und Chancen für eine nachhaltige Entwicklung, Deutsches Institut für Urbanistik (Difu), Berlin 2001.

MACHARZINA, K. (2005): Unternehmensführung, Wiesbaden 2005.

MARKS, M. L. (1982): Merging human resources, in: M&A, 1982, Nr. 2, S. 38–44.

O. V. (2003): Der Weg aus der staatlichen Schuldenfalle. Konzepte und Beispiele für eine umfassende Privatisierung, Schriftenreihe des UNI Unternehmerinstituts der ASU e. V. Band 10, Gera 2003.

O. V. (2004): Bekenntnis zum Standort Frankfurt, in: Frankfurter Allgemeine Zeitung, 05.05.2004, S. 19.

O. V. (2006): Nahverkehr: Gebremst, in: DIE ZEIT, 29.06.2006, Nr. 27, S. 26.

PANKE, C. (2005): Privatisierungsfolgenmanagement im Personalbereich am Beispiel der Deutschen Bahn AG, Berlin 2005.

PÜTTNER, G. (1985): Die öffentlichen Unternehmen, Stuttgart 1985.

RATHJE, S. (2006): Zusammenhalt in der Zwischenzeit – Neue Ansätze zur Erhaltung von Unternehmenskultur in der M&A-Planung, in: Interculture Journal, 2006, Nr. 1, S. 103–122.

ROLLBERG, R. (1996): Lean Management und CIM aus Sicht der strategischen Unternehmensführung, Wiesbaden 1996.

SAVAS, E. S. (2000): Privatization and Public-Private Partnerships, New York 2000.

SCHÖNEFUSS, S. (2005): Privatisierung, Regulierung und Wettbewerbselemente in einem natürlichen Monopol, Berlin 2005.

SCHMID, K.-P. (2006): Alles muss raus, in: DIE ZEIT, 22.06.2006, Nr. 26, S. 19.

STATISTISCHES BUNDESAMT (2005): Fachserie 14, Reihe 5, 2005.

STOBER, R. (2004): Wirtschaftsverwaltungsrecht, Stuttgart 2004.

WELGE, M. K./AL-LAHAM, A. (1999): Strategisches Management, Wiesbaden 1999.

WINTER, T. (2004): Nicht alle Fragen zu Aventis in Frankfurt geklärt, in: Frankfurter Allgemeine Sonntagszeitung, 02.05.2005, S. 40.

ZOERN, A. (1994): Motive für nationale Unternehmensakquisitionen deutscher und englischer Unternehmen, München 1994.

Die Spaltung als Spiegelbild der Verschmelzung – Motive einer Unternehmensspaltung im Lichte des M&A-Managements

MARCUS BYSIKIEWICZ & FRANK KEUPER

Ernst-Moritz-Arndt-Universität Greifswald & Steinbeis-Hochschule Berlin

1 Unternehmensspaltung als Bestandteil des M&A-Managements? 303
2 Arten der Spaltung nach dem Umwandlungsgesetz 305
3 Motive einer Unternehmensspaltung 308
    3.1 Überblick 308
    3.2 Betriebswirtschaftliche Motive 310
        3.2.1 Strategische Motive 310
        3.2.2 Finanzwirtschaftliche Motive 316
    3.3 Persönliche Motive 319
    3.4 Gesetzliche Motive 322
4 Thesenförmige Konklusion 323
Quellenverzeichnis 326

Die Spaltung als Spiegelbild der Verschmelzung?

1 Unternehmensspaltung als Bestandteil des M&A-Managements?

Das herkömmliche Verständnis einer Spaltung besteht darin, dass ein vorher einheitliches ganzes Unternehmen (das Ursprungsunternehmen, die Ausgangsgesellschaft) in mindestens zwei Teile aufgespalten wird, „an denen in der Regel die Gesellschafter der Ausgangsgesellschaft [gegen Gewährung von Anteilen oder sonstigen Mitgliedschaftsrechten] verhältniswahrend oder verhältnisändernd beteiligt werden"[1], sodass der ehemals einheitliche Betrieb von den Nachfolgegesellschaften jeweils in reduziertem Umfang fortgeführt wird.[2] Die Spaltung stellt einen Umstrukturierungsvorgang dar, bei dem das Vermögen des Ursprungsunternehmens ganz oder teilweise auf ein (mehrere) bereits bestehendes (bestehende) oder neu zu gründendes (gründende) Unternehmen übertragen wird.[3]

„Mergers & Acquisitions (M&A) sind eine strategische Option, um sich den Herausforderungen einer veränderten Unternehmensumwelt anzupassen. Im Idealfall werden dabei durch den Käufer zusätzliches Wissen erworben, neue Märkte erschlossen, die Machtposition ausgebaut beziehungsweise Marktanteile gewonnen sowie Synergieeffekte erzielt. Für den Verkäufer geht es vornehmlich um die Konzentration auf das Kerngeschäft, um die Abstoßung nicht wertschaffender Bereiche oder die Verbesserung der Liquiditätssituation."[4] Sicherlich gehören die Unternehmenstransaktionen des Kaufs und Verkaufs sowie der Verschmelzung zu den Kerngeschäftsfeldern von M&A-Anwendungen.[5] Welche Prozesse außerdem noch zu den M&A-Transaktionen hinzugezählt werden, ist jedoch unklar: für M&A[6] hat sich bislang keine allgemeingültige Definition durchgesetzt. Begriffe wie Unternehmensakquisitionen, Übernahmen, Merger, Konzentration, Fusion, Takeover, Zusammenschluss und strategische Allianz werden jedoch durchgängig mit M&A in Verbindung gebracht.[7]

---

[1] BECHT Spaltung (1996), S. 327. Zu weiteren Definitionsmöglichkeiten des Spaltungsbegriffs vgl. auch OTT (1996b), S. 180, HARTMANN (1997), S. 5 f., und ODENTHAL (1999), S. 39 ff. Die Anteilseigner des zu spaltenden Rechtsträgers müssen nicht in demselben Verhältnis an den übernehmenden Rechtsträgern beteiligt werden, wie sie es am übertragenden Rechtsträger waren (*verhältniswahrend*), sondern können in einem beliebigen anderen Verhältnis beteiligt werden (*verhältnisändernd* oder *nichtverhältniswahrend*). Vgl. dazu KALLMEYER (1994), S. 1748, und WOCHINGER (2000).

[2] Vgl. OTT (1996a), S. 46.

[3] Vgl. BECHT (1996), S. 327.

[4] ACHLEITNER/WIRTZ/WECKER (2004), S. 476.

[5] Vgl. BOROWICZ (2006), S. 3 ff.

[6] Vgl. zum strategischen M&A-Prozess BOROWICZ/MITTERMAIR (2006).

[7] Darüber hinaus wird der Begriff in Wissenschaft und Praxis meist synonym mit einer Vielzahl anderer Begriffe verwendet. Vgl. ACHLEITNER/WIRTZ/WECKER (2004), S. 478.

Es stellt sich schließlich die Frage, ob auch dekonzentrative Maßnahmen – wie beispielsweise die Spaltung von Unternehmen – ebenfalls im Rahmen von M&A-Transaktionen Berücksichtigung finden sollten.[8] Um diese Frage zu beantworten, wird – nachdem im zweiten Kapitel dieses Beitrags kurz die Arten der Spaltung nach dem Umwandlungsgesetz dargestellt werden – geprüft, ob in Zeiten der – in der Regel aufgrund von Synergievorteilen veranlaßten[9] – zunehmenden Fusionen und Unternehmensübernahmen[10] überhaupt Motive bestehen, die eine Unternehmensspaltung rechtfertigen, bevor dann abschließend im vierten Kapitel dieses Beitrags die Zugehörigkeit der Umstrukturierungsmaßnahme vom Typ der Spaltung zu den M&A-Transaktionen beantwortet wird.

Grundsätzlich kann dabei das Umwandlungsinstrument der Spaltung auf eine große Anzahl möglicher Motive zurückgeführt werden,[11] deren Vielfältigkeit mit derjenigen des Bewertungsanlasses vom Typ der Verschmelzung zu vergleichen ist.[12]

➢ Dass Unternehmenszusammenschlüsse jedoch nicht in einer unermesslichen Größe enden können, zeigt die bereits im Jahre 1937 von COASE gestellte Frage: „Why is not all production carried on by one big firm?"[13] Bereits aus dieser Fragestellung lässt sich schließen, dass es eine bestimmte kritische Unternehmensgröße geben muss, ab der es sinnvoll erscheint, nicht mehr nur in einem Unternehmen zu produzieren, sondern die Unternehmensgröße zu verringern. Das Problem der optimalen Unternehmensgröße konnte bisher jedoch noch nicht gelöst werden.[14]

Bei der Festlegung der strategischen Ausrichtung der Unternehmen stellt sich deshalb immer wieder die Frage, ob ein Unternehmen eher auf diversifizierte Unternehmen setzen oder sich lieber auf die Kernkompetenzen beschränken sollte.[15]

---

[8] In diesem Zusammenhang wird häufig auch der nicht einheitlich definierte Begriff des „Demerger" verwendet, der einerseits nur die Übersetzung aus dem anglo-amerikanischen Sprachgebrauch für den Begriff „Spaltung" darstellt, dem in einigen Definitionen zusätzlich aber noch eine Akquisition oder Fusion vorausgegangen sein sollte. Weiterhin wird der Begriff für die Spaltung einer börsennotierten Publikumsgesellschaft verwendet. Vgl. ODENTHAL (1999), S. 65 f., BLUMERS (2000), S. 589, FASSBENDER/KILLAT (2006), S. 1241, und MÜLLER (2006), S. 1189. Oftmals wird aber auch der Verkauf eines Unternehmens in den Demergerbegriff mit einbezogen. Vgl. WIRTZ/WECKER (2006), S. 1169 f. Zum Prozess des Demerger-Management vgl. MÜLLER (2006), S. 1196 ff., und WIRTZ/WECKER (2006), S. 1170 ff.

[9] Vgl. ANGERMAYER/OSER (2005), S. 763.

[10] So stellte die Wirtschaftsprüfungs- und Beratungsgesellschaft KPMG Ende Juli 2006 in einer Studie, die auf der Grundlage einer Statistik des Marktforschungsinstituts DEALOGIC beruht, fest, dass das „Fusions- und Übernahmefieber" im Jahre 2006 „alle Rekorde brechen" werde. Vgl. O. V. (2006f), S. 1, und WETZEL (2006), S. 9.

[11] Vgl. GECK (1995), S. 416, HARTMANN (1997), S. 30, EBEL (1998), S. 3, und BRAUERS (2004), S. 24. Nicht nur wissenschaftstheoretisch lassen sich die Motive der Spaltung herausarbeiten, auch der Wirtschaftspresse sind – wie im Folgenden dargestellt wird – zahlreiche Beispiele und Motive einer Spaltung zu entnehmen. Vgl. dazu EBEL (1998), S. 10. Weitere Beispiele aus der Spaltungspraxis finden sich bei ODENTHAL (1999), S. 74 ff.

[12] Zu den zahlreichen Motiven, die zu Unternehmenszusammenschlüssen führen, vgl. exemplarisch OSSADNIK (1995), S. 7 f., BUDZINSKI/KERBER (2003), S. 42 ff., KÖPPEN (2004), S. 15 ff., und LINDSTÄDT (2006).

[13] COASE (1937), S. 394.

[14] Vgl. SCHNEIDER (1977), S. 42, BECKER (1994), S. 100 ff., und HARTMANN (1997), S. 30.

[15] Vgl. ACHLEITNER/WAHL (2003), S. 59, und OETTER (2003), S. 16.

> Das Beispiel der Deutschen Telekom AG, die ihren Onlinedienst T-Online AG zunächst im Jahre 2000 abgespalten hat, um dann im Jahre 2006 wieder mit der Internettochter zu fusionieren, zeigt, dass eine Entscheidung über ein eher diversifiziertes oder eher schlankeres Unternehmen oftmals von der aktuellen Unternehmenspolitik und Unternehmensführung abhängig ist.[16]

Die positiven Synergieeffekte bei der Fusion stellen weitgehend die Gegenargumente bei der Spaltung und die positiven Spaltungseffekte die negativen Synergieeffekte bei der Verschmelzung dar.[17] An dieser Stelle soll infolgedessen darauf aufmerksam gemacht werden, dass sich natürlich auch Nachteile kleinerer Unternehmenseinheiten im Gegensatz zu Großunternehmen ergeben können. Das bedeutet folglich, dass Unternehmensspaltungen auch bei noch so triftigen Gründen natürlich nicht zwangsweise durchgeführt werden müssen.[18]

> So reagierte auch das Management der Bayer AG auf den Vorschlag eines US-Investors: Dieser hatte den Vorschlag unterbreitet, den Konzern in eigenständige Chemie-, Pharma- und Agrarchemieunternehmen aufzuspalten, damit der Konzern nicht weiterhin einen Abschlag bei der Bewertung[19] an der Börse gegenüber den reinen Pharma- oder Chemieunternehmen hinnehmen müsse. Die Bayer AG lehnte diesen Vorschlag jedoch mit der Begründung erheblicher Risiken bei der Aufspaltung des Konzerns ab.[20]

2 Arten der Spaltung nach dem Umwandlungsgesetz

In der Literatur wird die Spaltung als Umstrukturierungsvorgang charakterisiert, „bei dem Wirtschaftsgüter, Vermögenswerte und Verbindlichkeiten eines Unternehmens auf mehrere hierzu neu gegründete oder bereits bestehende Unternehmen unter Vermeidung einer Liquidation"[21] übertragen werden.

Im Umwandlungsgesetz (UmwG)[22] wird der Spaltungsbegriff zwar verwendet, aber es enthält keine einheitliche Definition des Umwandlungsvorgangs der Spaltung. Das Umwandlungsgesetz enthält aber Definitionen der drei in den §§ 123–173 UmwG beschriebenen Spaltungsarten[23] „Aufspaltung", „Abspaltung" und „Ausgliederung" (siehe Abbildung 1).[24] Um im nächsten Kapitel dieses Beitrags die Motive der Spaltung darstellen zu können, ist eine kurze Be-

---

[16] Vgl. FRÜHBRODT (2005), S. 15, WEISER/UŽIK/RÖHRIG (2005), S. 574, und O. V. (2006d).
[17] Vgl. CHARIFZADEH (2002), S. 58 ff.
[18] Vgl. BECKER (1994), S. 101 f., OETTER (2003), S. 18, und ANGERMAYER/OSER (2005), S. 765.
[19] Zur unscharfen Bewertung vgl. KEUPER (2002b), S. 457 ff.
[20] Vgl. BEIN (2001), S. 8.
[21] HEISS (1995), S. 13.
[22] Umwandlungsgesetz (UmwG) vom 28. Oktober 1994 (BGBl. I, S. 3210, ber. 1995 I, S. 428), in Kraft getreten am 1. Januar 1995 und zuletzt geändert durch Art. 14 des Gesetzes zur Einführung der Europäischen Genossenschaft und zur Änderung des Genossenschaftsrechts vom 14. August 2006 (BGBl. I, S. 1911 ff.).
[23] Vgl. KALLMEYER (1994), S. 1748.
[24] Zur Darstellung der Arten der Spaltung nach dem Umwandlungsgesetz vgl. auch BYSIKIEWICZ/MATSCHKE/BRÖSEL (2005), S. 6 ff., und MATSCHKE/BRÖSEL (2005), S. 339 ff.

schreibung dieser tatsächlich vorkommenden und rechtlich zugelassenen Spaltungsarten notwendig.²⁵

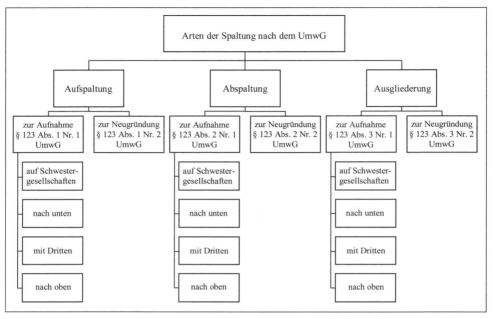

Abbildung 1:   *Arten der Spaltung nach § 123 UmwG*

Unter der *Aufspaltung* eines Unternehmens versteht das Umwandlungsgesetz „die Übertragung des gesamten Vermögens eines Rechtsträgers auf mindestens zwei bestehende oder dadurch gegründete Rechtsträger jeweils als Gesamtheit gegen Gewährung von Anteilen der übernehmenden Rechtsträger an die Anteilsinhaber des übertragenden Rechtsträgers und unter Erlöschen des übertragenden Rechtsträgers"²⁶; die Aufspaltung nach § 123 Abs. 1 UmwG ist daher gekennzeichnet:

➢ durch die vollkommene Vermögensübertragung eines aufzuspaltenden Rechtsträgers,

➢ durch die Übertragung dieses Vermögens auf mindestens zwei übernehmende Rechtsträger, die schon bestehen oder neu gegründet werden, und

---

[25] In der betriebswirtschaftlichen und juristischen Literatur werden Begriffe verwendet, die vom Wortlaut her mit den umwandlungsgesetzlich geregelten Spaltungsarten verwandt erscheinen, jedoch von der Bedeutung her nicht immer diesen Spaltungsarten zugeordnet werden können. Zur Begriffsabgrenzung solcher spaltungsverwandter Begriffe – wie Teilung, Realteilung, Betriebsaufspaltung, Outsourcing, Split-Up, Split-Off, Spin-Off, Demerger, Scission, Zerschlagung, Entflechtung, Asset-Stripping, Buy-out, Stillegung/ Liquidation, Kooperationsspaltung, übertragende Sanierung, Teilfusion und Ausgründung – vgl. exemplarisch BECKER (1994), S. 184 ff. und ODENTHAL (1999), S.60 ff.

[26] FREITAG (1998), S. 14. Vgl. auch SAGASSER/SICKINGER (2002), S. 466 f.

- durch die Gewährung von Anteilen oder Mitgliedschaften an den übernehmenden Rechtsträgern, die die Anteilseigner des untergehenden (aufgespaltenen) Rechtsträgers erhalten.[27]
- Ein Beispiel für eine *Aufspaltung* stellt die Spaltung von Dorlastan dar: Der – selbst von der Bayer AG zum 31. Januar 2005 abgespaltene – Chemiekonzern Lanxess teilte seine Faser-Tochter Dorlastan durch Aufspaltung in zwei Gesellschaften, da die beiden Segmente unterschiedliche Produkte und Kunden aufweisen.[28]

Die *Abspaltung* nach § 123 Abs. 2 UmwG unterscheidet sich von der Aufspaltung dadurch, dass der zu spaltende (ursprüngliche) Rechtsträger mit einem Teil seines Vermögens bestehen bleibt. Die übrigen Teile werden in einem Vorgang auf einen oder mehrere bestehende oder durch die Spaltung gegründete, übernehmende Rechtsträger übertragen. Als Gegenleistung erhalten die Anteilsinhaber des übertragenden Rechtsträgers wiederum Anteile oder Mitgliedschaften an dem oder den übernehmenden oder neu gegründeten Rechtsträgern.[29]

- Eine *Abspaltung* fand beispielsweise bei der Neuordnung des Beratungsgeschäfts des US-Finanzkonzerns American Express statt: Die Aktionäre von American Express erhielten die Aktien am Beratungsgeschäft, das in die unabhängige Finanzberatungssparte Ameriprise Financial abgespalten wurde.[30]

Bei der *Ausgliederung* nach § 123 Abs. 3 UmwG bleibt der zu spaltende Rechtsträger wie bei der Abspaltung bestehen; nur ein Teil des Vermögens wird auf eine oder mehrere bestehende oder neu gegründete Gesellschaft(en) übertragen. Insoweit besteht kein Unterschied zur Abspaltung. Als Gegenleistung wird jedoch nicht den Anteilsinhabern des übertragenden Rechtsträgers, sondern dem übertragenden Rechtsträger selbst eine Beteiligung am übernehmenden Rechtsträger gewährt.[31] Die Anteile an dem übernehmenden Rechtsträger stehen also dem übertragenden Rechtsträger zu, sodass der übernehmende Rechtsträger eine Tochtergesellschaft der übertragenden Gesellschaft wird.[32] „Während die Abspaltung in der Regel zur Entstehung von Schwestergesellschaften führt, ist [das] Ergebnis einer Ausgliederung eine Beteiligung des ausgliedernden am übernehmenden Rechtsträger und damit die Entstehung einer neuen Tochtergesellschaft"[33]. Für den übertragenden Rechtsträger kommt es zu einem Tausch von Vermögen gegen Anteile. Die Position der Anteilseigner des übertragenden Rechtsträgers bleibt hingegen unberührt, die Gesellschafter bleiben unverändert am übertragenden Rechtsträger beteiligt und werden somit mittelbar Anteilseigner am übernehmenden Rechtsträger.[34]

---

[27] Vgl. KALLMEYER (1994), S. 1748, SCHWEDHELM/STRECK/MACK (1995), S. 8 ff., DEHMER (1996), S. 466, EBEL (1998), S. 51 ff., SAUTER (2000), S. 100 f., und KALLMEYER (2006), S. 590.

[28] Vgl. O. V. (2005c), S. 10, und WEISER/UŽIK/RÖHRIG (2005), S. 571.

[29] Vgl. SCHWEDHELM/STRECK/MACK (1995), S. 8, DEHMER (1996), S. 467, OTT (1996b), S. 188 f., EBEL (1998), S. 53 ff., FREITAG (1998), S. 14, und KALLMEYER (2006), S. 590.

[30] Vgl. BUCHTER (2005), S. 17.

[31] Die Ausgliederung wird somit folgerichtig als „Seitenstück der Abspaltung" bezeichnet. Vgl. KALLMEYER (1995), S. 81.

[32] Vgl. KALLMEYER (1994), S. 1749.

[33] SAGASSER/SICKINGER (2002), S. 471. Siehe auch VEIL (1998), S. 361, und SAUTER (2000), S. 101.

[34] Vgl. KALLMEYER (1995), S. 81, DEHMER (1996), S. 467, OTT (1996b), S. 190 und S. 204, EBEL (1998), S. 17 und S. 36 ff., FREITAG (1998), S. 15, TEICHMANN (2004), S. 1369 ff., und KALLMEYER (2006), S. 591.

„Mit einer Ausgliederung ist daher nicht wie bei der Abspaltung eine Vermögensverringerung des übertragenden Rechtsträgers, sondern nur eine Vermögensumschichtung verbunden."[35]

- Ein Beispiel für eine *Ausgliederung* stellt der folgende Umstrukturierungsvorgang dar: Die Investmentbank Credit Suisse First Boston gliederte ihre zwei größten Hedge-Fonds aus; die Anteile an diesen beiden Fonds gingen an die Investmentbank.[36]

Bei jeder Spaltungsart bestehen die beiden Möglichkeiten einer Spaltung durch Übertragung des Teilvermögens auf bereits bestehende Rechtsträger (*Spaltung zur Aufnahme*) sowie durch Übertragung auf neu gegründete Rechtsträger (*Spaltung zur Neugründung*).[37] Im Hinblick auf die Spaltung zur Aufnahme lassen sich die Spaltungsarten „Aufspaltung", „Abspaltung" und „Ausgliederung" jeweils in vier weitere Arten untergliedern:

- Ein Unternehmen überträgt Anteile auf Unternehmen der gleichen Hierarchieebene (Spaltung zur Aufnahme auf Schwestergesellschaften),
- ein Unternehmen überträgt Anteile auf Unternehmen, die einen Rang unter dem übertragenden Unternehmen stehen (Spaltung zur Aufnahme nach „unten"),
- ein Unternehmen überträgt Anteile auf Unternehmen, die im Rang über dem Ursprungsunternehmen stehen (Spaltung zur Aufnahme nach „oben"), oder
- ein Unternehmen überträgt Anteile auf Unternehmen, die nicht mit dem Ausgangsunternehmen verbunden sind (Spaltung zur Aufnahme mit Dritten).

§ 123 Abs. 4 UmwG stellt klar, dass alle Unterarten der Spaltung miteinander kombiniert werden können. Eine Aufspaltung kann daher beispielsweise durch gleichzeitige Übertragung der Vermögensteile auf bestehende und auf neu gegründete Rechtsträger erfolgen.[38]

3 Motive einer Unternehmensspaltung

3.1 Überblick

Die Motive einer Spaltung beantworten die Frage, aus welchen Gründen eine Spaltung durchgeführt werden soll.[39] Dabei ist eine „krisenbehaftete Unternehmenssituation" nicht zwingend die Grundlage für eine Spaltung.[40] Wie im Folgenden gezeigt wird, stellen Problemsituationen bei der Spaltung sogar den kleineren Teil der Ausgangssituationen für die Motive der

---

[35] OETTER (2003), S. 15.
[36] Vgl. ATZLER (2004), S. 23.
[37] Vgl. DEHMER (1996), S. 465, und FREITAG (1998), S. 13.
[38] Vgl. DEHMER (1996), S. 467.
[39] Diese Gründe werden auch als „Auslöser" für eine Unternehmensspaltung bezeichnet. Vgl. BECKER (1994), S. 93.
[40] Vgl. dazu ODENTHAL (1999), S. 177, der die Wahrnehmung einer krisenbehafteten Unternehmenssituation als Anstoß für einen Teilungsmanagementprozess empfindet. Solche Umstände sind jedoch keineswegs zwingende Voraussetzung für eine Spaltung.

Spaltung dar.[41] Für kleinere, gespaltene Unternehmenseinheiten sprechen betriebswirtschaftliche, persönliche sowie gesetzliche Motive (siehe Abbildung 2).[42] Wirtschaftliche Überlegungen spielen dabei – gleich aus welcher dieser drei Kategorien ein Motiv stammt – grundsätzlich eine Rolle.[43]

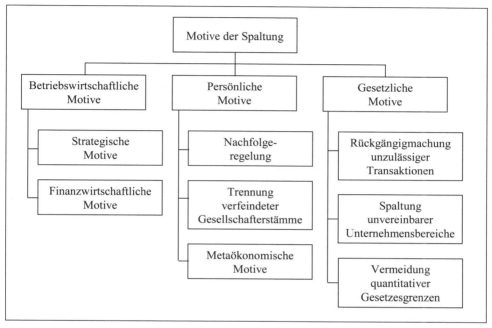

Abbildung 2:   Motive der Spaltung

Bei der Darstellung und Bewertung der Motive der Spaltung steht keines davon im Vordergrund;[44] häufig ist nicht nur ein einzelnes Motiv ausschlaggebend für eine Spaltung, sondern ein „ganzes Bündel zum Teil interdependenter Gründe"[45].

---

[41] Vgl. auch BECKER (1994), S. 97. Zu solchen Krisensituationen können nur die – im Folgenden dargestellten – *gesetzlichen Motive* und die betriebswirtschaftlich veranlassten, *erzwungenen Motive* gezählt werden.

[42] Zu dieser Aufteilung der Motive vgl. HERING (2006), S. 15. Ähnlich teilen auch EISELE/RENNER (1996), S. 170, die Motive zu Unternehmensumwandlungen ein. Demnach können die Beweggründe betriebswirtschaftlicher, gesellschaftsrechtlicher, steuerrechtlicher oder familienrechtlicher Natur sein.

[43] Vgl. BECKER (1994), S. 94. Somit stellt die *Verbesserung der Gewinn- und Renditesituation* zwar ein übergeordnetes Ziel der Spaltung dar, das in vielen Motiven der Spaltung enthalten ist. Als Spaltungsmotiv explizit erwähnt hat diesen Grund SCHNEIDER (1977), S. 43.

[44] Auch in der unternehmerischen Praxis ist bisher kein dominierendes Motiv zu erkennen, weil die Wirkung einzelner Spaltungsmotive nur schwer festzustellen ist; gezielte empirische Erhebungen zu den Motiven der umwandlungsgesetzlichen Spaltungsvarianten liegen bisher nicht vor. Vgl. DRYGALA (1991), S. 14, und ODENTHAL (1999), S. 80.

[45] BECKER (1994), S. 93. Vgl. auch HARTMANN (1997), S. 30, und ODENTHAL (1999), S. 85.

➢ Ein Beispiel für eine solche Vielfalt an Motiven dürfte das Sanierungsprogramm der HypoVereinsbank AG sein: Im Rahmen eines weit reichenden *Sanierungsprogramms* wurde die HypoVereinsbank AG in zwei getrennte Unternehmen aufgespalten: durch *Konzentration auf das Kerngeschäft* soll auf der einen Seite das Geschäft mit Privatkunden und mittelgroßen Firmen bei der HypoVereinsbank AG verbleiben, die Immobilienfinanzierung auf der anderen Seite wird hingegen auf die Tochter Hypo Real Estate Holding AG übertragen, die im Anschluss an der Frankfurter *Börse* notierte. Die Hypo Real Estate Holding AG dient danach als *Holding* für die drei selbständigen Geschäftsbereiche der Hypo Real Estate Bank International für das Auslandgeschäft in Dublin, die Württembergische Hypo in Stuttgart und die Hypo Real Estate Bank AG in München.[46]

➢ Die durch die Spaltung eingeleitete *Sanierung* der Hypovereinsbank AG und der Hypo Real Estate Holding AG wurde durch die Trennung von weiteren Sparten fortgeführt.[47]

3.2 Betriebswirtschaftliche Motive

3.2.1 Strategische Motive

Die *betriebswirtschaftlichen Motive der Spaltung* zeigen die Gründe auf, die bei rationaler Handlungsweise sowohl aufgrund strategischer als auch aufgrund finanzwirtschaftlicher Motive zu einer Unternehmensspaltung führen (siehe Abbildung 3).

Die *strategischen Motive*[48] der Unternehmensspaltung lassen sich in die Dekonzentration von Unternehmenskonglomeraten, die Konzentration auf die Kernkompetenzen, die Rückgängigmachung von Fehlentscheidungen, die Zwischenstufe für weitere Umstrukturierungen sowie den Aufbau einer Holdingstruktur untergliedern.

---

[46] Vgl. *HEISMANN* (2002), S. 19, *HEGMANN* (2003a), S. 18, *HEGMANN* (2003b), S. 17, *HEGMANN* (2003c), S. 16, *HEGMANN* (2003d), S. 17, und *MAIER/SCHMID* (2005), S. 19.

[47] Vgl. dazu exemplarisch *HEGMANN/REPPERT* (2003), S. 17, *HÖLLER/HEGMANN/WANNER* (2003), S. 18, *WANNER/HEGMANN* (2003), S. 19, *RÖSSING/HEGMANN/GASSMANN* (2003), S. 3, *WANNER/HEGMANN* (2005), S. 21, *HEGMANN/HÖLLER* (2004a), S. 17, und *O. V.* (2005), S. 18.

[48] Vgl. *KEUPER* (2001b).

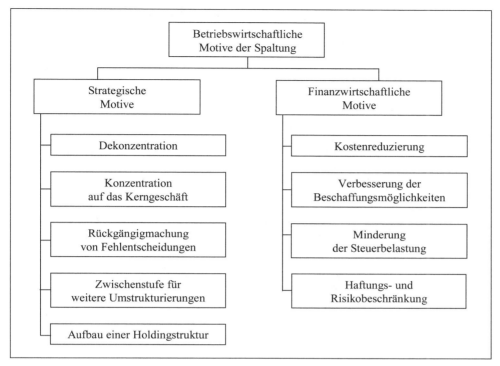

Abbildung 3:   Betriebswirtschaftliche Motive der Spaltung

Die Bezeichnungen der Umstrukturierungsmaßnahmen von Unternehmensverbänden im Rahmen der Spaltung,[49] der Auflösung konglomerater Unternehmensstrukturen,[50] der Rückführung der Diversifikation,[51] der Divisionalisierung von Organisationsstrukturen,[52] der Dezentralisierung von Unternehmen,[53] der Teilvermögensübertragungen innerhalb eines Unternehmensverbundes[54] und der Komplexitätsreduktion[55] lassen sich allesamt unter dem Begriff der *Dekonzentration* mehrspartiger Unternehmen zusammenfassen.[56] Die Gründe für eine solche strategische Neuausrichtung sind vielfältig: In diversifizierten Unternehmen besteht die Gefahr, aufgrund mangelnder Transparenz, aufgrund von Koordinations- und Überwachungsschwierigkeiten sowie aufgrund des Aufkommens von Bürokratisierungserscheinungen un-

---

[49] Vgl. TEICHMANN (2004), S. 1367.
[50] Vgl. ACHLEITNER/WAHL (2003), S. 59.
[51] Vgl. BÜHNER (1984), S. 947, BÜHNER (1998), S. 815 f., und ACHLEITNER/WAHL (2003), S. 59. Die Rückführung der Diversifikation wird auch als „Entdiversifikation" bezeichnet. Vgl. BLEICHER (1982), S. 314.
[52] Vgl. HIMMELREICH (1987), S. 13, und EBEL (1998), S. 10.
[53] Vgl. DÖTSCH (1995), S. 224.
[54] Vgl. EBEL (1998), S. 18.
[55] Vgl. ACHLEITNER/WAHL (2003), S. 77.
[56] Vgl. WOCHINGER (1992), S. 165, BECKER (1994), S. 94, S. 97 f. und S. 103 f., ODENTHAL (1999), S. 78, und BRAUERS (2004), S. 25.

wirtschaftlich zu handeln.[57] Kleinere Unternehmenseinheiten dagegen bieten Spezialisierungsvorteile und eine bessere Überschaubarkeit, besitzen folglich geringere Reaktionszeiten und können eine größenbedingt höhere Flexibilität gewährleisten.[58] Sie stehen generell näher am Markt, können somit Marktnischen besser erkennen und ausfüllen, leichter in neue Märkte einsteigen, allgemein aktiver auf dem Markt agieren und Produkte dementsprechend schneller zur Marktreife führen.[59]

Obwohl vom Wortlaut her widersprüchlich, ähneln sich die Motive der Dekonzentration von Unternehmen und der Strategie der *Konzentration auf das Kerngeschäft*.[60] Diese auch als Fokussierungsstrategie[61] bezeichnete strategische Neuausrichtung basiert auf flachen Hierarchien, kurzen Entscheidungswegen und einfachen Strukturen. Eine verbesserte und flexiblere Unternehmensführung sowie eine eindeutigere Zuordnung von Verantwortlichkeiten[62] führen zu einer Erhöhung der Wettbewerbsfähigkeit der gespaltenen Unternehmen.[63]

➤ Beispielhaft für eine strategische Neuausrichtung ist die Umstrukturierung des – selbst vom Siemens-Konzern 1999 abgespaltenen – Chipherstellers Infineon Technologies AG (Infineon). Zum 1. Mai 2006 wurde deren Speicherchipsparte als neues Unternehmen Qimonda AG ausgegliedert und am 9. August 2006 an der Börse platziert. Somit spaltete sich Infineon in den Kernbereich der weniger konjunkturabhängigen Logikchips und in das schwankungsanfällige, sehr kapitalintensive Speicherchipgeschäft. Als Gründe für die Spaltung wurden grundsätzliche strategische Motive – wie die Konzentration auf das Kerngeschäft sowie das Abstoßen von Randaktivitäten und Verlustgeschäften – und darüber hinaus Kostenreduktion, Verschlankung des Unternehmens und flexiblere Strukturen genannt.[64]

Die große Anzahl der Übernahmen und Fusionen nimmt auch in jüngster Zeit nicht ab,[65] sodass sich die Frage stellt, ob in Zeiten der Bildung von Unternehmenskonglomeraten überhaupt noch Anlässe bestehen, Unternehmen durch Spaltungen zu verkleinern. Gerade aber die vorstehend genannten Gründe für kleinere, flexiblere Unternehmenseinheiten machen deutlich, warum über die Hälfte der Unternehmensakquisitionen und Verschmelzungen die Erwartungen nicht erfüllt haben; deshalb ist auch die *Rückgängigmachung von Fehlentscheidungen*

---

[57] Vgl. BLEICHER (1982), S. 317, BÜHNER (1984), S. 948, und BECKER (1994), S. 103.

[58] Vgl. BÜHNER (1984), S. 947, OTT (1996a), S. 48, und MÜLLER (2006), S. 1191 f.

[59] Vgl. BECKER (1994), S. 101, S. 104, S. 131 f. und S. 163, GECK (1995), S. 417, HARTMANN (1997), S. 30 f., ODENTHAL (1999), S. 75, und OETTER (2003), S. 17.

[60] Der Begriff „Dekonzentration" wird dabei aus der Sicht aller nach der Spaltung bestehenden Unternehmen gesehen; die Bezeichnung „Konzentration" wird vom Standpunkt des Ursprungsunternehmens, das als Kernunternehmen zurückbleibt, betrachtet.

[61] Vgl. ODENTHAL (1999), S. 83 ff. Siehe dazu auch NAGEL/THIES (2004), S. 83.

[62] Vgl. SCHNEIDER (1977), S. 45, BÜHNER (1984), S. 957, FRITZ (1991), S. 11, BECKER (1994), S. 183, und BECHT (1996), S. 325 f. Die Entlastung der Unternehmensführung ist nicht nur aufgrund der natürlichen Grenzen der Leistungsfähigkeit der Unternehmensleitung wichtig, sondern auch, um eine klare Kompetenzabgrenzung zu gewährleisten und um Führungsprobleme innerhalb der Unternehmensleitung zu beseitigen. Vgl. KOTTMANN (1986), S. 7, BECHT (1996), S. 327, HARTMANN (1997), S. 30, und MADL (2005), S. 5.

[63] Aufgrund des Abbaus organisatorischer Innovationsbarrieren wird die Spaltung auch als „Innovationselement" bezeichnet. Vgl. HIMMELREICH (1987), S. 68, und BECKER (1994), S. 95 ff. Siehe dazu auch BÜHNER (1984), S. 957, HARTMANN (1997), S. 32 f., und BÜHNER (1998), S. 811.

[64] Vgl. BALSER (2005), S. 19, EHRENSBERGER (2005), S. 18, EHRENSBERGER (2006a), S. 14, EHRENSBERGER (2006c), S. 13, EHRENSBERGER (2006d), S. 13, FROMM (2006), S. 4, KEIDEL (2006a), S. 13, und O. V. (2006e), S. 22.

[65] Vgl. O. V. (2006f), S. 1, und WETZEL (2006), S. 9.

ein wichtiges Motiv für Unternehmensspaltungen. Die Vermeidung negativer Synergien[66] (2+2 = 3-Effekt) bei Fusionen und Unternehmenskäufen führt somit zur Rückgängigmachung fehlerhafter Fusionen und zur Aufhebung unzweckmäßiger Unternehmensakquisitionen.[67]

> Beispielhaft für eine *Rückgängigmachung einer Fehlentscheidung* ist folgende Spaltung: Nachdem im Jahre 2000 die beiden US-amerikanischen Medienkonzerne Viacom und CBS fusionierten, kündigte der gemeinsame Medienkonzern im Sommer 2006 aufgrund mangelnder Synergien die Aufspaltung der beiden zuvor fusionierten Unternehmen an.[68]

> Ähnlich verhält es sich beim Technologiekonzern Hewlett-Packard (HP): nach der Entlassung der ehemaligen HP-Chefin CARLY FIORINA, die 2002 durch die Fusion des Druckerherstellers HP und des Computerproduzenten Compaq neue Märkte erschließen wollte, spaltete drei Jahre später der neue Vorstandsvorsitzende MARK HURD im Rahmen seines Sanierungskonzepts den Konzern in die drei Sparten Großrechner, Drucker und Computer, um Kosten zu sparen und die Divisionen wettbewerbsfähiger zu machen.[69]

Die Unternehmensspaltung kann auch Vorstufe oder *Zwischenstufe für weitere Umstrukturierungen* sein.[70]

> In der Mehrzahl der Fälle ist die Spaltung ein vorgelagertes Umstrukturierungsinstrument, um danach weitere Unternehmenstransaktionen folgen zu lassen. Aber auch die entgegengesetzte Konstellation ist möglich: So *fusionierte* beispielsweise der Autozulieferer Continental zunächst mit dem Autozulieferer Phoenix, um diese Gesellschaft im direkten Anschluss zusammen mit der angestammten Continental-Sparte für Förderbänder und Kühlflüssigkeit *auszugliedern*.[71]

Mithin stellt sich die Spaltung als Maßnahme zur Vorbereitung für vorausgehende oder nachfolgende

> Fusionsaktivitäten[72],

>> So konnte der italienische Fiat-Konzern nach der Abspaltung der defizitären Autosparte im Zuge der Sanierung im Jahre 2003 mit dem Sportwagenbauer Ferrari fusionieren, um diese Sparte dann an der Börse zu platzieren.[73]

---

[66] Zu Synergieeffekten vgl. KEUPER (2004).
[67] Vgl. SCHNEIDER (1977), S. 42 f., mit weiteren Nennungen, BECKER (1994), S. 133, GECK (1995), S. 417, HEISS (1995), S. 16, BECHT (1996), S. 326, SCHÖNE (1998), S. 11, ACHLEITNER/BASSEN/WAHL (2003), S. 432, mit weiteren Nennungen, ACHLEITNER/WAHL (2003), S. 106 ff., und ANGERMAYER/OSER (2005), S. 763.
[68] Vgl. OLDAG (2005), S. 26, O. V. (2005e), S. 11, und O. V. (2005f), S. 7.
[69] Vgl. KLIMM/OTTOMEIER/LAUBE (2005), S. 4, LAUBE (2005a), S. 4, LAUBE (2005b), S. 5, OLDAG (2005), S. 26, und VIRTEL/WILHOFSZKI (2005), S. 1.
[70] Vgl. BECKER (1994), S. 97 f. und S. 181 f., HARTMANN (1997), S. 5 f. und S. 34, EBEL (1998), S. 3, ODENTHAL (1999), S. 76 f. und S. 80 f., sowie OETTER (2003), S. 21.
[71] Vgl. RUCH (2004), S. 17.
[72] Vgl. SCHNEIDER (1977), S. 42, und HEISS (1995), S. 16.
[73] Die Notierung an der Börse ist jedoch bis heute noch nicht erfolgt. Vgl. FROMM (2003a), S. 3, FROMM (2003b), S. 3, und EDER (2006), S. 7.

- Beteiligungsaktivitäten,
  - Beispielsweise plädierte die Deutsche Post AG nach einer Beteiligung am US-Expressdienst DHL Airways für eine Spaltung der Gesellschaft in zwei selbständige Unternehmen – ein Luftexpress- und ein Bodenkurierunternehmen –, um die Vorgaben des US-Verkehrsministeriums zu umgehen, nach denen ausländische Investoren lediglich 49 % des Kapitals und 25 % der Stimmrechte an einer US-Fluggesellschaft halten dürfen.[74]
- Verkaufsaktivitäten[75],
  - So spaltete beispielsweise der Arag-Konzern seine IT-Dienstleistungsabteilung[76] in die IT-Tochter Alldata Systems ab, um diese anschließend zu verkaufen.[77]
  - Auch der Technologiekonzern Jenoptik AG, der das Gebäudemanagement und den Bau von Reinräumen für Elektronikfabriken zur Vorbereitung auf einen Börsengang – gebündelt in der Tochter M+W Zander – abgespalten hat, musste nach einem gescheiterten Börsengang den Bereich M+W Zander an den Finanzinvestor Springwater Capital verkaufen.[78]
- Sanierungsaktivitäten,
  - Bei der so genannten „übertragenden Sanierung" wird ein noch funktionsfähiger Unternehmensteil mit den erforderlichen Vermögenswerten aus einem im Konkurs befindlichen Unternehmen herausgelöst und auf eine Betriebsübernahmegesellschaft mit dem Ziel einer weiterführenden Sanierung und Fortführung der Gesellschaft übertragen.[79]
- Liquidationsaktivitäten[80],
  - Nach der Unternehmensspaltung kann ein verlustbringender Teil liquidiert werden, während die verbleibenden Unternehmensbereiche einem Sanierungsprogramm unterzogen werden. Im Rahmen von Liquidationsaktivitäten werden Spaltungen auch im Zusammenhang mit den Transaktionen des Asset-Stripping und der Zerschlagung vorgenommen.[81]

---

[74] Vgl. PATERAK/PELDA (2001), S. 9.

[75] Vgl. SCHNEIDER (1977), S. 42, KOTTMANN (1986), S. 2, FRITZ (1991), S. 11 f., BECHT (1996), S. 326, OTT (1996a), S. 48, HARTMANN (1997), S. 34, KALLMEYER (2002), S. 570 f., und MADL (2005), S. 85. Des Weiteren werden Spaltungen zur Portfoliobereinigung genutzt. Dabei ließen sich eine bei Fusionen erworbene „unerwünschte Mitgift" oder beim Kauf von ganzen Unternehmenspaketen erhaltene uninteressante Geschäftsbereiche nach einer Spaltung eher veräußern. Vgl. TEICHMANN, Spaltungsvorschriften im UmwG (1995), S. 92, ACHLEITNER/WAHL (2003), S. 105 f., und WIRTZ/WECKER (2006), S. 1169. Zu den Missbrauchsvorschriften zur Vermeidung einer steuerwirksamen Spaltung mit anschließendem Verkauf eines Teilunternehmens vgl. THIEL (1995a und b), NEYER (2002) und HARITZ/WISNIEWSKI (2003).

[76] Zu IT-Shared-Service-Center-Konzepten vgl. KEUPER/OECKING (2006a).

[77] Vgl. O. V. (2005b), S. 60 f.

[78] Vgl. BÖSCHEN (2005), S. 3, FROMM (2005), S. 4, MAIER (2005), S. 4, O. V. (2005g), S. 11, KRÜMPEL (2006a), S. 4, und KRÜMPEL (2006b), S. 4.

[79] Vgl. dazu BECKER (1994), S. 223 f., ODENTHAL (1999), S. 64. Siehe außerdem SCHNEIDER (1977), S. 43, WOCHINGER (1992), S. 165, OTT (1996b), S. 191, und HEGMANN/MAIER (2005), S. 20.

[80] Vgl. BECKER (1994), S. 97 f., und OETTER (2003), S. 21.

[81] Vgl. ODENTHAL (1999), S. 69 ff., und BÜHNER (1998), S. 810.

➤ Management-Buy-Out-Aktivitäten[82] oder

➤ Nachdem der Handelskonzern Metro zahlreiche Tochterunternehmen – wie Adler, Vobis, Maxdata und Reno – in die Verwertungsgesellschaft Divaco ausgegliedert hat, um diese anschließend zu verkaufen, wurde ein Management Buy-Out durchgeführt, weil sich keine externen Käufer für die Unternehmen fanden.[83]

➤ Kooperationsaktivitäten

➤ Unter dem Begriff „Kooperationsspaltung" wird die Abspaltung oder Ausgliederung von zwei oder mehreren Unternehmensteilen mit dem Ziel einer gemeinsamen Kooperation verstanden. Als Beispiel für eine solche Kooperationsform sei das Gemeinschaftsunternehmen genannt, das nicht nur im internationalen Wirtschaftsverkehr als „Joint Venture" bezeichnet wird.[84]

➤ So gliederte auch der Chiphersteller Infineon seine Softwaresparte in ein eigenständiges Unternehmen Circuit Verification Environment aus und bildete aus diesem Bereich zusammen mit dem Finanzinvestor Apax Partners ein Joint Venture mit dem Namen Onespin Solutions.[85]

sowie

➤ zur Vorbereitung auf einen möglichen Börsengang eines Tochterunternehmens dar.[86]

➤ In jüngster Zeit befassen sich auch Pharma- und Chemiekonzerne mit der Spaltung und anschließendem Börsengang eines Teilunternehmens. So plant beispielsweise der Konzern Altana AG die Abspaltung seiner Chemiesparte mit anschließendem Börsengang.[87]

➤ Der niederländische Akzo-Nobel-Konzern rechnet mit bis zu neun Milliarden Euro Einnahmen durch den Börsengang des abgespaltenen Pharmageschäfts Organon Biosciences.[88]

➤ Die Siemens AG gliederte ihre Halbleitersparte nicht nur aufgrund des hohen Risikos in die Infineon Technologies AG aus, sondern auch, um diesen Bereich dann anschließend an die Börse zu bringen.[89]

Oftmals werden Spaltungen auch durchgeführt, ohne vorher genau festzulegen, welche weiterführenden Maßnahmen darauf folgen könnten. Ziel dieser Strategie ist es, sich möglichst viele Optionen offen zu halten.

---

[82] Vgl. BECKER (1994), S. 181, und ODENTHAL (1999), S. 69 ff.

[83] Vgl. REPPERT/RONKE/FROMME (2005), S. 7, RONKE/HÜLSEN (2004), S. 3, und WASSENER/RONKE (2005), S. 3.

[84] Vgl. HERZIG (1986), S. 1401, FRITZ (1991), S. 12, BECKER (1994), S. 222 f., GOLDENBAUM/STRUNK (1995), S. 1774, BECHT (1996), S. 326, OTT (1996b), S. 180, HARTMANN (1997), S. 35, und ODENTHAL (1999), S. 65.

[85] Vgl. O. V. (2005d), S. 28.

[86] Vgl. BÜHNER (1984), S. 959, TEICHMANN (1995), S. 92 f., KALLMEYER (1996), S. 29 f. Zur internationalen Eigenkapitalbeschaffung börsennotierter Unternehmen ist die jeweilige Börsenzulassung in den einzelnen Ländern notwendig, die durch eine grenzüberschreitende Spaltung einfacher beschafft werden kann. Vgl. BECKER (1994), S. 139 f. Dieses Vorgehen wird auch als „Equity Carve-out" bezeichnet. Vgl. HORNUNG/WULLENKORD (2001), ACHLEITNER/BASSEN/WAHL (2003), S. 439, und WEISER/UŽIK/RÖHRIG (2005), S. 573 f.

[87] Vgl. ECKERT/ZSCHÄPITZ (2006), S. 17, und O. V. (2006c), S. 13.

[88] Vgl. O. V. (2006a), S. 14.

[89] Zur Spaltung von Infineon siehe auch Fn. 64 und Fn. 85 dieses Beitrags.

> So gliederte der Elektronikkonzern Philips im Rahmen einer strategischen Neuausrichtung seine Halbleitersparte aus. Das sei der erste Schritt vor einem möglichen Börsengang, einem Verkauf oder einer weiterführenden Fusion mit einem Branchenkonkurrenten.[90]

Die gleichzeitige Inanspruchnahme der synergetischen Vorteile großer Unternehmenseinheiten im Rahmen von Verschmelzungen mit den Vorteilen dezentraler Unternehmenseinheiten im Rahmen der Spaltung kann durch den *Aufbau einer Holdingstruktur* verwirklicht werden.[91] Dabei kann die Holding als konzernleitende Dachgesellschaft die Verwaltungs-, Finanzierungs- und Führungsfunktionen übernehmen. „Konzernstrukturen mit rechtlich selbständigen Tochtergesellschaften scheinen mehr Chancen für eine Teilautonomisierung zu bieten als das Abteilungsprinzip im Rahmen einer Einheitsgesellschaft."[92] Die sich aus der Holdingstruktur ergebenden „Profit Center" ermöglichen eine vollständige, abgetrennte Ergebnisrechnung mittels eigenständiger Bilanz- und Finanzrechnung[93].[94]

> So gliederte beispielsweise der Schreibgerätehersteller Schwan-Stabilo Mitte des Jahres 1996 seine Geschäftsbereiche in selbständige Tochtergesellschaften aus, weil für diese Bereiche eigene Jahresabschlüsse und damit eine klare Rechnungsabgrenzung angestrebt wurde.[95]

> Auch in der ersten Fußball-Bundesliga sind die ersten Spaltungshandlungen zu verzeichnen. Als erster Club gliederte Bayer 04 Leverkusen seine Lizenzspielerabteilung aus und führt sie über die neu gegründete Bayer 04 Fussball GmbH weiter, um sich unter anderem neue Finanzquellen zu erschließen. Auch der Champions-League-Sieger aus dem Jahr 1998, Borussia 09 e.V. Dortmund, gliederte den gesamten bisherigen steuerpflichtigen wirtschaftlichen Geschäftsbetrieb in die Borussia Dortmund GmbH & Co. KGaA aus, die dann als Holding für die einzelnen Tochterunternehmen, die sich aus den ehemaligen Abteilungen – wie Merchandising oder Stadionverwaltung – gebildet haben, auftritt. Im Oktober 2000 vollzog Borussia Dortmund als erster Fußball-Club in Deutschland den Gang an die Börse.[96]

3.2.2 Finanzwirtschaftliche Motive

Obwohl wirtschaftliche Motive hinter fast allen Gründen für Unternehmensspaltungen stehen, sollen hier die rein finanzwirtschaftlichen Motive für eine Spaltung aufgezeigt werden, denn gerade die Bedeutung der finanziellen Motive in den unternehmensinternen Verhandlungen über eine Spaltung kann aufgrund der in Zahlen präsentierbaren – und somit anschaulichen – Ergebnisse besonders hoch sein. *Finanzwirtschaftliche Motive* gliedern sich in Motive der

---

[90] Vgl. HETZEL (2005), S. 14, und O. V. (2006), S. 15.
[91] Vgl. KEUPER/OECKING (2006a).
[92] BLEICHER (1982), S. 316. Vgl. auch BECKER (1994), S. 171 und S. 178 ff., KALLMEYER (1995), S. 81, HARTMANN (1997), S. 34, EBEL (1998), S. 11, und ODENTHAL (1999), S. 80 und S. 105 f.
[93] Zum Finanzmanagement als Ausgangspunkt der Finanzrechnung vgl. KEUPER (2000).
[94] Vgl. BLEICHER (1982), S. 316, KOTTMANN (1986), S. 174, BECKER (1994), S. 175 ff., GOLDENBAUM/STRUNK (1995), S. 1773 f., BECHT (1996), S. 325, ODENTHAL (1999), S. 78 und S. 106, sowie SAGASSER/SICKINGER (2002), S. 461.
[95] Vgl. O. V. (1996g), S. 18.
[96] Vgl. MAYER (2000), S. 85.

Kostenreduzierung, der Verbesserung der Beschaffungsmöglichkeiten, der Steuerlastminderung und der Haftungs- und Risikobeschränkung (siehe Abbildung 3).

Das spezielle Spaltungsmotiv der *Kostenreduzierung* steht wohl hinter vielen der Gründe für eine Unternehmensspaltung. Direkte Kostenreduzierungen ergeben sich dann, wenn eine Abspaltung oder Ausgliederung einer bestimmten Funktion auf eine andere Gesellschaft dort mit niedrigeren Kosten ausgeführt werden kann beispielsweise eine vorteilhaftere Durchführung bei gleichen Kosten erfolgt.[97] Weiterhin ergeben sich eine verbesserte Kontrolle, die Verringerung von so genannte Overheadkosten, die verbesserte Bewertung und Verrechnung vormals innerbetrieblicher Leistungen[98] sowie die Verminderung von Publizitätspflichten als Kostengründe für eine Spaltung.[99]

➢ So gliederte der angeschlagene US-amerikanische Kopiererhersteller Xerox sein Privatkundengeschäft aus, um jährliche Kosteneinsparungen durch Verschlankungsmaßnahmen in Höhe von circa 200 Mio. US $ zu erreichen.[100]

Die *Verbesserung der Beschaffungsmöglichkeiten* von Rohstoffen, Kapital und Personal stellt ein weiteres finanzwirtschaftliches Motiv dar. Durch die Abspaltung oder Ausgliederung des Bereichs der Rohstoffbeschaffung[101], durch die verbesserte Aufnahme neuer Gesellschafter oder Investorengruppen in kleineren Unternehmen[102] sowie durch ein verbessertes personalpolitisches Anreizsystem mit einer eindeutigeren Identifizierung mit den Nachfolgeunternehmen[103] lassen sich finanzwirtschaftliche Vorteile erzielen.

Das Motiv der verbesserten Kapitalbeschaffungsmöglichkeit ähnelt in Bezug auf die Gewinnbeteiligung demselben Motiv wie bei der Begründung der so genannten „Tracking Stocks", die es ermöglichen, die Eigenkapitalbeteiligung eines Gesellschafters in wirtschaftlicher Sicht nicht mit dem Gesamtunternehmen, sondern mit einem spezifisch abgegrenzten Teil – beispielsweise einer Geschäftseinheit – zu verknüpfen.[104]

---

[97] Vgl. BECKER (1994), S. 98.

[98] Vormals innerbetrieblich erbrachte Leistungen werden nun in realen Geldeinheiten bewertet, was durch eine Vergleichbarkeit mit anderen Anbietern zu einem gesteigerten Wirtschaftlichkeitsstreben bei den Nachfolgeunternehmen führen kann. Vgl. BECKER (1994), S. 143.

[99] Vgl. BECKER (1994), S. 98 und S. 143 f., BECHT (1996), S. 326, HARTMANN (1997), S. 33 f., und OETTER (2003), S. 18 und S. 33.

[100] Vgl. SANCHANTA (2001), S. 4.

[101] Durch die Abtrennung des Bereichs der Rohstoffbeschaffung können zum Beispiel optimale Beschaffungsmöglichkeiten am Zielort genutzt werden, ohne den Standort des Ursprungsunternehmens verlegen zu müssen. Vgl. BECKER (1994), S. 119 f., und HARTMANN (1997), S. 36.

[102] Vgl. SCHNEIDER (1977), S. 46, BECKER (1994), S. 139 ff., und OETTER (2003), S. 33. Zum Motiv der verbesserten Aufnahme neuer Gesellschafter vgl. auch im vorherigen Abschnitt dieser Arbeit das Motiv der *Vorbereitung auf den Börsengang* zur einfacheren Kapitalbeschaffung.

[103] Vgl. BECKER (1994), S. 121, S. 152 und S. 156 ff., HARTMANN (1997), S. 36 f., und OETTER (2003), S. 33. Zu beachten ist hierbei, dass eine Unternehmensleitung in Angestelltenverhältnis teilweise nicht im besten Interesse der Eigentümer, sondern nach eigenen Risiko- und Nutzenvorstellungen handeln und somit möglicherweise nur an einer Diversifikationspolitik interessiert sind, die ihr eigenes Arbeitsplatzrisiko mindert. Vgl. BÜHNER (1984), S. 959.

[104] Zu den Motiven der Begründung von Tracking Stocks vgl. BRAUER (1993), S. 324, BAUMS (1996), S. 24 ff., MÜLLER (1997), S. 57, NATUSCH (1997), S. 1143 ff., PRINZ (2001), S. 285 f., und SIEGER/HASSELBACH (2001), S. 391.

➢ So überlegte auch der Flugzeughersteller Boing Ende 2003 bestimmte schnellwachsende Geschäftsbereiche auszugliedern oder für diese Bereiche Tracking Stocks einzuführen.[105]

Auch die Bewertung der gespaltenen Unternehmen am Aktienmarkt sowie die Wirtschaftspresse honorieren die Spaltung von Geschäftsbereichen, weil für eine bessere Geltendmachung der Interessen der Aktionäre und eine höhere Akzeptanz bei den Investoren eine eindeutige Zuordnung einer Unternehmenssparte zu einem Teilbetrieb notwendig sei. Diese Ansicht führt sogar zu Diversifikationsabschlägen bei der Bewertung konglomerater Unternehmenszusammenschlüsse.[106]

➢ So folgte der Mobiltelefon- und Chiphersteller Motorola mit der Ausgliederung der Halbleitersparte in ein eigenständiges Unternehmen der Forderung der Investoren.[107]

➢ Auch BÜHNER hat in einer empirischen Untersuchung der Aktienmarktreaktionen auf die Spaltungsankündigung von 34 Unternehmensspaltungen der Jahre 1993 bis 1997 positive Kursreaktionen festgestellt.[108]

➢ Der Technologiekonzern Siemens hat durch die Ausgliederungen des Chipherstellers Infineon und des Bauelementeherstellers Epcos mit den anschließenden Börsengängen insgesamt mehrere Milliarden Euro eingenommen.[109]

Ein weiteres Spaltungsmotiv ist die *Minderung der Steuerbelastung*. „In der Bundesrepublik Deutschland stehen in der Literatur zur Unternehmensaufspaltung die steuerlichen Gründe im Vordergrund."[110] Um den Stellenwert der steuerlichen Motive zu beurteilen, ist zwischen dem *Ziel* der Durchführung einer steuerneutralen Spaltung und dem *Motiv* der Minderung der Steuerbelastung zu unterscheiden. Während auf der einen Seite eine Vermeidung der Besteuerung Stiller Reserven eine Unternehmensspaltung aufgrund der Auswirkungen auf finanzielle, zentrale unternehmerische Zielgrößen – wie zum Beispiel Gewinn, Rentabilität und Liquidität – nicht rechtfertigt, jedoch verhindern kann,[111] können steuerliche Aspekte – wie beispielsweise die Verlagerung der Leistungserstellung in so genannte Niedrigsteuerländer, steuerliche Vorteile gegenüber der Verkaufsalternative oder die Umgehung der regelmäßigen steuerlichen Betriebsprüfung durch Einstufung in die Klasse der Klein- und Mittelbetriebe aufgrund der Spaltung – wesentliche Motive für Unternehmensspaltungen darstellen.[112]

---

[105] HEGMANN (2000), S. 3.

[106] Vgl. KASERER (2002), S. 15.

[107] Vgl. LAUBE/LIEBERT (2003), S. 4. Siehe weiterhin BÜHNER (1984), S. 953 ff., ODENTHAL (1999), S. 82 ff., CHARIFZADEH (2002), S. 191 und S. 193, KASERER (2002), S. 6, ACHLEITNER/WAHL (2003), S. 71 ff., und OETTER (2003), S. 26 ff.

[108] Vgl. BÜHNER (1998), S. 821 ff.

[109] Vgl. EHRENSBERGER (2006b), S. 15, und O. V. (2006b), S. 15.

[110] SCHNEIDER (1977), S. 44. Vgl. auch EBEL (1998), S. 3.

[111] Vgl. SCHNEIDER (1977), S. 45, OTT (1996a), S. 48, und EBEL (1998), S. 3.

[112] Vgl. BECKER (1994), S. 99 und S. 144 ff., OTT (1996b), S. 41 ff., und ODENTHAL (1999), S. 83. Zählt man die „Betriebsaufspaltung" zu einer der Formen der Spaltung nach dem Umwandlungsgesetz, so stellt diese Form der Spaltung eine rein steuerlich motivierte Spaltung dar und wird somit zu einem wesentlichen Motiv der Spaltung. Vgl. ODENTHAL (1999), S. 91 f.

Die Spaltung als Spiegelbild der Verschmelzung?

Eine Abspaltung oder Ausgliederung risikobehafteter Unternehmensbereiche kann die Haftung des übertragenden Rechtsträgers mindern, ganz dem übernehmenden Rechtsträger übertragen oder auf mehrere Gesellschaften verteilen (Motiv der *Haftungs- und Risikobeschränkung*).[113] Risikobehaftete Unternehmensteile sind üblicherweise die Forschungs- und Entwicklungsabteilung, in denen besondere Risiken die Existenz des Ursprungsunternehmens gefährden können, diejenigen Unternehmensbereiche, die Großprojekte betreuen, sowie die Unternehmensteile, deren Erfolg besonders ungewiss ist.[114] Durch eine Verlagerung der Leistungserstellung ins Ausland können gegebenenfalls konkrete Erscheinungsformen des politischen Risikos – wie beispielsweise Importverbote oder Importkontingentierungen – umgangen werden.[115]

➢ So gliederte die Siemens AG im Jahre 1999 ihre stark schwankende Halbleitersparte in eine eigene Gesellschaft, die Infineon Technologies AG, aus.[116]

➢ Ebenso gliederte der Mobiltelefon- und Chiphersteller Motorola die instabile Halbleitersparte aus und brachte diese dann unter dem Namen Freescale AG an die Börse, um sich besser auf die eigene Strategie konzentrieren zu können.[117]

3.3 Persönliche Motive

Unter *persönlichen Motiven* sind solche Beweggründe für eine Spaltung zu verstehen, die in der Person des Eigentümers des Ausgangsunternehmens ihren Ursprung haben. Dazu gehören die Motive der Nachfolgeregelung, der Trennung verfeindeter Gesellschafterstämme sowie metaökonomische Motive (siehe Abbildung 2).[118]

Probleme bei der (vorweggenommenen) Erbfolge oder *Nachfolgeregelung* sind bei kleineren Familienunternehmen und mittelständischen Einzelunternehmen wohl die am häufigsten anzutreffenden Spaltungsmotive.[119] Kommen bei Ausscheiden des leitenden Eigentümers mehrere Nachfolger in Frage, so stellt die (verhältnisändernde) Spaltung ein geeignetes Mittel dar, um Konflikte zwischen den Nachfolgern zu vermeiden, weil nach der Spaltung jeder der Nachfolger mit der Führung einer der Nachfolgegesellschaften betraut werden kann. Dabei

---

[113] Vgl. KOTTMANN (1986), S. 8, GÄBELEIN (1989), S. 1421, DRYGALA (1991), S. 14 ff., BECKER (1994), S. 113 f., S. 132 und S. 138 f., GOLDENBAUM/STRUNK (1995), S. 1774, OTT (1996a), S. 48, ODENTHAL (1999), S. 81 ff., SAGASSER/SICKINGER (2002), S. 461 f., und MADL (2005), S. 5. Allerdings wird die Haftungsminderung durch die fünfjährige Mithaftung aller beteiligten Rechtsträger nach § 133 UmwG beschränkt. Siehe dazu auch SCHÖNE (1998), S. 75 ff., und OETTER (2003), S. 20.

[114] Vgl. SCHNEIDER (1977), S. 43 f., HEISS (1995), S. 16, OTT (1996b), S. 191, und HARTMANN (1997), S. 32 f. Auch bei der Abwendung eines negativen Imagetransfers kann durch die Spaltung eines Großunternehmens das Risiko, dass die Kritik der Öffentlichkeit über eine Unternehmenssparte auf das Ursprungsunternehmen ausstrahlt, gemindert werden. Vgl. BECKER (1994), S. 104 und S. 160 f., und ACHLEITNER/WAHL (2003), S. 111 ff.

[115] Vgl. BECKER (1994), S. 99.

[116] Vgl. O. V. (1999), S. 18.

[117] Vgl. LAUBE/LIEBERT (2003), S. 4, und WILHOFSZKI (2004), S. 4.

[118] Anders grenzt BECKER (1994), S. 110, die persönlichen Motive ab: Aufnahme und Trennung von Gesellschaftern, die nicht aus persönlichen, sondern aus Vorteilsgründen für das Unternehmen erfolgen, gehören jedoch eher zur Kategorie der betriebswirtschaftlichen Motive.

[119] Vgl. FRITZ (1991), S. 14 f., BECKER (1994), S. 110, HEISS (1995), S. 16, TEICHMANN (1995), S. 92, BECHT (1996), S. 325, OTT (1996a), S. 48, HARTMANN (1997), S. 41, ACHLEITNER/WAHL (2003), S. 108 ff., und OETTER (2003), S. 22.

können die Nachfolger schrittweise an die Übernahme der Führungsverantwortung herangeführt werden, indem der Firmeninhaber schon zu Lebzeiten Teile des Unternehmens auf seine Nachfolger überträgt. Bietet sich als Nachfolger nur ein fremder Dritter an, so kann dieser durch eine Beteiligung an das Unternehmen gebunden werden, wobei es in vielerlei Hinsicht vorteilhaft sein kann, wenn diese Beteiligung auf einen Unternehmensteil beschränkt ist.[120]

➢ So übertrug HERBERT QUANDT seinen Familienkonzern bereits zu Lebzeiten auf seine Kinder: SUSANNE KLATTEN (geborene QUANDT) erhielt die Altana-Sparte, STEFAN QUANDT erhielt die Delton AG, die Geschwister SONJA, SABINA und SVEN QUANDT erhielten den Varta-Konzern. Die Aufspaltung des QUANDT-Konzerns schreitet auch aktuell immer weiter: so steht der Pharma- und Chemiekonzern Altana vor der Entscheidung, die Spezialchemiesparte abzuspalten oder/und den Teilbereich an der Börse zu platzieren. Weiterhin stehen Gespräche über den Verkauf der Pharmasparte an.[121]

Auch bei der *Trennung verfeindeter Gesellschafterstämme* oder zerstrittener Mitinhaber aufgrund unterschiedlicher Ansichten über die Ausrichtung der Unternehmenspolitik ist die Spaltung ein geeignetes Mittel.[122]

➢ Die Trennung der Gebrüder THEO und KARL ALBRECHT, die zur Spaltung des Discountkonzerns in die beiden Gesellschaften ALDI Nord (THEO) und ALDI Süd (KARL) führte, fand angeblich deshalb statt, weil sich die Brüder nicht über die Aufnahme von Tabakwaren in das Sortiment einigen konnten.[123]

➢ Auch bei der Familie HERZ, den Eignern des Tchibo-Konzerns, kam es zu Familienstreitigkeiten. Bei den fünf HERZ-Geschwistern wäre eine Spaltung – beispielsweise die Aufspaltung in die Kaffeesparte und in die Beiersdorf-Sparte – möglich gewesen, letztlich wurden aber die Geschwister GÜNTER und DANIELA HERZ mit circa vier Milliarden Euro ausgezahlt, sodass noch MICHAEL, WOLFGANG und JOACHIM HERZ sowie deren Mutter im Konzern verbleiben.[124]

➢ Anders fiel das Ergebnis der Erbschaftsstreitigkeiten der Familie BAHLSEN aus: die Erben des Gründers HERMANN BAHLSEN führten das Unternehmen gemeinsam bis in die 1980er Jahre. Die Beziehungen der Enkel wurden jedoch fortwährend schlechter, sodass der dem Gründer gleichnamige Enkel HERMANN BAHLSEN mit der amerikanischen Tochtergesellschaft Austin Quality Foods abgefunden wurde und bei der Bahlsen KG als Gesellschafter ausschied. Die Querelen zwischen den Geschwistern LORENZ, WERNER MICHAEL und ANDREA BAHLSEN hielten jedoch an, sodass der Gebäckhersteller schließlich im Zuge einer verhältnisändernden Spaltung in drei Teile zerlegt wurde: Der Ehemann von ANDREA

---

[120] Vgl. SCHNEIDER (1977), S. 41 f., KOTTMANN (1986), S. 7, BECKER (1994), S. 110 ff., OTT (1996b), S. 191 f., HARTMANN (1997), S. 41, ODENTHAL (1999), S. 82, und TEICHMANN (2004), S. 1375. Auch das Problem des Liquiditätsabflusses durch Erbschaftssteuerzahlungen kann mit der Spaltung gelöst werden. Vgl. KALLMEYER (1996), S. 28. Siehe auch BRAUERS (2004), S. 25.

[121] Vgl. O. V. (2006c), S. 13, SCHWARZER/STUDENT (2006), S. 36, und SEIDLITZ (2006), S. 13.

[122] Vgl. SCHNEIDER (1977), S. 41, FRITZ (1991), S. 13 f., GECK (1995), S. 417, HEISS (1995), S. 16, BECHT (1996), S. 325, KALLMEYER (1996), S. 28 f., OTT (1996b), S. 214 f., ODENTHAL (1999), S. 82, und OETTER (2003), S. 22. Einigen sich die verfeindeten Gesellschaftergruppen nicht, so droht die Aufgabe und Zerschlagung des Unternehmens. Vgl. HARTMANN (1997), S. 40 f.

[123] Vgl. BRANDES (1999), S. 27 ff., und BRANDES (2003), S. 11 ff.

[124] Vgl. O. V. (2001), S. 7, CLAUSEN (2003a), S. 1, CLAUSEN (2003b), S. 1, DE PAOLI/FISCHER (2003), S. 7, und DE PAOLI/CLAUSEN/FISCHER (2003), S. 3.

Die Spaltung als Spiegelbild der Verschmelzung?

BAHLSEN übernahm die Firmen Kelly in Österreich und Wernli in der Schweiz sowie Immobilien und Finanzdienstleistungsgesellschaften. Das Kerngeschäft Süßgebäck steht weiter unter der Leitung des jüngeren Bruders WERNER MICHAEL BAHLSEN. LORENZ BAHLSEN übernahm das Snackgeschäft und firmierte es in Lorenz Bahlsen Snack World um.[125]

Durch eine verhältnisändernde Spaltung können sich die leitenden Unternehmenseigentümer auch von so genannten lästigen Gesellschaftern oder Gesellschaftergruppen entledigen.[126]

Auch *metaökonomische Motive* wie Macht und Prestige können Auslöser für eine Spaltung sein, wenn beispielsweise zwei Gesellschafter jeweils die alleinige Unternehmensführung eines Nachfolgeunternehmens anstreben. Üblicherweise wird dieser Grund niemals als Motiv für eine Spaltung angegeben, weil persönliche Vorteile in der Ausrichtung der Unternehmenspolitik keine Bedeutung haben sollten.[127]

➢ So wurde der Vorstand der Sparte Petrochemie nach der Ausgliederung des Bereichs aus dem Ölkonzern BP Vorstandsmitglied der neu gegründeten Unternehmens Innovence.[128]

➢ Auch ein ehemaliger Spartenvorstand von Infineon, KIN WAH LOH, wurde nach der Abspaltung Qimondas von Infineon zum Vorstandvorsitzenden des weltweit viertgrößten DRam-Unternehmens, Qimonda.[129]

Jedoch kann durch eine Spaltung auch die Position der Unternehmensführung des Ursprungsunternehmens gefährdet werden.[130]

➢ Beispielsweise plädiert der Großaktionär CARL ICAHN für die Aufspaltung des Medienkonzerns Time Warner in vier Bereiche: den Internetdienst AOL,[131] dessen Abspaltung bereits 2003 durch den Großaktionär TED TURNER gefordert worden war, den Buch- und Zeitschriftenverlag TIME, die Kabelsparte sowie das Film- und Fernsehgeschäft. Bisher konnten laut ICAHN in dem Großkonzern keine Synergieeffekte realisiert werden; anderseits würden die auf ihr Kerngeschäft fokussierten Teilunternehmen an der Börse grundsätzlich höher bewertet werden. Hingegen startet der Konzernchef RICHARD PARSONS eine Gegenoffensive zur Verteidigung des Konzerns, da bei einer realisierten Spaltung wohl auch seine Stellung in Frage gestellt werden würde.[132]

---

[125] Vgl. RÖSSING (2005), S. 2.

[126] Vgl. KOTTMANN (1986), S. 8, BECKER (1994), S. 112, KALLMEYER (1996), S. 30, SAGASSER/SICKINGER (2002), S. 478, und TEICHMANN (2004), S. 86.

[127] Vgl. dazu auch ZIMMERER (1991), S. 54. Siehe auch KASERER (2002), S. 19 f. Zur Behauptung, die Motivation für kleinere Unternehmen zu arbeiten sei höher als für größere Gesellschaften, vgl. BECHT (1996), S. 326, und ACHLEITNER/WAHL (2003), S. 75.

[128] Vgl. GASSMANN (2005), S. 7.

[129] Vgl. dazu EHRENSBERGER/KEIDEL (2006), S. 14, FROMM (2006), S. 4, und KEIDEL (2006b), S. 13. Siehe auch KASERER (2002), S. 19 f.

[130] Vgl. BÜHNER (1984), S. 959.

[131] Zum konvergenten Unternehmen AOL Time Warner vgl. KEUPER/HANS (2003a).

[132] Vgl. LARSEN (2003), S. 6, DOWIDEIT (2005), S. 14, CLARK/VAN DUYN (2005), S. 5, CLARK (2006), S. 5, und DOWIDEIT (2006), S. 14.

3.4 Gesetzliche Motive

Die *gesetzlichen Motive* der Spaltung von Unternehmen bestehen zum einen aus staatlichen Zwangsmaßnahmen[133] – wie beispielsweise die Rückgängigmachung unzulässiger Transaktionen und die Spaltung unvereinbarer Unternehmensbereiche – und zum anderen aus der freiwilligen Umgehung gesetzlicher Grenzen – wie zum Beispiel der Vermeidung quantitativer Gesetzesgrenzen (siehe Abbildung 2).

Die *Rückgängigmachung unzulässiger Transaktionen* – wie beispielsweise missbräuchliche Fusionen und gesetzeswidrige Unternehmensakquisitionen – wird von Aufsichtsbehörden zur Verhinderung monopolähnlicher Stellungen durchgesetzt. Nach geltendem Recht werden bereits vollzogene Unternehmenszusammenschlüsse von der Monopolkommission gem. § 36 Abs. 1 des Gesetzes gegen Wettbewerbsbeschränkungen (GWB) dann untersagt, wenn die durch den Zusammenschluss eingetretenen Verbesserungen der Wettbewerbsbedingungen durch die Nachteile der Marktbeherrschung kompensiert werden.[134] Die staatlich veranlaßten Rückgängigmachungen unzulässiger Transaktionen werden auch als Instrument der *Entflechtung* bezeichnet.[135]

➢ Zur Entflechtung gehören auch die beiden großen Bereiche der Entflechtung der deutschen Wirtschaft in der Nachkriegszeit und die Spaltung von Unternehmen im Rahmen der Wiedervereinigung Deutschlands.[136]

Aufgrund gesetzlich festgelegter branchenspezifischer Normen kann die Zusammenfassung bestimmter Geschäfte in einer Gesellschaft untersagt werden, wenn der Gesetzgeber sie für unvereinbar hält (Motiv der *Spaltung unvereinbarer Unternehmensbereiche*). So ist es beispielsweise nach § 8 Abs. 1 a des Gesetzes über die Beaufsichtigung der Versicherungsunternehmen (VAG) der Versicherungswirtschaft verboten, versicherungsfremde Geschäfte zu betreiben und bestimmte Versicherungsgeschäfte in einer Gesellschaft zusammenzufassen. Nach § 43 des Gesetzes über eine Berufsordnung der Wirtschaftsprüfer (WiPrO) ist festgeschrieben, welche Aufgaben ein Wirtschaftsprüfer zu erfüllen hat und welche Tätigkeiten mit dem Beruf eines Wirtschaftsprüfers unvereinbar sind.[137]

---

[133] Eine Unternehmensspaltung bietet zum einen die Möglichkeit, sich einer zwangsweisen Anordnung einer Aufsichtsbehörde zu entziehen, zum anderen ist sie eine Alternative, um eine bereits angeordnete Zwangsmaßnahme durchzuführen, weil gem. § 41 Abs. 3 GWB die Auflösung eines vollzogenen Zusammenschlusses in der Regel nicht allein dadurch erreicht werden kann, dass die Verschmelzung für unwirksam erklärt wird. Vgl. HERZIG (1986), S. 1401, und BECKER (1994), S. 104.

[134] Vgl. SCHNEIDER (1977), S. 41, BECKER (1994), S. 104, ACHLEITNER/WAHL (2003), S. 51 ff., und OETTER (2003), S. 21.

[135] Vgl. KOTTMANN (1986), S. 11 ff., GECK (1995), S. 417, und ODENTHAL (1999), S. 62.

[136] Zur Entflechtung in der Nachkriegszeit vgl. BÜHNER (1984), S. 947 und S. 956, HIMMELREICH (1987), S. 139 ff., und HEISS (1995), S. 29 f. Zur Entflechtung von landwirtschaftlichen Produktionsgenossenschaften und von Unternehmen der Treuhandanstalt im Rahmen der Wiedervereinigung vgl. GANSKE (1991), MAYER (1991), WELTER (1992) und HEISS (1995), S. 17 ff.

[137] Durch die Spaltung können diese gesetzlichen Anforderungen erfüllt werden, indem unvereinbare Geschäftsbereiche in selbständige getrennte Unternehmen aufgespalten werden. Vgl. dazu auch BECKER (1994), S. 107 ff. und S. 160 f.

- Beispielsweise firmiert das Beratungsunternehmen, die KPMG-Tochter KPMG-Consulting, seit 2002 unter dem Namen BearingPoint, um die Trennung des Wirtschaftsprüfungsgeschäfts von der Beratungssparte deutlich zu machen. Da die Unternehmen bereits vorher getrennt waren, führte es zu keiner Unternehmensspaltung, jedoch ist diese Namensänderung charakteristisch für eine *Spaltung unvereinbarer Bereiche*.[138]
- Ähnlich verhält es sich bei der Deutschen Bahn AG: im Rahmen des für 2007 geplanten Börsengangs stellt sich die Frage, ob ein integrierter Konzern (Bahnbetrieb und Schienennetz) oder die verschiedenen Bahntransportarten eines gespaltenen Konzerns, wobei die Verantwortung für Ausbau und Instandhaltung des Schienennetzes beim Bund bliebe, ganz oder teilweise an die Börse geht. Fraglich ist, ob ein Börsengang mit Schienennetz mit dem Grundgesetz und dem EU-Recht vereinbar wäre.[139]

Die *Vermeidung quantitativer Gesetzesgrenzen* im Rahmen der Unternehmensspaltung können zur Verminderung gesetzlicher Publizitätsgrenzen durch Veränderung der Größenklassen der Unternehmen[140] und zur Vermeidung der Mitbestimmung[141] führen.[142]

- Um die Mitbestimmung der mächtigen französischen Gewerkschaft CGT zu verhindern, gliederte der Nahrungsmittelkonzern Nestlé die Mineralwassersparte Perrier aus, um so den Weg für weitere Umstrukturierungsmaßnahmen frei zu machen. Die Ausgliederung des Teilbereichs führe zu mehr Beweglichkeit und könnte einen Verkauf der Wassermarke oder eine Fusion mit anderen Wassermarken erleichtern.[143]

4 Thesenförmige Konklusion

Das Thema der Unternehmensspaltung und damit die Thematik des Demerger ist in Zeiten einer voranschreitenden Konvergenz der Märkte (www.konvergenz-management.com) ein mindestens gleichberechtigtes Thema neben der, insbesondere in der populärwissenschaftlichen Literatur dominierenden M&A-Diskussion. Die Frage nach dem Management der Spaltung gewinnt vor dem Hintergrund einer voranschreitenden Konvergenz der Märkte zuneh-

---

[138] Vgl. O. V. (2002), S. 1 ff.

[139] Vgl. dazu DOLL (2006a), S. 10, DOLL (2006b), S. 11, DOLL (2006c), S. 10, DOLL/FRÜHBRODT (2006), S. 11, und FRÜHBRODT (2006), S. 11.

[140] Zur Verminderung der Publizitätspflichten vgl. HERZIG (1986), S. 1401, FRITZ (1991), S. 15 f., OTT (1996b), S. 192, SCHÖNE (1998), S. 11, und ODENTHAL (1999), S. 79. Zu beachten ist jedoch, dass bei einem durch Spaltung entstehenden Unterordnungsverhältnis die Voraussetzungen für die Erstellung eines Konzernabschlusses erfüllt werden. Vgl. HARTMANN (1997), S. 41.

[141] Zur Vermeidung der Mitbestimmung der Arbeitnehmer im Aufsichtsrat nach dem Mitbestimmungs- oder dem Betriebsverfassungsgesetz vgl. KOTTMANN (1986), S. 8, GÄBELEIN (1989), S. 1420, BECKER (1994), S. 105 ff., BECHT (1996), S. 325, OTT (1996a), S. 48, SCHÖNE (1998), S. 11, ODENTHAL (1999), S. 78 f., und ACHLEITNER/WAHL (2003), S. 205 ff. Nach § 325 UmwG können jedoch die vor der Spaltung geltenden Vorschriften auch noch bis zu fünf Jahren nach Wirksamwerden der Spaltung zur Anwendung gelangen. Siehe auch OTT (1996b), S. 192.

[142] Diese teils mit enormen Kosteneinsparungen verbunden Motive der Spaltung werden von OETTER (2003), S. 22, nur als „positiver Nebeneffekt" bezeichnet.

[143] Vgl. FISCHER (2004a), S. 8, und FISCHER (2004b), S. 7.

mend an Bedeutung.¹⁴⁴ Denn dort wo Märkte und Unternehmen konvergieren, entstehen zwangläufig auch Divergenzen,¹⁴⁵ wobei die Konvergenz und Divergenz von Unternehmen und Märkten nur Zeitpunktbetrachtungen in einem zeitraumübergreifenden Prozess darstellen.¹⁴⁶ Insofern ist einerseits marktseitig oktroyiert und andererseits unternehmens- und damit ressourcen- und kernkompetenzseitig bedingt, die Spaltung als natürliches und immer stärker in den Vordergrund zu stellendes Spiegelbild der Fusion zu sehen beziehungsweise als ein komplementierendes Gegenstück der Verschmelzung zu begreifen.¹⁴⁷ Insofern umfasst der M&A-Prozess logischerweise neben den Kernbestandteilen des Akquisitions- beziehungsweise Post- Merger-Integrationsmanagements auch das Demerger-Management, falls Unternehmens(teil)-bereiche unmittelbar nach Abschluss der Akquisitions- beziehungsweise Fusionsverhandlungen wieder weiterveräußert und nicht in den Unternehmensverbund integriert werden sollen.¹⁴⁸ Unter inhaltlichen und zeitlichen Gesichtspunkten liegt somit die Bezeichnung des Demerger als Gegenbegriff zum Merger nahe, insbesondere als dem Demerger genau genommen ein Unternehmenszusammenschluss vorausgegangen sein muss.¹⁴⁹ Dieser Aspekt ist insbesondere in der Praxis multinationaler Konzerne von Bedeutung, wenn ex ante im Rahmen der M&A-Vorbereitungsphase oder ex post nach vollzogenem Integrationsmanagement mittels einer fundierten Unternehmensbewertung sowie nach einer umfassenden Strategie- und Ressourcen- beziehungsweise Kernkompetenz-Analyse Corporate-Shared-Service-Center (aus)gegründet werden. So sind insbesondere Cooperatively-arranged Shared Service Center, Coopetition-based Shared Service Center und vor allem Boundaryless Shared Service Center häufig das Ergebnis einer fusionsbasierten Spaltung.¹⁵⁰ Insofern gehört, insbesondere zum strategischen M&A-Management auch das Management der Unternehmensspaltung. Da, wie bereits ausgeführt, dem Demerger ein Merger vorausgehen muss, um logischer Bestandteil des M&A-Prozesses zu sein, ist insbesondere unter strategischen Gesichtspunkten eher vom MAD-Management (Merger-, Acquisition- & Demerger-Management) zu sprechen, als von einem M&A-Management. Insofern kann festgehalten werden, dass Umwandlungen nach dem UmwG im Zusammenhang mit Unternehmensakquisitionen vielfältig einsetzbar sind, um strategische Wettbewerbsvorteile aufbauen zu können, ja sie bilden mitunter den Königsweg der Durchführung einer Unternehmensakquisition. Sie werden somit zu Unrecht bei der Diskussion von Akquisitionsmodellen vernachlässigt.¹⁵¹

---

¹⁴⁴ Vgl. *KEUPER* (2002a), S. 603 ff.
¹⁴⁵ Vgl. *KEUPER* (2001a), S. 392 ff.
¹⁴⁶ Vgl. *KEUPER/HANS* (2003b), S. 793 ff.
¹⁴⁷ Diese Auffassung, bei der die Spaltung als Umkehrung der Verschmelzung angesehen wird, vertreten auch *BECHT* (1996), S. 327, *HARTMANN* (1997), S. 10, *SCHÖNE* (1998), S. 2, und *SAUTER* (2000), S. 101. Der gravierende Unterschied zur Verschmelzung besteht jedoch darin, dass bei der Spaltung alle zu übertragenden Vermögensgegenstände und Verbindlichkeiten im Spaltungsvertrag genau bezeichnet werden müssen, während bei der Verschmelzung das gesamte Vermögen verschiedener Rechtsträger durch Übertragung auf einen einzigen Rechtsträger zusammengeführt wird. Vgl. *FREITAG* (1998), S. 12 f. Zu weiteren nachhaltigen Unterschieden zwischen Spaltung und Verschmelzung vgl. *HARTMANN* (1997), S. 11. *DEHMER* (1996), S. 466, und *FREITAG* (1998), S. 13, weisen daraufhin, dass die Spaltung als spiegelbildliche Verschmelzung nur auf die Auf- und Abspaltung, nicht jedoch auf die Ausgliederung zutrifft. *RAISER* (1992), S. 530, *GANSKE* (1994), S. 157, *KALLMEYER* (1994), S. 1748, und *KUSSMAUL/ZABEL* (2004), S. 486, erkennen nur die Aufspaltung als Spiegelbild der Verschmelzung an.
¹⁴⁸ *ACHLEITNER/WIRTZ/WECKER* (2004), S. 480, und auch *WIRTZ* (2003), S. 107 ff.
¹⁴⁹ *WIRTZ/WECKER* (2006), S. 1169.
¹⁵⁰ Vgl. *KEUPER/OECKING* (2006b), S. 408 ff.
¹⁵¹ *KALLMEYER* (2002), S. 572.

- Die zunehmenden weltweiten M&A-Aktivitäten und der damit einhergehende Komplexitätsanstieg bedingen eine Fokussierung auf die eigenen beziehungsweise sich synergetisch entwickelnden Kernaktivitäten. Ursache hierfür ist die voranschreitende Marktdynamik, die gekennzeichnet ist durch extreme Diskontinuitäten, zum Teil sehr kurze Markt- und Produktlebenszyklen sowie durch eine hohe kausale Ambiguität nahezu aller Variablen.
- Die Fokussierung auf die Kernfähigkeiten im Rahmen des MA-Prozesses bedingen in der Regel bereits ex ante im Rahmen der M&A-Vorbereitungsphase die Planung eines oder mehrerer Demerger.
- Geht dem Demerger ein Merger voran, so ist der Demerger integraler Bestandteil des strategischen (und auch des operativen) M&A-Managements.
- Die Spaltung ist somit integrativer Bestandteil der Verschmelzung. Marktseitig betrachtet besteht zwischen beiden Aspekten eine infinite Rekursion.
- Wird ex ante ein Demerger nach einem Merger geplant, oder folgt ein Demerger aufgrund umfassender Analyse in der Post-Merger-Integrationsphase einem Merger, so ist von einem strategischen MAD-Management zu sprechen.
- Die betriebswirtschaftlichen (strategische und finanzwirtschaftliche), persönlichen und gesetzlichen Motive für eine Unternehmensspaltung stellen sich dabei ähnlich umfangreich und komplex wie die Gründe für eine M&A-Transaktion dar.

Quellenverzeichnis

ACHLEITNER, A.-K./WAHL, S. (2003): Corporate Restructuring in Deutschland, Sternenfels 2003.

ACHLEITNER, A.-K./WIRTZ, B. W./WECKER, R. M. (2004): M&A-Management, in: Das Wirtschaftsstudium, 2004, S. 476–486.

ACHLEITNER, A.-K./BASSEN, A./WAHL, S. (2003): Corporate Restructuring: Instrumente und deren Anwendung in Deutschland, in: Finanz Betrieb, 2003, S. 432–447.

ANGERMAYER, B./OSER, P. (2005): Die Berücksichtigung von Synergieeffekten in der Unternehmensbewertung, in: PEEMÖLLER, V. H. (Hrsg.), Praxishandbuch der Unternehmensbewertung, Herne/Berlin 2005, S. 763–777.

ATZLER, E. (2004): CSFB stößt ihre beiden Größten Hedge-Fonds ab, in: Financial Times Deutschland vom 9. Dezember 2004, S. 23.

BALSER, M. (2005): Infineon prüft Börsengang der Speicherchip-Sparte, in: Süddeutsche Zeitung vom 24. Juni 2005, S. 19.

BAUMS, T. (1996): Spartenorganisation, „Tracking Stock" und deutsches Aktienrecht, in: EBENROTH, C. T./HESSELBERGER, D./RINN, M. E. (Hrsg.), Festschrift für K. Boujong, München 1996, S. 19–35.

BECHT, B. (1996): Fusion und Spaltung von Kapitalgesellschaften im europäischen Binnenmarkt, Stuttgart 1996.

BECKER, S. (1994): Teilung von Betrieben, Wiesbaden 1994.

BEIN, H.-W. (2001): Aktionäre wollen Bayer ganz behalten, in: Financial Times Deutschland vom 30. April 2001, S. 8.

BLEICHER, K. (1982): Restrukturierung in der Rezession, in: Zeitschrift für Führung und Organisation, 1982, S. 313–319.

BLUMERS, W. (2000): Demerger – Die Spaltung börsennotierter Gesellschaften (national und international), in: Der Betrieb, 2000, S. 589–594.

BOROWICZ, F. (2006): M&A-Management zwischen Stakeholder-Erwartungen und Shareholder-Ansprüchen, in: BOROWICZ, F./MITTERMAIR, K. (Hrsg.): Strategisches Management von Mergers & Acquisitions – State of the Art in Deutschland und Österreich, Wiesbaden 2006, S. 3–20.

BOROWICZ, F./MITTERMAIR, K. (Hrsg.): Strategisches Management von Mergers & Acquisitions – State of the Art in Deutschland und Österreich, Wiesbaden 2006.

BÖSCHEN, M. (2005): Aktionäre ebnen Weg für Jenoptiks Zerschlagung, in: Financial Times Deutschland vom 8. Juni 2005, S. 3.

BRANDES, D. (1999): Konsequent einfach, Frankfurt/Main, New York, 1999.

BRANDES, D. (2003): Die 11 Geheimnisse des Aldi-Erfolgs, Frankfurt/Main 2003.

BRAUER, U. G. H. (1993): Die Zulässigkeit der Ausgabe von sog. „Tracking Stocks" durch Aktiengesellschaften nach deutschem Aktienrecht, in: Die Aktiengesellschaft, 1993, S. 324–334.

BRAUERS, T. (2004): Steuerliche Gestaltungsmöglichkeiten bei der rechtsformwahrenden und rechtsformwechselnden Spaltung von Kapitalgesellschaften, Münster 2004.

BUCHTER, H. (2005): American Express spaltet Beratung für Vermögende ab, in: Financial Times Deutschland vom 2. Februar 2005, S. 17.

BUDZINSKI, O./KERBER, W. (2003): Megafusionen, Wettbewerb und Globalisierung, Stuttgart 2003.

BÜHNER, R. (1984): Marktwert und Realteilung, in: Zeitschrift für Betriebswirtschaft, 1984, S. 947–963.

BÜHNER, R. (1998): Unternehmensspaltung – Motive und Aktienmarktreaktionen, in: Schmalenbachs Zeitschrift für betriebswirtschaftliche Forschung, 1998, S. 809–840.

BYSIKIEWICZ, M./MATSCHKE, M. J./BRÖSEL, G. (2005): Einige grundsätzliche Bemerkungen zur Entscheidungswertermittlung im Rahmen der Konfliktsituation vom Typ der Spaltung, Wirtschaftswissenschaftliches Diskussionspapier 2/2005 der Rechts- und Staatswissenschaftlichen Fakultät der Ernst-Moritz-Arndt-Universität Greifswald, Greifswald 2005.

CHARIFZADEH, M. (2002): Corporate Restructuring: ein wertorientiertes Modell, Lohmar/Köln 2002.

CLARK, T. (2006): Investor Icahn zerpflückt Time Warner, in: Financial Times Deutschland vom 8. Februar 2006, S. 5.

CLARK, T./VAN DUYN, A. (2005): Icahn plant Zerschlagung von Time Warner, in: Financial Times Deutschland vom 2. Dezember 2005, S. 5.

CLAUSEN, S. (2003a): Tschibos neuer Chef verschärft Streit zwischen den Eignern, in: Financial Times Deutschland vom 19. Februar 2003, S. 1.

CLAUSEN, S. (2003b): Tchibo-Eigentümer beenden Familienfehde um Kaffeeröster, in: Financial Times Deutschland vom 24. Juni 2003, S. 1.

COASE, H. R. (1937): Nature of the Firm, in: Economica, 1937, S. 386–405.

DEHMER, H. (1996): Umwandlungsgesetz, Umwandlungssteuergesetz, München 1996.

DE PAOLI, N./CLAUSEN, S./FISCHER, O. (2003): Tchibo-Eigner lösen Familienstreit mit 4,6 Mrd. Euro, in: Financial Times Deutschland vom 19. August 2003, S. 3.

DE PAOLI, N./FISCHER, O. (2003): Tchibo-Familie strebt Ende des Streits an, in: Financial Times Deutschland vom 18. August 2003, S. 7.

DOLL, N. (2006a): Bis Sommer Fahrplan für Bahn-Börsengang, in: Die Welt vom 18. Januar 2006, S. 10.

DOLL, N. (2006b): Zurück auf Start, in: Die Welt vom 11. Mai 2006, S. 11.

DOLL, N. (2006c): Koalition gegen Aufspaltung der Bahn, in: Die Welt vom 27. Juni 2006, S. 10.

DOLL, N./FRÜHBRODT, L. (2006): Bahn soll sich von Schienennetz trennen, in: Die Welt vom 11. Mai 2006, S. 11.

DÖTSCH, E. (1995): Das neue Umwandlungssteuerrecht ab 1995, Stuttgart 1995.

DOWIDEIT, M. (2005): Time Warner unter Druck, in: Die Welt vom 1. Dezember 2005, S. 14.

DOWIDEIT, M. (2006): US-Milliardär knöpft sich Time Warner vor, in: Die Welt vom 9. Februar 2006, S. 14.

DRYGALA, T. (1991): Der Gläubigerschutz bei der typischen Betriebsaufspaltung, Köln 1991.

EBEL, T. (1998): Besteuerung bei der Ausgliederung und Spaltung bei Unternehmensumstrukturierungen, Bielefeld 1998.

ECKERT, D./ZSCHÄPITZ, H. (2006): Dax-Chefs steht harmonischere Hauptversammlungssaison bevor, in: Die Welt vom 12. April 2006, S. 17.

EDER, F. (2006): Fiat verschiebt Börsenpläne für Ferrari, in: Financial Times Deutschland vom 6. Februar 2006, S. 7.

EHRENSBERGER, W. (2005): Eine echte Perspektive bietet er nicht, in: Die Welt vom 19. November 2005, S. 18.

EHRENSBERGER, W. (2006a): Siemens trennt sich endgültig von Infineon, in: Die Welt vom 25. März 2006, S. 14

EHRENSBERGER, W. (2006b): Schwächliche Ableger, in: Die Welt vom 28. März 2006, S. 15.

EHRENSBERGER, W. (2006c): Infineon will Speicherchips in USA an die Börse bringen, in: Die Welt vom 31. März 2006, S. 13.

EHRENSBERGER, W. (2006d): Infineon überrascht mit Zwischenhoch, in: Die Welt vom 27. April 2006, S. 13.

EHRENSBERGER, W./KEIDEL, S. (2006): Infineon-Aktionäre fordern Mitsprache beim Konzernumbau, in: Die Welt vom 17. Februar 2006, S. 14.

EISELE, W./RENNER, W. (1996): Grundzüge des neuen Umwandlungsrechts und Umwandlungssteuerrechts, Teil I, in: Wirtschaftswissenschaftliches Studium, 1996, S. 170–174.

FASSBENDER, E./KILLAT, G. (2006): Demerger-Durchführung, in: WIRTZ, B. W. (Hrsg.), Handbuch Mergers & Acquisitions Management, Wiesbaden 2006, S. 1239–1259.

FISCHER, H. (2004a): Nestlé bereitet möglichen Verkauf der Wassermarke Perrier vor, in: Financial Times Deutschland vom 16. September 2004, S. 8.

FISCHER, H. (2004b): Hoffnung bei Perrier, in: Financial Times Deutschland vom 18. Oktober 2004, S. 7.

FREITAG, A. (1998): Der Einfluß von § 4 BertAVG auf Spaltungen nach dem neuen Umwandlungsgesetz – zugleich ein Beitrag zu § 132 UmwG, München 1998.

FRITZ, M. (1991): Die Spaltung von Kapitalgesellschaften, Köln 1991.

FROMM, T. (2003a): Entscheidung über Fiat-Autosparte steht bevor, in: Financial Times Deutschland vom 16. Januar 2003, S. 3.

FROMM, T. (2003b): Fiat-Präsident unterstützt Zerschlagung des Konzerns, in: Financial Times Deutschland vom 21. Januar 2003, S. 3.

FROMM, T. (2005): Jenoptik kommt geplatzter Börsengang teuer zu stehen, in: Financial Times Deutschland vom 15. November 2005, S. 4.

FROMM, T. (2006): Wo das Chip-Chi fließt, in: Financial Times Deutschland vom 3. April 2006, S. 4.

FRÜHBRODT, L. (2005): Die Tochter kehrt zur Mutter zurück, T-Online feiert zehnjähriges Bestehen – und verliert die Eigenständigkeit, in: Die Welt vom 29. September 2005, S. 15.

FRÜHBRODT, L. (2006): Gutachter empfehlen Teilung der Bahn, in: Die Welt vom 17. Januar 2006, S. 11.

GÄBELEIN, W. (1989): Die Unternehmensspaltung, in: Betriebsberater, 1989, S. 1420–1423.

GANSKE, J. (1991): Spaltung der Treuhandunternehmen, in: Der Betrieb, 1991, S. 791–797.

GANSKE, J. (1994): Berufsrelevante Regelungen für Wirtschaftsprüfer im neuen Umwandlungsrecht, in: Die Wirtschaftsprüfung, 1994, S. 157–162.

GASSMANN, M. (2005): Deutsche BP baut den Vorstand um, in: Financial Times Deutschland vom 11. April 2005, S. 7.

GECK, R. (1995): Die Spaltung von Unternehmen nach dem neuen Umwandlungsrecht, in: Deutsches Steuerrecht, 1995, S. 416–424.

GOLDENBAUM, G./STRUNK, G. (1995): Zusammenwirken von UmwStG 1995 und Mitunternehmererlaß, in: Deutsches Steuerrecht, 1995, S. 1773–1778.

HARITZ, D./WISNIEWSKI, T. (2003): Abspaltung von Kapitalgesellschaftsbeteiligungen, in: Finanz-Rundschau, 2003, S. 549–552.

HARTMANN, B. (1997): Die Spaltung von Kapitalgesellschaften nach neuem Umwandlungssteuergesetz vom 1.1.1995 in ertragsteuerrechtlicher und betriebswirtschaftlicher Sicht, Frankfurt am Main 1997.

HEGMANN, G. (2000): Boing steuert mit High-Tech die Börse an, in: Financial Times Deutschland vom 19. November 2000, S. 3.

HEGMANN, G. (2003a): HVB-Immobilienkonzern Real Estate stürzt in die Verlustzone, in: Financial Times Deutschland vom 10. März 2003, S. 18.

HEGMANN, G. (2003b): Hypo Real Estate gibt kaum noch neue Darlehen, in: Financial Times Deutschland vom 27. Mai 2003, S. 17.

HEGMANN, G. (2003c): Hypo Real Estate verkauft Immobilientochter, in: Financial Times Deutschland vom 24. Juli 2003, S. 16.

HEGMANN, G. (2003d): Münchener Rück stößt Bank-Paket ab, in: Financial Times Deutschland vom 6. Oktober 2003, S. 17.

HEGMANN, G./HÖLLER, C. (2004): HVB steht Verkauf von Kreditinstitut, in: Financial Times Deutschland vom 12. Januar 2004, S. 17.

HEGMANN, G./MAIER, A. (2005): HVB startet Deutschlandgeschäft neu, in: Financial Times Deutschland vom 25. Februar 2005, S. 20.

HEGMANN, G./REPPERT, I. (2003): HypoVereinsbank wirft Ballast ab, in: Financial Times Deutschland vom 22. April 2003, S. 17.

HEISMANN, G. (2002): Rampl spaltet HypoVereinsbank auf, in: Financial Times Deutschland vom 24. Oktober 2002, S. 19.

HEISS, M. M. (1995): Die Spaltung von Unternehmen im Deutschen Gesellschaftsrecht, Berlin 1995.

HERING, T. (2006): Finanzwirtschaftliche Unternehmensbewertung, Wiesbaden 2006.

HERZIG, N. (1986): Die Realteilung von Kapitalgesellschaften im Ertragssteuerrecht, in: Der Betrieb, 1986, S. 1401–1412.

HETZEL, H. (2005): Philips gliedert Chip-Sparte aus, in: Die Welt vom 16. Dezember 2005, S. 14.

HIMMELREICH, R. (1987): Unternehmensteilung durch partielle Universalsukzession, Bergisch Gladbach, Köln 1987.

HÖLLER, C./HEGMANN, G./WANNER, C. (2003): Bank Austria hilft HVB, in: Financial Times Deutschland vom 9. Juli 2003, S. 18.

HORNUNG, K./WULLENKORD, A. (2001): Equity Carve-Outs von Tochterunternehmen, in: Schmalenbachs Zeitschrift für betriebswirtschaftliche Forschung, 2001, S. 57–76.

KALLMEYER, H. (1994): Das neue Umwandlungsgesetz, in: Zeitschrift für Wirtschaftsrecht und Insolvenzpraxis, 1994, S. 1746–1751.

KALLMEYER, H. (1995): Kombination von Spaltungsarten nach dem neuen Umwandlungsgesetz, in: Der Betrieb, 1995, S. 81–83.

KALLMEYER, H. (1996): Der Einsatz von Spaltung und Formwechsel nach dem UmwG 1995 für die Zukunftssicherung von Familienunternehmen, in: Der Betrieb, 1996, S. 28–30.

KALLMEYER, H. (2002): Umwandlung nach UmwG und Unternehmensakquisition, in: Der Betrieb, 2002, S. 568–572.

KALLMEYER, H. (2006): Spaltung, in: *KALLMEYER, H.* (Hrsg.) Umwandlungsgesetz, Kommentar, Köln 2006, S. 583–779.

KASERER, C. (2002): Unternehmensspaltungen als Wertsteigerungsinstrument, Skript zum Vortrag im Rahmen des 56. Deutschen Betriebswirtschafter-Tags in Frankfurt am Main am 23./24. September 2002, München 2002.

KEIDEL, S. (2006a): Erster Erfolg für Ziebart, in: Die Welt vom 27. April 2006, S. 13.

KEIDEL, S. (2006b): Gastarbeiter mit Siemens-Lebenslauf, in: Die Welt vom 9. August 2006, S. 13.

KEUPER, F. (2000): Finanzmanagement, München 2000.

KEUPER, F. (2001a): Multimedia Supply Chain Management am Beispiel von Zeitungs- und Publikumszeitschriftenverlagen, in: BFuP – Betriebswirtschaftliche Forschung und Praxis, 2001, S. 392–410.

KEUPER, F. (2001b): Strategisches Management, München 2001.

KEUPER, F./HANS, R. (2003): Strategisches Konvergenz-Management, in: WIRTZ, B. W. (Hrsg.), Handbuch Medien- und Multimediamanagement, Wiesbaden 2003, S. 793–834.

KEUPER, F. (2002b): Unscharfe kapitalwertbasierte Verfahren zur Unternehmensbewertung, in: ZfB – Zeitschrift für Betriebswirtschaft, 2002, S. 457–476.

KEUPER, F. (2002a): Convergence-based View – ein strategie-strukturationstheoretischer Ansatz zum Management der Konvergenz digitaler Erlebniswelten, in: KEUPER, F. (Hrsg.), Electronic Business und Mobile Business – Ansätze, Konzepte und Geschäftsmodelle, Wiesbaden 2002, S. 603–654.

KEUPER, F. (2004): Kybernetische Simultaneitätsstrategie – systemtheoretisch-kybernetische Navigation im Effektivitäts-Effizienz-Dilemma, Berlin 2004.

KEUPER, F./HANS. R. (2003a): Multimedia-Management – Strategien und Konzepte für Zeitungs- und Zeitschriftenverlage im digitalen Informationszeitalter, Wiesbaden 2003.

KEUPER, F./HANS, R. (2003b): Strategisches Konvergenz-Management, in: WIRTZ, B. W. (Hrsg.), Handbuch Medien- und Multimediamanagement, Wiesbaden 2003, S. 793–834.

KEUPER, F./OECKING, C. (Hrsg.) (2006): Corporate Shared Services – Bereitstellung von Dienstleistungen im Konzern, Wiesbaden 2006.

KEUPER, F./OECKING, C. (2006): Corporate-Shared-Services – The First and the Next Generation, in: KEUPER, F./OECKING, C. (Hrsg.), Corporate-Shared Services – Bereitstellung von Dienstleistungen im Konzern, Wiesbaden 2006, S. 389–416.

KLIMM, L./OTTOMEIER, M./LAUBE, H. (2005): Die Trauer hält sich in Grenzen, in: Financial Times Deutschland vom 10. Februar 2005, S. 4.

KÖPPEN, J. (2004): Synergieermittlung im Vorfeld von Unternehmenszusammenschlüssen, Wiesbaden 2004.

KOTTMANN, B. (1986): Die Spaltung einer Aktiengesellschaft, München 1986.KRÜMPEL, M. (2006a): Jenoptik verspricht die Wende, in: Financial Times Deutschland vom 12. April 2006, S. 4.

KRÜMPEL, M. (2006b): Jenoptik spaltet Tochter M+W Zander ab, in: Financial Times Deutschland vom 17. Mai 2006, S. 4.

KUSSMAUL, H./ZABEL, M. (2004): Unternehmensumstrukturierungen im Zivil- und Steuerrecht, in: Finanz Betrieb, 2004, S. 485–493.

LARSEN, P. T. (2003): Ted Turner plädiert für Abspaltung von American Online, in: Financial Times Deutschland vom 19. März 2003, S. 6.

LAUBE, H. (2005a): Neuer HP-Chef wehrt Fragen nach Aufspaltung ab, in: Financial Times Deutschland vom 31. März 2005, S. 4.

LAUBE, H. (2005b): Neuer HP-Chef dreht Konzernstrategie, in: Financial Times Deutschland vom 15. Juni 2005, S.5.

LAUBE, H./LIEBERT, N. (2003): Ohne Chips hofft Motorola auf solidere Geschäfte, in: Financial Times Deutschland vom 7. Oktober 2003, S. 4.

LINDSTÄDT, H. (2006): Ziele, Motive und Kriterien für Unternehmenszusammenschlüsse, in: WIRTZ, B. W. (Hrsg.), Handbuch Mergers & Acquisitions Management, Wiesbaden 2006, S. 57–78.

MADL, R. (2005): Umwandlungssteuerrecht, Stuttgart 2005.

MAIER, A. (2005): Jenoptik speckt ab für mehr Marge, in: Financial Times Deutschland vom 20. Dezember 2005, S. 4.

MAIER, A./SCHMID, F. (2005): HypoVereinsbank treibt Markt für faule Kredite voran, in: Financial Times Deutschland vom 25. Januar 2005, S. 19.

MATSCHKE/BRÖSEL (2005): Unternehmensbewertung, Wiesbaden 2005.

MAYER, D. (1991): Zweifelsfragen bei der Spaltung von Treuhandunternehmen, in: Der Betrieb, 1991, S.1609–1616.

MAYER, D. (2000): Die Umstrukturierung von Bundesligavereinen zur Vorbereitung des Börsengangs, in: WASSERMEYER, F./MAYER, D./RIEGER, N. (Hrsg.), Umwandlungen im Zivil- und Steuerrecht, FS für S. Widmann, Bonn 2000, S. 67–86.

MÜLLER, H. (2006): Demerger-Management, in: WIRTZ, B. W. (Hrsg.), Handbuch Mergers & Acquisitions Management, Wiesbaden 2006, S. 1187–1207.

MÜLLER, R. (1997): „Tracking Stock" und seine Realisierbarkeit im deutschen Gesellschaftsrecht, in: Wirtschaftsrechtliche Blätter, Zeitschrift für österreichisches und europäisches Wirtschaftsrecht, 1997, S. 57–65.

NAGEL, C./THIES, B. (2004): Die nicht verhältniswahrende Abspaltung als Gestaltungsinstrument im Rahmen von Unternehmenszusammenschlüssen, in: GmbH-Rundschau, 2004, S. 83–88.

NATUSCH, I. (1997): Neue Wege der Beteiligungsfinanzierung deutscher Unternehmen durch die Ausgabe von „Tracking Stocks"?, in: Der Betrieb, 1997, S. 1141–1148.

NEYER W. (2002): Veräußerungssperre nach steuerneutraler Spaltung, in: Deutsches Steuerrecht, 2002, S. 2200–2204.

ODENTHAL, S. (1999): Unternehmensteilungen, Wiesbaden 1999.

OETTER, J. (2003): Strukturveränderung im Konzern durch Spaltung – Eine Studie zur Spaltung der Hoechst AG, Frankfurt am Main 2003.

OLDAG, A. (2005): Das Ende der Giganten, Viele Megafusionen haben nicht funktioniert/Jetzt ziehen amerikanische Konzerne Konsequenzen, in: Süddeutsche Zeitung vom 23. Juni 2005, S. 26.

OSSADNIK, W. (1995): Die Aufteilung von Synergieeffekten bei Fusionen, Stuttgart 1995.

OTT, H. (1996a): Aufspaltung und Abspaltung von Kapitalgesellschaften – Teil I, in: Information für Steuerberater und Wirtschaftsprüfer, 1996, S. 46–51.

OTT, H. (1996b): Das neue Umwandlungs- und Umwandlungssteuerrecht, Leitfaden für die Beratungspraxis, Freiburg i. Br. 1996.

O. V. (1996): Mehr Übersicht durch Holding-Konzept, in: Handelsblatt vom 12./13. Juli 1996, S. 18.

O. V. (1999): Halbleiter-Ausgliederung perfekt, Der defizitäre Siemens-Bereich wird zum 1. April zur „Infineon Technologies AG", in: Süddeutsche Zeitung vom 18. März 1999, S. 18.

O. V. (2001): Familienzwist bei Tchibo um Firmenstrategie, in: Financial Times Deutschland vom 2. Juli 2001, S. 7.

O. V. (2002): KPMG Consulting ist jetzt BearingPoint, Pressemitteilung des Beratungsunternehmens BearingPoint vom 2. Oktober 2002, Frankfurt/Main 2002.

O. V. (2005a): Milliarden-Mandat für Aareal, in: Financial Times Deutschland vom 23. Februar 2005, S. 18.

O. V. (2005b): ARAG widersteht Outsourcing-Versuchung, in: Computer Woche vom 11. März 2005, S. 60–61.

O. V. (2005c): Lanxess bereitet Verkauf vor, in: Financial Times Deutschland vom 23. März 2005, S. 10.

O. V. (2005d): Infineon gliedert Sparte aus, in: Süddeutsche Zeitung vom 25./26. Mai 2005, S. 28.

O. V. (2005e): Medienkonzern Viacom spaltet sich auf, in: Handelsblatt vom 16. Juni 2005, S. 11.

O. V. (2005f): Viacom-Konzern spaltet sich in zwei Teile, in: Die Welt vom 16. Juni 2005, S. 7.

O. V. (2005g): Jenoptik will Konzern aufspalten, in: Handelsblatt vom 11. August 2005, S. 11.

O. V. (2006a): Akzo Nobel wird zerschlagen, in: Die Welt vom 8. Februar 2006, S. 14.

O. V. (2006b): Siemens zieht sich auch bei Epcos vollständig zurück, in: Die Welt vom 28. März 2006, S. 15.

O. V. (2006c): Altana will bald über Börsengang der Chemietochter entscheiden, in: Die Welt vom 3. Mai 2006, S. 13.

O. V. (2006d): Verschmelzung der T-Online International AG auf die Deutsche Telekom AG vollzogen, Pressemitteilung der Deutschen Telekom AG vom 6. Juni 2006, Bonn 2006.

O. V. (2006e): Infineon-Aufspaltung ist rechtens, in: Süddeutsche Zeitung vom 9. Juni 2006, S. 22.

O. V. (2006f): Rekordjahr für Unternehmensfusionen, in: Die Welt vom 31. Juli 2006, S. 1.

O. V. (2006g): Chipsparte bringt Philips 6,4 Milliarden Euro, in: Süddeutsche Zeitung vom 5. August 2006, S. 15.

PATERAK, J./PELDA, K. (2001): UPS und FedEx intervenieren gegen die Post, in: Financial Times Deutschland vom 25. Januar 2001, S. 9.

PRINZ, U. (2001): Verbesserte steuerliche Rahmenbedingungen für Tracking Stock-Strukturen nach der Unternehmenssteuerreform 2001, in: Finanz-Rundschau, 2001, S. 285–288.

RAISER, T. (1992): Recht der Kapitalgesellschaften, München 1992.

REPPERT, I./RONKE, C./FROMME, H. (2005): Metro droht Wiedereingliederung von Altlasten, in: Financial Times Deutschland vom 20. November 2005, S. 7.

RÖSSING, S. (2005): Süß-salziger Zwist, in: Financial Times Deutschland vom 21. Juli 2005, S. 2.

RÖSSING, S./HEGMANN, G./GASSMANN, M. (2003): HVB stoppt Brau-und-Brunnen-Verkauf, in: Financial Times Deutschland vom 2. Dezember 2003, S. 3.

RONKE, C./HÜLSEN, I. (2004): Altlasten kommen Metro teuer zu stehen, in: Financial Times Deutschland vom 23. Januar 2004, S. 3.

RUCH, M. (2004): Continental erwägt Preiserhöhungen wegen steigender Stahlkosten, in: Financial Times Deutschland vom 4. November 2004, S. 17.

SAGASSER, B./SICKINGER, M. (2002): Spaltungsrechtliche Regelungen, in: *SAGASSER, B./BULA, T./ BRÜNGER, T.* (Hrsg.): Umwandlungen: Verschmelzung – Spaltung – Formwechsel – Vermögensübertragung, München 2002, S. 466–533.

SANCHANTA, M. (2001): Xerox kappt Geschäft mit Privatkunden, in: Financial Times Deutschland vom 15. Juni 2001, S. 4.

SAUTER, T. (2000): Schlußbilanzen bei Spaltungen, in: *WASSERMEYER, F./MAYER, D./RIEGER, N.* (Hrsg.), Umwandlungen im Zivil- und Steuerrecht, FS für S. Widmann, Bonn 2000, S. 99–116.

SCHNEIDER, P. (1977): Die Unternehmungsaufspaltung in betriebswirtschaftlicher, handelsrechtlicher und steuerrechtlicher/steuerwirtschaftlicher Sicht, Zürich 1977.

SCHÖNE, T. (1998): Die Spaltung unter Beteiligung von GmbH gem. §§ 123 ff. UmwG, Grundlagen, Anteilsgewährung, Beschlußfassung, Informationspflichten, Köln (1998).

SCHWARZER, U./STUDENT, D. (2006): Quandt-Dynastie, Erben ohne Fortune, in: Manager Magazin, Ausgabe 4/2006, S. 36.

SCHWEDHELM, R./STRECK, M./MACK, A. (1995): Die Spaltung der GmbH nach neuem Umwandlungsrecht (I), in: GmbH-Rundschau, 1995, S. 7–15.

SEIDLITZ, F. (2006): Ex-Liebling der Kapitalmärkte, in: Die Welt vom 2. Juni 2006, S. 13.

SIEGER, J. J./HASSELBACH, K. (2001): „Tracking Stock" im deutschen Aktien- und Kapitalmarktrecht, in: Die Aktiengesellschaft, 2001, S. 391–399.

TEICHMANN, A. (1995): Die Bedeutung der Spaltungsvorschriften im UmwG, in: *LUTTER, M.* (Hrsg.): Kölner Umwandlungsrechtstage: Verschmelzung, Spaltung, Formwechsel nach neuem Umwandlungsrecht und Umwandlungssteuerrecht, Köln 1995, S. 91–98.

TEICHMANN, A. (2004): Möglichkeit der Spaltung, in: *LUTTER, M./WINTER, M.* (Hrsg.): Umwandlungsgesetz, Kommentar, Köln 2004, S. 1357–1388.

THIEL, J. (1995a): Die Spaltung (Teilverschmelzung) im Umwandlungsgesetz und im Umwandlungssteuergesetz – neue Möglichkeiten zur erfolgsneutralen Umstrukturierung von Kapitalgesellschaften (Teil I), in: Deutsches Steuerrecht, 1995, S. 237–242.

THIEL, J. (1995b): Die Spaltung (Teilverschmelzung) im Umwandlungsgesetz und im Umwandlungssteuergesetz – neue Möglichkeiten zur erfolgsneutralen Umstrukturierung von Kapitalgesellschaften (Teil II), in: Deutsches Steuerrecht, 1995, S. 276–280.

VEIL, R. (1998): Aktuelle Probleme im Ausgliederungsrecht, in: Zeitschrift für Wirtschaftsrecht und Insolvenzpraxis, 1998, S. 361–369.

VIRTEL, M./WILHOFSZKI, O. (2005): Hewlett-Packard baut radikal um, in: Financial Times Deutschland vom 20. Juli 2005, S. 1.

WANNER, C./HEGMANN, G. (2003): HypoVereinsbank stößt Schweizer Tochter ab, in: Financial Times Deutschland vom 10. Oktober 2003, S. 19.

WANNER, C./HEGMANN, G. (2005): HVB verkauft Bethmann Maffei mit Gewinn, in: Financial Times Deutschland vom 11. Dezember 2005, S. 21.

WASSENER, B./RONKE, C. (2005): Metro erwartet steigende Konsumnachfrage, in: Financial Times Deutschland vom 4. März 2005, S. 3.

WEISER, M. F./UŽIK, M./RÖHRIG, I. (2005): Capital Market Reactions to the Announcement of Equity Carve-Outs and Spin-Offs – The Key to increase Shareholder Value?, in: Finanz Betrieb, 2005, S. 571–581.

WELTER, R. (1992): Spaltung von Treuhandunternehmen, in: Deutsche Zeitschrift für Wirtschaftsrecht, 1992, S. 265–272.

WETZEL, D. (2006): Fusions- und Übernahmefieber steigt, in: Die Welt vom 31. Juli 2006, S. 9.

WILHOFSZKI, O. (2004): Motorola legt Auftragspolster für UMTS-Ära an, in: Financial Times Deutschland vom 3. September 2004, S. 4.

WIRTZ, B. W. (2003): Mergers & Acquisitions-Management, Strategie und Organisation von Unternehmenszusammenschlüssen, Wiesbaden 2003.

WIRTZ, B. W./WECKER, R. M. (2006): Struktur und Ablauf des Demerger-Managements, in: *WIRTZ, B. W.* (Hrsg.), Handbuch Mergers & Acquisitions Management, Wiesbaden 2006, S. 1167–1185

WOCHINGER, P. (1992): Realteilung (Spaltung) von Kapitalgesellschaften, in: Der Betrieb, 1992, S. 163–177.

WOCHINGER, P. (2000): Nichtverhältniswahrende Spaltung, in: *WASSERMEYER, F./MAYER, D./RIEGER, N.* (Hrsg.), Umwandlungen im Zivil- und Steuerrecht, FS für S. Widmann, Bonn 2000, S. 639–653.

ZIMMERER, C. (1991): Beratung bei Unternehmensakquisitionen, in: *BAETGE, J.* (Hrsg.), Akquisition und Unternehmensbewertung, Düsseldorf 1991, S. 45-58.

Zweiter Teil – Die Post-M&A-Phase

Organisatorische und Change-Management-Perspektiven

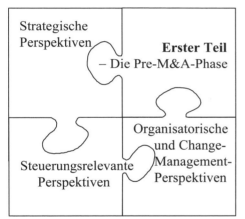
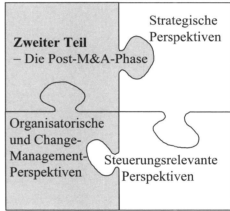

Gestaltung unternehmensmarktlicher Interaktionsbedingungen in der Post-M&A-Phase

CARSTEN VON GLAHN & FRANK KEUPER

Siemens Business Services & Steinbeis-Hochschule Berlin

1 Unternehmensinterner Markt sowie Mergers & Acquisitions – Einleitung 341
2 Unternehmensinterne Marktergänzung 341
   2.1 Unternehmensexterner Markt – Referenzierung 343
   2.2 Unternehmensinterner Markt – Präzisierung 346
   2.3 Unternehmensinterner Markt – Ergänzung 348
3 Interaktionsanalyse bei Mergers & Acquisitions 349
   3.1 Mergers & Acquisitions – Theoretischer Rahmen 349
   3.2 Mergers & Acquisitions – Interaktionsparameter 354
      3.2.1 Interaktionsrollen 354
      3.2.2 Interaktionsbeteiligungsgruppen 356
         3.2.2.1 Interne Beteiligte des M&A-Effektors (akquirierendes Unternehmen) 356
         3.2.2.2 Interne Beteiligte des M&A-Rezeptors (Zielunternehmen) 358
4 Interaktionsgestaltung bei Mergers & Acquisitions 359
   4.1 Mergers & Acquisitions – Interaktionsschnittstellen 359
   4.2 Mergers & Acquisitions – Interaktionsbeziehungen 361
5 Unternehmensinterner Markt sowie Mergers & Acquisitions – Konklusion 362
Quellenverzeichnis 363

1 Unternehmensinterner Markt sowie Mergers & Acquisitions – Einleitung

Eine Untersuchung der im 20. Jahrhundert mithilfe von Mergers & Akquisitions getätigten Transaktionen zeigt ein zyklisches Wiederkehren so genannter „*Merger-Wellen*".[1] Dieser systematischen Entwicklung folgend hat Mitte des letzten Jahrzehnts die fünfte Merger-Welle eingesetzt, die hinsichtlich Transaktionsvolumina und -häufigkeit alle vorangegangenen Tendenzen in den Schatten stellt.[2] Das Ausmaß dieser im multinationalen Kontext zu beobachtenden Unternehmensübernahmen, -zusammenschlüsse und -kooperationen setzt sich auch in diesem Jahrzehnt fort.[3] Auch wenn der Zenit überschritten zu sein scheint, stellen aktuelle Transaktionsvolumina ein wesentliches Element der weltwirtschaftlichen Wachstumsdynamik dar.[4] Diametral zur Zahl der durchgeführten beziehungsweise der angestrebten Mergers & Akquisitions stehen allerdings die erzielten Resultate sowie die registrierten Misserfolgsraten. Beispielsweise belegen JANSEN und KÖRNER, dass von 103 Zusammenschlüssen mit deutscher Unternehmensbeteiligung, die zwischen den Jahren 1994 und 1998 vereinbart wurden, nur etwa 44 % eine Umsatzsteigerung realisieren konnten.[5] Zudem konnten nur 24 % der an dieser Studie teilnehmenden Unternehmen eine durch M&A initiierte positive mittelfristige Börsenentwicklung im Branchenvergleich verbuchen. Diese und weitere Untersuchungen in M&A-Umfeld lassen auf einen Bedarf an weiterführenden Ansätzen und Sichtweisen zur Durchdringung der Integrationsaufgabe bei Mergers & Acquisitions schließen.[6] Die Verknüpfung unternehmensmarktlicher Phänomene mit Fusionen, Kooperationen oder Akquisitionen von Unternehmen(steilen) stellt ein Untersuchungsfeld dar, dem insbesondere hinsichtlich der Ausgestaltung von Interaktionsbedingungen der beteiligten Akteure auf internen Märkten bisher verhältnismäßig wenig Bedeutung beigemessen wurde. Diesem Thema widmet sich der vorliegende Beitrag unter besonderer Berücksichtigung des Einflusses des Unternehmens-Managements in der so genannten Post-M&A-Phase.

2 Unternehmensinterne Marktergänzung

Abläufe, die zur *internen* Bereitstellung von Leistungen durch Unternehmenseinheiten beziehungsweise die zum Abruf dieser Leistungen durch unternehmensinterne Nachfrager führen, unterscheiden sich dem Grundsatz nach nur unwesentlich von externen Marktmechanismen. Aufstellung und Positionierung des Erbringers von Leistungen bedingen ebenfalls die Erfolgsverantwortung geprägt durch Kunden-, Qualitäts- und Nutzenorientierung beim Kunden. Es ist jedoch davon auszugehen, dass ein intraorganisatorischer Anbieter, nur in eingeschränktem Maß die marktlichen Handlungsfreiheiten eines externen Leistungsanbieters genießt. So sind interne Leistungsbezieher durch unternehmensstrategische Vorgaben nicht völlig frei in

---

[1] Vgl. GAUGHAN (2002), S. 23 ff.
[2] Vgl. MÜLLER-STEWENS (2000), S. 43 ff.
[3] Vgl. SCHMICKL/JÖNS (2004), S. 5.
[4] Vgl. BROCKDORFF (2003), S. 2 f.
[5] Vgl. zu den folgenden Ausführungen JANSEN/KÖRNER (2000), S. 3 ff.
[6] Vgl. zu einem Überblick über weiterführende Studien JANSEN (2001), S. 240 ff.

ihren Handlungen, zum Beispiel hinsichtlich der Art eines Leistungsbezugs. Es ist somit nahe liegend, die Voraussetzungen und die Bedingungen, unter denen beteiligte Leistungsakteure am unternehmensinternen Markt beteiligt sind, sowie die vom Unternehmens-Management zu schaffenden wettbewerblichen Rahmenbedingungen näher zu spezifizieren.

An dieser Stelle wird auf eine Diskussion der Vielzahl existierender Definitionen verzichtet und unter Management im funktionalen Sinn „[...] ein Komplex von Steuerungsaufgaben, die bei der Leistungserstellung und -sicherung in arbeitsteiligen Systemen erbracht werden müssen [,]"[7] verstanden. Damit stehen die vom Management einzunehmenden Funktionen in komplementärer Beziehung zu den originären unternehmerischen Funktionen der Leistungserstellung wie zum Beispiel Einkauf und Produktion. Management (oder – in diesem Beitrag synonym – *Führung*)[8] kann folgerichtig als komplexe Verknüpfungsaktivität interpretiert werden, die die Leistungserstellungsprozesse im Sinne einer Querschnittsfunktion überlagert und auf den Wertschöpfungsprozess eines Unternehmens steuernd einwirkt.[9]

In der wirtschaftswissenschaftlichen Literatur finden sich zahlreiche Definitionsansätze des Markts, die den Begriff aus zahlreichen Perspektiven erklären.[10] Das Spektrum beginnt bei einer mikroökonomischen Sicht, die den Markt als einen abstrakten Ort des *ökonomischen Tausches* beschreibt, an dem Angebot und Nachfrage zusammentreffen und an dem stattfindende Aktivitäten idealisiert betrachtet über Preis und Wettbewerb koordiniert werden.[11] Aus einer anderen Perspektive wird ein Markt als *System* verstanden, wobei Marktelemente beispielsweise Leistungserbringer, Leistungsnachfrager und Wettbewerber sind, zwischen denen *viele und vielfältige Beziehungen* bestehen.[12] Weiterhin existiert eine industrieökonomische Eingrenzung des Markts anhand von Produkt- beziehungsweise Leistungsmerkmalen.[13] Der auch als „Neue Institutionenökonomie"[14] bekannte Sichtweise wird im weiteren Verlauf dieses Beitrags gefolgt, weil diese einerseits darauf ausgerichtet ist, Erklärungsansätze für institutionale Gestaltungsstrukturen zu evaluieren. Andererseits wird die eher instrumentale Sichtweise herangezogen, mit der untersucht werden kann, wie auftretende Koordinationsprobleme in effiziente institutionale Strukturen und Abläufe überführt werden können. Auf einem Markt wird damit unter Nutzung von preislichen Mechanismen die Abwicklung von Markttransaktionen unterstützt, sodass effektive und effiziente Tauschvorgänge ermöglicht werden. Dieser Interpretation folgend wird unter einem internen Markt eine umfassende Ordnung organisatorischer Regelungen verstanden, die eine Anwendung von Prinzipien marktlicher Transaktionen intern nachbildet. Hierbei wird die Lenkung verfügbarer Ressourcen beim arbeitsteiligen Handeln an den übergeordneten Unternehmenszielen ausgerichtet.[15] Folglich

---

[7] STEINMANN/SCHREYÖGG (2000), S. 7.

[8] Vgl. KRÜGER (1994), S. 23.

[9] Vgl. STEINMANN/SCHREYÖGG (2000), S. 6 f.

[10] Vgl. BAUER (1994), S. 1394 f.

[11] Vgl. MARSHALL (1920), S. 140 f. Für STOBBE besteht der Markt „[...] aus der Gesamtheit von Handlungen und Transaktionen, mit denen Anbieter und Nachfrager des Objekts zum Zweck des Tausches in Verbindung treten [...]" STOBBE (1991), S. 279.

[12] Vgl. SCHWENK-WILLI (2001), S. 10, und KEUPER (2004), S. 1.

[13] Vgl. zu den folgenden Ausführungen VON GLAHN (2006), S. 169 f.

[14] Die ‚Neue Institutionenökonomie' beschäftigt sich vorrangig mit der Analyse von *Institutionen*, zum Beispiel Verträge, Verfügungsrechte, Hierarchien und Märkte, in deren Rahmen ein ökonomischer Austausch vollzogen wird. Erklärtes Ziel ist es hierbei, Struktur, Verhaltenswirkungen und Wandel dieser ökonomischen Institutionen zu erklären, vgl. EBERS/GOTSCH (2001), S. 199.

[15] Vgl. LAYER (1976), S. 99 ff.

ist es immanent, wirtschaftliche Prinzipien externer Märkte unternehmensintern so nachzubilden, dass interne – durch das Management-Organ festgesetzte – Rahmenbedingungen Berücksichtigung finden.[16]

2.1 Unternehmensexterner Markt – Referenzierung

Zur Einordnung unternehmensinterner Marktaktivitäten beziehungsweise zur Identifikation potenzieller marktlicher Unzulänglichkeiten, die zum Teil eine Ergänzung durch M&A-Aktivitäten erfordern, ist die Referenzierung auf die Begriffsbildung externer Märkte sinnvoll. Die Herausarbeitung der wesentlichen Charakteristika interner Märkte basiert in diesem Beitrag auf den Überlegungen von LEHMANN.[17] Die einzelnen Bestandteile dieser Definition werden dahingehend analysiert, inwieweit beziehungsweise mit welchen spezifischen Ausprägungen diese auf den internen Markt, auf dem ein unternehmensinterner Leistungsanbieter agiert, übertragbar sind. Sieben zentrale Bestandteile eines externen Markts sind für die nachfolgenden Überlegungen relevant:[18]

Mindestens zwei Wirtschaftssubjekte mit Entscheidungsautonomie: Die zahlenmäßige Mindestvoraussetzung von Unternehmen, die als Akteure am externen Markt auftreten, stellt einen zentralen Parameter der Marktformenlehre dar und wird damit zum konstitutionellen Bestandteil des Marktbegriffs.[19] Einleuchtend erscheint der Umstand, dass zur Durchführung marktlicher Leistungstransaktionen mindestens zwei Einheiten existieren müssen, die über ein merkliches Maß an Entscheidungsautonomie verfügen. Unter Berücksichtigung des Wettbewerbs, der als eine Voraussetzung funktionsfähiger Marktmechanismen einzustufen ist, reichen das Vorhandensein lediglich zweier Entscheidungseinheiten (Leistungsanbieter und Leistungsnachfrager) jedoch nicht aus. Hinreichendes Kriterium eines funktionierenden Markts ist somit die Existenz von mindestens zwei Wirtschaftssubjekten jeweils auf der anbietenden und auf der nachfragenden Seite.[20] Im vorliegenden Fall müssen neben einem Leistungsanbieter folgerichtig mindestens ein weiterer Leistungsanbieter sowie mindestens zwei nachfragende Unternehmenseinheiten existieren. Die Entscheidungsautonomie interner Nachfrager wird unter anderem mittels arbeitsrechtlicher, gesellschaftsrechtlicher sowie hierarchisch bedingter Planungsvorgaben übergeordneter Einheiten auf dem unternehmensinternen Markt eingeschränkt. Zumal ein internes Marktgefüge generell keine autonomen Akteure kennt, die sich ausschließlich an individuellen Präferenzen orientieren, sind unter Beachtung existierender Restriktionen die vorgegebenen Entscheidungsspielräume der internen Marktakteure hinsichtlich der Verwendung von Ressourcen wiederum so groß auszulegen, dass ein Beitrag nach Maßgabe übergeordneter Unternehmensziele von ihnen leistbar ist.[21] Ein interner Anbie-

---

[16] Vgl. HEITGER/SCHMITZ/ZUCKER (1994), S. 28.

[17] Vgl. zu den folgenden Ausführungen dieses Gliederungspunktes LEHMANN (2002), S. 170 ff., und VON GLAHN (2006), S. 170 ff.

[18] LEHMANN charakterisiert externe Märkt durch „[...] die Existenz mindestens zweier Entscheidungseinheiten mit im Ausgangszustand voneinander abweichender Ausstattung mit [...] Ressourcen, die untereinander nicht in einem hierarchischen Abhängigkeitsverhältnis stehen und nach Maßgabe der eigenen Präferenzstruktur unter Berücksichtigung des [...] Preises für das/die Transaktionsobjekt(e) Austauschprozesse (Transaktionen) abwickeln können, wobei sie das Recht verfügen, sich den ihnen aus einer vollzogenen Transaktion zustehenden Gewinn in vollem Umfang anzueignen." LEHMANN (2002), S. 174.

[19] Vgl. VON STACKELBERG (1992), S. 523.

[20] Vgl. STOBBE (1991), S. 576.

[21] Vgl. FRESE (1997), S. 134.

ter hat demnach individuelle Entscheidungen mit dezidierten Management-Vorgaben in Einklang zu bringen.

Ungleiche Ressourcenausstattung: Der Leistungsaustausch auf einem externen Markt ist grundsätzlich darauf ausgerichtet, den individuellen Nutzen der Marktakteure zu vermehren. Um diese Nutzenerhöhung zu erreichen, ist es notwendig, dass die am Austausch beteiligten Parteien im Ausgangszustand eine unterschiedliche Ressourcenausstattung aufweisen. Diese für den externen Markt formulierte Anforderung ist auf eine interne Marktsituation übertragbar, sofern die am Leistungsaustausch beteiligten Einheiten bezüglich ihrer zu erfüllenden Aufgaben unternehmensintern differenzierbar sind. Dies besagt, dass Leistungsbezieher und -anbieter durch Kompetenzungleichheit gekennzeichnet sind, verbunden mit einer zumindest teilweisen leistungsbedingten Abhängigkeit zu anderen Unternehmenseinheiten. Weiterhin sind spezifische Erfahrungskurveneffekte der leistungserbringenden Einheit zu nennen, die eine im Vergleich zur beziehenden Einheit ungleiche Ressourcenausstattung rechtfertigen und deshalb vorteilhafte Qualitäts- und Kosteneffekte für den internen Leistungsbezieher zur Folge haben.

Unabhängigkeit von der hierarchischen Einordnung: Ein weiteres grundlegendes Merkmal des externen Markts wird durch eine hierarchische Unabhängigkeit festgeschrieben, was sich dahingehend äußert, dass die Marktakteure in keinem hierarchischen Abhängigkeitsverhältnis zueinander stehen.[22] Dieser Umstand hat zur Folge, dass weder die nachfragenden noch die anbietenden Marktakteure die Befugnis haben, der jeweils anderen Seite verbindliche Weisungen zu erteilen. Die Anforderung der hierarchischen Unabhängigkeit lässt sich für einen internen Markt insofern einfach gestalten, als dass sich Leistungstransaktionen auf solche Einheiten beschränken, die in keinem Über-Unterordnungsverhältnis, zueinander stehen,[23] sodass eine einseitig vorhandene Weisungsbefugnis der beteiligten Marktakteure auszuschließen ist. Der unternehmensinterne Anbieter sowie die leistungsbeziehenden Einheiten sind zwar Restriktionen hinsichtlich ihrer Handlungs- und Entscheidungsmöglichkeiten unterworfen, die von der hierarchisch übergeordneten Unternehmens-Management-Instanz ausgehen. Diese Einschränkungen können jedoch nicht ein Resultat gegenseitiger Einflussnahme sein, weil die marktlichen Partner intern auf der gleichen Hierarchie-Ebene einzuordnen sind.

Entscheidung auf Basis eigener Zieldefinition: Neben den zuvor genannten marktlichen Merkmalen agieren externe marktliche Akteure nach Maßgabe ihrer individuellen Präferenzen.[24] Die Verfolgung der eigenen Interessen kann unternehmensintern unter Umständen eingeschränkt werden, indem die Interessen des Einzelnen nicht oder nur zum Teil mit denen anderer Marktbeteiligter in Übereinstimmung zu bringen sind.[25] Folglich hängt das Zustandekommen einer Transaktion von dem bewerteten Nutzen ab, den die potenziellen Transaktionspartner („*targets*") für sich erwarten. Wie bereits aufgezeigt, werden die einem Unternehmen zugehörigen Einheiten an *gemeinsamen wirtschaftlichen Zielvorstellungen* ausgerichtet. Dementsprechend folgen marktliche Prinzipien innerhalb eines Unternehmens nicht umfassend externen marktlichen Charakteristika. Vielmehr unterliegen interne Märkte „[...] im Kern [einer] hierarchischen Willensbildung [...]"[26], das heißt interne Marktmechanismen richten

---

[22] Vgl. *LEHMANN* (2002), S. 173.
[23] Vgl. *COMMONS* (1934), S. 672.
[24] Vgl. *GROCHLA* (1972), S. 38.
[25] Vgl. *BRAUN* (1987), S. 17.
[26] *FRESE* (1997), S. 131.

sich letztlich am Gesamtziel eines Unternehmens aus.[27] Im Gegensatz zum externen Markt ist die Verfolgung von Zielen und die Verbesserung des Zielerreichungsgrades durch unternehmensinterne Einheiten somit niemals Selbstzweck; insofern hat sich auch ein interner Leistungsbereitsteller vorrangig den Direktiven des Unternehmens-Managements zu unterwerfen, auch wenn dies beispielsweise Effizienzverluste aus Sicht einer oder mehrerer Einheiten bedeutet.

Existenz von Preisen: Ein Preis als Tauschverhältnis bringt grundsätzlich einen Abstimmungsmechanismus zwischen Angebot und Nachfrage bezüglich des Werts einer Leistung zum Ausdruck und bemisst auf diese Weise die Mengenrelation eines Leistungstransfers.[28] Am externen Markt stattfindende Tauschbeziehungen sind immer durch die Existenz eines bestimmten Preises für Transaktionsobjekte gekennzeichnet. Preise sowie die Kriterien zur Bestimmung dieser finden sich ebenso auf unternehmensinternen Märkten wieder und werden als *Verrechnungspreise*[29] bezeichnet. Diese stellen eine Wertedimension für intern transferierte Leistungen dar und bilden die Grundlage für eine Bewertung monetärer Ergebnisse der am internen Transaktionsprozess beteiligten leistungsbeziehenden und leistungserstellenden Einheiten. Demzufolge werden im Rahmen der Interaktion zwischen Leistungsanbieter und Unternehmenseinheit Verrechnungspreise als Gegenleistung zur Erbringung von Leistungen verlangt.[30]

Transaktion: Transaktionen sind ein bedeutsames Kriterium zur Unterscheidung marktlicher und nicht marktlicher Formen des Leistungsübergangs. Sie orientieren sich an den jeweiligen *Nutzenfunktionen der Marktakteure*[31] und entsprechen einer endlichen Menge von Interaktionsprozessen, an deren erfolgreichem Ende der Übergang des Transaktionsobjekts steht. Die Existenz und Bedeutung von Transaktionen hat auf internen Märkten eine analoge Bedeutung wie auf unternehmensexternen, jedoch ist eine Orientierung an den jeweiligen Nutzenfunktionen von Leistungsbezieher und Leistungsanbieter nicht zwingend. Hierarchisch übergeordnete Instanzen haben prinzipiell die Möglichkeit, den am internen Markt agierenden Unternehmenseinheiten sowohl Vorgaben im Hinblick auf die Transaktionspartner zu machen als auch Restriktion hinsichtlich der Transaktionscharakteristika aufzuerlegen.

Gewinnzurechnung: Ein wesentlicher Grund, dass am externen Markt agierende Wirtschaftssubjekte die Aufnahme von Transaktionsbeziehungen anstreben, liegt in dem Antrieb, sich aus dem Leistungstausch resultierende Gewinne aneignen zu können.[32] Ein Aneignungsrecht von erzielten Gewinnen hängt für einen internen Leistungsanbieter demzufolge von der durch das Unternehmens-Management eingeräumten Verantwortung und Entscheidungsbefugnis ab. Die Bandbreite reicht von einer Einschränkung der Gewinnerwirtschaftungsbefugnis bis zum Aneignungsrecht der Gewinne, die dann für notwendige Bestands- oder Erweiterungsinvestitionen verwendet werden können.

---

[27] Nach Ansicht ACKOFFs sind nahezu alle Einheiten eines Wirtschaftssubjekts nach marktlichen Rahmenbedingungen auszurichten. Jedoch sieht auch er teilweise die Notwendigkeit hierarchischer Interventionsmöglichkeiten: „[...] higher level units must be able to intervene when lower level units fail to act in the best interests of the whole of which they are part [...]" ACKOFF (1993), S. 19.

[28] Zum Begriff der *marktlichen Funktion des Preises* vgl. VON HAYEK (1969), S. 258.

[29] Vgl. ECCLES (1985), S. 56 ff.

[30] Vgl. KEUPER/VON GLAHN (2005), S. 193 f.

[31] Vgl. FRESE (1997), S. 134.

[32] Vgl. LEHMANN (2002), S. 179.

2.2 Unternehmensinterner Markt – Präzisierung

Die in der Theorie verwendeten idealisierten Zustände sind zumeist nicht in vollem Umfang auf die Praxis übertragbar, sodass selbst der externe Markt nicht in vollendeter Form anzutreffen ist.[33] Nach STOBBE ist ein Markt „[...] vollkommen, wenn bei freiem Zutritt auf beiden Seiten sehr viele Marktteilnehmer mit übereinstimmenden Planperioden und sämtlich sehr kleinen Marktanteilen vorhanden sind, die sich rational verhalten, keine sachlichen, persönlichen oder räumlichen Präferenzen haben und über vollständige Markttransparenz verfügen."[34] Ein Leistungsmarkt wird demzufolge als *vollkommen* (oder – synonym – *idealtypisch*)[35] bezeichnet, wenn dieser die nachfolgenden Bedingungen der Homogenität sowie der vollständigen Transparenz erfüllt:[36]

➢ Leistungsersteller und Leistungsabnehmer haben freien Zugang zum externen Markt und agieren unter einheitlichen Transaktionsbedingungen.

➢ Auf dem externen Markt werden die im relevanten Teilmarkt gehandelten Leistungen zu einheitlichen Marktpreisen bereitgestellt, wobei die unternehmensinternen Leistungen vollständig substituiert werden können. Es existiert somit eine Gleichartigkeit der vorhandenen Leistungen, das heißt das externe und interne marktliche Angebot unterscheidet sich weder nach qualitativen noch funktionalen Gesichtspunkten (*homogene Leistungen*).

➢ Im Sinne der vollständigen Markttransparenz sind die Akteure über das gesamte (interne und externe) marktliche Geschehen vollständig und gleichartig informiert.

➢ Leistungen werden nur nach objektiven Aspekten (unter anderem Preis, Qualität, Funktionalität) und nicht nach individuellen Präferenzen ausgewählt.

➢ Verfügbare Marktkapazitäten sind sowohl auf der Absatz- wie auch auf der Beschaffungsseite unbeschränkt.

➢ Preislich inkludierte Verbundvorteile, die bei externer Lieferung beziehungsweise externem Bezug entfallen, sind rechnerisch erfassbar und nachweisbar. Zudem können nicht rechnerisch konkretisierbare Skaleneffekte ausgeschlossen werden, wie zum Beispiel Qualitätsminderungen und Belieferungsunsicherheiten.

➢ Marktpreisschwankungen werden ohne Verzögerung erfasst und gegebenenfalls auf die eigene Preisbildung umgemünzt, sodass ein so genannter *Gleichgewichtspreis* vorherrscht.

➢ Räumliche Differenzen bei der Leistungserbringung zwischen internem und externem Markt bleiben unberücksichtigt, das heißt der interne und externe Markt besitzt keine räumliche Ausdehnung („*Punktmarkt*").

---

[33] Vgl. zu den folgenden Analysen dieses Gliederungspunkts VON GLAHN (2006), S. 174 ff.
[34] STOBBE (1991), S. 314.
[35] Vgl. LINDEMANN (2000), S. 42.
[36] Vgl. COENENBERG (1999), S. 535.

Unter den aufgeführten Bedingungen des vollkommenen Markts kann der Marktmechanismus optimal funktionieren. Sobald eine dieser Bedingungen nicht vorliegt, ist der Markt nicht mehr idealtypisch.[37] Durch diesen Umstand ist der vollkommene Markt in der Praxis als nicht erreichbar zu betrachten. Insbesondere im Hinblick auf die Anwendbarkeit für einen Leistungsbereitsteller von Leistungen lässt sich feststellen, dass nicht alle Kennzeichen des externen Markts auf die unternehmensinterne Sphäre übertragbar sind. Unter Zuhilfenahme unterstützender Instrumente der organisatorischen Gestaltung, wie zum Beispiel die Verwendung von Verrechnungspreisen, aber auch mithilfe organisatorischer Ergänzungen durch M&A, ist eine Näherung an die externen Markterfordernisse möglich, wird in der Regel aber nicht gänzlich erreicht werden können. Weiterhin ist von dem Unternehmens-Management abzuwägen, wie existierende gestaltungsbezogene Freiheitsgrade eingesetzt werden, um einerseits den übergeordneten Interessen des Unternehmens und andererseits den Erfordernissen der in internen marktlichen Beziehungen stehenden Unternehmenseinheiten Rechnung zu tragen. Je nach Ausgestaltung der Management-Philosophie eines Unternehmens wird ein mehr oder weniger großer Zugang von externer Konkurrenz zugelassen. So stellt das Zulassen von Wettbewerb auf einer oder den beiden internen Marktseiten einen typischer Gestaltungsparameter des Managements dar. Die Führungsinstanz hat sich also bei der Einführung wettbewerblicher Prinzipien dem marktlichen Freiheitsgradoptimum zur Erreichung der übergeordneten Interessen des Unternehmens anzunähern. Hieraus resultiert ein Spannungsfeld bei der Entscheidungsfindung, bis zu welchem Grad die Initiierung möglichst vollkommener marktlicher Bedingungen der Erreichung übergeordneter Unternehmensziele dient. Der Management-Instanz steht hierbei ein weites Spektrum an Ausgestaltungsalternativen zur Verfügung. Für die Leistungserstellungsseite und für die Nachfrageseite können beispielsweise folgende wettbewerbliche Rahmenbedingungen gelten:[38]

➢ Wettbewerbsverzicht, das heißt verbindliche unternehmensinterne Abwicklungsrichtlinien für den einheitenübergreifenden Austausch von Leistungen existieren,

➢ Wettbewerbseinschränkungen, das heißt Wahlmöglichkeit zwischen Leistungslieferanten beziehungsweise -abnehmern innerhalb des Unternehmens,

➢ Wettbewerbsfreiheit, das heißt Transaktionsmöglichkeit mit Leistungslieferanten beziehungsweise Leistungsabnehmern des internen und/oder externen Markts.

Die aufgeführten Punkte eines Wettbewerbskontinuums determinieren beispielhaft den Abweichungsgrad einer Annäherung an idealtypische Marktbedingungen und damit ein Ergänzungspotenzial interner Marktparameter. Weiterhin besteht – wie im Folgenden gezeigt wird – ein enger Zusammenhang zwischen dem durch das Management den Einheiten gewährten Handlungsfreiraum und der organisatorischen Aufstellung des Unternehmens. Es kann somit konstatiert werden, dass unternehmensinterne Märkte nicht ohne Einwirkung des Managements entstehen, sondern auf Basis des externen Marktgefüges „*rekonstruiert*" werden.[39]

---

[37] In der Praxis kommen Wertpapier- und Devisenbörsen den Eigenschaften eines idealtypischen Markts zwar sehr nahe, jedoch bleibt gewöhnlich mindestens eine Anforderung unerfüllt, sodass im theoretischen Sinn lediglich von unvollkommenen realen Märkten gesprochen wird, vgl. LINDEMANN (2000), S. 42.

[38] Vgl. VON GLAHN (2006), S. 176.

[39] Vgl. NEUS (1997), S. 38.

2.3 Unternehmensinterner Markt – Ergänzung

Unternehmensorganisationen mit einer zentralen Management-Philosophie, wie sie zum Beispiel bei einer so genannten *Operativen Holding* zu finden ist, sind für interne marktliche Aktivitäten eher ungeeignet:[40] Die Spitzeneinheit einer solchen zentral orientierten Organisationsstruktur nimmt in der Regel alle wesentlichen Management-Funktionen, wie zum Beispiel Planung, Personaleinsatz und Kontrolle des gesamten Unternehmens wahr. Das Management-Organ, das wirtschaftlich sogar bedeutender als die einzelnen Unternehmenseinheiten sein kann, nimmt eine dominierende Stellung ein. Die Funktionen der unternehmerischen Einheiten beschränken sich oft auf ergänzende oder unterstützende Aktivitäten. Eine solche Konstellation führt zu einem großen Abhängigkeitsverhältnis sowie hohem Koordinations- und Steuerungsaufwand aus Sicht des Managements. Die einzelnen Einheiten werden damit an einer „kurzen Leine" geführt, was einem unabhängigen und eigenverantwortlichen Marktprinzip widerspricht.

Im Gegensatz dazu dient die so genannte *Management-Holding* als Beispiel einer dezentral ausgestalteten Management-Philosophie. Das wesentliche Merkmal einer solchen Organisation ist die Trennung von strategischen und operativen Funktionen zwischen dem Führungsorgan und den untergeordneten Einheiten.[41] Eine Einflussnahme auf die operative Geschäftstätigkeit der untergeordneten Einheiten wird demnach konsequent vermieden. Die Festlegung von übergeordneten Zielen und Strategien verbleibt aber beim Unternehmens-Management, das unter anderem die Bündelung von Ressourcen zur Erschließung neuer Geschäftsfelder anstrebt, das unternehmensweite Kapital-, Liquiditäts- und Erfolgsplanung erstellt und verabschiedet sowie die M&A-Politik des Unternehmens verantwortet.[42] Aus den durch das Management determinierten übergeordneten Strategien und Zielen resultiert zumeist ein weit angelegter Handlungsrahmen der einzelnen Unternehmenseinheiten zur Erfüllung operativer Aufgaben einschließlich der Definition individueller Geschäftsfeldstrategien.[43] Für einen solchen dezentral aufgestellten Organisationstyp ist es folglich charakteristisch, dass den einzelnen Einheiten nahezu alle Entscheidungskompetenzen bezüglich ihrer Geschäftsaktivitäten zustehen, was mit einem hohen Autonomiegrad im Unternehmensverbund einhergeht und damit eine der grundlegende Prämisse für unternehmensmarktliche Aktivitäten darstellt.

Bei der Wahl einer organisatorisch-strukturellen Aufstellung, die – wie beschrieben – unter anderem der Form einer Management-Holding entsprechen kann, legt das Unternehmens-Management die Basis für die zur internen Marktetablierung notwendige Wettbewerbsfreiheit. Mithilfe von M&A-Transaktionen können folglich Defizite interner marktlicher Bedingungen ausgeglichen werden. Die bereits diskutierten einen Markt definierenden Parameter gelten hierbei als Referenzfaktoren. Unternehmenskäufe und Zusammenschlüsse können beispielsweise darauf ausgerichtet sein, im Rahmen von Restrukturierungsmaßnahmen die Entscheidungsautonomie der einzelnen Einheiten zu erhöhen. Hierbei kann das Ziel sein, die organisatorischen Voraussetzungen für eine Transformation der eher zentralen in eine dezentrale Entscheidungsstruktur zu schaffen. Weiterhin kann die Ressourcenausstattung unternehmensinterner Marktakteure zum Beispiel durch Kompetenzerweiterung auf der Angebotsseite durch Zukauf gestärkt werden, was wiederum einen Einfluss auf die interne und externe Wettbewerbssituation hat. Letztlich wird jedwede M&A-Transaktionen das interne marktli-

---

[40] Vgl. zu den folgenden Ausführungen dieses Gliederungspunkts VON GLAHN (2006), S. 319.
[41] Vgl. BÜHNER (1987), S. 42.
[42] Vgl. BLEICHER (1991), S. 655.
[43] Vgl. BRESSER (1988), S. 375 ff.

che Geschehen eines Unternehmens verändern. Dementsprechend wird im Zeitverlauf durch Mergers & Acquisitions das gesamte Interaktionsgefüge interner Märkte beeinträchtigt.

3 Interaktionsanalyse bei Mergers & Acquisitions

3.1 Mergers & Acquisitions – Theoretischer Rahmen

„Mergers & Acquisitions" sind insbesondere durch die Pluralität ihrer ökonomischen, juristischen und sozio-kulturellen Gesichtspunkte in Theorie und Praxis nicht eindeutig definiert.[44] Nach PICOT gibt es zu diesem Begriffspaar, dessen Ursprung im angloamerikanischen Raum zu finden ist, kein deutschsprachiges Pendant.[45] Es lassen sich jedoch für diesen Beitrag unter Mergers & Acquisitions vereinfachend Zusammenschlüsse, Verschmelzungen, Vereinigungen beziehungsweise Fusionen, Zukäufe, Erwerbungen beziehungsweise Erweiterungen sowie Kooperationen von Unternehmen subsumieren.[46]

Motive für Mergers & Acquisitions sind äußerst vielfältig und vielgestaltig. Unter der Prämisse, dass das oberste Management generell anstrebt, die Effektivitäts- und Effizienzniveaus für ihr Unternehmen so festzulegen, dass die Anforderungen und Wirkungen des Gefälles zwischen *Markt-* und *Unternehmenskomplexität* in angemessener Weise aufeinander abstimmbar sind, tritt die langfristige Überlebensfähigkeit eines Unternehmens als oberste Direktive in den Betrachtungsvordergrund.[47] Dieses primäre Ziel eines jeden Wirtschaftssubjekts, an dem sich jede Unternehmenseinheit auszurichten hat, kann strategisch im Einzelfall durch Wachstum, Stabilisierung oder Schrumpfung erreicht werden.[48] In Abhängigkeit davon, welche dieser drei Stoßrichtungen vom Unternehmens-Management gewählt wird, werden Entscheidungen über die Zusammensetzungen der einzelnen Geschäftsfelder, der Ausgestaltung eines internen Markts und dessen Entwicklung durch Zuteilung von Ressourcen festgelegt. Folgerichtig unterstützen M&A-Transaktionen das Management in der Umsetzung der Unternehmensstrategie, indem zum Beispiel[49]

➢ Wettbewerber übernommen werden, um wettbewerbliche Kapazitäten stillzulegen und den Markt zu bereinigen,

➢ Unternehmensteile zugekauft werden, um den marktliche Zugang zu verbessern und/oder *Synergie*potenziale[50] auszunutzen,

➢ komplementäre Kompetenzen akquiriert werden, um die Qualität eigener wertschöpfender Maßnahmen zu steigern,

---

44 Vgl. BRODA (2005), S. 147.
45 Vgl. PICOT (2000), S. 15.
46 Vgl. MACHARZINA (2003), S. 636 ff.
47 Vgl. KEUPER (2004), S. 1 ff.
48 Vgl. BEA/HAAS (1997), S. 158.
49 Vgl. DOPPLER/LAUTERBURG (2002), S. 370 f.
50 Zum Begriff der *Synergien* vgl. GERPOTT (1993), S. 78 ff.

➢ primäre oder sekundäre Leistungskomponenten zugekauft werden, um interne unternehmensmarktliche Bedingungen zu verbessern,

➢ das eigene Leistungsportfolio verbreitert oder bereinigt wird, um auf Entwicklungstendenzen am externen Markt zu reagieren oder neue marktliche Trends zu setzen und

➢ Geschäftsfelder oder Beteiligungen gekauft oder verkauft werden, um eine Kernkompetenzfokussierung zu verbessern und/oder die Rentabilität zu steigern.

Die spezifischen Motive des Unternehmens-Managements determinieren den detaillierten Ablauf von M&A-Transaktionen, der bedingt durch seinen dynamischen Charakter auch als M&A-Prozess bezeichnet wird. In diesem Beitrag werden jedoch Verkäufe, Desinvestitionen Auflösungen von Kooperationen im Rahmen von Mergers & Acquisitions nicht weiter vertieft. Eine Einteilung in drei Phasen, die Pre-M&A-, die M&A- und die Post-M&A-Phase (siehe Abbildung 1), hat sich als generischer M&A-Prozess weitgehend durchgesetzt.[51]

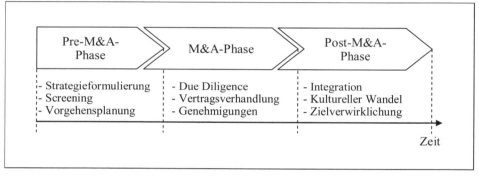

Abbildung 1:   *Generischer M&A-Prozess*[52]

Im Mittelpunkt der ersten Phase einer M&A-Transaktion, der *Pre-M&A-Phase*, stehen die generelle Einschätzung der aktuellen (unternehmensinternen und -externen) Marktsituation, die Überprüfung der unternehmerischen Ausrichtung sowie die Suche nach potenziellen M&A-relevanten Kandidaten (Screening). Ziel ist es, nach dieser Sondierung zur ersten Kontaktaufnahme mit einem oder mehreren Zielunternehmen zu gelangen. Im Rahmen der Informationssammlung und dem damit verbundenen Kandidatenvergleich werden die relevanten Kompetenzen, Kapazitäten und sonstige für den Leistungstransfer notwendigen Bedingungen (zum Beispiel die Solvenz) eruiert. Die Ausarbeitung der Vorgehensplanung, die die Erstellung des Führungskonzepts zur Ausschöpfung angestrebter Effektivitäts- und Effizienzpotenziale, eine so genannte Deal-Strukturierung und eine Simulation der denkbaren Integration beinhaltet, endet idealtypisch betrachtet mit der Entscheidung über den Abschluss von Vorverträgen. Zu diesem Zeitpunkt beginnt formell der Einstieg in die Vereinbarungs- beziehungsweise M&A-Phase.[53]

---

[51] Vgl. HAWRANEK (2004), S. 21.
[52] In Anlehnung an LUCKS/MECKL (2002), S. 59, und MECKL (2006), S. 409.
[53] Vgl. LUCKS/MECKL (2002), S. 54 f.

Die *M&A-Phase* dient in allen Ausprägungen, das heißt unabhängig davon, ob ein Kauf, ein Zusammenschluss oder eine Kooperation angestrebt wird, der konkreten Abwicklung der Transaktion.[54] Diese M&A-Transaktionsphase zeichnet sich im Gegensatz zum vorangegangenen Schritt durch eine erhöhte „Verbindlichkeit" aus.[55] Eine wesentliche Komponente dieses Prozessschritts stellt die so genannte *Due Diligence* dar, bei der im Fall der angestrebten Akquisition ein potenzieller Käufer, im Fall einer möglichen Kooperation oder Fusion die be-teiligten Partner das jeweilige M&A-Zielobjekt analysieren, systematisch und detailliert prüfen, Synergiepotenziale identifizieren, verifizieren und bewerten sowie Risiken einer Umsetzung beurteilen.[56] Die auf Basis von weiterführenden Integrations- und Finanzierungsplänen sowie durch interne Beschlüsse angestoßenen Vertragsverhandlungen dienen der Festlegung von Abwicklungskonditionen, wie unter anderem Preisgestaltung und -höhe, Zahlungsbedingungen, -form und -frist sowie Garantien und sonstige Integrationsmodalitäten zwischen den potenziellen M&A-Partnern.[57] Das gewählte Interaktionsmuster, das heißt die Art und Weise wie die Marktparteien eine Vereinbarung herbeiführen, ist dabei nicht generell festgelegt. Weiterhin werden rechtliche Voraussetzungen wie zum Beispiel arbeitsrechtliche Belange für die M&A-Transaktion geklärt, Genehmigungsverfahren und kartellrechtliche Überprüfungen eingeleitet, das heißt die Grundlagen für die Post-M&A-Phase gelegt. Eine Abmachung, die üblicherweise in Form eines schriftlichen Vertrags unter Vorbehalt der Erteilung aller notwendigen Genehmigungen angestrebt wird, stellt zwischen den Transaktionspartnern im Eini-gungsfall das Ergebnis der Vereinbarungsphase („Closing") dar. Der finale Transaktionsabschluss bedeutet die Paraphierung der M&A-relevanten Verträge, geht mit der Änderung recht-licher Eigentumspositionen einher und bedeutet den Beginn der Post-M&A-Phase.[58]

Bei einer *Post-M&A-Phase*, die letztlich den eigentlichen Integrationsprozess von Mergers & Acquisitions beschreibt und den Hauptfokus dieses Beitrags bildet, handelt es sich nach SCHEITER um die „[...] Zusammenführung und Verschmelzung von Systemen, Strukturen, Ressourcen und Kulturen zweier Unternehmen zur Erreichung einer wirtschaftlichen Zielsetzung."[59] Eine M&A-Integration dient der Umsetzung von unternehmerischen Zielsetzungen und wird insbesondere von Maßnahmen zum kulturellen Wandel geprägt. Vielfach werden hierbei drei Integrationsdimensionen genannt, die im Hinblick auf eine Gestaltung interner marktlicher Interaktionsbedingungen von entscheidender Bedeutung sind, nämlich das Integrationsniveau, die Integrationsaktivitäten und die Integrationsgeschwindigkeit.[60]

> ➢ Letztlich wird das *Integrationsniveau*, also die organisatorische Verflechtungsintensität der Beteiligten, von den mit M&A verbundenen übergeordneten unternehmerischen Zielsetzungen determiniert. Zur Gestaltung interner marktlicher Bedingungen beziehungsweise zur Ergänzung unternehmensmarktlicher Defizite, die an Management-Direktiven zu orientieren sind, ist der optimale Grad zwischen einer *Notwendigkeit der Autonomiebewahrung* und dem *Erfordernis gegenseitiger Abhängigkeit* der relevanten Unternehmenseinheiten zu identifizieren. Aus diesen das interne marktliche Interaktionsniveau und damit den Effektivitäts- und Effizienzgrad unternehmerischer Wertschöpfungsaktivi-

---

[54] Vgl. SCHOLL (2005), S. 108.
[55] Vgl. LUCKS (2002), S. 200.
[56] Vgl. PACK (2000), S. 229 ff.
[57] Vgl. TRIANTIS (1999), S. 344.
[58] Vgl. JANSEN (2001), S. 226.
[59] SCHEITER (1989), S. 7.
[60] Vgl. SCHÄFER (2001), S. 49 f.

täten mitbestimmenden Entscheidungserfordernissen leiten HASPESLAGH und JEMISON vier M&A-Integrationstypen ab:[61] Sind sowohl die erforderliche gegenseitige Abhängigkeit als auch der angestrebte Autonomiegrad gering, wird von einer *Holdingintegration* gesprochen. Es wird von so genannter *Erhaltungsintegration* gesprochen, wenn eine organisatorische Selbstständigkeit und insbesondere die Identität des Zielunternehmens bei gleichzeitigem geringen Interdependenzgrad anzustreben ist. Die *symbiotische Integration* zeichnet sich dadurch aus, dass die organisatorische Struktur möglichst erhalten werden soll, gleichzeitig aber ein substantieller Wissenstransfer verbunden mit einem hohen marktinternen Interaktionsniveau stattzufinden hat. Letztlich wird von *Absorptionsintegration* gesprochen, wenn besonders hohe interne Marktinteraktionen erwartet werden, jedoch der Autonomiegrad des Zielunternehmens eine untergeordnete Rolle spielt, sodass das Zielunternehmen assimiliert wird.

> *Integrationsaktivitäten* sind durch die Harmonisierung und Standardisierung von Arbeitsabläufen, durch die Neuverteilung und die effektive und effiziente Kombination von Ressourcen und Vermögensgegenständen, durch die Eliminierung struktureller Redundanzen sowie durch kulturelle Eingliederungen gekennzeichnet.[62] Wesentliche Komponenten dieser integrativen Aktivitäten sind die Erstellung eines so genannten „post-closing-integration-plans", die Umsetzung gesetzlicher Erfordernisse oder kartellrechtlicher Auflagen, die organisationale, informationstechnologische und personalwirtschaftliche Verknüpfung relevanter Unternehmenseinheiten sowie die Etablierung eines Integrations-Controllings zur Sicherstellung kontinuierlicher Zielabweichungsanalysen.

> Die *Integrationsgeschwindigkeit* wird als der Quotient aus Integrationsumfang (Ausmaß notwendiger Aktivitäten) und der Integrationsdauer, das heißt dem Zeitraum zur Durchführung der festgelegten integrativen Aktivitäten, berechnet.[63] Während der Geschwindigkeit und der zeitlichen Taktung von Integrationsmaßnahmen im Schrifttum eine hohe Bedeutung beigemessen wird, gehen in Theorie und Praxis die Meinungen über eine optimale Integrationsgeschwindigkeit auseinander.[64] Eine überstürzte Implementierung unausgereifter Integrationskonzepte führt genauso wie eine verspätete Umsetzung, hervorgerufen durch Entscheidungsunsicherheiten, zu möglichen Verschlechterungen der Wettbewerbsposition.[65] Die im Einzelfall festzulegende M&A-spezifische Integrationsgeschwindigkeit hat insbesondere Auswirkungen auf die Interaktionsbedingungen interner Märkte. Nur funktionale, auf Vertrauen basierende Management-Strukturen, transparente Positionsbesetzungen und Verantwortlichkeiten, kalkulierbare Fehlentscheidungsrisiken sowie kulturell erkennbare Symbiosen ermöglichen den erfolgreichen Ausbau vorhandener unternehmensinterner Marktstrukturen. Auf diese Weise können sich die marktlichen Akteure trotz Einbindung in M&A-Aktivitäten unzweifelhaft an der obersten Unternehmensdirektive ausrichten.

---

[61] Vgl. zu den folgenden Ausführungen HASPESLAGH/JEMISON (1991), S. 145 ff.
[62] Vgl. SCHÄFER (2001), S. 58 f.
[63] Vgl. ZEYER (1995), S. 287 f.
[64] Vgl. SCHÄFER (2001), S. 52 f.
[65] Vgl. SCHLÜNZEN/JÖNS (2004), S. 12 f.

Eine *Unternehmenskultur* beinhaltet grundsätzlich die Gesamtheit aller unternehmensspezifischen Werte, Normen und Einstellungen sowie das Wissen, das von Mitarbeitern und vom Management einer Organisation erlernt, akzeptiert und verinnerlicht wurde und das letztlich das Verhalten jedes Einzelnen prägt.[66] Dem in der Forschungsliteratur im Rahmen der Post-M&A-Phase als ein zentraler Erfolgsfaktor definierter *kulturellen Wandel* zielt folgerichtig darauf ab, kulturbedingte Konflikte zu vermeiden sowie kulturelle Unterschiede als Wertschöpfungsreservoir auszunutzen.[67] Ähnlich der organisatorischen Integration ist vor der Umsetzung zu bestimmen, welche Form der kulturellen Anpassung im Kontinuum zwischen Kulturübernahme, -mischung oder -pluralismus gewählt wird, um das unternehmensinterne Marktgeschehen im Sinne der übergeordneten Unternehmensziele bestmöglich zu gestalten.[68]

Zur Messung der im Einzelfall erzielten unternehmerischen *Zielverwirklichung* einer M&A-Transaktion ist bereits im Jahre 1967 von KITCHING in seiner vielzitierten Studie „Why do mergers miscarry?"[69] die Etablierung einer Integrationskontrolle postuliert worden. Aus dieser Notwendigkeit der Zielverfolgung, die auch als *Post-Merger-Audit* bezeichnet wird,[70] resultieren drei Hauptaufgaben des *Post-M&A-Controllings*:[71]

➢ Erstens werden die Voraussetzungen für eine möglichst prozessnahe Transparenzerzeugung im Sinne einer Fortschrittskontrolle geschaffen.

➢ Ansätze zur kontinuierlichen Verbesserung der laufenden Post-M&A-Phase sollten zweitens auf Basis der akkumulierten Erfahrungen generiert werden, um auf negative Abweichungen zwischen dem geplanten M&A-Integrationsstatus und dem Ist-Zustand proaktiv reagieren zu können.

➢ Ein solches Controlling wird drittens dazu eingesetzt, bisherige planerische Annahmen hinsichtlich ihrer Kausalzusammenhänge ständig infrage zu stellen.

Während die erste der angesprochenen wesentlichen Aufgaben des Post-M&A-Controllings einen hauptsächlich informativer Charakter hat, besitzen die nachfolgenden beiden einen stärkeren Handlungsbezug, der sowohl die Problemlösungsfähigkeit innerhalb der Post-M&A-Phase erhöht, aber gleichzeitig dem iterativen Annäherungsprozess zur bestmöglichen Gestaltung unternehmensinterner marktlicher Bedingungen dienlich ist.

Die vorangegangene Darstellung des theoretischen Rahmens von Mergers & Acquisitions konnte die für eine unternehmensmarktliche Betrachtung wesentlichen Parameter im Rahmen einer Prozessbetrachtung identifizieren. Merger-&-Acquisition-spezifische Effekte auf interne Marktbedingungen werden durch die folgende Analyse der Interaktionsparameter geschärft.

---

[66] Vgl. SCHMICKL/JÖNS (2004), S. 6 f.
[67] Vgl. HAWRANEK (2004), S. 31.
[68] Vgl. WERNER (1999), S. 333 f.
[69] Vgl. KITCHING (1967), S. 97.
[70] Vgl. JANSEN (2001), S. 237 f.
[71] Vgl. zu den folgenden Ausführungen SCHÄFER (2001), S. 12 ff.

3.2 Mergers & Acquisitions – Interaktionsparameter

Innerhalb eines Unternehmens und speziell auf internen Märkten existieren Interaktionsbeziehungen, die sich aus den vom Management aufgestellten Direktiven, dem internen marktlichen Reifegrad und der Positionierung innerhalb des unternehmensweiten Wertschöpfungsprozesses ergeben. Hieraus resultieren durch jede M&A-Transaktion Änderungen interaktionsbedingter Gestaltungsparameter auf dem konzerninternen Markt. Auf unternehmensinternen Märkten ändern sich insbesondere die Interaktionsmuster zwischen Leistungsanbietern und den Leistungsbeziehern. Dieses Beziehungsgeflecht wird im Folgenden anhand von Interaktionsrollen und den relevanten Beteiligungsgruppen erörtert.

3.2.1 Interaktionsrollen

Soll die Interaktion zwischen Kunden und Lieferanten unternehmensintern sowohl dem individuellen einheitsspezifischen Ziel dienen, aber gleichzeitig den übergeordneten Unternehmenszielen folgen, sind bestimmte Rollen und Verhaltensweisen der beteiligten Interaktionspartner festzulegen.[72] Den Ergebnissen einer empirischen Untersuchung von GREMLER, BITNER und EVANS aus dem Jahre 1994 folgend, bestehen auf einem internen Markt nicht immer klar definierte Rollen beziehungsweise Rollenerwartungen zwischen Zulieferern und Konsumenten von Leistungen.[73] Dies lässt vor allem nachfrageseitig den Schluss zu, dass auf dem internen Leistungsmarkt

> Einheiten oder Mitarbeiter sich zum Teil nicht in der Rolle als interner Kunde wahrnehmen und/oder

> die mit der Rolle des internen Kunden verbundene Verhaltensnorm nicht eindeutig definiert ist.

WITT stellt in diesem Zusammenhang die Hypothese auf, dass Mängel in der internen Nachfrager-/Anbieterbeziehung und bei der Leistungsevidenz auf Defizite der Rollendefinition von unternehmensmarktlichen Leistungsbereitstellern und -konsumenten zurückgeführt werden können.[74] Solche dysfunktionalen Rollendefinitionen bei der Interaktion interner Marktakteure machen deutlich, dass zur aktiven Gestaltung der Geschäftsbeziehung eines Anbieters mit unternehmensinternen Leistungskonsumenten – insbesondere während und nach M&A-Transaktionen – das jeweilige Rollenverständnis möglichst zweifelsfrei festzulegen ist. Diese Überlegungen zu Grunde legend wird einer von NEUHAUS aufgestellten Definition gefolgt und auf das interne Kunden-Lieferanten-Verhältnis zwischen anbietenden und abnehmenden Einheiten angewendet:[75] Während interne Kunden-Lieferanten-Beziehungen als Ergebnis zielorientierter Interaktion zum Zweck der internen Leistungserstellung und -bereitstellung verstanden werden, ist die Rolle der Unternehmenseinheit – aus Anbieter- und aus Nachfragersicht – als ein Bündel erwarteter Verhaltensweisen an die Position des internen Kunden (internen Lieferanten) definiert. Somit ruft ein Rollenverständnis, welches im Rahmen der unternehmensinternen Leistungserbringung etabliert wird, nicht nur beim Leistungskonsumenten Erwartungen an das Verhalten des Anbieters hervor. Auch geht eine umgekehrte Auseinandersetzung erwarteter Handlungsweisen von Seiten des internen Leistungslieferan-

---

[72] Vgl. zu den folgenden Ausführungen dieses Gliederungspunkts VON GLAHN (2006), S. 218 f. und S. 245 ff.
[73] Vgl. GREMLER/BITNER/EVANS (1994), S. 50.
[74] Vgl. WITT (1985), S. 162 ff.
[75] Vgl. NEUHAUS (1996), S. 118 ff.

ten an die Unternehmenseinheit aus. Solche Erwartungen sind im Rahmen der Geschäftsbeziehung zu implementieren sowie mithilfe geeigneter leistungsspezifischer Indikatoren zu messen beziehungsweise als Bestandteil der bereits beschriebenen Post-M&A-Phase umzusetzen.

Innerhalb von Unternehmen werden Entscheidungen bewusst getroffen, um Mitarbeitern Verantwortlichkeiten in Abhängigkeit von Ausbildung, Erfahrung und der hierarchischen Positionierung zuzuweisen. Rollen treten aber auch als Ergebnis reaktiven Verhaltens auf, wenn zum Beispiel bestimmte Ziele zwischen internen Kunden und Lieferanten nur gemeinsam erzielbar sind, jedoch die Interaktionsrelation der Austauschpartner am Beginn der Beziehung beziehungsweise der M&A-Integrationsphase nicht ausreichend konkretisierbar war.[76] Lieferanten- und kundenseitige Mitarbeiter werden unterschiedliche Rollen ausüben, insbesondere wenn sie durch Zukauf oder Zusammenschluss aufeinander treffen. Rolle und Mitarbeiter stehen dabei nicht zwangsläufig in eindeutiger Beziehung zueinander, das heißt sowohl mehrere Mitarbeiter einer Unternehmenseinheit können eine Rolle innehaben als auch ein Mitarbeiter kann mehrere Rollen übernehmen, wobei diese im Zeitverlauf wechseln beziehungsweise kontinuierlich anpassbar sind. Wird der Fokus einer Unternehmenseinheit auf die *nachfrageseitige* Perspektive eines internen Kunden („*buying center*"[77]) für bestimmte Leistungen gerichtet, das heißt werden gleichzeitig vorhandene Positionierungen wie zum Beispiel als interner Leistungslieferant bewusst ausgeblendet, handelt es sich um ein zielorientiert handelndes und konsumierendes Entscheidungsgremium, das zur Konkretisierung der eigenen Aufgaben notwendige Kundenrollen definiert. Es existiert typischerweise eine Vielzahl unterschiedlicher Rollenträger, welche ungleich starken Einfluss auf die eigentliche Leistungserstellung und -bereitstellung nach einer M&A-Transaktion nehmen, wie ein exemplarischer Vergleich zwischen Entscheider und Akteuren zeigt:[78]

➢ *Entscheider* sind aktiv an der interaktionsbedingten und M&A-spezifischen Rollendefinition beteiligt und gestalten mithilfe ihrer (formalen) Autorität den formalen Rahmen der Leistungsbeziehung.

➢ *Akteure* hingegen beeinflussen die durch Einsatz ihres spezifischen Wissens den M&A-spezifischen Integrationsprozess sowie die Abläufe zur internen Leistungserstellung und -bereitstellung und formen damit unter anderem die Wahrnehmung und Erwartungshaltung der Entscheider.

Analog zur Existenz von nachfragespezifischen Rollen besteht für einen internen Lieferanten die Notwendigkeit, einem solchen Kundengremium ein *abnehmerseitiges* Pendant („*selling center*"[79]) gegenüberzustellen. So wird zum Beispiel vom Leistungsanbieter eine Koordination der unterschiedlichen Rollenträger auf Grund des vorhandenen komplexen rollenspezifischen Interaktionskonstrukts erwartet.

Zielorientierte Interaktionen zwischen anbietender und nachfragender Einheit bedürfen somit generell einer Aufgaben- und Verantwortungszuordnung auf Basis konkretisierbarer und funktional ausdifferenzierbarer Rollen. Solch eine Definition von interaktionsspezifischen Kompetenzen ist nach jeder vorgenommenen M&A-Transaktion neu zu hinterfragen und einzelfall-

---

[76] Vgl. *JONES/GERARD* (1967), S. 653 ff.
[77] Vgl. *GEMÜNDEN* (1981), FN 3, S. 49.
[78] Vgl. *NEUHAUS* (1996), S. 150.
[79] Vgl. *BACKHAUS* (1995), S. 52 ff.

spezifisch zu definieren. Zum einen ist auf der internen Kundenseite eine Konzentration auf die Schlüsselrollen des internen Entscheiders und Akteurs zu ermöglichen. Zum anderen sind auf Seiten des Erbringers auch die Rollen zwischen Entscheider und Spezialisten zu differenzieren, damit Anbieter und Nachfrager effektiv und effizient miteinander in Interaktion treten können.

3.2.2 Interaktionsbeteiligungsgruppen

An der Durchführung einer M&A-Transaktion sind auf Grund der hohen Quantität und Heterogenität zu erfüllender Aufgaben vielfältige Gruppen beteiligt, die entweder innerhalb der M&A-Partner zu finden sind beziehungsweise als Externe, zum Beispiel in Form von Beratungen, Wirtschaftsprüfungen oder Investment-Banken, den M&A-Prozess unterstützen. Diese Beteiligungsgruppen haben demnach entweder ein permanentes oder ein temporäres Interesse an dem Integrationserfolg der M&A-Transaktion sowie sind aktiv oder passiv am Transaktionsprozess beteiligt. Zur näherungsweisen Bewertung und gleichzeitig zur inhaltlichen Eingrenzung von Verhaltenswirkungen auf unternehmensinternen Märkten werden im Weiteren die internen Beteiligungsgruppen vom akquirierenden Unternehmen und vom Zielunternehmen untersucht.[80]

3.2.2.1 Interne Beteiligte des M&A-Effektors (akquirierendes Unternehmen)

➢ Eine bedeutende Gruppe im Rahmen von M&A stellen die *Eigentümer des akquirierenden Unternehmens* dar. Sie haben ein großes und vor allem langfristiges Interesse an einer erfolgreichen M&A-Transaktion, um wertsteigernde Effekte des Unternehmens zu realisieren. Die Eigentümer prägen die durch das Management festgelegten langfristigen Zielsetzungen eines Unternehmens in besonderer Weise, beispielsweise durch Stimmrechtsausübung im Aufsichtsrat einer Aktiengesellschaft. Im Hinblick auf die Gestaltung interner Märkte haben die Eigentümer einen eher indirekt strategischen Einfluss, da sie Entscheidungen über marktinterne Ergänzungen mithilfe von M&A-Transaktionen mittragen, jedoch nicht taktisch in das marktliche Unternehmensgeschehen eingreifen.

➢ Das *Management des akquirierenden Unternehmens* ist als Führungsinstrument verpflichtet, die langfristige Überlebensfähigkeit des Unternehmens zu sichern und Ansprüche der Eigner unter anderem hinsichtlich der Unternehmenswertsteigerung zu verwirklichen. Ein Unternehmens-Management befindet sich jedoch in einem möglichen Spannungsfeld der Interessen zu anderen direkt oder indirekt am Unternehmen beteiligten Gruppen, den so genannten *Stakeholdern*[81]. Das Management wird seinen Einfluss hinsichtlich der erfolgreichen Durchführung der M&A-Transaktion und -Integration ausüben, um einerseits die Defizite interner Marktbedingungen auszuräumen und andererseits die Wettbewerbsfähigkeit auf dem externen Markt zu verbessern. Ihm obliegt in der Regel die wesentliche Entscheidungsgewalt über den gesamten M&A-Prozess, das heißt von der Strategiefestlegung bis hin zur Umsetzungskontrolle.

---

[80] Vgl. zu den folgenden Ausführungen LUCKS/MECKL (2002), S. 29 ff., und HAWRANEK (2004), S. 68 ff. Externe Beteiligungsgruppen werden an dieser Stelle nicht weiter analysiert, weil ihr Einfluss auf eine längerfristige Gestaltung interner Marktbedingungen als geringfügig einzustufen ist. Vgl. hierzu weiterführend LUCKS/MECKL (2002), S. 37 ff., und HAWRANEK (2004), S. 74 ff.

[81] Als *Stakeholder* können alle unternehmensinternen und -externen Individuen oder Gruppen bezeichnet werden, die einen materiellen oder immateriellen Anspruch („*stake*") beziehungsweise Einfluss auf bestimmte Entscheidungen des Managements haben, vgl. KUBICEK/THOM (1993), Sp. 3992 f.

➤ *Stabsabteilungen des akquirierenden Unternehmens* wie beispielsweise die Unternehmensentwicklung, die bei der Kandidatensuche unterstützt, die Finanzabteilung, die unter anderem für die operative Erstellung von „Businessplänen" verantwortlich ist, und die interne Rechtsabteilung, die Experten für Kartell- und Vertragsrecht bereitstellen kann, werden als Erfüllungsgehilfe des unternehmerischen Managements eingesetzt. Ihr Engagement ist vorrangig auf bestimmte Sequenzen des M&A-Prozesses beschränkt, sodass Anreize zum effektiven und effizienten Handeln aus ihrer unternehmerisch definierten Aufgabe resultieren. Langfristige marktspezifische Interessen dieser Gruppe erwachsen demnach nur, sofern sie selbst ihre Leistungen auf dem unternehmensinternen Markt anzubieten haben und ein möglichst vollkommenes internes Marktgefüge damit für sie von Interesse ist.

➤ Mitarbeiter[82] von „*Primärabteilungen*", das heißt von Unternehmenseinheiten, die nach *PORTER* an den Hauptaktivitäten der Wertschöpfungskette wie zum Beispiel die Produktion beteiligt sind,[83] bilden eine weitere bedeutende M&A-spezifische Interessengruppe des akquirierenden Unternehmens. In Abhängigkeit vom Leistungsportfolio sind die Mitarbeiter von Primärabteilungen mehr oder weniger intensiv am Integrationsprozess und am kulturellen Wandel im Rahmen der Post-M&A-Phase beteiligt. Auch wenn direkt von M&A-Transaktionen betroffene Mitarbeiter in den ersten beiden M&A-Phasen nur am Rande beteiligt werden, tragen sie ausschlaggebend zum Integrationserfolg durch die eigentliche Realisierung des Zusammenwachsens im „Tagesgeschäft" bei. Der langfristig orientierte M&A-spezifische Erfolg wird aus Mitarbeitersicht gefördert, sofern im Wesentlichen der Arbeitsplatz sowie das Einkommen und die Sozialleistungen gesichert sind. Hingegen sind die Interessen an der Verbesserung der unternehmensmarktlichen Bedingungen teilweise gering, insbesondere wenn Komponenten des primären Wertschöpfungsprozesses nicht intern gehandelt werden.

➤ „*Sekundärabteilungen*" sind im Gegensatz zu Primärabteilungen Einheiten, die ein den Wertschöpfungsprozess unterstützendes Portfolio wie beispielsweise informationstechnologische (IT-)Leistungen oder Controlling-Leistungen bereitstellen. Analog zu den Mitarbeiterinteressen von Primärabteilungen hängt das Engagement des Einzelnen einerseits vom M&A-Objekt, das heißt vom Grad der Einflussnahme auf die eigene Tätigkeit und dem Umfeld der Leistungsbereitstellung, sowie von personalpolitischen Maßnahmen ab, die im Rahmen der Post-M&A-Phase umgesetzt werden. Sofern M&A-Transaktionen zur Ergänzung und Verbesserung interner marktlicher Bedingungen potenziell beitragen, wird die tatsächliche Etablierung eines effektiveren und effizienteren unternehmensmarktlichen Geschehens letztlich durch Mitarbeiter initiiert, sofern Vorteile eines Leistungsbezugs gegenüber dem externen Markt nachweisbar sind.

➤ *Organisationale Gremien* wie zum Beispiel der Betriebsrat vertreten gegenüber dem Management die Interessen der Mitarbeiter. Je nach Grad der partnerschaftlichen Zusammenarbeit, kann der Betriebsrat als positiver Multiplikator gelten und ungerechtfertigte Verunsicherungen von Mitarbeitern mildern und somit die Akzeptanz für eine M&A-Transaktion fördern.[84] Er kann aber auch als institutionalisiertes Element einer Organisation seinen Einfluss zur Verzögerung bis zur Blockade von M&A-Transaktionen geltend machen, sofern aus seiner Sicht die Mitarbeiterinteressen nicht ausreichend berücksich-

---

[82] An dieser Stelle wird auf eine Unterscheidung zwischen leitenden Angestellten und Mitarbeitern im Sinne des § 5 Absatz III und IV des Betriebsverfassungsgesetzes verzichtet.
[83] Vgl. *PORTER* (1985), S. 39 f.
[84] Vgl. *PRIBILLA* (2000), S. 396.

tigt werden. Demnach fällt organisationalen Gremien ein großes Gewicht sowohl bei Erreichung unternehmensexterner Erfolgsfaktoren, aber auch bei der Etablierung bestmöglicher interner Marktstrukturen zu.

3.2.2.2 Interne Beteiligte des M&A-Rezeptors (Zielunternehmen)

➢ *Eigentümer des Zielunternehmens* entscheiden innerhalb der M&A-Phase, ob ein vertragliches auf Mergers & Acquisitions gerichtetes Angebot durch einen Verkauf oder Tausch ihrer Unternehmensbeteiligungen angenommen wird. Ihr Handeln ist hauptsächlich auf eine Wertmaximierung ausgerichtet, wobei eine möglichst gute Bewertung des eigenen Unternehmens angestrebt wird, was in einem hohen Übernahmepreis münden kann. Sollten die Eigentümer nach vollzogenem Vertragsabschluss weiterhin Anteilseigner des zusammengeschlossenen Unternehmens bleiben, werden sie – ähnlich den Eigentümern des akquirierenden Unternehmens – eine erfolgreiche M&A-Integration mit hoher Synergierealisierung und langfristig angelegten Wertsteigerungen anstreben. Sollte dies nicht der Fall sein, werden marktinterne Belange nach vollzogenem Vertragsabschluss innerhalb der neu zu etablierenden Unternehmensstruktur für sie nicht relevant sein.

➢ Das *Management des Zielunternehmens* hat neben der Solidarität gegenüber dem eigenen Unternehmen auch gewisse Pflichten gegenüber dem potenziellen M&A-Partner. Eine redliche und loyale Verhandlungsführung ist von seiner Seite zu gewährleisten, weil beispielsweise bei schuldhaftem Abbruch der Verhandlungen Schadensersatzansprüche erhoben werden können.[85] Die Bereitschaft des Managements eines Zielunternehmens zur Umsetzung einer erfolgreichen M&A-Transaktion hängt ebenfalls von den zu erwartenden Möglichkeiten innerhalb des neu zu gestaltenden Unternehmens ab. Die Stärkung der externen Wettbewerbsposition in Kombination mit einer effektiven und effizienten internen Marktgestaltung wird durch denjenigen Teil des Managements gefördert, der sich potenziell nach erfolgter Post-M&A-Phase in vergleichbarer oder verbesserter Position befindet.

➢ *Stabsabteilungen des Zielunternehmens* sind im Hinblick auf ihre Aufgaben und Verhaltensweisen sowie hinsichtlich der Förderung interner und externer Markteffekte vergleichbar mit denen des Effektors.[86] Das Engagement in der Pre-M&A-Phase wird geringer im Vergleich zu den Stabsabteilungen des akquirierenden Unternehmens sein, während die Einbindung in der Post-M&A-Phase auf Grund der vorhandenen Kenntnisse des Zielunternehmens umso intensiver sein wird.

➢ Die *Mitarbeiter von Primär- und Sekundärabteilungen des Zielunternehmens* hegen zumeist das größte Misstrauen gegenüber den geplanten M&A-Aktivitäten, weil sie mit besonders hohen Unsicherheiten konfrontiert werden. Ihr Interesse am M&A-Integrationserfolg sowie an effektiven und effizienten internen marktlichen Strukturen wird durch individuelle Existenzängste überschattet. Durch geringe Strukturkenntnis des Zielunternehmens sowie mangelnden Einblick in die strategische Ausrichtung des Gemeinschaftsunternehmens kann sich eine Verbundenheit mit umsetzungsspezifischen Interessen erst mittelfristig einstellen.

---

[85] Vgl. PICOT (1998), S. 59.
[86] Vgl. STORCK (1993), S. 99.

Die vorangegangen Ausführungen haben zweierlei Aspekte hervorgehoben. Zum einen ist es für das Gelingen einer M&A-Transaktion notwendig, die teilweise ungleichen Interessen der unterschiedlichen internen Interessengruppen auf Seiten des M&A-Effektors und auf Seiten des M&A-Rezeptors in Einklang zu bringen. Durch die Einführung der im Einzelfall zu spezifizierenden Koordinations- und Anreizsysteme hat ein Interessenausgleich zwischen allen Beteiligungsgruppen innerhalb und zwischen den M&A-Partnern zu erfolgen.[87] Zum anderen wird deutlich, dass interne auf unternehmensmarktliche Interessen fokussierte und externe auf den Wettbewerb ausgerichtete Belange nicht uneingeschränkt beteiligungsgruppenspezifisch abgrenzbar sind. Darüber hinaus sind zeitliche Ausprägungen bei der Gestaltungsfähigkeit und -präferenz des internen Markts durch die einzelnen Interaktionsbeteiligungsgruppen offensichtlich, insbesondere im Vergleich zwischen akquirierendem und Zielunternehmen. Diese gruppenspezifischen Erkenntnisse, die durch das allgemeine Verständnis von Interaktionsrollen angereichert werden, sind bei der Gestaltung unternehmensmarktlicher Interaktionen einzukalkulieren.

4 Interaktionsgestaltung bei Mergers & Acquisitions

4.1 Mergers & Acquisitions – Interaktionsschnittstellen

Generell stellen *Schnittstellen* Verbindungen zwischen Systemen im Sinne von Übergängen zwischen Aufgaben, Kompetenz- und Verantwortungsbereichen dar.[88] Beispielsweise bezeichnet eine Schnittstelle aus IT-Sicht den Übergangspunkt zwischen mindestens zwei informationstechnologischen Komponenten, das heißt zwischen Hardware, Infrastruktur und/oder Applikationen.[89] Dagegen kennzeichnet eine Schnittstelle aus organisatorischer Sicht die Interdependenzbeziehungen an der Grenze zwischen arbeitsteilig gebildeten Einheiten, woraus potenzieller wechselseitiger Abstimmungsbedarf erwächst.[90] Schnittstellen zu externen Dritten sind hierbei ein Resultat der *inter*organisationalen Arbeitsteilung, während interne Schnittstellen durch *intra*organisationale Arbeitsteilung hervorgerufen entstehen. Externe Schnittstellen unterscheiden sich insbesondere dadurch von intraorganisationalen, dass sie nicht hierarchisch durch eine übergeordnete Instanz – in diesem speziellen Fall vom Unternehmens-Management – koordiniert werden. Zudem wird ein Teil der am M&A-Integrationsprozess beteiligten externen, interorganisatorischen Schnittstellen zu internen, intraorganisatorischen Schnittstellen mutieren.

Hervorgerufen durch die Integration von Unternehmenseinheiten in die organisatorische Struktur des akquirierenden Unternehmens sowie durch deren Positionierung in das interne Marktgefüge ändern sich nicht nur die Schnittstellenkonstellationen aus Abnehmer-Nachfrager-Sicht. Auch das organisatorische Umfeld der im Rahmen der Post-M&A-Phase integrierten Einheiten bedarf einer Neudefinition der Kompetenzverteilung an allen vorhandenen Schnittstellen sowie neue Regelungen der Kommunikation.[91] Demnach ist für jede neu zu integrie-

---

[87] Vgl. LUCKS/MECKL (2002), S. 35 f.
[88] Vgl. KEUPER (2001), S. 230, und zu den folgenden Ausführungen VON GLAHN (2006), S. 249 ff.
[89] Vgl. BROCKHOFF/HAUSCHILDT (1993), S. 399.
[90] Vgl. FRESE (2000), S. 399.
[91] Vgl. FRESE (2000), S. 399 ff.

rende Einheit zu bestimmen, wer in welcher Form und Umfang an welchen Entscheidungen hinsichtlich interner (und externer) Marktaktivitäten partizipiert und auf welche Weise Konflikte geregelt werden.[92] Somit ist der Vorgang einer aktionsspezifischen Entscheidungsfindung an der betreffenden marktlichen Schnittstelle vorzunehmen, das heißt es ist festzulegen, wann Handlungen unabhängig oder gemeinsam verabschiedet werden und inwieweit eine gegenseitige Einflussnahme auf die Gestaltung der Schnittstelleninteraktion erfolgt.[93] Das Unternehmens-Management muss im Einzelfall die Kompetenzausstattung von neu integrierten Einheiten an marktinternen Schnittstellen anhand folgender Formen bestimmen:[94]

➢ *Ausführungskompetenz*, das heißt das Recht, im Rahmen eines definierten Handlungsrahmens eigenständig tätig zu werden und dabei die Durchführungsmethodik und die zu verwendenden Hilfsmittel frei zu wählen.

➢ *Verfügungskompetenz*, das heißt das Zugriffsrecht auf bestimmte Ressourcen, die jenseits der Schnittstelle oder außerhalb des Unternehmensmarkts liegen.

➢ *Informations-* und *Antragskompetenz*, das heißt das Recht, Informationen zur Entscheidungsfindung aufzubereiten und Entscheidungen – zum Beispiel beim Unternehmens-Management – zu beantragen.

➢ *Mitsprachekompetenz*, das heißt bei kollektiv zu treffenden Entscheidungen ein Veto-, Anhörungs- und/oder Beratungsrecht zugesprochen zu bekommen.

➢ *Anordnungskompetenz*, das heißt andere Einheiten des eigenen Unternehmens zu bestimmten Handlungen auffordern zu können.

➢ *Entscheidungskompetenz*, das heißt das Recht, zwischen Handlungsalternativen auszuwählen und künftige Sachverhalte verbindlich zum Beispiel in Form einer Interaktionsvereinbarung festzuschreiben.

➢ *Vertretungskompetenz*, das heißt das Recht, im Namen einer anderen Einheit schnittstellenspezifische Entscheidungen, die unter Umständen in einer Interaktionsvereinbarung münden, treffen zu können.

Der jeweilige Grad von durch das unternehmerische Management gewährten Kompetenzen zieht wiederum die Etablierung adäquater Kontrollmechanismen nach sich, sodass sich die auf marktinterne Schnittstellen bezogenen Handlungsfreiheiten der einzelnen Einheit aus der Kombination an Kompetenzgewährung und Kontrollintensität zusammensetzen. Die Verteilung von Kompetenzen und das Ausmaß damit zusammenhängender Kontrollverpflichtungen hat erheblichen Einfluss auf die Kommunikation. Der Prozess der Informationsübertragung und Verteilung ist im Hinblick auf eine Reduzierung auftretender Unsicherheiten analog der durch M&A veränderten Schnittstellendefinitionen für die relevanten Unternehmenseinheiten auszuarbeiten. Die Verteilung von Kompetenzen an Schnittstellen, definierten Kontrollrechten und -instrumenten sowie hierauf angepassten Kommunikationsmechanismen werden das Vertrauen an den Interaktionsschnittstellen maßgeblich erhöhen, sofern eine individuelle Festlegung auf Basis der vorhandenen Interaktionsbeziehung erreicht wird.

---

[92] Vgl. LORSCH/LAWRENCE (1972), S. 47.
[93] Vgl. HAWRANEK (2004), S. 181.
[94] Vgl. HILL/FEHLBAUM/ULRICH (1976), S. 125 ff.

4.2 Mergers & Acquisitions – Interaktionsbeziehungen

Zur Gestaltung von Interaktionsbeziehungen zwischen Einheiten auf internen Märkten, wird gängigerweise auf THOMPSON[95] zurückgegriffen.[96] Schnittstellenübergreifende Austauschbeziehungen können nach seinen Erkenntnissen im Hinblick auf die entweder bereits bestehende oder die durch M&A-Transaktionen anzustrebende Interdependenzintensität, die mithilfe von Richtung, Häufigkeit, Wechselseitigkeit sowie durch die Bedeutung von Ressourcen- und Leistungstransfers charakterisiert wird, in drei Interaktionstypen aufgeteilt werden: [97]

> *Sequenzielle Interaktion* entsteht, wenn innerhalb eines Prozesses die Aktivitäten hintereinander geschaltet sind, sodass der Output der vorgelagerten Einheit uneingeschränkt den Input der nachgelagerten Einheit bildet.[98] Im Umfeld von internen Märkten, die durch M&A-Transaktionen beeinflusst werden, bedeutet dies konsequenterweise, dass eine Unternehmenseinheit erst dann ihre Tätigkeit fortführen kann, wenn die nachgefragte Leistung vom Anbieter übergeben wurde beziehungsweise auf Basis des M&A-Integrationsfortschritts erbracht werden kann.

> Bei *gepoolter Interaktion* greifen die beteiligten internen Marktakteure auf gemeinsame Ressourcen zurück. Allgemein ist es hierbei notwendig, dass sich die beteiligten Unternehmenseinheiten wechselseitig ein Mindestmaß an Nutzungsrechten der jeweils vorhandenen Ressourcen beziehungsweise Kompetenzen gewähren und ein Koordinator festgelegt wird.[99] Im Fall von Sekundarleistungen übernimmt beispielsweise ein Shared-Service-Center die Koordinationsfunktion, also die Verantwortung für die Erstellung und Bereitstellung der *Shared Service*[100] aus dem geschaffenen „*Ressourcen Pool*". Im Rahmen der Post-M&A-Phase ist somit festzulegen, ob sich Rollen und Kompetenzen der Koordinationsfunktion ändern und inwieweit sich das Nutzungsverhältnis verfügbarer Leistungen am internen Markt durch neue Akteure ändert.

> Parallelisierung von Aufgaben sowie die Ausrichtung an gemeinsamen Zielen von Unternehmenseinheiten setzen *reziproke Interaktionen* voraus.[101] Hierbei stehen bestimmte interne Marktakteure in einer leistungsbedingten Interaktion, bei der sie hinsichtlich Leistungsabgabe, Leistungsempfang und Leistungsabstimmung gegenseitig aufeinander angewiesen sind.[102] Typische Beispiele dieses Interaktionstypus finden sich bei der Produktionsentwicklung zwischen Forschungs- und Entwicklungseinheiten sowie zwischen Instandhaltung und Montage. Diese Interaktionsbeziehung ist für die Erzeugung von Synergieeffekten insbesondere bei Primärleistungen von besonderer Relevanz, weil es sich hierbei um einen wesentlichen, jedoch auf Grund des möglicherweise komplexen einheitenspezifischen Interaktionsverhältnisses nicht kurzfristig zu etablierenden Realisierungsschritt der Merger-&-Acquisition-spezifischen Integration des Zielunternehmens handelt.

---

[95] Vgl. THOMPSON (1967), S. 70 ff.
[96] Vgl. zu den folgenden Ausführungen dieses Gliederungspunkts VON GLAHN (2006), S. 252 ff.
[97] Vgl. MINTZBERG (1992), S. 83 ff. und S. 90.
[98] Vgl. SCHULTE-ZURHAUSEN (2002), S. 203 f.
[99] Vgl. STEINMANN/SCHREYÖGG (2000), S. 565.
[100] Zum Begriff der *Shared Services* vgl. VON GLAHN (2006), KEUPER/VON GLAHN (2006), S. 84 ff., und KEUPER/ OECKING (2006).
[101] Vgl. THOMPSON (1967), S. 54 f.
[102] Vgl. BROCKHOFF/HAUSCHILDT (1993), S. 399.

Es bleibt festzustellen, dass die Kenntnis über die Form der auftretenden Interaktionstypen zwischen den vorhandenen und durch M&A hinzukommenden marktlichen Akteuren wichtig für die Auswahl zweckdienlicher Koordinationsinstrumente im Rahmen der Interaktionsgestaltung ist. Zudem ist das Verständnis über potenzielle Konfliktformen, zum Beispiel hervorgerufen durch unklare Verantwortungs- und Zuständigkeitsregelungen während der Post-M&A-Phase, und damit einhergehende Konfliktintensitäten entscheidend für die Antizipation und den Umgang hiermit verbundener Risiken. Somit wird deutlich, dass die unternehmensmarktlichen Interaktionsbeziehungen vielfältig und in besonderer Form von den bereits beschriebenen Interaktionsparametern hinsichtlich einer effektiven und effizienten Gestaltung abhängen.

5 Unternehmensinterner Markt sowie Mergers & Acquisitions – Konklusion

Die Ausführungen dieses Beitrags machen deutlich, dass es sich bei internen Märkten um komplexe Gefüge organisatorischer Regelungen handelt, deren Steuerungswirkungen nur entfaltet werden können, wenn externe marktliche Prinzipien intern möglichst detailgenau nachgebildet werden. Interne Märkte entstehen jedoch nur, wenn sie durch das Management initiiert und gepflegt werden, wobei sie durch Mergers & Acquisitions potenziell verbessert, aber unter allen Umständen tief greifend beeinflusst werden. Es konnte dargestellt werden, dass die durch Mergers & Acquisitions hervorgerufenen internen strukturellen Veränderungen sehr vielschichtig sind und von zahlreichen interaktionsspezifischen Parametern abhängen. Eine Interaktionsgestaltung während der Post-M&A-Phase an den vorhandenen und neu entstehenden Schnittstellen ist essentiell. Sie ist jedoch einerseits auf Grund der zahlreichen organisatorischen und marktinternen Schnittstellen, die teilweise nicht eindeutig voneinander trennbar sind, und andererseits hinsichtlich des mehrdimensionalen Beziehungsgeflechts nicht trivial. Gleichwohl sind interne marktliche Veränderungen in grundsätzlich hierarchisch strukturierten Unternehmen hervorgerufen durch Mergers & Acquisitions ein bedeutsames Phänomen, dass vom Management mit größter Sorgfalt zu planen und zu überwachen ist.

Quellenverzeichnis

ACKOFF, R. L. (1993): Corporate Perestroika, in: HALAL, W. E./GERNMAYEH, A./POURDEHNAD, J. (Hrsg.), Internal Markets, New York et al. 1993, S. 15–26.

BACKHAUS, K. (1995): Investitionsgütermarketing, München 1995.

BAUER, H. H. (1994): Markt, in: DICHTL, E./ISSING, O. (Hrsg.), VAHLENS Großes Wirtschaftslexikon, 3. Bd., München 1994, S. 1394–1395.

BEA, F. X./HAAS, J. (1997): Strategisches Management, Stuttgart/Jena 1997.

BLEICHER, K. (1991): Organisation, Wiesbaden 1991.

BRESSER, R. K. F. (1988): Matching Collective and Competitive Strategies, in: Strategic Management Journal, 1988, Nr. 4, S. 375–385.

BROCKDORFF, B. (2003): Die Corporate Brand bei Mergers & Acquisitions, Diss., Bamberg 2003.

BROCKHOFF, K./HAUSCHILDT, J. (1993): Schnittstellen-Management, in: Zeitschrift Führung und Organisation, 1993, Nr. 6, S. 396–403.

BRODA, B. M. (2005): Grundstrukturen und -prozesse von Unternehmensakquisitionen, in: Der Schweizer Treuhänder, 2005, Nr. 3, S. 147–154.

BÜHNER, R. (1987): Management-Holding, in: Die Betriebswirtschaft, 1987, Nr. 1, S. 40–49.

COENENBERG, A. G. (1999): Kostenrechnung und Kostenanalyse, Stuttgart 1999.

COMMONS, J. R. (1934): Institutional Economics, 2. Bd., New Brunswick/London 1934.

DOPPLER, K./LAUTERBURG, C. (2005): Change Management, Frankfurt am Main/New York 2005.

EBERS, M./GOTSCH, W. (2001): Institutionenökonomische Theorien der Organisation, in: KIESER, A. (Hrsg.), Organisationstheorien, Stuttgart/Berlin et al. 2001, S. 199–251.

ECCLES, R. G. (1985): The Transfer Pricing Problem, Lexington/Toronto 1985.

FRESE, E. (1997): Unternehmungsinterne Märkte, in: KÜPPER, H.-U./TROSSMANN, E. (Hrsg.), Das Rechnungswesen im Spannungsfeld zwischen strategischem und operativem Management, Berlin 1997, S. 129–146.

FRESE, E. (2000): Grundlagen der Organisation, Wiesbaden 2000.

GAUGHAN, P. A. (2002): Mergers & Acquisitions, and Corporate Restructuring, New York 2002.

GEMÜNDEN, H. G. (1981): Innovationsmarketing, Tübingen 1981.

GERPOTT, T. J. (1993): Integrationsgestaltung und Erfolg von Unternehmensakquisitionen, Stuttgart 1993.

VON GLAHN, C. (2006): Theoretische Fundierung des Shared-Service-Ansatzes und Konzeptualisierung eines Shared-Service-Broker-Ansatzes zur Bereitstellung von IT-Leistungen im multinationalen Konzern, nichtevaluiertes Dissertationsskript, Hamburg 2006.

GREMLER, D. D./BITNER, M. J./EVANS, K. R. (1994): The Internal Service Encounter, in: International Journal of Service Industry Management, 1994, Nr. 2, S. 34–56.

GROCHLA, E. (1972): Unternehmungsorganisation, Reinbek bei Hamburg 1972.

HASPESLAGH, P. C./JEMISON, D. B. (1991): Managing Acquisitions, New York 1991.

HAWRANEK, F. (2004): Schnittstellenmanagement bei M&A-Transaktionen, Wiesbaden 2004.

VON HAYEK, F. A. (1969): Der Wettbewerb als Entdeckungsverfahren, in: VON HAYEK, F. A. (Hrsg.), Freiburger Studien, Tübingen 1969, S. 249–265.

HEITGER, B./SCHMITZ, C./ZUCKER, B. (1994): Tohuwabohu für interne Dienstleister?, in: HEITGER, B./SCHMITZ, C./ZUCKER, B. (Hrsg.), Agil macht stabil, Wiesbaden 1994, S. 15–33.

HILL, W./FEHLBAUM, R./ULRICH, P. (1976): Organisationslehre, 1. Bd., Bern/ Stuttgart 1976.

JANSEN, S. A. (2001): Mergers & Acquisitions, Wiesbaden 2001.

JANSEN, S. A./KÖRNER, K. (2000): Fusionsmanagement in Deutschland, Arbeitspapier der Universität Witten/Herdecke, Witten an der Ruhr 2000.

JONES, E. E./GERARD, H. B. (1967): Foundations of Social Psychology, New York et al. 1967.

KEUPER, F. (2001): Strategisches Management, München/Wien 2001.

KEUPER, F. (2004): Kybernetische Simultaneitätsstrategie, Berlin 2004.

KEUPER, F./VON GLAHN, C. (2005): Der Shared-Service-Ansatz zur Bereitstellung von IT-Leistungen auf dem konzerninternen Markt, in: Wirtschaftswissenschaftliches Studium, 2005, Nr. 4, S. 190–194.

KEUPER, F./VON GLAHN, C. (2006): Shared-Controlling-Services, in: Zeitschrift für Controlling & Management, 2006, Sonderheft Nr. 2, S. 84–93.

KEUPER, F./OECKING, C. (Hrsg.) (2006): Corporate Shared Services – Bereitstellung von Dienstleistungen im Konzern, Wiesbaden 2006,

KITCHING, J. (1967): Why do mergers miscarry?, in: Harvard Business Review, 1967, Nr. 6, S. 84–101.

KRÜGER, W. (1994): Organisation der Unternehmung, Stuttgart/Berlin et al. 1994.

KUBICEK, H./THOM, N. (1993): Umsystem, betriebliches, in: WITTMANN, W./KERN, W./ KÖHLER, R./KÜPPER, H.-U./VON WYSOCKI, K. (Hrsg.), Handwörterbuch der Betriebs-wirtschaft, 3. Bd., Stuttgart 1993, Sp. 3977–4017.

LAYER, M. (1976): Die Kostenrechnung als Informationsinstrument der Unternehmensleitung, in: JACOB, H. (Hrsg.), Schriften zur Unternehmensführung, 21. Bd., Wiesbaden 1976, S. 97–138.

LEHMANN, P. (2002): Interne Märkte, Wiesbaden 2002.

LINDEMANN, M. A. (2000): Struktur und Effizienz elektronischer Märkte, Köln 2000.

LORSCH, J. W./LAWRENCE, P. R. (1972): Environmental Factors and Organizational Integration, in: LORSCH, J. W./LAWRENCE, P. R. (Hrsg.), Organization Planning, Homewood 1972, S. 38–48.

LUCKS, K. (2002): Die Organisation von M&A in internationalen Konzernen, in: Die Unternehmung, 2002, Nr. 2, S. 197–211.

LUCKS, K./MECKL R. (2002): Internationale Mergers & Acquisitions, Berlin/Heidelberg 2002.

MACHARZINA, K. (2003): Unternehmensführung, Wiesbaden 2003.

MARSHALL, A. (1920): Principles of Economics, London 1920.

MECKL, R. (2006): Organisation und Steuerung des Akquisitionsprozesses, in: WIRTZ, B. W. (Hrsg.), Handbuch Mergers & Acquisitions Management, Wiesbaden 2006, S. 405–428.

MINTZBERG, H. (1992): Die MINTZBERG-Struktur, Landsberg am Lech 1992.

MÜLLER-STEWENS, G. (2000): Akquisitionen und der Markt für Unternehmenskontrolle, in: PICOT, A./NORDMEYER, A./PRIBILLA, P. (Hrsg.), Management von Akquisitionen, Stuttgart 2000, S. 41–61.

NEUHAUS, P. (1996): Interne Kunden-Lieferanten-Beziehungen, Wiesbaden 1996.

NEUS, W. (1997): Verrechnungspreise, in: Die Betriebswirtschaft, 1997, Nr. 1, S. 38–47.

PACK, H. (2000): Due Diligence, in: PICOT, G. (Hrsg.), Handbuch Mergers & Acquisitions, Stuttgart 2000, S. 221–253.

PICOT, G. (1998): Vertragsrecht, in: PICOT, G. (Hrsg.), Unternehmenskauf und Restrukturierung, München 1998, S. 10–117.

PICOT, G. (2000): Wirtschaftliche und wirtschaftsrechtliche Parameter bei der Planung von Mergers & Acquisitions, in: PICOT, G. (Hrsg.), Handbuch Mergers & Acquisitions, Stuttgart 2000, S. 3–32.

PORTER, M. E. (1985): Competitive Advantage, New York 1985.

PRIBILLA, P. (2000): Integration bzw. Implementierung der Mergers & Acquisitions, in: PICOT, G. (Hrsg.), Handbuch Mergers & Acquisitions, Stuttgart 2000, S. 377–418.

SCHÄFER, M. (2001): Integrationscontrolling, Diss., Bamberg 2001.

SCHEITER, D. (1989): Die Integration akquirierter Unternehmen, St. Gallen 1989.

SCHLÜNZEN, U./JÖNS, I. (2004): Die Bedeutung und Gestaltung der Integrationsgeschwindigkeit bei Fusionen und Akquisitionen, in: Mannheimer Beiträge zur Wirtschafts- und Organisationspsychologie, 2004, Nr. 2, S. 12–18.

SCHMICKL, C./JÖNS, I. (2004): Der Einfluss weicher Faktoren auf den Erfolg von Fusionen und Akquisitionen, in: Mannheimer Beiträge zur Wirtschafts- und Organisationspsychologie, 2004, Nr. 2, S. 5–11.

SCHOLL, R. (2005): Kompetenzentwicklung bei Unternehmensübernahmen, Diss., Heidelberg 2005.

SCHULTE-ZURHAUSEN, M. (2002): Organisation, München 2002.

SCHWENK-WILLI, V. (2001): Integriertes Komplexitätsmanagement, Bamberg 2001.

VON STACKELBERG, H. (1992): Die Morphologie des Marktes, in: KLOTEN, N./MÖLLER, H. (Hrsg.), Gesammelte wirtschaftswissenschaftliche Abhandlungen, 1. Bd., Teil III, Regensburg 1992, S. 521–537.

STEINMANN, H./SCHREYÖGG, G. (2000): Management, Wiesbaden 2000.

STOBBE, A. (1991): Mikroökonomik, Berlin/Heidelberg et al. 1991.

STORCK, J. (1993): Mergers & Acquisitions, Wiesbaden 1993.

THOMPSON, J. P. (1967): Organizations in Action, New Brunswick/London 1967.

TRIANTIS, J. E. (1999): Creating Successful Acquisitions and Joint Venture Projects, Westport 1999.

WERNER, M. (1999): Post-Merger-Integration, in: Zeitschrift für Führung und Organisation, 1999, Nr. 6, S. 332–337.

WITT, F.-J. (1985): Marketing für innerbetriebliche Leistungen, in: Betriebswirtschaftliche Forschung und Praxis, 1985, Nr. 2, S. 162–175.

ZEYER, U. (1995): Zeitaspekte der Implementierung aktueller Managementkonzepte, in: Zeitschrift Führung und Organisation, 1995, Nr. 5, S. 283–289.

Change Management oder die Integration von Mitarbeitern in einem fusionierenden Unternehmen

SABINE SCHWARZ

BearingPoint GmbH

1 Change Management in fusionierenden Unternehmen 369
   1.1 Einleitung 369
   1.2 Herausforderung an die Mitarbeiter 369
      1.2.1 Ausgangslage aus Sicht der Mitarbeiter 369
      1.2.2 Risiken für das Unternehmen 371
   1.3 Beitrag von Change Management zu einer erfolgreichen Integration 372
      1.3.1 Messbare Erfolge durch Change Management 372
      1.3.2 Einbeziehen von Mitarbeitern zum Erreichen des Unternehmensziels 374
      1.3.3 Konsolidierung der psychologischen Modelle zur praktischen
           Ausrichtung der Change-Management-Aufgaben 375
   1.4 Ein bewährter Change-Management-Ansatz aus der Praxis 376
      1.4.1 Leitgedanken 376
      1.4.2 Management organisatorischer Risiken 377
           1.4.2.1 Vorgehen 377
                1.4.2.1.1 Risiken aus Unternehmenskultur und
                       Veränderungshistorie 377
                1.4.2.1.2 Risiken aus dem Fusionskonzept 378
                1.4.2.1.3 Stakeholder-Analyse 379
                1.4.2.1.4 Praxisbeispiel einer Stakeholder-Analyse-Matrix 381
           1.4.2.2 Lessons Learned 383
      1.4.3 Einbindung des Managements 384
           1.4.3.1 Vorgehen 384
           1.4.3.2 Lessons Learned 387
      1.4.4 Veränderungsplanung und Kommunikation 387
           1.4.4.1 Vorgehen 388
                1.4.4.1.1 Der Change Plan 388
                1.4.4.1.2 Der Kommunikationsplan 390
                1.4.4.1.3 Befragungen 395
                1.4.4.1.4 Veranstaltungen 396
           1.4.4.2 Lessons Learned 397
      1.4.5 Änderung der Organisation 398
           1.4.5.1 Vorgehen 399
                1.4.5.1.1 Allokation der Mitarbeiter 399
                1.4.5.1.2 Implementierung der Prozesse 400

     1.4.5.1.3 Neue HR-Prozesse mit Auswirkungen
         auf Mitarbeiter 403
    1.4.5.2 Lessons Learned 404
 1.4.6 Ausbildung der Mitarbeiter zum Erreichen des gemeinsamen
    Unternehmensziels 405
    1.4.6.1 Vorgehen 405
     1.4.6.1.1 Das Prinzip MOVE 406
     1.4.6.1.2 Die Form des Trainings 407
     1.4.6.1.3 Inhalte mit Ausrichtung auf eine Fusion 408
    1.4.6.2 Lessons Learned 409
1.5 Zusammenfassung 409
Quellenverzeichnis 411

1 Change Management in fusionierenden Unternehmen

1.1 Einleitung

Die Fusion zweier Unternehmen oder auch nur Bereiche oder Abteilungen stellt sowohl für das jeweilige Management als auch für die betroffenen Mitarbeiter eine hohe Herausforderung dar: Die Aufbauorganisation mit Verantwortung und Kompetenzen, die Prozesse und gegebenenfalls die Systeme ändern sich. Dies birgt für die betroffenen Mitarbeiter Chancen und Risiken, die vom jeweiligen Management abgefedert werden müssen, wenn das Unternehmen in seiner neuen Form nicht gravierenden Problemen begegnen will. Häufig werden in diesen Fällen Unternehmensberater zur Unterstützung in der Begleitung des Wandels herangezogen: Change Management ist gefragt.

Change Management adressiert die personenbezogenen Themen, um eine erfolgreiche Umsetzung großer organisatorischer, prozessbezogener oder technologiegetriebener Änderungen zu fördern; Fusionen oder Zusammenlegungen weisen in der Regel alle Elemente auf.

Change Management unterstützt die betroffenen Mitarbeiter darin, den Zweck und die Vorteile der Veränderung zu verstehen, um auf Basis gemeinsamer Absprachen entschlossen das gesetzte Ziel, die Integration, zu verfolgen.

Change Management kann jedoch keine Garantie dafür bieten, dass alle betroffenen Mitarbeiter einig das Unternehmensziel verfolgen; es wird in der Regel Mitarbeiter geben, die sich dem Ziel dennoch verweigern.

Change Management kann nach unseren Erfahrungen weder nach einer Checkliste noch nach einer Art „Kochbuch" durchgeführt werden: Selbst ein auf einen bestimmten Merger ausgerichteter Plan muss immer wieder auf die aktuelle Projektsituation hin geprüft und angepasst werden.

1.2 Herausforderung an die Mitarbeiter

1.2.1 Ausgangslage aus Sicht der Mitarbeiter

Die Wahrnehmung einer so gravierenden Änderung wie einer Fusion oder auch einer Zusammenlegung von Abteilungen innerhalb eines Unternehmens ist seitens der betroffenen Mitarbeiter keineswegs einheitlich. Positive, negative, optimistische und pessimistische Gedanken und Haltungen mögen vorhanden sein sowie Chancen und Risiken mögen vermutet werden. Nach unserer Erfahrung bewegt die Mitarbeiter Politisches, Rationales und Emotionales.[1]

---

[1] Vgl. BORN (2001), S. 2.

An politischen Fragen können aufkommen:

- Wie wirkt sich die Zusammenlegung auf mein Aufgabengebiet aus?
- Was bedeutet das für mich beziehungsweise meine Karriere?
- Wie verändern sich dadurch meine Einflussmöglichkeiten?
- Wer wird der Gewinner bei dem Projekt sein?

Rationale Fragen könnten sein:

- Wie soll das neue Unternehmen/die neue Abteilung funktionieren?
- Ist es überhaupt "durchführbar" und im Ergebnis Erfolg versprechend?
- Was werde ich anders machen müssen?
- Werde ich mehr Arbeit haben?
- Was werde ich an Ausbildung benötigen?

Auch emotionale Fragen werden gestellt:

- Wie beeinflusst das Projekt die beteiligten Personen und Prozesse, für die ich verantwortlich bin?
- Wird mein Arbeitsplatz bedroht sein, beziehungsweise wer wird ihn zukünftig innehaben?
- Entspricht das neue Unternehmen noch unseren Wertvorstellungen?
- Soll ich diese Initiative überhaupt unterstützen, wenn ich nicht weiß, wohin sie führt?

Aus diesen Fragen können sich unterschiedliche Reaktionen ergeben:

1) Reaktion einer flexiblen, positiv eingestellten Person: „Veränderung ist notwendig. Ich werde alles daran setzen, um den Wandel für meine Kollegen und mich leichter zu machen. Vielleicht resultieren daraus auch Chancen für mich."

2) Reaktion einer passiven Person: „Das ist nicht mein Problem; warum fragt man mich? Es ist nicht wichtig."

3) Reaktion aus der Opferrolle heraus: „Ich Armer!" Der Mitarbeiter fühlt sich ohnmächtig, unterdrückt oder schlecht behandelt.

4) Zynische Reaktion: „Das wird nie funktionieren. Ich habe schon oft gesehen, wie man so etwas versucht hat, es gab immer ein heilloses Durcheinander."

Von der zweiten bis vierten Reaktion können für das Unternehmen ernst zu nehmende Risiken, so genannte „Organizational Risks", das heißt von den Mitarbeitern ausgehend, entstehen.

1.2.2 Risiken für das Unternehmen

Wenn das Management der fusionierenden Unternehmen oder Bereiche die als normal empfundene Kommunikation unterbricht, sei es aus Geheimhaltungsgründen, sei es aus Unsicherheit heraus, wachsen einerseits Gerüchte, andererseits verlassen sich die Mitarbeiter mangels valider Information auf eben diese Gerüchte und neigen dazu, diese als „real" einzuschätzen. Da Gerüchte meist vertraulich von Angesicht zu Angesicht transportiert werden, ergeben sich aus Sicht des neuen Unternehmens zwei Risiken: Fehler und abnehmendes Verantwortungsgefühl:

- Die Mitarbeiter erhalten Fehlinformationen und handeln womöglich danach, woraus Fehler und Fehlentscheidungen resultieren.
- Befürchten Mitarbeiter eine baldige Entlassung, kann ihre Sorgfalt bei der Arbeit in Mitleidenschaft gezogen werden.
- Die Mitarbeiter glauben, das Unternehmen fühle sich nicht mehr ihnen, sondern nur den Anteilseignern gegenüber verantwortlich. Folglich reagieren sie mit sinkender Verantwortung in ihrer täglichen Arbeit, was sich zum Beispiel in reduzierter Serviceorientierung gegenüber internen und externen Kunden äußert.

Alle Fälle können neben zeitlichem Mehraufwand für Fehlerbehebung zum Teil auch Mehrausgaben oder Mindereinnahmen verursachen.

Mitarbeiter, die sich um sich selbst, ihre Kollegen oder ihnen anvertraute Mitarbeiter sorgen, tendieren dazu, weniger, langsamer oder weniger kollegial zu arbeiten:

- Für eine Führungskraft nimmt das Arbeitspensum zu, weil neben dem Tagesgeschäft die Mitarbeiter besonderer (Führungs-)Zuwendung bedürfen.
- Manager nachgeordneter Ebenen vermeiden oder verschieben Entscheidungen, weil sie Risiken in Veränderungssituationen nur ungenau abschätzen können und/oder Konsequenzen falscher Entscheidungen besonders fürchten. Wird entschieden, geschieht dies nur unter mehrfacher Rückversicherung, so genannter Abstimmung beziehungsweise Beachtung des Konsensprinzips; unternehmerisches Denken und Handeln geht zurück.
- Inoffizielle Marktplätze wie eine Teeküche oder Kantine werden häufiger oder länger aufgesucht, um mit Kollegen über die Zukunft zu spekulieren.
- Aufgrund einer als Wettbewerb um Arbeitsplätze empfundenen Situation kann eine zuvor reibungslose Zusammenarbeit zwischen Unternehmensteilen oder Bereichen gestört werden. Abteilungen klammern sich an Aufgaben oder horten Informationen und Ressourcen, um sich in den Augen der Unternehmensleitung unentbehrlich zu machen.
- Ähnliches kann in Teams geschehen: Mitarbeiter konzentrieren sich mit Ellenbogenmentalität auf das eigene Überleben und widmen ihre Kreativität und Energie primär diesem Ziel.

Alle Beispiele münden in einem Rückgang der Arbeitsproduktivität, die sich als Gewinneinbuße niederschlagen kann.

Sowohl Führungskräfte als auch Mitarbeiter können neuen Arbeitsweisen, etwa Prozessen, im Zuge einer Fusion ablehnend gegenüberstehen:

> Die Mitarbeiter zeigen Kreativität in der Erfindung von „Umwegen", auch „Work Arounds", um gewohnte Abläufe beibehalten zu können.
> Führungskräfte können die Durchsetzung neuer Abläufe als schwieriger und aufwändiger (oder unbequemer) ansehen, als den ohnehin beunruhigten Mitarbeitern die alten Prozesse in großen Teilen zu belassen.

In beiden Ausprägungen wird der Unternehmenswandel verzögert, wenn nicht behindert.

Schließlich kämpfen viele Unternehmen in solchen Situationen mit erhöhter Fluktuation:

> Zahlreiche Leistungsträger orientieren sich anderweitig erfolgreich.
> Andere kündigen „innerlich" und reduzieren ihr Engagement.

In Zeiten der Veränderung ist der Verlust von Leistungsträgern besonders schmerzhaft; wenn er zugleich mit zurückhaltender Arbeitseinstellung weiterer Mitarbeiter auftritt, kann der Übergangsprozess erhebliche Friktionen aufweisen.

1.3 Beitrag von Change Management zu einer erfolgreichen Integration

1.3.1 Messbare Erfolge durch Change Management

Werden Mitarbeiter mit einer bedeutsamen Information – wie einer Fusion – Top Down in Form einer Anordnung konfrontiert, dürfte ihre Produktivität in der Regel zunächst unter das bisherige Niveau absinken, weil sie dieser Veränderung nicht mit Vertrauen oder Motivation gegenüber stehen (Schock).

In einem zweiten Schritt lehnen sie die Veränderung ab; die neue Organisation arbeitet unterhalb ihres Potenzials, weil die Mitarbeiter noch an den herkömmlichen Arbeitsweisen hängen (Ablehnung).

In einer dritten Phase führen die erfolglosen alten Arbeitsweisen zu einem Verstehen der erforderlichen Änderung und zwar in persönlicher Hinsicht wie auch aus Sicht der Organisation als Ganzem (Einsicht). Unsicherheit macht sich breit und behindert wiederum die Leistungsfähigkeit des Unternehmens.

Im vierten Schritt beginnt die Akzeptanz der Veränderung zu wachsen; die Mitarbeiter trauern jedoch noch dem alten Arbeitsumfeld nach. Sie arbeiten immer noch nicht auf der Höhe ihrer Möglichkeiten (Akzeptanz).

In der fünften Phase öffnen sie sich und schauen nach zukünftigen Chancen, testen neue Vorgehensweisen (Experimentierphase). Obwohl die Lernkurve steil ist, sind die neuen Abläufe noch nicht stabil; es werden noch Fehler gemacht.

In der sechsten Phase wird nach sicheren Erkenntnissen gearbeitet; die Leistung ist hoch, und die Produktivität steigt an (Wissen).[2]

Aus Sicht des fusionierenden Unternehmens gilt es, den Zeitraum der verringerten Produktivität zum einen zu verkürzen und zum anderen den Produktivitätsverlust so gering wie möglich zu halten (= Destabilisierung), um zügig über eine Konsolidierungs- die Leistungsphase zu erreichen. Mit einem auf die jeweilige Merger-Situation zugeschnittenen Change-Management-Ansatz können die Produktivitätsverluste verringert und die Leistungsphase schneller erreicht werden.[3]

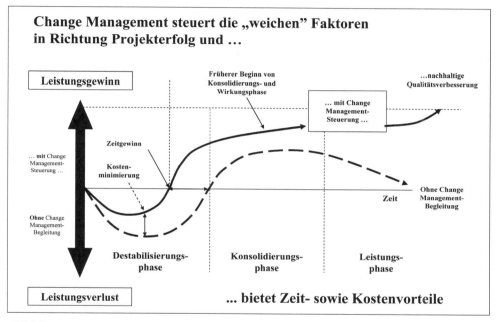

Abbildung 1:   Change Management steuert die weichen Faktoren in Richtung Projekterfolg

Nachdem menschliche Verhaltensweisen aus unterschiedlichen Perspektiven dargestellt wurden, stellt sich nun die Frage: „Wie bewege ich Mitarbeiter von einer kritischen Einstellung zu einer dem Unternehmensziel zugewandten Haltung?" Die Antwort lautet: Mitarbeiter einbeziehen.

Nicht nur die Logik lebender Systeme weist auf die Vorteilhaftigkeit von Change Management bei Großprojekten, sondern auch die Empirie: Der Einsatz von Change Management bewirkt eine 25 %-ige Kosten- sowie eine 16 %-ige Zeitersparnis gegenüber Projekten ohne Change-Management-Begleitung.[4]

---

[2] Vgl. KLEIN (2005), S. 36 f.
[3] Vgl. KLEIN (2005), S. 39.
[4] Vgl. INTERNATIONALES INSTITUT FÜR LERNENDE ORGANISATION UND INNOVATION (1997), S. 7 ff.

Diese Misserfolge werden zu 70 % dem Vernachlässigen der menschlichen Bedürfnisse zugeschrieben; lediglich 30 % betreffen fachliche oder methodische Fragestellungen.[5]

Hier entsteht die Frage: „Wie beachte ich menschliche Bedürfnisse?" Die Antwort lautet wiederum: Mitarbeiter einbeziehen.

Change Management adressiert die menschlichen Bedürfnisse der Betroffenen und bezieht die Mitarbeiter frühzeitig und möglichst zahlreich in das Projektgeschehen im Sinne des Unternehmensziels ein.

1.3.2 Einbeziehen von Mitarbeitern zum Erreichen des Unternehmensziels

Das Einbeziehen der von der Fusion betroffenen Mitarbeiter sowie der Führungskräfte ist der einzige Weg, um die mit dem Wandel verbundenen Friktionen zu mildern. Nur von diesem entscheidenden Schritt überzeugte Mitarbeiter werden den Übergangsprozess mittragen beziehungsweise nicht unterminieren. Change Management ist bestrebt, möglichst viele Mitarbeiter dazu zu bringen, sich mit den Zielen der Fusion zu identifizieren.

Die Identifikation kann sich auf mehreren Ebenen vollziehen:

- Information: Den Mitarbeitern ist zu verdeutlichen, was mit der Fusion bezweckt wird und welche Schritte der Transformationsprozess aufweist; der angestrebte Effekt ist: „Wir wissen wenigstens, worum es geht".
- Verständnis: Über einen verständlich dargestellten „Business Case" müssen die zu erwartenden Vorteile der Fusion erläutert werden. Ebenso gilt es, die negativen Konsequenzen des Unterlassens zu verdeutlichen, um den Leidensdruck zu erhöhen. Fehlender Leidensdruck bei erfolgreichen Großprojekten wird von über einem Viertel der Befragten sowie bei weniger erfolgreichen Projekten von 35 % der Teilnehmer an einer Studie zu Projekterfolgen und -misserfolgen genannt.[6] Die Mitarbeiter sollen verinnerlichen: „Wir müssen etwas tun."
- Einsicht: Wenn die Erkenntnis begleitet wird von „Es ist nötig", geben die Mitarbeiter bereits ein Einverständnis zur Fusion ab.
- Unterstützung: Sind sie darüber hinaus bereit, den Prozess zu unterstützen, tragen sie die Veränderung mit.
- Verpflichtung, Commitment: Diese Identifikation weisen Mitarbeiter mit dem Motto „Ich mache es zu meiner Sache" auf.
- Ownership: Mitarbeiter mit der Einstellung „Ich vertrete das Vorhaben aktiv nach außen" haben die höchste Identifikationsebene erreicht und sind geeignet, den Transformationsprozess aktiv zu begleiten.

Wie BearingPoint vorgeht, um möglichst viele Betroffene zu einer möglichst hohen Identifikation zu bewegen, wird in den folgenden Kapiteln schrittweise unter Einbindung praktischer Beispiele erläutert.

---

[5] Vgl. BORN (2001), S. 2.
[6] Vgl. GREIF ET AL. (1998), S. 4.

1.3.3 Konsolidierung der psychologischen Modelle zur praktischen Ausrichtung der Change-Management-Aufgaben

In der Literatur zum Change Management gibt es zahlreiche Darstellungen, warum und wie sich betroffene Mitarbeiter verhalten können. Auch hier wurden einige in den vorangegangenen Kapiteln erläutert.

Obwohl diese Modelle verständlich sind, verbleibt dem Praktiker im „Change-Alltag" die Frage: „Wie ziehe ich aus den mir nicht im Einzelnen bekannten Gedanken der betroffenen Mitarbeiter Schlussfolgerungen für meine Aufgabe, Mitarbeiterziele in hohem Ausmaß auf das Unternehmensziel auszurichten?"

Nach unserer Erfahrung hat sich eine Ausrichtung auf drei angenommene Verhaltensweisen von Mitarbeitern bewährt:

➢ Mitarbeiter, die der Veränderung in unterschiedlichem Maße negativ gegenüber stehen: Gruppe „Disapproval"

➢ Mitarbeiter, die informiert worden sind, Verständnis haben und nach Abklärung möglicher Alternativen Einsicht aufweisen: Gruppe „Understanding"

➢ Mitarbeiter, die den Transformationsprozess in unterschiedlichem Ausmaß unterstützen: Gruppe „Commitment"

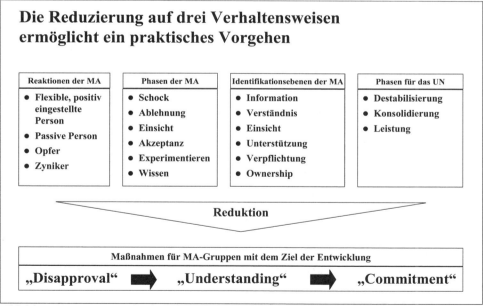

Abbildung 2: Die Reduzierung auf drei Verhaltensweisen ermöglicht ein praktisches Vorgehen

Es ist für einen Change Agent praktikabler, seine Maßnahmen auf diese drei Gruppen auszurichten, sei es in der Formulierung von Botschaften, der Gestaltung von Workshops beziehungsweise Veranstaltungen oder im Coaching. Er zielt darauf ab, die Mitarbeiter möglichst in die nächste Gruppe zu transferieren. Analysen und Befragungen unterschiedlicher Art helfen ihm, die Gruppierungen zu lokalisieren.

1.4 Ein bewährter Change-Management-Ansatz aus der Praxis

1.4.1 Leitgedanken

Die folgenden Leitgedanken unterstützen den Change Agent in der täglichen Arbeit, die richtigen Prioritäten zu setzen.

- Beginning on Day One: Leider wird in der Praxis die Change-Management-Arbeit häufig erst nach Projektbeginn aufgenommen, was gerade bei Fusionen zu bedauerlichen Engpässen führen kann. Frühzeitige Einbindung eines Change Agents ermöglicht vorausschauende Planung und Vorbereitung, um zum Beispiel Gerüchten schnell zu begegnen.
  - Praktischer Hinweis: Frühzeitiges Erkennen der drei Gruppierungen

- Focussing on Acceptance of Solution: Um das angestrebte Ziel, die Fusion, zu erreichen, wird ein kundenspezifischer Transformationsprozess, die „Lösung des Problems ‚Fusion'", geplant. Die betroffenen Mitarbeiter müssen den Übergangsprozess selbst akzeptieren, wenn sie sich nicht mit dem vordergründigen Argument „Ich würde das alles ganz anders machen und auch das Ziel erreichen" dem Wandel entziehen sollen.
  - Praktischer Hinweis: Aufbau der Gruppe „Understanding" durch Information über den Transformationsprozess, den „Business Case" sowie die Notwendigkeit der Fusion, weil es keine Alternativen mit gleichwertigen Vorteilen gibt

- Engaging Stakeholders throughout the Merger: Alle Mitarbeitergruppierungen müssen während des gesamten Übergangsprozesses einbezogen werden, damit sie nicht bewusst oder unbewusst in kontraproduktive Verhaltensweisen (zurück-)fallen.
  - Praktischer Hinweis: Ständige direkte/indirekte Beobachtung der Mitarbeiter gibt dem Change Agent Aufschluss über die Größe der Gruppierungen, deren Lokationen sowie Verschiebungen/Gruppenwechsel

- Building Commitment to Action: Stehen die Mitarbeiter grundsätzlich hinter dem Merger, gilt es, sie aktiv einzubinden und ihnen Aufgaben zu übertragen. In der Regel werden Mitarbeiter, die Ergebnisse beigesteuert haben, sich nicht wieder von dem Merger-Ziel abwenden, sondern eher positiv auf andere Gruppierungen ausstrahlen.
  - Praktischer Hinweis: Ansatz bei der Gruppe „Understanding", um sie in die Gruppe „Commitment" zu führen; Ansatz bei der Gruppe „Commitment", um sie als Akteure und Multiplikatoren für die Fusion einzusetzen

- Training to Develop New Competencies: Mitarbeiter stehen die harte Zeit von Veränderung besser durch, wenn sie gewiss sind, dass sie die für ihre neuen Tätigkeiten erforderliche Ausbildung erhalten. Dies muss nicht nur frühzeitig kommuniziert, sondern anschließend auch umgesetzt werden.

- ➤ Praktischer Hinweis: Ausbildung ist geeignet, die Mitarbeiter in die jeweils nächst höhere Gruppe zu transferieren; als Trainer bieten sich die Mitarbeiter der Gruppe „Commitment" an

➤ Aligning the Organization with HR Processes and Programs: Das Engagement von Mitarbeitern kann nur langfristig erhalten werden, wenn die neuen Unternehmensziele widerspruchsfrei in Beurteilungs- und Entlohnungssysteme eingebettet werden. Dies gilt besonders für die Zeit und Arbeit im Übergangsprozess, der den Mitarbeitern viel Energie und Durchhaltevermögen abverlangt. Weder ein interner Projektleiter noch ein externer Berater werden Mitarbeiter hierzu motivieren können, wenn das Engagement sich nicht positiv für den Mitarbeiter auszahlt, also zum Beispiel eine Zielvereinbarung „Unterstützung des Mergers" versehentlich nicht oder gar gegenläufige Ziele aufweist. Die zweite Bedeutung dieses Leitgedankens, das Personalwesen organisatorisch ebenso wie die anderen Bereiche und Systeme auf das neue Unternehmen hin auszurichten, soll wegen des rein fachlich-technischen Bezugs nicht weiter verfolgt werden.
  - ➤ Praktischer Hinweis: Eine frühzeitige Prüfung, ob und wie Mitarbeit im Transformationsprojekt positiv und negativ sanktioniert wird, gibt Hinweise auf die Aussichten, Mitarbeiter in höhere Gruppen transferieren zu können

➤ Leaving the Organization Prepared for Future Change: Unternehmen unterliegen beständigem Wandel. Es ist wichtig, dass die Mitarbeiter in gewissem Sinne „gereift" aus der Transformation hervorgehen und Veränderungen in der Zukunft aufgeschlossener als zuvor gegenüber stehen.
  - ➤ Praktischer Hinweis: Eine Befragung zum Ende des Transformationsprojekts liefert die grundsätzliche Einstellung zur Veränderungsbereitschaft, das heißt den nächsten Projekten.

1.4.2 Management organisatorischer Risiken

Das Erkennen und Mildern organisatorischer Risiken erstreckt sich auf alle eine erfolgreiche Fusion bedrohenden Risiken, die von den Mitarbeitern ausgehen, wie sie im Abschnitt „Risiken für das Unternehmen" aufgezeigt wurden, so genannte „People Related Risks". Es gilt, diese Risiken frühzeitig zu erkennen, um Gegenmaßnahmen zu planen, die die Risiken selbst oder deren möglichen Auswirkungen abfedern sollen. Die ermittelten Risiken müssen über die gesamte Transformationsphase hinweg beobachtet und gesteuert werden. Die Erkenntnisse aus dieser Aktivität bestimmen nicht nur den Plan zur Risikosteuerung, sondern werden in allen weiteren Change-Management-Schritten genutzt.

1.4.2.1 Vorgehen

1.4.2.1.1 Risiken aus Unternehmenskultur und Veränderungshistorie

Zu Projektbeginn sollten zügig Interviews zur Kultur der beiden betroffenen Unternehmen sowie zu deren Veränderungsgeschichte geführt werden. Obwohl in praxi diese Analyse erst nach beschlossener Fusion durchgeführt wird, können aus entsprechenden Befragungen/ Workshops wesentliche Erkenntnisse zur Planung risikoabfedernder Maßnahmen gezogen werden. Wird nicht dem Prinzip „Beginning on Day One" entsprochen, kommen dem Change Agent Gerüchte und daraus resultierende Verhaltensweisen zuvor, die den Projektverlauf ungleich mehr belasten.

Die Erfahrungen der betroffenen Mitarbeiter aus vorangegangenen Veränderungsprojekten – selbst wenn diese in der Regel nicht die Wucht einer Fusion aufgewiesen haben – beeinflussen gravierend deren Veränderungsbereitschaft. Des Weiteren sollten untersucht werden, weil ihre positive Ausprägung stark mit dem Projekterfolg korreliert:[7]

- das Ausmaß der Verantwortung der Mitarbeiter in Verbindung mit entsprechenden Vollmachten in Projekten,
- die herrschende Vertrauenskultur sowie der Umgang der Mitarbeiter untereinander,
- die Weise, wie mit Konflikten umgegangen wird, beziehungsweise wie sie gelöst werden,
- die Leistungsbereitschaft der Mitarbeiter und die Bereitschaft des Unternehmens, Leistung zu fördern und zu belohnen.

Die Analyse der meist unterschiedlich ausgeprägten Veränderungsbereitschaft und Kultur der beiden Unternehmen liefert eine Einschätzung darüber, ob und inwiefern diese Kulturen, die noch nicht zu einer gemeinsamen geworden sind, nun eine solide Basis für das Fusionsprojekt bieten, das seinerseits organisations- und HR-bezogene Risiken in sich birgt.

1.4.2.1.2 Risiken aus dem Fusionskonzept

In der Regel erfordert eine Fusion eine Überarbeitung der Unternehmensstrategie, aus welcher sich die Kern- und Unterstützungsprozesse ableiten lassen.

Diesen Prozessen wiederum dienen die IT-Architektur und die Software-Applikationen. Den Prozessen entsprechend wird die Aufbauorganisation angepasst. Die Mitarbeiter erfahren Veränderungen in den Aufgaben, in der Verantwortung und Kompetenz sowie in ihren Rollen; sie sehen sich zum Teil mit großen Herausforderungen und Belastungen konfrontiert. Mit dem Verhalten der Mitarbeiter wird sich die Unternehmenskultur ändern, was sich wiederum auf die Mitarbeiter auswirkt.

Können Veränderungsbereitschaft und Kultur, Qualifikation, Motivation und Arbeitszufriedenheit nicht in einem hohen Maße erreicht oder erhalten werden, drohen dem neu geschaffenen Unternehmen die bereits dargestellten „People Risks". Um diese Risiken in etwa zu lokalisieren und im Ausmaß zu erkennen, wird die Stakeholder-Analyse durchgeführt.

---

[7] Vgl. INTERNATIONALES INSTITUT FÜR LERNENDE ORGANISATION UND INNOVATION (1997), S. 54 ff.

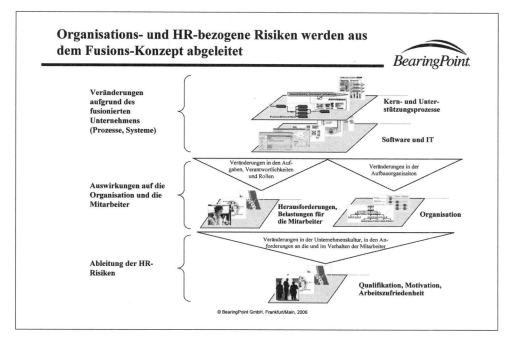

Abbildung 3:   Ableitung von organisations- und HR-bezogenen Risiken

1.4.2.1.3   Stakeholder-Analyse

Die Stakeholder-Analyse bietet eine Vorgehensweise, mit welcher

- die Rollen, die jede Gruppierung oder bestimmte Einzelpersonen im Verlauf des Mergerprozesses spielen,
- die antizipierte Bedeutung der Fusion („Impact") für jede Gruppe beziehungsweise Einzelperson,
- die vermuteten Vorteile der Fusion für jede Gruppe beziehungsweise Einzelperson
- mögliche Fragen und Bedenken eben dieser,
- mögliche Reaktionen der Betroffenen, wenn die Bedenken nicht angesprochen oder ausgeräumt werden,

ermittelt werden.

In einem Workshop, an dem Vertreter aus verschiedenen Unternehmensbereichen und hierarchischen Stufen teilnehmen, wird die Stakeholder-Analyse-Matrix erarbeitet. In einem ersten Schritt werden die zu betrachtenden Gruppen festgelegt; zweckmäßigerweise erfolgt dies sowohl nach der Organisation als auch nach dem Grad der Merger-Auswirkungen, zum Beispiel:

- Sponsor der Fusion
- Mitglieder des Lenkungsausschusses für das Transformationsprojekt
- Mitglieder des Projektteams für das Transformationsprojekt
- Top Management
- Zweite Management-Ebene
- Betriebsrat
- Personen, die im Wettbewerb um eine (Führungs-)Position mit einem Mitarbeiter des jeweils anderen Unternehmensteils stehen
- Mitarbeiter, die aufgrund der Fusion einen neuen Vorgesetzten erhalten
- Mitarbeiter, die mit den entsprechenden Kollegen des anderen Unternehmensteils räumlich zusammen ziehen
- Mitarbeiter, die die Prozesse des anderen Unternehmensteils übernehmen (müssen)
- Mitarbeiter, die nach für den fusionierten Bereich neu zu gestaltenden Prozessen arbeiten werden
- Mitarbeiter(-gruppen), deren tägliche Arbeit sich eher wenig oder gar nicht ändert
- Mitarbeiter(-gruppen), die anlässlich der Fusion über Outsourcing ausgelagert werden oder in eine GmbH überführt werden sollen
- Mitarbeiter(-gruppen), die die neuen Kollegen aufnehmen, das heißt im Falle einer Übernahme
- Mitarbeiter(-gruppen), die von neuen Kollegen aufgenommen werden, das heißt zu einem übernommenen Bereich gehören

In den nachfolgenden Schritten werden je Gruppe ermittelt oder auch geschätzt (Beispiele, die auf die jeweilige Situation anzupassen sind):

- Größe der Gruppe
- Lokation(en) der Gruppe, etwa bei unterschiedlichen Niederlassungen, Werken
- Einfluss auf das Gelingen der Fusion: hoch, mittel, niedrig
- Gewünschter Einfluss für den Erfolg: nötig, gewünscht, unnötig
- Fusion betrifft die Gruppe: stark, mäßig, kaum, gar nicht
- Einstellung zum Merger: positiv, gleichgültig, inhomogen, negativ
- Hauptinteressen je Gruppe, zum Beispiel Vorteile, Nachteile bezüglich Position, Einfluss, Macht, Störungen, Sicherheit
- Vermutliche Fragen und Sorgen je Gruppe
- Zu erwartende Reaktionen je Gruppe, wenn die Probleme nicht adressiert werden

Wenn die Analyse toolgestützt und breit angelegt wird, können erstmalig die drei Gruppen „Disapproval", „Understanding" und „Commitment" grob erkannt und geortet werden.

1.4.2.1.4 Praxisbeispiel einer Stakeholder-Analyse-Matrix

Die nachstehende Abbildung zeigt ein verkürztes Beispiel dieser Matrix. Sie wird dem Lenkungsausschuss als Tabelle und in visualisierter Form zur Abstimmung vorgelegt, bevor aus den Ergebnissen weitere Schritte abgeleitet werden.

Die Stakeholder-Analyse-Matrix liefert Risiken und erste Ansatzpunkte zur Maßnahmenplanung

Stakeholder-Gruppe	Anzahl Personen	betroffen durch Merger (stark, mäßig, kaum, gar nicht)	Einfluss auf Erfolg des MA (hoch, mittel, niedrig)	gewünschter Einfluss (nötig, gewünscht, unnötig)	Haltung zum Merger (positiv, gleichgültig, inhomogen, negativ)	Interessen, potenzielle negative Reaktionen	*Beispiel* ...
Sponsor	1-2	s	h	n	p	eigene Position sichern durch Erfolg...	
Lenkungsausschuss	5-7	s	h	n	p	eigene Positionen sichern durch Erfolg...	
Projektteam	25	s	h	g	p	Investition in eigene Karriere (interne Mitarbeiter)...	
Top Management	16	s	h	n	i	Position sichern oder nach Alternativen am Markt schauen...	
Betriebsrat	50	m	h	g	n	Position vor Klientel sichern, für Mitarbeiter sorgen, ansonsten blockieren im Rahmen der Möglichkeiten...	
2. Management-Ebene	60	s	h	g	i	Position sichern oder nach Alternativen am Markt schauen...	
Mitarbeiter Firma A	3500	m	m	g	i	eigenes Netzwerk sichern, gegebenenfalls sich gegenüber neuen Mitarbeitern abschotten...	
Mitarbeiter Firma B	2500	m	n	u	n	Sicherung des Arbeitsplatzes, Ängste vor mächtiger, anderer Organisation, Passivität, Aussitzen...	
...							

Abbildung 4: Die Stakeholder-Analyse-Matrix liefert Risiken und erste Ansatzpunkte

Zum besseren Überblick wird die Matrix in eine Grafik überführt (siehe folgende Abbildung). Die Gruppe A ist stark von der Veränderung betroffen, positiv eingestellt und verfügt über hohen und erforderlichen Einfluss. Aus dieser Gruppe lassen sich Multiplikatoren oder Mitarbeiter für die Change-Management-Begleitung gewinnen.

Die Gruppen C, H und I müssen wegen ihrer inhomogenen Einstellung stärker in der Transformationsphase betreut werden, wenn kontraproduktive Reaktionen vermieden werden sollen. Die Gruppen weisen mittleren Einfluss auf den Merger-Erfolg aus, zudem ist der Einfluss der Gruppe I zum Beispiel aufgrund der hierarchischen Position erforderlich.

Gruppen, die in der Grafik oben rechts angesiedelt werden, sind als besonders kritisch zu betrachten, weil sie – stark betroffen und mit einer negativen Einstellung – den Übergangsprozess erheblich erschweren können (Blitz).

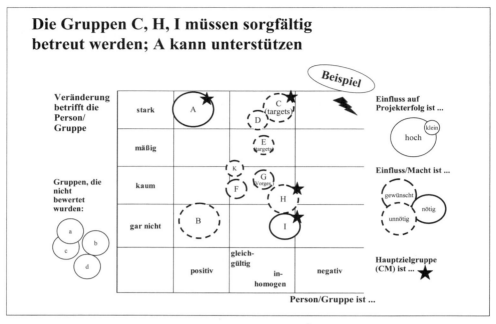

Abbildung 5: Ergebnisse der Stakeholder-Analyse im Überblick

Aus dieser Tabelle beziehungsweise der grafischen Aufbereitung werden weitere Elemente für die Veränderungsbegleitung abgeleitet:

➢ Die „Benefit Cases" je Stakeholdergruppe: Je Gruppe, zum Teil auch je Person, werden die zu vermittelnden Vorteile erarbeitet, die dann über geeignete Mittel (Kommunikation, Veranstaltungen et cetera) oder Personen, zum Beispiel den jeweiligen Vorgesetzten vermittelt werden. Auf diese Weise kann die Gruppe der „Understandings" gefördert beziehungsweise die Gruppe der „Disapprovals" gegebenenfalls reduziert werden:

  ➢ Vorteile der Fusion für die Ertragskraft des Unternehmens und entsprechend für die langfristige Sicherung von Arbeitsplätzen

  ➢ Persönliche Weiterentwicklung durch eine neue Position

  ➢ Persönliche Weiterentwicklung durch Schulungen

  ➢ Job Enlargement

  ➢ Job Enrichment

  ➢ Aufbereitung gemäß Prinzip „Focussing on Acceptance of Solution"

- Der Risk-Mitigation-Plan, der aus den Interviews zur Change History und Kultur der Unternehmen sowie der Stakeholder-Analyse entwickelt wird
  - Gespräche mit den Vorgesetzten besonders betroffener Bereiche, um individuelle beziehungsweise abteilungsbezogene Maßnahmen zu entwickeln
  - Frühzeitige Einbindung des Betriebsrats gegebenenfalls zur Milderung von Folgen von Freisetzungen
  - Insgesamt Ansprache der Gruppe der „Disapprovals", um sie gegebenenfalls in die Gruppe der „Understandings" zu überführen
  - Ansprache besonders der Gruppe der Leistungsträger beziehungsweise der Gruppe „Commitment", um die gemäß Prinzip „Building Commitment to Action" als Multiplikatoren, Projektmitarbeiter, Key User oder Trainer zu gewinnen
- Erste Elemente für die organisatorischen Anpassungen und gegebenenfalls erforderliche Trainings
- Elemente für den Kommunikationsplan, in dem die Zielgruppen, die Kommunikationstermine, die Instrumente und die Kernbotschaften aufgeführt sind (im Sinne von „Engaging Stakeholders throughout the Merger")

Nach Bearbeitung der Stakeholder-Analyse und der Ableitung des Risk-Mitigation-Plans liegen die Schritte zum Risiko-Management vor; in der Umsetzung werden in einem iterativen Prozess die Risiken und die Mittel laufend beobachtet und gegebenenfalls angepasst.

1.4.2.2 Lessons Learned

Das Gelingen der Fusion und die weitere Arbeit des Change-Teams sind erheblich erschwert, wenn

- das Organizational Risk Assessment zu flüchtig oder zu spät vorgenommen wird (siehe Prinzip „Beginning on Day One")
- die Stakeholder-Gruppen bezüglich ihrer Anliegen zu optimistisch eingeschätzt werden, die Analyse zu oberflächlich vorgenommen wird oder Mitarbeitergruppen, etwa auf niedrigeren Hierarchiestufen, ausgelassen werden
- das Einbinden der Stakeholder-Gruppen nach der Analyse nicht weiter oder nicht konsequent verfolgt wird (Prinzip „Engaging Stakeholders throughout the Merger")
- die Gruppen nur nach Organigramm und nicht nach auch dem Grad der Betroffenheit definiert werden
- die Bedeutung des Betriebsrats unterschätzt wird
- nicht eine Veränderungen fördernde Kultur zumindest beim Aufsetzen des Fusions-Projekts in Form von einer „Charta: Regeln der Zusammenarbeit" angestrebt wird.

1.4.3 Einbindung des Managements

Ein solch wichtiger Schritt wie eine Fusion muss das Top Management den Mitarbeitern vermitteln; tiefere Ebenen oder gar ein externer Berater können nicht die erforderliche Akzeptanz generieren.

Vier Punkte müssen betont werden:

- Der Merger *wird* passieren beziehungsweise die Integration *wird* durchgeführt. Das Top Management muss in seiner Vorbildfunktion verdeutlichen, dass es keine Alternative, etwa Abwarten oder Aussitzen, gibt. Damit sind sie einerseits als Stakeholder involviert und zum anderen zeigen sie ihr „Commitment to Action" gemäß den Leitgedanken für Change Management.
- Das Top Management soll die Aufmerksamkeit der Mitarbeiter auf die Lösung des Problems, also die Umsetzung des Mergers, richten, damit keine Diskussionen über die Vorteilhaftigkeit der Fusion aufkommen; das Ziel gilt als gesetzt („Focussing on Acceptance of Solution").
- Gemäß „Beginning on Day One" soll das Top Management den Mitarbeitern möglichst zeitnah gegenübertreten; so werden Gerüchte und Fehlinformationen minimiert.
- Das Top Management muss über den gesamten Transformationsprozess hinweg engagiert und sichtbar bleiben, also als vorbildliche, engagierte Stakeholder das Prinzip „Engaging Stakeholders", das heißt weitere Gruppen mit einzubeziehen, vorleben.

1.4.3.1 Vorgehen

Zunächst wird vom Projektteam die „Change Vision" erarbeitet. Die Vision

- soll für eine einheitliche Sprache seitens der Mitglieder des Top Management, der zweiten Führungsebene sowie der Mitarbeiter des Transformationsteams gegenüber der „Projektaußenwelt" sorgen und zugleich als gegebenenfalls benötigte Argumentationsbasis dienen,
- ist ein elementarer Bestandteil des zu erarbeitenden Kommunikationskonzepts, sollte vor dem Projektstart zur Verfügung stehen und wird von Beginn an vom Management und dem Projektteam in der Kommunikation genutzt,
- stattet über die Anbindung an die Unternehmensstrategie und -werte sowie den Auftrag des Top Management zur Transformation das Projekt mit einer unstrittigen Sachlogik aus.

Das Leitbild für den Unternehmenszusammenschluss verbindet Aufgabe, Projekt, Zusammenarbeit, Unternehmensstrategie und -werte miteinander. Dadurch werden nicht nur das Top Management und die weiteren Führungsebenen, sondern später auch die Mitarbeiter „moralisch gebunden", das heißt, wer sich dem Transformationsprozess widersetzt, kann unternehmensfeindlichen Handelns bezichtigt werden.

Das Leitbild für den Unternehmenszusammenschluss verbindet Aufgabe, Projekt, Zusammenarbeit und Werte

Beispiel

Die Aufgabe
- Gestaltung eines zukunftsorientierten Unternehmens zum Wohle der Kunden, Mitarbeiter und Eigentümer

... durch das Transformationsteam in Zusammenarbeit mit unseren Mitarbeitern

Unsere Zusammenarbeit
- Kundenorientierung unter Wahrung des Unternehmensinteresses
- Offenheit und Vertrauen
- Fairness
- Zuverlässigkeit und Glaubwürdigkeit

... gegenüber allen, mit denen und für die wir dieses Projekt durchführen

Das Transformationsprojekt
- Erarbeitung von Best-in-Class-Prozessen und deren Standardisierung unternehmensweit
- Implementierung dieser Prozesse mit den entsprechenden IT-Komponenten
- Anpassen der Organisationsstruktur
- Qualifizierung der Mitarbeiter

... durch das Transformationsteam in Zusammenarbeit mit unseren Mitarbeitern

Unsere Werte
- Anpassung an sich ändernde Rahmenbedingungen des Marktes
- Zukunfts- und Ertragsorientierung unseres Unternehmens
- Verantwortung jedes Einzelnen zur Unterstützung dieser Fusion mit Initiative und Konsequenz

... als Leitbild für eine erfolgreiche Integrationsarbeit

Abbildung 6: Die Change Vision für den Unternehmenszusammenschluss (Beispiel)

Die Vision wird im Weiteren ergänzt um Argumente zur Vorteilhaftigkeit dieses Schrittes sowie um die Nachteile, die entstünden, wenn das Geschäft weiterhin wie bisher betrieben werden würde (Case for Change). Um die Stakeholder-Gruppen individuell anzusprechen und für das Projekt zu gewinnen, werden die gruppenspezifischen Vorteile aus der Stakeholder-Analyse heraus erarbeitet: Jede Gruppe soll erfahren: „Was bringt es mir (what is in it for me)?" Über gruppenindividuelle Ansprache werden die Mitarbeiter informiert und auf einer möglichst hohen Identifikationsebene für das Projekt eingenommen. Später ergänzt um einen groben Zeit- und Aktivitätenplan des Transformationsprojekts, entsteht aus dem Case for Change ein Überblick zur „Lösung des Problems ‚Fusion'" gemäß Prinzip „Focussing on Acceptance of Solution".

Nachdem das Top Management in einem Workshop die Formulierung der Vision und des Case for Change abgenommen hat, wird jedes einzelne Mitglied in Einzelgesprächen an Hand eines Leitfadens auf seine Verantwortung und seine Funktion im Transformationsprozess „eingeschworen". Zu diesem Zeitpunkt handelt es sich noch nicht um ausformulierte Aufgaben, sondern eher um eine Zusicherung von Engagement und Zeit. Engagement und Zeit müssen vom Top Management während der Transformation regelmäßig, aber auch ad hoc, abgerufen werden können, zum Beispiel zur Kommunikation des Case for Change und des Transformationsplans an die individuellen Stakeholder-Gruppen.

Leitfaden zum Gespräch „Commitment des Top Management" Beispiel/Auszug					
Kriterium	trifft voll zu	trifft zu	neutral	trifft weniger zu	trifft nicht zu
Vision des Top Management: Das Top Management hat eine klare Vision vom Unternehmenszusammenschluss.					
Risiken der Transformation: Das Top Management ist sich in vollem Umfang über die Risiken des Transformations-Projekts bewusst.					
Auswirkungen auf Menschen: Das Top Management steht den Dingen, die im Arbeitsumfeld geändert werden müssen, aktiv positiv und wohlwollend gegenüber.					
Reaktionen auf das Verhalten der Menschen: Das Top Management ist in der Lage und willens, jene Personen zu belohnen, die den Veränderungsprozess erleichtern, und jenen, die ihn nicht akzeptieren oder behindern, seine Unzufriedenheit auszudrücken.					
Öffentliche Rolle des Top Management: Das Top Management ist fähig und willens, öffentliche Unterstützung für die Fusion zu geben und sein starkes Commitment zu zeigen.					
Fortlaufende Unterstützung: Das Top Management zeigt konsequente, fortlaufende Unterstützung für die Veränderung. Es ist fähig und willens, alles Erforderliche bereitzustellen (Zeit, Commitment, Geld, Ressourcen etc.).					
...					

Abbildung 7: Leitfaden zum Gespräch „Commitment des Top Management"

Mit den dargestellten Schritten sind die „People Risks" sowohl in der Führungsebene als auch bei den Mitarbeitern erhoben und das Commitment der Führungsebene eingefordert und sichergestellt worden. Dies bedeutet, dass die Mitglieder des Top Management während der Transformation ihrer Verantwortung und ihren Aufgaben entsprechen und auf diese Weise vom Projektteam eingesetzt werden können. Gegebenenfalls werden für das Top Management Coaching-Veranstaltungen anberaumt, um alle Facetten der Rolle und Verantwortung zu verdeutlichen.

1.4.3.2 Lessons Learned

Das Gelingen der Fusion und die Arbeit des Change-Teams sind erheblich erschwert, wenn das Top Management

- sich nicht wirklich dem Merger verschrieben hat,
- sich nicht von Beginn an über sein Engagement und den zeitlichen Aufwand im Klaren ist,
- die abgestimmte Vision gegenüber den Mitarbeitern nicht schlüssig vertritt,
- seiner Führungsverantwortung und Vorbildfunktion gegenüber den Mitarbeitern nicht nachkommt,
- glaubt, ein Transformationsprojekt könne ganz an eine tiefere Ebene im Unternehmen und/oder an Externe delegiert werden.

1.4.4 Veränderungsplanung und Kommunikation

Der Veränderungsplan oder Change Plan beinhaltet die Phasen des Change-Management-Prozesses im Überblick. Neben den Maßnahmen zur Kommunikation enthält der Change Plan die übrigen Elemente des Change-Ansatzes sowie die Verzahnung mit den fachlichen Teilprojekten.

Obwohl die Kommunikation ein Element des Change Plans ist, empfiehlt es sich, den Kommunikationsplan zwecks besserer Übersichtlichkeit separat anzufertigen. Ziel einer auf Zielgruppen ausgerichteten Zwei-Wege-Kommunikation ist, das Verständnis, die Zustimmung und Unterstützung für das Projekt bei den Mitarbeitern zu entwickeln und zu erhalten sowie potenzielle Widerstände abzufedern. Qualität und Effektivität werden über Feedback gemessen.

Mit Hilfe des Kommunikationsplans sollen die Stakeholder klare, relevante und bedeutungsvolle Informationen zur rechten Zeit erhalten. Auf diese Weise wird Klarheit in den Transformationsprozess gebracht, werden die für die Stakeholder wichtigen Fragen adressiert, Unsicherheiten reduziert sowie die Reaktionen der Mitarbeiter beeinflusst und ihre Erwartungen gesteuert (gemäß „Engaging Stakeholders throughout the Merger", inhaltlich gemäß „Focussing on Acceptance of Solution"). Die Pläne sind lebende Dokumente und werden dem Projektgeschehen entsprechend angepasst.

1.4.4.1 Vorgehen

1.4.4.1.1 Der Change Plan

Ausgehend von der Stakeholder-Analyse-Matrix werden je Gruppe Aktivitäten oder Veranstaltungen zur Einbindung in das Projektgeschehen erarbeitet. Der Fokus liegt auf denjenigen Gruppen, die die Transformation am stärksten beeinflussen können.

Zur Entwicklung eines Veränderungsplans sind zusammenzustellen:

- Ausgewählte Gruppen aus der Stakeholder-Analyse
- Die Meilensteine der fachlichen Teilprojekte des Transformationsprojekts, zum Beispiel Vertrieb, Produktion, Rechnungswesen
- Den kritischen Pfad der fachlichen Teilprojekte, um die Change-Management-Veranstaltungen an diesen anzupassen
- Veranstaltungen und Aktivitäten, um die Stakeholder in einen Dialog über die Projektarbeit einzubeziehen
- Aktivitäten zur Organisationsveränderung
- Aktivitäten zur Ausbildung der Mitarbeiter

Die Art der Aktivitäten und Veranstaltungen muss auf die jeweilige Merger-Situation individuell zugeschnitten werden.

Die Art der Veranstaltungen und Aktivitäten hängt zum einen davon ab, wie viele Mitarbeiter direkt in die Transformationsprojekte einbezogen werden können. Einbezogene, mitgestaltende Mitarbeiter wirken meist als positive Multiplikatoren auf ihre Kollegen des Tagesgeschäfts und können bei Veranstaltungen Mittlerrollen übernehmen. Sie sollen bewirken, dass kritisch eingestellte Kollegen Verständnis entwickeln oder sich sogar konstruktiv für oder im Fusionsprojekt engagieren.

Zum anderen hängen die Veranstaltungen von der Unternehmenskultur ab, inwiefern mit den Mitarbeitern Vorgehensweisen diskutiert und deren Ideen aufgenommen oder sie lediglich informiert werden sollen.

Als Beispiele für Veranstaltungen fachlicher und auch informeller Art seien angeführt:

- Workshops mit der zweiten Management-Ebene
    - Information zum Stand des Transformationsprojekts
    - Einholen von konstruktiven Ideen und Zustimmung
    - Verpflichtung zur Unterrichtung von und Diskussion mit den jeweils unterstellten Bereichen

- Workshops und Motivationsveranstaltungen für das gesamte Transformationsteam, das in der Regel aus mehreren fachlichen Teilprojekten besteht
    - Übergreifender Informationsaustausch über Projektfortschritt
    - Übergreifender Informationsaustausch über positive und negative Reaktionen, die im jeweiligen Projektumfeld beobachtet werden
- Informations- und Diskussionsveranstaltungen seitens des Top Management mit größeren Gruppen, zum Beispiel
    - Aufzeigen der Vorteile des eingeschlagenen Wegs
    - Wohlwollende Aufnahme von Mitarbeiterproblemen
    - Vermittlung von Nähe und gemeinsamem Handeln
- Funktionsbezogene Veranstaltungen des jeweiligen Teilprojekts für die jeweiligen Fachbereiche, zum Beispiel vom Transformationsteam Finance für Mitarbeiter des Bereichs Finance, soweit diese nicht in die Projektarbeit direkt involviert sind
    - Förderung von Offenheit und Vertrauen durch fachliche Information
    - Einbindung durch Aufnahme von konstruktiven Ideen (Focussing on Acceptance of Solution)
    - Reduzierung rein politisch oder emotional bedingter Reaktionen
- Motivationsveranstaltungen nicht fachlicher Art
    - Kurzinformation zu den Vorteilen der Fusion und zum Transformationsstand
    - Sportliche, kulturelle oder spielerische Aktivität mit „gemischten" Mitarbeitern zum zwanglosen Kennenlernen
- Veranstaltungen zum Feiern: Erreichen eines Meilensteins in Zeit und Qualität
    - Netzwerken und informelles Zusammensein nicht nur unter den Mitarbeitern des Transformationsprojekts, sondern vielmehr mit den jeweils von den Auswirkungen Betroffenen
- Veranstaltungen zur Anpassung der Organisation
- Schulungsveranstaltungen

Da Veranstaltungen häufig mit größeren Vorbereitungen verbunden sind, werden sie grob für alle Change-Management-Phasen des Transformationsprojekts geplant und in den Change Plan aufgenommen; in die jeweiligen Schritten Kommunikation, Anpassen der Organisation und Schulungen werden sie detailliert.

Auf organisatorische und logistische Erläuterungen, die je nach Unternehmensgröße und Lokationen vielfältige zentrale, dezentrale sowie Veranstaltungen im Ausland auch in anderer Sprache erfordern können und eine entsprechend weit gefächerte Struktur des Transformationsteams voraussetzen, wird hier nicht näher eingegangen.

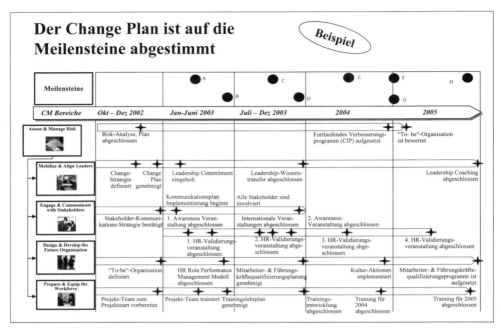

Abbildung 8: Der Change Plan ist auf die Meilensteine abgestimmt

Sind die Arbeiten am Change Plan und der Change Plan selbst für die betroffenen Mitarbeiter noch weitgehend unsichtbar, so werden sie im Kommunikationsplan in den Mittelpunkt gerückt.

1.4.4.1.2 Der Kommunikationsplan

Die Kommunikationsstrategie hat zum Ziel,

- ein Bewusstsein für die Fusion und deren Vorteile herzustellen,
- Interesse für die Fusion sowie Bereitschaft, an ihr mitzuwirken, hervorzurufen,
- Vertrauen zu schaffen, dass der Übergangsprozess von offener Kommunikation begleitet wird,
- das Interesse am Transformationsprozess über die gesamte Dauer zu erhalten.

Hierzu bedarf es eines Plans, der das Transformationsprojekt mit Kernbotschaften über traditionelle, aber auch digitale Wege den unterschiedlichen Gruppen nahe bringt.

Eine erfolgreiche Kommunikation

- setzt Mitglieder von Stakeholdergruppen so oft wie möglich ins Rampenlicht, damit sie ihre Erlebnisse und Erfolge mit den anderen Gruppen teilen,
- setzt Mitarbeiter des zentralen und dezentralen Change-Teams so ein, dass ein konsistenter Informationsfluss zwischen der Zentrale und den verschiedenen Standorten/Werken sowie auch untereinander stattfindet,
- nutzt Kommunikation von Angesicht zu Angesicht so häufig wie möglich,
- schafft über eine „Marke" oder ein Logo eine Identität mit der Fusion,
- erfolgt nach etablierten Standards und ist konsistent,
- fördert das Interesse am Übergangsprozess durch sichtbare Unterstützung seitens des Top Management,
- schafft und fördert Gelegenheiten zur Mitarbeit, weil personelle Interaktionen dem Fusionsziel besser dienen als nur das Lesen von Dokumenten,
- zeigt die Auswirkungen auf die Mitarbeiter auf und adressiert menschliche Belange,
- vermittelt in einfachen Seminaren den Mitarbeitern, was die Fusion für sie bedeutet,
- erhält Interesse und Engagement, indem realisierte Schritte und Meilensteine gefeiert werden sowie Erfolge anerkannt und belohnt werden.

Da die Kommunikation „die Mitarbeiter mitnehmen", das heißt sie auf die erforderliche Identifikationsebene bringen soll (siehe Kapitel „Das Einbeziehen von Mitarbeitern in das Unternehmensziel"), muss sie zielgruppenspezifisch erfolgen.

Unter Zuhilfenahme der Ergebnisse aus der Stakeholder-Analyse wird geplant (und während des Transformationsprozesses laufend angepasst),

- an wen Informationen vermittelt werden
    - siehe Stakeholdergruppen
- von wem die Informationen ausgehen
    - Top Management
    - Lenkungsausschuss des Transformationsprojekts
    - Projektteam
    - bei verschiedenen Lokationen: Vertreter des ansässigen Managements
    - zu fachlich/technischen Themen: Process Owner, die im Transformationsprojekt die gemeinsamen Abläufe entwickeln

- ➢ zu fachlich/technischen Themen: Key User, die im Transformationsprojekt für die gemeinsamen Abläufe die entsprechenden Systeme entwickeln beziehungsweise anpassen
- ➢ Belegschaftsvertreter
➢ was kommuniziert wird
  - ➢ die Change Vision
  - ➢ der Case for Change
  - ➢ der Transformationsplan
  - ➢ zielgruppenspezifische Kernbotschaften, auch in Abhängigkeit von den antizipierten Reaktionen in der Stakeholder Analyse
  - ➢ Bericht zum Fortschritt der Transformation, Erreichen und gegebenenfalls Feiern von Meilensteinen
  - ➢ fachliche Themen
  - ➢ HR- beziehungsweise personalwirtschaftliche Themen
  - ➢ Vorstellung des Transformationsteams und von dezentralen Teams, Ansprechpartnern
  - ➢ Informationen zu geplanten Veranstaltungen, zum Beispiel Ort, Zeit, Referent(en) bei Roadshows des Managements oder für Schulungsmaßnahmen
➢ wann und wie häufig die jeweiligen Maßnahmen stattfinden
  - ➢ zu Beginn der Transformation
  - ➢ zu Meilensteinen
  - ➢ in welcher Häufigkeit, zum Beispiel wöchentlich, monatlich et cetera
  - ➢ ad hoc/unvorhergesehen und vom Projektfortschritt her als zweckmäßig erachtet
➢ auf welchem technisch-organisatorischen Weg vermittelt wird
  - ➢ von Angesicht zu Angesicht (siehe Ausführungen im Abschnitt „Change Plan")
    - ➢ Gespräche unter vier Augen
    - ➢ Gespräche in kleinen Gruppen
    - ➢ Workshops
    - ➢ Veranstaltungen
  - ➢ über Printmedien
    - ➢ Briefe
    - ➢ Rundschreiben, Newsletter
    - ➢ Artikel in Mitarbeiterzeitungen
    - ➢ Plakate
    - ➢ Faltblätter

- digital
  - Intranet
  - Video, Trailer
  - E-Mail, gegebenenfalls mit Anlagen, zum Beispiel einem Newsletter oder einem Link ins Intranet
  - CD-Rom
  - Telefon- und Videokonferenzen
  - Befragungen
- durch Geschenke, zum Beispiel Gegenstände mit dem neuen Firmen-Logo
- mit welchen Antwortmöglichkeiten die Kommunikation versehen sein soll
  - Diskussion bei Veranstaltungen oder Gesprächen
  - Anregungen und/oder Kritik an einen Projekt-Briefkasten (als E-Mail oder physischer Brief)
  - bei Befragungen: über persönliche, frei formulierte Texte in entsprechend vorgesehenen Feldern

In einem iterativen Prozess, der keinesfalls unterschätzt werden darf (Diskussion, „Ringen" um die Ergebnisse), werden die Kernbotschaften je Stakeholder-Gruppe auf Basis der Stakeholder-Analyse formuliert und die adäquaten Kommunikationsmaßnahmen ermittelt. Welche Botschaften je Gruppe formuliert werden und mit welchen Mitteln sie verbreitet wer-den, muss für jedes Fusionsvorhaben im Einzelfall erarbeitet werden. Hier bedarf es unter Umständen mehrerer erfahrener Change Manager sowie intensiver Zuarbeit aus den fusionierenden Unternehmen.

Die Kernbotschaften je Stakeholder-Gruppe zielen auf eine bestimmte Wirkung ab

An Stake-holder-Gruppe	Inhalt	Zeit	Mittel	von	Feedback-Schleife	beabsichtigte Wirkung
Sponsor	Info zu Projektstatus	1/Mon.	Bespre-chung	PL	Disk.	Bereitschaft zeigen, an Veranstaltungen zu sprechen
Lenkungs-ausschuss	Info zu Projektstatus	1/Mon.	B	PL	Disk.	Entscheidungen fällen, Ressourcen bereit stellen
Projektteam	Aktionen, Probleme CM/Transformationsprozess	2/Mon.	B	CM	Disk.	Arbeit erleichtern, Unterstützung bieten
Top Management	Aktionen, Probleme CM/Transformationsprozess	1/Mon.	TelKo	CM	Disk.	Bereitschaft, sich für das Transformationsprojekt zu engagieren
Betriebsrat	HR-bezogene Themen	2-monatl.	B	PL, Sp	Disk.	Lösungen konstruktiv und professionell erarbeiten
2. Manage-ment-Ebene	Info zu Projektstatus, Material zur Info deren Mitarbeiter	1- bis 2-monatl.	TelKo, Bespr.	Sp, PL	F&A, Disk.	Projekt unterstützen, als Vorbild fungieren, mit den MA sprechen
Mitarbeiter Firma A	Grob-Info zu Projektstatus, -planung; Vision, Case for Change; Zuversicht, Kollegialität	1/Mon.	Veran-staltg.	Sp, Vorges., CM	F&A	Identifikation mit Fusion steigern, Bereitschaft zum Engagement wecken
Mitarbeiter Firma B	Grob-Info zu Projektstatus, -planung; Vision, Case for Change; Zuversicht	1/Mon.	V	Sp, Vorges., CM	F&A	Identifikation mit Fusion steigern, Bereitschaft zum Engagement wecken
...						

Beispiel

Abbildung 9:   Die Kernbotschaften je Stakeholder-Gruppe zielen auf eine bestimmte Wirkung ab

In einem weiteren Schritt werden diese Maßnahmen in einen Zeitplan, möglichst auf Tagesbasis, umgesetzt.

Die Kommunikationsmaßnahmen werden je Stakeholder-Gruppe bestimmt und in einem Plan fest gehalten

Stakeholder	indiv. Infobrief	Vorabinfo (mail)	Infomesse	Newsl. Agent	Newsl. Target	Intranet	Info-Event	Online-Befragg.	erweit. Team-Event	Lokales Event	Artikel MA-Zeitg.	Plakate/ Flyer	Happy Hour	Org. Assessm.
Management 1	XX		X		X	X								X
Hauptbetroffene		X	XX		XX	XX	X	XX		(X?)				X
Management 2	X(?)					(X)								X
Projektkernteam				XX		XX		XX	XX			XX		X
erweitertes Team				XX	X	XX		XX	XX					X
Fachabteilungen 1		X	XX			X				XX				X
Fachabteilungen 2		X	XX		XX	XX		XX						X
Fachabteilungen 3			(X)			X	X							X
Fachabteilungen n			(X)		XX	X	X							X
andere Projekte				X		X				X				
wenig Betroffene	XX					(X)				(X)	XX	XX		(X)
Process Owner						(X)		XX	XX					(X)
Betriebsrat						(X)	X			X				(X)

Beispiel

Beispiel

Abbildung 10:   Kommunikationsmaßnahmen und Kommunikationsplan

Die einzelnen Kommunikationsmaßnahmen werden als Kürzel im Zeitplan aufgeführt und die Stakeholder-Gruppen einschließlich ihrer Maßnahmen farblich gegeneinander abgesetzt. Obwohl dieser Plan einer ständigen Änderung in Abhängigkeit vom Projektverlauf unterworfen ist, sollte er an einem zentralen Punkt im Raum des Change-Management-Teams aufgehängt sein.

1.4.4.1.3   Befragungen

Als ein besonders wichtiges Instrument gelten Befragungen, die in der Regel relativ unkompliziert online in regelmäßigen Zeitabständen vorgenommen werden können. Durch Befragungen erhält der Change Manager eine relative Nähe zu den Betroffenen und kann schnell auf Stimmungsschwankungen reagieren. Über einen sorgfältig erarbeiteten, nicht zu langen Fragenkatalog kann er erkennen,

➢ ob und wie Informationen die Zielgruppen erreichen (nicht jede dezentrale Einheit führt abgestimmte Maßnahmen durch!),
➢ ob die Arbeitsbelastung aufgrund der zusätzlichen Projektarbeit erträglich ist,
➢ welche Risiken seitens der Befragten, gegebenenfalls an entfernten Lokationen, erkannt werden,
➢ welche Stimmungen herrschen.

Textfelder für frei formulierte Antworten ermöglichen individuelle Rückmeldungen, die über das Anklicken von Auswahlantworten hinausgehen.

Über eine zeitnahe Auswertung werden die Informationen in aggregierter Form an das Management, die Projektleitung sowie dezentrale Leitungen gegeben. Die Teilnehmer erhalten ebenso die Befragungsergebnisse, idealerweise schon mit ersten Maßnahmenvorschlägen, damit ihre Bereitschaft, auch in Zukunft an den Befragungen teilzunehmen, nicht erlahmt oder die Glaubwürdigkeit der Handlungsträger hinter den Befragungen schwindet.

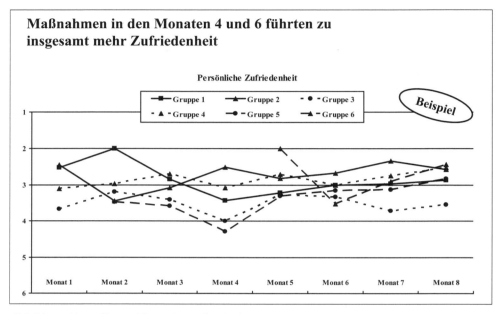

Abbildung 11: Entwicklung der Zufriedenheit im Zeitablauf

Stimmungen können im Projektverlauf erheblich schwanken, oftmals bedarf es mehrerer Rückfragen, um den Grund für einen Einbruch zu ermitteln. Ein funktionierendes Netzwerk ist bei einem solchen Umhören von großem Vorteil. Wenn nicht sofort Abhilfe geschaffen werden kann, muss zumindest für die Betroffenen erkennbar sein, dass jemand an einer Lösung des Problems arbeitet. Toolgestützte Befragungen können nach Wanderungsbewegungen zwischen den Gruppen der „Disapproval", „Understanding" und „Commitment" ausgewertet werden. Je nach Richtung der veränderten Häufigkeiten variiert der Change Manager seine Maßnahmen (laufende Überprüfung des Plans und Feinsteuerung).

1.4.4.1.4 Veranstaltungen

Als Veranstaltungen sollen diejenigen Face-to-Face-Termine bezeichnet werden, die primär der Information, der Kommunikation sowie der Motivation dienen. Da häufig viele Teilnehmer zu einem Termin eingeladen werden, empfiehlt es sich, die Veranstaltung nach einem einführenden Teil recht zügig zu untergliedern oder – wenn möglich – kleinere, gegebenenfalls dezentrale Zusammenkünfte zu organisieren, sowie den Charakter zu variieren:

- Messecharakter: Es werden zu verschiedenen Themen Messestände aufgebaut, an denen sich die Teilnehmer weiter informieren können.

- Oder es werden weiterführende Kurzvorträge zu verschiedenen Themen mit anschließender Diskussion parallel zueinander angeboten; ein allgemeiner Messestand mit Kaffeezone bildet das Zentrum, um den die kleineren Räume angesiedelt sind.

- „Zirkeltraining": Wie zuvor werden Themen auf verschiedene Einheiten verteilt; nach einer bestimmten Zeit wechseln die Teilnehmer auf einen Gong hin den Stand oder den Raum, um zum nächsten Thema zu wechseln.

- Roadshow: Die Informationen werden vom Management „in die Fläche" gebracht: Je nach Anzahl der zu Informierenden werden Veranstaltungen an den verschiedenen Lokationen angeboten oder in einer Management-Veranstaltung die dezentralen Leitungen gebrieft, wann und wie sie eine entsprechende Veranstaltung vor Ort durchführen sollen.

- Diskretionäre Veranstaltungen: Je nach Projektverlauf und Stimmungslage können Ad-hoc-Termine erforderlich sein, in welchen Brennpunkte bearbeitet („Input aus der Praxis") und Widerstände abgebaut werden können. Sie können von der Teilnehmeranzahl, Thema, Aufbau und Dauer stark variieren.

1.4.4.2 Lessons Learned

Obwohl ein allgemeiner Projektbriefkasten (E-Mail) für „Befindlichkeiten" seltener angeschrieben wird als Briefkästen für fachliche Fragen, gehört er absolut zur Kommunikationsstruktur wie auch der tägliche Check durch einen beauftragten Mitarbeiter. Einen Briefkasten nicht anzubieten, käme einer Abwehrhaltung gleich, was dem Merger nicht zuträglich wäre.

Ähnliches gilt für den Intranetauftritt, der aus demselben Grund nicht fehlen darf. Obwohl er in der Regel attraktiv gestaltet ist, stellten wir in der Vergangenheit fest, dass dort enthaltene Informationen häufig nicht bekannt waren. Gerade in produzierenden Unternehmen muss darauf geachtet werden, welche Mitarbeitergruppen keinen oder nur eingeschränkten Zugriff auf das Intranet haben. Über eine Kaskade unter Einschalten des jeweilgen Meisters oder Vorarbeiters kann Abhilfe geschaffen werden.

Gute Erfahrungen machten wir mit anonymen Online-Befragungen. Unter diesem Schutz werden nützliche Informationen nach oben gespült; der Change Manager kann daraufhin professionell begleitend eingreifen. Conditio sine qua non ist jedoch, dass Feedback gegeben wird, wann welche Anregungen wie aufgegriffen werden. Dies wird häufig nicht beachtet und führt zu Unmut der Teilnehmer. Auch bei Befragungen sind Mitarbeiter ohne PC-Ausstattung benachteiligt. In jedem Fall sollte das Befragungskonzept mit dem Betriebsrat abgestimmt sein.

Häufig wird in der Anfangsphase geäußert, man habe noch nichts Richtiges zu kommunizieren und wolle deshalb noch ein wenig abwarten. Dies ist nicht zu empfehlen. Es entsteht der Eindruck von Geheimniskrämerei, der schwer zu widerlegen ist. Es ist vielmehr von Vorteil, auch Pläne oder Veranstaltungen anzukündigen, die erst später erfolgen; die Angesprochenen haben Zeit, die Information zu „verdauen" und fühlen sich beachtet, respektiert oder einbezogen.

Häufig werden Face-to-Face-Informationen in ihrer positiven Wirkung (Einbindung der Mitarbeiter, Stärkung des Identifikationsgrads) unterschätzt:

➢ Sie sollten in höherem Maße angesetzt werden, als „man" zunächst für erforderlich erachtet.

➢ Information durch die dezentrale Leitung vor Ort: Wenn Leadership gut vorbereitet ist, wird es dieser Führungsaufgabe nachkommen, auch nicht zuletzt deshalb, weil Mitarbeiter Informationen durch ihnen nähere, bekannte Vorgesetzte präferieren.

➢ Bei Face-to-Face-Veranstaltungen können sich auch Gelegenheiten ergeben, Kritiker in kleinere Aufgaben einzubinden, etwa über Workshops „Input aus der Praxis". Angst vor Kommunikation erzeugt häufig Ablehnung und negative Meinungsmache seitens der nicht Informierten.

➢ Bei großen Veranstaltungen kann es hilfreich sein, sich von einem Veranstaltungsunternehmen hinsichtlich Technik, Logistik, Verpflegung unterstützen zu lassen. Videomitschnitte von Reden des Top Management lassen sich später geschickt als Kernbotschaften in andere Veranstaltung oder in die Ausbildung integrieren.

1.4.5 Änderung der Organisation

Die organisatorischen Veränderungen sind primär davon abhängig, inwieweit die Unternehmen zusammengeführt werden oder ob einzelne Bereiche, zum Beispiel die Produktion, relativ eigenständig weiter operieren sollen. Des Weiteren werden im Falle der Vereinheitlichung von Bereichen die

➢ Prozesse,

➢ entsprechende Informationstechnologie,

➢ dazugehörigen Verantwortungen und Entscheidungskompetenzen,

➢ Berichtswege und

➢ technischen Berechtigungen

von den jeweiligen fachlichen Teams mit der Unterstützung von erfahrenen Mitarbeitern der Unternehmen erarbeitet. Falls noch nicht vorhanden, empfiehlt sich hier die Ernennung eines Process Owners je Prozess oder Prozessbündel, der den Prozess auch nach erfolgter Implementierung im laufenden Betrieb weiter fachlich verantwortlich betreut. Da diese Aufgaben von den fachlichen Teilprojekten wahrgenommen werden, werden diese organisatorischen Veränderungen hier nicht weiter ausgeführt. Bei einer Fusion müssen jedoch noch drei weitere Aspekte der organisatorischen Anpassung beachtet werden, die die Mitarbeiter betreffen:

➢ Allokation der Mitarbeiter in der neu geschaffenen Organisation

➢ Implementierung der neu definierten Prozesse

➢ neue HR-Prozesse mit Auswirkungen auf die Mitarbeiter

Hier ist Change Management gefragt.

1.4.5.1 Vorgehen

1.4.5.1.1 Allokation der Mitarbeiter

Die Allokation bedeutet nicht nur die professionelle Selektion der geeigneten Mitarbeiter für die neu definierten Stellen beziehungsweise Rollen, sondern kann durch die damit einhergehende Verschlankung der Prozesse zu überzähligen Ressourcen führen. Gegebenfalls werden allein durch die Zusammenlegung von Funktionen Überschusskapazitäten generiert. Von den Mitarbeitern kann diese Situation dann wahrgenommen werden als „Fusion = Kündigung aufgrund doppelt vorhandener Arbeitskräfte plus Kündigung aufgrund arbeitssparender, neuer Prozesse". Diesem Eindruck und der in der Konsequenz potenziell sinkenden Arbeitsmoral muss der Change Manager mit entsprechender Kommunikation und Veranstaltungen in enger Zusammenarbeit mit dem Top Management und der jeweiligen Bereichsleitung entgegenwirken.

Schon zu Beginn des Fusionsprojekts muss auf Ebene des Top Management abgestimmt werden, ob die fusionierenden Unternehmen sich von Mitarbeitern trennen, natürliche Fluktuation nutzen oder alle Mitarbeiter behalten werden. Nach entsprechender rechtlicher Prüfung und Klärung mit dem Betriebsrat und gegebenenfalls Erarbeitung von Modellen (fachlich: HR) wird diese Entscheidung frühzeitig vom Change Manager in die passenden menschlichen (!) und technischen Kommunikationskanäle gegeben, um Gerüchte zu minimieren.

Im Idealfall werden in einem Top-Down-Ansatz die Anforderungen der neuen Arbeitsplätze den Profilen der entsprechenden Mitarbeiter gegenüber gestellt; dies wird von den Personalabteilungen in Zusammenarbeit mit dem Change-Management-Team und/oder mit Unterstützung eines Personalberaters durchgeführt. Der Top-Down-Ansatz hat den Vorteil, dass bei veränderten Bereichs- oder Abteilungsleitungen der zukünftig Verantwortliche die Personalentscheidungen in seinem Verantwortungsbereich vornehmen kann. Sobald die Mitarbeiter mit Personalverantwortung feststehen, werden sie bei Bedarf in Workshops geschult, wie sie wiederum ihre geplante Ressourcenallokation mit den Mitarbeitern in Personalgesprächen mitteilen können. Häufig haben diese Personalgespräche iterativen Charakter, wenn bei sich ändernden Arbeitsabläufen mehrere Stellenbesetzungen sowohl für den Mitarbeiter als auch für die Stelle in Frage kommen.

Sind Freisetzungen nicht zu umgehen, gilt es als guter Führungsstil, dass der jeweilige Vorgesetzte das Personalgespräch selbst mit dem betroffenen Mitarbeiter führt und dies weder der Personalabteilung überlässt noch lediglich schriftlich kündigt. Auch hierzu kann Training erforderlich sein.

Das Engagement aller Führungspersonen mit Personalverantwortung ist erfolgskritisch: Sie sind in mitunter schwierigen Personalgesprächen im Fall einer Trennung oder divergierenden Ansichten zu Stellenbesetzungen gefragt und sollen parallel Mitarbeiter zur Aufnahme neuer Aufgaben motivieren. In ihrer Funktion als Vorbilder, Stakeholder mit Commitment, dürften sie in dieser Phase in ihren Verantwortungsbereichen relativ deutlich erkennen, ob und wie viele „Disapprovals" in ihrem Bereich verblieben sind oder auch, ob sie aus Mitarbeitern („Understanding") solche mit „Commitment" zur Zukunft gewinnen konnten.

Wenn Mitarbeiter räumlich und teambezogen starken Veränderungen unterliegen, empfiehlt es sich, Abschieds- und Willkommens-Events zu organisieren, um die häufig negativ empfundene Trennung von Kollegen abzufedern und neue Kontakte in einem entspannten Umfeld zu ermöglichen.

1.4.5.1.2 Implementierung der Prozesse

Die Implementierung neuer Prozesse wird häufig mit Schulung gleichgesetzt. Diese Sichtweise verkennt jedoch, dass Prozesse nicht nur geschult, sondern eingeführt und nachhaltig gelebt werden sollen. Obwohl eine Systemeinführung nach dem Go-Live-Termin viele neue Verhaltensweisen aufgrund schierer Technik erzwingt, gibt es häufig Umgehungsmöglichkeiten sowie nicht-technische Arbeitsschritte, die von den Mitarbeitern nur allzu gern zum Rückfall in alte Arbeitsgewohnheiten genutzt werden.

Nachdem die Mitarbeiter in Prozessen und Systemen geschult worden sind (siehe Kapitel „Ausbildung der Mitarbeiter"), gilt es, die Schulungsinhalte an den Arbeitsplatz zu tragen und dort entsprechend anzuwenden. Das Change-Team entwickelt in Zusammenarbeit mit den fachlichen Teilprojekten eine Implementierungsstrategie, die ebenso die Vorgesetzten der betroffenen Mitarbeiter einschließt. Die Vorgesetzten sollten folgende Aufgaben wahrnehmen:

- Veranlassung von räumlichen Änderungen, wenn Teams neu gebildet worden sind oder Teams im Sinne eines effizienten Prozesses in andere Räume ziehen sollen
- Veranlassung der entsprechenden technischen Berechtigungen gemäß Konzept
- Abteilungsinterne Workshops, in denen die neuen Arbeitsweisen mit den neuen Ansprechpartnern diskutiert und als „Trockenübung" praktiziert werden, gegebenenfalls mit Unterstützung von Process Owner und/oder Key User.

Bei diesen Schritten kann der Change Manager unterstützen, indem er den Vorgesetzten Argumente, Präsentationen oder sich selbst als Moderator zur Verfügung stellt. Es ist wichtig, dass sich die jeweiligen Vorgesetzten entweder schon im Schritt „Einbindung des Managements" zu diesen Aufgaben bereit erklärt haben oder von den entsprechend höheren Ebenen dazu verpflichtet werden, weil sonst diese Aktivitäten im operativen Geschäft leicht versanden.

In der Praxis treffen wir zwar häufig auf Äußerungen wie „Wir haben die Prozesse eingeführt und leben danach", stellen aber fest, dass über entsprechend weit gefasste Berechtigungsvergabe in Verbindung mit Verlagerung von manuellen Tätigkeiten die Prozesse nicht gelebt werden. Hier kann ein spielerischer Ansatz helfen, nach dem über Process Owner interne, coachende Reviews durchgeführt werden, deren Ergebnisse anschließend im Intranet veröffentlicht werden. Über diesen Anreiz kann die Prozessimplementierung beschleunigt und stabilisiert werden; die betroffenen Mitarbeiter sind mittels eines internen Wettbewerbs engagiert.

Die Veröffentlichung („Barometer") kann von Nachrichten wie zum Beispiel Präsentationen, Vorstandsverlautbarungen, Vorträgen oder Artikeln in der Mitarbeiterzeitschrift flankiert werden.

Change Management in fusionierenden Unternehmen

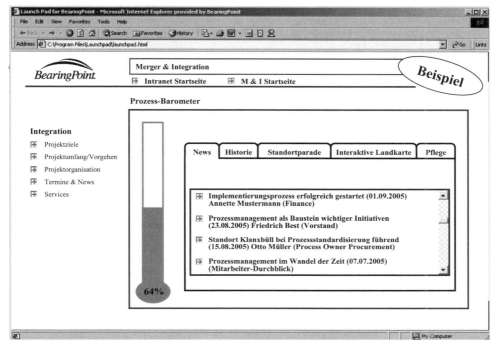

Abbildung 12: Veröffentlichung zur Prozessimplementierung im Intranet: Tab „News"

In einem weiteren Tab kann die Historie abgebildet werden; über alle Standorte aggregiert wird der Implementierungsstand des Unternehmens dargestellt.

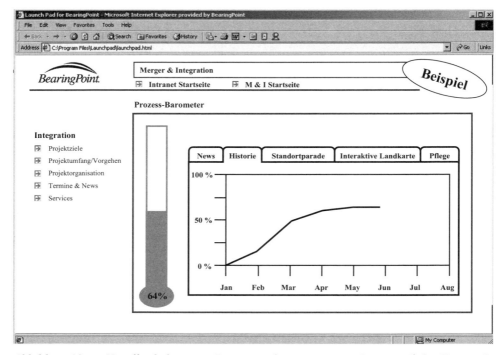

Abbildung 13: Veröffentlichung zur Prozessimplementierung im Intranet: Tab „Historie"

Schließlich kann, je nach Unternehmenskultur, eine „Standortparade" gezeigt werden; dies ist zugleich eine Möglichkeit, erfolgreiche Standorte mit zum Beispiel einem Grillfest zu belohnen.

Change Management in fusionierenden Unternehmen 403

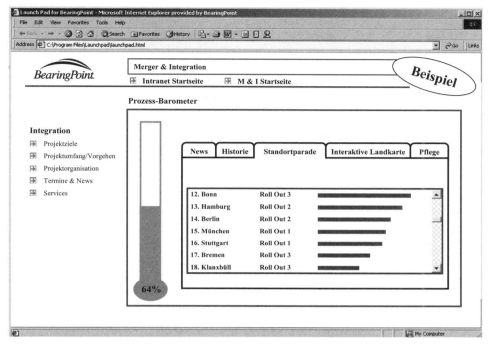

Abbildung 14: Veröffentlichung zur Prozessimplementierung im Intranet: Tab „Standortparade"

Auch wenn solche Maßnahmen recht spielerisch erscheinen mögen, verbinden sie doch das Unternehmensziel, die Integration bei standardisierten Prozessen, mit ein wenig Humor und gemeinsamer Anstrengung.

Die Mitarbeiter sehen sich bei einer Fusion nicht nur einer neuen Organisation in ihrem eigenen Arbeitsumfeld gegenüber, sondern unterliegen in der Regel auch Veränderungen in der Personalpolitik, die ebenso vom Change Manager behandelt werden müssen.

1.4.5.1.3 Neue HR-Prozesse mit Auswirkungen auf Mitarbeiter

Als neue HR-Prozesse mit Auswirkungen auf die Mitarbeiter sind diejenigen anzusehen, die sich auf Beurteilung, Entlohnung sowie Entwicklung beziehen, wohingegen neue, standardisierte Prozesse zum Beispiel im Recruiting oder in der Entgeltabrechnung zum einen die Mitarbeiter wenig oder gar nicht betreffen, zum anderen der fachlichen Arbeit beziehungsweise den fachlichen Teams zuzuschreiben sind. Von Bedeutung für das Change Management sind also beispielsweise:

➢ Stellen- und Anforderungsprofile
➢ Vorgehen in der Stellenbesetzung, zum Beispiel innerbetriebliche Bewerbung
➢ Beurteilungssysteme

- Beförderungskriterien, -abläufe
- Ausbildung: Kataloge, Curricula, Budgets, Genehmigungen
- Entlohnung: Gehaltsbandbreiten, Bemessung von variablen Anteilen

Diesbezügliche Änderungen können die Mitarbeiter zusätzlich zu den Veränderungen in der täglichen Arbeit empfindlich treffen. Der Change Manager entwickelt in enger Zusammenarbeit mit der Personalabteilung und den Personalvertretungen eine Kommunikation mit stakeholder-individuellen Vorteilen (gemäß Prinzip „Focussing on Acceptance of Solution"). Das Risiko im Transformationsprozess besteht darin, dass Mitarbeiter, die bezüglich des Arbeitsumfelds bereits der Gruppe „Understanding" oder „Commitment" zuzurechnen sind, sich – enttäuscht über die Personalpolitik – in niedrigere Identifikationsebenen zurückentwickeln.

Um den Druck auf die Mitarbeiter beider Unternehmen etwas zu reduzieren, kann die Angleichung der HR-Fragestellungen gegebenenfalls auch auf einen späteren Zeitpunkt verschoben werden.

1.4.5.2 Lessons Learned

Eine Prozessimplementierung kann unterschätzt werden: Die jeweiligen Vorgesetzten glauben, dass mit den Trainings zu den neuen Systemen und Prozessen die neuen Abläufe simultan implementiert seien. Diese Sichtweise lässt außer Acht:

- die Mitarbeit der Vorgesetzten bei der Ressourcenallokation,
- die Gespräche der jeweiligen Vorgesetzten mit den einzelnen Mitarbeitern zu ihrer veränderten Aufgabe beziehungsweise Abläufen zwecks Erzielung von Commitment,
- das Beharrungsvermögen und/oder den Beharrungswillen der Mitarbeiter, möglichst mit den bekannten Abläufen die gewohnten Aufgaben weiter zu erledigen,
- dass ein Go-Live-Termin eines Systems nicht automatisch den Go Live der entsprechenden Prozesse bedeutet (ein System erzwingt nicht notwendigerweise die Einhaltung aller Prozesse),
- dass eine Prozess-Implementierung eines sorgfältigen Plans sowie gegebenenfalls einiger Incentives bedarf,
- dass eine Fusion in der Regel eine neue Personalpolitik nach sich zieht, die neben den veränderten Arbeitsbedingungen im täglichen Umfeld eine weitere Herausforderung an die Mitarbeiter darstellt.

Aus diesen Gründen müssen die Vorgesetzten schon während der Einbindung des Managements auf ihre Verantwortung und ihren Einsatz in der Kommunikation hingewiesen werden.

Eine ungleich größere Herausforderung besteht, wenn Mitarbeitern aufgrund von Überschusskapazitäten gekündigt werden muss. Eine frühzeitige, enge Zusammenarbeit mit der Personalabteilung und dem Betriebsrat, Einbindung der Vorgesetzten sowie offene Kommunikation sind zwingend erforderlich.

Neben den fachlichen Veränderungen dürfen die übergreifenden, neuen HR-Prozesse nicht vergessen werden; als Hygienefaktoren beeinflussen sie stark die Stimmung während der Transformationsphase und sollten zeitnah kommuniziert werden.

1.4.6 Ausbildung der Mitarbeiter zum Erreichen des gemeinsamen Unternehmensziels

Nachdem die Mitarbeiter für die fachlichen Aufgaben selektiert worden sind, der Vorgesetzte mit ihnen gesprochen und deren möglichst große Zustimmung erhalten hat, sollen sie in den veränderten Abläufen in möglichst homogenen Gruppen ausgebildet werden.

Die Ausbildung umfasst dabei:

- die Darstellung des Fusionsziels und die daraus erwarteten Vorteile für das Unternehmen insgesamt sowie für den jeweiligen Bereich der zu schulenden Gruppe,
- die neue Aufbauorganisation der zu schulenden Gruppe,
- die neuen Prozesse der zu schulenden Gruppe,
- die entsprechenden unterstützenden Systeme der zu schulenden Gruppe.

Obwohl es bei einer Fusion zu Engpässen unternehmensinterner Trainer kommen kann, ist es empfehlenswert, zumindest den externen Trainer interne, versierte Mitarbeiter beizustellen, um auf bisherige, unternehmensspezifische Fragen eingehen zu können. Auch ist die Akzeptanz des Unterrichtsstoffs bei einem „gemischten" Trainerteam in der Regel höher.

Ziel des Trainings ist nicht nur die für die Fusion erforderlichen Kenntnisse zu vermitteln, sondern ebenso die Fusion „zu vermarkten", das heißt im Gegensatz zu einem rein freiwilligen Kontext, etwa einer gewohnten Weiterbildung, „werbend" zu unterrichten und die Zusammenarbeit mit neuen Kollegen beziehungsweise neuen Unternehmensbereichen zu stärken.

Im Zuge der Ausbildung sind zu beachten:

- Unterschiedliche Methoden und Lernstile mit dem Ziel der Motivation
- Definition und Aufbereitung der Inhalte im Kontext einer Fusion

1.4.6.1 Vorgehen

Da es genügend Literatur zur Entwicklung von Schulungen gibt, sollen hier nur einige Aspekte dargestellt werden, die nach unserer Erfahrung aus Change-Management- sowie Fusionssicht von Bedeutung sind.

Generell dienen Schulungen in einer Merger-Situation nicht nur der Vermittlung von organisatorischen Kenntnissen und Fähigkeiten, sondern auch dem Ziel, die Mitarbeiter beider Unternehmen sich kennen lernen und zusammen arbeiten zu lassen sowie nachhaltig dem Fusions-Marketing („Engaging Stakeholders" und „Focussing on Acceptance of Solution"). Deshalb sollte hier nicht gespart werden; die Kosten werden sich über schneller funktionierende Abläufe rentieren.

1.4.6.1.1 Das Prinzip MOVE

Um das Lernziel in Bezug auf Organisation, Abläufe und Systeme zu erreichen, ist es sinnvoll, die Schulungsinhalte nach dem Prinzip MOVE aufzubereiten:

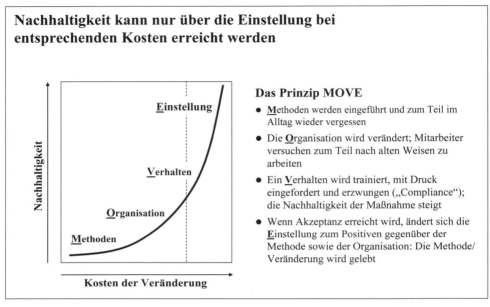

Abbildung 15:   Das Prinzip MOVE

Eine bloße Einführung einer Vorgehensweise, womöglich nur per Anweisung in einer E-Mail, wird wenig beachtet oder bald vergessen. Auch eine organisatorische Änderung zieht häufig den Versuch der Mitarbeiter nach sich, nach hergebrachten Verfahren zu arbeiten. Auch wenn Berechtigungen in Systemen entsprechend eng gefasst sind, handelt es sich lediglich über ein erzwungenes Arbeiten. Durch Training und Definitionen von Sanktionen kann das erwünschte Verhalten in höherem Ausmaß hervorgerufen werden, dürfte jedoch eine relativ niedrige Akzeptanz genießen und zudem über Kontrollen weitere Kosten generieren. Erst über eine positive Einstellung der Mitarbeiter zu den gewünschten Verhaltensweisen werden diese nachhaltig gelebt.

Um eine positive Einstellung zu erzielen, müssen für ein Training sehr viel mehr Stunden als für einen reinen Vortrag („Frontaltraining") veranschlagt werden:

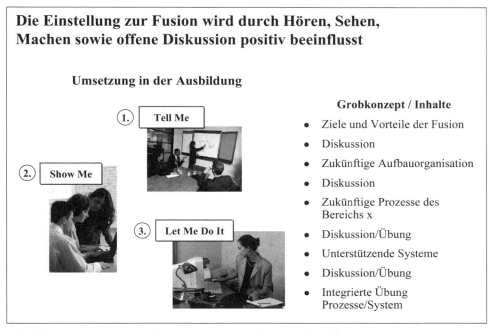

Abbildung 16: Die Einstellung zur Fusion wird positiv beeinflusst

Zunächst hören und sehen die Teilnehmer die Lerninhalte. In einem zweiten Schritt werden die Inhalte anhand von Fällen vorgeführt; im dritten Schritt wenden die Teilnehmer – möglichst in unternehmensübergreifend gemischten Gruppen – den Stoff an. So werden die Inhalte besser verankert und die Zusammenarbeit gefördert. Diskussionen runden das Erfahrene ab.

Um die fachlichen Inhalte gut mit den bisherigen Arbeitsweisen verknüpfen zu können, ist es ratsam, als Trainer nicht nur externe Spezialisten, sondern auch interne Mitarbeiter – zumindest als Co-Trainer – heranzuziehen. Häufig wird es sich um Process Owner oder Key User handeln.

1.4.6.1.2 Die Form des Trainings

Menschen haben unterschiedliche Lernstile. Um die Mitarbeiter zu motivieren, die neuen Prozesse anzuwenden, sollte die Ausbildung auf verschiedene Arten angeboten werden, sodass sich die Mitarbeiter die Inhalte auf die von ihnen präferierte Weise aneignen können.

Neben dem oben dargestellten Präsenztraining können die Inhalte für ein Web-based Training aufbereitet werden, das nicht nur 24 Stunden/7 Tage je Woche zur Verfügung steht, sondern ebenso eine von manchem bevorzugte Lernweise darstellt. Selbst für den Teilnehmer an einem Präsenztraining kann diese Form zum Nachbereiten nützlich sein. In einer Merger-Situation sehen wir diese Methode als Ergänzung zum Präsenztraining, um einen hohen Abdeckungsgrad zu erzielen; ein Ersatz für den „weichen" Zweck, ein übergreifendes Beziehungsgeflecht zu initiieren, ist es nicht.

Einen Kompromiss stellt der so genannte „Virtual Classroom" dar, in welchem ein konventionelles Training über das Internet gehalten wird. Die Teilnehmer sind „live" dabei und können zumindest aus der Distanz interagieren.

Der Mix der Trainingsformen hängt von der spezifischen Merger-Situation ab; der so genannte „Blended Learning Approach" wird für das Unternehmen individuell entwickelt.

1.4.6.1.3   Inhalte mit Ausrichtung auf eine Fusion

Schon bei der Aufbereitung der fachlichen Inhalte ist es zielführend, die Fusion mit den angestrebten Vorteilen für sowohl das neue Unternehmen als auch dem von der Schulung betroffenen Bereich (Change Vision, Case for Change) trotz parallel erfolgter Projektkommunikation als einführendes Thema zu behandeln und zu besprechen. Nur in einem sauberen Kontext werden die Mitarbeiter für den eigentlichen, fachlichen Inhalt aufnahmebereit. Wenn zuvor Reden und Kommentare des Top Management zur Fusion mitgeschnitten worden sind, können sie als Auftakt zum Training als Video gezeigt werden. Eine solche mittelbare Nähe des Top Management hat sich nach unserer Erfahrung bewährt.

In einem international fusionierenden Großkonzern hat BearingPoint neben den fachlichen Seminaren Workshops zur kollegialen Zusammenarbeit im Sinne des Unternehmensziels („Practicing Cooperation") durchgeführt. In diesen Workshops wurden nicht nur die individuellen Verhaltensweisen (so genannte Teamrollen nach *BELBIN*[8]) bestimmt und in der Arbeit beobachtet, sondern auch über Spiele und Case Studies Teamarbeit von spaßig-leicht bis zu realitätsnah-komplex praktiziert. Am Ende erhielten die Teilnehmer von den Moderatoren individuelles Feedback zu ihren Verhaltensweisen.

Für ein anderes Unternehmen wurden kürzere Workshops zum Team-Building entwickelt, in denen fachliche Themen nicht behandelt wurden.

Im Training sollte auch ein Bewusstsein für konstanten Wandel vermittelt werden; idealerweise sind in den fachlichen Teilprojekten entsprechende kontinuierliche Verbesserungsprogramme konzipiert und implementiert worden. Auf diese Weise kann ein tiefgreifender Wechsel für Veränderungen in der Zukunft sensibilisieren und die Veränderungsbereitschaft positiv beeinflussen.

Die Ausbildung der Mitarbeiter in Form des Präsenztrainings bietet hervorragende Möglichkeiten, die Fusion sowohl im unternehmensweiten Kontext (Change Vision), als auch gruppen-individuell (Case for Change) zu bewerben. Zusätzlich können die Mitarbeiter über die fachliche Ausbildung den Nutzen der Veränderung „begreifen". Training ist damit nicht nur ein Leitgedanke im Zusammenhang mit Fusionen, sondern dient gleichzeitig den Prinzipien „Focussing on Acceptance of Solution", Engaging Stakeholders", „Commitment to Action" und „Leaving the Organisation Prepared for Future Change". Nach interessant aufbereiteten, motivierenden Seminaren dürften sich viele Teilnehmer auf einer höheren Identifikationsstufe als zuvor befinden. Ein Wandel in der Haltung zum Merger kann in Feedback-Bögen zu den

---

[8]   Vgl. *BELBIN,* (2004), S. 60 ff.

Seminaren anonym abgefragt werden; wie im Ausbildungs-Controlling kann diese Frage den Teilnehmern nach einiger Zeit wieder gestellt und ausgewertet werden.

1.4.6.2   Lessons Learned

An der fusionsbedingten Ausbildung zu sparen wäre ein gravierender Fehler. Motivierte, ausgebildete Mitarbeiter werden einen Merger schneller und besser überstehen als Mitarbeiter, die sich ihre neue Arbeitswelt mühsam und zum Teil vollen inneren Widerstands selbst erarbeiten müssen. Selbst Unterlassungen oder Fehler in den vorangegangenen Change-Management-Schritten, etwa bedingt durch zu geringe Ressourcen oder Qualifikation, können zu diesem Zeitpunkt gegebenenfalls ausgeglichen werden, weil Training häufig als eine „Auszeit" vom Arbeitsumfeld angesehen wird. Solche Mitarbeiter könnten in guten Seminaren noch „eingefangen" werden.

Um eine positive Einstellung von Mitarbeitern zur Fusion und den neuen Arbeitsweisen zu erzielen, dürfen die Lerninhalte (Vorteile der Fusion, Organisation, Prozesse, Systeme) nicht getrennt unterrichtet werden, auch wenn Process Owner und Key User dies aus Gründen einer vermeintlichen Zeitersparnis anstreben. Nach unseren Erfahrungen wird Verständnis für die Unternehmensstrategie, die für die tägliche Arbeit erforderlichen Prozesskenntnisse, neue Personalpolitik sowie Verbesserungsprogramme dann nicht vermittelt; die Ausbildung oder die Teilnahme reduziert sich auf die als „überlebensnotwendig" erachteten Themen (zum Beispiel IT) mit der Konsequenz, dass die angestrebte Einstellung nicht erreicht wird.

1.5   Zusammenfassung

Change Management unterstützt die in einer Merger-Situation unterschiedlich betroffenen Mitarbeiter darin, die Vorteile sowohl aus Unternehmenssicht als auch für die eigene Person oder Abteilung zu verstehen und sich dafür zu engagieren, dass nach einem herausfordernden Fusionsprozess ein prosperierendes Unternehmen entsteht.

In einem Überblick wurde dargestellt,

➢ mit welchen Vorgehensschritten und

➢ nach welchen Leitgedanken

➢ die Mitarbeiter mit unterschiedlichem Identifikationsgrad

in den Transformationsprozess einbezogen und tendenziell zu einer vermehrt konstruktiven Haltung gebracht werden, sodass das neu geschaffene Unternehmen frühzeitig seine Leistungsphase erreicht.

In der unten stehenden Abbildung sind die erläuterten Maßnahmen und ihre Wirkung auf die Identifikation der Mitarbeiter zusammengefasst sowie die im Transformationsverlauf zu beachtenden Prinzipien dargestellt. Diese Leitgedanken dienen quasi als Check für die Maßnahmen in Bezug auf deren Eignung zur Zielerreichung; umgekehrt können sie auf Lücken im Change Plan hinweisen, wenn ihnen keine Maßnahme entspricht.

Die Change Management-Maßnahmen wirken auf die Identifikation und setzen die Leitgedanken um

Change Management-Maßnahmen	Identifikation			Leitgedanken						
	Disapproval	Understanding	Commitment	Beginning day 1	Acceptance / solution	Engaging Stakeholders	Commitment to action	Training	Aligning org. (HR)	Prepared for change
Management organisatorischer Risiken • Risiken aus Unternehmenskultur und Veränderungshistorie • Risiken aus dem Fusionskonzept • Stakeholder-Analyse				☑						
Einbindung des Management • Change Vision • Case for Change	➡	➡		☑	☑	☑	☑			
Veränderungsplanung und Kommunikation • Change Plan • Kommunikationsplan • Befragungen • Face-to-Face-Veranstaltungen	➡	➡			☑	☑	☑			
Änderung der Organisation • Allokation der Mitarbeiter • Implementierung der Prozesse • Neue HR-Prozesse mit Auswirkungen auf die Mitarbeiter	➡	➡			☑	☑	☑		☑	
Ausbildung der Mitarbeiter • Das Prinzip MOVE • Die Form des Trainings • Inhalte mit Ausrichtung auf eine Fusion	➡	➡			☑	☑	☑	☑		☑

Abbildung 17:   Die Change-Management-Maßnahmen wirken auf die Identifikation und setzen die Leitgedanken um

Auch ein sorgfältig ausgeplantes und mit Erfahrung umgesetztes Change Management nimmt nicht alle Mitarbeiter mit. Die Veränderung kann den Mitarbeitern lediglich erleichtert werden und dem Unternehmen dem zukünftigem Wandel aufgeschlossene Mitarbeiter geben.

Abbildung 17 kann helfen, die Planung und Umsetzung des Change Management zu strukturieren; dennoch gilt: Jede Fusion bedarf eines individuell entwickelten Ansatzes sowie einer partnerschaftlichen und menschlichen Grundeinstellung zu den betroffenen Menschen.[9]

---

[9]   Vgl. DOPPLER/LAUTERBURG (1995), S. 17.

Quellenverzeichnis

BELBIN, M. (2004): Management Teams – Why they succeed or fail, o. O. 2004.

BORN, M. (2001): Mehr Erfolg bei Softwareimplementierungen, in: PPS Management, 2001, Nr. 6, S. 2– 4.

DOPPLER, K./LAUTERBURG, C. (1995): Change-Management – Den Unternehmenswandel gestalten, Frankfurt/Main 1995.

GREIF, S. ET AL. (1998): Erfolg und Misserfolg von Veränderungen nach Erfahrungen von Insidern – Bericht eines Studienprojekts (Kurzfassung 12-98) des Fachgebiets Arbeits- und Organisationspsychologie der Universität Osnabrück, online http://www.psycho.uni-osnabrueck.de/fach/aopsych/Mitarbeiter/greif/Resourcen/em-kurz.pdf, Stand 12/1998, Abruf: 02.05.2006.

INTERNATIONALES INSTITUT FÜR LERNENDE ORGANISATION UND INNOVATION (Hrsg.) (1997): Management of Change – Erfolgsfaktoren und Barrieren organisatorischer Veränderungsprozesse, Studienbericht, München 1997.

KLEIN, T. (2005): Sixth Wave Training, A Conceptual Framework for Change Management to Master the Challenges of the Sixth Kondratieff Long Economic Wave, online: http://tomklein.de/pdf/ChangeManagement-SixthWaveCompetence.pdf, Stand 2005, Abruf: 02.05.2006.

Unternehmensinterne Mergers – Der Carve-Out als Grundlage der organisatorischen Integration am Beispiel einer internen Service-Gesellschaft

PHILIPP RATHJEN

EADS Deutschland GmbH

1	Einleitung	415
2	Shared Service Gründung – Ein unternehmensinterner Merger?	415
	2.1 Unternehmensexterne versus unternehmensinterne Mergers	416
	2.2 Grundlagen von Shared Services	417
3	Pre-Merger – Gründung von Shared Services	419
	3.1 Definition des Perimeters	419
	3.2 Synergien als Grundlage interner Service-Gesellschaften	420
	3.3 Organisationsformen von Shared Services – Eine Frage der Wertschöpfungstiefe	422
4	Post Merger – Vom Carve-Out zur Integration	423
	4.1 Durchführung des Carve-Out-Prozesses	424
	4.1.1 Leistungen (Funktionen und Prozesse)	425
	4.1.2 Personal	426
	4.1.3 Finanzströme	427
	4.1.4 Interne und externe Schnittstellen	430
	4.1.5 Rechtliche/steuerliche Rahmenbedingungen	430
	4.1.6 IT-Systeme	431
	4.1.7 Organisationskultur	432
	4.2 Durchführung der Integration	432
	4.2.1 Integrationskonzeption	433
	4.2.2 Integrationsumsetzung	435
	4.2.3 Integrations-Controlling	436
	4.3 Schlüsselfaktoren in der Umsetzung und typische Barrieren	437
5	Zusammenfassung	439
	Quellenverzeichnis	440

1 Einleitung

Im Zuge der fortschreitenden Globalisierung hat sich in den vergangenen Jahren der Trend zu Unternehmenszusammenschlüssen und -übernahmen verstärkt. Insbesondere Unternehmensfusionen und -akquisitionen haben organisches Wachstum als primäres Vehikel verdrängt, die Wettbewerbsposition auf dem Weltmarkt zu verbessern. Als Folge vieler Fusionen sind relative komplexe Unternehmensstrukturen entstanden, die gerade im Management- und Verwaltungsbereich Redundanzen aufweisen können. Das Phänomen der Komplexitätserhöhung ist dabei nicht auf Großunternehmen beschränkt, sondern trifft auch mittelständische Unternehmen, welche nahezu ebenso oft Merger-Aktivitäten initiieren. Diese Merger-getriebene Erhöhung der Unternehmenskomplexität wird verstärkt durch internes Wachstum, Erschließung neuer Märkte, gestiegene Produktvielfalt und so weiter.

Darüber hinaus lastet ein erheblicher Druck auf den Unternehmen, ihre Rendite ständig zu verbessern. Seit Mitte der 90er Jahre wurde mit der Gründung von Shared Service[1] nach weiteren Möglichkeiten gesucht, diesem steigenden Kostendruck durch effizientere Organisationsformen zu begegnen. Dabei wird deutlich, dass Shared Services in ihrer Entstehung als eine Art interne Mergers betrachtet werden können, zu deren erfolgreichen Initiierung ähnliche Ansätze von M&A-Prozessen verwendet werden können.

Dieser Beitrag befasst sich mit spezifischen Besonderheiten von Shared-Service-Centern: Er zeigt auf, warum derartige Reorganisationen als interne Mergers bezeichnet werden können, welche Gründe zur Einführung von Shared-Service-Centern führen und wo deren Besonderheiten liegen. Ziel des vorliegenden Beitrags ist es weiterhin, am Beispiel der Gründung einer internen Service-Gesellschaft im *Standortmanagement* die Herausforderungen bei der Entflechtung und Neugründung interner Organisation oder Abteilungen näher zu beleuchten.

2 Shared-Service-Gründung – Ein unternehmensinterner Merger?

Fusionen am externen Markt werden allgemein meist große Beachtung beigemessen. Allerdings findet eine Vielzahl von Fusionen gegenwärtig innerhalb von Unternehmen statt. Insbesondere die große Anzahl interner Service-Gesellschaften deutet auf die steigende Bedeutung interner Mergers hin, weil diese ähnliche Charakteristiken wie externe Fusionen aufweisen. Aus diesem Grunde ist es sinnvoll, zwischen *externen* und *internen* Mergern zu unterscheiden.

---

[1] Zu Shared Services vgl. KEUPER/OECKING (2006).

2.1 Unternehmensexterne versus unternehmensinterne Mergers

Seit dem Ende des 19. Jahrhunderts lassen sich verschiedene Konzentrationswellen nachweisen, die sich durch unterschiedliche Arten von Unternehmensfusionen auszeichneten.[2] Bis Anfang der 80er Jahre dienten diese der Erreichung von Größenvorteilen durch Diversifizierung. Ende der 80er Jahre war jedoch eine Trendwende von der horizontalen Ausweitung der Geschäftsfelder zur Spezialisierung auf das Kerngeschäft zu verzeichnen. Diese Art von Mergers & Acquisitions können allgemein als *extern* bezeichnet werden, weil es sich hierbei in der Regel um am Markt eigenständig agierende Unternehmen handelt.

Ein weiterer Trend zur Konzentration auf das Kerngeschäft wurde durch die Neugestaltung der Verwaltungsbereiche dezentraler Geschäftsfelder ausgelöst. Zentral hierbei war, dass sich Geschäftsfelder auf ihr Kerngeschäft konzentrieren sollten, während die jeweiligen Verwaltungsbereiche unterschiedlicher Geschäftsfelder zu übergreifenden Organisationen gewandelt wurden, die als interne Service-Lieferanten dienten. Daraus resultiert nunmehr, dass über offiziell registrierte Mergers & Acquisitions hinaus eine Vielzahl von Trennungen und Zusammenschlüssen vollzogen werden, die ähnliche Charakteristiken aufweisen wie externe Mergers, aber unternehmens*intern* ablaufen. Dahinter steckt das Ziel, das Kerngeschäft neu auszurichten und die Wertschöpfungskette effizienter zu gestalten. Insbesondere die Rückbesinnung auf das Kerngeschäft hat mit der Gründung von Shared Services eine neue Perspektive gewonnen. Unterstützende Unternehmensbereiche werden inhaltlich getrennt und an anderer Stelle wieder in unterschiedlicher Form zusammengeführt. Unter einem *internen Merger* wird demnach die Zusammenführung von Geschäftsbereichen oder bestimmten funktionalen Bereichen innerhalb eines Unternehmens verstanden.

Bei der Durchführung interner Mergers kann großteils auf das Instrumentarium externer M&A-Prozesse zurückgegriffen werden. Dennoch bestehen Unterschiede zwischen internen und externen Mergern, welche im Folgenden näher betrachtet werden. Abbildung 1 zeigt die Phasen bei externen Fusionen.

Phasen bei externen Fusionen	
Planung	„Pre-Merger"
Transaktion	
Integration	„Post-Merger"

Abbildung 1:   Phasen bei externen Mergers & Acquisitions

Die Planungs- und Transaktionsphase (Pre-Merger) beinhaltet allgemein die Auswahl des Objekts (Organisation oder Funktion) und die strategische Vorbereitung der Fusion beziehungsweise Akquisition. In der Transaktionsphase wird die Due Diligence zur Definition des Unternehmenswerts durchgeführt und analysiert, ob ein Zusammenschluss die anvisierte Wertsteigerung erbringen kann. Am Ende der Transaktionsphase steht der Vertragsabschluss. In diesen Phasen gibt es in Bezug auf die Vorgehensweise geringe Unterschiede zwischen internen und externen Fusionen. Lediglich der Komplexitätsgrad ist bei externen Mergers in der Regel höher. So sinken die Transaktionskosten interner Mergers, weil auf eine extensive Suche nach Fusionspartnern und deren wirtschaftliche Bewertung unter Berücksichtigung

---

[2]   Vgl. PICOT (2005), S. 3 ff.

kapitalmarktorientierter Kennzahlen verzichtet werden kann. Auch die Vertragsverhandlung beschränkt sich auf weniger juristische Formalien, weil es sich um innerorganisatorische Funktionen handelt.

Durch die Tatsache, dass bei internen Mergers definierte Funktionen innerhalb einer Organisation erst herausgetrennt und in fusionierter Form wieder in die bestehende Organisation integriert werden müssen, kann es sinnvoll sein, bei internen Mergers eine erweiterte Perspektive einzunehmen (siehe Abbildung 2). Ähnlich wie bei Unternehmensverkäufen fassen interne Mergers die Prozesse einer abgebenden Organisation („Carve-Out") und einer übernehmenden Organisation zusammen. Dabei sind sowohl der Carve-Out als auch die Integration prozessual eng miteinander verknüpft. Im Rahmen der Integration steht darüber hinaus nicht nur die Integration der ursprünglich heraus getrennten Bereiche im Vordergrund (Integration I), sondern auch die prozessuale Reintegration der neuen Organisationsform in die Gesamtorganisation (Integration II).

Phasen bei internen Fusionen	
Planung	„Pre-Merger"
Transaktion	
Carve-Out	„Post-Merger"
Integration I	
Integration II	

Abbildung 2:   Phasen bei internen Mergers & Acquisitions

2.2   Grundlagen von Shared Services

Auf der Suche nach weiteren Effizienzzuwächsen haben Shared Service Center in den vergangenen Jahren an große Bedeutung gewonnen. Insbesondere unternehmensinterne Unterstützungsprozesse, deren Wertbeitrag gegenüber den produktiven Bereichen wenig deutlich erkennbar war, wurden in interne Dienstleistungszentren umstrukturiert. Hintergrund war, dass administrative Bereiche in der Unternehmensstrategie gegenüber den produktiven Bereichen leichter vernachlässigt sowie als reiner Kostenfaktor betrachtet wurden.

Unter Shared Service versteht allgemein man eine Organisationseinheit, welche bisherige Unterstützungsfunktionen der Wertschöpfungskette als interne Dienstleistungen allen weiteren zentralen und dezentralen Unternehmenseinheiten anbietet. Die veränderte Rolle der unterstützenden Funktionen zeichnet sich durch Kostentransparenz, Dienstleistungsorientierung, Prozessstandardisierung und letztendlich ein an der Wertschöpfung orientiertes Management aus. Hierbei werden bisher dezentral organisierte, gleichartige Funktionen in einer eigenen Organisation zusammen geführt.

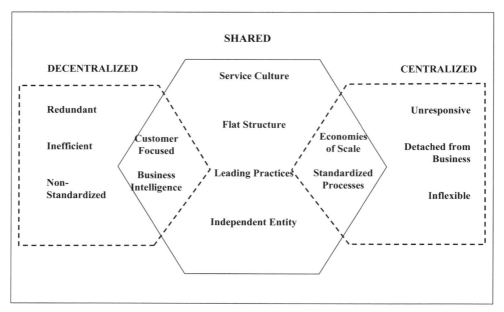

Abbildung 3: Vorteile von Shared Services

Grundsätzlich bewegen sich Shared Services im Spannungsfeld zwischen Zentralisierung und Dezentralisierung. Sie verbinden die Vorteile und vermeiden die Nachteile von zentralisierten beziehungsweise dezentralisierten Funktionen. Durch Standardisierung und die zentrale Bündelung von Funktionen gewinnt die Organisation an Effizienz (Vorteile der Zentralisierung), orientiert sich allerdings auch durch „Kundennähe" mit Hilfe von IT-gestützten Schnittstellen an den Bedürfnissen der produktiven Einheiten (Vorteile der Dezentralisierung).

Shared Service werden heute als interne Organisationseinheiten mit einem höheren Eigenständigkeitscharakter geführt als Zentralfunktionen. Folgende Funktionen werden häufig als Shared Services organisiert:

➢ Informationstechnologie

➢ Human Ressourcen

➢ Zeit- und Gehaltsabrechnung

➢ Buchhaltung

➢ Rechnungswesen

➢ Immobilien-/Standortmanagement

➢ Logistik

3   Pre-Merger – Gründung von Shared Services

Ein wesentlicher Grund für interne Mergers ist die Suche nach weiteren Wettbewerbsvorteilen durch eine effizientere Gestaltung interner Unternehmensstrukturen. Nach jahrzehntelanger Optimierung der direkten Produktionsbereiche stehen Gemeinkostenbereiche verstärkt im Blickfeld. Dahinter verbirgt sich überdies eine veränderte Sichtweise auf generelle, unterstützende Verwaltungsfunktion in Unternehmen. Das heißt durch die Gründung interner Service-Gesellschaften sollen nicht nur Gemeinkosten durch Effizienzgewinne gesenkt werden. Diese sollen vielmehr auch zu einer veränderten Service-Kultur der unterstützenden Unternehmensfunktionen beitragen.

In der Pre-Merger-Phase wird allgemein die Grundlage zur Gründung von Shared Services geschaffen. Hierbei steht die Identifikation von relevanten Funktionen im Vordergrund, welche durch die Bildung eines Shared Services potenziell zu Wertsteigerungen beitragen sollen. Durch die Fusion derartiger Bereiche in eine neue, dienstleistungsorientierte Organisationseinheit sollen Synergien realisiert werden, die auf Basis heterogener, dezentraler oder zentraler Leistungserstellungen nicht erreichbar sind.

3.1   Definition des Perimeters

Bei der Festlegung des Perimeters geht es in erster Linie um die Identifikation gleichartiger Funktionen, deren Zusammenführung aus synergetischen Überlegungen lohnenswert erscheint. Neben der funktionellen Eingrenzung wird dabei auch der organisatorische und geografische Bereich definiert. Dies bedeutet, dass Shared Services oft bereichs- und grenzüberschreitend zusammengeführt werden, um Skalenvorteile voll auszuschöpfen. Im hier betrachteten Beispiel aus dem Bereich *Gebäude* und *Infrastruktur* eines großen Industrieunternehmens wurden über eine bestimmte Anzahl von Standorten in Deutschland, Frankreich, Spanien und England eine Vielzahl von Funktion beziehungsweise Aktivitäten eines Standorts analysiert, die nicht zum Kerngeschäft des Unternehmens gehören (siehe Abbildung 4).

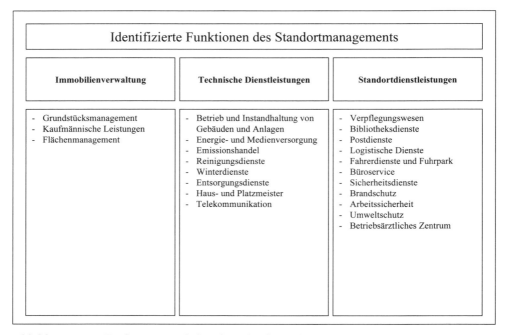

Abbildung 4: Funktionen im Gebäude und Infrastruktur

Jede der in der Abbildung 4 betrachteten Funktionen erbringt wiederum Kerndienstleistungen sowie unterstützende Funktionen, die im Rahmen einer Synergieermittlung betrachtet wurden.

3.2 Synergien als Grundlage interner Service-Gesellschaften

Ein allgemeiner Grund für die Suche nach Synergien, ist die Verbesserung der finanziellen sowie qualitativen Situation des Unternehmens. Dies kann sowohl auf der Markt- als auch auf der Leistungsseite erreicht werden. Im Fokus der Synergieermittlung stehen dabei die unternehmensinternen Prozesse und Strukturen entlang der Wertschöpfungskette des Unternehmens. Dabei ist zu beachten, dass nicht nur die im Organigramm abgebildete Wertschöpfungskette des Gesamtunternehmens als solche zu betrachten ist, sondern dass auch unterstützende Aktivitäten selbst unterschiedliche Wert schöpfende Komponenten beinhalten. So hat zum Beispiel im Fall des Bereichs *Standortmanagement* der Gemeinkostenbereich *Immobilien und Infrastruktur-Management*, welcher als Support-Prozess einzuordnen ist, selbst wiederum einen Anteil an Kerndienstleistungen wie zum Beispiel das Instandhaltungs-Management (siehe Abbildung 5).

Abbildung 5:   Synergiebereiche der Gebäude- und Infrastruktur-Support-Prozesse

Im Gemeinkostenbereich *Gebäude und Infrastruktur* können beispielsweise durch die Gründung einer Service-Gesellschaft verschiedene Synergiepotenziale erarbeitet werden.[3]

- Synergien in der Beschaffung
  - Änderung der Lieferantenstruktur (zum Beispiel Bündelung von Verträgen und Reduktion der Zulieferer)
  - Volumeneffekte (zum Beispiel Zusammenfassung von Bestellungen)
- Synergien in der Eingangs- und Ausgangslogistik
  - Erhöhung des Materialumschlags (zum Beispiel Nutzung gemeinsamer Materiallager)
  - Änderung des Zuliefererprozesses (zum Beispiel Just-in-time-Logistik)
- Synergien in der Produktion/Leistungserstellung
  - Zusammenlegung von Prozessschritten und Eliminierung von Doppelarbeit (zum Beispiel Standardisierung der Leistungsverzeichnisse in der Instandhaltung)
  - Bündelung von Know-how (zum Beispiel bereichs- und standortübergreifender Experteneinsatz, Schaffung von Expertenteams)
  - Veränderung der Leistungstiefe der Eigenerstellung (zum Beispiel durch In-/Outsourcing)

---

[3] Vgl. ROCKHOLTZ (2005), S. 199 ff.

- Synergien durch die Effizienz im Management und in der Verwaltung
  - Zusammenlegung von Verwaltungsprozessen (zum Beispiel bereichs- und standortübergreifendes Auftragszentrum)
  - Bündelung der Management-Kapazität (zum Beispiel Zentralisierung des Flächen-Managements und finanziellen Controllings)
- Synergien durch den Einsatz gleichartiger Technologien
  - Schaffung höherer Transparenz (zum Beispiel gleiche Datenstruktur)
  - Reduzierung von Schnittstellen (zum Beispiel integrierte Systemlandschaft)
  - Automatisierung von Aktivitäten (zum Beispiel standortübergreifende Flächenverwaltung)
- Synergien durch *Financial Engineering*
  - Steuerliche Vorteile durch Änderung der Gesellschaftsform (zum Beispiel Gründung einer Immobiliengesellschaft)
  - Verbesserung der Kapitalstruktur (zum Beispiel bilanzielle Bewertung)
  - Optimierung der Eigentumsverhältnisse (zum Beispiel „Sale-and-lease-back")

3.3 Organisationsformen von Shared Services – Eine Frage der Wertschöpfungstiefe

Grundsätzlich muss die Frage beantwortet werden, welche Organisationsform die größten Synergien ermöglicht. Gerade im Verwaltungsbereich gilt oftmals das Outsourcing von Prozessen als mögliche Alternative zu Shared Services. Letztendlich gibt es für diese Frage keine allgemeingültige Lösung. Diese muss vielmehr auf Basis verschiedener, auch unternehmensspezifischer Faktoren, herbeigeführt werden (siehe Abbildung 6).

So kann ein Outsourcing von Teilbereichen oder eine Ausgründung der Service-Gesellschaft zu weiteren Effizienzgewinnen führen. Durch ein Outsourcing entstehen beispielsweise Vorteile durch eine Externalisierung des Risikos von Schwankungen im Personalbedarf. Dieses Risiko wird von der ausgegründeten Gesellschaft übernommen. Dafür hat die neue Gesellschaft die Möglichkeit, seine Leistungen gegenüber weiteren Unternehmen am Markt anzubieten. Darüber hinaus gelten für das ausgegründete Unternehmen keine (oder andere) tariflichen Verpflichtungen. Daher geht das Outsourcing oftmals mit einer Veränderung der Gehaltsstrukturen der Belegschaft einher, um die Wettbewerbsfähigkeit am Markt zu steigern.

Faktoren zur Beurteilung von Outsourcing
• Relative Kosten
• Strategische Relevanz (Erhalt der Kernkompetenz und Flexibilität)
• Komplexität beziehungsweise Spezifität des Know-hows
• Personalpolitische Faktoren
• Rechtliche Faktoren

Abbildung 6: Beurteilungskriterien zum Outsourcing

Erfahrungen aus der Unternehmenspraxis haben gezeigt, dass ein vollständiges Outsourcing auch mit dysfunktionalen Konsequenzen einhergehen kann. Daher muss abgewogen werden, inwieweit beispielsweise ein potenzieller Know-how-Verlust zu negativen Auswirkungen auf den langfristigen Kostenverlauf, aber auch in Bezug auf die Flexibilität bei Entscheidungsprozessen führen kann. Insbesondere die Abhängigkeit vom externen Dienstleistern kann bei hoher Spezifität des Know-hows dazu führen, dass dieses nur mit einem hohen Investitionsaufwand zurückgeholt werden kann. Dysfunktionale Konsequenzen können nicht nur auf der Organisationsebene, sondern auch auf Team- oder individueller Ebene auftreten, weil ein Outsourcing einen gravierenden Eingriff in die bestehende Personalsituation darstellt. Vor diesem Hintergrund kann es sinnvoll sein, sich aus personalpolitischen Gründen gegen ein Outsourcing zu entscheiden, obwohl es in der Primärkostenbetrachtung finanzielle Vorteile brächte.

Neben dem kompletten Outsourcing besteht weiterhin die Möglichkeit, nur Teilprozesse auszulagern, während die generelle Service-Leistung auch künftig durch das Shared Service erbracht wird. Insbesondere die interne Kundenbeziehung, das Auftragswesen und Management der Subunternehmer sowie die Erbringung strategisch wichtiger Leistungen bleiben so in der Hand des Unternehmens, während lediglich die Ausführung von Teilleistungen extern vergeben wird.

Der Shared Service stellt eine Mischform dar, welche wie ein Unternehmen agiert, aber weiterhin der strategischen Direktive der Gesamtorganisation unterstellt ist.

4 Post Merger – Vom Carve-Out zur Integration

Während in der Pre-Merger-Phase (siehe Kap. 2.1) die Definition und Validierung der Synergiepotenziale im Vordergrund steht, folgt in der Post-Merger-Phase deren Umsetzung. Im Laufe des Carve-Out-Prozesses müssen die in der Pre-Merger-Phase identifizierten Funktionen spezifiziert und aus der bestehenden Organisation „herausgetrennt" werden.

Im Laufe der Analysen während der Planungs- und Transaktionsphase werden die Leistungen (Funktionen) erfasst, die in ein Shared Service Center integrieren werden sollen. Auf Basis der antizipierten Synergien erfolgt die Entscheidung über die Gründung der neuen Organisation. Ist die Entscheidung getroffen, so beginnt mit dem Carve-Out einer der wesentlichen Phasen der Transaktion. Beim Carve-Out werden auf Basis des festgelegten Perimeters die organisatorischen Strukturen abgeleitet, die in das Shared Service zu überführen sind. Dabei wird spezifiziert, welche strukturellen und prozessualen Komponenten aus der bestehenden Organisation herausgelöst werden müssen.

4.1 Durchführung des Carve-Out-Prozesses

Der in der Voranalyse zur Synergieermittlung definierte Perimeter wird im Rahmen der internen Due Diligence noch einmal genau analysiert. Dies ist dadurch begründet, dass bei einem Carve-Out Prozesse getrennt und bei der Neustrukturierung der Service-Gesellschaft entsprechend angepasst werden. Darüber hinaus bleiben Beziehungen zur originären Organisation bestehen, die jedoch in Form einer Dienstleistungsbeziehung neu gestaltet werden müssen. Aus diesem Grund muss der Perimeter im Rahmen des Carve-Out-Prozesses insbesondere in seiner prozessualen Sichtweise erweitert beziehungsweise vertieft werden. Die folgenden Aspekte wurden im Rahmen des Shared Services im Bereich *Gebäude* und *Infrastruktur* analysiert:[4]

- Leistungen (Funktionen und Prozesse)
- Personal
- Finanzen
- Interne und externe Schnittstellen
- Rechtliche/steuerliche Rahmenbedingungen
- IT Systeme
- Organisationskultur

Bei der Analyse verschiedener, eher dezentral organisierter Geschäftsbereiche trifft man in der Regel auf unterschiedliche Organisationsstrukturen, Analyse- und Reporting-Verfahren beziehungsweise -systeme. Hierbei ist es zwingend notwendig, Informationen auf Basis einer transparenten und vergleichbaren Datengrundlage zu ermitteln. Die Schaffung gleichartiger Definitionen und Erfassungsmethoden dient hier zur Sicherstellung vergleichbarer Daten. Deren Vernachlässigung stößt in der Praxis immer wieder auf Konflikte, weil es sehr oft an einheitlichen Definitionen fehlt, oder gewisse Datenkonstellationen in der gewünschten Form nicht vorliegen. Obwohl die Datenerfassung einem großen Zeitdruck (häufig 3–6 Wochen) unterliegt, muss hierauf großer Wert gelegt werden, weil späteres Nachfassen aufgrund unterschiedlicher beziehungsweise falsch verstandener Definitionen oder falsch erhobener Daten zu erheblichen Ineffizienzen wie auch Verärgerung bei der betroffenen Belegschaft führen kann.

---

[4] Vgl. *PACK* (2005), S. 295.

4.1.1 Leistungen (Funktionen und Prozesse)

Die Analyse der Funktionen und Prozesse umfasst in erster Linie die im Perimeter definierten Leistungen. Da die Due Diligence auch der Bereitstellung weiteren Informationsmaterials zur Synergieerreichung dient, sollte das Leistungsspektrum der jeweils betroffenen Unternehmenseinheiten entsprechend detailliert erhoben werden. Die Berücksichtigung unterschiedlicher Leistungstiefen ermöglicht eine qualitative Beurteilung der Funktionen in Bezug auf ihr jeweiliges Optimierungspotenzial. Ansonsten wird eine zeitnahe Umsetzung von Optimierungsmaßnahmen gefährdet, wenn verschiedene Analysen zu einem späteren Zeitpunkt nachgeholt werden müssen. Bei der Funktions- und Prozessanalyse sollten folgende Faktoren ermittelt werden:

➢ Erbrachte Leistung (was wird erbracht?)
➢ Leistungsumfang (wie wird die Leistung erbracht?)

Beide Komponenten werden in der Regel im Rahmen der Integrationsphasen als interne Benchmarks zur Neudefinition interner Dienstleistungsstandards herangezogen.

Analog zum Konzept der Wertekette sollte auch hier während der Analyse zwischen Kerndienstleistungen und administrativen Prozessen unterschieden werden. Insbesondere administrative Prozesse weisen oft Schnittstellen zu weiteren Ebenen der Organisation auf, die sich im Verlauf des Carve-Out-Prozesses und der Integration verändern.

Ist der zu analysierende Bereich entsprechend groß und heterogen, kann man häufig feststellen, dass die Funktionen in der jeweiligen Auf- und Ablauforganisation verschiedener Unternehmensbereiche unterschiedlich eingebettet sind. Durch eine genauere Betrachtung der bisherigen Aufbau- und Ablauforganisation wird deutlich, von welchen internen und externen Schnittstellen die neu zu gestaltenden Service-Gesellschaft auszugliedern ist.

So war im gewählten Beispiel *Gebäude* und *Infrastruktur* der Betrieb der Kantine oder die Abteilung für Arbeitssicherheit und des Umweltschutzes in einem Unternehmensbereich bei der Personalabteilung, in einem anderen Bereich dagegen direkt bei der Standortleitung integriert. Zusätzlich machte die Analyse die unterschiedliche Wertschöpfungstiefe zwischen Eigenerstellung und Fremderstellung innerhalb der Gemeinkostenfunktionen deutlich (siehe Abbildung 7).

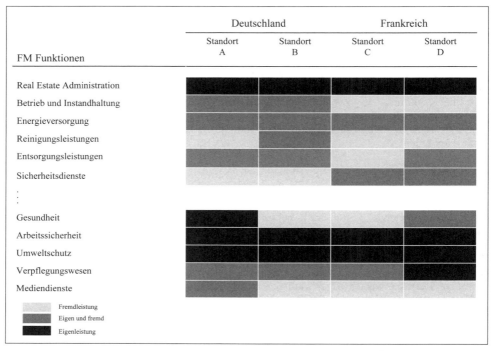

Abbildung 7:   Leistungstiefe unterschiedlicher Organisationsfunktionen[5]

Darüber hinaus zeigt sich häufig, dass an unterschiedlichen Standorten und in verschiedenen Geschäftsbereichen vermeintlich gleiche Funktionen unterschiedliche interne Leistungsumfänge beinhalten. So wurde im gewählten Beispiel festgestellt, dass die Bewachungsleistungen an unterschiedlichen Standorten anders geregelt waren, was unter anderem auch durch unterschiedliche gesetzliche Anforderungen verursacht wurde.

4.1.2   Personal

Obwohl der Hintergrund der meisten Reorganisationen in der finanziellen Bewertung liegt, kommt dem Personal eine entscheidende Rolle im Hinblick auf den Erfolg eines internen Mergers zu.

Generell ist in Bezug auf die Auswahl des Personals auf gesetzliche Bestimmungen unter anderem des Bürgerlichen Gesetzbuchs und des Betriebsverfassungsgesetzes zu achten. Besonders hinsichtlich organisatorischer Änderungen wie Mergers & Acquisitions sowie interner gesellschaftsrechtlicher Änderungen greifen oft die Bestimmungen des § 613 a BGB zum Betriebsübergang. Auch wenn entsprechende gesetzliche Bedingungen nicht gegeben sind, ist dennoch anzuraten, rechtzeitig auf Arbeitnehmervertreter zuzugehen (vgl. § 111 BetrVG). Diese haben großen Einfluss auf die Meinungsbildung bezüglich der betrieblichen Umstrukturierung innerhalb der Belegschaft und können im Falle einer positiven Einstellung gegen-

---

[5]   Vgl. *BEARINGPOINT* (2006).

über den Veränderungen entsprechend auf die Mitarbeiter einwirken. Eine frühzeitige Beteiligung des Betriebsrats bereits in der Konzeptionsphase kann somit die Wahrscheinlichkeit erhöhen, dass die Arbeitnehmer die folgenden betrieblichen Veränderungen eher unterstützen.

Im Rahmen des Carve-Out-Prozesses ist die genaue Verknüpfung zwischen den Funktionen, den daraus resultierenden Aufgaben und ausführenden Personen ein zentrales Element der Analyse. Idealtypischerweise sind Personen über die Kostenstellen den jeweiligen Funktionsbereichen zugeordnet, die Teil der neuen Organisation werden. Zur Vorbereitung des Carve-Out-Prozesses muss jedoch mit beachtet werden, dass viele administrative Prozesse wie Management, Controlling oder die Personalbetreuung nur zu einem gewissen Teil innerhalb des Perimeters liegen. Daraus folgt, dass bestimmte Aufgaben von Mitarbeitern der Organisation zum Shared Service transferiert werden, nicht aber die Mitarbeiter, weil diese weitere Aufgaben in der bisherigen Organisation wahrnehmen.

Eine ähnliche Konsequenz tritt ein, wenn Mitarbeiter im rechtlichen Rahmen einem Betriebsübergang widersprechen. Hier verbleiben die Mitarbeiter zwar im Betrieb, verlieren aber im Zuge der Umstrukturierung ihre vormaligen Aufgaben. In diesem Fall bedarf es der Ermittlung neuer, sinnvoller Aufgaben für die Mitarbeiter.

Solche Situationen sind in der Realität mit zahlreichen Problemen verknüpft, die in der Integrationsphase I virulent werden. Werden Funktionen ohne Mitarbeiter transferiert, fehlen diese beziehungsweise müssen diese Funktionen zum Beispiel mit internen oder externen Mitarbeitern neu besetzt werden. Verbleiben diese Mitarbeiter in der originären Organisation, führt das Vorgehen darüber hinaus eventuell zu einer Erhöhung des Personalstamms der Gesamtorganisation. Hierfür können Prozesse auf Basis der Integrationshase II entwickelt werden, welche die Schnittstellen zwischen der originären und neuen Organisation definieren und Doppelfunktionen vermeiden.

An diesem Aspekt wird erkennbar, wie komplex die Realisierung solche Vorhaben in der Realität sein können. Die Gründung interner Shared Services bedeutet eine Änderung organisatorischer Schnittstellen. Diese sind meist mit Änderungen in der Verantwortung von Personen, Gruppen oder Organisationsbereichen verbunden (zum Beispiel Erhöhung oder Verlust von Macht). Dadurch entstehen Promotoren oder Gegner der Reorganisationsprozesse, welche entsprechend berücksichtigt werden müssen, weil diese den Erfolg der Umsetzung beeinflussen können. In diesem Rahmen sind auch psychologische Aspekte zu berücksichtigen, die sich negative auf das Individuum, Teams oder die Organisationseinheit auswirken können.

4.1.3 Finanzströme

Die Analyse der Finanzströme dient bei der Gründung interner Service-Gesellschaften hauptsächlich der Identifikation des Budget-Transfers, das heißt der finanziellen Ausstattung der neuen Organisation und der Synergieermittlung. Aus diesem Grund muss die Erfassung der Finanzströme so erfolgen, dass daraus neben der finanziellen Ist-Bewertung zugleich auch Rückschlüsse für Kosteneinsparungen getroffen werden können. Zur Bewertung der finanziellen Situation wird besonders das interne Rechnungswesen als Informationsquelle herangezogen, mit dessen Hilfe die budgetäre Situation des Bereichs untersucht wird.

Bei der Analyse der Finanzströme trifft man oft auf unterschiedliche Buchungsphilosophien und Detaillierungsgrade. Zum Beispiel treten oft Unterschiede bei der Führung von Bereichen als Profit Center oder Cost Center, aber auch bei internen Transferpreisen, Umlagen oder Leistungsverrechnungen auf.

Im gewählten Beispiel wurden hauptsächlich drei finanzielle Indikatoren untersucht.

- Gewinn und Verlustrechnung beziehungsweise Kostenrechnung
- Bilanzielle Indikatoren
- Cash Flows

Im ersten Schritt wird die so genannte Basislinie (*Baseline*) unter Berücksichtigung der historischen Kostenverläufe ermittelt. Bei der Analyse der historischen Daten kann man bei internen Abteilungen im Gemeinkostenbereich erfahrungsgemäß eine Periode von 3–5 Jahren, bei ganzen Geschäftsbereichen mit Marktzugang auch historische Daten der letzten 5–10 Jahre berücksichtigen. Ziel ist, die zum Analysezeitpunkt realistische finanzielle Ausstattung unter Nivellierung von Sondereffekten zu identifizieren. Auf Basis dieser wird der Budget-Transfer zur neuen Organisation vollzogen. Gerade dieser wird oftmals zum Spielball bei Verhandlungen zwischen Interessensgruppen, bis man sich schließlich auf den *Fair Value* einigt. Es besteht somit die Gefahr, dass Budgets und Kosten beziehungsweise Gewinne mit diversen Begründungen zurückgehalten werden, um die zu transferierende Budgets möglichst klein zu halten.

In diesem Zusammenhang ist zu empfehlen, bei der Erstellung der *Budget-Basislinie* in Abhängigkeit von der Art des Geschäfts zwischen *laufenden stabilen, laufenden unregelmäßigen* und *Einmalaufwendungen* zu unterscheiden. Oft wird jedoch nur zwischen laufenden und Einmalaufwendungen unterschieden, weil gerade im Gemeinkostenbereich die Budgets relativ stabil sind. Eine Dreiteilung hat jedoch insbesondere im Bereich des *Standortmanagements*, aber auch bei vielen anderen Bereichen, zwei wesentliche Vorteile:

(1) Sie ermöglicht eine Differenzierung der Referenzlinie für Einsparungsmaßnahmen. Insbesondere häufiger wiederkehrende, aber stark schwankende Kosten können entsprechend der Einmalaufwendungen für die Referenzlinie abgezogen werden.

(2) Sie schafft die Basis für eine differenziertere Preisbildung als interne Service-Gesellschaft. Die Schaffung von Service Level Agreements (SLAs) beinhaltet im Schritt 1 der Integrationsphase II oft nur Gesamtbudgets, unregelmäßige wiederkehrende Aufwendungen können so leichter als Projekte gesondert abgerechnet werden.

Die Definition der Basislinie beinhaltet im ersten Schritt die Analyse der den Funktionen zugeordneten direkten Kosten (siehe Abbildung 8). Nach der Ermittlung der direkten Kosten müssen im zweiten Schritt sekundäre Kosten untersucht werden, die meist in Form interner Leistungsverrechnungen oder Umlagen den Kostenstellen belastet werden. Hinter diesen Kostenallokationen verbergen sich in der Regel zwei Arten von Verrechnungen:

- Leistungsverrechnungen/Umlagen innerhalb der Funktionen des Carve-Out-Perimeters: diese Werte sind aus dem Budget-Transfer zu eliminieren, weil sie schon als direkte Kosten Teil des Budgets sind.

> Leistungsverrechnungen/Umlagen, die durch unterstützende Funktionen verursacht werden, die außerhalb des Carve-Out-Perimeters liegen. Dieser Teil muss zum Budget addiert werden, weil entsprechende Leistungen entweder auf Basis von Dienstleistungsvereinbarungen weiter erbracht oder neu erstellt werden.

Site [Business Unit] FM Services per site		Headcount		FM Service				
		FTE	Total	Total	Personnel Costs	Material Costs	Procured Service	Other Costs
1.	MANAGEMENT & ADMINISTRATION							
2.	SECURITY							
2.1	Management							
2.2	Security Services							
2.3	Fire Department							
3.	REAL ESTATE MANAGEMENT							
4.	TECHNICAL MAINTENANCE							
4.1	Ground & Buildings							
4.2	Technical Equipment							
4.3	...							
5.	INFRASTRUCTURE SITE SERVICES							
5.1	Janitorial services							
5.2	Winter Service							
5.3	Moves of Workshops and Offices							
5.4	Cleaning & Waste Collection							
5.5	Waste Management							
5.6	Telecommunication							
5.7	Print & Copy							
5.8	Catering							
5.9	Conference Services							
5.10	Postal Services							
5.11	Company Doctor/ Health							
5.12	Company Car Administration							
5.13	Travel management							
5.14	Car pool							
6.	ENERGY & UTILITIES CONSUMPTION							
6.1	Water/ Sewage							
6.2	Heating							

Abbildung 8: Analysetemplate zur Prozesskostenerhebung im Facility Management

Während man aus der Kostenstellenrechnung beziehungsweise der Gewinn- und Verlustrechnung relativ schnell einen Überblick über die finanzielle Situation der Organisation bekommt, sollte auf folgende, nicht so leicht zu bewertende Kennzahlen, Rücksicht genommen werden.

> *Analyse des Anlagenbestands und Investitionspläne.* Hier muss das Risiko etwaiger Schäden oder ungeplanter Investitionen analysiert werden. Dabei sind Unterschiede in den Ansätzen in der Investitionsrechnung, insbesondere bezüglich der kalkulatorischen Bewertung zu berücksichtigen. Gerade im Bereich der Immobilien und der Infrastruktur bei Produktionsstandorten müssen Risiken finanziell bewertet werden. Dies lässt sich dadurch begründen, dass industriell genutzte Standorte durchaus gewisse Altlasten (zum Beispiel Bodenverunreinigungen) aufweisen können, die wiederum weitere Kosten verursachen können.

> *Analyse der Rückstellungen, Wertberichtigungen, Abgrenzungen und so weiter.* Im Rahmen der periodenübergreifenden Buchhaltung dienen diese Positionen oft der Verschiebung von Budgets. Somit können Budgets relativ einfach manipuliert werden. Daher ist es wichtig, zum Beispiel Rückstellungen für Altersteilzeit, Investitionen sowie Abgrenzungsbuchungen zwischen Perioden zu berücksichtigen.

4.1.4 Interne und externe Schnittstellen

Meist verändern sich durch die Neudefinition des Geschäftsmodells auch die internen Schnittstellen deutlich. Insbesondere bei internen Service-Gesellschaften werden Administrationsbereiche im Zuge der Neustrukturierung zu Dienstleistungsbereichen. Bisherige Prozessbeteiligte werden von internen zu externen Kunden oder Lieferanten. Diese Schnittstelle muss im Rahmen des Carve-Out-Prozesses untersucht werden. Disziplinarische, hierarchische oder auch informelle Schnittstellen müssen auf eine formalere Prozessschnittstelle vorbereitet werden.

Neben den Schnittstellen zu bisherigen internen Kunden existieren entsprechende Schnittstellen zu Lieferanten beziehungsweise Subunternehmern. Im Rahmen der Potenzialanalyse ist es dienlich, die bestehende Lieferantenstruktur und Bestellvolumina zu überprüfen. Dies führt oft zu einer Neuordnung der Lieferantenbeziehung mit erheblichen Einspareffekten. Entsprechend müssen sämtliche Vertragsbeziehungen auf die neue Gesellschaft übertragen werden. Darunter fallen auch Fremdarbeitskräfte, die zum Teil einen erheblichen Anteil der Leistungserstellung im Gebäude-Management ausmachen.

4.1.5 Rechtliche/steuerliche Rahmenbedingungen

Ähnlich wie bei externen Mergers müssen auch bei internen Mergers rechtliche und steuerliche Rahmenbedingungen geprüft werden. Allerdings stehen diese bei externen Mergers stärker im Fokus. Dennoch sollten grundsätzlich folgende Gesichtspunkte betrachtet werden:[6]

- Gesellschaftsrechtliche Aspekte
- Steuerliche Aspekte (zum Beispiel Gewerbesteuer)
- Vertragsrechtliche Aspekte bei bestehenden Verträgen zu Kunden und Lieferanten (zum Beispiel Kündigungsfristen)
- Besondere Aspekte bei öffentlich-rechtlichen Auftraggebern (zum Beispiel Preisrecht)
- Arbeitsrechtliche Aspekte (zum Beispiel Betriebsübergang nach § 613 a BGB)
- Innerbetriebliche Vereinbarungen
- Aspekte der Arbeitssicherheit und des Umweltschutzes (zum Beispiel Betreiberpflichten bei Anlagen)

Hinter gesellschaftsrechtlichen Aspekten steht die Frage, inwieweit eine Shared-Service-Organisation eine eigene Rechtsform annehmen soll. In der Regel bleiben Shared Services als interne „Abteilungen" ohne Rechtsform. Bei einer organisatorischen Weiterentwicklung durch eine Unternehmensausgründung kommen beispielsweise auch gesellschaftsrechtliche Fragestellungen zum Tragen. In diesem Zusammenhang sind auch steuerliche Aspekte zu erwähnen, weil in diesem Falle der Firmensitz, aber auch die Rechtsform von steuerlichen Gesichtspunkten abhängen kann.

Vertragsrechtliche Bedingungen haben ebenfalls einen Einfluss auf die Gründung von Service-Gesellschaften. So wird die neue Organisation Halter bestehender Verträge zu Kunden oder Lieferanten. Auch im Rahmen von Synergiegewinnung durch Vertragsbündelungen kommt bestehenden Vertragslaufzeiten eine große Rolle zu. Meist werden Neuausschreibun-

---

[6] Vgl. JUNGBLUT (2003), S. 84 f.

gen lanciert, um über die Ausweitung gleicher Verträge über unterschiedliche Standorte Volumeneffekte in Form von Preisreduktion zu generieren. Sind öffentliche Auftraggeber mit im Spiel, gelten weiter preisrechtliche Bestimmungen, die einen Einfluss auf die Leistungsverrechnung haben.

Insbesondere beim Outsourcing, aber auch beim Übergang in eine Neuorganisation müssen arbeitsrechtliche und innerbetriebliche Gegebenheiten berücksichtigt werden. Auch bestehende Bedingungen in Form von Betriebsvereinbarungen, die von Vorgängern ausgehandelt wurden, bewahren ihre Gültigkeit.

Darüber hinaus wird am Beispiel des *Standortmanagements* deutlich, dass die Organisation auch neue Rollen gewinnt. Beispielsweise übernimmt ein Shared Service im Bereich des *Standortmanagements* gewisse Betreiberverantwortung gegenüber dem Betrieb von technischen Anlagen et cetera. Dahinter verbergen sich gesetzliche Pflichten, deren Verstoß gravierende Folgen haben kann. Eine solche Betreiberverantwortung wirkt sich zum Beispiel bei der Arbeitssicherheit und dem Umweltschutz aus.

4.1.6 IT-Systeme

Haben IT-Systeme in der Phase der Due Diligence im Prinzip eine gegenüber der Organisation und den Prozessen untergeordnete Rolle, so steigt deren Bedeutung in der Phase der Integration maßgeblich. Letztendlich ist nach dem heutigen Entwicklungsstand der Informationstechnologie die IT-Infrastruktur ein zentraler Erfolgsfaktor der Organisationsgestaltung.

Die Analyse der IT-Systeme bezieht sich hauptsächlich auf die Erhebung der am Prozess beteiligten Systeme und deren Schnittstellen. Ziel dieser ist die Überprüfung deren Effektivität beziehungsweise Effizienz insbesondere im Hinblick auf die spätere Nutzung. Im Bereich der Informationstechnologie besteht in der Regel weitgehend Synergiepotenzial.

Auf Basis des *Best-of-Breed*-Ansatzes muss die Leistungsfähigkeit der einzelnen Systeme analysiert werden, sodass eine Strategie zur langfristigen Nutzung des besten Systems entwickelt wird. Dahinter steckt nicht das Ziel einer sofortigen Abschaffung alter Systeme. Dennoch muss relativ zügig entschieden werden, welches System in welchem Bereich führend sein wird. Im Rahmen der Systemprüfung sollten folgende Kriterien beachtet werden.

- Leistungsumfang des Systems
- Vorhandene Schnittstellen
- Existierende Standards
- Kosten versus Nutzen des Systems
- Qualitative Beurteilung durch Anwender und Lieferanten
- Anpassungsaufwand der Systeme

Als Basis zur Synergieermittlung sollte hierbei das Potenzial durch die Abschaffung von überflüssigen Schnittstellen, Datenredundanzen und Eingabefehlern ermittelt werden, um eine Überführung in eine einheitlichere, kostengünstiger Systemlandschaft zu ermöglichen.

4.1.7 Organisationskultur

Die Organisationskultur wird oft als einer *der* Erfolgsfaktoren für Unternehmen herausgestellt. Insbesondere bei Erfolg oder Misserfolg von Unternehmensfusionen wird oft auf die kulturelle Integrationsfähigkeit von Organisationen referenziert.

Organisationskulturen sind analytisch schwer zu fassen, weil sie sich direkter Beobachtung oft entziehen. Unter Organisationskultur versteht man das Muster geteilter Annahmen, das heißt die innerhalb einer Organisationseinheit geteilten Werte und Normen, die sich auf äußerlich sichtbare Handlungen oder Rituale auswirken.[7]

Im Rahmen einer kulturellen Due Diligence werden die Chancen und Risiken des Integrationserfolgs während der Carve-Out-Phase identifiziert. Hierfür kann zum Beispiel der *Organizational Cultural Inventory* oder Gruppendiskussionen nach Schein hinzugezogen werden.[8] Dabei wird oft betont, dass die Organisationskultur des einzelnen Bereichs primär erhalten bleibt.

Bei der Gründung von Shared Services als Form interner Fusionen ist das Risiko inkommensurabler Organisationskulturen geringer als bei externen Fusionen.

4.2 Durchführung der Integration

Generell sind Carve-Outs und Integrationen eng mit einander verknüpft. Die im Carve-Out-Prozess analysierten Funktionen, Schnittstellen, Finanzströme, Personalien et cetera stellen die Basis der Integration dar. Insbesondere bei der Gründung interner Shared Services beinhaltet der Carve-Out-Prozess schon die ersten Integrationsschritte. Dies ist dadurch zu begründen, dass während dem Carve-Out-Prozess schon Verhandlungen über das zukünftige Organisationsmodell laufen, und die Führungskräfte der jeweiligen Bereiche in den Prozess mit eingebunden sind. Aus diesem Grund kann man den Carve-Out auch als Teil der Integration sehen.

---

[7] Vgl. *SCHEIN* (1984).
[8] Vgl. *HÖGEMANN* (2005), S. 541.

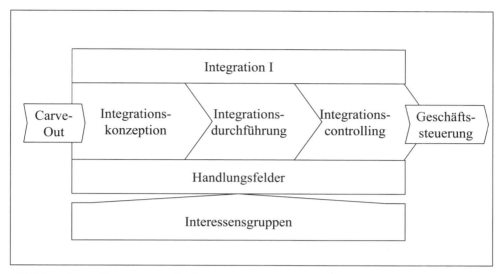

Abbildung 9: Dimensionen des Integrations-Managements[9]

Der Integrationsprozess kann in drei Kernphasen eingeteilt werden. Die Integrationskonzeption definiert das Grundmodell der Integration. Auf Basis des festgelegten Integrationsmodells wird die Integration umgesetzt, welche durch das Integrations-Controlling in ihrer Effektivität und Effizienz überwacht wird. Darüber hinaus müssen parallel die identifizierten Handlungsfelder zur Synergieerreichung umgesetzt werden. Dies steht im Spannungsfeld verschiedener Interessensgruppen. Zum Abschluss der Integration muss die Organisation in ihren normalen, operativen Prozess überführt werden. Hier steht die reguläre Geschäftssteuerung im Vordergrund.

4.2.1 Integrationskonzeption

Der Erfolg jeder Integration hängt fundamental von den teilnehmenden und betroffenen Personen ab. Jede Organisation besteht aus Menschen, die auf Basis ihrer kulturellen und organisatorischen Erfahrungen unterschiedlich geprägt sind. Aus diesem Grund sind unterschiedliche Integrationsmodelle in Abhängigkeit von der Unternehmenskultur beziehungsweise von der „Integrationsfähigkeit" der Organisation und ihre Mitglieder zu wählen. Daher müssen die Integrationsziele deutlich artikuliert werden. Die folgenden Integrationsmodelle existieren nach MÜLLER-STEVENS.[10]

➢ Kolonialherr (Dominanz der übernehmenden Organisation)

➢ Best-of-Breed (Übernahme der jeweils besten Konzeption)

➢ Parität (gleichberechtigte Existenz)

➢ Visionär (Entwicklung eines gemeinsamen Ansatzes)

---

[9] In Anlehnung an BREHM/HACKMAN (2005).

[10] Vgl. MÜLLER-STEVENS (2006).

Im Rahmen der Shared-Service-Bildung im *Standortmanagement* wurde der *Best-of-Breed-Ansatz* gewählt. Anders als bei externen Mergers stehen bei internen Mergers in der Regel primär gleichartige Organisationseinheiten vor ihrer Integration. Dennoch kommt es vor, dass durch die allgemeine Dominanz eines bestimmten Bereichs aufgrund der Mitarbeiteranzahl oder des Umsatzes beziehungsweise durch die Nutzung gleichartiger Prozesse und Systeme (zum Beispiel SAP) deren Prozessen der Vorzug gegeben wird. Dies widerspricht zwar dem reinen *Best-of-Breed*-Ansatz, lehnt sich allerdings an die Frage der Integrationsfähigkeit bei der Mehrheit der Organisationsmitglieder oder auch bei den Kosten (zum Beispiel Implementierungskosten der IT) an. Im Rahmen der durch die Synergieermittlung identifizierten Felder im *Standortmanagement* wurden die jeweils besten Prozesse der Organisation implementiert, allerdings die an den meisten Standorten dominierende Systemlandschaft gewählt, um die Integrationskosten nicht zu erhöhen.

HASPESLAGH und JEMISON unterscheiden verschiedene Integrationstypen, die in Abhängigkeit des zukünftigen Bedarfs nach Autonomie und ihrer Interdependenzen stehen.[11] Dadurch können vier Dimensionen unterschieden werden (siehe Abbildung 10).

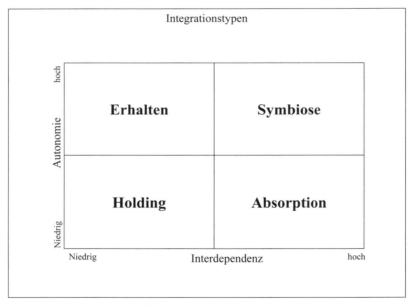

Abbildung 10:   Integrationstypen[12]

Grundsätzlich beruht die Entscheidung zur Gründung von Shared Services eher auf Prozessinterdependenzen. Aus diesem Grund wurde auch im gewählten Beispiel des *Standortmanagements* eine Mischform zwischen Absorption und Symbiose gewählt. Insbesondere administrative beziehungsweise unterstützende Funktionen wurden innerhalb der Organisation zentral integriert, weil hier der Synergievorteil durch geringen Autonomiebedarf und hoher

---

[11] Vgl. HASPESLAGH/JEMISON (1991).
[12] Vgl. HASPESLAGH/JEMISON (1991).

Interdependenz begründet war (Absorption). Dadurch war es im Beispiel des *Standortmanagements* möglich, durch die Gründung eines zentralen Auftragszentrums Prozessredundanzen an vielen Standorten aufzulösen und gegenüber den internen Kunden nur noch eine Schnittstelle zu bieten.

Auf der anderen Seite wurden Dienstleistungen an den Gebäuden und Infrastrukturanlagen der Standorte übernommen, die nur vor Ort durch die Spezifität der Standorte bestimmt sind. Hier wurde der Organisationsteil eher als Symbiose integriert, weil diese Leistungen sehr lokal fortgeführt wurden. Bereiche mit hoher Autonomie und niedriger Interdependenz eignen sich nur gering für Shared Services.

4.2.2 Integrationsumsetzung

In der Phase der Integrationsumsetzung beziehungsweise -durchführung steht das Integrationsprojektteam im Vordergrund. Das Projektteam definiert auf Basis der Projektziele die Arbeitspakete und den Zeit- sowie Ressourcenplan. Gleichzeitig hat das Projekt-Team dafür zu sorgen, dass die aus der Analyse der Synergiepotenziale abgeleiteten Handlungsfelder umgesetzt werden.

Die Rolle des Projekt-Teams wandelt sich zwischen dem Carve-Out und der Integration. Insbesondere die Bedeutung des Change Management und der Koordination der Umsetzung treten schrittweise in den Vordergrund. Hierfür lohnt sich abhängig von der Größe der Fusion unter anderem die Einrichtung eines Integrationsbüros, welches die Aufgabe der Koordination der Teilprojekte, aber auch das Management der Schnittstelle zu Kunden und anderen Interessengruppen wahrnimmt.

Im Rahmen des Change Management spielt die Kommunikation an die beteiligten Interessensgruppen, aber insbesondere auch an die Mitarbeiter eine wesentliche Rolle. Dies ist dadurch begründet, dass gerade durch die Analyse der Handlungsfelder die Angst vor Arbeitsplatzverlust bei den Mitarbeitern virulent wird, der sich in der Regel verschärft, je länger diese im Unklaren gelassen werden. Aus diesem Grund sollte ein Integrationsreport erstellt werden, der regelmäßig über die verschiedenen Bereiche der Integration berichtet. Dabei ist zu beachten, dass die Integrationsumsetzung zwei Bereiche umfasst, die interdependent sind:

Der *Integrationsbereich I* beinhaltet die Integration der im Carve-Out-Perimeter bestimmten Organisationsbereiche. Verwaltungsfunktionen aus verschiedenen Geschäftsbereichen müssen in eine neue Organisationseinheit integriert werden. Zentrum der Integrationsaktivitäten ist die Neuordnung der Kernprozesse nach dem *Best-of-Breed*-Ansatz, das heißt die Implementierung der für die Organisation besten Prozesse. Diese sind auch die Grundlage für die Synergiegewinnung, weil Integration und Optimierung hier Hand in Hand gehen. Darüber hinaus stellen gerade kulturelle Unterschiede den Integrationsfortschritt immer vor große Herausforderungen. Das Zusammenwachsen der Organisationskulturen gehört zu dem langwierigsten Vorhaben. Während dieser Phase kann auf die traditionellen Integrationsansätze verwiesen werden.[13]

---

[13] Vgl. PICOT (2005).

Der *Integrationsbereich II* umfasst die Reintegration der neu geschaffenen Organisation in die bestehenden Geschäftsbereiche durch eine Kundendienstleistungsbeziehung. Darüber hinaus wird auch die Lieferantenbeziehung neu strukturiert, weil in dieser Beziehung ein wesentlicher Synergiebeitrag zu sehen ist. Die Herausforderung der Kundendienstleistungsbeziehung ist darin begründet, dass ein Dienstleistungsgedanke zuvor kaum existiert hat. Zuvor werden hierarchische oder informelle Informationsflüsse horizontal durch formelle Schnittstellen ersetzt, die einen Leistungsaustausch auf Basis von so genannten Service Level Agreements flankieren. Diese Service Level Agreements bestehen aus der Beschreibung der Leistung, der Qualitäts-Level (Leistungsumfang) sowie Kosten (Verrechnungspreise).

4.2.3 Integrations-Controlling

Der Integrationsumsetzung muss flankierend ein Integrations-Controlling beigefügt werden. Die Aufgabe des Integrations-Controllings besteht in dem Verfolgen der Einhaltung von Meilensteinen, aber auch dem Verbrauch von finanziellen und kapazitativen Ressourcen. Darüber hinaus übernimmt das Controlling auch die Verfolgung der Umsetzung von Synergiepotenzialen. Neben dem reinen Projekt-Management-Fokus sollte das Controlling jedoch konzeptionell weiter gefasst werden und auch die Schnittstelle zu Kunden, Lieferanten und nicht zuletzt den eigenen Mitarbeitern beinhalten. Im gewählten Beispiel wurden mit Hilfe der Balanced Scorecard die während der Integration relevanten Perspektiven verfolgt (siehe Abbildung 11).

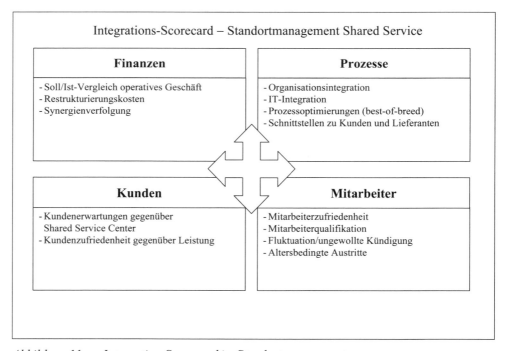

Abbildung 11: Integration-Scorecard im Standortmanagement

Aus der *finanziellen Perspektive* muss während der Integration relativ zügig eine operative Planung aufgebaut werden, mit deren Hilfe die zuvor getrennten Bereiche in konsolidierter Form strukturiert werden können. Dies dient der Sicherstellung einer einheitlichen Perspektive auf die Gesamtheit der neuen Organisation. Darüber hinaus wird das im Rahmen des Business Case geplante Restrukturierungs-Budget auf dessen Einhaltung verfolgt. Dies steht im engen Zusammenhang mit der Realisierung der Synergien.

Die *operative Perspektive* dient der Sicherstellung der Meilensteine der Teilprojekte zur Integration der Organisation (Integrationsbereich I). Insbesondere die prozessuale Integration muss nicht nur die operative Funktionsfähigkeit der Organisation sicherstellen, sondern auch die Prozessverbesserungen erbringen, welche sich in den finanziellen Synergien widerspiegeln. Hinzu kommt die prozessuale Integration in die bisherigen Organisationsbereiche durch die Kunden-Lieferanten-Beziehung (Integrationsbereich II).

Aus der *Perspektive der Mitarbeiter* führen die im Rahmen der Integration initiierten Veränderungen oft zu unterschiedlichen Reaktionen. In Anlehnung an die Ziele der Organisation ist es notwendig, während des Veränderungsprozesses die Mitarbeiter stark mit einzubinden. Es gilt beispielsweise zu verhindern, dass Leistungsträger aus Frust die Organisation verlassen. Aber auch das Gros der Mitarbeiter muss im Rahmen der Veränderung positiv begleitet werden, sodass diese nicht demotiviert werden und der Fall der inneren Kündigung eintritt. Auf der anderen Seite ist es möglich, die Mitarbeiterfluktuation im Sinne der organisatorischen Optimierung strategisch zu nutzen. Dadurch wird gesichert, dass zukünftig benötigte Kompetenzen durch Qualifikation gefördert werden, im Rahmen der Umstrukturierung nicht mehr benötigte Kapazitäten über die Fluktuation ausscheiden.

Durch die Kundendienstleistungsbeziehung wird sich auch die *Kundenperspektive* verändern. Alte, früher hierarchisch miteinander verbundene Organisationseinheiten verändern sich zu Dienstleistungsempfängern. Daher ist es wichtig, die Kundenerwartungen und -zufriedenheit auch schon im Integrationsprozess zu ermitteln und zu verfolgen. Dieses Vorgehen hilft, die Leistung rechtzeitig an die Bedürfnisse vor Ort anzupassen und zügig noch nicht eingefahrene Prozesse zu optimieren.

4.3 Schlüsselfaktoren in der Umsetzung und typische Barrieren

Die empirische Erkenntnis, dass über 50 % aller M&A-Aktivitäten scheitern,[14] gilt auch bei internen Fusionen, weil der Erfolg von internen Umstrukturierungsmaßnahmen oft ähnlichen Voraussetzungen unterworfen ist. Dieses Beispiel aus der Praxis soll zeigen, welche Faktoren bei einem Carve-Out von Unternehmensteilen besonders zu beachten sind. Hierbei sind wesentliche Aspekte zu beachten, die einen großen Einfluss auf den Erfolg interner Mergers haben.

➢ Planung und Umsetzung des Carve-Out-Prozesses sowie der Integration

  ➢ Grundvoraussetzung ist eine langfristige Planung des zukünftigen „Geschäftsmodells" der Service-Gesellschaft. Nur auf dessen Basis kann die Analyse und Umsetzung effizient und zielorientiert durchgeführt werden. Gerade hier liegen aber oft Defizite bei internen Reorganisationen. So werden interne Mergers oft vom Auf-

---

[14] Vgl. *PICOT* (2005), S. 449.

wand her unterschätzt. Im Rahmen dieses Kapitels ist die Bedeutung des Carve-Out-Prozesses im Vorfeld der Integration herauszuheben.

- Die Umsetzung des Geschäftsmodells im Rahmen der Integration wird oft ebenfalls unzureichend vorbereitet. Planung und Zusammenstellung der notwendigen Ressourcen sowie deren Rückhalt beim Top Management sind ein wesentlicher Erfolgsfaktor der Integration.

- Überschätzung der Synergiepotenziale

    - Da Synergiepotenziale als Begründung für die Reorganisation beziehungsweise Gründung der internen Service-Gesellschaft angeführt werden, müssen diese auch erreicht werden. Demgegenüber steht oft die kurze Zeit, die für die Potenzialermittlung bleibt. Insofern basiert der Business Case auf einer Reihe von Annahmen über die Ist-Situation und Zukunft, deren Ausgang unsicher ist. Darüber hinaus werden oft Benchmarks herangezogen, deren Datenbasis dürftig oder nicht immer wirklich vergleichbar ist.

    - Ambitionierte Versprechen über erreichbare Synergien in kurzer Zeit führen oft zur hastigen und kurzfristigen Erfolgssuche. Oft werden interne Reorganisationen personalintensiv begonnen, aber nur halbherzig umgesetzt. Insbesondere in der Integration mangelt es vielen am Durchhaltevermögen, zentrale Personen wechseln schon frühzeitig die Posten, sodass die Integration mit wechselnden Personalien umzusetzen ist.

- Unterschätzung der Bedeutung der Mitarbeitermotivation

    - Da interne Mergers durch die Reorganisation in der Regel mit der Veränderungen von Positionen und/oder Abbau von personellen Ressourcen verbunden sind, besteht die Gefahr, dass Potenzialträger die Organisation verlassen oder – sofern sie in der Organisation verbleiben – sich nicht mit der neu geschaffenen Organisation nicht verbunden fühlen (zum Beispiel durch „innere Kündigung") und mit geringerer Motivation ihrer Tätigkeit nachgehen. Eher technisch orientierte Konzepte wie Business *Process Reengineering* übersehen die Veränderungsfähigkeit und den Veränderungswillen der Mitarbeiter. Relevante Humanziele wie die Förderung der Arbeitszufriedenheit oder Gesundheit am Arbeitsplatz rücken in den Hintergrund. Dabei werden Mitarbeiter oft als Kostenfaktor und nicht Chance höherer künftiger Wertschöpfung gesehen. Um dem vorzubeugen, ist eine Unterstützung der Neuorganisation durch das Top Management des Gesamtunternehmens und eine eindeutige Kommunikation von geplanten Maßnahmen gegenüber den Mitarbeitern unerlässlich. Schon zum Zeitpunkt des Carve-Out-Prozesses ist es nützlich, durch Change Manager entsprechende Unterstützung zu erhalten.

5 Zusammenfassung

Im Rahmen der Dekomposition traditioneller Wertschöpfungsstrukturen werden interne Unternehmensbereiche mit anderen verschmolzen. Durch die Shared-Service-Initiativen vieler Unternehmen entstehen somit neue Organisationskonstrukte, die Charakteristiken interner Dienstleister aufweisen. Betrachtet man den Prozess der Reorganisation, so ist die Bildung interner Service Gesellschaften durch ähnliche Komponenten wie die von Mergers & Acquisitions charakterisiert. Dabei werden Synergiepotenziale durch effizientere Prozesse interner Leistungserbringung angestrebt. Ein wesentlicher Beitrag zum Erfolg der Integration liegt im Carve-Out-Prozess als Vorbereitung der Integration. Die Vorgehensweise während dieser Phase legt den Grundstein und die Unterstützung des betrieblichen Veränderungsprozesses für die Mitarbeiter, welche den Erfolg einer Integration wesentlich mitbestimmt. Darüber hinaus werden in der Umsetzung der Integration häufig vermeidbare Fehler gemacht. Insbesondere die eher technische Betrachtung des menschlichen Faktors kann zu negativen Nebeneffekten führen.

Quellenverzeichnis

ALDERING, C./HÖGEMANN, B. (2005): Human Resources Due Diligence, in: BERENS, W. ET AL. (Hrsg.), Due Diligence bei Unternehmensakquisitionen, Stuttgart 2005, S. 513–538.

BARTELS, E./KOCH, T. (2005): Post-Merger-Management, in: PICOT, G. (Hrsg.), Handbuch Mergers & Acquisitions, Stuttgart 2005, S. 409–426.

BEARINGPOINT (2006), White Paper, o. O. 2006.

BERENS, W./HOFFJAN, A./STRAUCH, J. (2005): Planung und Durchführung der Due Diligence, in: BERENS, W. ET AL. (Hrsg.), Due Diligence bei Unternehmensakquisitionen, Stuttgart 2005, S. 119–172.

BERENS, W./STRAUCH, J. (2005): Herkunft und Inhalt des Begriffs Due Diligence, in: BERENS, W. ET AL. (Hrsg.), Due Diligence bei Unternehmensakquisitionen, Stuttgart 2005, S. 3–24.

BETKO, H./REIML, D./SCHUBERT, P. (2005): Environmental Due Diligence, in: BERENS, W. ET AL. (Hrsg.), Due Diligence bei Unternehmensakquisitionen, Stuttgart 2005, S. 565–584.

BRAUNER, H.-U./GRILLO, U. (2005): Strategic Due Diligence, in: BERENS, W. ET AL. (Hrsg.), Due Diligence bei Unternehmensakquisitionen, Stuttgart 2005, S. 349–370.

BREBECK, F./BREDY, J. (2005): Financial Due Diligence I: Vermögen, Ertrag und Cash-flow, in: BERENS, W. ET AL. (Hrsg.), Due Diligence bei Unternehmensakquisitionen, Stuttgart 2005, S. 349–370.

FRITZSCHE, M./GRIESE, M. (2005): Legal Due Diligence, in: BERENS, W. ET AL. (Hrsg.), Due Diligence bei Unternehmensakquisitionen, Stuttgart 2005, S. 457–488.

HARENBERG, G./WLECKE, U. (2004): Businessplan und Maßnahmenmanagement, in: BUTH, A.-K./ HERMANNS, M. (Hrsg.), Restrukturierung, Sanierung, Insolvenz, München 2004, S. 347–377.

HASPESLAGH, P. C./JEMISON, D. B. (1991): Managing Acquisitions: Creating Value Through Corporate Renewal, Free Press, New York 1991.

HENZELMANN, T. ET. AL. (2001): Facility Management: Die Service-Revolution, Renningen, 2001.

HÖGEMANN, B. (2005): Cultural Due Diligence, in: BERENS, W. ET AL. (Hrsg.), Due Diligence bei Unternehmensakquisitionen, Stuttgart 2005, S. 539–564.

JANSEN, S.-A. (2005): Trends, Tools, Thesen und empirische Tests zum Integrationsmanagement bei Unternehmenszusammenschlüssen, in: PICOT, G. (Hrsg.), Handbuch Mergers & Acquisitions, Stuttgart 2005, S. 525–560.

JOBSKY, T. (2004): Mergers & Acquisitions bei Restrukturierung/Sanierung, in: BUTH, A.-K./ HERMANNS, M. (Hrsg.), Restrukturierung, Sanierung, Insolvenz, München 2004, S. 390–413.

JUNGBLUT, E. (2003): Due Diligence, München 2003.

KEUPER, F./OECKING, C. (Hrsg.) (2006): Corporate Shared Services – Bereitstellung von Dienstleistungen im Konzern, Wiesbaden 2006.

KOCH, A./MENKE, J.-P. (2005): Environmental Due Diligence, in: BERENS, W. ET AL. (Hrsg.), Due Diligence bei Unternehmensakquisitionen, Stuttgart 2005, S. 615–650.

KRAUS, K.-J./GLESS, S.-E. (2004): Unternehmensrestrukturierung/-sanierung und strategische Neuausrichtung, in: BUTH, A.-K./HERMANNS, M. (Hrsg.), Restrukturierung, Sanierung, Insolvenz, München 2004, S. 115–146.

MÜLLER- STEWENS, G. (2006): Konzeptionelle Entscheidungen beim Post-Merger-Management., in: WIRTZ, B. (Hrsg.): Handbuch Mergers & Acquisitions Management, Wiesbaden 2006.

PACK, H. (2005): Due Diligence, in: PICOT, G. (Hrsg.), Handbuch Mergers & Acquisitions, Stuttgart 2005, S. 409–426.

PICOT, G. (2005): Rechtliche Parameter der Integrations- bzw. Implementierungsmaßnahmen, insbesondere der Restrukturierungsmaßnahmen, in: PICOT, G. (Hrsg.), Handbuch Mergers & Acquisitions, Stuttgart 2005, S. 427–448.

PICOT, G. (2005): Personelle und kulturelle Integration, in: PICOT, G. (Hrsg.), Handbuch Mergers & Acquisitions, Stuttgart 2005, S. 449–490.

ROCKHOLTZ, C. (2005): Die Due Diligence-Konzeption zum synergieorientierten Akquisitionsmanagement, in: BERENS, W. ET AL. (Hrsg.), Due Diligence bei Unternehmensakquisitionen, Stuttgart 2005, S. 197–220.

ROSENSTIEL, L. V. (2000): Grundlagen der Organisationspsychologie, Stuttgart 2000, S. 418–422.

SACKMANN, S. A. (2004): Erfolgsfaktor Unternehmenskultur: Mit kulturbewusstem Management Unternehmensziele erreichen und Identifikation schaffen – 6 Best-Practice-Beispiele, Wiesbaden 2004.

SCHEIN, E. H. (1984): Organizational Culture and Leadership, San Francisco 1984.

WELBERS, H. (2005): Tax Due Diligence, in: BERENS, W. ET AL. (Hrsg.), Due Diligence bei Unternehmensakquisitionen, Stuttgart 2005, S. 435–456.

WELGE, M.-K./AL-LAHAM, A. (1999): Strategisches Management, Wiesbaden 1999.

ZIMMERMANN, R. (2005): Interne und externe Kommunikation, in: PICOT, G. (Hrsg.), Handbuch Mergers & Acquisitions, Stuttgart 2005, S. 491–524.

Zweiter Teil – Die Post-M&A-Phase

Steuerungsrelevante Perspektiven

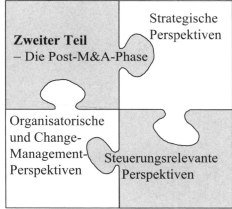

Zu möglichen Auswirkungen des IFRS 3 und des IAS 36 auf das M&A-Management

GERRIT BRÖSEL & *THOMAS R. KLASSEN*

Technische Universität Ilmenau & York University Toronto

1 Revolution der Bilanzierung von Unternehmenszusammenschlüssen 447
2 Geschäfts- oder Firmenwertbilanzierung nach IFRS 448
    2.1 Theoretische Betrachtung von Geschäfts- oder Firmenwerten 448
    2.2 Allgemeine Regelungen zur Bilanzierung von Geschäfts- oder Firmenwerten
          nach IFRS 450
    2.3 Konkrete Regelungen für derivative Geschäfts- oder Firmenwerte nach IFRS ... 452
          2.3.1 Ermittlung des Goodwill 452
          2.3.2 Verteilung des Goodwill 453
          2.3.3 Bewertung des Goodwill 454
3 Mögliche Auswirkungen der Regelungen auf das Management der Pre-M&A-Phase .. 462
4 Mögliche Auswirkungen der Regelungen auf das Management der Post-M&A-Phase 467
5 Thesenförmige Zusammenfassung 473
Quellenverzeichnis 474

1 Revolution der Bilanzierung von Unternehmenszusammenschlüssen

Die Bilanzierung von Unternehmenszusammenschlüssen kann als eine der wesentlichsten,[1] aber auch umstrittensten Problemstellungen in Theorie und Praxis der (internationalen) Rechnungslegung bezeichnet werden. Nahezu revolutionär war in diesem Zusammenhang die Veröffentlichung der *US-amerikanischen Regelungen* SFAS 141 und 142 im Jahre 2001,[2] welche die Ziele verfolgten, die Vergleichbarkeit zu erhöhen sowie bilanzpolitische Spielräume zu beseitigen.[3] Wesentliche Aspekte dieser neuen Regelungen sind die Abschaffung der Interessenzusammenführungsmethode („Pooling-of-Interests"-Methode) im Rahmen der Kapitalkonsolidierung und somit die Abschaffung der Möglichkeit, einen positiven derivativen Geschäfts- oder Firmenwert (Goodwill) erfolgsneutral mit den Rücklagen zu verrechnen. Mithin ist nur noch die Erwerbsmethode („Purchase"-Methode) zulässig, wonach ein positiver derivativer Geschäfts- oder Firmenwert zu aktivieren ist. Die betroffenen Unternehmen sahen sich der Interessenzusammenführungsmethode „beraubt" und mit drohenden kontinuierlichen Erfolgsbelastungen konfrontiert.[4] Das Verbot der Interessenzusammenführungsmethode wurde durch den US-amerikanischen „Standardsetter" schließlich mit dem folgenschweren „politischen" Zugeständnis[5] erkauft, auf planmäßige Abschreibungen des Goodwill über eine bisher mehr oder weniger willkürlich geschätzte Nutzungsdauer zu verzichten und Abschreibungen nur auf Basis regelmäßiger Wertminderungstests („Impairment Test") zuzulassen. Hierbei wird vom „Impairment Only Approach" gesprochen.

Die Bilanzierung von Unternehmenszusammenschlüssen, der eine hohe Kapitalmarktrelevanz innewohnt, ist auch ein Schwerpunkt der Projekte der andauernden Reformphase der *International Financial Reporting Standards* (IFRS).[6] Die wesentlichen Ziele des im Jahr 2001 vom International Accounting Standards Board (IASB) ins Leben gerufenen (und in mehrere Phasen unterteilten)[7] „Business Combinations Project" sind einerseits eine Erhöhung der Qualität der Regelungen zu Unternehmenserwerben sowie andererseits die Anpassung der IFRS an die nordamerikanischen Regelungen, die oben dargestellten United States-General Accepted Accounting Principles (US-GAAP), was für die Kritiker der angloamerikanischen Rechnungslegungsnormen *per se* schon (unüberbrückbare) Zielkonflikte verspricht. Ergebnisse der „Phase I"[8] dieses Projekts waren unter anderem die Verabschiedung des IFRS 3 „Business Com-

---

[1] Vgl. zur Bedeutung beispielsweise BAUSCH/FRITZ (2005), S. 302 f.

[2] Im Juni des Jahres 2001 wurden der Statement of Financial Accounting Standards (SFAS) 141 „Business Combination" und der SFAS 142 „Goodwill and Other Intangible Assets" vom Financial Accounting Standards Board (FASB) verabschiedet. Siehe weiterführend unter anderem LÜDENBACH/FROWEIN (2003) und RICHTER (2004).

[3] Vgl. BRÜCKS/WIEDERHOLD (2003), S. 23.

[4] Beispielsweise hat die *Deutsche Telekom AG* mit der Interessenzusammenführungsmethode beim Erwerb von *Voicestream Wireless Corp.* jährlich Abschreibungen in Höhe von etwa 6 Mrd. US$ vermieden. Vgl. PELLENS/SELLHORN (2001), S. 713. Vgl. auch AYERS/LEFANOWICZ/ROBINSON (2000), S. 3, PELLENS/CRASSELT/SELLHORN (2002), S. 140.

[5] Vgl. DOBLER (2005), S. 24.

[6] Vgl. KÜTING (2005), S. V.

[7] Vgl. BRÜCKS/WIEDERHOLD (2004), S. 178.

[8] Vgl. etwa BUSSE VON COLBE (2004). Zu den Inhalten von Phase II siehe auch BRÜCKS/WIEDERHOLD (2003), S. 22 f. und ausführlich KÜHNE/SCHWEDLER (2005).

bination",[9] der den bisherigen International Accounting Standard 22 (IAS 22) ersetzt, sowie die Verkündung der reformierten Fassungen des IAS 36 „Impairment of Assets"[10] und des IAS 38 „Intangible Assets" am 31. März 2004. Dabei hat der „Setter" der internationalen Standards, der IASB, die nordamerikanischen Regelungen mit diversen Detailabweichungen[11] „übernommen". Diese Neuregelungen lösten nicht nur eine breite Diskussion im Schrifttum aus, sondern waren selbst unter den Mitgliedern des „Standardsetters" umstritten.

Das deutsche Schrifttum konzentriert sich bislang vornehmlich auf die Beschreibung der neuen Regelungen, den kritischen Vergleich der neuen Normen mit den Regelungen nach HGB sowie die Analyse von Detailproblemen hinsichtlich der Anwendung der Neuregelungen. *Ziel* der nachfolgenden Ausführungen ist jedoch vielmehr – ausgehend von einer Darlegung der Neuregelungen zur Bilanzierung von Geschäfts- oder Firmenwerten – kritisch zu reflektieren, ob und gegebenenfalls welche Auswirkungen sich auf das Management von Fusionen (**M**ergers) und (**&**) **A**kquisitionen (**A**cquisitions) – wobei nachfolgend der Schwerpunkt auf den Akquisitionen liegt –, also das so genannte M&A-Management[12], in der Pre-M&A-Phase und in der Post-M&A-Phase ergeben. Nach der Einleitung (*Kapitel 1*) werden die Neuregelungen nach IFRS im *Kapitel 2* dargestellt, wobei sich auf die Ermittlung, die Verteilung und die Bewertung des derivativen Goodwill nach IFRS 3 und IAS 36 (rev. 2004) konzentriert wird.[13] Darauf aufbauend werden mögliche Auswirkungen auf das Management in der Pre-M&A-Phase (*Kapitel 3*) sowie in der Post-M&A-Phase (*Kapitel 4*) abgeleitet. Im *Kapitel 5* werden die Ergebnisse thesenförmig zusammengefasst.

2 Geschäfts- oder Firmenwertbilanzierung nach IFRS

2.1 Theoretische Betrachtung von Geschäfts- oder Firmenwerten

Allgemein wird mit dem Geschäfts- oder Firmenwert der Unterschiedsbetrag zwischen dem Gesamtwert eines Unternehmens sowie der Summe von dessen Einzelwerten bezeichnet. Ist dieser Unterschiedsbetrag positiv, wird gewöhnlich von einem „Goodwill" gesprochen, der nachfolgend im Mittelpunkt der Betrachtung stehen soll, ist der Unterschiedsbetrag hingegen negativ, wird dieser in der Regel „Badwill" genannt. In der Literatur zum Geschäfts- oder Firmenwert finden sich mit dem so genannten Top-Down-Ansatz und dem Bottom-Up-Ansatz zwei Ansätze, die sich mit dem Geschäfts- oder Firmenwert auseinandersetzen.[14]

---

[9] Vgl. zum Anwendungsbereich des IFRS 3 zum Beispiel DOBLER (2005), S. 25.

[10] Zum Anwendungsbereich des Standards siehe IAS 36.2–6 (rev. 2004).

[11] Vgl. zu den Detailunterschieden zum Beispiel BAUSCH/FRITZ (2005) und BRÜCKS/KERKHOFF/RICHTER (2005).

[12] Nach ACHLEITNER/WIRTZ/WECKER (2004), S. 478, umfasst das M&A-Management „den Prozess und das Ergebnis des strategisch motivierten Kaufs bzw. Zusammenschlusses von Unternehmen oder Unternehmensteilen und deren anschließender [sic!] Integration oder Weiterveräußerung."

[13] Auf die im Rahmen der Neuregelungen erweiterten Ausweisvorschriften, welche gegenüber dem Entwurf auf ein „vertretbareres" Maß reduziert wurden, wird nicht eingegangen. Vgl. hierzu beispielsweise BAUSCH/FRITZ (2005), S. 305.

[14] Vgl. zu diesen Ansätzen etwa RICHTER (2002), S. 23 ff.

Gemäß dem *Top-Down-Ansatz* ist der Geschäfts- oder Firmenwert die Differenz zwischen dem Zukunftserfolgswert im Sinne des Entscheidungswertes und dem Substanzwert eines Unternehmens.[15] Der Top-Down-Ansatz ist somit lediglich ein Ermittlungsansatz, wonach der Geschäfts- oder Firmenwert über den Unterschiedsbetrag zweier vollständig unterschiedlicher Bewertungsmethoden informiert. Während der Entscheidungswert[16] die Konzessionsgrenze des Bewertungssubjekts darstellt, die unter Berücksichtigung der Gesamtbewertung ermittelt wurde, wird der hier verwendete Substanzwert[17] als normierte Einzelbewertung des bilanzierungsfähigen Nettovermögens verstanden. Da der Entscheidungswert ein Wert ist, der unter anderem unter Berücksichtigung des Grundsatzes der Subjektivität berechnet wird, und auch der Substanzwert subjektiv geprägt ist, weil er beispielsweise bilanzpolitisch beeinflusst werden kann, handelt es sich bei einem Geschäfts- oder Firmenwert – als Differenz zwischen diesen beiden Werten – grundsätzlich um eine rein subjektive Wertgröße.

Der *Bottom-Up-Ansatz*, der ein Erklärungsmodell darstellt, versucht die Gründe dieses Unterschiedsbetrags zu analysieren. Demnach geht der Geschäfts- oder Firmenwert beispielsweise auf nicht bilanzierbare Vermögenswerte (zum Beispiel den guten Ruf, eine gesunde Organisationsstruktur, Standortvorteile, Kundentreue, günstige Marktzugänge sowie die Berufsfreude und die Qualität der Belegschaft des Unternehmens)[18], auf positive (und negative) Kombinationseffekte (im Sinne von leistungs- und finanzwirtschaftlichen Kombinationseffekten) zwischen den einzelnen betrieblichen Komponenten (aber auch zwischen dem Bewertungsobjekt und weiteren im Besitz des Bewertungssubjekts stehenden Unternehmen) und/oder auf Erfolgspotenziale aus geplanten Umstrukturierungen zurück. Eine konkrete Aufteilung des Geschäfts- oder Firmenwertes in seine einzelnen Komponenten und deren Bewertung ist jedoch nicht möglich, denn sonst würde der Bilanzierung dieser Komponenten nichts im Wege stehen. So scheiterten bereits traditionelle Unternehmensbewertungskonzepte,[19] die den Unternehmenswert aus einem Substanzwert zuzüglich des Goodwill ermitteln wollten. Das macht deutlich, dass die Ermittlung bzw. Bewertung eines Geschäfts- oder Firmenwertes nur im Rahmen einer Differenzbetrachtung, also als Unterschied zwischen einer Gesamtbewertung und einer Einzelbewertung, erfolgen kann und diese nicht losgelöst von der dazugehörigen Unternehmenseinheit durchführbar ist.

Im Hinblick auf die Bilanzierung eines positiven Geschäfts- oder Firmenwertes ist zu unterscheiden, wie er entstanden ist. Ist der Geschäfts- oder Firmenwert selbst geschaffen, wird dieser als originär (ursprünglich) bezeichnet und darf nicht aktiviert werden. Ist der Geschäfts- oder Firmenwert jedoch entgeltlich erworben, wird er als derivativ (abgeleitet) bezeichnet. Je nach Rechnungslegungskonzeption kann ein solcher aktiviert werden oder etwa einem Aktivierungswahlrecht unterliegen. Der Hintergrund der unterschiedlichen bilanziellen Behandlung von originärer und derivativer Ausprägung des Geschäfts- oder Firmenwertes ist, dass der derivative Geschäfts- oder Firmenwert aufgrund des gezahlten Kaufpreises als objektiviert angesehen wird. Es ist jedoch zu konstatieren, dass sowohl der Kaufpreis als Ergebnis der Verhandlung zwischen zwei Subjekten, die dabei ihre subjektiven Entscheidungswerte zu berücksichtigen haben, als auch die Summe der Zeitwerte (oder Buchwerte) des bilanziellen

---

[15] Vgl. auch *BALLWIESER* (1998), S. 283, der jedoch statt vom Entscheidungswert vom Ertragswert spricht. *BAUSCH/FRITZ* (2005), S. 302, sehen im Goodwill sogar den „Differenzbetrag zwischen Markt- [sic!] und Buchwerten des Eigenkapitals eines Unternehmens".

[16] Zur Entscheidungswertermittlung vgl. vor allem *MATSCHKE/BRÖSEL* (2006), S. 109 ff. und *HERING* (2006).

[17] Zur Substanzwertermittlung vgl. *MATSCHKE/BRÖSEL* (2006), S. 261 ff.

[18] Vgl. *BALLWIESER* (1998), S. 284, *PELLENS/SELLHORN* (2001), S. 718 und *BUSSE VON COLBE* (2002), Sp. 885.

[19] Vgl. zu diesen Verfahren *MATSCHKE/BRÖSEL* (2006), S. 435 ff.

Nettovermögens im Rahmen der Substanzwertermittlung nicht frei von subjektiven Einflüssen sind und somit auch der derivative Goodwill einen subjektiv geprägten Wert darstellt. Für den Fall des Unternehmenskaufs kann somit festgestellt werden, dass neben dem derivativen Geschäfts- oder Firmenwert gewöhnlich auch ein originärer Geschäfts- oder Firmenwert generiert wird, welcher sich aus der Differenz zwischen dem Entscheidungswert und dem Kaufpreis ergibt. Entsprechende Situation aus Sicht eines Käufers zeigt *Abbildung 1*.

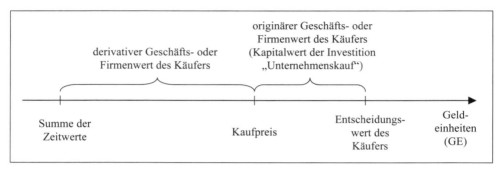

Abbildung 1:   *Bilanzielle Goodwill-Ausprägungen beim Unternehmenskauf*

Als Zwischenfazit ist zu konstatieren, dass der Goodwill – sei er ein originärer oder ein derivativer – ein Konglomerat von vielen schwer oder nicht identifizier- und konkretisierbaren Sachverhalten ist. Er kann deshalb nicht in einzelne Komponenten zerlegt und dann bewertet werden. Die mangelnde Identifizier-, Konkretisier- und Bewertbarkeit der einzelnen Komponenten führt zwar dazu, dass diese im Jahresabschluss nicht einzeln angesetzt werden können. Somit ist auch die Neubewertung eines von Vermögenswerten und Schulden isolierten Goodwill unmöglich. Ein Goodwill kann schließlich nur in Verbindung mit dem jeweiligen Unternehmen oder Unternehmensteil einer Bewertung zugänglich gemacht werden.

2.2 Allgemeine Regelungen zur Bilanzierung von Geschäfts- oder Firmenwerten nach IFRS

Auch gemäß IAS 38.48 (rev. 2004) darf ein *selbst geschaffener (originärer) Geschäfts- oder Firmenwert* nicht aktiviert werden. Ein solcher stellt gemäß IAS 38.49 (rev. 2004) explizit keinen Vermögenswert dar, weil dieser weder separierbar noch aus gesetzlichen oder vertraglichen Rechten entstanden ist. Nach Ansicht des IASB handelt es sich deshalb nicht um eine durch das Unternehmen kontrollierte identifizierbare Ressource, deren Herstellungskosten verlässlich bestimmbar sind. Um darüber hinaus eine Aktivierung eines selbst geschaffenen Geschäfts- oder Firmenwertes im Rahmen von Folgebewertungen zu vermeiden, dürfen gemäß IAS 36.124 f. (rev. 2004) Werterhöhungen, die bei Werthaltigkeitstests für einen bilanzierten Geschäfts- oder Firmenwert festgestellt wurden, bilanziell nicht erfasst werden. Es wird in diesem Fall in IAS 36.125 (rev. 2004) zutreffend unterstellt, dass es sich eher um einen selbst geschaffenen Geschäfts- oder Firmenwert als um eine Wertaufholung des erworbenen Geschäfts- oder Firmenwertes handelt. Dass ein selbst geschaffener Geschäfts- oder Firmenwert dennoch *de facto* aktiviert werden kann, wird nachfolgend noch zu zeigen sein.

Ergibt sich im Falle eines Unternehmenserwerbs ein Überschuss der Anschaffungskosten über den Anteil des Erwerbers an den beizulegenden Nettozeitwerten der identifizierbaren Vermögenswerte, Schulden und Eventualschulden des erworbenen Unternehmens, so liegt gemäß IFRS ein *entgeltlich erworbener (derivativer) Geschäfts- oder Firmenwert* vor. Gemäß IFRS 3.52 wird dieser als eine Zahlung definiert, die ein Erwerber in Erwartung eines künftigen wirtschaftlichen Nutzens für Vermögenswerte geleistet hat, welche nicht einzeln identifizierbar und/oder separat ansetzbar sind. Entsprechend muss ein derivativer Goodwill – im Unterschied zum originären Goodwill – nach IFRS 3.51 als Vermögenswert angesetzt (und somit aktiviert) werden. Es wird explizit unterstellt, dass der derivative Geschäfts- oder Firmenwert der Definition eines Vermögenswertes gemäß IAS 38.8 (rev. 2004) entspricht, dieser also die allgemeinen[20] sowie die erweiterten postenspezifischen Kriterien immaterieller Vermögenswerte[21] erfüllt. Eine Verrechnung mit den Rücklagen ist – im Unterschied zum HGB – nicht möglich.

Dass der Anteil des Erwerbers an den beizulegenden Nettozeitwerten der identifizierbaren Vermögenswerte, Schulden und Eventualschulden des erworbenen Unternehmens hingegen die Anschaffungskosten eines Unternehmenserwerbs übersteigt, kann nach IFRS 3.57 nur auf den folgenden Gründen basieren:

➢ Fehler bei der Bestimmung der beizulegenden Zeitwerte der Anschaffungskosten des Unternehmenserwerbs oder der beizulegenden Zeitwerte der identifizierbaren Vermögenswerte, Schulden und Eventualschulden des erworbenen Unternehmens,[22]

➢ die Regelung eines Rechnungslegungsstandards, identifizierbare Netto-Vermögenswerte nicht mit dem beizulegenden Zeitwert, sondern mit einem anderen Wert anzusetzen,[23] oder

➢ ein günstiger Unternehmenserwerb.[24]

Übersteigen also die anteiligen Nettozeitwerte die Anschaffungskosten des Unternehmenserwerbs, dann liegt ein negativer (derivativer) Geschäfts- oder Firmenwert vor, wobei die Bezeichnung „*Badwill*" vom „Standardsetter" vermieden wird. Ergibt sich ein solcher (negativer) Betrag, ist dieser – nach erneuter Beurteilung des Sachverhaltes durch das bilanzierende Unternehmen – gemäß IFRS 3.56 sofort erfolgswirksam als Ertrag zu erfassen.

---

[20] Zu den allgemeinen Ansatzkriterien gehören ein wahrscheinlich damit erzielbarer künftiger wirtschaftlicher Nutzen [R.85 i. V. m. R.89 und IAS 38.17 (rev. 2004)] und eine mögliche verlässliche Bewertbarkeit (R.86 i. V. m. R.89) des Sachverhaltes, der die Definition des Vermögenswertes erfüllt.

[21] Hierzu zählen die Identifizierbarkeit [IAS 38.11 (rev. 2004)] und die mögliche Beherrschung [IAS 38.13 (rev. 2004)].

[22] Als möglicher Grund für solche Fehler werden beim Unternehmenserwerb anfallende Kosten genannt, die in den jeweiligen beizulegenden Zeitwerten nicht widergespiegelt waren [IFRS 3.57(a)].

[23] Als Beispiel wird in IFRS 3.57(b) explizit dargestellt, dass der den Steueransprüchen und -schulden zugeordnete Betrag nicht abzuzinsen ist.

[24] Hier [IFRS 3.57(c)] wird vom „Bargain Purchase" gesprochen. In der Literatur findet auch die Bezeichnung „Lucky Buy", also „glücklicher Kauf", Anwendung.

2.3 Konkrete Regelungen für derivative Geschäfts- oder Firmenwerte nach IFRS

2.3.1 Ermittlung des Goodwill

Die nachfolgenden Ausführungen konzentrieren sich auf den derivativen Geschäfts- oder Firmenwert. Es stellt sich die Frage: Wie ergibt sich ein Geschäfts- oder Firmenwert nunmehr konkret nach IFRS bei der *Kapitalkonsolidierung im Sinne der Erwerbsmethode*? Die Ermittlung des Goodwill erfolgt – im Rahmen dieser Konsolidierungsmethode – gemäß IFRS 3.14 und IFRS 3.16 in drei Schritten:

➢ die Bestimmung des Erwerbers,[25]

➢ die Kaufpreisermittlung[26] und schließlich

➢ die (nachfolgend näher betrachtete) Kaufpreisallokation.

Die bereits benannte Regelung des IFRS 3.51 liefert auch die als *Kaufpreisallokation*[27] bezeichnete Ermittlungsmethode des derivativen Geschäfts- oder Firmenwertes bei der Zugangs- oder Erstbewertung. Nach IFRS ergibt sich ein Geschäfts- oder Firmenwert als Differenz zwischen den Anschaffungskosten eines Unternehmens (ermittelter Kaufpreis) sowie dem Anteil des Erwerbers an den beizulegenden Nettozeitwerten der identifizierbaren Vermögenswerte, Schulden und Eventualschulden des erworbenen Unternehmens. Der Erstansatz erfolgt zum so ermittelten Unterschiedsbetrag. Im Rahmen der Kaufpreisallokation muss also die Bilanz des erworbenen Unternehmens „überarbeitet" werden. Das heißt, es erfolgen der Ansatz der identifizierbaren Vermögenswerte, Schulden und Eventualverbindlichkeiten sowie deren Bewertung zum im Erwerbszeitpunkt beizulegenden Zeitwert. Als *Ansatzkriterien* gelten hierbei gemäß IFRS 3.36 für[28]

➢ materielle Vermögenswerte und für Schulden:

  ➢ ein wahrscheinlicher künftiger Zu- oder Abfluss von nutzenstiftenden Ressourcen und

  ➢ eine verlässliche Bestimmbarkeit des beizulegenden Zeitwertes sowie für

➢ immaterielle Vermögenswerte und Eventualschulden:

  ➢ die verlässliche Bestimmbarkeit des beizulegenden Zeitwertes.

Diese Ansatzkriterien hinsichtlich der Identifizierbarkeit führen zu einer Ausweitung der ansetzbaren Vermögenswerte, was einerseits zu einer Verminderung des auszuweisenden Geschäfts- oder Firmenwertes (zum Beispiel durch weitgehende Separierung immaterieller Vermögenswerte) führen soll und andererseits eine Zwei-Klassen-Bilanzierung aufgrund restriktiverer Ansatzkriterien außerhalb der Kapitalkonsolidierung nach sich zieht.

---

[25] Vgl. hierzu LÜDENBACH (2006), S. 1407 ff.
[26] Vgl. hierzu LÜDENBACH (2006), S. 1422 ff.
[27] Vgl. grundsätzlich HEIDEMANN (2005) und LÜDENBACH (2006), S. 1434 ff.
[28] Vgl. zum Beispiel DOBLER (2005), S. 25.

2.3.2 Verteilung des Goodwill

Mit den aus der ersten Phase des „Business Combinations Project" resultierenden Neuregelungen ist ein Paradigmenwechsel von der planmäßigen Abschreibung über eine vermeintliche Nutzungsdauer dahingehend zu verzeichnen, dass Abschreibungen nunmehr ausschließlich auf Basis eines mindestens jährlich durchzuführenden Werthaltigkeitstests vorzunehmen sind.[29] Bisher musste ein positiver Geschäfts- oder Firmenwert gemäß einem *ex ante* aufgestellten (Abschreibungs-)Plan – also planmäßig – in den auf den Unternehmenserwerb folgenden Berichtsjahren um Abschreibungen vermindert werden. Ein zusätzlicher Wertminderungstest, der einen eventuell erforderlichen Abschreibungsbedarf ermitteln sollte, war lediglich durchzuführen, wenn Wertminderungsindikatoren vorlagen. Der Wertminderungstest war somit „rein indikatorgesteuert".[30]

Nunmehr ist der positive Geschäfts- oder Firmenwert – wie andere Vermögenswerte, deren *Nutzungsdauer unbestimmt* (IFRS 3.BC101) ist – nicht mehr planmäßig abzuschreiben. Vielmehr erfolgt gemäß den neuen Regelungen ein „planmäßiger" Werthaltigkeitstest, der einen eventuellen Abschreibungsbedarf identifizieren soll, im Sinne einer turnusmäßigen (mindestens jährlichen) Überprüfung. Abschreibungen sind nur noch (und dies verpflichtend) auf Basis dieses im IAS 36 (rev. 2004) kodifizierten Werthaltigkeitstests vorzunehmen. Der sich zum Erwerbszeitpunkt für den Geschäfts- oder Firmenwert ergebende Buchwert muss somit solange weitergeführt werden, bis ein Abschreibungsbedarf ermittelt wird. Resultiert aus dem Test eine vermeintliche Erhöhung des Geschäfts- oder Firmenwertes, darf hingegen keine Zuschreibung vorgenommen werden.[31] Im Rahmen eines Werthaltigkeitstests ist – wie es die Bezeichnung vermuten lässt – die Werthaltigkeit des bilanzierten Geschäfts- oder Firmenwertes zu überprüfen. Somit ist der Geschäfts- oder Firmenwert zu bewerten. Da der Wert eines Geschäfts- oder Firmenwertes – wie bereits dargestellt – aufgrund seiner Eigenart nicht losgelöst von der dazugehörigen Unternehmenseinheit bestimmt werden kann, ist der Werthaltigkeitstest in Verbindung mit den entsprechenden Vermögenswerten und Schulden durchzuführen. Hierzu greift das IASB auf das Konstrukt der so genannten *zahlungsmittelgenerierenden Einheit* (ZGE)[32] zurück. Die Vermögenswerte und Schulden des in Rede stehenden Unternehmens, welches erworben wurde und bei dessen Transaktion sich ein positiver derivativer Geschäfts- oder Firmenwert ergab, müssen vor diesem Hintergrund – spätestens zum Zeitpunkt der Durchführung des ersten Werthaltigkeitstest – (fiktiv) in ZGE aufgeteilt und/oder bestehenden ZGE zugeordnet werden.

Gemäß IAS 36.6 (rev. 2004) ist eine ZGE die kleinste identifizierbare Gruppe von Vermögenswerten (und dazugehörigen Verbindlichkeiten), die Mittelzuflüsse generiert, die weitestgehend unabhängig von den Mittelzuflüssen anderer Vermögenswerte und anderer Gruppen von Vermögenswerten sind. Im Hinblick auf die ZGE-Bildung sind in Anbetracht dieser unscharfen Abgrenzung große Ermessensspielräume zu konstatieren.[33] Die Aufteilung in bzw. die Zuteilung des in Rede stehenden Unternehmens zu ZGE soll *in concreto* nach dem „Management Approach" erfolgen und sich somit nach der internen Steuerung des Erwerbers

---

[29] Die Bezeichnung „außerplanmäßige Abschreibung" sollte in diesem Zusammenhang vermieden werden, denn dass eine Abschreibung „außerhalb des Plans" erfolgt, setzt voraus, dass ein Abschreibungsplan existiert und Abschreibungen somit auch „planmäßig" erfolgen können. Siehe auch RICHTER (2004), S. 2.
[30] WIRTH (2005), S. 20, Fn. 81.
[31] Siehe IAS 36.124 f. (rev. 2004).
[32] Diese werden nach IFRS als „Cash-generating Units" (CGU) bezeichnet.
[33] Vgl. auch DOBLER (2005), S. 26.

richten. „Die Ausrichtung an der internen Steuerung soll es dem Bilanzierenden erlauben, überwiegend auf bestehende Berichtssysteme zurückzugreifen."[34] Die *Untergrenze* der ZGE bildet jene Unternehmensebene, auf welcher der Geschäfts- oder Firmenwert für Managementzwecke überwacht wird (zum Beispiel im Rahmen des Berichtssystems), als *Obergrenze* sollen grundsätzlich die primären oder sekundären Segmente gemäß Segmentberichterstattung nach IAS 14 berücksichtigt werden [IAS 36.80 (rev. 2004)].[35]

Anschließend muss der Goodwill den ZGE zugeordnet werden.[36] Auch hier bestehen wieder große bilanzpolitische Spielräume, denn die Zurechnung soll gemäß dem *Kriterium der voraussichtlichen Nutzenstiftung* erfolgen.[37] Dabei ist zu berücksichtigen, dass – im Hinblick auf die vom erwerbenden Unternehmen nach der Transaktion geplante Berichtsstruktur – auch eine Zuordnung von Vermögenswerten und Schulden sowie schließlich des Anteils des derivativen Geschäfts- oder Firmenwertes des erworbenen Unternehmens auf bestehende ZGE möglich ist, für die bereits ein originärer Geschäfts- oder Firmenwert aufgebaut wurde und/ oder für die bereits ein weiterer derivativer Geschäfts- oder Firmenwert aus anderen Transaktionen zu Buche steht. Der Wertminderungstest wird in den Folgejahren auf Ebene der ZGE durchgeführt. Jede ZGE, der ein derivativer Geschäfts- oder Firmenwert zugeordnet wurde, unterliegt somit (mindestens) jährlich dem Werthaltigkeitstest.

2.3.3 Bewertung des Goodwill
a) Grundstruktur des Werthaltigkeitstests
Die in *Abbildung 2* dargestellte Grundstruktur des Werthaltigkeitstests wurde mit dem IAS 36 (rev. 2004) im Vergleich zu den bisherigen Regelungen – IAS 36 (rev. 1998) – nicht verändert. Im Rahmen des Tests ist dem (aktuellen) Buchwert („Carrying Amount") der ZGE der so genannte erzielbare Betrag („Recoverable Amount") der ZGE gegenüberzustellen. Der *aktuelle Buchwert der ZGE* errechnet sich als Summe des bilanziellen Nettovermögens der ZGE und des der ZGE zugeordneten derivativen Geschäfts- oder Firmenwertes. Das bilanzielle Nettovermögen der ZGE ergibt sich gemäß IAS 36.76 ff. (rev. 2004) durch eine direkte oder eine auf einer „vernünftigen oder stetigen Basis" erfolgenden Zuordnung der die ZGE betreffenden Vermögenswerte und Schulden. Der *„erzielbare Betrag" der ZGE* ist schließlich der höhere Wert von „beizulegendem Zeitwert abzüglich der Veräußerungskosten" („Fair Value less Cost to Sell") und „Nutzungswert" („Value in Use").

---

[34] DOBLER (2005), S. 27.
[35] Vgl. zu den Kriterien der Bildung einer ZGE zum Beispiel BRÜCKS/KERKHOFF/RICHTER (2005), S. 1 f.
[36] Vgl. zu oben skizzierter ZGE-Bildung und zur Aufteilung des Goodwill auf die ZGE HOFFMANN (2006), S. 414 ff.
[37] Vgl. DOBLER (2005), S. 26 und POTTGIESSER/VELTE/WEBER (2005), S. 1750 f.

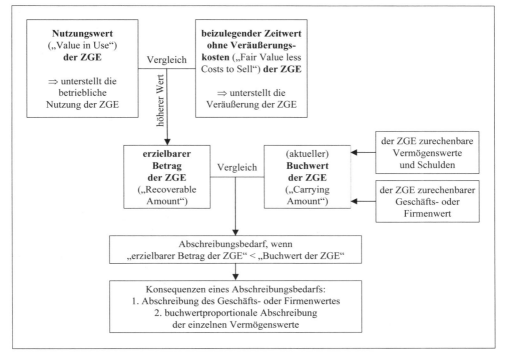

Abbildung 2:   *Grundstruktur des Werthaltigkeitstests*

Der *„beizulegende Zeitwert abzüglich der Veräußerungskosten"* soll den Wertansatz darstellen, der aus der (zeitnahen) Liquidation im Sinne einer Verwertung des in Rede stehenden Bewertungsobjekts am Markt resultiert und dabei dessen realisierbaren Nettoveräußerungserlös entspricht. Der *„Nutzungswert"* ergibt sich hingegen unter der Annahme einer weiteren betrieblichen Nutzung des Bewertungsobjekts im Sinne einer Leistungserstellung und wird durch Abzinsung der Zahlungsströme, die aus dem Bewertungsobjekt generiert werden können, auf den Bewertungszeitpunkt ermittelt.[38] Bei der Ermittlung des „erzielbaren Betrags" werden somit „sowohl eine veräußerungsorientierte als auch eine an der betrieblichen Weiternutzung orientierte Verwertungsstrategie"[39] im Hinblick auf das Bewertungsobjekt berücksichtigt. Hinsichtlich dieser Alternativen sind allerdings weder der Wille des Kaufmanns noch deren tatsächliche Umsetzung von Bedeutung.[40] Würde schließlich eine konkrete Veräußerungsabsicht bestehen, wäre „zu prüfen, ob die Kriterien für eine Umklassifizierung in Held for Sale [...] gemäß IFRS 5 erfüllt sind. Ist das der Fall, so unterliegt das Bewertungsobjekt nicht mehr dem Geltungsbereich von IAS 36 (rev. 2004) und ist nach IFRS 5 zu bilanzieren."[41]

---

[38] WIRTH (2005), S. 9, bezeichnet allein den „Nutzungswert" als „unternehmensindividuell", obwohl ein realisierbarer Veräußerungserlös gleichermaßen charakterisiert werden müsste, wenn es sich um ein sinnvolles Bewertungsergebnis handeln sollte.

[39] WIRTH (2005), S. 9.

[40] Vgl. KROLAK (2000), S. 150 und WIRTH (2005), S. 9.

[41] WIRTH (2005), S. 22.

Übersteigt der (aktuelle) Buchwert den „erzielbaren Betrag", besteht eine *Abschreibungspflicht* in Höhe der ermittelten Differenz, welche erfolgswirksam zu erfassen ist. Umgekehrt besteht jedoch gemäß IAS 36.124 (rev. 2004) ein *Zuschreibungsverbot*, wenn der „erzielbare Betrag" den (aktuellen) Buchwert übersteigt. Liegt nunmehr ein konkreter Wertminderungsbedarf vor, ist dieser im Jahresabschluss zu erfassen. In einem ersten Schritt ist der bisherige Buchwert des Geschäfts- oder Firmenwertes, welcher der ZGE zugeordnet ist, um diesen Betrag zu vermindern. Sollte die Höhe des Buchwertes des Geschäfts- oder Firmenwertes der ZGE nicht ausreichen, um den Wertminderungsbedarf zu kompensieren, sind die der ZGE zugeordneten Vermögenswerte buchwertproportional um den Restbetrag zu reduzieren.[42] Zudem ist im Falle der Wertminderung innerhalb des Jahresabschlusses zu berichten, ob als „erzielbarer Betrag" der „beizulegende Zeitwert abzüglich der Veräußerungskosten" oder der „Nutzungswert" herangezogen wurde.[43]

Da der „erzielbare Betrag" dem höheren Wert aus „beizulegendem Zeitwert abzüglich der Veräußerungskosten" und „Nutzungswert" entspricht, ergibt sich kein Abschreibungsbedarf, wenn bereits einer der beiden für den „erzielbaren Betrag" zu ermittelnden Werte den (aktuellen) Buchwert übersteigt. Die Ermittlung beider Werte ist somit im Rahmen des Werthaltigkeitstests nicht zwingend erforderlich[44] und auch nicht immer möglich. Sollte so der „beizulegende Zeitwert abzüglich der Veräußerungskosten" nicht verlässlich bestimmbar sein, gilt der „Nutzungswert" als „erzielbarer Betrag".[45] Ebenso kann der „beizulegende Zeitwert abzüglich der Veräußerungskosten" als „erzielbarer Betrag" herangezogen werden, wenn anzunehmen ist, dass der „Nutzungswert" einer ZGE den „beizulegenden Zeitwert abzüglich der Veräußerungskosten" nicht *wesentlich* übersteigt.[46] Die hier geforderte „Wesentlichkeit" wird jedoch im Standard ebenfalls nicht weiter konkretisiert.

Im Hinblick auf den *„erzielbaren Betrag"* ist kritisch anzumerken, dass das IASB – mit dem „beizulegendem Zeitwert abzüglich der Veräußerungskosten" und dem „Nutzungswert" – die verkaufsorientierte und die an der betrieblichen Weiternutzung orientierte Verwertungsstrategie als gleichberechtigte Alternativen betrachtet. „Die Definition des erzielbaren Betrags basiert auf der Fiktion, dass das Management bei einer eingetretenen Wertminderung prüft, ob das Bewertungsobjekt trotz Wertminderung unverändert weiter betrieblich genutzt werden soll oder ob ein Verkauf der Aktivität nicht die günstigere Alternative wäre. […] Kann ein Unternehmen aus der Nutzung eines Bewertungsobjekts höhere Zahlungsmittelüberschüsse erwirtschaften als durch Verkauf, so würde eine rein veräußerungsorientierte Sicht des erzielbaren Betrags zu falschen Ergebnissen führen. Ein rational handelndes Unternehmen würde in einem solchen Sachverhalt das Bewertungsobjekt nicht veräußern."[47] Diese Differenzierung in einen Wert, der mit der Weiternutzung generiert wird, und in einen Wert, der aus der unterstellten Veräußerung resultiert, basiert auf einem in der Literatur[48] zur Unternehmensbewertung vereinzelt auftretenden Missverständnis. So wird gelegentlich die Meinung vertreten, dass eine auf Zahlungsströmen basierende Bewertung die Unternehmensfortführung vor-

---

[42] Zu Einschränkungen vgl. DOBLER (2005), S. 27 f.
[43] Vgl. IAS 36.130(e) (rev. 2004).
[44] Vgl. IAS 36.19 (rev. 2004) und WIRTH (2005), S. 9 und S. 23.
[45] Vgl. IAS 36.20 (rev. 2004).
[46] Vgl. IAS 36.21 (rev. 2004).
[47] WIRTH (2005), S. 22.
[48] Siehe nachfolgend MATSCHKE/BRÖSEL (2006), S. 260 f. Dort finden sich auch die Nennungen ausgewählter Autoren, die diesem Missverständnis unterliegen.

aussetzt und beispielsweise das Zukunftserfolgswertverfahren die Substanz nicht berücksichtigt. Diese Autoren unterliegen jedoch einem Irrtum, denn bei „dem auf Zerschlagungsplanungen basierenden Liquidationswert [...] handelt es sich [..] ebenfalls um einen Zukunftserfolgswert"[49], weil bei diesem auch jene Zahlungsströme, die aus der Veräußerung von nicht betriebsnotwendigem Vermögen resultieren, bei der Diskontierung zu berücksichtigen sind und die teilweise oder vollständige Zerschlagung eines (akquirierten) Unternehmens lediglich eine spezielle Form der zukünftigen Verwendung durch das Bewertungssubjekt darstellt. Fraglich ist, ob die „Standardsetter" auch diesem Missverständnis unterliegen oder ob diese hinsichtlich der bilanzierenden Unternehmen kaufmännisches Unvermögen unterstellen. Letzteres wird bereits durch das Außerachtlassen des „kaufmännischen Willens" bei der Bestimmung des „erzielbaren Betrags" unterstrichen.

b) Zeitpunkt des Werthaltigkeitstests
Der „Werthaltigkeitstest" ist gemäß IAS 36.10(b) (rev. 2004) für eine ZGE mit zugeordnetem Geschäfts- oder Firmenwert (mindestens einmal) jährlich durchzuführen. Der *Zeitpunkt* des regelmäßigen Tests ist in IAS 36.96 (rev. 2004) kodifiziert. Demnach muss dieser nicht zwingend zum Abschlussstichtag erfolgen, sondern das bilanzierende Unternehmen kann den Test jederzeit innerhalb eines Geschäftsjahres vollziehen. Die Werthaltigkeitstests verschiedener ZGE können so auf das gesamte Jahr verteilt werden. Es bleibt jedoch gemäß IAS 36.96 (rev. 2004) zu beachten, dass ein einmal gewählter Zeitpunkt den künftigen Jahreszyklus determiniert.[50] Das bedeutet, dass der Werthaltigkeitstest einer ZGE in jedem Jahr zum selben Zeitpunkt stattfinden muss. „In der Praxis wird sich das Jahresfenster an den Intervallen der internen Berichterstattung orientieren, da diese internen Prognosen und Planungen Datengrundlage für das Testverfahren sind."[51] Werden im Laufe eines Jahres Geschäfts- oder Firmenwerte einer ZGE oder mehreren ZGE zugeordnet, sind diese noch vor Ablauf der aktuellen Berichtsperiode einem Werthaltigkeitstest zu unterziehen. Auf die jährliche Ermittlung des „erzielbaren Betrags" der ZGE kann gemäß IAS 36.99 (rev. 2004) aus *Wesentlichkeitsaspekten* verzichtet werden.[52] Dabei muss beim aktuellen Werthaltigkeitstest auf den „erzielbaren Betrag" der ZGE zurückgegriffen werden, welcher der jüngsten ausführlichen Berechnung einer Vorperiode entstammt. Unabhängig von der regelmäßigen Überprüfung muss gemäß IAS 36.9 (rev. 2004) am Abschlussstichtag zusätzlich kontrolliert werden, ob ein Anhaltspunkt vorliegt, dass ein Geschäfts- oder Firmenwert in seinem Wert gemindert sein könnte.[53] Liegt ein solches Indiz vor, ist ein *außerplanmäßiger Wertminderungstest* durchzuführen. Hierzu liefert IAS 36.12 (rev. 2004) – im Sinne einer exemplarischen Positivliste – Indikatoren, von denen auf eine Wertminderung geschlossen werden kann. Hierbei wird in externe und interne Informationsquellen unterschieden.

---

[49] OLBRICH (1999), S. 18.
[50] Vgl. WIRTH (2005), S. 20.
[51] WIRTH (2005), S. 20.
[52] Siehe auch WIRTH (2005), S. 24. IAS 36.15 (rev. 2004) bezieht sich hingegen nicht auf den Werthaltigkeitstest von Geschäfts- oder Firmenwerten.
[53] WIRTH (2005), S. 20, schließt ohne konkreten Hinweis auf eine Regelung, dass die Überprüfung auf eine entsprechende Wertminderung – alternativ zum Abschlussstichtag – „auch permanent unterjährig durchgeführt werden" kann.

c) Ermittlung des „Nutzungswertes"
Gemäß IAS 36.6 (rev. 2004) ist der *„Nutzungswert"* („Value in Use") grundsätzlich jener Betrag, der sich als Barwert der künftigen Cashflows ergibt, welche voraussichtlich mit der ZGE generiert werden können. Die Ermittlung des „Nutzungswertes" umfasst nach IAS 36.31 (rev. 2004) einerseits die Schätzung der aus der fortgesetzten Nutzung der ZGE (und ihrer eventuellen letztendlichen Veräußerung) resultierenden zukünftigen Ein- und Auszahlungen sowie andererseits die Berücksichtigung eines angemessenen Abzinsungssatzes, um diese Zahlungsströme in einen Barwert zu überführen. Das Verfahren zur Ermittlung des „Nutzungswertes" beruht insofern (ebenso wie das im Rahmen der Unternehmensbewertung zur Entscheidungswertermittlung dienliche investitionstheoretische Partialmodell „Zukunftserfolgswertverfahren" und die zur Ermittlung von Argumentationswerten durchaus tauglichen Varianten des DCF-Verfahrens)[54] auf dem *Gegenwartswert- oder Barwertkalkül*, weil erwartete zukünftige Überschüsse (die unter Berücksichtigung eines Detailplanungshorizonts von maximal fünf Jahren zu ermitteln sind)[55] auf den Bewertungszeitpunkt abzuzinsen sind. Bei der Berechnung des „Nutzungswertes" müssen sich nach IAS 36.30 (rev. 2004) folgende Elemente widerspiegeln, wobei es nach IAS 36.32 (rev. 2004) dem Bilanzierenden überlassen ist, die drei letztgenannten Elemente durch Korrekturen des Zählers (Anpassung in der Zahlungsreihe) oder des Nenners (Anpassung der Abzinsungssätze) in der Barwertformel zu berücksichtigen:[56]

> die künftigen Zuflüsse, die der Konzern aus der ZGE erwartet,

> die Erwartungen hinsichtlich der Abweichungen in der Höhe und im zeitlichen Anfall der Einzahlungsüberschüsse,

> der Zeitwert des Geldes,

> die Prämie für die Übernahme des der ZGE inhärenten Risikos sowie

> sonstige Faktoren wie etwa Illiquidität, die andere Marktteilnehmer in ihrer Prognose zukünftiger Zuflüsse berücksichtigen würden.

Hinsichtlich der Einzahlungsüberschüsse, welche mit der ZGE in der Zukunft generiert werden können, soll auf Schätzungen zurückgegriffen werden, die gemäß IAS 36.33 (rev. 2004) auf „vernünftigen und vertretbaren Annahmen aufbauen" sowie auf den „jüngsten vom Management genehmigten oder beschlossenen Planungen"[57] basieren. Dabei sollen zum Beispiel gemäß IAS 36.50 (rev. 2004) Mittelzu- und -abflüsse aus Finanzierungstätigkeiten sowie gemäß IAS 36.44 (rev. 2004) Erweiterungsinvestitionen unberücksichtigt bleiben. Zudem wird in den Regelungen, die viele Interpretationsspielräume offenbaren,[58] beispielsweise „festgelegt, dass zukünftige Cash-inflows und Cash-outflows aufgrund erwarteter Restrukturierungen, die noch nicht endgültig beschlossen sind, keine Berücksichtigung finden dürfen."[59]

---

[54] Vgl. hierzu MATSCHKE/BRÖSEL (2006).

[55] BAUSCH/FRITZ (2005), S. 305, führen weiter aus: „Die Berechnung des Restwertes hat im Regelfall entweder von einer konstanten ewigen Rente oder von abnehmenden Wachstumsraten auszugehen, nur in begründeten Ausnahmefällen dürfen ansteigende Wachstumsraten unterstellt werden (vgl. IAS 36.33). Eine Orientierung an branchenspezifischen Mustern des Produkt- und Branchenlebenszyklus wird explizit gefordert (vgl. IAS 36.36 f.)."

[56] Zu diesen Elementen sowie zur kritischen Würdigung der vorgeschlagenen (und hier nicht weiter erläuterten) Verfahren der Risikoberücksichtigung im Rahmen des „Impairment Test" vgl. MANDL (2005).

[57] BRÜCKS/KERKHOFF/RICHTER (2005), S. 4.

[58] Vgl. zum Beispiel BRÜCKS/KERKHOFF/RICHTER (2005), S. 4 ff.

[59] BAUSCH/FRITZ (2005), S. 305.

"Damit wird [insgesamt] auf eine Cashflow-Größe abgestellt, in der Zahlungsströme an bzw. von Eigen- und Fremdkapitalgeber(n) noch unberücksichtigt sind. Der so geschätzte Cashflow entspricht von daher jenem Cashflow, der unter der Annahme vollständiger Eigenfinanzierung erwirtschaftet werden würde. Insoweit besteht daher Übereinstimmung mit dem Konzept des Free Cash Flow (FCF). Anders als bei der Ermittlung von FCF darf jedoch nach IAS 36 die Ertragsteuerbelastung des Unternehmens nicht in die Cashflow-Ermittlung einbezogen werden."[60]

Um dem Ermessen des bilanzierenden Unternehmens Einhalt zu gebieten, „haben sich die ‚Standardsetter' gedacht", dem eher subjektiven Zähler der Barwertformel einen „objektivierten" Nenner gegenüberzustellen. Ein im Rahmen der Diskontierung zu verwendender Zinssatz gilt deshalb als angemessen, wenn er gemäß IAS 36.56 (rev. 2004) die marktgerechte und risikoadäquate Renditeforderung der Eigenkapitalgeber darstellt und verschuldungsgradunabhängig bestimmt wird. Dieser Zinssatz ist – um der Objektivierung zu genügen – „über den Markt zu ermitteln". Falls ein Zinssatz „nicht über den Markt erhältlich" ist, muss der Zinssatz geschätzt werden, wobei explizit das kapitalmarkttheoretische Verfahren „Capital Asset Pricing Model" (CAPM) genannt wird.

d) Ermittlung des „beizulegenden Zeitwertes abzüglich der Veräußerungskosten"

Als zweite Wertgröße zur Ermittlung des „erzielbaren Betrags" dient gemäß IAS 36.74 (rev. 2004) der „beizulegende Zeitwert abzüglich der Veräußerungskosten", der im Standard mit „Fair Value less Costs to Sell" bezeichnet wird. Im IAS 36.73 (rev. 1998) wurde im Rahmen des bereits dort geregelten „Impairment Test", der zur Ermittlung außerplanmäßiger Abschreibungen eingesetzt wurde, noch vom „Net Selling Price", also vom Nettoveräußerungspreis, gesprochen. Beim Übergang vom „Net Selling Price" zum „Fair Value less Costs to Sell" handelt es sich in erster Linie um eine terminologische Änderung, weil die Neuregelungen hinsichtlich der Ermittlungsschritte keine wesentlichen Änderungen aufweisen. Die neue Terminologie zielt auf die Vereinheitlichung der verwendeten Begrifflichkeiten, denn der „Fair Value" ist eine in verschiedenen Standards verwendete Bezeichnung[61] und die Bezeichnung „Fair Value less Costs to Sell" eine Größe, die sich im IFRS 5, in dem die Bilanzierung von zur Veräußerung gehaltenen Vermögenswerten und aufgegebenen Geschäftsbereichen kodifiziert ist, wiederfindet.

Gemäß IAS 36.6 (rev. 2004) ist der „*beizulegende Zeitwert abzüglich der Veräußerungskosten*" grundsätzlich jener Betrag, der durch den Verkauf einer ZGE in einer Transaktion zu Marktbedingungen nach Abzug der Veräußerungskosten zwischen sachverständigen und vertragswilligen Parteien erzielt werden könnte. Zur Ermittlung dieser Wertgröße werden im IAS 36 (rev. 2004) unterschiedliche *Verfahren* in Form einer *Prioritätenliste* bzw. Stufenkonzeption[62] präsentiert, welche in *Abbildung 3* veranschaulicht wird. Die bei der Approximation des in Rede stehenden Vergleichswertes zu berücksichtigenden *Veräußerungskosten* werden in IAS 36.6 (rev. 2004) definiert. Hierbei handelt es sich dementsprechend um die zusätzlichen Kosten, die – mit Ausnahme der Finanzierungskosten und des Steueraufwands – dem Verkauf einer ZGE direkt zugeordnet werden können. Beispielhaft werden im IAS 36.28 (rev. 2004) Gerichts- und Anwaltskosten, Transaktionssteuern und Aufwendungen genannt, welche dazu erforderlich sind, die ZGE in einen verkaufsbereiten Zustand zu versetzen. Nicht

---

[60] MANDL (2005), S. 142. Zur Kritik am FCF vgl. MATSCHKE/BRÖSEL (2006), S. 565 ff.
[61] Vgl. hierzu ausführlich OLBRICH/BRÖSEL (2006).
[62] Vgl. KROLAK (2000), S. 152 f. und WIRTH (2005), S. 25–29.

zu diesen Kosten zählen explizit jene Kosten, die beim veräußernden Unternehmen als Schulden angesetzt werden, sowie beispielsweise Leistungen, die aus der veräußerungsbedingten Beendigung von Arbeitsverhältnissen resultieren.

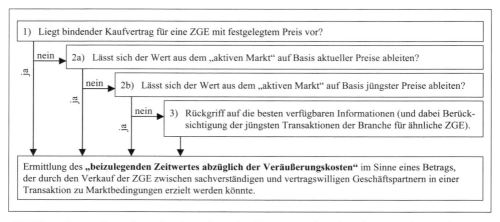

Abbildung 3: Ermittlung des „beizulegenden Zeitwertes abzüglich der Veräußerungskosten"

Als „bestmögliches" Ermittlungsverfahren im Rahmen der Stufenkonzeption zur Ermittlung des „beizulegenden Zeitwertes abzüglich der Veräußerungskosten" gilt gemäß IFRS – unter Berücksichtigung der direkt zurechenbaren Veräußerungskosten – der Rückgriff auf jenen Preis, der in einem *bindenden Kaufvertrag* zwischen unabhängigen Geschäftspartnern bereits festgelegt wurde. Liegt ein solcher Vertrag für eine in Rede stehende ZGE vor, wäre jedoch vorab zu prüfen, ob diesbezüglich die Kriterien für eine Umklassifizierung der ZGE in die Kategorie „Zur Veräußerung gehalten" („Held for Sale") erfüllt sind (was gewöhnlich der Fall sein sollte). Gemäß IFRS 5 sind ZGE dieser Kategorie zuzuordnen, wenn die künftigen Zuflüsse gemäß IFRS 5.6 nicht aus der fortgesetzten Nutzung, sondern aus der Veräußerung der ZGE resultieren. Dies ist der Fall, wenn die ZGE:

> im gegenwärtigen Zustand zu üblichen und gängigen Bedingungen sofort veräußerbar ist (IFRS 5.7),

> diese Veräußerung (im Sinne eines Kaufs oder Tausches) höchstwahrscheinlich ist (IFRS 5.7)[63] und zudem

> innerhalb eines Ein-Jahres-Zeitraums (IFRS 5.8)[64] erfolgt.

---

[63] Eine Veräußerung gilt dann nach IFRS 5.8 als höchstwahrscheinlich, wenn einerseits durch die zuständige Führungsebene ein Verkauf oder ein Verkaufsplan beschlossen wurde und andererseits aktiv die Suche nach einem Verkäufer begonnen hat – was anzunehmen ist, wenn ein bindender Kaufvertrag vorliegt.

[64] „Erstreckt sich die Veräußerung über einen längeren Zeitraum, bleibt es bei der Klassifizierung der Vermögenswerte als Held for Sale, wenn das Überschreiten der Jahresfrist außerhalb des Einflussbereiches des Managements liegt", so WIRTH (2005), S. 333. Siehe hierzu IFRS 5.9 i. V. m. IFRS 5.11 und IFRS 5.B.

In einem solchen Fall ist das Bewertungsobjekt nicht mehr Gegenstand des Werthaltigkeitstests nach IAS 36 (rev. 2004), sondern unterliegt den Regelungen nach IFRS 5. Gemäß diesem Standard sind die „zur Veräußerung gehaltenen" Vermögenswerte und Schulden der ZGE gesondert auszuweisen sowie mit dem niedrigeren Wert aus Buchwert und „beizulegendem Wert abzüglich der Veräußerungskosten" anzusetzen.[65]

Liegt kein bindender Kaufvertrag vor, ist gemäß IAS 36.26 (rev. 2004) auf die *„zweitbeste" Möglichkeit* zur Ermittlung des „beizulegenden Zeitwertes abzüglich der Veräußerungskosten" und somit auf die Informationen eines aktiven Marktes zurückzugreifen, soweit die ZGE auf einem solchen gehandelt wird. Ein *aktiver Markt* liegt gemäß IAS 36.6 (rev. 2004) vor, wenn folgende Kriterien kumulativ erfüllt sind:

➢ Auf dem Markt werden homogene Produkte gehandelt.

➢ Es können jederzeit vertragswillige Verkäufer und Käufer gefunden werden.

➢ Die relevanten Preise stehen der Öffentlichkeit zur Verfügung.

Als zur Schätzung des „beizulegenden Zeitwertes" *geeignete Preise* gemäß dem Standard gelten auf einem solchen Markt der aktuelle Angebotspreis oder – wenn dieser nicht vorliegt – der Preis der jüngsten Transaktion, soweit zwischen dieser und dem Zeitpunkt, zu dem die Werthaltigkeitsüberprüfung durchgeführt wird, keine signifikanten Änderungen der wirtschaftlichen Verhältnisse zu verzeichnen sind. Von den gegebenenfalls ermittelbaren Marktpreisen sind die Veräußerungskosten abzuziehen.

Kann der „beizulegende Zeitwert abzüglich der Veräußerungskosten" weder aus einem bindenden Kaufvertrag noch aus den Preisen des aktiven Marktes abgeleitet werden, muss dessen Schätzung alternativ – im Sinne eines *drittbesten Ermittlungsverfahrens* – *auf Basis der besten verfügbaren Informationen* erfolgen. Das bilanzierende Unternehmen soll so gemäß IAS 36.27 (rev. 2004) jenen Betrag ermitteln, den es am Bilanzstichtag – unter Berücksichtigung der unter diesen Umständen anfallenden Kosten – im Falle der Veräußerung der ZGE an einen (fiktiven) sachverständigen, vertragswilligen und unabhängigen Geschäftspartner erzielen könnte. Die unscharfe Formulierung „beste verfügbare Informationen" wird insofern durch das IASB konkretisiert, dass explizit auf die Notwendigkeit hingewiesen wird, hierbei die Transaktionen der jüngsten Vergangenheit für ähnliche ZGE der entsprechenden Branche zu berücksichtigen.[66] Inwieweit eine „Berücksichtigung" dieser Transaktionen jedoch Einfluss auf den im Rahmen der Ermittlung des „erzielbaren Betrags" gesuchten Vergleichswert „beizulegende Zeitwert abzüglich der Veräußerungskosten" hat, bleibt in Anbetracht der im Standard vorzufindenden Ausführungen unklar. Wie eine Ermittlung des gesuchten Wertes auf Basis der besten verfügbaren Informationen konkret erfolgen soll, bleibt also offen, zumal in IAS 36.BC58 (rev. 2004) explizit (und wiederum unscharf) ausgeführt wird, dass die Nutzung anderer Bewertungstechniken zur Ermittlung des „beizulegenden Zeitwert abzüglich der Veräußerungskosten" nicht ausgeschlossen ist.

---

[65] Siehe hierzu WIRTH (2005), S. 25 und S. 333 ff.
[66] Sofern das bilanzierende Unternehmen nicht zum sofortigen Verkauf gezwungen ist, dürfen dabei keine Zwangsverkäufe als „Vergleichstransaktionen" zugrunde gelegt werden.

Hierzu werden unterschiedliche Meinungen vertreten. Während WIRTH für die Anwendung von „zahlungsstromorientierten Prognoseverfahren"[67] plädiert,[68] lehnen ADLER/DÜRING/SCHMALTZ diese Verfahren mit Hinweis auf die Konzeption des Werthaltigkeitstests ab, weil der „erzielbare Betrag" sich ohnehin als höherer Wert von „beizulegendem Zeitwert abzüglich der Veräußerungskosten" und „dem Nutzungswert [...] als unternehmensbezogenem Zukunftserfolgswert"[69] ergibt. Einige Autoren schließen – in Übereinstimmung mit der Meinung von WIRTH – darauf, dass das IASB hierbei „vor allem anerkannte Verfahren der Unternehmensbewertung und somit zu aller erst Discounted-Cash-flow-Verfahren"[70] für geeignet hält. Dass es „das geeignete Verfahren der Bewertung" nicht gibt und auch eine in der Praxis verbreitete Übung nicht zur betriebswirtschaftlichen Fundierung (also zur Zweckmäßigkeit) eines Verfahrens führt, ist somit vermutlich sowohl diesen Autoren als auch dem „Standardsetter" entgangen.[71]

3 Mögliche Auswirkungen der Regelungen auf das Management der Pre-M&A-Phase

Nachfolgend sollen nun die möglichen Auswirkungen dieser Regelungen auf das M&A-Management betrachtet werden. Die Kritik an den Regelungen erfolgt dabei nur aus der entsprechenden Perspektive. Hinsichtlich der kritischen Würdigung der Regelungen aus Sicht der Bilanzierungstheorie und -praxis sei auf die relevante Literatur verwiesen.[72] Im Hinblick auf das M&A-Management sei der *Pre-M&A-Phase* vornehmlich die Planung des Prozesses eines Kaufs bzw. Zusammenschlusses von Unternehmen oder Unternehmensteilen zugeordnet. Im Mittelpunkt steht – im Hinblick auf die in Rede stehende Thematik – die Analyse der bilanziellen Aspekte innerhalb der „Due Diligence".

Im Rahmen der Pre-M&A-Phase ist es hinsichtlich der Bilanzierung von Unternehmenszusammenschlüssen vor allen Dingen erforderlich, die Effekte aus Bilanzierung des Geschäfts- oder Firmenwertes kalkulier- und steuerbar zu machen. Hierzu bedarf es in Anbetracht der Neuregelungen einer expliziten (oder besser: intensiveren) Betrachtung dieses Aspekts im Rahmen der „Due Diligence".[73] „Da nach den neuen Regelungen ein Goodwill unabhängig von der konkreten Ausgestaltung der Transaktion entsteht und die Belastung durch Goodwill-Abschreibungen viel stärker situationsabhängig ist, sollte diesem Bereich größere Aufmerksamkeit geschenkt werden als bislang. Hierzu ist zum einen zu ermitteln, wie hoch der nach der Neubewertung des bilanziellen Vermögens und der [...] Identifikation und Aktivierung selbst erstellter immaterieller Vermögenswerte verbleibende [..] Goodwill ist. Zum anderen kann die potenzielle Höhe von Goodwill-Wertberichtigungen für verschiedene Szenarien be-

---

[67] WIRTH (2005), S. 26.
[68] Siehe WIRTH (2005), S. 26 ff.
[69] ADLER/DÜRING/SCHMALTZ (2003), Abschnitt 9, Rn. 123.
[70] BRÜCKS/KERKHOFF/RICHTER (2005), S. 4.
[71] Siehe hierzu ausführlich MATSCHKE/BRÖSEL (2006).
[72] Siehe beispielsweise SIEGEL (2002) und DOBLER (2005), S. 29.
[73] Vgl. KOCH/WEGMANN (2002), WAGNER/RUSS (2002), BERENS/BRAUNER/STRAUCH (2005). Synonyme für die „Due Diligence" stellen die Begriffe „Sorgfaltsprüfung" und „ganzheitliche Unternehmensanalyse" dar.

rechnet werden."[74] Nachfolgend wird beispielhaft auf mögliche Konsequenzen und Effekte der Zugangs- und der Folgebewertung hingewiesen.

Im Rahmen der nach IFRS anzuwendenden Erwerbsmethode sind der *Zugangsbewertung* eines derivativen Goodwill enge Grenzen gesetzt. Ein derivativer Goodwill ergibt sich durch Verrechnung des Kaufpreises mit dem anteiligen Eigenkapital, welches aus der Gegenüberstellung der übernommenen Vermögenswerte und (Eventual-)Schulden zu beizulegenden Zeitwerten resultiert. Möglichkeiten für unterschiedliche Wertansätze eines derivativen Goodwill ergeben sich bei der Erstbewertung unter anderem durch Interpretation der Regelungen zur Bemessung des Kaufpreises, der Ansatzkriterien für übernommene, aber bisher noch nicht bilanzierte Sachverhalte sowie der Bestimmung der Zeitwerte der Vermögenswerte, Schulden und gegebenenfalls Eventualschulden. Weitere bilanzpolitische Spielräume – die sich zumindest im Rahmen der Erstbewertung nicht auf die Höhe des ausgewiesenen Goodwill auswirken – ergeben sich zudem aus unterschiedlichen Möglichkeiten bezüglich einer erforderlichen Verteilung des Goodwill auf die Teileinheiten (im Sinne von ZGE) des Konzerns.

In diesem Zusammenhang ist insbesondere zu berücksichtigen, dass die Gefahr bzw. die Möglichkeit besteht, den derivativen und den originären Geschäfts- oder Firmenwert im Rahmen der *Folgebewertung* zu vermengen. Schließlich umfasst der „erzielbare Betrag" einer Unternehmenseinheit, der mit dem Buchwert der ZGE verglichen wird, auch den originären Geschäfts- oder Firmenwert der ZGE. „Ist der erzielbare Betrag hinreichend hoch, liegt selbst dann keine Wertminderung vor, wenn der aktivierte (derivative) *Goodwill* bereits aufgezehrt ist. Konsequenz ist dann der Ausweis von originärem *Goodwill* in der Bilanz, der betragsmäßig lediglich durch den bezahlten Betrag für den erworbenen *Goodwill* gedeckelt ist."[75] Dies soll nachfolgend an einem Beispiel verdeutlicht werden.

Für die in der *Abbildung 4*[76] dargestellte Beispielsituation 1a seien folgende Annahmen getroffen: Ein Unternehmen erwirbt im Zeitpunkt t_1 ein (anderes) Unternehmen, welches im Beispiel genau einer ZGE entsprechen soll. Dabei verdeutlicht die Strecke AB den (positiven) Unterschiedsbetrag zwischen den Anschaffungskosten eines Unternehmens und dem Anteil des Erwerbers an den beizulegenden Nettozeitwerten der identifizierbaren Vermögenswerte, Schulden und Eventualschulden des erworbenen Unternehmens. Hierbei handelt es sich also um den derivativen Geschäfts- oder Firmenwert (Goodwill), der nunmehr in der Bilanz ausgewiesen werden muss. Die Strecke BC verdeutlicht die Differenz zwischen dem Entscheidungswert des Erwerbers für das Akquisitionsobjekt und dem für das Akquisitionsobjekt vereinbarten Kaufpreis. Die Strecke BC stellt so den originären Teil des gesamten Geschäfts- oder Firmenwertes für die ZGE dar, welcher dem Kapitalwert der Investition „Unternehmenskauf" entspricht. Entwickelt sich der gesamte Geschäfts- oder Firmenwert gemäß der dargestellten (idealisierten) Kurve kontinuierlich weiter, ergibt sich bis zum dargestellten zeitlichen Betrachtungshorizont kein Abschreibungsbedarf, weil – vereinfacht betrachtet – im Rahmen des Werthaltigkeitstest immer die Kurve „gesamter Goodwill" mit der Gerade „in der Bilanz nach IFRS ausgewiesener Goodwill" verglichen wird.

---

[74] PELLENS/CRASSELT/SELLHORN (2002), S. 148.
[75] DOBLER (2005), S. 29, Hervorhebungen im Original hier kursiv nachempfunden.
[76] Diese und die nachfolgenden Darstellungen basieren auf SIEGEL (2002), S. 750 (Abb. 1).

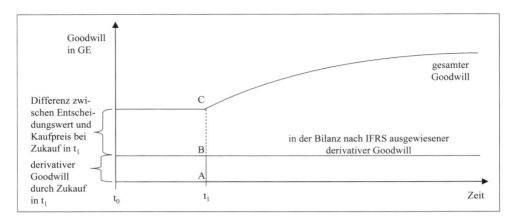

Abbildung 4:   Beispielsituation – Fall 1a

Hieraus wird bereits deutlich, dass ein selbst geschaffener Geschäfts- oder Firmenwert *de facto* aktiviert werden kann.[77] Schließlich kann hinsichtlich der Kurve „gesamter Goodwill" nicht genau eruiert werden, welchen Anteil der historische derivative Goodwill daran hat. Dieser könnte sich bereits kurz nach dem Zeitpunkt t_1 verflüchtigt haben, einen entsprechenden Ausgleich durch den originären Goodwill vorausgesetzt, besteht jedoch kein Abschreibungsbedarf. Diese mögliche Kompensation des Wert(e)verzehrs des derivativen Goodwill durch den originären Goodwill wird als „Backdoor Capitalization" bezeichnet.[78] RICHTER fasst die Problematik treffend zusammen: „Dies stellt einen verfahrensbedingten Verstoß gegen das Verbot der Aktivierung von originärem Goodwill dar. Die Teil-Aktivierung von originärem Goodwill führt dazu, daß die Vergleichbarkeit der im Abschluß vermittelten Informationen über den Goodwill nicht sichergestellt ist, denn es wird in einem Fall derivativer und im anderen Fall eine – zudem nicht aufteilbare Mischung – aus ursprünglich derivativem und zusätzlich neu entstandenem originären Goodwill miteinander verglichen. Zu einer Abschreibung des Goodwill kommt es folglich nur noch, wenn der neu ermittelte, vermischte originäre und derivative Goodwill geringer ist, als der ausgewiesene ursprünglich ausschließlich derivative Goodwill."[79] Eine Verminderung des Jahresergebnisses ergibt sich also lediglich, wenn in den Folgejahren der vermischte originäre und derivative Goodwill den ursprünglichen (historischen) derivativen Goodwill unterschreitet.

In der Beispielsituation 1b, die in *Abbildung 5* dargestellt ist, sei der Sachverhalt dahingehend geändert, dass der gesamte (zum Erwerbszeitpunkt erworbene) Goodwill sich nicht beständig vergrößert, sondern sich vielmehr kontinuierlich vermindert. Da im Rahmen des Werthaltigkeitstest die (hier fallende) Kurve „gesamter Goodwill" mit der Gerade „in der Bilanz nach IFRS ausgewiesener Goodwill" verglichen wird, kommt es ab dem Zeitpunkt t_n solange zu einem Abschreibungsbedarf hinsichtlich des derivativen Goodwill, bis dieser im Zeitpunkt t_{n+1} vollständig abgeschrieben ist.

---

[77] Siehe hierzu beispielsweise BUSSE VON COLBE (2001), S. 877, HOMMEL (2001), S. 1948, SIEGEL (2002) und POTTGIESSER/VELTE/WEBER (2005), S. 1751.

[78] Siehe POTTGIESSER/VELTE/WEBER (2005), S. 1751.

[79] RICHTER (2004), S. 7.

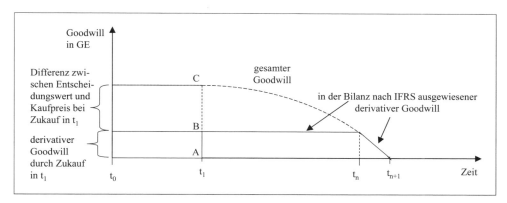

Abbildung 5: Beispielsituation – Fall 1b

Ist es dem akquirierenden Unternehmen hingegen möglich, die erworbene Unternehmenseinheit im Ganzen oder auch teilweise bestehenden ZGE zuzuordnen, welche bereits originären Goodwill enthalten, dann ergibt sich – wie nachfolgend dargestellt – ein zusätzlicher „Puffer" hinsichtlich des Werthaltigkeitstests. *Abbildung 6* zeigt die Beispielsituationen 2a und 2b. Abweichend zu den Ausgangssituationen 1a und 1b sei unterstellt, dass das Akquisitionsobjekt im Zeitpunkt t_1 einer bestehenden ZGE zugeordnet wird, die bis zu diesem Zeitpunkt bereits einen originären Goodwill aufgebaut hat, der sich mit dem Abstand zwischen dem Punkt A und der Abszisse expliziert. Durch den Kauf des Akquisitionsobjekts, welches dem der Fälle 1a bzw. 1b entspricht, und dessen Zuordnung zur dargestellten ZGE ergibt sich im Zeitpunkt t_1 ein nunmehr höherer gesamter Goodwill, der durch den Abstand zwischen der Abszisse und dem Punkt C darstellt ist. Ausgehend vom Punkt C entwickelt sich der gesamte Goodwill in den Varianten 2a (korrespondierend zu 1a) und 2b (korrespondierend zu 1b) unterschiedlich. Während sich die Entwicklung des Goodwill in der Variante a nunmehr wieder positiv vollzieht, ergeben sich die relevanten Unterschiede zur Ausgangssituation im Fall der negativen Entwicklung des gesamten Goodwill der Variante b. Aufgrund der Zuordnung des Akquisitionsobjekts zur ZGE (mit bestehendem originärem Goodwill) wird die Abschreibung durch die Abwandlung des Beispiels von t_n (bei Variante 1b) bis zu t_m (bei Variante 2b) verzögert.

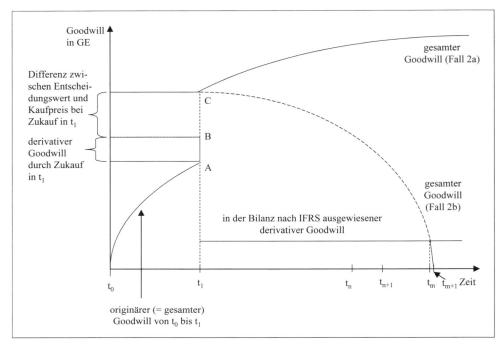

Abbildung 6: Beispielsituation – Fall 2a und Fall 2b

Ebenso wäre es denkbar, dass ein Akquisitionsobjekt und ihr derivativer Goodwill einer ZGE zugeordnet werden, die bereits einen derivativen Geschäfts- oder Firmenwert aufweist, für welchen die Gefahr besteht, dass sich diesbezüglich demnächst auf Basis eines Werthaltigkeitstest eine Abschreibung ergibt. Mit der Zuordnung des gesamten Akquisitionsobjekts oder von Teilen dieses Objekts zu dieser ZGE kann diese „Gefahr" vermindert werden, weil der ZGE neben dem derivativen Goodwill des Bewertungsobjekts auch ein – der Differenz zwischen dem Entscheidungswert und dem Kaufpreis entsprechender – originärer Goodwill als „Puffer" zugeordnet wird.

An einem transparenten Beispiel wurde demonstriert, dass „durch eine geschickte Aufteilung des derivativen Goodwill auf [...] [ZGE] die Höhe und der zeitliche Anfall von Goodwillabschreibungen pre-determiniert werden"[80] kann. Die organisatorische Einbindung der in Rede stehenden Akquisitionsobjekte in die vorhandene Berichtsstruktur ist von entscheidender Bedeutung für die zukünftigen Abschreibungen des derivativen Goodwill nach internationalen Rechnungslegungsnormen und somit ein besonderer Ansatzpunkt zur Jahresabschlusspolitik.[81] Unternehmen müssen sich „bereits im Vorfeld von Akquisitionen und bei deren Umsetzung darum bemühen [, die aus der Akquisition resultierenden] [...] Effekte möglichst kalkulierbar und steuerbar zu machen."[82] „Bei Zuordnung des erworbenen Unternehmens zu [...] [ZGE], die sich durch einen hohen originären Goodwill auszeichnen, können Wertver-

---

[80] BAUSCH/FRITZ (2005), S. 306.
[81] Vgl. PELLENS/CRASSELT/SELLHORN (2002), S. 149.
[82] PELLENS/CRASSELT/SELLHORN (2002), S. 148.

luste des Akquisitionsobjekts durch den nicht aktivierten originären Goodwill anderer Unternehmen kompensiert werden, sodass es nicht zu einem Wertberichtigungsbedarf kommt. Diese Überlegungen können das Akquisitionsverhalten insofern beeinflussen, als Zukäufe zur Stärkung der Kernkompetenzen eines Konzerns besser in bestehende [...] [ZGE] zu integrieren sind, als Akquisitionsobjekte, durch die eine stärkere Diversifikation des Tätigkeitsbereichs erreicht wird."[83]

Der in der Literatur zu findenden Meinung,[84] dass sich im Rahmen des Akquisitionsmanagements die „Frage nach den Komponenten des Goodwill stellt" oder stellen sollte, um auf „die Gründe des Akquisiteurs" zu schließen, „dass ein über den Substanzwert hinausgehender Kaufpreis gezahlt wird", soll an dieser Stelle entgegengetreten werden. „Alle Versuche, im Geschäfts- oder Firmenwert mehr zu sehen als einen aus der Anwendung zweier Bewertungsverfahren resultierenden, in diesem Sinne technischen Unterschiedsbetrag, sind zum Scheitern verurteilt"[85] und – nicht nur deshalb – völlig unnötig.

4 Mögliche Auswirkungen der Regelungen auf das Management der Post-M&A-Phase

Der Post-M&A-Phase seien hauptsächlich die Integration und die Steuerung der erworbenen oder zusammengeschlossenen Unternehmen oder Unternehmensteile subsumiert, wobei auch auf Seiten der Beratungsunternehmen – spiegelbildlich zur „Due Diligence" – vom „Post Deal Service" gesprochen wird. Im Hinblick auf die Post-M&A-Phase wird in der Literatur vielfach behauptet, dass es mit dem Werthaltigkeitstest zu einer „automatischen" Schließung von Lücken im Kontrollsystem kommt bzw. dass der Werthaltigkeitstest nach IAS 36 (rev. 2004) die Möglichkeit eröffnet, Lücken im Steuerungssystem des Unternehmens beziehungsweise des Konzerns zu schließen.[86] Dass dieser „Zwang" zur periodischen „Performancebeurteilung" einer theoretischen Fundierung entbehrt, sei nachfolgend erläutert. Hierzu soll unter anderem dargelegt werden, dass:

➢ es sich beim derivativen Geschäfts- oder Firmenwert um eine Bilanzposition mit geringer Aussagekraft handelt,

➢ das vorliegende Neubewertungskonzept nur die (vermeintlichen) negativen Wertveränderungen erfasst sowie

➢ die zur Ermittlung des „erzielbaren Betrags" herangezogenen Verfahren viele theoretische Schwachstellen enthalten.

---

[83] PELLENS/CRASSELT/SELLHORN (2002), S. 149.

[84] Nachfolgende Zitate finden sich bei ALVAREZ/BIBERACHER (2002), S. 349, welche sich amerikanische Ideen zum Vorbild nehmen. Siehe so zum Beispiel COLLEY/VOLKAN (1988a) und (1988b). Vgl. auch ALVAREZ/BIBERACHER (2002), S. 350 f.

[85] MOXTER (1998), S. 476. Siehe hingegen den Versuch der Aufteilung von JOHNSON/PETRONE (1998).

[86] Vgl. beispielsweise ALVAREZ/BIBERACHER (2002), S. 352, HÜTTEN/LORSON (2002), S. 33 und PELLENS/CRASSELT/SELLHORN (2002), S. 145 ff.

Gemäß IFRS ist ein positiver derivativer Geschäfts- oder Firmenwert zwingend zu aktivieren. Der derivative Goodwill ergibt sich – wie oben beschrieben – als positive Differenz zwischen dem vom Erwerber gezahlten Kaufpreis und der Summe der [aus Sicht des Erwerbers (sic!)] beizulegenden Nettozeitwerte der [durch den Erwerber (sic!)] identifizierten Vermögenswerte, Schulden und Eventualschulden des erworbenen Unternehmens.

Hierbei handelt es sich jedoch um eine Wertgröße ohne wesentliche wirtschaftliche Aussagekraft. „Der derivative Geschäfts- oder Firmenwert ist eine *Bilanzposition, die Fehldeutungen und Spekulationen geradezu heraufbeschwört.*"[87] Einerseits spiegelt sich in ihm die Hoffnung des Erwerbers wider, mit dem Kauf des Unternehmens eine rentierliche Investition getätigt zu haben sowie zusammen mit „identifizierbaren" materiellen und immateriellen Vermögenswerten (sowie unter Berücksichtigung von Schulden und Eventualschulden) weitere nicht identifizierbare ökonomische Potenzen (wie beispielsweise einen „guten Ruf", eine „gesunde" Organisationsstruktur sowie vor allem Verbundeffekte) erworben zu haben, die nicht zuletzt diese Rentierlichkeit bewirken sollen. Andererseits bildet der derivative Geschäfts- oder Firmenwert den dafür adäquaten ökonomischen Maßstab, nämlich den Kapitalwert der Investition „Unternehmenskauf" zum Erwerbszeitpunkt, nicht ab und ermöglicht auch keine Rückschlüsse darauf. Was sagt dem Bilanzleser zum Beispiel ein derivativer Geschäfts- oder Firmenwert in Höhe von 220.000 EUR? Nicht viel (oder besser gar nichts?), wie an nachfolgendem Beispiel verdeutlicht werden soll: Ein Bilanzpflichtiger hat zu einem Kaufpreis von KP = 750.000 EUR ein Unternehmen erworben. Der Entscheidungswert des Käufers liegt bei EW = 800.000 EUR. Der Kapitalwert dieser Investition in das Unternehmen beträgt somit KW = 50.000 EUR:

$KW = EW - KP = 800.000\ EUR - 750.000\ EUR = 50.000\ EUR.$

Das Nettovermögen des erworbenen Unternehmens zu beizulegenden Zeitwerten beträgt annahmegemäß EK_{neu} = 530.000 EUR. Als derivativer Geschäfts- oder Firmenwert ergibt sich somit dGW = 220.000 EUR:

$dGW = KP - EK_{neu} = 750.000\ EUR - 530.000\ EUR = 220.000\ EUR.$

Der Kapitalwert KW der Investition „Erwerb des Unternehmens" ist in diesem Falle also geringer als der in der Bilanz abbildbare derivative Geschäfts- oder Firmenwert dGW. Dem Bilanzleser sind weder der Entscheidungswert EW noch der Kapitalwert KW der Investition „Erwerb des Unternehmens" bekannt. Diesem liegen gewöhnlich nur die Informationen über die Höhe des derivativen Geschäfts- oder Firmenwertes dGW vor (hier: 220.000 EUR), selten jedoch auch Hinweise auf die Nettovermögen des erworbenen Unternehmens EK_{neu} und auf den vereinbarten Kaufpreis KP.

Die geringe Informationskraft des in Rede stehenden derivativen Geschäfts- oder Firmenwertes vermindert sich zudem, wenn verdeutlicht wird, welche Informationen dem Bilanzleser weiterhin *nicht* zur Verfügung stehen. Dies soll an diesem Beispiel demonstriert werden. Der Entscheidungswert des Veräußerers lag annahmegemäß bei 500.000 EUR. Vom Verhandlungsbereich konnten der Erwerber somit 50.000 EUR und der Veräußerer 250.000 EUR als Vorteil für sich generieren. Hätte der Erwerber eine stärkere Verhandlungsmacht gehabt, dann

---

[87] MATSCHKE/BRÖSEL (2006), S. 426, Hervorhebungen im Original hier kursiv nachempfunden. Die sich anschließenden Ausführungen erfolgen in enger Anlehnung an MATSCHKE/BRÖSEL (2006), S. 426 ff. Ebenda findet sich auch das Grundgerüst des nachfolgenden Beispiels.

hätten sich die Konfliktparteien beispielsweise auf einen Kaufpreis in Höhe von 700.000 EUR geeinigt, was *ceteris paribus* zu einem geringeren derivativen Geschäfts- oder Firmenwert (170.000 EUR) sowie zu einem höheren Kapitalwert der Investition „Erwerb des Unternehmens" (100.000 EUR) geführt hätte. „Lediglich" die „bessere" Verhandlungsführung hätte zu einem um 50.000 EUR höheren Ausweis liquider Mittel (aufgrund des geringen Kaufpreises) und einem um 50.000 EUR verminderten Ausweis des derivativen Geschäfts- oder Firmenwertes geführt, ohne dass sich die besagten ökonomische Potenzen, die mit dem Unternehmen erworben wurden, verändert hätten. Ebenso hätten eine im Vergleich zur Ursprungssituation „schlechtere" Verhandlungsführung des bilanzierenden Unternehmens und ein daraufhin vereinbarter Kaufpreis von 750.000 EUR – *ceteris paribus* – zwar zu einem erhöhten Ausweis des derivativen Goodwill geführt, jedoch zu keiner Veränderung der mit dem Unternehmen erworbenen ökonomischen Potenzen, allerdings zu einer Verminderung des Kapitalwertes der Investition „Erwerb des Unternehmens" und – korrespondierend zum höheren Kaufpreis – auch der liquiden Mittel.

In diesem Zusammenhang wird in der Literatur behauptet, dass der im Rahmen der „Markttransaktion entrichtete Preis für das erworbene Unternehmen [..] – grundsätzlich – Aufschluß über den beizulegenden Zeitwert des Goodwill zum Akquisitionszeitpunkt"[88] gibt. Als beizulegender Zeitwert gilt in dem in diesem Zitat verstandenen Sinn „der Wert, zu dem ein Vermögenswert [im Falle des Goodwill in Verbindung mit dem erworbenen Unternehmen] [...] an einem Markt veräußert werden könnte"[89]. Durch die Markttransaktion erfahre der Goodwill eine Objektivierung.[90] Auch diese Aussage kann widerlegt werden, wenn im obigen Beispiel etwa unterstellt wird, dass es neben dem Erwerber lediglich zwei Subjekte gab, die am Unternehmen, welches Gegenstand der Transaktion war, interessiert waren. Diese Subjekte, beides präsumtive Erwerber mit Entscheidungswerten, die im Hinblick auf das Bewertungsobjekt annahmegemäß bei 600.000 EUR und bei 650.000 EUR lagen, haben frühzeitig die Verhandlungen mit dem Veräußerer abgebrochen, um ihre Konzessionsgrenzen nicht zu verletzen, denn der letztlich vereinbarte Kaufpreis lag über ihrem jeweils maximal zahlbaren Preis.

Der in der Bilanz abbildbare derivative Goodwill lässt somit nicht gleichzeitig auf einen durch die Transaktion vermeintlich „objektivierten Wert" schließen, welcher Aufschluss über den zum Akquisitionszeitpunkt „am Markt" erzielbaren Preis gibt. Er gibt allein – und das auch nur begrenzt, weil der in der Bilanz ausweisbare derivative Geschäfts- oder Firmenwert durch die Summe der aus Sicht des Erwerbers beizulegenden Zeitwerte der durch den Erwerber identifizierbaren Vermögenswerte, Schulden und Eventualschulden des erworbenen Unternehmens beeinflusst wird – Aufschluss darüber, welchen Preis das bilanzierende Unternehmen zum Akquisitionszeitpunkt für den Goodwill zahlen musste.[91] Es lassen sich aber beispielsweise keine Rückschlüsse daraus ziehen,

---

[88] RICHTER (2004), S. 6.

[89] RICHTER (2004), S. 72.

[90] RICHTER (2004), S. 6 f.

[91] Dieses Beispiel zeigt auch, dass (nicht nur) Preise (und somit die für die Bilanzierung relevanten Anschaffungskosten) für heterogene Vermögenswerte, für die kein aktiver Markt existiert, subjektiv sind, weil sie nicht nur von der Zahlungsbereitschaft, sondern auch in erheblichem Maße von der Verhandlungsmacht und dem Verhandlungsgeschick der konfligierenden Parteien abhängig sind. Mit Blick auf die Rechnungslegung zum Zwecke der Ausschüttungsbemessung, welche vornehmlich ein Wertkonzept verfolgt, das auf Anschaffungskosten basiert, ist zu konstatieren, dass hohe Anschaffungskosten nicht unbedingt Ausdruck eines hohen Nutzenpotenzials sind, sondern auch ein Resultat einer geringen Verhandlungsmacht oder eines mäßigen Verhandlungsgeschicks sein können.

➢ welche Zahlungsbereitschaft im Sinne des Entscheidungswertes der Erwerber für das Unternehmen ursprünglich hatte und wie hoch der Kapitalwert der Investition „Erwerb des Unternehmens" ist,

➢ welche Konzessionsgrenze der Veräußerer für sein Unternehmen hatte,

➢ welchen Betrag vom Einigungsbereich der Erwerber auf Basis seiner Verhandlungsstrategie für sich generieren konnte und

➢ ob ein Dritter bereit gewesen wäre, für das Unternehmen im Akquisitionszeitpunkt den zwischen Käufer und Verkäufer vereinbarten Preis zu bezahlen (zumal sich dann die Frage stellen würde, warum der Veräußerer das Unternehmen dann nicht an diesen „Dritten" veräußert hat).

Nachdem mit Hilfe eines Beispiels dargelegt wurde, dass mit einem im Rahmen der Zugangsbewertung ermittelten derivativen Goodwill kein ökonomischer Informationsgehalt verbunden ist, ergibt sich nunmehr ein weiteres Problem, welches schon in Kapitel 3 betrachtet wurde: Dem „Wert" mit fehlendem ökonomischen Aussagegehalt (derivativer Goodwill aus der Zugangsbewertung) wird im Rahmen der Folgebewertung ein Wert gegenübergestellt (Summe aus derivativem und originärem Goodwill), der mit diesem im Grunde nicht vergleichbar ist. Dies entspricht nicht dem *Kongruenzerfordernis* eines Vergleiches, wonach nur Gleiches Gleichem gegenübergestellt werden sollte! Schließlich ist es im Rahmen der Folgebewertung unmöglich, lediglich den derivativen Goodwill zu bewerten.[92]

Nicht nur die Ungleichbehandlung von originärem und derivativem Goodwill ist im Hinblick auf die Jahresabschlussanalyse sowie damit verbundene Prognose- und Kontrollzwecke zu berücksichtigen, es müssen auch die Auswirkungen auf die Vermögens- und Ertragslage betrachtet werden, die sich mit dieser Neuregelung ergeben.[93] Gemäß den Neuregelungen der IFRS wird anfänglich (und vielfach auch auf Dauer) der derivative Goodwill in der Bilanz ausgewiesen, welcher in den Folgejahren durch Abschreibungen vermindert wird, soweit diese auf Basis eines Wertminderungstests erforderlich sind. „Der Unternehmenserwerb hat [somit] keine planmäßige Auswirkung auf das Jahresergebnis."[94] Eine Verminderung des Jahresergebnisses ist nur zu beobachten, wenn eine Wertminderung des gesamten Goodwill festgestellt wird. Ist in einem Jahr keine Wertminderung eingetreten, führt diese Konzeption *ceteris paribus* zu höheren Jahreserfolgen als die Konzeption der planmäßigen Abschreibung (in den Jahren der vermeintlichen Nutzungsdauer). Das nunmehr für den einer ZGE zugeordneten Goodwill nach IFRS geltende Folgebewertungskonzept ist – wie bereits dargestellt – so ausgestaltet, dass grundsätzlich jährlich ein „erzielbarer Betrag" der ZGE ermittelt wird, welcher mit dem aktuellen Buchwert der ZGE zu vergleichen ist. Veränderungen des Goodwill ergeben sich jedoch nur in der Bilanz, wenn der „erzielbare Betrag" der ZGE ihren Buchwert unterschreitet. In diesem Fall wird eine Wertminderung erfolgswirksam in Form einer Abschreibung erfasst. Erhöhungen des „erzielbaren Betrags" der ZGE über ihren Buchwert werden bilanziell hingegen nicht berücksichtigt. Da Erhöhungen und Verminderungen des „erzielbaren Betrags" unterschiedlich berücksichtigt werden, liegt ein *imparitätisches Neubewertungskonzept* vor.

---

[92] Vgl. RICHTER (2004), S. 7 f. RICHTER führt unter anderem aus: „Eine Folgebewertung lediglich des derivativen, also dem tatsächlichen Unternehmenserwerb entstandenen Goodwill, ist mit dem impairment only-Ansatz nicht möglich" (S. 7).

[93] Vgl. auch BAUSCH/FRITZ (2005), S. 306.

[94] RICHTER (2004), S. 13.

In diesem Zusammenhang ist für die Post-M&A-Phase zudem zu berücksichtigen, dass im Falle eines drohenden Abschreibungsbedarfs im Sinne eines „Wenn schon, denn schon!" eine vergleichsweise hohe Abschreibung zu erwarten ist. Die Unternehmen könnten diesen Anlass für ein „Big Bath Accounting" nutzen, „um in den Folgeperioden möglichst unbelastete Ergebnisse ausweisen zu können und dem Kapitalmarkt hierdurch eine Trendwende zu signalisieren"[95]. Dabei kann jedoch auch eine gegenteilige Signalwirkung am Kapitalmarkt hervorgerufen werden, wenn Abschreibungen in meist ohnehin schon schwierigen Unternehmenslagen vollzogen werden müssen. Der Wertminderungsaufwand „kann prozyklisch in Perioden mit ungünstigem Geschäftsverlauf zu einer weiteren Ergebnisbelastung führen."[96] Insgesamt ist also eine Erhöhung der Volatilität des Ergebnisses zu erwarten.

Hinsichtlich der Auswirkungen auf die Jahresabschlusskennzahlen ist darüber hinaus zu bedenken, dass sich im Vergleich zu den bisherigen Regelungen – korrespondierend zu den ersparten (kumulativen) Abschreibungen – eine Erhöhung der Buchwerte auf der Aktivseite ergeben wird. *PFEIL/VATER* stellen dar, dass sich die – durch die Erhöhung der Buchwerte sowie durch die nicht mehr notwendige planmäßige Abschreibung bedingte Verbesserung der Ergebnisse – ergebenden Wirkungen auf relevante Kennzahlen nicht pauschalisiert antizipieren lassen.[97] Aufgrund der zahl- und weitreichenden Ermessensspielräume sowie der mangelnden Vergleichbarkeit mit den HGB-Regelungen ist zudem die Möglichkeit des „Benchmarking" beeinflusst.[98]

Im Hinblick auf die *entscheidungsorientierte Steuerung* des Konzerns und seiner Teilbereiche ergibt sich eine *Vielzahl von Problemen*, wenn unreflektiert auf die Ergebnisse des „Impairment Test" zurückgegriffen wird. Weder zur Ermittlung des „Nutzungswertes" noch zur Ermittlung des „beizulegenden Zeitwertes abzüglich der Veräußerungskosten" werden theoretisch fundierte Konzepte vorgeschlagen. *Märkte* gelten in der Wirtschaftswissenschaft als höchste Autorität.[99] Vor diesem Hintergrund scheint es auf den ersten Blick nicht verwunderlich, dass bei der Wertermittlung von ZGE im Rahmen der Bilanzierung – ebenso wie teilweise zur Unternehmensbewertung – Methoden zu Rate gezogen werden, die vermeintliche Werte aus realen oder fiktiven Marktpreisen ableiten und so einen objektiv(iert)en Nachweis suggerieren. Dabei ist jedoch grundsätzlich zu bedenken, dass Transaktionen im Wirtschaftsgeschehen aus rationaler Sicht nur dann vollzogen werden, wenn Preis und Wert auseinander fallen: Eine Transaktion bringt für ein rational handelndes Subjekt keinen wirtschaftlichen Vorteil, wenn der dem Gut durch das Subjekt zugebilligte Wert dem Preis entspricht. Dieser elementare Unterschied zwischen dem Wert auf der einen Seite und dem Preis auf der anderen Seite zeigt, dass allein die Existenz von Marktpreisen ein Bewertungsproblem nicht lösen kann. Ein Verwischen des Unterschieds zwischen Wert und Preis macht bereits der Satz von WIRTH bezüglich des „beizulegenden Zeitwertes abzüglich der Veräußerungskosten" deutlich: „Diese Variante des erzielbaren Betrags unterstellt, dass das Management überprüft, welcher Wert mit der Veräußerung des Bewertungsobjekts erlöst werden könnte."[100] Bei den

---

[95] BAUSCH/FRITZ (2005), S. 306. Vgl. auch HITZ/KUHNER (2002), S. 285. Siehe zudem HOPKINS/HOUSTON/PETERS (2000) und POTTGIESSER/VELTE/WEBER (2005), S. 1750.

[96] DOBLER (2005), S. 29.

[97] Vgl. ausführlich PFEIL/VATER (2002a), S. 75 f. und PFEIL/VATER (2002b), S. 666 f. sowie PELLENS/CRASSELT/SELLHORN (2002), S. 141 ff.

[98] Vgl. LACHNIT/MÜLLER (2003). PELLENS/CRASSELT/SELLHORN (2002), S. 144 f., plädieren dabei für den Ausweis von Pro-forma-Gewinnen. Zum Phänomen der Pro-forma-Berichterstattung vgl. HEIDEN (2006).

[99] Vgl. zu diesen Ausführungen HERING (2006), S. 9 f. und S. 153 ff.

[100] WIRTH (2005), S. 25.

zu Rate gezogenen Preisen handelt es sich jedoch nur um jene Tauschwerte, die in der Vergangenheit zum Marktausgleich oder zwischen zwei Subjekten zur Konfliktlösung geführt haben.

In der Literatur wird die Meinung vertreten, dass der „*beizulegende Zeitwert abzüglich der Veräußerungskosten*" den objektivierten Gegenpol zum subjektiven „Nutzungswert" einer ZGE darstellen soll.[101] Ein relevanter Marktpreis einer ZGE existiert jedoch nur im Sinne eines zwischen zwei Marktteilnehmern hierfür, also für die in Rede stehende ZGE, explizit vereinbarten Kaufpreises. Auf diese Erkenntnis zielt die *Variante der bestmöglichen Schätzung* des „beizulegenden Zeitwertes abzüglich der Veräußerungskosten", wonach der Wert aus einem vorliegenden Kaufvertrag abgeleitet werden soll. Vertretern des Objektivierungsgedankens in Jahresabschlüssen, die der Information dienen, sollten bedenken, dass dieser vereinbarte Preis zwar unmittelbar zu ermitteln, allerdings – wie bereits dargestellt wurde – insbesondere bei Unternehmenstransfers durchaus bezogen auf die in den Verhandlungen um das Unternehmen konfligierenden Parteien individuell, also äußerst subjektiv ist. Schließlich sollte der in einem solchen Vertrag vereinbarte Preis kein vom individuellen Zielplan und Entscheidungsfeld des Bewertungssubjekts unabhängiger Betrag sein, sonst bestünde die Gefahr, dass dieser Preis die Konzessionsgrenze des Bewertungssubjekts verletzt. Rational handelnde Verkäufer vereinbaren ohnehin nur Preise, welche den subjektiven „Nutzungswert" für das Bewertungsobjekt nicht unterschreiten.

Unabhängig davon wird der Gegenstand eines Kaufvertrags nicht immer einer ZGE entsprechen, deren Art und Umfang sich aus dem Berichtswesen des Unternehmens ergibt. Mit anderen Worten, Verkaufsobjekt und ZGE stimmen in den seltensten Fällen überein. Dies wäre jedoch erforderlich, damit der im bindenden Kaufvertrag festgelegte Preis Grundlage zur Ermittlung des „beizulegenden Zeitwertes abzüglich der Veräußerungskosten" einer ZGE ist. Falls eine Übereinstimmung jedoch bestehen sollte, ist anzunehmen, dass die ZGE gewöhnlich jene Kriterien erfüllen wird, die eine Umgliederung in die Kategorie „Zur Veräußerung gehalten" und eine entsprechende Bewertung nach IFRS 5 nach sich zieht. Die alternative Ermittlungsmethode über den „aktiven Markt" dürfte im Hinblick auf die restriktiven Voraussetzungen, die an diesen Markt gestellt werden, bei ZGE ohnehin ohne Bedeutung sein.[102]

Im Hinblick auf den „*Nutzungswert*"[103] ist zum Beispiel auf den Verstoß gegen das Prinzip der Gesamtbewertung hinzuweisen, wonach Interdependenzen ignoriert oder willkürlich berücksichtigt werden.[104] Bezüglich des Zinssatzes entbehrt das empfohlene Vorgehen der notwendigen investitionstheoretischen Basis. Statt einer Ableitung aus dem Markt oder einer Ermittlung mit Hilfe kapitalmarkttheoretischer Verfahren wäre vielmehr der endogene Grenzzins im Sinne des internen Zinssatzes der besten marginalen Alternativanlage relevant. Zudem ist ein fehlender Bezug zum Bewertungssubjekt bei der Nutzungswertermittlung zu bemängeln.

---

[101] Vgl. so auch die Intention von WIRTH (2005), S. 25–29.

[102] Siehe so selbst IAS 36.BCZ18 (rev. 2004): „[…] observable market prices are unlikely to exist for goodwill". Vgl. auch WIRTH (2005), S. 25.

[103] Vgl. detailliert zu nachfolgenden Aspekten OLBRICH (2006). Anderer Ansicht ist beispielsweise HAAKER (2005) und (2006), der mit dieser Meinung zwar nicht allein, aber auf theoretisch unfundiertem Boden steht.

[104] Auch EPSTEIN/PELLENS/RUHWEDEL (2005), S. 18, äußern Zweifel, „ob es sich hierbei [bei der Bildung der ZGE] tatsächlich um die Unternehmensebene handelt, auf der der Erfolg von Akquisitionen aus Controllingperspektive überwacht werden sollte."

Im Rahmen der „wertorientierten Unternehmensführung" sollten *alle* unternehmerischen Entscheidungen darauf abgestellt werden, dass der Unternehmenswert aus Eignersicht maximiert wird. Hierzu müssen Instrumente eingesetzt werden, die fundierte Entscheidungen, wie beispielsweise das investitionstheoretische Partialmodell „Kapitalwert", ermöglichen. „Wertorientiert führen heißt also nichts anderes als Zahlungskonsequenzen der Handlungsalternativen ermitteln und investitionsrechnerisch entscheiden."[105] Zur „wertorientierten" Steuerung sollte deshalb nicht auf die Ergebnisse des „Impairment Test", sondern auf die investitionstheoretisch fundierten Erkenntnisse der Bewertungstheorie zurückgegriffen werden.

Es ist nachdrücklich darauf hinzuweisen, dass es sich bei den Regelungen zur Ermittlung des „erzielbaren Betrags", insbesondere bei der Ermittlung des „Nutzungswertes", nicht um investitionstheoretische Verfahren handelt.[106] Dass gemäß einer von *Deloitte*[107] durchgeführten empirischen Studie „nur 35 % der Unternehmen die durch den Impairment-Test gewonnenen Informationen innerhalb der Performance-Messung verwenden,"[108] sollte im Hinblick auf die Schwächen in der theoretischen Fundierung des Tests als Erfolg gesehen werden.

5 Thesenförmige Zusammenfassung

➢ Die Neuregelungen zur Bilanzierung des derivativen Geschäfts- oder Firmenwertes nach internationalen Normen sind als revolutionär zu bezeichnen.

➢ Der derivative Geschäfts- oder Firmenwert ist nunmehr nicht mehr planmäßig abzuschreiben, sondern einem planmäßigen Werthaltigkeitstest zu unterziehen.

➢ Die Regelungen des IFRS 3 und des IAS 36 (rev. 2004) sind sowohl im Management der Pre-M&A-Phase als auch im Management der Post-M&A-Phase zu berücksichtigen.

➢ Im Hinblick auf die Pre-M&A-Phase wurde bezüglich der (Neu-)Regelungen vor allem demonstriert, dass die Planung der organisatorischen Einbindung der Akquisitionsobjekte in die (vorhandene) Berichtsstruktur von erheblicher Bedeutung für zukünftige Abschreibungen ist.

➢ Hinsichtlich der Post-M&A-Phase wurde insbesondere auf die wesentlichen Schwächen der (Neu-)Regelungen verwiesen. Vor diesem Hintergrund ist vor einer unreflektierten Übernahme der Ergebnisse des Werthaltigkeitstests zur so genannten Performancemessung der Unternehmensbereiche eindringlich zu warnen.

---

[105] *Hering/Vincenti* (2004), S. 343.
[106] Dieser Fehleinschätzung unterliegen beispielsweise *Epstein/Pellens/Ruhwedel* (2005), S. 18.
[107] Vgl. *Epstein/Pellens/Ruhwedel* (2005).
[108] *Epstein/Pellens/Ruhwedel* (2005), S. 19.

Quellenverzeichnis

ACHLEITNER, A.-K./WIRTZ, B. W./WECKER, R. M. (2004): M&A-Management, in: WISU, 2004, S. 476–486.

ADLER, H./DÜRING, W./SCHMALTZ, K. (2003): Rechnungslegung nach internationalen Standards, Kommentar, Stuttgart 2003.

ALVAREZ, M./BIBERACHER, J. (2002): Goodwill-Bilanzierung nach US-GAAP – Anforderungen an Unternehmenssteuerung und -berichterstattung, in: BB, 2002, S. 346–353.

AYERS, B. C./LEFANOWICZ, C. E./ROBINSON, J. R. (2000): The Financial Statement Effects of Eliminating the Pooling-of-Interests Method of Acquisition Accounting, in: Accounting Horizons, 2000, S. 1–19.

BALLWIESER, W. (1998): Geschäftswert, in: BUSSE VON COLBE, W./PELLENS, B. (Hrsg.), Lexikon des Rechnungswesens, München/Wien 1998, S. 283–286.

BAUSCH, A./FRITZ, T. (2005): Behandlung des derivativen Goodwill nach US-GAAP und IFRS, in: WiSt, 2005, S. 302–307.

BERENS, W./BRAUNER, H. U./STRAUCH, J. (Hrsg.) (2005): Due Diligence bei Unternehmensakquisitionen, Stuttgart 2005.

BRÜCKS, M./KERKHOFF, G./RICHTER, M. (2005): Impairmenttest für den Goodwill nach IFRS, in: KoR, 2005, S. 1–7.

BRÜCKS, M./WIEDERHOLD, P. (2003): Exposure Draft 3 „Business Combinations" des IASB, in: KoR, 2003, S. 21–29.

BRÜCKS, M./WIEDERHOLD, P. (2004): IFRS 3 Business Combinations, in: KoR, 2004, S. 177–185.

BUSSE VON COLBE, W. (2001): Ist die Bilanzierung des Firmenwerts nach dem Nonamortization-Impairment-Ansatz des SFAS-Entwurfs von 2001 mit § 292a HGB vereinbar?, in: DB, 2001, S. 877–879.

BUSSE VON COLBE, W. (2002): Geschäfts- oder Firmenwert, in: BALLWIESER, W./COENENBERG, A. G./VON WYSOCKI, K. (Hrsg.), Handwörterbuch der Rechnungslegung und Prüfung, Stuttgart 2002, Sp. 884–899.

BUSSE VON COLBE, W. (2004): Goodwill: eine unendliche Geschichte, in: BB, 2004, H. 2, S. I.

COLLEY, R. J./VOLCAN, A. G. (1988a): Accounting for Goodwill, in: Accounting Horizons, 1988, S. 35–41.

COLLEY, R. J./VOLCAN, A. G. (1988b): Business Combinations: Goodwill and Push-Down Accounting, in: The CPA Journal, 1988, H. 8, S. 74–76.

DOBLER, M. (2005): Folgebewertung des Goodwill nach IFRS 3 und IAS 36, in: PiR, 2005, S. 24–29.

EPSTEIN, R./PELLENS, B./RUHWEDEL, P. (2005): Goodwill bilanzieren und steuern, hrsg. von DELOITTE, Frankfurt/Düsseldorf 2005.

HAAKER, A. (2005): IFRS und wertorientiertes Controlling, in: KoR, 2005, S. 351–357.

HAAKER, A. (2006): Der *Value in Use* einer *Cash Generating Unit* als adäquate Basis einer wertorientierten Bereichssteuerung, in: KoR, 2006, S. 44–47.

HEIDEMANN, C. (2005): Die Kaufpreisallokation bei einem Unternehmenszusammenschluss nach IFRS 3, Düsseldorf 2005.

HEIDEN, M. (2006): Pro-forma-Berichterstattung, Berlin 2006.

HERING, T. (2006): Unternehmensbewertung, München/Wien 2006.

HERING, T./VINCENTI, A. J. F. (2004): Investitions- und finanzierungstheoretische Grundlagen des wertorientierten Controllings, in: SCHERM, E./PIETSCH, G. (Hrsg.), Controlling – Theorien und Konzeptionen, München 2004, S. 341–363.

HITZ, J.-M./KUHNER, C. (2002): Die Neuregelung zur Bilanzierung des derivativen Goodwill nach SFAS 141 und 142 auf dem Prüfstand, in: WPg, 2002, S. 273–287.

HOMMEL, M. (2001): Neue Goodwillbilanzierung – das FASB auf dem Weg zur entobjektivierten Bilanz?, in: BB, 2001, S. 1943–1949.

HOPKINS, P. E./HOUSTON, R. W./PETERS, M. F. (2000): Purchase, Pooling, and Equity Analysts' Valuation Judgments, in: The Accounting Review, 2000, S. 257–281.

HOFFMANN, W.-D. (2006): Außerplanmäßige Abschreibungen, Wertaufholung, in: LÜDENBACH, N./HOFFMANN, W.-D. (Hrsg.), Haufe IFRS-Kommentar, Freiburg et al. 2006, S. 379–448.

HÜTTEN, C./LORSON, P. (2002): Überlegungen zur neuen Goodwillbilanzierung nach SFAS 142 aus Controlling-Perspektive, in: KoR, 2002, S. 25–33.

JOHNSON, L. T./PETRONE, K. (1998): Is Goodwill an Asset?, in: Accounting Horizons, 1998, S. 293–303.

KOCH, W./WEGMANN, J. (2002): Praktiker-Handbuch Due Diligence, Stuttgart 2002.

KROLAK, T. (2000): Die bilanzielle Behandlung des aus der Kapitalkonsolidierung resultierenden Geschäfts- oder Firmenwertes nach HGB, U.S. GAAP und IAS, Düsseldorf 2000.

KÜHNE, M./SCHWEDLER, K. (2005): Geplante Änderungen der Bilanzierung von Unternehmenszusammenschlüssen, in: KoR, 2005, S. 329–338.

KÜTING, K. (2005): Geleitwort, in: WIRTH, J. (Verf.), Firmenwertbilanzierung nach IFRS, Stuttgart 2005, S. V–X.

LACHNIT, L./MÜLLER, S. (2003): Bilanzanalytische Behandlung von Geschäfts- oder Firmenwerten, in: KoR, 2003, S. 540–550.

LÜDENBACH, N. (2006): Unternehmenszusammenschlüsse, in: LÜDENBACH, N./HOFFMANN, W.-D. (Hrsg.), Haufe IFRS-Kommentar, Freiburg et al. 2006, S. 1401–1544.

LÜDENBACH, N./FROWEIN, N. (2003): Der Goodwill-Impairment-Test aus Sicht der Rechnungslegungspraxis, in: DB, 2003, S. 217–223.

MANDL, G. (2005): Zur Berücksichtigung des Risikos bei Ermittlung des Nutzungswertes gemäß IAS 36: Darstellung und Kritik, in: SCHNEIDER, D. ET AL. (Hrsg.), Kritisches zu Rechnungslegung und Kapitalmarkt, Unternehmensfinanzierung und rationale Entscheidungen, Festschrift für Theodor Siegel, Berlin 2005, S. 139–159.

MATSCHKE, M. J./BRÖSEL, G. (2006): Unternehmensbewertung, Wiesbaden 2006.

MOXTER, A. (1998): Probleme des Geschäfts- oder Firmenwerts in der höchstrichterlichen Rechtsprechung, in: MATSCHKE, M. J./SCHILDBACH, T. (Hrsg.), Unternehmensberatung und Wirtschaftsprüfung, FS für Günter Sieben, Stuttgart 1998, S. 473–481.

OLBRICH, M. (1999): Unternehmungskultur und Unternehmungswert, Wiesbaden 1999.

OLBRICH, M. (2006): Wertorientiertes Controlling auf Basis des IAS 36?, in: KoR, 2006, S. 43–44.

OLBRICH, M./BRÖSEL, G. (2006): Fair value accounting in IFRS: Diverse approaches and a plea for standardization, in: Tagungsband „The 18th Asian-Pacific Conference on International Accounting Issues", Maui (Hawai'i) 2006.

PELLENS, B./CRASSELT, N./SELLHORN, T. (2002): Bedeutung der neuen Goodwill-Bilanzierung nach US-GAAP für die wertorientierte Unternehmensführung, in: HORVÁTH, P. (Hrsg.), Performance Controlling, Stuttgart 2002, S. 131–152.

PELLENS, B./SELLHORN, T. (2001): Neue Goodwill-Bilanzierung nach US-GAAP, in: DB, 2001, S. 713–720.

PFEIL, O. P./VATER, H. J. (2002a): „Die kleine Unternehmensbewertung" oder die neuen Vorschriften zur Goodwill- und Intangible-Bilanzierung nach SFAS No. 141 und SFAS No. 142, in: KoR, 2002, S. 66–81.

PFEIL, O. P./VATER, H. J. (2002b): Neues über Goodwill und immaterielle Werte, in: Der Schweizer Treuhänder, 2002, S. 665–672 (Teil 2).

POTTGIEßER, G./VELTE, P./WEBER, S. C. (2005): Ermessensspielräume im Rahmen des Impairment-Only-Approach, in: DStR, 2005, S. 1748–1752.

RICHTER, M. (2004): Die Bewertung des Goodwill nach SFAS No. 141 und SFAS No. 142, Düsseldorf 2004.

SIEGEL, T. (2002): Zur unsinnigen Bilanzierung eines zufälligen Teils des unbekannten originären Geschäftswerts nach DRS 1a, in: DB, 2002, S. 749–751.

WAGNER, W./RUSS, W. (2002): Due Diligence, in: INSTITUT DER WIRTSCHAFTSPRÜFER (Hrsg.), Wirtschaftsprüfer-Handbuch 2002, Bd. II, Düsseldorf 2002, S. 997–1113.

WIRTH, J. (2005): Firmenwertbilanzierung nach IFRS, Stuttgart 2005.

M&A-Management – Planungsprozess- und Berichtswesenharmonisierung als zentrale Herausforderung für die Koordination in der Post-M&A-Phase

Julia Biwer, Dirk Jansen, Ali Sahin, Yvonne Rosenbaum & *Michael Häfner*

BearingPoint GmbH & Softlab GmbH

1 Einleitung 479
2 Fallstudie 480
   2.1 Hintergrund 480
   2.2 Zielsetzung des Kunden 480
   2.3 Vorgehensweise des Projektteams 482
      2.3.1 Ausgangssituation: Internes Rechnungswesen 483
      2.3.2 Ausgangssituation – Externes Rechnungswesen 484
      2.3.3 Ansatz eines harmonisierten Rechnungswesens 484
         2.3.3.1 Design des neuen Reporting 485
            2.3.3.1.1 Aspekt 1 – Einzubeziehende Bereiche 485
            2.3.3.1.2 Aspekt 2 – Ausmaß der Anpassung 486
               2.3.3.1.2.1 Eine einheitliche Datenbasis 486
               2.3.3.1.2.2 Das Kontensystem 486
               2.3.3.1.2.3 Die Auswertungsdimensionen 487
               2.3.3.1.2.4 Einheitliche Erfolgsspaltung 489
                   2.3.3.1.2.4.1 Abstimmung zwischen externem und internem Rechnungswesen 489
                   2.3.3.1.2.4.2 Abstimmung innerhalb des internen Rechnungswesens 489
            2.3.3.1.3 Aspekt 3 – Richtung der Anpassung 492
            2.3.3.1.4 Aspekt 4 – Zeitaspekt der Anpassung 493
               2.3.3.1.4.1 Struktur der Prozesse 494
               2.3.3.1.4.2 Budgetprozess 494
               2.3.3.1.4.3 Forecastprozess 495
         2.3.3.2 EDV-technische Umsetzung 495
   2.4 Ergebnisse des Projekts 496
3 Epilog / Zusammenfassung 499
Quellenverzeichnis 500

1 Einleitung

Die Dynamik auf den internationalen Märkten für Industrieprodukte und Dienstleistungen hat im letzten Jahrzehnt stark zugenommen. Zu den bekanntesten und größten Fusions- und Akquisitionsaktivitäten in den letzten Jahren zählen DaimlerChrysler, Aventis (Hoechst AG, Rhone-Poulenc), Deutsche Telekom/Telecom Italia, Deutsche Bank/Bankers Trust oder Nestlé-Schöller.

Für eine effiziente Steuerung fusionierter Unternehmen benötigt das Management in erster Linie ein Controlling, welches Planung und Kontrolle übernimmt und steuerungsrelevante Informationen für den gesamten Konzern bereitstellt. Dabei werden verschiedene Aufgabenstellungen unterschieden: Zum einen müssen Planungs- und Kontrollsysteme der Unternehmen auf die Anforderungen der Konzernleitung ausgerichtet, zum anderen die zumeist unterschiedlichen Systeme der einzelnen Beteiligungen harmonisiert werden.

Bei Integrationsprozessen stellen der Planungsprozess und die Berichtwesenharmonisierung als kritische Faktoren bei der Akquisition von Beteiligungen in der Praxis besondere Herausforderungen dar. So sind Reporting-Strukturen oft unterschiedlich und harmonisierungsbedürftig. Nach der Übernahme gilt es, die existenten Reporting-Strukturen schnell und kostenoptimiert an die vorgegebenen Strukturen des jeweiligen Mutterkonzerns anzupassen. Das Controlling übernimmt dabei die Ausgestaltung von Planungs- und Kontrollsystemen und greift dabei auf Informationssysteme zurück, die die relevanten Informationen (Ausgangsdaten, Rahmenbedingungen et cetera) vorhalten. Kontrollsysteme stehen hier in engem Zusammenhang mit Planungssystemen. Eine Kontrolle ohne Planung ist nicht möglich, da keine Sollvorgaben bestehen. Der Erfolg einer Planung wiederum kann nicht ohne definierte Kontrollinformationen gemessen werden. Der Aufbau eines Planungssystems folgt einheitlichen Prinzipien und umfasst dabei mehr als die Planungstätigkeit als solche. Zu beachten ist die Gesamtheit von Teilplanungen, Planungsträgern, Prozessen und ihrer Beziehungen zueinander. Zu den Aufgaben eines Planungs- und Kontrollsystems zählen somit neben der Sicherstellung der Zielorientierung auch die Risikoerkennung und die Abbildung von Zusammenhängen und Abhängigkeiten verschiedener Planungsvorhaben.

Ohne ein harmonisiertes Berichtswesen und koordinierte Planungsprozesse sind weder eine zielgerichtete Beteiligungssteuerung noch eine Kontrolle, ob die mit der Akquisition angestrebten Ziele erreicht werden, möglich. Genau diese zentrale Fragestellung wird jedoch häufig bei Zusammenschlüssen unterschätzt. Der Integration von Rechnungswesen und Controlling wird zu wenig Aufmerksamkeit gewidmet. Die häufig angetroffene alleinige Betrachtung unter Synergieaspekten ist nicht ausreichend.

Im folgenden Beitrag wird die Bedeutung eines harmonisierten Planungsprozesses und Berichtswesens in der Post-M&A-Phase untersucht und anhand einer Fallstudie aus der Praxis eingehend erläutert.

2 Fallstudie

Als Grundlage der vorliegenden Fallstudie dient ein von BearingPoint durchgeführtes Projekt, das ein Beispiel für die praktische Umsetzung einer Planungsprozess- und Berichtswesenharmonisierung liefert.

2.1 Hintergrund

Der Kunde ist ein führendes deutsches Unternehmen der Nahrungsmittelindustrie (im Folgenden „Tochter" beziehungsweise „Tochtergesellschaft" genannt), das im Rahmen seiner europäischen Wachstumsstrategie von einem europäischen Nahrungsmittelkonzern (im Folgenden „Mutterkonzern" genannt) akquiriert wurde.

Die BearingPoint GmbH wurde durch das Tochterunternehmen beauftragt, eine Harmonisierung des internen und externen Rechnungswesens durchzuführen und die Planungsprozesse anzupassen. Den zentralen Anstoß für dieses Projekt lieferte die Akquisition durch den neuen Mutterkonzern.

2.2 Zielsetzung des Kunden

Das Projekt umfasste einen Zeitraum von drei Jahren. Die Hauptaufgaben des Projekts, in denen jeweils der Aspekt der Harmonisierung von internem und externem Rechnungswesen eine Rolle spielte, waren:

- Überleitung des Legal Reporting von Handelsgesetzbuch (HGB) auf International Financial Reporting Standards (IFRS)
- Harmonisierung des externen und internen Rechnungswesens
- Harmonisierung der Inhalte und Definitionen zwischen den Teilkonzernen und der Muttergesellschaft (horizontale und vertikale Harmonisierung)
- Einführung einer neuen Unternehmenssteuerung:
  - Überarbeitung und Ergänzung bestehender Berichte (inhaltlich)
  - Entwicklung einer einheitlichen Struktur von Berichten
  - Klärung der abzubildenden Berichtsdimensionen
- Einführung eines Group Chart of Accounts[1] (CoA) auf Gesamtkonzernebene
- Neuausrichtung der relevanten Finanzprozesse (Budget, Forecast, Closing) und Erarbeitung neuer Terminpläne
- Neugestaltung der Investitionsplanung (Capital Expenditure (CAPEX))

---

[1] Als „Group Chart of Account" wird ein Kontenrahmen bezeichnet, der auf Konzernebene für alle Geschäftsbereiche im Einsatz ist.

- Konzipierung und Einführung einer Standardkostenrechnung
- Einführung eines Reporting- und Konsolidierungssystems SAP BW/SEM 3.2 für den gesamten Tochterkonzern

Zur Umsetzung dieser Aufgaben wurden drei Projektteams gebildet (Management, Legal und IT), die sich zu gleichen Teilen aus Mitarbeitern der Tochtergesellschaft und BearingPoint zusammensetzen. Die Hauptverantwortung auf Seiten des Kunden lag beim Chief Financial Officer (CFO) der Muttergesellschaft.

Das Management-Projektteam beschäftigte sich mit der Aufnahme der Ist-Situation des internen Rechnungswesens. Hierbei wurden folgende Elemente betrachtet:

- Inhalte: Welche Berichte sind wo im Einsatz?
- Prozesse: Wie gestalten sich die Prozesse – zum Beispiel der Budgetprozess – innerhalb des Unternehmens?
- Systeme: Welche Systeme innerhalb des Rechnungswesens sind im Einsatz und welche Aufgaben übernehmen sie?

Das Management-Projektteam führte eine Analyse der Ist-Situation des Management-Reportings durch. Es entwickelte auf dieser Grundlage ein Konzept der einheitlichen Erfolgsspaltung im internen Reporting und überarbeitete die Prozesse des Rechnungswesens. Zusammen mit dem Legal-Projektteam wurde ein Konzept der Harmonisierung von internem und externem Rechnungswesen entwickelt und umgesetzt.

Das Legal-Projektteam beschäftigte sich darüber hinaus mit einer Umstellung der Rechnungslegung von HGB auf IFRS und stellte den neuen Group-CoA auf. Im Rahmen der Gestaltung dieses Group-CoAs müssen Vorgaben des neuen Rechnungslegungsstandards IFRS und Anforderungen des Mutterkonzerns als Berichtsempfänger berücksichtigt werden.

Das IT-Projektteam beschäftigte sich mit der Analyse aller bestehenden Systeme des Rechnungswesens und einer Überführung der alten Systeme in das neu aufzubauende System. Hierbei kam diesem Team als IT-spezifische Wissensträger eine besondere Bedeutung bei der Auswahl des zukünftigen IT-Systems zu.

Neben den Anforderungen, die sich aus der Ist-Analyse für die Ausgestaltung des zukünftigen Rechnungswesens ergaben, bestimmten generelle Richtlinien die Ausgestaltung. Diese Anforderungen ließen sich unterteilen in solche Richtlinien, die jeweils für das Management- und das Legal Reporting speziell gelten, und gemeinsame die Harmonisierung betreffende Richtlinien.

Bezüglich der Richtlinien des Legal Reporting stand die Übereinstimmung mit IFRS an oberster Stelle. Die Anforderungen der IFRS sollten zu 100 % umgesetzt werden. Eine Orientierung an IFRS bestimmte entsprechend die Gestaltung des Kontenrahmens auf Gruppenebene (Group-CoA), die Bilanzierungspraxis (Accounting Policies) und die Definitionen der einzelnen Buchungskonten (Accounting Definitions). In den Bereichen, in denen IFRS Freiräume zur Ausgestaltung bot, sollte den Anforderungen des Mutterkonzerns (relevante Inhalte und Struktur) und den Anforderungen, die eine Harmonisierung des Rechnungswesens ermöglichen, entsprochen werden. Um eine Harmonisierung zu gewährleisten, waren Anforderungen des Management-Reportings zu berücksichtigen. So wird zum Beispiel der Kontenrahmen in der Buchungsebene um steuerungsrelevante Dimensionen ergänzt.

Für das Management-Reporting war die Richtlinie einer möglichst hohen Vergleichbarkeit zwischen den Berichten von Tochtergesellschaft und Mutterkonzern anhand einer einheitlichen Struktur der Management-GuV ausschlaggebend. Um eine einheitliche Sprache innerhalb des Rechnungswesens zwischen Tochterunternehmen und Mutterkonzern sicherzustellen, mussten die Inhalte der Berichte beziehungsweise bestimmte Positionen in ihren Definitionen übereinstimmen oder eine Überleitung zwischen Berichtspositionen ermöglicht werden. Außerdem war eine Orientierung an den Anforderungen des Mutterkonzerns zwecks einer Abbildung entscheidungsrelevanter Auswertungsdimensionen, zum Beispiel nach Kundengruppen, erforderlich, um die neu akquirierten Geschäftsbereiche mit bestehenden vergleichbar zu machen. Ferner war darauf zu achten, dass Berichten und Prozessschritten eine klar erkennbare Management-Verantwortung zugeordnet wurde.

Die Richtlinien, die im Speziellen die Harmonisierung von internem und externem Rechnungswesen betrafen, schreiben einheitliche Definitionen für Positionen der Erfolgsspaltung von internem und externem Rechnungswesen (externes Income Statement und interne Management-GuV) vor. Das Projekt sollte sich indes ausschließlich mit der Neugestaltung und Harmonisierung des Rechnungswesens auf Konzernebene befassen.

2.3 Vorgehensweise des Projektteams

Den Ausgangspunkt für das Projekt bildete über einen Zeitraum der ersten drei Monate die Ist-Analyse. Sie stellte sicher, dass alle Bereiche des Rechnungswesens realitätsgetreu aufgenommen wurden und das Projektteam einen Einblick in Unternehmensstrukturen und deren Kultur gewann. Im Mittelpunkt der Ist-Analyse stand die Durchführung von 35 Interviews auf Konzern- und operativer Ebene durch das Management-Projektteam. Die Interviews dienten dazu, einen generellen Überblick über die Unternehmensorganisation mit ihren Berichtsflüssen und Verantwortlichkeiten zu gewinnen. Jeder Interviewpartner wurde hierzu gebeten, sämtliche Berichte zu nennen, die entweder von ihm erstellt oder empfangen werden. Darüber sollte er die Wichtigkeit der Berichte einschätzen sowie konkrete Veränderungswünsche und Anforderungen an das zukünftige Berichtswesen nennen.

Das Legal-Projektteam untersuchte in der Phase der Ist-Analyse die Rechnungslegungsgrundsätze des Mutterkonzerns, um Entscheidungen über die Ausgestaltung der durch IFRS gewährten Freiräume in der externen Rechnungslegung der Tochter zu treffen beziehungsweise diese dem Mutterkonzern anzupassen. Hierbei stand die Prämisse an erster Stelle, die Anforderungen des IFRS innerhalb des externen Rechnungswesens vollständig zu erfüllen. Ferner wurde analysiert, inwieweit Anforderungen des Management-Reportings von Legal-Seite aus unterstützt werden können.

Eine genaue Analyse der Ist-Situation des internen und externen Rechnungswesens zur Ableitung von Implikationen für eine Harmonisierung wird im Folgenden dargestellt.

2.3.1 Ausgangssituation: Internes Rechnungswesen

Insgesamt wurden innerhalb der Organisation monatlich 58 Berichte produziert, die zum Zwecke der internen Steuerung direkt an den Vorstand gingen. Diese Berichte teilen sich in zwei Berichtsmappen. Innerhalb der ersten zehn Tage des Monats erreichte den Vorstand eine kurze Berichtsmappe mit den wichtigsten Kennzahlen (Net Sales, Earnings Before Interest and Taxes [EBIT] und Earning Before Interest, Taxes, Depreciation and Amortization [EBITDA]). Mitte des Monats wurde diese knappe Berichtsmappe durch eine umfangreichere ergänzt, die neben den bereits erwähnten Kennzahlen eine Zusammenstellung weiterer Management-Berichte beinhaltete. Diese zwei Berichtsmappen wurden vom Konzern-Controlling zusammengestellt und an die Bereichsvorstände gesandt. Darüber hinaus gab es einen direkten Berichtsvorgang von zwei Teilkonzernen an die verantwortlichen Vorstände ohne eine Verarbeitung des Konzern-Controllings. Zusätzliche Berichte wurden innerhalb der Teilkonzerne zum Zwecke der internen Steuerung erstellt. Sie verließen den Teilkonzern nicht.

Nach einer eingehenden Analyse der im Gebrauch befindlichen Berichte des internen Rechnungswesens war festzustellen, dass diese in Umfang, Struktur und Definitionen voneinander abweichen:

- ➢ Relevante Größen aus der operativen Ebene wurden nicht an den Konzern weitergeleitet. Hierzu gehörten Marketing- und Vertriebsinformationen. Informationen über Produktionsstätten und Logistikprozesse der Hauptgeschäftsfelder wurden entweder überhaupt nicht oder in unterschiedlicher Darstellungsform an den Konzern weitergeleitet.

- ➢ Strukturen und Definitionen der Berichte des internen Rechnungswesens wichen untereinander ab und entsprachen nicht den Vorgaben des Mutterkonzerns.

- ➢ Kostenpositionen wie Marketing- und Logistikkosten wurden nur vereinzelt auf entscheidende Dimensionsebenen wie Marke oder Produkt bei den Marketingkosten und die Produkt- und Kundenebene bei den Logistikkosten aufgeschlüsselt. Dies wurde vor allem dadurch verursacht, dass die Reporting-Dimensionen der einzelnen Geschäftsbereiche in ihren Definitionen voneinander abwichen. Somit konnten keine Vergleiche der verschiedenen Geschäftsbereiche auf einer Analyseebene durchführt werden. Dies reduzierte das Betrachtungsspektrum der Kostenrechnung beträchtlich.

- ➢ Ergebnisgrößen verschiedener Geschäftsbereiche wurden in unterschiedlicher Form weitergeleitet. So stützte sich das Reporting des einen Geschäftsbereichs auf Deckungsbeiträge, wohingegen der andere Geschäftsbereich keine Deckungsbeitragsrechnung (DB-Rechnung) verwendete.

- ➢ Darüber hinaus fand kein Einbezug nichtfinanzieller Kennzahlen wie Markt- und Benchmarkdaten innerhalb des internen Rechnungswesens statt.

Was das Selbstverständnis der Finanzabteilung auf Konzernebene betraf, war dieses sehr auf die Datensammlung und -weiterleitung fokussiert. Die Daten wurden nach der Sammlung gebündelt und in die Struktur gebracht, in der sie an die Entscheidungsträger auf Vorstandsebene gesandt wurden. Ein Selbstverständnis als ökonomischer Navigator und Begleiter bei der

Formulierung, Vereinbarung und Verfolgung der geplanten Ziele mit einer stärkeren Fokussierung auf eine Datenanalyse und Strategieentwicklung war nicht vorhanden.

Parallel zu den Inhalten des internen Rechnungswesens, das heißt den Berichten, wurden durch das Management-Projektteam auch die Forecast- und Budgetprozesse analysiert. Da die Prozessbetrachtung für den Aspekt der Harmonisierung des Rechnungswesens von untergeordneter Bedeutung ist, soll das Augenmerk im weiteren Verlauf lediglich auf dem Erfassen des Status quo und auf die neue Struktur der Prozesse gelegt werden. Konzernweiten Leitlinien mit Vorgaben bezüglich Struktur und Definitionen für die Gestaltung der Budget- und Forecastprozesse von den Teilkonzernen wurden unterschiedlich umgesetzt. Ferner gab es für die Prozesse keine konzernübergreifenden IT-Systeme, die eine einheitliche Darstellung der Daten gewährleisten und automatische Schnittstellen zum Datentransport bereitstellten.

Bezüglich der EDV-Landschaft ist anzumerken, dass innerhalb der einzelnen Geschäftseinheiten unterschiedliche IT-Systeme die Finanzprozesse begleiteten. Zum Zwecke der Konsolidierung wurden die Management-Reporting-Daten manuell an die Konzernebene weitergeleitet. Das IT-System auf Konzernebene konnte lediglich eingeschränkt verschiedene Analyseebenen der Berichte darstellen und erschwerte damit eine Unternehmenssteuerung auf Grundlage spezifischer Informationen zum Beispiel auf Produkt-, Marken- oder Kundengruppen. Externes und internes Rechnungswesen basierten auf voneinander getrennten IT-Systemen.

2.3.2 Ausgangssituation – Externes Rechnungswesen

Im externen Rechnungswesen, das heißt im Legal Reporting, fand die Abschlusserstellung bisher gemäß den Bestimmungen des HGBs jährlich in Form einer Konzernbilanz, einer Konzern-GuV, einem Konzernanhang einschließlich Kapitalflussrechnung und Segmentberichterstattung (Gesetz zur Kontrolle und Transparenz im Unternehmensbereich [KonTraG 1998]) und einem Konzernlagebericht statt. Darüber hinaus wurde ein im Umfang reduzierter Quartalsabschluss gemäß Bestimmungen der Deutschen Börse veröffentlicht. Der angewandte Rech-nungslegungsstandard orientierte sich an den Anforderungen des HGBs. Der Konsolidierungs-prozess der Jahresabschlusserstellung nahm vor dem Projekt einen Zeitraum von etwa 20 Werk-tagen in Anspruch.

Mehrere externe Einflüsse mussten bei der Ausgestaltung des externen Rechnungswesens beachtet werden:

Es war zu vermuten, dass die Tochtergesellschaft durch einen Squeeze-Out der restlichen Kleinaktionäre in Zukunft nicht mehr an der deutschen Börse gelistet sein würde, was mit einer Reduktion der Publizitätsanforderungen einhergehen würde.

2.3.3 Ansatz eines harmonisierten Rechnungswesens

Berichte des internen und externen Rechnungswesens wichen in Inhalt, Struktur und Definitionen voneinander ab. Dies bedeutet, dass die veröffentlichten Zahlen nicht die waren, nach denen eine betriebliche Steuerung des Unternehmens erfolgte. Ferner fand eine Überleitung von Zwischenergebnissen des Income Statements und der Management-GuV nicht statt. Damit waren die Charakteristiken eines Zweikreissystems des Rechnungswesens erfüllt: Es existierten zwei voneinander getrennte Rechnungskreise, die lediglich in ihrem Endergebnis abgestimmt wurden, beide wurden getrennt und unterschiedlich häufig abgeschlossen und lieferten Informationen auf unterschiedlichen Auswertungsebenen. Darüber hinaus war eine einheitliche Datenbasis nicht gewährleistet. Daten der einzelnen Geschäftsbereiche wurden manuell an den Konzern weitergeleitet. Damit hatte das Konzern-Controlling keinen Zugriff auf tagesgenaue und detaillierte Buchungsdaten der Gesellschaften.

2.3.3.1 Design des neuen Reporting

Die Vorstellung des entwickelten Konzepts für ein harmonisiertes Rechnungswesen orientiert sich an folgenden strategischen Betrachtungsaspekten:

- Einzubeziehende Bereiche
- Ausmaß der Anpassung
- Richtung der Anpassung
- Zeitaspekt

Um einen umfassenden Überblick über das Projekt zu geben, werden diese vier Betrachtungsaspekte der Harmonisierung im Folgenden detailliert dargestellt.

2.3.3.1.1 Aspekt 1 – Einzubeziehende Bereiche

In der Praxis muss die Zahlungsbemessungsfunktion (Handelsbilanz I) aus dem Harmonisierungsbereich ausgeklammert werden, weil in Deutschland innerhalb des Einzelabschlusses, welcher als Grundlage für die Besteuerung dient, unterschiedliche Wertansätze und Größen im Vergleich zum harmonisierten Bereich des Rechnungswesens verwendet werden. Diese einer Harmonisierung entgegenstehende Wertansätze sind zwingend nach den Vorschriften des HGBs und des deutschen Steuerrechts anzuwenden und somit unumgänglich.

Im Rahmen der Kosten- und Leistungsrechnung müssen fallspezifische, auf Planungsprobleme ausgerichtete Rechnungen aus dem harmonisierten Bereich des Rechnungswesens ausgeklammert werden. Hierzu gehören Investitionsrechnungen, Produktionsprogrammentscheidungen, Preiskalkulationen, Preisentscheidungen wie die Bestimmung von Preisuntergrenzen und strategische Entscheidungen. Die Bereiche der Harmonisierung umfassen somit die Budgetrechnungen, die Kontrollrechnungen (Handelsbilanz II, Konzernbilanz und die interne Erfolgsrechnung [Betriebsergebnisrechnung]), sowie die Verhaltenssteuerungsrechnungen. Unter dem Aspekt der Verhaltenssteuerungsrechnungen wird die Darstellung der internen Erfolgsrechnung nach unterschiedlichen Analyseebenen wie zum Beispiel Verantwortungsbereichen oder Produktlinien verstanden.

Innerhalb des internen Rechnungswesens wurde im Rahmen der Ist-Analyse ein erheblicher Handlungsbedarf erkannt. Berichte wichen in Umfang, Struktur und Definitionen voneinander ab, Systeme und Prozesse waren nicht standardisiert. Aus diesem Grund legte das Projekt zunächst ein Augenmerk auf die Harmonisierung des internen Rechnungswesens über alle Teilkonzerne sowie zwischen der neuen Tochter und dem neuen Mutterkonzern. Eine einheitliche Sprache zu Inhalten, Prozessen und Systemen innerhalb des internen Rechnungswesens zu nutzen, ermöglicht es einem Unternehmen erst, die Herausforderung einer umfassenden Harmonisierung des Rechnungswesens anzugehen. Es ist leicht vorstellbar, mit welchen vielfältigen Problemen ein Unternehmen konfrontiert wäre, sollte es eine Harmonisierung ohne vorherige „Vorbereitung" der einzelnen Teilbereiche anstreben.

2.3.3.1.2 Aspekt 2 – Ausmaß der Anpassung

Das Ausmaß der Harmonisierung soll klären, wie groß die Übereinstimmung von internem und externem Rechnungswesen nach Abschluss des Projekts sein wird. Eine 100 %-ige Übereinstimmung in Berichtsobjekten, Wertansätzen, Gliederungen und Zielgrößen kann dabei von vornherein aufgrund unterschiedlicher Zweckbereiche des internen und externen Rechnungswesens ausgeschlossen werden. Um einen Überblick über das Ausmaß der Harmonisierung innerhalb des Projekts zu bekommen, ist es erforderlich, vier Hauptausgestaltungsmerkmale innerhalb des Anpassungsausmaßes beim Tochterkonzern zu untersuchen. Dies sind:

➢ Eine einheitliche Datenbasis
➢ Das Kontensystem
➢ Auswertungsdimensionen
➢ Eine einheitliche Erfolgsspaltung.

2.3.3.1.2.1 Eine einheitliche Datenbasis

Sowohl die externe Finanzbuchhaltung als auch die interne Betriebsbuchhaltung sollten auf einer zweckneutral erfassten Datenbasis, einer Grundrechnung, basieren, die auf einem Kontenrahmen aufbaut. Angestrebtes Ziel des Projekts war es, die einheitliche Datenbasis und damit auch den Kontenrahmen auf Reporting-Ebene, das heißt Konzernebene, auf IFRS auszurichten. Damit wären keine Überleitungsrechnungen zwischen den verschiedenen Rechnungslegungsstandards von Tochtergesellschaft und Mutterkonzern mehr erforderlich. Berichte an den Mutterkonzern könnten somit ohne vorherige Anpassung an internationale Rechnungslegungsstandards schnell und möglicherweise sogar über Systemschnittstellen übermittelt werden. Gespeist wurde die einheitliche Datenbasis durch die Buchungsinformationen der dezentralen Einheiten, deren Kontenplan sich jedoch weiterhin an den Vorgaben des HGBs orientiert. Die HGB-Buchungsdaten wurden in die einheitliche Datenbasis überführt, indem sie systembasiert an die Standards der IFRS angepasst wurden. Eine solche zweckneutrale Datenbasis bietet die Grundlage für Berichte des internen Reportings (wie Management-GuV, Gewinnabweichungsanalysen, Produktionsberichte) und des externen Rechnungswesens (wie Income Statement, Bilanz und Kapitalflussrechnung).

2.3.3.1.2.2 Das Kontensystem

Ein Kontenrahmen oder CoA ist eine Übersicht aller im Rechnungswesen vorhandenen Buchungskonten. Er wurde differenziert nach Branchen entwickelt und bietet ein systematisches Ordnungsgerüst zur Darstellung aller Geschäftsvorfälle. Er hat somit Empfehlungscharakter. Die unternehmensspezifische Anpassung dieses Kontenrahmens, das heißt die tatsächlich von den einzelnen Gesellschaften für Buchungen verwendeten Kontenübersicht wird als Kontenplan bezeichnet. Die gebuchten Geschäftsvorfälle in den Teilkonzernen können durch das IT-System automatisch von der Gesellschaftsebene in die Konzernebene überführt werden. Hierbei werden die CoAs der national voneinander abweichenden Buchungskontenpläne (Posting CoA) auf Konzernebene in einen Berichtskontenrahmen überführt.

Eine Harmonisierung des internen und externen Rechnungswesens setzt einen einheitlichen Kontenrahmen voraus. Dieser muss zuverlässige Daten für die Finanzbuchführung (externes Rechnungswesen) und Betriebsbuchführung (internes Rechnungswesen, Kosten- und Leistungsrechnung) liefern und darüber hinaus zwischen Tochter- und Mutterkonzern abgestimmt werden. Hierbei stand der Wunsch des Mutterkonzerns im Mittelpunkt, nach Abschluss des Projekts lediglich ein konzernübergreifendes Kontensystem einzusetzen. Dabei erläutert heute ein länderübergreifendes Accounting Manual die einheitliche Struktur und Definition der Konten, um ihre einheitliche Benutzung sicherzustellen. Es wurde angestrebt, dieses vom Mutterkonzern aus zentral zu verwalten.

Im vorgestellten Harmonisierungsprojekt wurde die Umsetzung eines ergänzten Einkreissystems verfolgt. Alle Geschäftsvorfälle wurden über die Buchungskontenpläne der Teilkonzerne in den konzernweiten Berichtskontenrahmen überführt. Dieser bildet eine einheitliche Datenbasis, die alle Geschäftsvorfälle einheitlich nach den Vorgaben der IFRS bewertet. Diese Datenbasis kommt primär den Anforderungen der IFRS nach, berücksichtigt jedoch auch gleichzeitig die Anforderungen des internen Rechnungswesens. Diese Management-Anforderungen (wie zum Beispiel die Auswertung nach Produkt- oder Kundengruppen) werden im IFRS-Kontenrahmen entweder durch zusätzliche Line Items (Positionen des Kontenrahmens) oder durch zusätzliche Informationsangaben bei den Buchungen, wie zum Beispiel die Angabe des Kunden, mit dem bestimmte Umsätze realisiert wurden, berücksichtigt. Die so gewonnenen Zusatzinformationen über die Buchungen werden im System hinterlegt und sind in Form von Nebenrechnungen jederzeit abrufbar. Somit können sämtliche Anforderungen des Management-Reportings bei der Gestaltung des Berichtskontenrahmens berücksichtigt werden.

Auf Basis einer einheitlichen Datenbasis erlaubt es das IT-System, Auswertungen für das externe Rechnungswesen (zum Beispiel: Income Statement) und für das interne Rechnungswesen (zum Beispiel: DB-Rechnung) unabhängig voneinander durchzuführen. Somit kann das Einkreissystem mit einem einheitlichen Kontenrahmen nach bestimmten Zwecken jederzeit uneinheitlich abgeschlossen werden.

2.3.3.1.2.3 Die Auswertungsdimensionen

Mit dem Begriff Dimension werden die unterschiedlichen Ebenen bezeichnet, auf die Management-Daten herunter gebrochen oder aggregiert werden können. Ihre Zielsetzung ist es, als Berichtsobjekte zu fungieren. Eine Darstellung der Management-Berichte auf unterschiedlich detaillierten Analyseebenen ist für eine interne Steuerung von erheblicher Bedeutung. So können zum Beispiel Absatzinformationen über eine Produktgruppe wichtig für die Entscheidung über den Ausbau dieser Produktgruppe sein. Aufgrund dieser Relevanz müssen Auswertungsdimensionen in einem harmonisierten Rechnungswesen berücksichtigt werden. Sie nehmen direkten Einfluss auf die Gestaltung des Kontensystems, weil diese Informationen innerhalb der einheitlichen Datenbasis bei der Buchung von Geschäftsvorfällen miterfasst werden müssen.

Das Management-Projektteam identifizierte nach Abstimmung mit den Entscheidungsträgern innerhalb des Unternehmens und nach Abstimmung mit Vorgaben des Mutterkonzerns sechs relevante Berichtsdimensionen. Diese Dimensionen unterteilen sich in mehrere Ausprägungen, genannt „Analyseobjekte". Die Definition dieser Analyseobjekte orientiert sich an den Bedürfnissen der einzelnen Geschäftsbereiche bezüglich relevanter Steuerungsgrößen und berücksichtigt darüber hinaus die vom Mutterkonzern geforderten, für ihre Auswertungen relevanten Dimensionsparameter.

Die einzelnen Ausprägungen der jeweiligen Analyseobjekte bewegen sich auf der tiefsten Ebene zwischen 10.000 (Product Dimension) und 30.000 (Client Dimension) Einheiten.

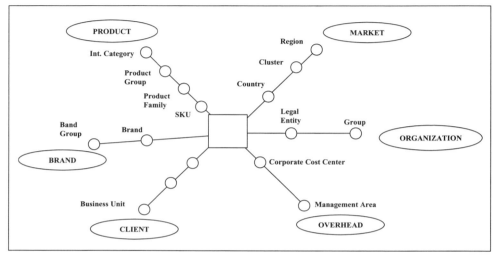

Abbildung 1:   Beispielhafte Darstellung der Berichtsdimensionen und Analyseobjekte

Der Dimension Client kommt in den Abbildungsdimensionen eine besondere Bedeutung zu, weil hier in höchster Ausprägungsebene, den Business Units, eine direkte Vorstandsverantwortung vorzufinden ist.

Die Steuerung des Unternehmens sollte in Zukunft von der Ebene der Legal Entity (den kleinsten gesellschaftlich selbstständigen Einheiten) Abstand nehmen und sich auf die Steuerung an den identifizierten Dimensionen, insbesondere der Kunden- und Produktgruppen orientieren. Um eine Steuerung nach identifizierten Analyseobjekten zu ermöglichen, ergibt sich die Herausforderung, die momentanen lokalen Kostenstellenstrukturen an diese Dimensionssicht anzupassen. Dieser Prozess wird als „Mapping" (Zuordnung) bezeichnet. Hierbei werden zum Beispiel in der Dimension Product die vorhandenen Stock Keeping Units (SKUs) den identifizierten, höheren Analyseobjekten zugeordnet. Jede SKU beschreibt dabei die kleinste umsatzrelevante Verkaufseinheit. Diese muss der Produktfamilie, der Produktgruppe und der internationalen Kategorie zugeordnet werden. Letztere entspricht branchenspezifischen Vorgaben und macht eine Vergleichbarkeit der Ergebnisse zwischen Tochtergesellschaft, Mutterkonzern und relevanten Wettbewerbern möglich. Im selben Arbeitsschritt wird jede SKU außerdem den Analyseobjekten der Dimension Brand (Marke) zugeordnet.

2.3.3.1.2.4 Einheitliche Erfolgsspaltung

Das durch das Projekt realisierte, einheitliche Erfolgsspaltungskonzept bezieht sich einerseits auf die Abstimmung der Erfolgsspaltung zwischen internem und externem Rechnungswesen und andererseits auf die Abstimmung der Erfolgsspaltung innerhalb des internen Rechnungswesens.

2.3.3.1.2.4.1 Abstimmung zwischen externem und internem Rechnungswesen

Im Rahmen des Projekts sollten nicht nur die Ergebnisse der Erfolgsrechnungen nach Abschluss der beiden Rechnungskreise abgestimmt werden, sondern eine Abstimmung innerhalb der Erfolgsspaltung nach Lines of Reference (LoR) stattfinden. Als LoR werden die Positionen zwischen Income Statement und Management-GuV bezeichnet, die identische Größen aufweisen. Überleitungsrechnungen zwischen Income Statement und Management-GuV sind folglich nicht mehr nötig. Die Positionen Net Sales und EBIT wurden für die Tochter als geeignete LoR identifiziert. Zwischen diesen beiden Positionen kann es innerhalb des Income Statements und der Management-GuV zu unterschiedlichen Verrechnungen von Positionen kommen. Diese entstehen, weil die Erfolgsspaltungen unterschiedlichen Vorgaben (IFRS, die Vorgaben vom Mutterkonzern und interne Management-Anforderungen) entsprechen müssen.

Wie bereits angesprochen, ist eine Vereinheitlichung der Erfolgsspaltung innerhalb des internen Rechnungswesens eine wichtige Voraussetzung, um eine Harmonisierung von internem und externem Rechnungswesen zu ermöglichen. Ein Erfolgsspaltungskonzept im internen Rechnungswesen über alle Geschäftsbereiche war bei der Tochtergesellschaft zum damaligen Zeitpunkt noch nicht im Einsatz. Im Folgenden wird auf die Entwicklung einer einheitlichen Management-GuV als Lösung dieses Problems im Rahmen des Projekts eingegangen.

2.3.3.1.2.4.2 Abstimmung innerhalb des internen Rechnungswesens

Innerhalb des internen Rechnungswesens wurden die Harmonisierungsbestrebungen betreffend der Erfolgsspaltung in eine horizontale und eine vertikale Harmonisierung unterteilt. Hierbei beschrieb die horizontale Harmonisierung alle Konzepte, die eine Vereinheitlichung der Definitionen der Erfolgsspaltung (Management-GuV) über alle Teilkonzerne unterstützen. Grundlage dieser Bestrebung waren Ergebnisse aus der Ist-Analyse, die belegten, dass in Teilkonzernen unterschiedliche Definitionen für scheinbar gleiche Positionen und voneinander abweichende Strukturen der Management-GuV existierten. Eine Vereinheitlichung dieser Definitionen und Strukturen ist die Grundlage für ein einheitliches internes Management-Reporting.

Die vertikale Harmonisierung beschreibt die Harmonisierung zwischen der neuen Tochtergesellschaft und dem Mutterkonzern innerhalb der Management-GuV. Hierbei standen die Vorgaben der Mutter-Holding bezüglich der von ihr verwendeten Struktur und Definitionen der GuV im Mittelpunkt der Betrachtung. Die Management-GuV der zwei Gesellschaften wurden in ihren Definitionen auf allen Ebenen abgestimmt. Ein besonderes Augenmerk galt dabei dem Umsatz, den Deckungsbeiträgen und dem Betriebsergebnis. Die heute monatlich von der Tochter an den Mutterkonzern gesandte GuV bietet somit die Möglichkeit eines direkten Vergleichs der Zahlen mit denen des Mutterkonzerns und bietet eine zuverlässige Basis für Zwecke der Geschäftssteuerung.

Innerhalb des Projektteams und nach Abstimmung mit den Entscheidungsträgern des Unternehmens fiel der Entschluss, zu Zwecken der internen Unternehmenssteuerung eine stufenweise DB-Rechnung einzuführen. Die stufenweise DB-Rechnung bietet den Vorteil, dass Kostenpositionen verursachungsgerecht unterschiedlichen Analyseebenen, wie Produkt-, Kundengruppen oder Unternehmensbereichen zugeordnet werden können. Hierbei findet eine möglichst detaillierte Aufspaltung der Kostenblöcke statt.²

Die für die neue Tochtergesellschaft entwickelte stufenweise DB-Rechnung (als Management-GuV bezeichnet) umfasst drei Deckungsbeiträge:

➢ Der Gross Margin (DB I), nach Abzug folgender Kosten von den Nettoumsatzerlösen (Net Sales):

  ➢ Herstellkosten (Standard Costs Of Goods Sold (COGS))

  ➢ Abweichungen zwischen Standard COGS und tatsächlichen Kosten

  ➢ Sonstige Produktkosten

  ➢ Herstellkosten, die in den Standard COGS noch nicht enthalten sind

➢ Der Delivery Margin (DB II), nach Abzug der Transport-, Lager-, Lieferungs- und Logistikgemeinkosten vom Gross Margin

➢ Der Product Margin (DB III) nach Abzug der folgenden Kosten vom Delivery Margin:

  ➢ Vergütungen für Händler und Vertriebspartner

  ➢ Vertriebskosten der angestellten Außendienstmitarbeiter

  ➢ Vertriebsgemeinkosten

  ➢ Marketingkosten

  ➢ Produktentwicklungskosten

  ➢ Sonstiger betrieblicher Aufwand und Ertrag

Darüber hinaus können der Client Margin und der Contribution Margin in separaten Berichten, die sich in Umfang und Aufbau von der Management-GuV unterscheiden, ermittelt werden.

---

[2] Vgl. *WÖHE* (1996), S. 1317 ff., und *EISELE* (2002), S. 753 f.

Folgende Abbildung zeigt die neue, einheitliche Struktur der Erfolgsrechnung anhand der Management-GuV:

> **Volumes**
> **Gross Sales (Bruttoerlös)**
> ./.Erlösschmälerungen
> **Net Sales (Nettoerlös)**
> ./.Standard COGS
> ./.Abweichungen
> ./.Sonstige Produktkosten
> ./.Sonstige Herstellkosten
> **Gross Margin (DB I)**
> ./. Logistikkosten
> **Delivery Margin (DB II)**
> ./. Vertriebskosten
> ./.Marketingkosten
> ./.Produktentwicklungskosten
> ./.Andere Aufwendungen und Erträge
> **Product Margin (DB III)**
> ./. Forschungs- und Entwicklungskosten
> ./. Finanz-, Personal- und IT- Kosten
> ./.Konzernkosten
> ./. Andere Aufwendungen und Erträge
> **EBITA**
> Amortization
> **EBIT**

Abbildung 2: Management-GuV[3]

Nach der Definition der relevanten Reporting-Dimensionen war es nun notwendig, die Berichtsebene für alle Analyseobjekte zu definieren. Hier stellte sich die Frage, inwieweit das Unternehmen die Kosten entsprechend zuordnen kann beziehungsweise inwieweit diese Aufspaltung Sinn hat. In der Regel können alle Analyseobjekte bis zur Ebene des Product Margins heruntergebrochen werden. Dies bedeutet, dass Berichte zum Beispiel über einzelne Kunden in Form der Management-GuV bis zum Product Margin abgerufen werden können. Ausnahmen bilden hier unter anderem das Analyseobjekt SKU, das lediglich auf die Ebene des Delivery Margins heruntergebrochen werden kann. Marketing- oder Forschungs- und Entwicklungskosten, die nach dem Delivery Margin verrechnet werden, sind nicht auf Produktebene abrufbar, weil eine artikelspezifische Darstellung hier in keinem Verhältnis zu dem dadurch entstehenden Aufwand steht. Analyseobjekte mit direkter Vorstandsverantwortung sind bis zum Betriebsergebnis (EBIT) herunter zu brechen.

---

[3] Quelle: In Anlehnung an *EISELE* (2002), S. 755, und *KILGER/PAMPEL/VIKAS* (2002), S. 533.

Als ein entscheidender Faktor für die Entwicklung einer einheitlichen Management-GuV wird die Berechnung der Standard-COGS gesehen. Die Standard-COGS beeinflussen als wichtigste Position den Gross Margin und alle darunter liegenden Ergebnisgrößen.

Die Standardkosten werden je SKU pro Fertigungslinie (oder Werk) auf Stückbasis berechnet. Sollte die SKU in mehreren Werken beziehungsweise Fertigungslinien produziert werden, so muss der gewogene Mittelwert aller Kosten verwendet werden. Diese Kosten umfassen unter anderem Kosten für Roh- und Verpackungsmaterial, Personalkosten, Energiekosten, Abschreibungen, Kosten für unterstützende Aktivitäten (zum Beispiel Reparatur, Wartung), Produktionsgemeinkosten (zum Beispiel Sicherheitsdienste). Sie werden einmal im Jahr im Rahmen des Budgetierungsprozesses berechnet. Die Vorteile der Standardkosten sind:

➢ Die Berechnung der Standardkosten auf Stückbasis erlaubt eine realistische Planung und Verfolgung der Kostenkomponenten für die verschiedenen Produkte.

➢ Die genaue Kostenerfassung der Produkte anhand der Standardkosten ermöglicht der Geschäftsleitung eine spätere Kontrolle und Steuerung aller Produktionsaktivitäten durch Berechnung der Abweichungen zwischen den Standardkosten und den tatsächlichen Kosten.

2.3.3.1.3 Aspekt 3 – Richtung der Anpassung

Ein Großteil der Fachliteratur fordert heute eine Ausrichtung des internen Rechnungswesens an den Vorgaben des externen Rechnungswesens.[4] Dieser Ansatz wurde auch in dem von BearingPoint unterstützten Harmonisierungsprojekt verfolgt. Die Orientierung an den IFRS ist entscheidend für das externe Rechnungswesen und determiniert dieses. Hierbei spielt die einheitliche Datenbasis für internes und externes Rechnungswesen eine entscheidende Rolle. Sie ermöglicht eine umfassende und zuverlässige Erfassung aller Geschäftsvorfälle und wird durch die strukturellen und inhaltlichen Vorgaben der Rechnungslegung nach IFRS bestimmt. Hierbei wird sichergestellt, dass die erfassten Daten problemlos auf die Konzernberichtsebene konsolidiert werden können. Gleichfalls fließen in die Ausgestaltung der einheitlichen Datenbasis auch Aspekte des internen Rechnungswesens ein, wie die Analyseebenen der Berichtsdimensionen, nach denen Daten ausgewertet werden. Auf Grundlage dieser Datenbasis werden unabhängig voneinander Berichte des externen und internen Rechnungswesens produziert, die untereinander (zwischen externem Income Statement und interner Management-GuV) auf Basis der LoR abgestimmt werden. Demzufolge ist auch Meinungen aus der Fachwelt zu widersprechen,[5] die eine Ausrichtung am externen Rechnungswesen mit dem Aspekt der höheren Datenzuverlässigkeit begründen. Da beide Bereiche des Rechnungswesens auf den selben Pool an Daten zurückgreifen, ist die Qualität der Daten folglich auf einem identischen Niveau.

Als Grund für eine entgegengesetzte Anpassung (Ausrichtung des externen am internen Rechnungswesen) werden zu dieser Thematik insbesondere steigende Anforderungen des Kapitalmarkts an die Veröffentlichung unternehmensinterner Daten genannt.[6] Dieser Trend hin zu einer stärkeren Offenlegung unternehmensinterner Daten war bei den hier vorgestellten Unternehmen von geringerer Bedeutung, weil eine 100 %-Übernahme durch die Mutter-Holding absehbar war und somit die Interessensgruppe der Aktionäre wegfällt. Externe Interessensgrup-

---

[4] Vgl. KÜTING/LORSON (1999), S.55, und MELCHER (2002), S. 81.
[5] Vgl. KÜPPER (1998), S. 156 f.
[6] Vgl. HOKE (2001), S. 33, und MELCHER (2002), S. 66 f.

pen mussten lediglich aufgrund einer Ausgabe von Anleihen zur Finanzierung der Übernahme in geringem Umfang berücksichtigt werden.

Im Rahmen des hier vorgestellten Projekts wurde eine Ausrichtung des harmonisierten Rechnungswesens am externen Rechnungswesen und damit an den Vorgaben der IFRS vorgesehen. Hierbei bildeten die Determinanten des zu gestaltenden Rechnungswesens einen entscheidenden Grund für diese Ausrichtung. Auch wenn alle Anforderungen des Management-Reportings innerhalb einer einheitlichen Datenbasis berücksichtigt würden, so wäre das angestrebte Rechnungswesen bei einer Gesamtbetrachtung stärker durch die Rechnungslegungsvorgaben des International Accounting Standard Boards (IASB) geprägt, als durch das interne Rechnungswesen. So orientiert sich zum Beispiel bisher der Berichtskontenrahmen zu etwa 99 % an den Anforderungen des IFRS, nur wenige Line Items (etwa 1 %) werden durch das Management-Reporting bestimmt. Die Anforderungen des internen Rechnungswesens sind ferner nicht durch externe Stellen normiert und können sich den Unternehmensanforderungen entsprechend ändern, wohingegen die Vorgaben des IASB verpflichtend wirken. Demnach muss den Anforderungen der externen Stellen (IASB) entsprochen werden, um ein harmonisiertes Rechnungswesen umzusetzen.

2.3.3.1.4 Aspekt 4 – Zeitaspekt der Anpassung

Schätzungen einiger Experten, die eine Dauer der Harmonisierung von einem bis zwei Jahren als angemessen beziffern,[7] kann aus der Praxis nicht zugestimmt werden. Was die Dauer des Harmonisierungsprozesses angeht, so zeigte das Projekt, dass bei einer parallelen Einführung eines IT-Systems, das sämtliche Prozesse im Rechnungswesen unterstützt, der Zeitraum von zwei Jahren nicht ausreichend war. Vielmehr zeigte sich, dass eine vollständige und systemgestützte Harmonisierung des Rechnungswesens leicht bis zu drei Jahren in Anspruch nehmen kann. Bezüglich der Art der Harmonisierung (schrittweise oder gleichzeitig) wurde von Beginn des Projekts an eine simultane Vorgehensweise durch die Bildung eines Management- und eines Legal-Teams, welche sich den bereichsspezifischen Fragen angenommen haben, forciert.

Bezüglich der strategischen Ausgestaltungsmerkmale des Harmonisierungsrhythmus zwischen interner und externer Erfolgsspaltung wurde im Projekt eine quartalsweise Abstimmung der LoR auf Konzernebene favorisiert. Diese Entscheidung wurde getroffen, weil die Abschlusskreisläufe des Legal- und des Management-Reportings zum Abschluss jedes Quartals zusammenfallen. Eine Darstellung auf Konzernebene wird bevorzugt, da hier Konsolidierungseffekte aufgehoben werden. Zu diesen Konsolidierungseffekten gehören unter anderem interne Verrechnungskonzepte zwischen den rechtlich selbständigen Einheiten des Konzerns, die auf Konzernebene nicht mehr auftauchen. Als Auswertungsebenen ist hier die Verwendung der Analyseobjekte der zweiten Dimensionsebene geplant.

---

[7] Vgl. MELCHER (2002), S. 81 f.

2.3.3.1.4.1 Struktur der Prozesse

Neben den Inhalten und den IT-Systemen sind die Prozesse ein ausschlaggebendes Element eines neuen harmonisierten Rechnungswesens. Um einen Gesamteindruck über die Veränderungen und Weiterentwicklungen innerhalb des Rechnungswesens zu geben, sollen im Folgenden zwei zentrale Prozesse dargestellt werden.

2.3.3.1.4.2 Budgetprozess

Der einst auf GuV und Bilanzen der Legal Entities basierende Budgetprozess sollte zukünftig auf steuerungsrelevanten detaillierten Informationen der einzelnen Legal Entities basieren. Das bedeutet, dass die Legal Entities nicht mehr nur ihre GuV und Bilanz dem Konzern abliefern, sondern die für die Konzernebene relevanten Daten aus der einheitlichen Datenbasis nach Bedarf abgerufen werden können. Die Daten werden von der dezentralen Ebene in SAP SEM Bunisess Planning and Simulation (BPS) eingepflegt und innerhalb der SAP-Lösung Business Warehouse (BW) verwaltet. Somit werden dimensionsspezifische Informationen wie etwa Kunden-, Marken- oder Produktinformationen der Konzernebene zugänglich gemacht, was eine Steuerung nach Analyseobjekten der Dimensionen ermöglicht und zu einer Erhöhung der Transparenz sämtlicher Planungsdaten beiträgt. Eine erste umfassende Datensammlung mit Unterstützung von SAP SEM BPS war für das Budget im Jahr drei nach der Übernahme geplant. Bereits zwei Jahre nach dem Kauf sollten damit Schnittstellen und Upload-Funktionen zur Verfügung stehen, die den Dateninput ermöglichen. Erfolgreiches Ziel war hier die deutliche Verkürzung des Budgetprozesses durch eine zentrale Datenverwaltung.

Die somit aufzubauende zentrale Datenbasis, auf die Budgetverantwortliche zurückgreifen, ist ein zentrales Planungstool, das durch drei Planungsprozesse gespeist wird:

- ➢ Der Prozess des lokalen Sales Planning stellt die Zahlen über Absatzmengen, Bruttoumsatzerlöse und Rabatte in das System ein.

- ➢ Der Prozess der lokalen Supply Chain Planung stellt die Informationen über Kapitalverwendung, variable Produktionskosten, fixe Produktionskosten und Logistikkosten zur Verfügung.

- ➢ Das lokale Overhead Planning (Gemeinkostenplanung) stellt darüber hinaus weitere Informationen bezüglich Gemeinkosten, Marketingausgaben und Logistikkosten zur Verfügung.

Auf dezentralen Ebenen wurden Verantwortliche ernannt, welche die Pünktlichkeit und Zuverlässigkeit der eingespeisten Daten sicherstellen. Die Daten sind nach Analyseobjekten der Dimensionen aufgespaltet und stellen im Einzelnen zum Beispiel die gewährten Skonti oder Rabatte nach Kunden, Kundengruppen und Business Units dar. Damit entsteht pro Position der GuV eine mehrdimensionale Erfolgsspaltung nach steuerungsrelevanten Analyseobjekten.

Dies ist die einzige Möglichkeit, die identifizierten Dimensionen mit ihren Analyseobjekten und ihren Verknüpfungen untereinander konsistent auf sämtliche Planungsdaten anzuwenden und somit eine Konsolidierung dieser Daten zu ermöglichen. Konsolidiert (mehrere Legal Entities übergreifend) können nun GuV für unterschiedliche Dimensionen zum Beispiel für ein bestimmtes Produkt erstellt werden. In Abschnitt 2.3.3.4 sind einige Entscheidungen bezüglich darzustellender Margen für die verschiedenen Dimensionen erläutert. Für die Entstehung mehrdimensionaler Datenwürfel (so genannter OLAP-Cubes) innerhalb der zentralen

Datenbasis ist es erforderlich, festzustellen, auf welchen Dimensionsebenen die Positionen der GuV dargestellt werden können beziehungsweise inwieweit eine Aufspaltung sinnvoll ist. Möglicherweise können Daten, die auf höherer Ebene aufgespalten wurden, zu einem späteren Zeitpunkt anhand von Erfahrungswerten auf eine niedrigere Ebene herunter gebrochen werden.

2.3.3.1.4.3 Forecastprozess

Der neue Forecastprozess (Prognose über die längerfristige, wirtschaftliche Entwicklung des Unternehmens) basiert auf dem Budget-Ansatz und wird drei Mal im Jahr durchgeführt. Dabei findet ein Forecast nach Ablauf des ersten Quartals über den Zeitraum der nächsten drei Quartale, ein Forecast nach Ablauf der ersten zwei Quartale über den Zeitraum der nächsten zwei Quartale und ein Forecast basierend auf den Daten der ersten drei Quartale über den Zeitraum des letzten Quartals statt. Im zweiten Jahr nach der Übernahme lief der Forcast-Prozess systemunterstützt.

Generell sollte innerhalb des neu entstandenen Unternehmens eine Planungs- und Forecast-Kultur gefördert werden. Konzernweite Richtlinien zum Ablauf und zu den Inhalten der Prozesse wurden in Form eines Handbuchs vorgegeben und gewährleisten heute eine einheitliche Durchführung der Prozesse über alle Ebenen des Konzerns.

2.3.3.2 EDV-technische Umsetzung

Ein harmonisiertes Rechnungswesen ist ohne ein leistungsstarkes IT-System kaum mehr vorstellbar. Entsprechend muss die Informationstechnologie alle Inhalte und Prozesse auf allen Ebenen des Konzerns unterstützen können. Zum Zwecke der Unternehmenssteuerung benötigt das Management flexible Abfragemöglichkeiten für Informationen auf unterschiedlichen Aggregationsebenen und nach unterschiedlichen Abbildungsgegenständen. Zusätzlich sollten Szenarien, Analysen und Prognosen vom System ohne großen Aufwand erstellt werden können.[8] Die Datenmengen des Systems müssen in Form mehrdimensionaler Datenwürfel verwaltet werden, die je nach Bedarf gespalten werden können und somit mehrdimensionale Auswertungen (zum Beispiel den Umsatz eines Kunden in einer Region) erlauben. Im Bereich des externen Rechnungswesens muss das System in der Lage sein, mehrere Rechnungslegungsstandards (HGB und IFRS) parallel zu verarbeiten.[9]

Aufgrund dieser vielfältigen Anforderungen kam der Auswahl des einzusetzenden IT-Systems durch das IT-Projektteam eine hohe Bedeutung zu. Folgend soll kurz die Entscheidung für ein System und die entscheidungsrelevanten Kriterien vorgestellt werden.

In die erste Auswahl kamen die Software-Angebote von Hyperion, Oracle, Cognos, MIS-Alea, SAP-SEM/ SAP-BW, Comshare MPC und Cartesis Systems.

Nach einem ersten Ausschluss der offensichtlich untauglichen Systeme, wurden folgende Kriterien zur finalen Auswahl des einzusetzenden IT-Systems herangezogen:

---

[8] Vgl. *BÜCKLE/WICISK* (2000), S. 77 f.
[9] Vgl. *BÜCKLE/WICISK* (2000), S. 23.

- Größe des Expertenteams in Deutschland
- Kompatibilität mit dem IT-System der Muttergesellschaft
- Leichte Verständlichkeit des Systems und Bekanntheitsgrad innerhalb des Tochterkonzerns (Benutzerfreundlichkeit)
- Integrationsmöglichkeiten in die bestehende IT-Landschaft

Diese Kriterien erfüllt das SAP-System „Strategic Enterprise Management", das zur Gestaltung eines harmonisierten Rechnungswesens innerhalb des Tochter-Konzerns ausgewählt wurde.

2.4 Ergebnisse des Projekts

Das bei der neuen Tochtergesellschaft umgesetzte, harmonisierte Rechnungswesen stützt sich auf zwei Hauptaspekte der Harmonisierung. Dazu gehört einerseits eine einheitliche Datenbasis von internem und externem Rechnungswesen mit einem einheitlichen Berichts-CoA und andererseits eine Abstimmung der Erfolgsspaltung von interner und externer Rechnung durch die Verwendung abgestimmter LoR. Auf Grundlage einer einheitlichen Datenbasis werden regelmäßig standardisierte Berichte zur internen Steuerung und zum Zwecke der externen Kommunikation erstellt. Hierbei weisen Berichte für interne Entscheidungszwecke einen wesentlich höheren Detaillierungsgrad auf, als dies bei externen Berichten der Fall ist. Das externe Income Statement wird mit der internen GuV quartalsweise über LoR abgestimmt, um Widersprüche auszuschließen und um sicherzustellen, dass Berichte des internen und externen Rechnungswesens nicht zu unterschiedlichen Ergebnissen führen. Diese Prozesse werden durch ein IT-System ganzheitlich unterstützt, wodurch eine einheitlich hohe Qualität der Datenbasis gewährleistet ist. Folgende Abbildung verdeutlicht das praktische Konzept der Harmonisierung grafisch.

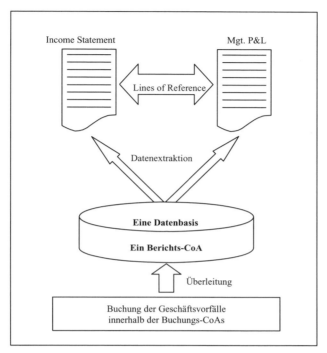

Abbildung 3:   Praktisches Konzept der Harmonisierung

Anhand der neu eingeführten konzernweiten Berichtshandbücher wird sichergestellt, dass einheitliche Definitionen, Wertansätze, Berichtsstrukturen und Prozessabläufe in allen Unternehmensbereichen Anwendung finden und die Buchung aller Geschäftsvorfälle standardisiert abläuft.

Neben dem Aspekt des Harmonisierungsbereichs wurden drei weitere Merkmale der Harmonisierung genannt. Diese sind in folgender Darstellung kurz zusammengefasst.

	Merkmalsausprägung im Rahmen des Projekts
Einzubeziehende Bereiche	Budget-/ Kontroll- und Verhaltenssteuerungsrechnung
Ausmaß der Anpassung	Bestimmt sich über eine einheitliche Datenbasis, ein Kontensystem, Management-Dimensionen und eine einheitliche Erfolgsspaltung
Richtung der Anpassung	Ausrichtung des internem am externem Rechnungswesen
Zeitaspekt der Anpassung	Gleichzeitige Bearbeitung von Legal und Management Dauer des Projektes: 3 Jahren Abstimmung der Lines of Reference per Quartal

Abbildung 4: Praktische Ausgestaltungsaspekte der Harmonisierung

Für die Tochtergesellschaft änderte sich nach Umsetzung des entwickelten Konzepts zur Harmonisierung des Rechnungswesens Wesentliches. Das neue IT-System SAP SEM musste nach seiner Einführung in die frühere Systemumgebung allen Nutzern verständlich gemacht werden. Hierzu wurden Schulungen für Mitarbeiter nötig, welche die unterschiedlichen SAP-Lösungen und ihren optimalen Gebrauch erläuterten. Darüber hinaus mussten die Mitarbeiter mit den entwickelten Standards im Rechnungswesen vertraut gemacht werden. Dies umfasste sowohl alle Standards auf Konzernebene (zum Beispiel Strukturen der Berichte) und auf operativer Ebene (zum Beispiel der standardisierte Dateninput nach Dimensionen) als auch alle Standards bezüglich der Prozesse. Durch eine Vereinheitlichung der Definitionen innerhalb der Berichte und damit einer höheren Zuverlässigkeit der Zahlen wird heute eine effizientere Konzernsteuerung möglich. Generell sind manuelle Arbeiten, die mit der Berichterstellung verbunden waren, durch das IT-System erheblich reduziert worden und die Kommunikationsfähigkeit von Kennzahlen hat sich durch den Ausschluss von Widersprüchen merklich erhöht. Aus Sicht des Gesamtprojektteams wurde es der Tochtergesellschaft mit der Umsetzung des harmonisierten Rechnungswesens ermöglicht, zuverlässige und widerspruchsfreie Informationen für Geschäftsentscheidungen und für die Kommunikation mit der Finanzwelt auf Basis eines IT-Systems zu generieren.

3 Epilog / Zusammenfassung

Das hier vorgestellte Projektbeispiel gibt zahlreiche Anhaltspunkte zur praktischen Durchführung einer Harmonisierung. Gleichzeitig wurden an ausgewählten Stellen Meinungen aus der Fachliteratur aufgegriffen und mit den praktischen Erkenntnisse verglichen. Es wurde deutlich, dass mit dem Bestreben einer Harmonisierung des Rechnungswesens in der Praxis häufig eine komplette Reorganisation des Berichtswesens einhergehen muss. Ein optimaler Harmonisierungsgrad wird in der Praxis erreicht, sobald die zwei Hauptkriterien der Harmonisierung erfüllt werden:

- ➢ Schaffung einer einheitlichen Datenbasis und
- ➢ Abstimmung der Erfolgsspaltung zwischen interner Management-GuV und externem Income Statement über LoR

Dabei wird eine einheitliche Datenbasis entscheidend von einem einheitlichen Berichtskontenplan beeinflusst, der neben den Anforderungen der IFRS auch Anforderungen des Managements entsprechend der Dimensionen berücksichtigt. Die Konzepte der Theorie und Praxis bezüglich der einheitlichen Erfolgsspaltung zwischen internem und externem Rechnungswesen schlagen unterschiedliche Positionen zum Zwecke der Abstimmung vor. Die Literatur schlägt eine Abstimmung von Betriebsergebnis und operativem Ergebnis vor. Innerhalb der Praxis wurde ein besonderer Fokus auf eine Abstimmungsposition vor dem Betriebsergebnis gelebt. Hier wird das Betriebsergebnis EBIT und die Position Net Sales abgestimmt. Die Abstimmung der Erfolgsspaltung von internem und externem Rechnungswesen setzt voraus, dass von vornherein eine einheitliche Erfolgsspaltung innerhalb des internen Rechnungswesens im Einsatz ist, nach der das Geschäft teilkonzernübergreifend gesteuert wird.

Eine Harmonisierung des Rechnungswesens und die Anwendung eines ergänzten Einkreissystems verhelfen zu einer höheren Akzeptanz und höheren Transparenz für internationale Kapitalgeber. Innerhalb der Unternehmung bewirkt der Trend der Harmonisierung eine höhere Datenqualität. Eine einheitliche Datenbasis und eine regelmäßige Abstimmung der Berichte über LoR reduzieren Widersprüche zwischen Daten der externen und internen Rechnung und sparen manuelle Überleitungsrechnungen ein. Das IT-System, das eine Harmonisierung des Rechnungswesens auf EDV-technischer Seite ermöglicht, übernimmt die von ehemals zahlreichen Systemen wahrgenommenen Aufgaben und führt somit zu einer Reduktion der IT-Lösungen. Die Arbeitszeit, die ehemals mit Überleitungsrechnungen und der Betreuung unterschiedlicher Systeme verbunden war, kann nun in zentrale Aufgaben der Finanzabteilung wie Datenanalysen und Strategieentwicklung investiert werden. Eine „einheitliche Sprache" zwischen externem und internem Rechnungswesen über LoR und einer einheitlichen Datenbasis wurde entwickelt, die auf standardisierten Prozessen und Inhalten beruht und gleichzeitig der unterschiedlichen Zweckerfüllung beider Bereiche nicht im Wege steht. Berichte für die interne Steuerung und externe Kommunikation werden mit Hilfe standardisierter Berichtsprozesse regelmäßig erstellt. Für fallspezifische Kalkulationen steht die umfangreiche, alle Auswertungsebenen umfassende, einheitliche Datenbasis jederzeit zur Verfügung. Berichte für externe Zwecke, wie die Rechenschaftslegung vor Fremdkapitalgebern entsprechen sämtlichen Anforderungen der IFRS. Die große Anzahl positiver Auswirkungen lässt vermuten, dass der Trend der Harmonisierung von internem und externem Rechnungswesen im Rahmen von Unternehmensübernahmen in Zukunft an Präsens gewinnen wird und der Integration von Rechnungswesen und Controlling mehr Aufmerksamkeit gewidmet wird.

Quellenverzeichnis

BÜCKLE, K./WICISK, M. (2000): Der Konzernabschluss im Zeitalter der Globalisierung, Ulm 2000.

EISELE, W. (2002): Technik des betrieblichen Rechnungswesens, München 2002.

HOKE, M. (2001): Konzernsteuerung auf Basis eines intern und extern vereinheitlichten Rechnungswesens, Bamberg 2001.

KILGER, W./PAMPEL, J./VIKAS, K. (2002): Flexible Plankostenrechnung und Deckungsbeitragsrechnung, Wiesbaden 2002.

KÜPPER, H. U./WEBER, U. (1997): Taschenlexikon Controlling, Ulm 1997.

KÜTING, K./LORSON, P. (1999): Harmonisierung des Rechnungswesens aus Sicht der externen Rechnungslegung, in: Krp-Sonderheft, 1999, Nr. 3, S. 47–57.

MELCHER, W. (2002): Konvergenz von internem und externem Rechnungswesen-Umstellung des traditionellen Rechnungswesens und Einführung eines abgestimmten vertikalen und horizontalen Erfolgsspaltungskonzept, Hamburg 2002.

WÖHE, G. (1996): Einführung in die Allgemeine Betriebswirtschaftslehre, München 1996.

Post-Merger-Integration als Herausforderung und Chance für den Finanzbereich am Beispiel der Integration des Alstom-Industrieturbinengeschäfts in den Bereich Power Generation der Siemens AG

Michael Häfner & *Guido Biendarra*

Softlab GmbH & Siemens AG

1	Inhalt dieses Beitrags	503
2	Ausgangssituation	503
3	Vorgehensweise	506
	3.1 Prinzip	506
	3.2 Einbindung	507
	3.3 Umfang	508
	3.4 Zeithorizonte	509
4	Das Assessment	510
	4.1 Systematik	510
	4.2 Ist-Aufnahme	512
	4.3 Strategieentwicklung und Soll-Konzeption	513
	4.3.1 Strategieentwicklung	513
	4.3.2 Ableitung Soll-Konzept	515
	4.4 Erarbeitung und Festlegung der Maßnahmen	518
5	Projektstruktur während der Umsetzung	519
6	Phase I: Financial Control	520
	6.1 Operational Capability	521
	6.1.1 Strukturen	521
	6.1.2 Prozesse und Inhalte	521
	6.1.3 Ausstattung mit Humankapital/"People"	522
	6.1.4 IT/Infrastruktur	522
	6.1.5 Veränderungsfähigkeiten	523
	6.1.6 Ausrichtung an der Strategie	524
	6.2 „Functional Performance"	525
	6.2.1 Accounting	525
	6.2.2 Legal Reporting	525
	6.2.3 Controlling	525
	6.2.4 Management-Reporting	526
	6.2.5 Planung, Budgetierung und Forecasting	526
7	Phase II: Business Control und Phase III – Efficiency & Effectiveness	526
	7.1 Die Etage „Accounting Principles"	528
	7.2 Die Etage „Project Reporting"	528

7.3 Die Etagen „GZ Reporting" und „FMR" (Financial Management Reporting) 529
7.4 Die Etage „Business Planning" 531
7.5 Die Etage „Balanced Scorecard" 532
8 Gesamtergebnis, Benefits und Lessons Learned 533
Quellenverzeichnis 536

1 Inhalt dieses Beitrags

Im vorliegenden Beitrag wird die Integration des Finanzwesens im Rahmen des Mergers zwischen dem Geschäftsgebiet „Industrial Applications" der Siemens Power Generation (PG) und dem Alstom Industrieturbinengeschäft beschrieben.

Die Autoren, die sowohl das beschriebene Assessment als auch das anschließende Implementierungsprojekt geleitet haben, gehen dabei insbesondere darauf ein, wie die der Akquisition folgende Finanzintegration genutzt wurde, um sowohl beim erwerbenden Unternehmen als auch bei den erworbenen Einheiten eine Transformation des Finanzbereichs durchzusetzen. Es werden die eingesetzten Methoden und Tools vorgestellt, die wesentlichen vorgenommenen Veränderungen in ihrem Kontext erläutert und zusätzlich eine Würdigung des Gesamtvorgehens vorgenommen.

2 Ausgangssituation

Unternehmenserwerbe sind eine fest in der Siemens-Strategie verankerte Option, um das Wachstum voranzutreiben, Lücken im Produktportfolio zu schließen und um in neue Märkte einzudringen.[1]

Insofern stellt auch der im Jahre 2003 stattgefundene Erwerb des Alstom-Industrieturbinengeschäfts einen konsequenten Schritt in einer längeren Kette von Akquisen (siehe Abbildung 1) dar, die der Stärkung des Geschäftsgebiets Industrial Applications dienten. Für die Betrachtungen im Rahmen dieses Beitrags sind aus den dargestellten M&A-Aktivitäten einige von besonderer Bedeutung, da sie auch zum Zeitpunkt der im Folgenden beschriebenen Vorgänge noch deutliche Auswirkungen gezeigt haben. Die in diesem Sinne wesentlichen vorgelagerten Ereignisse sind:

➢ Zusammenschluss von Mannesmann Demag und Delaval zur DemagDelaval

und

➢ Integration von DemagDelaval in Siemens.

Diese Transaktionen waren deswegen von Bedeutung, da die aus ihnen resultierenden Integrationsaktivitäten noch nicht vollständig abgeschlossen waren. Man hatte es daher auch bereits vor dem Zukauf des Industrieturbinengeschäfts von Alstom noch mit einer Zusammensetzung verschiedener Kulturen und Anschauungen zu tun. Dies äußerte sich zum Beispiel in einem weitgehenden Fortbestehen der „DemagDelaval-Kultur".

---

[1] Vgl. Brief an die Aktionäre in SIEMENS (2005).

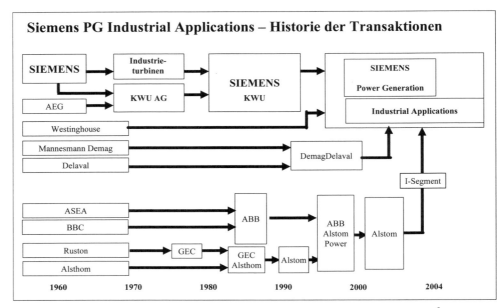

Abbildung 1:   Historie der wesentlichen M&A-Transaktionen bei Siemens PG I[2]

Der Erwerb des Industrieturbinengeschäfts von Alstom wurde im Jahr 2003 in Form eines Asset-Deals durchgeführt. Einige Fakten, die hierbei von besonderem Interesse sind:

➢ Übernahme von 6 wesentlichen Produktionsstandorten

➢ Integration von zusätzlich 25 Vertriebsstandorten

➢ Erhöhung der Anzahl der Mitarbeiter von 4.500 auf über 10.000

➢ Aufgrund des Asset-Deals waren die meisten Standorte *nicht* mit der erforderlichen Infrastruktur für eine ordnungsgemäße Abwicklung der Finanzfunktionen versehen und teilweise waren sie nicht einmal mit qualifiziertem Personal ausgestattet.

Dem Siemens-Standard entsprechend wurde die Integration des erworbenen Business bereits vor dem Closing der Transaktion vorbereitet. Dies wurde entsprechend dem Umfang und der Bedeutung der erworbenen Einheiten in einem gesonderten Projekt durchgeführt (vor Abschluss der Transaktion als ein reines Siemens-Projekt), das höchste Aufmerksamkeit genoss, und für die einzelnen Projekte mit Spezialisten aus allen relevanten Bereichen besetzt war. Im Rahmen dieses Beitrags soll nicht die Integration insgesamt, sondern lediglich der Bereich der Finanzintegration beschrieben werden. Hierbei beschreiben die Autoren den Projektverlauf, die aufgetretenen Herausforderungen sowie die gefundenen Lösungsansätze. Wo erforderlich, wird auch auf angrenzende Themen eingegangen.

---

[2]   Vgl. *BIENDARRA* (2006), S. 6.

Auf eine ausführliche Darstellung des Siemens-Power-Generation-Geschäfts wird an dieser Stelle bewusst verzichtet. Informationen über die Siemens AG können unter www.siemens.de und über Siemens PG unter www.powergeneration.siemens.com abgerufen werden.

Die beschriebene Akquisition war für das Industrial-Applications-Geschäft der Siemens PG (PG I) von besonderer Bedeutung, weil trotz aller vorherigen Bemühungen die Einheit PG I für den Bereich PG noch immer von untergeordneter Bedeutung, auf die Fertigung bezogen, relativ regional fokussiert sowie ohne vollumfängliches Produktportfolio war.

Characteristic of PG I before the Transaction

- PG I was a "minor activity" of Siemens Power Generation
- A "German Company"
- Organizational and process complexity was low to medium

> Therefore the need for a "Best Practice" Finance Function was limited.
>
> Controlling was based on a very intense operational knowledge of top management.
>
> Information gathering was anecdotal and largely based on a direct view into locally available operational data.

Abbildung 2:   *Charakteristik der PG I vor der Akquisition*[3]

Der Erwerb des Alstom-Industrieturbinengeschäfts machte aus PG I ein Geschäft mit internationalem Setup und führte zu einem wesentlichen Anteil der PG I am Geschäft von PG. Konsequenzen waren:

➤ Vorhandensein wesentlicher Produktionsstandorte außerhalb von Deutschland

➤ Verbesserung der Abdeckung durch ein internationales Vertriebsnetz

➤ Internationaler Service-Setup

➤ Entwicklung zum „Solution Provider", das heißt Angebot von „Lösungen" im Öl- und Gas- und im Kraftwerksbereich anstelle der Lieferung von Produkten

➤ Erweiterung und Abrundung des Produktspektrums

Mit dieser Verbesserung der operativen Leistungsfähigkeit gingen eine deutliche Erhöhung der Komplexität des Business und die damit verbundene Erhöhung der Anforderung an Steuerungsinformationen, die Durchsetzung von Standards und die Stabilität von Prozessen ein-

---

[3] Vgl. BIENDARRA (2006), S. 7.

her. Die vorhandenen Prozesse, (Organisations-)Strukturen, Methoden und Tools im Finanzbereich konnten diesem Anspruch nicht gerecht werden.

The Merger Required New Approaches for PG I Finance Functions

- The actual financial reporting could only partly serve as a sufficient basis for an operationally agile and strategically aligned financial controlling of PG I.
- It did not support PG I´s growth and profitability targets and the increased complexity.
- We had significant differences in reporting and controlling ability and depth between the sites
- The prevailing approach for financial controlling had become inappropriate as a management-support function.

Abbildung 3:   *Charakteristik des Finanzbereichs von PG I nach der Akquisition*[4]

Auf Grundlage dieser Einsicht entschloss sich das PG-I-Management zu einem umfassenden Integrationsansatz mit der Zielsetzung einer kompletten Überarbeitung des Finanzbereichs.

3 Vorgehensweise

3.1 Prinzip

In der Fachliteratur herrscht ein relativ einheitliches Bild, wie der Ablauf eines Mergers und die folgende Post-Merger-Integration (PMI) verlaufen sollten. Je nach Quelle sind lediglich die Details etwas unterschiedlich. Das in Abbildung 4 dargestellte Prinzip beinhaltet in drei Phasen die wesentlichen Komponenten.

---

[4] Vgl. BIENDARRA (2006), S. 9.

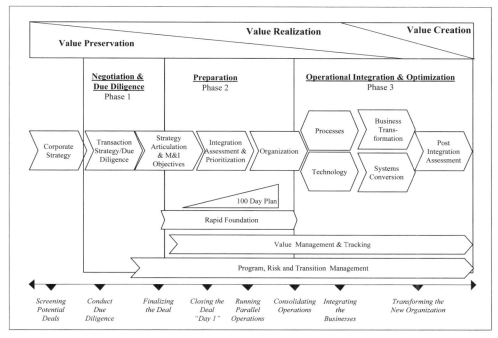

Abbildung 4: Allgemeine Vorgehensweise bei PMI

Auch bei dem in diesem Beitrag beschriebenen Projekt wurde dieser prinzipielle Ansatz ohne größere Anpassungen verwendet.

3.2 Einbindung

Im Rahmen der Siemens/Alstom-PMI wurden verschiedene Teilprojekte aufgesetzt, die jeweils einen unterschiedlichen Fokus hatten.

Um ein abgestimmtes Vorgehen zu gewährleisten, wurde ein Programm-Management aufgesetzt, das eine übergeordnete Steuerungs- und Berichterstattungsfunktion übernahm. Die einzelnen Teilprojekte wurden mit einer größtmöglichen Autarkie versehen, ein Eingreifen des Programm-Managements fand jeweils an den Schnittstellen der Teilprojekte statt.

Die Auflösung in Teilprojekte erwies sich im Umfeld der beschriebenen Integration als erfolgskritisch, da die einzelnen Projekte sehr unterschiedlich waren in Bezug auf:

➢ Tiefe der erforderlichen Integration
➢ Anfangstermine, Zeitbedarf, Geschwindigkeit
➢ Intensität der erforderlichen Arbeiten
➢ Beteiligte Personengruppen

➢ Bedeutung für das Geschäft

Genau wie der Finanzbereich selbst Schnittstellen zu fast allen betrieblichen Funktionen und Management-Ebenen hat, hatte auch jedes Integrationsprojekt im Finanzbereich Schnittstellen zu den Integrationsprojekten aller anderen betrieblichen Funktionen. An dieser Stelle seien nur die Wesentlichen genannt:

➢ Strategie und Top Management

➢ Entwicklung

➢ Marketing und Vertrieb

➢ Produktion

➢ Logistik

➢ Service

➢ Personalbereich

➢ IT, Infrastruktur und sonstige Support-Bereiche

Über die Teilprojektstruktur wurde für jeden Funktionsbereich der früheste mögliche Impact auf den jeweiligen Bereich sichergestellt.

Die unmittelbare Versorgung mit stabilen Finanzinformationen zur Sicherstellung der Steuerungsfähigkeit ist nach einem Merger eine unabdingbare Voraussetzung zur Führung des Business. Somit war ein herausragendes Ziel der beschriebenen Finanzintegration die Erreichung von extrem schnellen Fortschritten.

3.3 Umfang

Für eine PMI werden in der betriebswirtschaftlichen Literatur in der Regel zwei Ziele angegeben:

➢ Revenue Synergies (Umsatzsynergien)

➢ Cost Synergies (Kostensynergien)

Es soll an dieser Stelle nicht die Diskussion darüber geführt werden, inwieweit im Rahmen einer Finanzintegration das Ziel der Umsatzsynergien unterstützt werden kann. Nach Ansicht der Autoren ist es Aufgabe des Finanzbereichs als typischer Support-Bereich, die Geschäftsstrategie möglichst vollumfänglich zu unterstützen.

Dies kann zum einen durch einen „direkten Beitrag", zum Beispiel im Rahmen von Kostenreduktionen im Finanzbereich, erfolgen. So können zum Beispiel redundante Strukturen abgebaut werden, Größeneffekte bei der unterstützenden IT genutzt werden et cetera.

Zum anderen kann der Finanzbereich die Umsetzung der Geschäftsstrategie dadurch unterstützen, dass er das Management optimal mit Informationen versorgt, Entscheidungen effizient unterstützt und entsprechend anpassungsfähig ist.

Ein weiterer Bereich der Unterstützung ist die Implementierung von Steuerungskonzepten – zum Beispiel durch eine optimierte Abbildung von Transferpreisen, Kostenverrechnungen oder die Abbildung von Profit- und Kostenzentren. Dies hat unmittelbaren Einfluss auf die Steuerung von Einheiten, die Motivation von Mitarbeitern et cetera und stellt insofern ein Management-Instrument an sich dar.

Der oben genannte Ansatz lässt sich im Rahmen einer umfassenden Transformation erweitern. Sowohl im Finanzbereich als auch in anderen Bereichen können nicht transaktionsbezogene Verbesserungen identifiziert werden, die wesentliche Wertbeiträge schaffen und oftmals mehr als 50 % der erzielten Effekte ausmachen.[5] Somit liegen dann drei Säulen vor:

- Revenue Synergies (Umsatzsynergien)
- Cost Synergies (Kostensynergien)
- Non Merger Related Improvements

WIESSKIRCH/NAUJOKS/MATOUSCHEK[6] kommen in Bezug auf operative Belange zu ähnlichen Schlussfolgerungen. Hier wird die Kategorie als „anlassorientierte Nutzung des Integrationsmomentums" bezeichnet und als Beispiele werden genannt:

- „Abspecken bei Organisationsstrukturen"
- „Standardisierung von regionalen Produktivitäten"
- „Begleichung alter Rechnungen"

Auch hier wird diesem Effekt „teilweise mehr als 50 % der realisierten Synergien" zugeschrieben.[7] Daher wurde der Bereich der „Non Merger Related Improvements" bei der hier beschriebenen Integration auch für den Finanzbereich intensiv bearbeitet und hat schließlich den überwiegenden Beitrag zu den erzielten positiven Effekten beigetragen.

3.4 Zeithorizonte

Wie bereits erwähnt, war eines der dringenden Ziele des Projekts zur Finanzintegration, die unmittelbare (finanzielle) Steuerungsfähigkeit sicherzustellen. Gleichzeitig sollten aber auch langfristig wirksame Optimierungen durchgeführt werden und eine gesamthafte Steigerung der Effektivität und Effizienz angestrebt werden.

Um diese breit angelegten Anforderungen abdecken zu können, wurde ein Drei-Phasen-Modell entwickelt und angewendet:

---

[5] Vgl. *HÄFNER/LÖBIG* (2005), S. 31.
[6] Vgl. *WIESSKIRCHEN/NAUJOKS/MATOUSCHEK* (2003), S. 306.
[7] Vgl. *WIESKIRCHEN/NAUJOKS/MATOUSCHEK* (2003), S 307.

Phase I: Financial Control
Ziel:
- Umgehende Sicherstellung der unmittelbar erforderlichen (Finanz-)Reporting-Fähigkeiten (inklusive erster gemeinsamer Plan)
- **Nicht** beabsichtigt waren signifikante Verbesserungen von Reporting-Zeiten, Inhalten und Formaten

Zeitrahmen:
- bis 3 Monate nach Start der Implementierung

Phase II: Business Control
Ziel:
- Umsetzung der Konzernstandards im Accounting und Controlling
- Signifikante Verbesserung der Reporting-Qualität, -Relevanz, -Form und der Analysier- und Vergleichbarkeit von Daten
- Erhebliche Verbesserung der Geschwindigkeit
- Einführung von klaren Strukturen

Zeitrahmen:
- 6 bis 9 Monate nach Start der Implementierung

Phase III: Efficiency and Effectiveness
Ziel:
- Verbesserung der Effizienz und der Stabilität des Reportings und Accountings (vor allem durch die Einführung, Anpassung und Integration von IT-Lösungen)
- Weitere Verbesserungen an Reporting-Inhalten und -Formaten.
- Prozessverbesserungen auch im Planungsprozess
- Verbesserung der Analysefähigkeiten (inklusive Werkzeuge)

Zeitrahmen:
- bis 18 Monate nach Start der Implementierung

4 Das Assessment

4.1 Systematik

Bei einer PMI hat man es naturgemäß mit vielen Unbekannten im akquirierten Unternehmen zu tun, da im Rahmen einer Due Diligence in der Regel nur ein sehr begrenzter Einblick in die operativen Abläufe, die Kultur, verwendete Systeme et cetera gewonnen werden kann. Entsprechend müssen weitere Kenntnisse über das erworbene Unternehmen gewonnen werden. Aber auch das „eigene" Unternehmen und dessen Strukturen und Prozesse müssen bei einer PMI unter anderen Gesichtspunkten im Hinblick auf anstehende Veränderungen betrachtet werden. So vergrößerte sich zum Beispiel das Geschäftsvolumen des PG-I-Geschäfts um fast 100 %, es wurde sprunghaft eine Internationalität erreicht und die Komplexität des Unternehmens nahm signifikant zu.

Daher war es unumgänglich, eine gründliche Untersuchung nicht nur der „neuen" Unternehmensteile, sondern auch der „alten" vorzunehmen, um alle erforderlichen Details für die bevorstehende Integration zu erhalten und vollständige Pläne entwickeln zu können. Diese gründliche Untersuchung wird als Assessment bezeichnet.

Ein Assessment gliedert sich wie folgt:

➤ Gewinnung eines vertieften Einblicks in die aktuelle Situation

➤ Erarbeiten der zukünftigen Anforderungen und einer Strategie, diese abzudecken

➤ Identifizierung von Maßnahmen/Handlungsfeldern

➤ Auswahl, Priorisierung und zeitliche Staffelung der Maßnahmen

Zur Bearbeitung dieser Punkte steht – insbesondere in einem Post-Merger-Umfeld – nur ein sehr begrenzter Zeitrahmen zur Verfügung. In der Praxis sollte dieser 4 bis 8 Wochen nicht überschreiten, da sonst der Beginn von Maßnahmen zu stark verzögert wird und die gesamte Organisation zu lange in Unsicherheit verharrt. Im vorliegenden Fall erstreckte sich das Assessment über fünf Wochen. Der Zeitdruck, gepaart mit dem Bedarf nach einer sehr hohen Präzision (schließlich kosten unnötige oder nicht erfolgreiche Maßnahmen und vor allem das Verfehlen von Zielen viel Geld) bedingt ein sehr stringentes Vorgehen, welches in Abbildung 5 schematisch dargestellt ist.

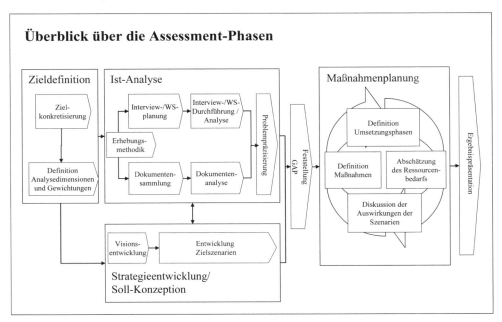

Abbildung 5: Phasen eines Assessments

In den folgenden Ausführungen wird auf die Phasen Ist-Analyse, Strategieentwicklung und Maßnahmenplanung detaillierter eingegangen.

4.2 Ist-Aufnahme

Um ein vollumfängliches Bild über Status und Leistungsfähigkeit des Finanzbereichs zu erhalten, sind zwei Dimensionen zu unterscheiden:

- Operational Capability
- Functional Performance

In der Dimension „Operational Capability" werden die Fähigkeiten in den Kategorien Strukturen, Prozesse, Ausstattung mit Humankapital, Inhalte, IT, Veränderungsfähigkeiten und Ausrichtung an der Strategie gemessen.

In der Dimension „Functional Performance" wird die Funktionsabdeckung über die Bereiche Accounting, Legal Reporting, Controlling, Management-Reporting sowie Planung, Budgetierung und Forecasting untersucht.

Wenn diese zwei Dimensionen übereinander gelegt werden (zum Beispiel wird die Ausrichtung des Controlling an der Geschäftsstrategie gemessen oder die Unterstützung der Planung durch IT), ergibt sich ein komplettes Bild.

Die vorgestellte Untersuchungsmethodik wurde im Rahmen des Integrationsprojekts sowohl für die alte PG I, die Zentrale also auch für die einzelnen (wesentlichen) neuen Standorte durchgeführt. Dies schuf ein umfängliches und sehr detailliertes Bild der Situation. Das war wesentlich für die akkurate Ermittlung der Handlungsfelder und konnte – da es ein objektives und für alle Beteiligten nachvollziehbares Baselining schuf – auch stark zur Akzeptanz der definierten Maßnahmen bei Management und Mitarbeitern beitragen.

Eine detaillierte Analyse kann allerdings in der kompletten Form kaum zur Kommunikation oder Präsentation gegenüber dem Top Management verwendet werden. Daher wurden Verdichtungen vorgenommen. Die Verdichtungsstufen wurden dabei nicht nur für die Darlegung des Ist-Zustands verwendet, sondern ebenso für die Beschreibung von Soll-Zuständen und der erforderlichen Maßnahmen. Wichtig ist, dass hier sowohl bei der Untersuchung als auch in der Darstellung eine absolute Einheitlichkeit gewährleistet ist.

Die Verdichtungsstufen waren:

- Gesamtunternehmen PG I
  Darstellung aller Ausprägungen der Operationl Capabilities als auch der Functional Performance
- Spezielle Untersuchung der Zentrale
  Fokus auf die Dimensionen der Operational Capability in Verbindung mit ausgewählten Ausprägungen der Functional Performance
- Wesentliche Standorte
  Fokus auf die Dimension Operational Capabilities

Die Ist-Analyse selbst unterscheidet sich in den verwendeten Methoden und Tools de facto nicht von einer „klassischen" Ist-Aufnahme in einem Nicht-Merger-Umfeld, sodass hier auf eine weitere Erläuterung der Ansätze verzichtet werden kann. Nachrichtlich sei nur erwähnt, dass die wesentlichen Aufnahmemethoden Interview, Workshop, Fragebogen und Dokumentenanalyse waren.

4.3 Strategieentwicklung und Soll-Konzeption

4.3.1 Strategieentwicklung

Um die Ziele des „Profitable Growth"[8] durch Akquisitionen nachhaltig zu erreichen, werden bei jeder Siemens-Akquisition bereits in einer sehr frühen Phase die Strategien für das „neue" Gesamtgeschäft entwickelt. So war es auch beim Erwerb der Alstom-Einheiten. Die Geschäftsstrategie stand in den wesentlichen Zügen bereits vor dem Closing fest und wurde in der ersten Post-Merger-Phase weiter detailliert. In diesem Prozess wurden sowohl die Vision „We emPower the industries of the world", die Mission, die erforderliche Kultur und die grundlegenden Strategien der einzelnen Teilbereiche (Geschäftszweige) der PG I entwickelt. Letztere sind durchaus unterschiedlich, da die jeweiligen Geschäftszweige unterschiedliche Märkte bedienen (Neuproduktion, Lösungen und Services für Dampfturbinen, Gasturbinen und Verdichter).

Ein Finanzbereich mit seiner Servicefunktion für das „Business" arbeitet dann am effektivsten, wenn er komplett an der Geschäftsstrategie ausgerichtet ist. So erfordert zum Beispiel eine Strategie der Dezentralisierung einen anderen strukturellen, inhaltlichen und ressourcentechnischen Aufbau des Finanzbereichs als ein hoher Grad an Zentralisierung. Aber auch in der täglichen Arbeit muss eine permanente Ausrichtung an der Geschäftsstrategie erfolgen. Abbildung 6 verdeutlicht diesen Zusammenhang am Beispiel der PG I.

---

[8] Vgl. SIEMENS (2005).

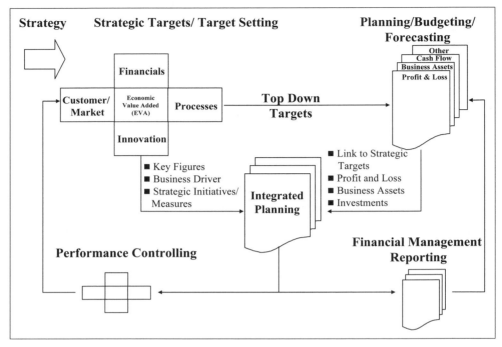

Abbildung 6: Zusammenhänge im Finanzbereich und Input der generellen Strategie am Beispiel der PG I

Eine in der Praxis häufig auftretende Schwäche ist es, die Geschäftsstrategie nicht weit genug herunter zu brechen, sondern auf der ersten Ebene der Detaillierung stehen zu bleiben und sie auch im Finanzbereich nicht konsequent zu spiegeln. Es ist leicht nachzuvollziehen, dass dies zu erheblichen Schwierigkeiten bei der konsequenten Umsetzung der Strategie führt. Daher wurde bei der mit der Alstom-Integration verbundenen Überarbeitung der Strategie der PG I ein „Strategy Mapping" durchgeführt mit der Zielsetzung der:

➢ Sicherstellung der Konsistenz der einzelnen Strategiekomponenten

➢ Gewährleistung der Operationalisierung der Strategie, das heißt Herunterbrechen in im täglichen Geschäft anstrebbare Ziele

➢ Einbindung aller relevanten Beteiligten, damit Erzielung eines hohen Commitments und einer breiten Basis

➢ Ausrichtung der Berichterstattungs-, Darstellungs- und Steuerungsstrukturen an der PG-I-Strategie und den bei Siemens verwendeten Konzepten „Siemens Management System" (SMS) und „Siemens Process Framework" (SPF)

Abgeleitet aus diesen strategischen Zielen wurden für den Finanzbereich der PG I folgende Zielsetzungen und Anforderungen definiert:

- Grad der Zentralisierung der Finanzfunktionen, deren Zusammenarbeit und Ressourcenausstattung auf den jeweiligen Ebenen (zum Beispiel wurde die Struktur der Zentralabteilungen neu gestaltet)
- Anzuwendende Verfahren in Planung, Budgetierung, Forecasting, Reporting und Controlling (zum Beispiel Verstärkung des Top-Down-Planungsansatzes)
- Anforderungen an die Durchgängigkeit und Konsistenz von Informationen (zum Beispiel Entscheidung, eine komplette Harmonisierung von internem und externem Rechnungswesen durchzusetzen, komplette Durchgängigkeit aller Informationen vom Projekt-Reporting bis hin zur Berichterstattung an die Konzernzentrale)
- Grundprinzipien für die finanzwirtschaftliche Abbildung der Zusammenarbeit (zum Beispiel Prinzipien für Transferpreise oder Festlegung, wo Risiken zu bilanzieren sind)

4.3.2 Ableitung Soll-Konzept

Aus diesen strategischen Vorgaben werden die primären Ziele für die Teilpojekte der Integration definiert. Vom Steering Board wurde folgende Agenda verabschiedet:

- Implementation and Enforcement of Siemens/PG Accounting Standards
  - Bottom-Up Financial Information derived by directly posting on a US-GAAP transactional basis for all major units
  - Consistent application of PoC for Construction Contracts and Long Term Service Contracts
  - Use of Siemens Chart of Accounts in all entities
- Comparability of Performance across GZ[9]
  - Detailed information on P&L, Business Assets and Cash Flow on GZ level
  - Introduction of EVA on GZ level
  - Increased transparency by creating information on new orders, revenues, profitability and other key figures on PG I and on GZ level
  - Split down of information to regions and products/services
  - Introduction of harmonized project reporting across all locations
  - Harmonization of Cost Center Structure
- Stable, Fast and Efficient Reporting
  - Rework of performance controlling concepts and systems on PG I and GZ Level to increase business control
  - Rework of business planning and forecasting concepts, processes and systems on PG I and GZ level

---

[9] „GZ" steht für Geschäftszweig und stellt die dritte Führungsebene bei Siemens nach „Bereich" (1. Führungsebene) und „Geschäftsgebiet" („GG") (2. Führungsebene).

- Massive quality/reliability improvement in Finance Information
- Quick availability of necessary reporting tools but keeping scalability in focus
- Improvement of Reporting Processes
  - Speed-up financial information flow on GG and GZ levels to ensure timely availability of GZ information at Ultimo + 8 Days and in a second step at Ultimo + 5 Days
  - Decrease in manual data handling and adjustments
  - Increase of planning and reporting process efficiency and effectiveness (minimize ad hoc reporting)

Im Hinblick auf Strukturen, Prozesse, Informationsinhalte und Systeme wurden aus diesen strategischen Zielen Maßnahmen abgeleitet.

Als Struktur für das Performance Management der PG I wurde das in Abbildung 7 dargestellte Konzept entwickelt.

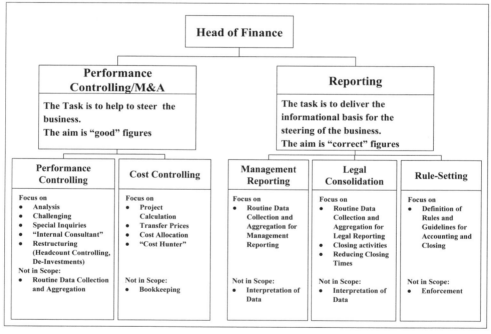

Abbildung 7:   Auszug aus der vorgeschlagenen Struktur für die Zentrale

Im Bereich der *Prozesse* wurden nicht nur Zielvorgaben für Prozessdauern (zum Beispiel Reduktion der Zeitdauer im Ist-Reporting um 3 Tage) und Prozesseffizienzen (zum Beispiel kurzfristige Reduktion des Planungsaufwands um 10 %, mittelfristig um 35 %) vorgegeben. Vielmehr wurden für die Prozesse der Planung, Berichterstattung, des Rechnungswesens und der Wert- und Leistungstransfers auch Prinzipien festgelegt, wie zum Beispiel die Vorgabe, dass US-GAAP der führende Bewertungsbereich sein muss, wo Aggregationsstufen in der Berichterstattung sind, wie die Reihenfolge der Abstimmung im Reporting ist, et cetera.

Für die durch den Finanzbereich zu bearbeitenden *Inhalte* wurde ausgehend von der Geschäftsstrategie in einer „Content Dimension Matrix" ermittelt, welche Steuerungsinformationen erforderlich sind. Diese Content Dimension Matrix wurde während des Assessment in einer groben Form definiert und befüllt und im Laufe der weiteren Projektarbeit unter Beibehaltung der Struktur weiter detailliert und ergänzt. Sie enthält Aussagen, welche Kennzahl/Reporting-Inhalte in welcher Dimension (Produkt, Geografie, Kunde, Zeit, et cetera) in welchem Reporting-Strang (Ist, Forecast, Budget, Plan, Meldung an die Zentrale) in welcher Periodizität (wöchentlich, monatlich, quartalsweise, eventgetrieben) in welchem Detaillierungs-Level vorliegen müssen.

In diesem Zusammenhang wurde auch definiert, welche prinzipielle Ausrichtung die zu erstellenden Richtlinien (zum Beispiel Transfer Pricing, Cost Allocation) haben sollen und in welcher Sequenz sie umzusetzen sind.

„Kümmere dich so früh wie möglich um die Integration der wichtigsten Funktionen/ Systeme, insbesondere der **IT-Systeme**. ... Inseln unterschiedlicher, inkompatibler Systeme dürfen nicht aufrechterhalten werden."[10] Dieser Ratschlag von *DEANS, KRÖGER* und *ZEISEL* wurde beachtet und die Integration beziehungsweise Anpassung der IT-Systeme nahm einen sehr wichtigen Platz im Siemens-Alstom-Integrationsprojekt ein. Im Rahmen der Soll-Konzeption galt es hier, zunächst einige grundlegende Entscheidungen zu treffen und Grobkonzepte zu entwickeln. Unabhängig von der Situation eines Mergers kann hier auf allgemeine Erfahrungen, Entscheidungsregeln und Vorteilhaftigkeitsüberlegungen aus Systemimplementierungs- und -anpassungsprojekten zurückgegriffen werden. Auch der Fakt, dass man bei einer Integration (theoretisch) frei aus den besten Lösungen der beiden zusammenzuführenden Unternehmen wählen kann, bringt hier (außer bei der psychologisch-emotionalen Komponente) keine zusätzlichen Komplexitäten. So ist eine klassische Entscheidung die zwischen einer in der Regel schnell anpassbaren und flexiblen Excel-Lösung und einer integrierten, auf Standards basierenden Software. Auch die Entscheidung zwischen der in Unternehmen A und B verwendeten Software ist nach objektiven Kriterien mit Hilfe von zum Beispiel Punktbewertungsmethoden möglich. In der Praxis ist hier allerdings zu berücksichtigen, dass die IT-Strategie des übernehmenden Unternehmens in der Regel eine überragende Rolle spielt und bei den angesprochenen Punktbewertungsmethoden überproportional gewichtet wird.

Im vorliegenden Projekt entschied man sich, von Anfang an auf zentrale Systeme zu setzen und Excel-basierte Lösungen für das Reporting nicht zuzulassen. Des Weiteren wurde eine Top-Level-Integration in die Konzernapplikationen festgelegt, um auch bei der Berichterstattung an die übergeordneten Konzernebenen effizient zu sein und das Ziel der Durchgängigkeit der Informationen zu erreichen. Es wurde eine zweckbezogene Implementierung integrierter Systeme durchgesetzt, die auf einem gemeinsamen Datenpool basiert und Workflow-basierte Komponenten enthält.

---

[10] Vgl. *DEANS/KRÖGER/ZEISEL* (2002), S. 139.

4.4 Erarbeitung und Festlegung der Maßnahmen

Die im Rahmen der Soll-Konzeptentwicklung abgeleiteten Maßnahmen wurden in einem nächsten Schritt auf Interdependenzen überprüft und anhand von Wirkungspotenzialen priorisiert.

Dazu wurde die erwartete Auswirkung der Maßnahmenumsetzung in der folgenden Matrix erfasst und in

- keine Auswirkung,
- geringe Auswirkung und
- große Auswirkung

unterschieden.

	Struktur	Inhalt			Prozesse		Effizienz
	Optimierung der Strukturen	Relevanz	Details und Verfügbarkeit	Verlässlichkeit (Qualität)	Geschwindigkeit und Pünktlichkeit	Stabilität	
Phase I							
Phase II							
Phase III							

Abbildung 8: Matrix der Maßnahmenumsetzung

Zunächst schien es angemessen und einfach, eine Auswahl der Maßnahmen mit dem besten Verhältnis zwischen Aufwand und (positiver) Auswirkung auf die Zielerreichung zu treffen. Doch dies könnte zu potenziell fatalen Schlussfolgerungen führen, da das die Abhängigkeiten zwischen den verschiedenen Maßnahmen/Projekten nicht berücksichtigen würde.

Es wurde also zunächst die Abhängigkeit der Maßnahmen ermittelt und grafisch dargestellt. Danach wurden die erwarteten Wirkungen der Maßnahmen auf die kritischen Erfolgsfaktoren von PG-I-Finance, die Ziele von PG I ermittelt und dargestellt.

Zusätzlich wurde für jede Maßnahme eine Abschätzung der damit verbundenen Kosten durchgeführt und die Gesamterkenntnisse in einer „Effort Impact Matrix" dargestellt. Diese Matrix verbindet somit die Dimensionen Implementierungsaufwand („Effort") und Implementierungsergebnis („Impact") miteinander.

Es wurden jeweils Maßnahmen mit einem ungünstigen Aufwand-Effekt-Verhältnis eliminiert und dieses Herausnehmen an den Abhängigkeiten gespiegelt, um sicherzustellen, dass keine „ungünstige Wirkung" aus der Maßnahmenentfernung für andere Maßnahmen entstand. Dieser iterative Vorgang wurde so lange durchgeführt, bis entweder

a) die bestmögliche Balance zwischen Aufwand-Nutzen-Verhältnis und „Muss-Maßnahmen"

oder

b) die (in der Regel vorhandenen) Budgetgrenzen für eine Optimierung erreicht waren.

Im Rahmen des im Fokus dieses Beitrags stehenden Projekts wurden mit Hilfe des beschriebenen Verfahrens für die Teilprojekte final insgesamt 26 Einzelmaßnahmen identifiziert, die implementiert wurden.

5 Projektstruktur während der Umsetzung

Wie für ein großes Integrationsprojekt Voraussetzung erhielt das hier beschriebene Projekt eine sehr gute „Management Attention". Dies zeigte sich sowohl in den sehr regelmäßigen Kontakten mit dem PG-I-Management als auch in der formalen Struktur. So wurde das Steering Board unter anderem durch den CFO und den Rechnungswesenleiter der Siemens PG besetzt.

Die Gliederung der einzelnen Teilprojekte erfolgte zum einen in konzeptionell-orientierte (das heißt hier wurden Richtlinien entwickelt, Inhalte und Prozesse definiert) und technisch-orientierte (das heißt, hier erfolgte die Umsetzung in IT-Systeme). Dies ermöglichte eine klare Aufgabenabgrenzung und Spezialisierung der beteiligten Teammitglieder. Aus praktischen Erwägungen wurde diese Trennung in einem Falle aufgegeben und das Teilprojekt „Project Reporting" beinhaltete sowohl die für das gleichnamige Thema notwendige Konzeption als auch die entsprechende Umsetzung in ein System.

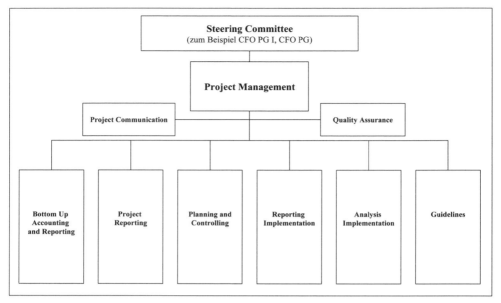

Abbildung 9: Projektstruktur während der Umsetzungsphase

6 Phase I: Financial Control

Die erste „operative" Integrationsphase nach dem Assessment, der Ableitung des Sollkonzepts und der Festlegung von Maßnahmen, nennen wir „Financial Control" und sie hat zum Ziel, die finanzielle Kontrolle über erworbene und erwerbende Einheiten zu erlangen.

Wichtigstes Ergebnis dieser Phase muss die Zusammenführung wesentlicher, zeitnaher Finanz- und Steuerungsdaten auf Eckdatenbasis sein. Die zu entwickelnden und zu implementierenden Lösungsansätze müssen sich durch einen besonders starken Pragmatismus auszeichnen. Es geht um das schnelle Erzielen von Ergebnissen, ohne potenzielle mittel- und langfristige Optimierungskalküle zu behindern. Nach Erfahrung der Autoren kann dies nur gelingen, wenn bereits in dieser ersten Phase die grundsätzlichen Konzepte für die Langfristentwicklung entstehen und diese sich später auch als überwiegend stabil erweisen.

Zeitlich sollte die Phase „Financial Control" etwa 3 Monate umfassen, um auf der Basis eines schnellen, einfachen, aber stabilen Reporting zum einen unerwünschte Trends und Fehlentwicklungen rechtzeitig zu erkennen und diesen entgegenzusteuern, zum anderen aber, um tragfähige Konzepte zu entwickeln. Insofern ist diese Phase zwar auch schon charakterisiert durch erste Lösungsumsetzungen, die Erarbeitung und Detaillierung der Grundlagen für mittel- und langfristige Lösungen und Pläne, nimmt aber einen sehr wesentlichen Teil ein.

Im Kapitel 4 „Das Assessment" wurden die Dimensionen „Operational Capability" und „Functional Performance" eingeführt und die wesentlichen Inhalte sowie Zusammenhänge beschrieben. Diese Struktur wird bei der nachfolgenden Beschreibung der einzelnen Phasen wieder aufgegriffen und die Umsetzung der beschlossenen Maßnahmen anhand dieser Dimensionen beschrieben.

6.1 Operational Capability

6.1.1 Strukturen

Als eine der ersten Entscheidungen im Bereich der Strukturen ist bei jeder Integration zu entscheiden, welche Einheiten und Abteilungen als Profit Center und welche als Cost Center geführt werden sollen. Dies hat unmittelbare Auswirkungen auf das Führungsmodell, erforderliche Incentivierungsmodelle, Ausstattung mit Infrastruktur und Personal, aber auch auf Themen wie Transfer Pricing, Kostenallokationen et cetera. Auch ist es unumgänglich, anhand des Business-Modells Entscheidungen über die prinzipielle Zentralisierung von Funktionen und das generelle Zusammenarbeitsmodell zwischen der Zentrale und den einzelnen Einheiten zu treffen. Im vorliegenden Beispiel wurde die Entscheidung getroffen, alle Geschäftszweige als voll ergebnisverantwortliche Profit Center für ihr weltweites Geschäft zu führen. Dies hat signifikante Auswirkungen auf Verrechnungspreismodelle.

Während der Phase I sollte vermieden werden, zu schnell Entscheidungen über die genauen Strukturen von Zentralabteilungen wie etwa die Details der zentralen Controlling-Abteilung, final zu entscheiden und zu kommunizieren, weil aufgrund der Dynamik im Rahmen einer Integration hier in der Regel ein Bedarf zum Nachjustieren der ersten Pläne entsteht und man die Mitarbeiter in der ohnehin turbulenten Zeit nicht zusätzlich durch Anpassen oder gar Zurücknehmen dieser Entscheidungen verunsichern möchte. Im Allgemeinen ist es für die Phase I ausreichend, die prinzipiellen Head-Office-Strukturen so zu belassen wie sie sind.

6.1.2 Prozesse und Inhalte

Im Bereich der Prozesse standen in der Phase I zwei Herausforderungen im Vordergrund:

➢ Etablieren der Siemens-Standard-Prozesse in den erworbenen Einheiten

➢ Stabilisierung und erste Verbesserungen der Prozesse auch in den „alten" Einheiten

Die erste Herausforderung ergibt sich bereits einfach aus der Notwendigkeit, die (Monats-) Abschlussprozesse zu harmonisieren, um ein stabiles Reporting generieren zu können. Hierfür wurden neben dem Roll Out der systemischen Grundlagen (siehe 6.1.4 IT) Kurzschulungen für die betroffenen Mitarbeiter der erworbenen Einheiten durchgeführt. Darüber hinaus wurde auch mit der temporären Delegierung von erfahrenen Mitarbeitern der alten Geschäftseinheiten gearbeitet, um eine schnelle und unmittelbare Wissensübertragung zu gewährleisten.

Die zweite Herausforderung resultiert aus der Tatsache, dass die bestehenden Prozesse – vor allem die Verarbeitung in der Zentrale – aufgrund des drastisch gestiegenen Umfangs und Komplexitätsniveaus instabil geworden waren beziehungsweise den neuen Anforderungen an die Geschwindigkeit nicht mehr genügten. Um beides zu erreichen, wurde auch kurzfristig ein neues Eckdaten-Reporting aufgesetzt.

Es wurde also bei den Prozessen der Fokus auf die Geschwindigkeit und Stabilität gelegt, ein verfrühtes Suchen nach Einsparungspotenzialen unterblieb. Im Bereich der Inhalte wurde auf die Steigerung der Qualität und eine erste Annäherung an eine Einheitlichkeit abgestellt und dafür wurde – dort wo möglich – kurzfristig auf Umfang verzichtet.

6.1.3 Ausstattung mit Humankapital/"People"

Die Bedeutung des „Faktors Humankapital" war auch bei der beschriebenen Akquisition von vorneherein klar.[11] Aus diesem Grunde wurden im Rahmen des Teilprojekts „Project Communication" erweiterte Trainings- und Enabling-Maßnahmen durchgeführt.

Die Aufgaben des Teilprojekts Communication waren Kommunikation, Training und Change Management und es hatte somit auch einen wesentlichen Einfluss auf den Erhalt, die Motivation und die Produktivität der Mitarbeiter.

Um dieser Aufgabe nachzukommen, wurden bereits in der frühen Phase I Workshops veranstaltet, auf denen zunächst die wesentlichen Arbeitsinhalte und -prozesse vermittelt wurden. Zudem wurde mit den erworbenen Einheiten eine intensive Diskussion bezüglich der Hintergründe und Notwendigkeiten hinter den Anforderungen geführt. Diese intensive Kommunikation mit vielen Erstkontakten, von der Management- bis hin zur Arbeitsebene, stellte maßgeblich Weichen für die weitere Zusammenarbeit und war schließlich ein Erfolgsfaktor für alle weiteren Maßnahmen.

6.1.4 IT/Infrastruktur

Die allgemeine technische Infrastruktur (zum Beispiel Anbindung an das Corporate Intranet) war eine wichtige Grundlage für den Integrationserfolg, die jedoch nicht im Rahmen des beschriebenen Projekts behandelt wurde, sondern durch ein spezifisches, ebenfalls durch das Projekt Post-Merger-Programm-Management koordiniertes IT-Projekt, sichergestellt wurde.

Im Bereich der Finanz-IT/Infrastruktur war wichtig, die Einheiten mit den für einen ordnungsgemäßen Geschäftsbetrieb erforderlichen technischen Systemen zu versehen. Hier sei vor allem auf die Herausforderung hingewiesen, die im Rahmen des Asset Deals erworbenen Einheiten mit einer grundlegenden IT zur Abwicklung ihrer Buchhaltung et cetera zu versehen. Dies war erforderlich, weil die hierfür notwendige Infrastruktur zum Teil nicht auf den Erwerber übergegangen war. Für eine Übergangszeit wurden zum einen Service-Verträge mit den abgebenden (verkaufenden) Gesellschaften in den einzelnen Ländern geschlossen, zum anderen aber konnten kurzfristig IT-Systeme von bestehenden Siemens-Einheiten im Sinne eines Shared Service[12] genutzt werden.

---

[11] Vgl. NAGEL (2003), S. 403.

[12] Zu Shared Services vgl. KEUPER/OECKING (2006).

Nach der Sicherstellung der für den ordnungsgemäßen Geschäftsbetrieb erforderlichen technischen Fähigkeiten fiel der Fokus auf die Belange des Reportings und damit der Datensammlung, Verarbeitung und Präsentation. Von Anfang an wurde auf eine web-basierte Lösung gesetzt, die sich durch eine äußerst schnelle Implementierbarkeit bei gleichzeitiger Skalierbarkeit auf später zu erwartende Anforderungen auszeichnete. Die Bedeutung einer „richtigen" Entscheidung an dieser Stelle kann gar nicht genug betont werden, da ein hier eingeführtes Tool – ob man es nun als eine Übergangslösung bezeichnet oder nicht – sozusagen den Standard für die spätere Performance setzt.

6.1.5 Veränderungsfähigkeiten

Die Bedeutung der Ausrichtung des Finanzbereichs an der Unternehmensstrategie wurde bereits erläutert. Im Rahmen eines Mergers, bei dem sich in kürzester Zeit erhebliche Änderungen in der Geschäftsstrategie ergeben können, ergeben sich hieraus erhebliche Anforderungen an die Flexibilität des Finanzbereichs. Gleichzeitig ist die Ausprägung „Veränderungsfähigkeit" oder auch „Agility" eine Charakteristik, die sich prinzipiell über eine längere Zeit ausbildet und kaum sprunghaft zu ändern ist. In Sondersituationen wie einer Integration erweist sich – aus der Not geboren – jedoch oft eine bessere Anpassungsfähigkeit, als im „Normalbetrieb" zu vermuten gewesen wäre.

Diese (kurzfristig) erhöhte Anpassungsfähigkeit ist im Allgemeinen bei den erworbenen Einheiten deutlich besser ausgeprägt als im erwerbenden Unternehmen, weil bei den erworbenen Einheiten von vornherein klar ist, dass sich zum Teil erhebliche Änderungen ergeben werden und man im Grunde genommen gar keine andere Wahl hat. Bei den „Erwerbern" kann sich – selbst bei sehr guter Kommunikation – eine Art „Siegermentalität" herausbilden, die Veränderungsprozesse wesentlich erschwert und sogar zu einer Abnahme der Anpassungsfähigkeit führt.

Vor diesem Hintergrund lag die Herausforderung in der Phase „Financial Control" darin, die erhöhte Anpassungsfähigkeit der erworbenen Einheiten zu nutzen und zum anderen die Anpassungsfähigkeit in den erwerbenden Einheiten zu generieren beziehungsweise zu erhalten.

Erreicht wurden diese Ziele, indem eine intensive Kommunikation mit den Betroffenen aufgebaut wurde. Dabei musste den erworbenen Einheiten klar gemacht werden, dass verschiedene Änderungen unumgänglich sein werden. Bei den bestehenden Einheiten wurde der Ansatz des „Best in Class" betont, das heißt, dass man beabsichtigte, die jeweils besten Verfahren, Tools und Prozesse zu übernehmen. Auch wurde klar gemacht, dass die Änderung der Strategie und das erhebliche Wachstum bei allen Einheiten wesentliche Änderungen erforderten. Der letzte Punkt war besonders in der Zentrale sehr eingängig, sodass eine zufrieden stellende Mobilisierung erreicht werden konnte.

Ein weiterer, ganz wesentlicher Punkt für die Generierung und den Erhalt der Veränderungsbereitschaft war die Wertgenerierung durch das Projekt, indem bei Themen und Fragen der Umsetzung schnelle, zeitgerechte Antworten mit Problemlösungswert geschaffen wurden, um eine Vertrauensbasis für die Zusammenarbeit zu erzeugen.

6.1.6 Ausrichtung an der Strategie

Die Notwendigkeit eines Alignment von Strategie und Finanz-Management wurde oben bereits dargestellt. Dazu wurden im Rahmen der Phase I des untersuchten Projekts verschiedene Workshops zur Operationalisierung der Strategie durchgeführt. Diese waren erforderlich, da recht schnell klar war, dass die definierte Geschäftsstrategie wesentlich weiter in ihre Bestandteile herunter gebrochen werden musste. Zunächst wurde also die Strategie in die einzelnen Bestandteile zerlegt. Hierbei wurde auf Basis der Dimensionen des SMS vorgegangen:

➢ Customer focus
➢ Innovation
➢ Global Competitiveness

Zudem wurden die Dimensionen der Balanced Scorecard ([BSC] – Financials, Customer, Processes und Personal [Learning & Growth]) auf der Prozessebene mit den Elementen des Siemens Process House ergänzt, um eine integrierte Basis für das Mapping von Treibern für die Strategie zu erhalten (siehe Abbildung 10).

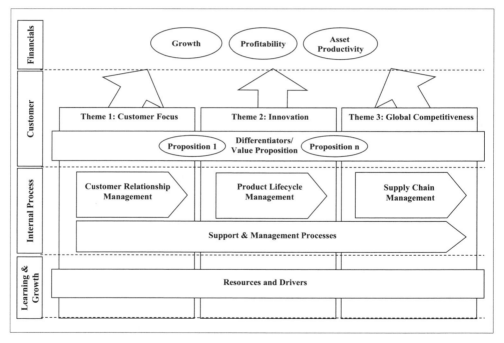

Abbildung 10: *Schemadarstellung der Zusammenführung von BSC und Strategie*

Während der durchgeführten Workshops wurde eine tiefgehende Übereinstimmung der Führungspersonen bezüglich der Schlüsseltreiber und ihrer Bedeutung erzielt. Dies scheint zunächst trivial, gestaltet sich aber als eine herausfordernde Aufgabe, weil gemeinschaftliche Begrifflichkeiten und Wertdimensionen geprägt werden müssen. Zum anderen sollte man bei einer Integration stets berücksichtigen, dass die Führungsmannschaft aus unterschiedlichen

Unternehmen kommt und sich alleine schon hieraus unterschiedliche Definitionen und Wertigkeiten für vermeintlich einfache Sachverhalte wie „Umsatz", „Cash Flow", aber auch für ohnehin schwierig greifbare Punkte wie „Kundenzufriedenheit" oder „Innovationsrate" ergeben.

6.2 „Functional Performance"

6.2.1 Accounting

Nach der Personalbeschaffung in neu erworbenen Einheiten waren die operativen Buchhaltungen mit einer zunächst ausreichenden Performance funktionsfähig. Somit lagen die Herausforderungen in der Phase I in der Ausstattung mit IT-Systemen (siehe oben) sowie in der Vermittlung der grundsätzlichen Siemens-Standards.

Zudem musste das so genannte „Purchase Accounting" durchgeführt werden.

In der Phase I wurden außerdem eine Reihe von PG-I-spezifischen Richtlinien entwickelt beziehungsweise überarbeitet. Im Einzelnen waren dies:

➢ Transfer Pricing Guideline
➢ Calculation and Costing Guideline
➢ Asset Allocation Guideline
➢ Charging Guideline

Bei Siemens ist ein Konzernkontenrahmen im Einsatz. Dieser wird je nach den Erfordernissen des Geschäfts individuell detailliert, die grundsätzlichen Strukturen sind aber verpflichtend. Da die erworbenen Einheiten einen Kontenplan verwendeten, der auf einem komplett anderen Kontenrahmen basiert, war es unumgänglich, eine Kontenplanumstellung durchzuführen. Hierzu wurden bereits in dieser frühen Phase alle relevanten Entscheidungen getroffen sowie die Roll-Out-Planung vorgenommen.

6.2.2 Legal Reporting

Die Umsetzung der Anforderungen aus dem Legal Reporting wurde mit Siemens-Standard-Tools innerhalb von 6-8 Wochen durchgeführt. Hierzu waren Spezialisten notwendig, die die lokale Anbindung der Sites an die aufgrund von Konzernvorgaben zu befüllenden Reporting-Systeme sicherstellten.

Zur Absicherung der Qualität wurde in der Zentrale ein Support-Center eingerichtet, das fachliche und technische Fragen kurzfristig beantworten konnte.

6.2.3 Controlling

Im Bereich des Controllings wurden während der ersten Phase lediglich minimale Veränderungen vorgenommen. Da im Siemens-Konzern eine sehr große Vereinheitlichung zwischen internem und externem Rechnungswesen existiert, gingen diese Hand in Hand mit den entsprechenden Punkten im Legal Reporting. Auf eine Cost-Center-Harmonisierung wurde im ersten Schritt verzichtet.

6.2.4 Management-Reporting

Bereits in den ersten Wochen der Projektarbeit wurde klar, dass die Aufnahmefähigkeit und Reaktionsfähigkeit der neuen Einheiten durch die vielen zusätzlichen (meist ad hoc gestellten) Anfragen nach allen möglichen Informationen stark überstrapaziert wurden. Der Finanzbereich wollte hier nicht zu einer weiteren Verschärfung der Lage beitragen. Daher wurde beschlossen, die Anzahl der Informationsanfragen im Regel-Reporting zunächst zu beschränken. Es wurde ein Eckdaten-Reporting aufgesetzt, mit welchem in einem strukturierten Prozess die wesentlichen Kennzahlen auf monatlicher Basis abgefragt wurden. Das Teilprojekt begann derweil die Arbeiten an der oben bereits dargestellten Content Dimension Matrix.

6.2.5 Planung, Budgetierung und Forecasting

Börsennotierte Unternehmen haben bekanntermaßen einen gesteigerten Bedarf an zuverlässigen Plandaten, Budgetinformationen und Forecasts. Dies trifft auf eine Post-Merger-Situation ganz besonders zu, da die externen Shareholder ein erhöhtes Interesse an Informationen haben, um abschätzen zu können, ob der gerade laufende Merger im vorher angekündigten Maße Wert erhöhend ist oder nicht.

Dies bedeutet, dass dem so genannten „Baselining" – der Anpassung des Business-Plans an die vollständigen und ungefilterten Erkenntnisse aus den neuen Einheiten sowie die Synergiepotenziale – eine sehr hohe Bedeutung zukommt. Dies stellt bei jedem Merger eine große Herausforderung dar, weil in der Regel die Zeit nicht ausreicht, um einen standardisierten, toolbasierten Planungsprozess zu etablieren. Auch in dem hier beschriebenen Fall wurde stark Excel- und Mail-basiert gearbeitet.

Aus diesem „Baselining" konnten jedoch erste sehr gute Erkenntnisse für die schon in der Phase I anstehenden Entscheidungen bezüglich der zu verwendenden Tiefe, Struktur und Prozesse der ersten gemeinsamen vollständigen Planung im Rahmen der jährlichen Siemens-Geschäftsplanung gewonnen werden.

7 Phase II: Business Control und Phase III – Efficiency & Effectiveness

Entsprechend der Gesamtprojektplanung wurden in der Folge die Phasen II „Business Control" und Phase III „Efficiency and Effectiveness" gestartet. Der fast zeitgleiche Start der Phase III lag darin begründet, dass durch die parallele, nur leicht versetzte Durchführung beider Phasen der „blind spot" durch fehlende integrierte Standard-Reporting-Systeme möglichst klein gehalten werden sollte.

Als Zielzustand für den Finanzbereich bei PG I wurde das „House of Reporting" festgelegt (siehe Abbildung 11).

Während der Phase II wurden bei der Umsetzung des House of Reporting im Wesentlichen formale und konzeptionelle Ziele verfolgt: Die Umsetzung der Konzernstandards im Accounting und Controlling, eine signifikante Verbesserung der Reporting-Qualität, -Relevanz, -Form und der Analysier- und Vergleichbarkeit von Daten, die erhebliche Verbesserung der Geschwindigkeit und die Einführung von klaren Strukturen.

In der Phase III wurden die Prozesse weiter optimiert und die Unterstützung mit einer durchgängigen IT auf der Basis eines einheitlichen Datenbestands sichergestellt. Hierdurch konnten die Effizienz gesteigert und die Qualität und Stabilität weiter erhöht werden. Zusätzliche wesentliche Punkte waren weitere Verbesserungen an den Reporting-Inhalten und -Formaten, Prozess- und Systemverbesserungen im Planungsprozess, die Erhöhung der Analysefähigkeit und die Weiterführung der Change-Aspekte.

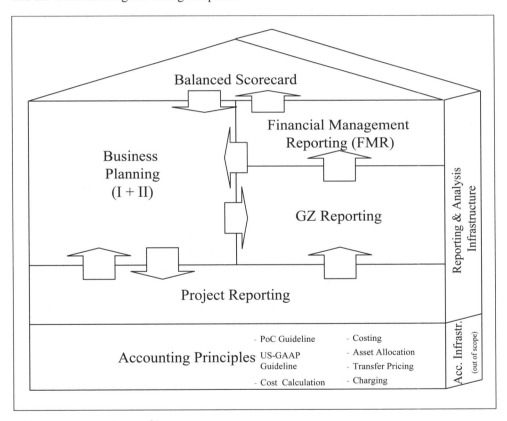

Abbildung 11: *House of Reporting*

7.1 Die Etage „Accounting Principles"

Die Accounting Principles stellen sozusagen die Basis des kompletten House of Reporting dar, weil hier die Grundlagen für Qualität, Transparenz, Vergleichbarkeit und Stabilität gelegt werden.

Die Ausgangssituation im Bereich Accounting war – unter anderem durch den Merger bedingt – eine uneinheitliche Verwendung von Rechnungswesen- und Reporting-Grundsätzen (Local-GAAP versus US-GAAP, Percentage-of-Completion-Anwendung [PoC Guidline} et cetera), unterschiedliche Kontenpläne und eine Uneinheitlichkeit in den Ansätzen zur Behandlung von Kosten (Allokation zu Kostenstellen/Aufträgen), Weiterverrechnung von Kosten für interne Dienstleistungen sowie der Kalkulationsbasis für Verrechnungspreise.

Ziele waren:

- Sicherstellung der Einhaltung aller gesetzlichen und sonstigen regulatorischen Anforderungen
- Einhaltung der Siemens-Standards
- Sicherstellung der Vergleichbarkeit der Performance unterschiedlicher Einheiten
- Deutliche Verringerung des Abstimm- und Verwaltungsaufwands
- Stärkung der „Entrepreneurship" der Verantwortlichen in den Geschäftseinheiten

Entsprechend wurden die dargestellten Richtlinien entwickelt und die Kontenplanumstellung initiiert. Die Veränderungen wurden durch dezentral durchgeführte Trainings unterstützt, welche durch ein zentral betriebenes, sowohl per Intranet als auch telefonische erreichbares Helpdesk für Fragen fachlicher Art, aber auch zur Umsetzung der Konzepte verstärkt wurde.

Die Erstellung der Richtlinien wurde im Wesentlichen durch das zentrale Integrationsteam vorangetrieben. Die Inputs aus den Geschäftsgebieten wurden durch Workshops integriert und die Entwürfe der Richtlinien wurden ab dem „Final Draft"-Stadium auch mit Spezialisten in den Geschäftseinheiten diskutiert.

Als ein wesentliches Element zum Erfolg der Umsetzung der ersten Etage kann ein stringentes und zentral durchgeführtes Monitoring der Umsetzung der Konzepte in den dezentralen Einheiten genannt werden. Hierzu wurde ein intranet-basiertes Monitoring-Tool eingesetzt und die Einheiten wurden zusätzlich intensiv telefonisch betreut.

7.2 Die Etage „Project Reporting"

Das Geschäft der PG I umfasst die Herstellung von Industrieturbinen und Verdichtern sowie von Komplettlösungen für den Öl- und Gas- sowie den Kraftwerksbereich. Eine Gemeinsamkeit für das Produkt- und Lösungsgeschäft ist dabei, dass es sich um ein so genanntes Projektgeschäft handelt. Die Projekte laufen zwischen einigen Monaten und mehreren Jahren und erreichen eine erhebliche technische, logistische und wirtschaftliche Komplexität. Solche Projekte werden über mehrere Lokationen, über Ländergrenzen und über mehrere Geschäftszweige hinweg abgewickelt.

Neben den großen Herausforderungen an Koordination und Durchgängigkeit des Zahlenwerks ergibt sich hieraus eine erhebliche Chance: Die Fristigkeit der Projekte in Verbindung mit ihrem hohen Grad an Geplantheit ermöglicht es prinzipiell, hieraus auch eine hohe Genauigkeit und Prognostizierbarkeit für die finanzielle Steuerung abzuleiten.

Selbstverständlich existierte bereits vor dem Merger eine operative Berichterstattung über die Projekte. Die Änderung im Vorgehen bestand darin, das Projekt-Reporting direkt als zentrale Quelle für das Finanz-Reporting zu etablieren. Dies hatte einen erheblichen Vorteil, denn somit konnte eine durchgängige Ableitung der Finanzberichterstattung für das Management Reporting sichergestellt werden. Vor allem aber setzt dadurch auch die Finanzplanung und -forecasting auf einem zukunftsorientierten System und nicht wie in der Buchhaltung üblich auf einem vergangenheitsorientierten System auf. Der Grund hierfür ist einfach: Das operative Projekt-Reporting umfasst „natürlicherweise" eine ganz starke Planungskomponente, um die Anforderungen an die Arbeitsplanung, Bestellanforderungen, Logistikplanung et cetera erfüllen zu können. Bei einer Berücksichtigung dieser Informationen kann – insbesondere bei der Verwendung von PoC nach US-GAAP oder IFRS – eine wesentlich höhere Voraussagegenauigkeit zum Beispiel der Umsatzlegung sowie eine sehr gute Voraussagbarkeit der Kosten und Cash-Ströme erzielt werden.

Im Rahmen der Post-Merger-Integration stellten sich die Maßnahmen zur Einführung des IT-basierten Projekt-Reportings als eine hervorragende Möglichkeit heraus, die einschlägigen Konzernanforderungen in den neuen Einheiten zu etablieren und eine starke Harmonisierung der Datenbestände anzustoßen. Auch konnte hierdurch die Umsetzung anderer Richtlinien, zum Beispiel der Transfer-Pricing-Richtlinie, gut controlled werden, da eine zentrale Möglichkeit für systematische Abstimmung erreicht wurde.

7.3 Die Etagen „GZ Reporting" und „FMR" (Financial Management Reporting)

Wurde während der Phase I noch auf eine relativ einfache Lösung zur Erfüllung der Erfordernisse einer gemeinsamen monatlichen Berichterstattung zurückgegriffen, um schnell einige wesentliche Kennzahlen zu erhalten, so musste dies baldmöglichst auf eine stabilere und Standard-IT-basierte Lösung umgestellt werden. Herausforderungen bestanden hier neben der technischen Integration vor allem in konzeptioneller Hinsicht. Aufgrund des geänderten Geschäftsumfangs, der Breite des Produktspektrums, der geografischen Expansion und der Erhöhung der Komplexität im Modell der internen Zusammenarbeit musste eine grundsätzliche Neugestaltung sowohl der Reporting-Inhalte als auch der Prozesse und Systeme (inklusive der Abstimmprozesse) vorgenommen werden.

Um hierzu eine Lösung zu finden, wurden zunächst in einem Top-Down-Verfahren zusammen mit dem Management der PG I die Prinzipien und der Prozess definiert.

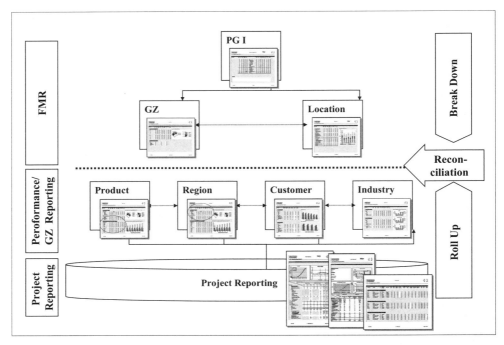

Abbildung 12: Zusammenwirken der einzelnen Teilkomponenten des Reporting-Systems

Danach wurden zum einen mit dem Top Management und der zentralen Controlling-Abteilung die Berichtsinhalte festgelegt und zum anderen in Workshops mit dem Management der einzelnen Geschäftszweige die Inhalte und Formate der für sie relevanten Steuerungsinformationen erarbeitet. Hierbei wurde ganz streng auf Wiederverwendbarkeit von Inhalten, absolute Identität bei der Definition von Kennzahlen sowie eine Stringenz in der Darstellung geachtet.

Neben den angesprochenen inhaltlichen und formalen Ausprägungen wurden auch die Reporting-Prozesse überarbeitet. So wurde ein so genanntes „Flash Reporting" implementiert, mit dem eine Vorschau (circa 6 wesentliche Kennzahlen) auf das Monatsergebnis für die großen Einheiten an das PG-I-Management gemeldet wird. Die geschieht bereits zum Zeitpunkt Ultimo + 2 Tage, also 3 Tage vor den offiziellen Konzernabgabetermin für die Monatsergebnisse.

Im Rahmen der Maßnahmenumsetzung für diese Etage wurden auch die Reporting-Prozesse komplett überarbeitet. Dies umfasste auch die in Phase I implementierten provisorischen Prozesse, die man aus Zeitgründen zur Sicherstellung der Kontrolle über die Finanzlage der Einheiten vereinfacht und ohne Systemintegration eingerichtet hatte.

7.4 Die Etage „Business Planning"

In Phase I wurde die Erstellung der ersten gemeinsamen Planung und des Budgets für das nächste Jahr sichergestellt. Dies konnte aufgrund des Zeitdrucks nur mit einem erheblichen manuellen Aufwand und mit relativ aufwändigen und damit zeitintensiven Prozessen erreicht werden.

Ziel der Phasen II und III war es, sowohl die Zeitbedarfe als auch die Aufwände für die Planung zu reduzieren und die Qualität als auch den Automatisierungsgrad der Planung gleichzeitig wesentlich zu erhöhen.

Im Rahmen des Projekts wurden hierzu im Rahmen des Teilprojekts „Planning" die folgenden Hauptpunkte umgesetzt:

- Überarbeiten der Planungsinhalte basierend auf dem Reporting-Konzept
- Definition der zu planenden Key Performance Indicators (KPI) finanzieller und nichtfinanzieller Art
- Überarbeiten der Planungsprozesse auf Ebene PGI, GZ und Standort
- Integration der Business Scorecards in den Planungsprozess
- Erhöhung des Automatisierungsgrads und Abbildung in einem web-basierten Tool

Auch wenn durch den Merger deutlich verschiedene Planungskulturen aufeinander trafen, so konnte durch eine intensive Einbindung der beteiligten Einheiten doch sehr schnell ein nachhaltiges Ergebnis erzielt werden. Basis hierfür war die vorher geleistete Homogenisierungs- und Standardisierungsarbeit des Integrationsprojekts. Dies ist insbesondere nach einem Merger relevant, da hier die in einem „gewachsenen Unternehmen" durch jahrelange Angleichung entstandene graduelle Feinabstimmung zwangsläufig fehlt.

Bei der Neugestaltung der Planung wurden iterativ die Erkenntnisse aus den Arbeiten in den anderen „Etagen" eingearbeitet, um eine höchstmögliche Konsistenz auf der einen Seite zu den strategischen Erfordernissen des Managements, aber auch zu den im Reporting und operativen Tagesgeschäft verwendeten Kennzahlen und Definitionen sicherzustellen.

Eingeführt wurde insgesamt eine Verbindung von Top-Down-Vorgaben und Bottom-Up-Planung, eine erweiterte funktionale Unterstützung der Schnittstellenthemen zwischen den Geschäftseinheiten (zum Beispiel Transfer Pricing), ein Quarterly Forecasting sowie ein Monthly Rolling Forecast. Dabei wurde das Projekt-Reporting sehr eng eingebunden, um die Vorausschau möglichst aus dem Projekt-Reporting-System zur Verbesserung der Prognosegenauigkeit zu nutzen.

7.5 Die Etage „Balanced Scorecard"

Die BSC ist ein weithin genutztes Führungsinstrument bei Siemens und auch in der PG I im Einsatz. Daher war es erforderlich, auch dieses Instrument an die durch den Merger geänderten Bedingungen anzupassen.

Strukturell folgte das Integrationsprojekt dabei dem bereits in Abbildung 6 beschriebenen integrierten Konzept, auf dessen Basis das Strategy Mapping und die Ableitung von KPI durchgeführt wurden.

Dabei wurde in den folgenden Stufen vorgegangen:

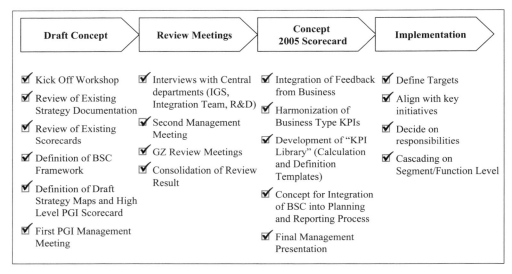

Abbildung 13:   *Ansatz zur Umsetzung der BSC*

Aufgrund des gewählten, stark Business-getriebenen Ansatzes, betrafen die Ergebnisse der Arbeit an der BSC nicht nur den Finanzbereich. Vielmehr konnten im Rahmen der BSC-Workshops mit den Verantwortlichen der Geschäftseinheiten sehr wertvolle Erkenntnisse über Verbesserungspotenziale in der Strategie und eine starke Unterstützung beim Vorantreiben von generellen Governance-Themen erzielt werden. Wesentliche Punkte waren:

- Start und Förderung einer kontinuierlichen Strategiediskussion
- Identifizierung von Verbesserungspotenzialen in der Strategie
- Definition von kaskadierten Scorecards, die die Spezifika des Geschäfts der einzelnen Einheiten reflektieren
- Verbesserung des „Commitments" der Geschäftszweige, die Scorecards als Management-Tool zu nutzen
- Integration des SMS and SPF

➤ Verknüpfung von Strategie und BSC mit Siemens-Initiativen und Verbesserungsprogrammen (Strategic Themes, Value Generating Programm [VGP], Operational Programs/ Initiatives)

8   Gesamtergebnis, Benefits und Lessons Learned

Das „Mission Statement" des Siemens/Alstom Finanzintegrationsprojekts war:

„The Processes, Content, Systems and Organization of PGI Finance Departments will be adjusted to PGI's new Business Model, Structure and Size. With this, PGI will achieve a reliable, timely and high quality reporting and planning to provide the financial control structure for the nimble and evolving organization."

Insofern war das Projekt kein reines Integrationsprojekt, sondern klar als Transformationsprojekt aufgestellt, in dem nicht „nur" die neuen Einheiten integriert werden sollten. Wesentliches Ziel war es vielmehr auch, die Finanzorganisation als Ganzes auf ein wesentlich verbessertes Performance-Level zu heben und das Alignment zum Business zu verbessern.

Dieses Ziel, das inhaltlich und zeitlich abgestimmt *alle* Aspekte der Performance des Finanzbereichs umfasste, konnte durch die geschilderte Kombination von Maßnahmen erreicht werden. So konnte ein ganzheitlich optimiertes, zukunftsgerichtetes, mit den Konzerninitiativen abgestimmtes als auch auf die PG-I-spezifischen Anforderungen zugeschnittenes Konzept umgesetzt werden.

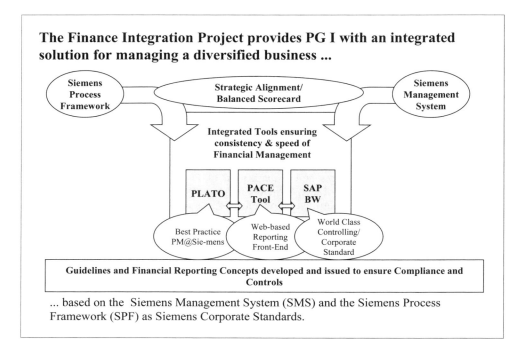

Abbildung 14: *Konzeptuelles Zusammenwirken der Projektbestandteile mit der Siemens-Umgebung*[13]

Mit der geschaffenen Lösung konnte PG I folgende Ziele erreichen:

> Ermöglichung einer strategiebezogenen Steuerung

> Schaffung einer regulativen Basis für eine Zusammenarbeit zwischen den Geschäftseinheiten

> Umsetzung eines funktionalen Standard-Reporting mit „View-ahead"-Funktionalität, das Ultimo + 5 Tage alle Management-Informationen und Ultimo + 11 Tage alle steuerungsrelevanten Detailinfos auf Projekt-/Auftragsebene zur Verfügung stellt.

> Ein gemeinsamer Satz entscheidungsrelevanter Daten für alle Entscheider in der Organisation

> Gemeinschaftliches Verständnis über die verwendeten Kennzahlen und Aufbau einer einheitlichen Datenbasis – es gibt nur noch eine Quelle für alle steuerungsrelevanten Informationen

> Integrierte und abgestimmte Finanz-IT-Landschaft, die redundante Informationen eliminiert und ein hohes Maß an Prozesseffizienz und -stabilität ermöglicht

---

[13] Vgl. BIENDARRA (2006), S. 28.

Bei einer Fokussierung auf die rein klassische Integration der neuen Einheiten in den bestehenden Verbund, ohne auch dort grundsätzliche Änderungen vorzunehmen, wäre ein solcher Fortschritt in der Gesamt-Performance des Finanzbereichs nicht möglich gewesen. Mit einem solchen reduzierten Integrationsumfang wäre im Gegenteil – aufgrund der Komplexität im Umfeld – ein Absinken der Gesamt-Performance des Finanzbereichs unausweichlich gewesen.

Aus dem vorgestellten komplexen Projekt können folgende Lehren gezogen werden:

- Trotz eines engen Zeitrasters ist es möglich, integrierte Konzepte zu implementieren.
- Geschwindigkeit und schnelle Integrationsmaßnahmen waren ein Schlüssel, um das erforderliche Momentum zu erzielen.
- Das unmittelbare Berücksichtigen der Konzerninitiativen SMS und SPF hat die Effizienz wesentlich erhöht.
- Schlüssige und abgestimmte technische Konzepte ermöglichten und beschleunigten den Integrationsprozess.
- Lokale Aktivitäten können durch gemeinsame Konzepte, Prozesse und Systeme koordiniert und aufeinander abgestimmt werden. Hierdurch wird eine kaskadierende Steuerung durch das Management ermöglicht.
- Eine Finanztransformation ist ein umfangreiches und komplexes Vorhaben, das ein Full Time Team benötigt.
- Ein gutes Sponsorship und ein dediziertes Steering Committee sind wichtige Schlüsselelemente zum Erfolg.
- Fachliche und technische Exzellenz ist „nur" die Grundlage für den Erfolg.
- Kontinuierliche Kommunikation ist ein Schlüsselfaktor.
- Interkulturelle Unterschiede haben einen wesentlichen Einfluss.

Ganz entscheidend für den Erfolg eines solch komplexen Projekts mit den unterschiedlichsten Beteiligten sind gleichartige Problemlösungsstrategien bei den Schlüsselpersonen sowie ein in der frühen Projektphase aufzubauendes gemeinsames „Bild" des Endergebnisses. Daraus leitet sich eine gemeinsame Vision für die einzelnen Teile des Projekts ab. Optimal ist weiterhin, wenn Schlüsselpersonen aus dem Integrationsprojekt nach der Integration auch in übergreifend verantwortliche Positionen wechseln. Dies erhöht die Nachhaltigkeit der Lösungen, weil sie dann auch nach der offiziellen Beendigung des Projekts von innen weiter getrieben werden.

Aus den verschiedensten Gründen bieten sich nur ganz selten Gelegenheiten zur radikalen Umgestaltung im Finanzbereich. Große Merger sind ein ausgezeichneter Trigger dafür, die Performance des Finanzbereichs – sowohl Effektivität als auch Effizienz – sprunghaft zu verbessern. Dies erfordert Mut, Weitsicht, Konsequenz, Konfliktfähigkeit und auch signifikante Investitionen. Aber die möglichen Effekte sind es wert, diesen Weg zu gehen.

Quellenverzeichnis

BIENDARRA, G. (2006): Finance Tranformation in Siemens Power Generation, Vortrag im Rahmen des CFO-Round Table, Nyenrode Castle/Beukelen, 11. Juni 2006.

DEANS, G. K./KRÖGER, F./ZEISEL, S. (2002): Merger Endgames – Strategien für die Konsolidierungswelle, Wiesbaden 2002.

HÄFNER, M./LÖBIG, T. (2005): Wertorientierung im Rahmen von Mergers & Integration, Vortrag im Rahmen des Seminars für Betriebswirtschaft an der Universität Köln, München 2005.

KEUPER, F./Oecking, C. (Hrsg.): Corporate Shared Services – Bereitstellung von Dienstleistungen im Konzern, Wiesbaden 2006.

NAGEL, A. (2003): Human Ressource Management, in BALZ, U./ARLINGHAUS, O. (Hrsg.), Das Praxisbuch Mergers & Acquisitions, München 2003.

SIEMENS (2005): Geschäftsbericht 2004, München 2005.

WIESSKIRCHEN, C./NAUJOKS, H./MATOUSCHEK, G. (2003): Post Merger Integration, in BALZ, U./ARLINGHAUS, O. (Hrsg.), Das Praxisbuch Mergers & Acqusisitions, München 2003.

Finance Integration osteuropäischer Unternehmen

CAROLIN KNOCHE

BearingPoint GmbH

1	Mergers in Osteuropa	539
2	Finance Integration	539
	2.1 Vorgehensweise	540
	2.2 Besonderheiten in der Finance Integration osteuropäischer Unternehmen	544
	2.2.1 Besonderheiten in den zu integrierenden Unternehmen	544
	2.2.2 Anforderungen an die übernehmenden Unternehmen und Konzerne	545
	2.2.3 Wechselwirkungen zur Integration anderer Bereiche	545
	2.3 Kritische Erfolgsfaktoren	546
3	Summary und Ausblick	546
Quellenverzeichnis		547

1 Mergers in Osteuropa

EU-Erweiterung und Globalisierung haben in den vergangenen Jahren zu einem verstärkten Wachstum westeuropäischer Unternehmen in Osteuropa geführt. Nach einem enormen Wachstum in den 90iger Jahren mit dem Höhepunkt in 2000 und einem Abflachen danach haben die Übernahmeaktivitäten internationaler Unternehmen sowohl innerhalb osteuropäischer Länder als auch mit westeuropäischen und internationalen Unternehmen ein stetiges Wachstum erfahren. Untersuchungen[1] zufolge lassen sich zwei wesentliche Gründe für Unternehmensübernahmen feststellen:

➢ Erschließung von Kosten- und Synergiepotenzialen
➢ Erschließung neuer Märkte und Vertriebswege

Deutsche Unternehmen nehmen in den Unternehmenskäufen und -übernahmen eine durchaus treibende Rolle ein. Auch hier sind die Gründe durchaus vielfältig und reichen vom barrierefreien Eintritt in neue Märkte über die Sicherung zukünftiger Markt- und Absatzgebiete bis hin zur Ausgliederung von operativen und administrativen Funktionen in diese Länder und damit der Nutzung der geringeren Lohnkosten.

2 Finance Integration

Die Integration osteuropäischer Unternehmen kann sich wechselhaft und risikoreich gestalten. In der Regel befinden sich die jeweiligen osteuropäischen Länder hinsichtlich ihrer wirtschaftlichen, infrastrukturellen und regulativen Entwicklung in sehr unterschiedlichen Stadien, was einen direkten Einfluss auf die Entwicklung der zu übernehmenden Unternehmen hat. Während sich Länder wie zum Beispiel Polen und Ungarn frühzeitig westlich orientiert haben und die Privatisierung ebenso wie den Markteintritt westeuropäischer Unternehmen durch eine entsprechende Gesetzgebung unterstützen, stellt sich die Ausgangslage in Ländern wie Rumänien anders dar.

Vor diesem Hintergrund stellen Integrationsprojekte sehr unterschiedliche und zum Teil neue Anforderungen an westeuropäische Unternehmen. Operative Unterstützung und ein geeignetes Change Management gewinnen hierbei zunehmend an Bedeutung. Darüber hinaus handelt es sich erfahrungsgemäß bei einer Vielzahl von zu übernehmenden Unternehmen, im Gegensatz zu Akquisitionen in westeuropäischen Ländern, um eine zeitgleiche Privatisierung. Unternehmen in Branchen wie der Versorgungswirtschaft, der Telekommunikation, Banken und Versicherungen sowie des Transportwesens sind in weniger weit entwickelten Ländern häufig noch in staatlicher Hand. Die Folge dessen sind ineffiziente Prozesse, intransparente und stark dezentral orientierte Strukturen, ein durchgängig höherer Personalbestand, eine Vielzahl manueller Funktionen und eine Infrastruktur, die nicht den westeuropäischen Anforderungen entspricht.

---

[1] Vgl. stellvertretend ECKER/HECKEMÜLLER (2005).

Ein weiterer wesentlicher Punkt ist dem Umstand geschuldet, dass sich die Unternehmen auch nach erfolgter Privatisierung häufig in einem staatlich regulierten Markt befinden. Vor diesem Hintergrund sind die Unternehmen weiterhin regulativen Einschränkungen zum Beispiel im Rahmen von Preisgestaltungen und erhöhten Berichtspflichten unterworfen.

In diesem Kontext ergeben sich im Rahmen der Integration osteuropäischer Unternehmen sehr unterschiedliche Anforderungen an die operative Unterstützung während der Übergangsphase sowie an die Konzeption und Implementierung des Integrationsszenariums als auch an die Verantwortlichen.

Die Schwerpunkte und Anforderungen in der Integration der einzelnen Unternehmensbereiche differieren ebenso stark in ihrer Ausgestaltung. Die Finance Integration nimmt dabei eine spezielle und stark führende Rolle ein. Neben der Integration der Reporting-Prozesse und -Funktionen in die übernehmenden Konzerne (zum Beispiel durch die qualitäts- und termingerechte Sicherstellung des laufenden Reportings) werden in diesen Bereichen die Grundlage für das interne Management-Reporting gemessen an den veränderten Konzernvorgaben bis hin zum Controlling des Mergers insgesamt gelegt.

In den nachfolgenden Abschnitten wird die Finance Integration osteuropäischer Unternehmen näher betrachtet. Neben dem Aufzeigen der generellen Vorgehensweise werden dabei insbesondere Risiken und Besonderheiten diskutiert.

2.1 Vorgehensweise

Die Finance Integration in den Unternehmen bildet einen komplexen Prozess, der aufgrund administrativer und operativer Anforderungen zum Teil im Vorfeld, spätestens jedoch mit dem Closing beginnt. Mit dem Tag der Unternehmensübernahme sind Maßnahmen mit unterschiedlicher Zielsetzung einzuleiten:

- ➤ Operative Vermögenssicherung (wie zum Beispiel Kontenvollmacht)
- ➤ Vermögensinventur (wie zum Beispiel Erstellung der Eröffnungsbilanz)
- ➤ Anpassung der Unternehmenssteuerung
- ➤ Optimierung von Reporting-Prozessen und Realisierung von Synergiepotenzialen bis hin zur Zentralisierung oder Ausgliederung von Shared-Service-Centern und
- ➤ Reporting an den neuen Konzern/Shareholder

Basierend auf den Zielen des Mergers sind bereits im Rahmen der Integrationsplanung die alternativen Integrationsszenarien zu definieren und zu bewerten. Dieser vorgelagerte Prozess der Festlegung der Finance-Integration-Strategie bildet die Basis für die nachfolgende Vorgehensweise:

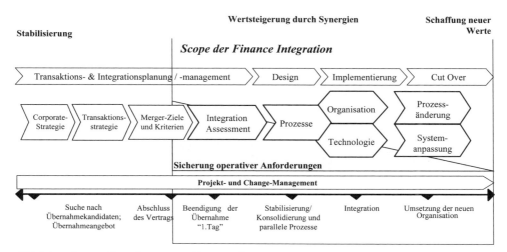

Abbildung 1:   Vorgehensweise Finance Integration

Die Grundlagen einer erfolgreichen Integration werden auch in den klassischen Finance-Funktionen wie Accounting, Controlling, Treasury et cetera in der Integrationsplanung gelegt. Abweichend von anderen, insbesondere operativen Unternehmensfunktionen, bei denen in der Regel die Geschäftstätigkeit unabhängig weitergeführt werden kann und Synergiepotenziale sukzessiv identifiziert und umgesetzt werden, werden die Finance-Bereiche ab dem Tag des Closings mit einer Vielzahl neuer Anforderungen konfrontiert. Insofern sollte eine 1-Day-Planung für den Tag des Closings und eine 100-Day-Planung integraler Bestandteil der übergreifenden Integrationsplanung sein.

Der 1-Day-Plan umfasst alle operativen Schritte der Vermögenssicherung und Zugangsberechtigungen der neuen Shareholder in den übernommenen Unternehmen. Insbesondere bei feindlichen beziehungsweise ungewollten Übernahmen und Unternehmenskäufen besteht die Gefahr des Vermögensverlusts. Insofern zählen die Neuordnung der Bank- und Zahlungsvollmachten, die Feststellung der bestehenden Bankverbindungen und -salden, die An- und Ummeldung der neuen Gesellschaften sowie gegebenenfalls Namensänderungen, der Wechsel der Wirtschaftprüfer zur Bestandsaufnahme und Verifizierung der wesentlichen Risiken und Bewertung des erworbenen Vermögens (inklusive Versicherungen), die Erhebung und Analyse der wesentlichen Beträge sowie die Information des Managements zu den ersten operativ einzuleitenden Maßnahmen.

Der 100-Tage-Plan ist eine weitergehende kurz- bis mittelfristige Planung zur Initiierung der Integration durch das Financial Assessment und zur Deckung kurzfristiger Reporting-Anforderungen. Parallel beziehungsweise zeitlich vorgelagert zum Finance Assessment gewinnt die operative Unterstützung der Finance-Funktionen in den übernommenen Unternehmen eine führende Rolle. Veränderte und neue Reporting-Anforderungen der Shareholder sind kurzfristig ebenso zu berücksichtigen wie zum Teil einmalige Anforderungen und Veränderungen des eigenen Managements.

Beispielhaft lassen sich die veränderten Anforderungen wie folgt zusammenfassen:

Integrationsbedingte Anforderungen, zum Beispiel	*Integrationsverändernde Anforderungen, zum Beispiel*
• Abschluss für die Endkonsolidierung im „Alt"-Konzern • Eröffnungsbilanzen zur Erstkonsolidierung im „Neu"-Konzern (zum Beispiel Anpassung der Bilanzierungsvorschriften) • PPA-Bewertung (entsprechend der Kaufpreisgestaltung)	• Monats- und Quartals-Reporting für den Shareholder (Reporting-Inhalte, -Zyklen und -Termine) • Management-Reporting innerhalb der übernommenen Gesellschaften • Forecast • Mittelfristplanung • Reporting nach unterschiedlichen Bewertungsmethoden (Parallelität von IFRS und US GAAP, GKV [Gesamtkostenverfahren] und UKV [Umsatzkostenverfahren]) • Systemtechnische Anpassungen

Abbildung 2:   Veränderungen der Finance-Anforderungen

Die wesentlichen Schwerpunkte in den veränderten Anforderungen liegen einerseits in den unterschiedlichen Bewertungsmethoden International Financial Reporting Standards (IFRS) und United States Generally Accepted Accounting Principles (US-GAAP) zum Lokal-GAAP, die in den osteuropäischen Ländern nur teilweise verbreitet sind und erfahrungsgemäß sehr häufig durch externe Dienstleister wie Steuerberater und Wirtschaftsprüfer erbracht werden. Themen wie zum Beispiel latente Steuern, Cash Flow, EVA und Segmentierung sind vielfach neu.

Andererseits praktizieren westeuropäische Unternehmen ein umfangreiches und stark differenziertes Reporting, um allen internen und externen Belangen (Shareholder, Börse, Securities and Exchange Commission (SEC), Regulierungs- und andere öffentliche Behörden et cetera) Rechnung zu tragen.

Da es sich bei einer Vielzahl der Unternehmenszusammenschlüsse in den vergangenen Jahren auch um Privatisierungen in den jeweiligen Ländern gehandelt hat, nimmt die öffentliche Hand in den Berichtsanforderungen osteuropäischer Unternehmen einen großen Stellenwert ein. Ausschreibungsverfahren sowie eine enge Auslegung der steuerlichen und sonstigen öffentlichen Berichtpflichten verkomplizieren mancherorts noch die Harmonisierungs- und Optimierungsbemühungen der Unternehmen entsprechend den westeuropäischen Berichtsstandards. Darüber hinaus erschweren die weitgehend dezentrale Strukturen der Unternehmen und das zum Teil wenig ausgeprägte Know-how den Integrationsprozess.

Umfangreiche Optimierungsprojekte in führenden, westdeutschen Unternehmen haben darüber hinaus in der Vergangenheit auch dazu geführt, dass sich die geforderten Reporting-Zeiten zunehmend verkürzen. Dementsprechend standen lediglich bei börsennotierten osteuropäischen Unternehmen die Reporting- beziehungsweise Veröffentlichungszeitpunkte im Vordergrund der Bemühungen. Insofern sind anfängliche Übergangsszenarien für die monatliche und quartalsweise Berichterstattung wie zum Beispiel die Phasenverschiebung („Early Cut Off") unabdingbar. Nur schrittweise können daran anschließend mittel- und langfristige

Maßnahmen zur nachhaltigen Verkürzung der Abschlusszeiten eingeleitet und implementiert werden.

Die Notwendigkeit des zeitnahen Zugriffs auf entsprechendes Know-how ergibt sich bereits durch die integrationsbedingten Anforderungen. Eröffnungsbilanzen und die Purchase-Price-Allocation-Bewertung (PPA-Bewertung) orientieren sich an den neuen Bewertungsvorschriften. Häufig muss mit diesen Maßnahmen die Bereitstellung entsprechender Kapazitäten aus den Muttergesellschaften einhergehen.

So sind bereits, wenn auch in eingeschränktem Maße, Integrationsmaßnahmen mit der Erstellung der Eröffnungsbilanz notwendig, die schrittweise zu verfeinern sind. Hierzu zählen zum Beispiel

- Verkürzung der Reporting-Zeiten (zum Beispiel Fast Close, Periodenverschiebung),
- Konten-Mapping in den Group Chart of Account,
- Sicherstellung des Zugriffs auf die zentralen und konzernweiten Reporting-Systeme der Shareholder,
- Berichterstattung übernommener Konzerne als Gesamtabschluss und zum Beispiel schrittweise Überführung in die regulären Reporting-Strukturen des Gesamtkonzerns und
- manuelle Ermittlung und Erfassung von Bewertungsunterschieden und Steuerungskennzahlen.

Im Rahmen des Financial Assessments erfolgt die GAP-Analyse der wesentlichen Eckdaten. Sie bildet die Grundlage des nachfolgenden Redesigns. Neben der klassischen Bestandsaufnahme und Identifikation der ersten Optimierungspotenziale erfolgt der Abgleich mit der Integrationsstrategie.

Im Ergebnis des Financial Assessment werden parallel zu den operativen Aktivitäten die Soll-Konzepte (Redesign) und die Integrationspläne (Implementierung) verfeinert. Im Rahmen dieser Aktivitäten erfolgt sukzessiv die Optimierung der Reporting-Prozesse unter Eliminierung der Übergangsszenarien. Dieser Prozess geht häufig mit einer weitgehenden Zentralisierung der grundlegenden Accounting- und Controlling-Funktionen, der Ausbildung der Mitarbeiter und der Implementierung der buchhalterischen Grundlagen in den Basissystemen einher. Darüber hinaus können auch kurzfristige Maßnahmen wie zum Beispiel die Optimierung der Gehaltszahlungen bis hin zur Einrichtung von Bankkonten für die Mitarbeiter Gegenstand der weiteren Vorgehensweise sein.

Ingesamt stellt die nachfolgende Übersicht das Verhältnis der wesentlichen operativen und integrativen Maßnahmen dar:

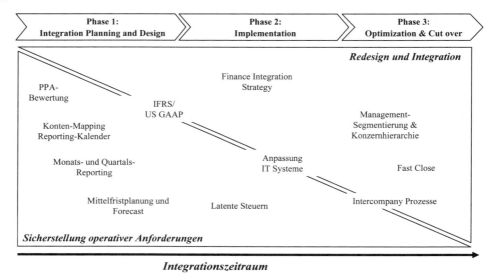

Abbildung 3:   Operative und integrative Themenbereiche

2.2   Besonderheiten in der Finance Integration osteuropäischer Unternehmen

2.2.1   Besonderheiten in den zu integrierenden Unternehmen

Die Ausgangsbasis in den osteuropäischen Unternehmen ist differenziert zu betrachten. Gesellschaften, die an den lokalen beziehungsweise internationalen Börsen notiert sind und deren Berichtspflichten erfüllen müssen, haben sich weitgehend den westeuropäischen Standards angepasst. Daneben handelt es sich bei einer Vielzahl von zu integrierenden Unternehmen auch weiterhin um staatliche beziehungsweise kommunale Gesellschaften, für die die Reporting-Anforderungen und Bewertungsmethoden neue Herausforderungen darstellen.

Beispielhaft lassen sich Besonderheiten in der Ausgangssituation osteuropäischer Unternehmen wie folgt zusammenfassen:

- ➢ Hoher Anteil manueller Tätigkeiten und starke Dezentralisierung
- ➢ Veraltete IT-Systeme
- ➢ Starker regulativer Eingriff durch zentralistische Gesetzgebung
- ➢ Fehlende flächendeckende Sprachkenntnisse
- ➢ Großes Engagement versus Existenzangst
- ➢ Eingeschränkte Infrastruktur, „abgelegene" Örtlichkeiten

Ein wesentlicher Aspekt in den operativen Accounting- und Controlling-Prozessen sind im Gegensatz zu westeuropäischen Unternehmen die übermäßig dezentralen Strukturen. Die Datenerfassung und -prüfung erfolgt in den operativen Einheiten wie Niederlassungen und Werke, die zum Teil territorial weit entfernt liegen. Eine Vielzahl manueller Tätigkeiten und ein hoher Einsatz personeller Ressourcen führen zwangsläufig zu Informationsverlusten und haben im Rahmen der Integration einen erheblichen Optimierungsbedarf zur Folge.

Ein weiterer Punkt lässt sich in dem unzureichenden Automatisierungsgrad in den Finance-Bereichen feststellen. Verfügen die operative Kernprozesse und Bereiche über systemseitige Unterstützungen, sind diese in den Finance-Bereichen häufig unterentwickelt beziehungsweise veraltet. Aufgrund des geringen Lohnkostenniveaus ist darüber hinaus der Anteil der manuellen Tätigkeiten überdurchschnittlich hoch. Vor diesem Hintergrund lassen sich erhöhte Reporting-Anforderungen in die laufende Reporting-Prozesse nur sukzessive integrieren.

Entscheidend neben den fachlichen und systemseitigen Aspekten ist allerdings in der Vielzahl der übernommenen Gesellschaften der menschliche und kommunikative Faktor. Angefangen bei den eingeschränkten Sprachkenntnissen bis hin zu der mit der Privatisierung zum Teil einhergehenden Existenzangst bedarf es für die Bewältigung der Aufgaben eines intensiven Change Managements von Seiten der übernehmenden Unternehmen, um die Potenziale des überwiegend großen Engagements der Mitarbeiter in den osteuropäischen Unternehmen zu nutzen.

2.2.2 Anforderungen an die übernehmenden Unternehmen und Konzerne

Westeuropäische Unternehmen sind nur teilweise auf die Integration osteuropäischer Unternehmen (zum Beispiel auch durch die Einbeziehung von lokal ansässigen Beratern) vorbereitet. Während man immer wieder feststellen muss, dass selbst wachsende Unternehmen auf die Integration von Unternehmen nur eingeschränkt personell und methodisch vorbereitet sind, verstärkt sich dieser Eindruck bei der Einbeziehung von osteuropäischen Unternehmen. Die Risiken, die in den so genannten „weichen" Faktoren wie Sprachbarrieren, Mentalität und Kultur liegen, werden häufig verkannt. Eine rein wirtschaftliche Betrachtung der Integration wird die Möglichkeiten und Potenziale allerdings erfahrungsgemäß erheblich einschränken.

Die Anforderungen an die Integrationsteams, die bereit zu stellenden Tools und Methoden, die Flexibilität bei der Übertragung bestehender konzernweiter Prozesse in die zu integrierenden Unternehmen sowie das Change Management werden vielfach unterschätzt, was zu einer Gefährdung der Integration als Ganzes führt.

2.2.3 Wechselwirkungen zur Integration anderer Bereiche

Die Finance Integration kann nicht isoliert gesehen werden von der Integration anderer Bereiche. Vertriebs- und Einkaufsprozesse werden unterstützt und ergänzt durch Finance-Funktionen und bilden gleichzeitig einen elementaren Bestandteil.

Die Aufgaben im Rahmen der Finance Integration osteuropäischer Unternehmen binden, wie bereits dargestellt, einen erheblichen Teil der personellen Ressourcen. Darüber hinaus ist eine starke hierarchische und funktionale Trennung in den Unternehmen traditionell. Diese durchgängige prozessuale Betrachtung stellt allerdings im Rahmen der Finance Integration einen wesentlicher Erfolgsfaktor dar und birgt erhebliche Optimierungspotenziale.

2.3 Kritische Erfolgsfaktoren

Entsprechend den Besonderheiten differieren auch die kritischen Erfolgsfaktoren in einigen wesentlichen Punkten und lassen sich wie folgt zusammenfassen:

- Festlegung der Integrationsstrategie und der Ecktermine für die Integration entsprechend der Ausgangssituation der osteuropäischen Unternehmen
- Bereitstellung des Know-hows durch die übernehmenden Unternehmen vor Ort
- Kontinuität im Integrationsteam
- Gesamtheitliche Steuerung der Integration und laufendes Tracking
- Einbeziehung von landesspezifischen Know-how-Trägern
- Berücksichtigung von Integrationsschnittstellen zu anderen Bereichen in der Finance Integration
- Sicherstellung der Sprachkenntnisse (Konzern- und Landessprache)
- Klare und offene Kommunikation

3 Summary und Ausblick

Die Akquisitionen westlicher Länder in Osteuropa werden in den kommenden Jahren ebenso fortgesetzt werden wie die Konzentrations- und Privatisierungsprozesse in den Ländern selbst auch.

Vergleichbar mit jeder anderen Integration nehmen die Finance-Bereiche eine besondere Funktion im Rahmen der Integration ein. Während die Synergiepotenziale in den weitestgehend operativen Bereichen sukzessive realisiert werden können, werden an die Reporting-Prozesse mit dem Tag der Unternehmensübernahme erhebliche Anforderungen gestellt. Demgegenüber stehen mancherorts ein unzureichendes Know-how und eine eingeschränkte Infrastruktur, Sprachbarrieren, eine aus der kulturellen Entwicklung stammende Mentalität, die bis dato häufig eine Selbständigkeit und Entscheidungsfreiheit negierte, sowie die mit vielen Privatisierungen und Unternehmensumwandlungen einhergehende Existenzangst der vor Ort ansässigen Mitarbeiter.

Für eine erfolgreiche Integration und die Stärkung beziehungsweise Sicherstellung der Profitabilität dieser Unternehmen ist neben einem gesamtheitlichen, zumeist fachlich und technisch getriebenen Integrationsansatz die Kommunikation und das Change Management von entscheidender Bedeutung.

Quellenverzeichnis

ECKER, M./HECKEMÜLLER, C. (2005): M&A als Instrument der strategischen Unternehmensführung für den Mittelstand, in: MAR, 2005, Nr. 10, Seite 421–426

Autorenverzeichnis

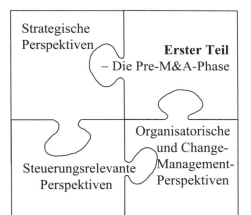

Autorenverzeichnis

Autorenverzeichnis

ADEN, MENNO: Dr. iur., geb. 1942, Professor an der Fachhochschule für Ökonomie & Management (FOM), Lehrbeauftragter an der Universität Dortmund für Internationales Wirtschaftsrecht, Rechtsanwalt, Präsident des Oberkirchenrats außer Dienst. Zahlreiche Vortragsreisen und Auslandseinsätze. Office of the High Representative (OHR), Sarajewo. Oberseminar (post-graduate) Universität Sarajewo Völker- und verfassungsrechtliche Fragen der UN-Präsenz in Bosnien. Vorlesungsreihe „Deutsches und europäisches Wirtschaftsrecht" in Almaty/Kasachstan und Baku/Aserbaidschan. Vorlesungen an der Akademie in Gorki, Weißrussland, über Menschenrechte und Wirtschaftsrecht. Projektleiter EU-Cards-Projekt in Bosnien-Herzegowina. Vorlesungen über Europäisches Wettbewerbs- und Verbraucherschutzrecht sowie Bürgerliches Recht in VR China. Etwa 250 Veröffentlichungen zum nationalen und internationalen Wirtschaftsrecht.

ALILOVIC, SASCHA: Dipl.-Kaufmann, B. Sc., geb. 1973, kaufmännischer Leiter im Outsourcing Sales Deutschland der Siemens Business Services, verantwortlich für die Akquise von Outsourcingdeals im Infrastruktur Outsourcing. Nach Doppelabschluss an der European Business School, Oestrich-Winkel, und der James Madison University, USA, mehrjährige Berufserfahrung im M&A- und Venture-Capital-Umfeld, unter anderem. Begleitung zahlreicher Transaktionen von IT-Tochtergesellschaften, verbunden mit Outsourcingvereinbarungen.

BIENDARRA, GUIDO: Dr. rer. pol., Dipl.-Kfm., CPA, geb. 1967, Kaufmännischer Geschäftszweigleiter Process Compression bei Siemens Power Generation, zuvor Leiter der kaufmännischen Integration des Alstom Industrieturbinengeschäftes in die Siemens Power Generation, bis 2003 bei Siemens Central Finance (CF) Abteilungsleiter – Aufgaben im Bereich der Transaktionsbilanzierung und -strukturierung (M&A), davor verantwortlich für die Umstellung der Siemens Bilanzierungsverfahren auf duale Bilanzierung im Rahmen des Börsengangs der Siemens AG in den USA im Jahr 2001, vor den Aufgaben bei Siemens mehr als 5 Jahre Tätigkeit bei PricewaterhouseCoopers im Bereich Wirtschaftsprüfung als Prüfer und Prüfungsleiter für nationale und internationale Unternehmen.

BIWER, JULIA: Dipl.-Betriebswirtin, Senior Consultant bei BearingPoint in der Solution „Strategy, Process & Transformation". Seit 2000 Beratungserfahrung mit den Schwerpunkten Vertriebsprozesse, Markteintrittsstrategien und Unternehmenssteuerungskonzepte. Detaillierte Branchenerfahrung in den Bereichen Commercial Services insbesondere Chemie, Nahrungsmittel und Pharma. Ab Oktober 2006 Hochschulstipendiatin im MBA-Studium an der Lancaster University Management School, England.

BOROWICZ, FRANK: Dr. rer. pol., Dipl.-Ök. geb. 1972, externer Habilitand an der FernUniversität in Hagen, Lehrstuhl Organisation & Planung, *PROF. DR. EWALD SCHERM*; zugleich Stellv. Studiengangsleiter Medienmanagement/Wirtschaft an der Fachhochschule St. Pölten (Österreich); diverse Gastdozententuren und Lehrtätigkeiten, unter anderem Dozent im MBA Medienmanagement St. Pölten; zuvor Tätigkeit bei A. T. Kearney und mehrere Funktionen bei der KarstadtQuelle AG, dort zuletzt Bereichsleiter für M&A in einem Teilkonzern: Forschungsschwerpunkte: M&A-Management (insbesondere Projekte im Bereich M&A-Kommunikation, M&A in China) sowie Interessenmanagement bei M&A; Unternehmenskommunikation & Investor Relations; Mitglied im Bundesverband Mergers & Acquisitions (Arbeitsgruppe Strategie und Integration).

BRÖSEL, GERRIT: Privatdozent Dr. rer. pol. habil., Dipl.-Kfm., Instandhaltungsmechaniker, Bankkaufmann, geb. 1972, seit 1/2003: Wissenschaftlicher Assistent am Fachgebiet Rechnungswesen/Controlling, Fakultät für Wirtschaftswissenschaften, Technische Universität Ilmenau, 9/1998–12/2002: Prüfungsassistent und -leiter der international tätigen Wirtschaftsprüfungsgesellschaft PwC Deutsche Revision. Arbeits- und Forschungsgebiete: Rechnungswesen, Controlling, Unternehmensbewertung, Wirtschaftsprüfung, Konvergenzmanagement (www.konvergenz-management.com), Betriebswirtschaftslehre für „Kleine und mittlere Unternehmen" (KMU), Unternehmensgründung und -nachfolge.

BYSIKIEWICZ, MARCUS: Dipl.-Kfm., geb. 1974, Mitarbeiter am Lehrstuhl von *PROF. DR. M. J. MATSCHKE*, Lehrstuhl für Allgemeine Betriebswirtschaftslehre und Betriebliche Finanzwirtschaft, insbesondere Unternehmensbewertung – Schriftleiter der referierten Fachzeitschrift „Betriebswirtschaftliche Forschung und Praxis" (BFuP), Dozent an der Akademie Norddeutscher Genossenschaften (ANG) in Hannover.

GEORGI, TOBIAS: Dipl.-Kfm., geb. 1974, seit 04/2006 Wissenschaftlicher Mitarbeiter am Lehrstuhl für Betriebswirtschaftslehre, insbesondere Konvergenz- und Medienmanagement, Institut für Media Management, Steinbeis-Hochschule Berlin – Wissenschaftliche Hochschule für Unternehmensführung und Innovationen, und Berater bei Nextevolution AG, Hamburg, nach dem Studium der Betriebswirtschaftslehre an der Otto-Friedrich-Universität Bamberg von 11/2001–03/2006 Berater bei *SNP* consult (vormals Berliner Beratungsdienste) mit den Schwerpunkten M&A und Public Private Partnership im Public Sector, Arbeits- und Forschungsbereiche: Strategisches Management, Netzwerkmanagement, Innovationsmanagement, TIME-Branche, M&A und Public Private Partnership.

VON GLAHN, CARSTEN: Dipl.-Ing., Dipl.-Wirtsch.-Ing., geb. 1968, Program Director für Transition & Transformation von Shared Services sowie für Outsourcing bei SIEMENS BUSINESS SERVICES in Atlanta, GA, USA. Davor KPMG CONSULTING, Beratungsschwerpunkte: Strategische Kooperationsplanung, Organisationstransformationen, Unternehmensgründung, HGB-US-GAAP-Überleitungen, Business-Planung. Forschungsaufenthalt an der Syracuse University, School of Information Studies, New York. Allgemeine Forschungsgebiete und Publikationen zu den Schwerpunkten Shared Services, Outsourcing, Offshoring, Zentralisation, Konzerninterne Märkte, Brokerkonzeptionen und Führungstheorien.

HÄFNER, MICHAEL: Dipl.-Betriebswirt (FH), geb. 1970, Abteilungsleiter bei der Unternehmensberatung Softlab GmbH, verantwortlich für Finance Business Consulting in der Finance Transformation Unit, bis 2006 Senior Manager bei der BearingPoint GmbH und dort verantwortlich für die Solution Merger and Integration (in Germanics) sowie für Finance Transformation (in Europa), Programm- und Projektleitung bei erfolgreichen Gestaltungen und Optimierungen des Finanzbereiches bei internationalen Konzernen, Entwicklung beziehungsweise Weiterentwicklung der Methodologie und Praxis unter anderem für Finance Assessments, IFRS/US-GAAP Conversion, Fast Close, Balanced Scorecard und PMI, bis 1997 Finanzcontroller bei der LOCTON GmbH.

HERING, THOMAS: Univ.-Prof. Dr. rer. pol. habil., Dipl.-Kfm., geb. 1967, Inhaber des Lehrstuhls für Betriebswirtschaftslehre, insbesondere Unternehmensgründung und Unternehmensnachfolge, Fakultät für Wirtschaftswissenschaft, Fern-Universität in Hagen, 1999/2000 Lehrstuhlvertreter für Rechnungswesen und Controlling, Rechts- und Staatswissenschaftliche Fakultät der Ernst-Moritz-Arndt-Universität Greifswald, 2000 Gastprofessor für Betriebliche Finanzwirtschaft an der Universität Joensuu (Nordkarelien/Finnland). Promotionspreis der Westfälischen Wilhelms-Universität, Mitglied des Auswahlausschusses und ehemaliger Stipendiat der Studienstiftung des deutschen Volkes. Autor oder Koautor zahlreicher Monographien und Aufsatzbeiträge, Mitherausgeber zahlreicher Sammelwerke und seit 2004 der BFuP. Arbeits- und Forschungsgebiete: Investitions- und Finanzierungstheorie, Unternehmensbewertung, Unternehmensplanung und -steuerung, Unternehmensgründung und -nachfolge, Rechnungswesen, Produktion, Betriebswirtschaftslehre der Gemeinden. http://www.fernuni-hagen.de/hering/

HESSLAU, UWE: PhD (Fakultät für Management), Dipl.-Kfm., Informatiker, geb. 1961, Programmierung und Vertrieb von branchenspezifischer Software für Krankenhäuser und Steuerberater, Aufbau von Controlling-Systemen bei einer Gesellschaft für Immobilienfonds, Mitarbeiter in einer internationalen Unternehmensberatung bei der Implementierung und Integration von SAP-Systemen. Mehrjährige Erfahrung in einer Wirtschaftsprüfungsgesellschaft im Bereich Transaktion Services mit Schwerpunkt Gesundheitswesen. Darüber hinaus selbständiger Unternehmensberater für die Entwicklung von Unternehmensstrategien, Geschäftsmodellen, Controlling-Instrumenten, sowie Restrukturierung für Einrichtungen im Gesundheitswesen und deren finanzierenden Banken.

HINTZPETER, REIMER: Dr. phil., Dipl.-Psych., geb. 1954, Geschäftsführender Gesellschafter Hintzpeter & Partner Management Consultants (gegründet 1990), Beratungsschwerpunkte: Marktangangs-/Multichannelstrategien im b2c- und b2b-Geschäft (Distanzhandel/Retail/Accountmanagement); Leistungsportfolio: Strategie- und Konzeptentwicklung, Führung interdisziplinärer / internationaler Projektteams, Implementierung der Ergebnisse in den Wirkbetrieb, Planung und Begleitung von Organisationsveränderungsprozessen. Gesellschafter feldacht kommunikation (gegründet 2002) und feldsieben marketing service (gegründet 2005). Wissenschaftlicher Mitarbeiter am Lehrstuhl für Kommunikationspsychologie und Organisationsentwicklung, Fachbereich Psychologie der Universität Hamburg (1985–1990). Studienschwerpunkte Organisations-, Betriebs- und Kommunikationspsychologie, Betriebswirtschaftslehre. Zuvor Leitung Marketing und Vertrieb Handel CosMed im eigenem Unternehmen.

JANSEN, DIRK: Dipl.-Kfm., geb. 1977, Senior Management Analyst in der Solution „Strategy, Process & Transformation", im Speziellen aktiv in den Bereichen „Global Market Expansion" und „Innovationsmanagement", Studium der Betriebswirtschaftlehre an der Westfälischen Wilhelms-Universität Münster, Schwerpunkte Marketing und Wirtschaftsinformatik, Diplomarbeit zum Thema „Strategische Frühaufklärung – Möglichkeiten und Grenzen der Konkurrenzbeobachtung im Internet" ausgezeichnet durch die Society of Competitive Intelligence Professionals (SCIP).

KEUPER, FRANK: Prof. Dr. rer. pol. habil., Dipl.-Kfm., geb. 1966, Inhaber des Lehrstuhls für Betriebswirtschaftslehre, insbesondere Konvergenz- und Medienmanagement, Steinbeis-Hochschule Berlin – Wissenschaftliche Hochschule für Unternehmensführung und Innovationen, Lehrstuhlförderer ist die Nextevolution Management Consulting, 10/2002–3/2004 Vertretungsprofessur für ABWL, insbesondere Risikomanagement und Controlling, Fachbereich Rechts- und Wirtschaftswissenschaft der Johannes Gutenberg-Universität Mainz, Gastprofessor an der Universität Tai'an (Provinz Shandong/China), diverse Dozenturen, seit 2005 Dozent an der Fachhochschule St. Pölten (Österreich). Darüber hinaus Unternehmensberater für die Entwicklung von Unternehmens- und Wettbewerbsstrategien, Geschäftsmodellen und Controlling-Instrumenten für die TIME-Branche. Arbeits- und Forschungsgebiete: Neue Medien, Investitions- und Finanzierungstheorie, Kostenplanung und -steuerung, strategische Unternehmensführung, Unternehmensplanung und -steuerung, Produktion, Konvergenzmanagement (www.konvergenz-management.com), E-/M-/T-Business, Kybernetik, Systemtheorie, Betriebswirtschaftslehre für „Kleine und mittlere Unternehmen" (KMU).

KLASSEN, THOMAS R.: PhD in Sociology (University of Toronto, 1995), Post-Graduate Diploma in Public Administration (Carleton University, Ottawa, 1985), M. Sc. in Regional and Urban Planning (University of Toronto, 1984), MA in Sociology (University of Toronto, 1982), BA in Sociology (Trent University, Peterborough, 1981), geb. 1957, seit 2001: Associate Professor am Department of Political Science und School of Public Policy and Administration an der York University, Toronto (Kanada); 2006–2007: Visiting Professor am Department of Public Administration der Yonsei University, Seoul (Südkorea); 2005: Visiting Professor am Fachbereich Politik- und Verwaltungswissenschaft der Universität Konstanz; 1998–2001: Assistant Professor an der Trent University, Peterborough; 1997–1998: Assistant Professor an der Ryerson University, Toronto; 1994–1998: Senior Analyst des Ontario Management Board of Cabinet; 1992–1994: Policy Analyst des Ontario Ministry of Social Services; 1988–1992: Policy Advisor des Ontario Ministry of Education; 1986–1988 Researcher des Ontario Ministry of Housing.

KNOCHE, CAROLIN: Dipl.-Oec., geb. 1965, Senior Managerin der BearingPoint GmbH, Strategic, Process and Transformation. 1991–1996 bei KPMG Deutsche-Treuhandgesellschaft Wirtschaftprüfungsgesellschaft mit den Aufgabengebieten: Abschlussprüfung, Unternehmensbewertung, Ausgründungen, Verschmelzungen et cetera. Seit 1996 bei KPMG Consulting / BearingPoint mit dem Fokus auf der Konzeption und Implementierung von finanzwirtschaftlichen Prozessen, der Einführung von Steuerungssystemen sowie der Begleitung von Integrationen und Ausgründungen.

KÜHNE, DANIELA: Dipl.-Betriebswirtin (FH), geb. 1975, Senior Sales Manager im Outsourcing Sales Deutschland der Siemens Business Services, verantwortlich für die Akquise von Outsourcingdeals im Infrastruktur-Outsourcing, nach Doppelabschluss am International Partnership of Business Schools des ESB Reutlingen und der Middlesex University Business School, London – B. A. (Hons.) European Business Administration, langjährige Tätigkeit als Senior Consultant für Strategie und Business Consulting in der Siemens Business Services Management Consulting.

LERM, MICHAEL: Dipl.-Kfm., geb. 1970, Wissenschaftlicher Mitarbeiter am Lehrstuhl für Allgemeine Betriebswirtschaftslehre und Produktionswirtschaft, Rechts- und Staatswissenschaftliche Fakultät, Ernst-Moritz-Arndt-Universität Greifswald. Arbeits- und Forschungsgebiete: Produktionsfaktor- und -prozessplanung, integrierte Unternehmensplanung, Unternehmensforschung, insbesondere lineare und nichtlineare Optimierung, Zulieferer-Abnehmer-Netzwerke.

MÜLLER-STEWENS, GÜNTER: Prof. Dr. rer. pol., Dipl.-Kfm., geb. 1951, Inhaber des Lehrstuhls für Betriebswirtschaft mit besonderer Berücksichtigung der Organisationslehre an der Universität St. Gallen und Geschäftsführender Direktor des Instituts für Betriebswirtschaft. Forschungsaufenthalte an der University of California, Irvine, und der University of Michigan Business School, Ann Arbor. Von 1987–1991 ordentlicher Universitätsprofessor für Planung, Organisation und Personalwirtschaft an der Universität Duisburg. Autor von Publikationen zu den Themenkreisen Unternehmensführung, Strategisches Management, Mergers & Acquisitions, Professional Service Firms (PSF), Organisation, unternehmerischer Wandel und Statistik sowie Gründer und Herausgeber der „M&A Review" und „M&A Review Database". Mitglied beziehungsweise Vorsitzender in verschiedenen Arbeitskreisen, Verbänden, Beiräten, Juries und Editorial Boards. Trainer und Berater internationaler Unternehmen. Auszeichnung der Publikation „Strategisches Management" mit dem Preis „Bestes deutsches Wirtschaftsbuch 2001" ausgezeichnet. Die CD-ROM „Mergerland" gehörte zu den „Emma Award Nominees 2000".

RATHJEN, PHILIPP: Dipl.-Kfm., geb. 1974, seit 02/2006 Leiter EADS Deutschland GmbH, als Leiter Programm-Management verantwortlich für die Implementierung der Shared-Service-Initiative im Bereich Standortmanagement der Division DS, von 2002 bis 2005 Senior Consultant der Practice Strategy and Transformation der Unternehmensberatung Bearingpoint GmbH. Gründungsmitglied der Global Market Expansion Solution mit Schwerpunkt auf Internationalisierungsstrategien, Markteintritt und Standortauswahl in Transformationsländern sowie Reorganisationsprojekte und Shared Services bei internationalen Industrieunternehmen. Zwischen 2000 und 2001 Berater bei der Fraunhofer Gesellschaft zur Technologieförderung in Indonesien.

ROLLBERG, ROLAND: Univ.-Prof. Dr. rer. pol. habil., Dipl.-Kfm., M. Sc., geb. 1965, Inhaber des Lehrstuhls für Allgemeine Betriebswirtschaftslehre und Produktionswirtschaft, Rechts- und Staatswissenschaftliche Fakultät, Ernst-Moritz-Arndt-Universität Greifswald. Arbeits- und Forschungsgebiete: Produktions-, Kosten- und Investitionstheorie, Produktions- und Unternehmensplanung, entscheidungsorientiertes Controlling, strategisches Produktionsmanagement.

ROSENBAUM, YVONNE: MBA., Dipl.-Betriebswirtin, geb. 1976, Senior Consultant bei der Unternehmensberatung BearingPoint im Bereich Commercial Services in der Solution „Strategy, Process & Transformation". Solutionleiterin „Innovation". Erfahrungsschwerpunkt in den Fachgebieten Marketing & Strategie, Prozessanalyse & -optimierung, Transformation. Umfangreiche Branchenerfahrung in der Bekleidungs- und Konsumgüterindustrie, sowie im Handel. Diverse Studien zum Thema Marketing und der Bekleidungsindustrie. Studium der Europäischen Betriebswirtschaft (UK), Master of Business Administration (F) mit Schwerpunkt Marketing & Strategie – Abschluss 2001. Auszeichnung „Silver Beacon Award" in 2005 für außerordentliche Leistungen von BearingPoint.

SAHIN, ALI: Dipl.-Kfm., geb. 1978, Manager bei BearingPoint in der Solution „Strategy, Process & Transfromation", Solutionleiter „Revenue Management" und „Mergers und Integration", detaillierte Projekterfahrung in den Fachgebieten „Finance Transformation", „Mergers und Integration", „Markteintrittstrategien", „Marktanalysen" und „Prozessoptimierung" auf internationaler Ebene, umfangreiche Branchenerfahrung in der Automobilindustrie. 2001 Abschluss des Studiums der Betriebswirtschaftslehre mit Schwerpunkt Marketing an der Marmara Universität (Istanbul), Verleihung des Siemens Marketingpreises für außerordentliche universitäre Leistungen.

SCHAEFER, CHRISTINA: Prof. Dr. rer. pol. habil., Dipl.-Math., geb. 1969, Professorin für Public Management am Fachbereich Wirtschaftswissenschaften der Fachhochschule für Technik und Wirtschaft (FHTW) Berlin. Lehrbeauftragte für Financial Management im internationalen Studiengang Master of Public Management an der Universität Potsdam. Ordentliches Mitglied im Wissenschaftlichen Beirat der Gesellschaft für öffentliche Wirtschaft. Arbeits- und Forschungsgebiete: Investitionscontrolling, Öffentliches Beteiligungscontrolling, Öffentliches Rechnungswesen.

SCHMIDT, CHRISTIAN: Priv.-Doz. Dr. med., MPH, geb. 1967. Studium der Medizin in Münster und Durban, Südafrika. Weiterbildung zum Facharzt für Chirurgie an der Klinik für Allgemeine Chirurgie und Thoraxchirurgie der Christian-Albrechts-Universität (CAU) zu Kiel 1995–2005. Studium der Gesundheitswissenschaften in Bielefeld und Boston 1998–2000. Visiting Associate Professor für Gesundheitsökonomie an der Yale University, New Haven 2003–2004. Habilitation im Fach Chirurgie 2004. Seit 2005 Leitung der Stabsstelle Organisationsentwicklung, Projekt- und Qualitätsmanagement des Universitätsklinikums Schleswig-Holstein. Programmverantwortlicher für den „Master of Hospital Management" an der CAU und Leiter der Arbeitsgruppe Universitätskliniken der Gesellschaft für Qualitätsmanagement in der Gesundheitsversorgung, GQMG e. V.

SCHWARZ, SABINE: Dr. rer. pol., Dipl.-Volkswirtin, Bankkauffrau, geb. 1954, Senior Managerin der Unternehmensberatung BearingPoint GmbH, Frankfurt, in der Business Unit Commercial Services, Bereich Strategy, Process & Transformation, Beratungsfokus auf Change Management und Transformation, bis 1998 auch Bank-Strategie, -Marketing und -Controlling; bis 1990 Prokuristin im Bereich Controlling der Vereins- und Westbank AG, Hamburg; promotions- und berufsbegleitende Dozententätigkeiten an der Bankakademie in Hamburg sowie den Berufsakademien in Villingen-Schwenningen und Lörrach.

STROBEL, MARTIN: Dipl.-Kfm., geb. 28.02.1970, Studium der „Europäischen Wirtschaft" und „Betriebswirtschaftslehre" an der Universität Bamberg und der Universidad Barcelona. Von 1998 bis 2003 Mitarbeiter am Lehrstuhl für Finanzwirtschaft an der Universität Bamberg. Freiberuflicher Dozent mit Lehraufträgen an Universitäten und Weiterbildungseinrichtungen mit den Themenschwerpunkten Investition und Finanzierung, Portfoliomanagement, Alterssicherung und finanzwirtschaftliche Entscheidungstheorie. Derzeit Promovend im Bereich Asset Management und private Altersvorsorge. Seit 2005 an der Akademie Deutscher Genossenschaften (ADG) im Bereich Management- und Hochschulprogramme tätig.

VOSS, INGA: Dipl. Kulturw. Univ., geb. 1977, Studium der Sprachen, des Wirtschafts- und Kulturraum in Deutschland, England und Spanien. Von 2002 bis 2004 mehrere Stationen bei der Heinrich Bauer Verlag KG. Seit 12/2004 Leiterin des Bereichs M&A sowie Promotion am Lehrstuhl für Strategie & Organisation von Prof. Dr. Günter Müller-Stewens an der Universität St. Gallen. Forschungsschwerpunkte: Mergers & Acquisitions, Strategy Process, Corporate Strategy, Capability-based View.

WEINGARZ, STEPHAN: Dr. phil., geb. 24.06.1966, Studium der Volkswirtschaftslehre an den Universitäten Bonn, Toulouse sowie Regensburg. Von 1994–1998 Wissenschaftlicher Mitarbeiter am Lehrstuhl für Politikwissenschaft an der Universität Regensburg. Von 2000 bis Ende 2003 Referent beim Bundesverband der Deutschen Volksbanken und Raiffeisenbanken (BVR) im Bereich Strategie. Seit 2004 an der Akademie Deutscher Genossenschaften (ADG) auf Schloss Montabaur mit dem Schwerpunkt Vorstandsqualifizierung tätig.

Stichwortverzeichnis

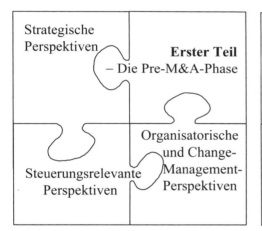

Stichwortverzeichnis

A
Acquisition 40 ff., 53, 234 ff., horizontale 243 f., horizontal-laterale 245, 266, strategische 266, vertikale 243,
Akquisition → Acquisition
Akquisitionsbewertung 245 f. 248, 266 ff.
Akquisitionsstrategie 5 ff., 10, 16 ff., 19, 79 f.
Analyse, strategische 156 f.
Assesment 510 ff.

B
Badwill 448, 451
Balanced Scorecard 532 f.
Berichtswesenharmonisierung 480
Beteiligung 223 ff., 227 ff.
Bewertungsverfahren 164

C
Carve-Out 423 ff.
Change Management 369 ff., 376 ff., 405 ff.
Change Plan 388 ff.
Corporate Governance 184 f.

D
Daseinsvorsorge 281
Dekonzentration 310 ff.
Dilemma der Lenkpreistheorie 255
Due Diligence 87 ff., 94, 109, ff., 113 ff., 165 f.
Due-Diligence-Prozess 165 f.

E
Effektivität 283 ff.
Effizienz 283 ff.
Entscheidung 121 ff.
Erfolgsspaltung 481, 483, 489 ff.

F
Fairness Opinion 54 ff.
Financial Integration 539 ff.
Finanzgütersphäre 246, 260 f.
Free-Cast-Flow-Hypothese 46
Fusion → Merger
Fusionsbewertung 248 ff.

G
Genossenschaftsbanken 177 f.
Goodwill 452 ff.
Grenzpreis 223 ff., 228, 232, 236, 238, 245

H
Holding 310, 316
HUBRIS-Hypothese 36 f.
Humankapital-Diversifikation 40 ff.

I
IAS 204 ff.
IFRS 204 ff., 447 ff.
Impairment Test 447, 471
Informationsbedürfnis 100
Integration 341, 350, 369, 372 ff.
Integrations-Management 432 f.
Integrationstypen 434
Interessenkonflikte 36 ff., 52 ff.
Investitions-, Finanzierungs- und Produktionsprogrammplanung, integrierte 245, 246 ff.
Investitionszuwendungen 213 f.

K
Kapitalverwässerung 223, 238
Kerngeschäft 303
Knappheitspreis → Grenzpreis
Kooperationsaktivitäten 315
Krankenhausmarkt 77

L
Legal Reporting 480, 493
Lernen, experientielles 22

M

M&A 7
M&A-Einflussfaktoren 124 ff., 131 ff.
M&A-Kompetenz 8 ff., 12 ff., 20 ff.
M&A-Management 35 ff.
Management-Reporting 482, 487 ff.
M&A-Prozess 43, 49, 160, 350, 356 ff., 416 f.
Markt, unternehmensinterner 343 ff., 362 ff.
M&A-Strategien 61 ff.
M&A-Transaktionen 149, 357 ff.
Merger 223, 243, 303 ff., 313, 323, echte 243, 266, horizontale 243 f., horizontal-laterale 245, 266, laterale, strategische 266, vertikale 243, unter Gleichen 243, 245, 266, unter Ungleichen 243
Mitwirkungspflichten 106 ff.
MOVE-Prnzip 406 ff.

N

Netzwerk 189

O

Operational Capability 521 ff.
Organizational Memory 23 f.
Outsourcing 147 f., 167

P

Planungsprozess 479 f., 494
Post-M&A-Phase 479
Post-Merger-Integration 278 ff.
Preisobergrenze → Grenzpreis
Privatisierung 69 ff. 277 ff.
Prüfungsobliegenheiten 87 ff.
Public Private Partnership 65

R

Rational Choice 41 f.
Realgütersphäre 244, 256, 260

S

Screening 161 f.
Shared-Service-Center 121 ff., 124 ff., 129 ff., 133 ff., 419 ff.

Shared Services 126 ff., 130 ff., 140, 145, 415 ff.
Spaltung 303 ff., 323
Sparkasse 177 ff.
Sparsamkeitsprinzip 284
Stakeholder-Analyse 379 ff.
Standort 121, 123, 133
Standortverteilung, geografische 123, 140
Synergie 244, -effekt 243, 251, 264, 349, -finanzobjekt 253, 265 -produkt 249, 253, 258, -substitut 249, -vorteil 266

U

Umwandlungsgesetz 304, 305, ff.
Unternehmensbewertung 244
Unternehmenskauf → Akquisition
Unternehmenskultur 180, 186 ff., 293 ff., 432
Unternehmenswert 162 f.
US-GAAP 542

V

Verbände 192 ff.
Verkauf 223
Volksbanken 178 f.
Vermögensmaximierung 228, 238

W

Wachstumskapitel 223
Werthaltigkeitstest 450, 453 f., 457, 462
Wirkungskreis, geografischer 135
Wirtschaftlichkeitsprinzip 284
Wissenskodifizierung 23
Wissensspeicherung 23

Z

ZGPM → Zustands-Grenzpreismodell
Zielsystemtransformation 284
Zustands-Grenzpreismodell 224 ff.